ग्रियर्सन

भाषा और साहित्य चिन्तन

ग्रियर्सन
भाषा और साहित्य चिन्तन

अरुण कुमार

वाणी प्रकाशन

वाणी प्रकाशन
4695, 21-ए, दरियागंज, नयी दिल्ली 110 002
शाखा
अशोक राजपथ, पटना 800 004
फ़ोन : +91 11 23273167 फ़ैक्स : +91 11 23275710
www.vaniprakashan.in
vaniprakashan@gmail.com
sales@vaniprakashan.in

GRIERSON : BHASHA AUR SAHITYA CHINTAN
by Arun Kumar

ISBN : 978-93-87889-33-0
Linguistics

प्रथम संस्करण
मूल्य : ₹ 695

सिटी प्रेस, दिल्ली-110 095 में मुद्रित

वाणी प्रकाशन का लोगो मक़बूल फ़िदा हुसेन की कूची से

अनुक्रम

संकेताक्षर

अ.	=	अवधी
अनु.	=	अनुवादक/अनुवाद
अव.	=	अवेस्ता
आर.ए.एस.	=	रॉयल एशियाटिक सोसायटी, लन्दन
उ.पु.	=	उत्तम पुरुष
खो.	=	खोआरी/चित्राली
गिल.	=	गिलगित/गिलगिट
छ.गढ़ी	=	छत्तीसगढ़ी
जे.ए.एस.बी.	=	जर्नल ऑफ एशियाटिक सोसायटी ऑफ बंगाल
पं.	=	पंजाबी
द्वि.सं.	=	द्वितीय संस्करण
प.फा./प्रा.फा.	=	प्राचीन फ़ारसी
पु.ए.व.	=	पुल्लिंग एकवचन
प्र.पु.	=	प्रथम पुरुष
प्र.सं.	=	प्रथम संस्करण
फी.उ.	=	फीनी उग्री/फीनी उग्रियन
बश.	=	बशगली
बि.रा.प.	=	बिहार राष्ट्रभाषा परिषद, पटना
बु.	=	बुन्देली/बुन्देलखण्डी
ब्रज.	=	ब्रजभाषा
ब.व.	=	बहुवचन
भोज.	=	भोजपुरी
मग.	=	मगही

म.पु.	=	मध्यम पुरुष
मुं.	=	मुण्डारी
मै.	=	मैथिली
राज.	=	राजस्थानी
सि.	=	सिना/श्रिण्या
हरि.	=	हरियानवी

प्रथम अध्याय

जॉर्ज अब्राहम ग्रियर्सन : एक मनीषी की यात्रा

(1851-1941/डबलिन/आयरलैंड)

ग्रियर्सन बहुभाषी थे। ज्ञान की अनेक शाखाओं के पंडित थे, कोश विज्ञान, लोक साहित्य, इतिहास, राजनीति मानव विज्ञान, पुरातत्त्व, काव्यशास्त्र, तुलनात्मक व्याकरण इत्यादि। समर्पित ईसाई थे और उनमें दूसरे धर्मों को जानने-समझने की उत्कट इच्छा भी थी। नौकरी के दौरान जिन इलाकों में वे रहे, उन्होंने उनका पूरा उपयोग किया। वहाँ की सामग्री बटोरी, निबन्ध और विनिबन्ध (मोनोग्राफ) लिखे। एक ही समय में, कह लें एक साल की उनकी प्रकाशित सामग्री में लोक साहित्य, मानव विज्ञान, तुलनात्मक धर्म, काव्य संरचना जैसे अलग स्वाद वाले विषय मिलेंगे। इनके अध्ययन की पद्धति कैसी रही होगी, यह ज्ञात नहीं है। विचार-योग्य यह है कि एक लेखक को बदलते विषय के साथ पढ़ने-लिखने का तरीका बदलना पड़ता है। बिहार के किसानों की दिनचर्या पर किताब लिखते समय वे कश्मीरी के लोक साहित्य पर भी लिख रहे थे। अत्यन्त पिछड़ी जातियों के विवाह और मुंडन के गीतों का विश्लेषण भी कर रहे थे और तुलसीदास की भक्ति पर भी विचार कर रहे थे। लगभग ऐसा ही ज्ञानकोश 'भारतेन्दु हरिश्चन्द्र' और 'शिव प्रसाद' 'सितारेहिन्द' का भी था। आगे चलकर महावीर प्रसाद द्विवेदी, रामचन्द्र शुक्ल और प्रेमचन्द में इस संचित पूँजी का उन्नत शिखर मिलता है। आचार्य रामचन्द्र शुक्ल ग्रियर्सन से बहुत प्रभावित भी थे। ग्रियर्सन के प्रिय कवि थे, तुलसीदास। विद्यापति भी उनके बहुत प्रिय थे, लेकिन तुलसी से कम। तुलसीदास की भक्ति और विनम्रता उन्हें बहुत गहरे बाँध चुकी थी। तुलसी खल की भी वन्दना करते हैं। ग्रियर्सन तुलसीदास का महत्त्व श्रुति परम्परा में देखते हैं। ग्रियर्सन की कृति (ए नोट ऑन तुलसीदास : पोएट, रिलीजियस रिफॉर्मर) में उत्तर भारत के कुछेक कस्बों में प्रचलित तुलसी विषयक श्रुतियों का अनुभव किया जा सकता है। विनम्रता और करुणा ईसाई धर्म के मूल हैं। तुलसी में दोनों मौजूद हैं। ग्रियर्सन उनकी भक्ति के कायल थे। तुलसी के नायक राम

मर्यादा पुरुषोत्तम हैं। यह एक पक्ष तुलसी को कहीं और खड़ा करता है। भक्ति के अलावा कुछ और है, जिसे अकबर से लेकर ब्रिटिश राज तक ने हाशिये पर रखा। तुलसी वर्ण व्यवस्था का विरोध नहीं करते, लेकिन पिछले दरवाजे राजपुत्र भगवान राम को केवट से मिला देते हैं। विवाह पूर्व राम और सीता मिलते हैं, गौरी पूजन के बहाने। वर्ण व्यवस्था छुआछूत पर चल रही थी, पर्दादारी पर चल रही थी। तुलसी बिना पंडितों को भला-बुरा कहें उसकी रोजी रोटी को खा लेते हैं। कौन चाहेगा कि मल्लाह भगवान से मिले। पति-पत्नी पहले ही देखा-देखी कर लें। ऐसा होने पर वर्ण व्यवस्था टूटेगी ही। ग्रियर्सन के लिए तुलसीदास का महत्त्व इस रूप में नहीं था। वे समन्वय के कवि तो थे। यह भी सत्य है कि वे समाज में एक सांस्कृतिक आन्दोलन चाहते थे। उन्हें उत्तर भारत की किसी भाषा से परहेज नहीं था। रामचरितमानस में उत्तर भारत की अधिकांश भाषाओं की शब्दावली मिलती है, जो कबीर के साहित्य में भी है। कई प्रकार के धार्मिक मतवादों से घिरे उस समाज से एक नयी भाषिक संस्कृति बन रही थी। इस धरती पर भगवान हों या न हों, यह बहस का विषय नहीं है। बहस संस्कृतियों की अनेक सरणियों को एक साथ ले चलने पर होनी चाहिए।

उस समय के जन-जीवन में तुलसी का साहित्य स्वीकार्य था, मान्यता प्राप्त था लेकिन किस रूप में विद्रोही, धार्मिक या सामाजिक शील के कवि-रूप में। यह साहित्य के विद्वानों की चिन्ता थी। रामकथा की कई सौ वर्षों की परम्परा में रामचरितमानस की पंक्तियाँ कहावत या कहवैत के रूप में रच-बस गयी थी। ग्रियर्सन इस अवदान को समझ रहे थे। निःसन्देह तुलसीदास की हिन्दी आलोचकों में चर्चा करनेवाले वे पहले विद्वान् थे। उस दौर में आलोचकों में देव और बिहारी की धूम मची थी। वाणी, विनायक और सरस्वती की एक साथ वन्दना करने वाले महाकवि हाशिए पर थे। कोई आश्चर्य नहीं कि ग्रियर्सन के तुलसी चिन्तन के बाद शुक्लजी पहले आलोचक थे, जो तुलसी की छुपी प्रतिभा और उनके सामाजिक महत्त्व को पहचान सके थे। अंग्रेज़ी के एक वरिष्ठ पत्रकार आनन्द सहाय (सम्पादक/एशियन एज) ने मुझसे पूछा कि तीस से साठ के दशक में हिन्दी साहित्य महत्त्वपूर्ण ग्रन्थों के लिखे जाने और महत्त्वपूर्ण शोध होने का कारण क्या है, विशेषकर भाषा विज्ञान के क्षेत्र में। इसके कई कारण हो सकते हैं। एक कारण की तह ग्रियर्सन का भाषा और साहित्य-चिन्तन ज़रूर है। यह सही है कि उन्होंने कुल मिलाकर ब्रिटिश राज के खूँटे को मजबूत करने के लिए काम किया। जाने-अनजाने उस काम से भारतीय विद्वान् भी प्रेरित हुए। डॉ. सुनीति कुमार चाटुर्ज्या, उदय नारायण तिवारी, बाबूराम सक्सेना, हरदेव बाहरी आदि। तीस और चालीस के दशक में अवधी, ब्रजभाषा, भोजपुरी, फ़ारसी, मैथिली आदि भाषाओं पर भाषा और साहित्य के परिप्रेक्ष्य से कई महत्त्वपूर्ण किताबें आयीं, जिनसे हिन्दी का पाया मजबूत हुआ। इनमें भाषा और भाषागत अध्ययन और लोक-साहित्य का संकलन एक साथ हुआ है। इन विद्वानों

की एक समझ तो यह थी कि शुद्ध भाषागत या भाषा वैज्ञानिक अध्ययन नाम का कोई अस्तित्व नहीं है जब तक कि उसके साहित्य का संकलन न किया जाए। अवधी पर बाबूराम सक्सेना, ब्रजभाषा पर धीरेन्द्र वर्मा, हिन्दी के व्याकरण पर किशोरी दास वाजपेयी आदि की कृतियाँ प्रमाण है। अध्ययन का यह स्रोत ग्रियर्सन और उनके पहले मैक्समूलर में मिलता है। बाद के दशकों में भाषा विज्ञान का अध्ययन काफी सूक्ष्म तरीके से वर्गीकृत हुआ लेकिन उसी अनुपात में इसकी सहचरी के बतौर लोक या शिष्ट साहित्य भाषाओं के अध्ययन में पीछे छूटता गया। कुछ हद तक यह समझा गया कि भाषा में परिवर्तन अराजक तरीके से होता है। उसे किसी नियम के तहत नहीं बाँधा जा सकता है। भाषा मनुष्य की क्रिया है। मानव-क्रियाओं की दिशा सामाजिक सन्दर्भों से तय होती है। उसमें अराजकता है तो क्रिया में भी और भाषा में भी है। ग्रियर्सन भाषा-अध्ययन के सूक्ष्म-से-सूक्ष्म भेद को महत्त्व देते हैं। वह महत्त्व तभी तक है, जब तक कि परिवर्तन के वे कारक मानक सन्दर्भ को रेखांकित करते हों। इसी आलोक में ग्रियर्सन साहब के अध्ययन के कई सवाल उठते हैं। बिहारी भाषा या बोली की परिकल्पना क्यों? बिहार को हिन्दी प्रदेश से अलग क्यों माना जाए? दरद के इलाके के लिए एक अलग देश का विचार क्यों? उत्तर प्रदेश की अपेक्षा बिहार का भाषा परिवार बंगाल के निकट कैसे?

ग्रियर्सन का अधिकांश समय बिहार में गुजरा। वे भारतीय सिविल सेवा की प्रतियोगिता (1871) में उत्तीर्ण हुए थे। 1873 (अक्टूबर) में भारत आये। इनकी पहली नियुक्ति जैसोर जिला (बंगाल) में सहायक मैजिस्ट्रेट के पद पर हुई। वे लगभग छह महीने तक इस पद पर रहे। फिर मार्च 1874 में अकाल पीड़ितों के सहायतार्थ पटना आ गये। यहाँ वे छह महीने रहे। उन्होंने उत्तर बिहार के कई इलाकों का भ्रमण किया। उसी वर्ष (1874) वे वर्नाक्यूलर (हिन्दी और बंगला) की पहली परीक्षा में उत्तीर्ण हुए। इस बीच फिर उनका पदस्थापन हावड़ा, मुर्शिदाबाद और दिनाजपुर में हुआ। इन जगहों में रहकर वे बंगला भाषा में पूरी तरह दक्ष हो गये। 1876 ई. में इन्होंने द्वितीय वर्नाक्यूलर परीक्षा (संस्कृत) पास की। फिर रंगपुर (उड़ीसा) चले आये। अगस्त 1877 ई. में इनका स्थानान्तरण भागलपुर हुआ। वहाँ वे तीन महीना रहे और फिर दिसम्बर 1877 में मधुबनी आ गये, जहाँ वे तीन साल रहे। वहाँ वे संयुक्त मैजिस्ट्रेट, डिप्टी कलक्टर (प्रथम श्रेणी) और कभी द्वितीय श्रेणी के डिप्टी कलक्टर के पद पर भी रहे। जुलाई 1880 में फिर अपने घर डबलिन (आयरलैंड) चले गये। सितम्बर (1880) में इनका विवाह लूसी एलिजाबेथ जीन कालिस से हुआ। तीन महीने बाद फिर वे भारत आये। उस समय उनकी नियुक्ति बिहार में इंस्पेक्टर ऑफ स्कूल के पद पर हुई। उस समय इस पद पर कार्यरत भूदेव मुखर्जी अवकाश पर थे। मार्च 1882 में पटना में मैजिस्ट्रेट और कलक्टर दोनों पदों पर बहाल हुए। छह महीने बाद इनकी बदली शाहाबाद हो गयी। कुछ समय बाद

इनका तबादला दिनाजपुर हो गया। वहाँ से भी कुछ ही समय बाद (1882) पटना चले आये। 1885 में ग्रियर्सन वियना के अन्तरराष्ट्रीय कांग्रेस के सातवें अधिवेशन में भाग लिये। वहाँ से डेढ़ वर्ष बाद भारत आये। फिर इनका पद-स्थापन हावड़ा में हुआ। पाँच महीने बाद गया आ गये जहाँ वे पाँच साल रहे। गया में रहते हुए ये दो बार हिन्दी ऑनर्स की परीक्षा के परीक्षक बने। एक बार सह-परीक्षक और दूसरी बार संयुक्त परीक्षक। इनके साथ उस समय डॉ. ए.एफ. रूडाल्फ हॉर्नली थे। गया से इनका तबादला हावड़ा हुआ यहाँ वे 1892-96 की अवधि तक रहे। 1894 के जेनेवा अन्तरराष्ट्रीय ओरिएंटलिस्ट कांग्रेस के दसवें अधिवेशन में बंगाल सरकार, बंगाल एशियाटिक सोसायटी और कलकत्ता विश्वविद्यालय के प्रतिनिधि के रूप में भाग लिये। 1895 में बिहार अफीम एजेंट प्रभार के पद पर बहाल होकर बाँकीपुर (पटना) आ गये। 1897 ई. में ये लम्बी छुट्टी में चले गये। उन्हीं दिनों इन्हें भारतीय भाषा-सर्वेक्षण का सुपरिटेंडेंट नियुक्त किया गया। उस समय तक इनका स्वास्थ्य बहुत खराब हो चुका था। उन्हीं दिनों ये शिमला चले आये। भाषा-सर्वेक्षण का ज्यादातर काम शिमला में किया। नवम्बर 1899 में इंगलैंड चले आये। तीन साल बाद इन्होंने बंगाल सरकार की नौकरी से त्यागपत्र दे दिया। इंगलैंड से फिर अपने निवास (राथफार्नहम डबलिन/आयरलैंड) चले गये, जहाँ वे अपने अन्तिम समय 8 मार्च, 1941 तक रहे।

ग्रियर्सन सरकारी सेवा में जहाँ भी रहे, अध्ययन के चलते अपने काम-काज से जी नहीं चुराया। अध्ययन और सरकारी सेवा दोनों का दायित्वपूर्ण निर्वाह किया। आज के प्रशासनिक अधिकारियों के लिए यह प्रेरणा-सूत्र हैं। जिस इलाके में रहे, जिस पद पर रहे, वहाँ की दिनचर्या और ज्ञान-सम्पदा के साक्षी रहे। 1894 ई. में गाँजा उत्पादन कमीशन के सम्मुख इनकी रिपोर्ट आने के बाद सरकार ने विचार कर भाँग के दुष्प्रभाव को सही नहीं माना। लोकोक्ति है कि भगवान शिव स्वयं हिमालय से भाँग का पेड़ लेकर पृथ्वी पर आये। इसके सुप्रभाव और दुष्प्रभाव अलग हैं लेकिन ग्रियर्सन की रिपोर्ट के बाद ही भारत सरकार किसी निर्णय पर आयी। बिहार में रहते हुए इन्होंने 'बिहार पीजेंट लाईफ' लिखी जिसमें बिहार के ग्रामीण जीवन की दिनचर्या है। यद्यपि इस किताब को मैं सर्वेक्षण ही मानूँगा तथापि ब्रिटिश प्रशासकों के लिए यह किताब बेशकीमती रही है। इस अर्थ में वे ब्रिटिश सेवा के पक्के या यह कह लें कि विश्वसनीय अधिकारी थे। ग्रियर्सन के समय में ही भाँग और अफीम की खेती शुरू हुई थी। धान के खेत में भाँग और अफीम लगाए जाते थे। ग्रियर्सन भी जानते थे कि अफीम और भाँग की खेती सरकार के राजस्व को बढ़ाने वाली है। अब भाँग का सुप्रभाव हो या दुष्प्रभाव, उनकी रिपोर्ट सरकार की मंशा से अलग नहीं थी।

भारतीय सिविल सेवा में डिप्टी मैजिस्ट्रट का पद छोटा नहीं था। अमीन, पटवारी, लेखपाल और तहसीलदार के ऊपर का यह पद था। उस समय तक ब्रिटिश प्रशासन

तन्त्र का काम बहुत बढ़ा नहीं था। राजस्व का काम अधिक था। पटना में जहाँ इन्हें कलक्टर और मैजिस्ट्रेट दोनों का प्रभार दिया गया, वह भारी जिम्मेवारी का पद था। एक का सम्बन्ध राजस्व से था तो दूसरे का न्याय से। स्कूल इंस्पेक्टर का पद भी कलक्टर के बाद लेकिन उसके समकक्ष था। अच्छी बात यह ज़रूर थी कि चाहे जिस कारण या जिस मकसद से हो, शिक्षा सरकारी क्षेत्र में थी। आज की तरह स्कूल दुकानों की शक्ल में नहीं थे। सरकार समझती थी कि उसे 'अपना आदमी' बनाने के लिए अपनी ही तरह की शिक्षा की ज़रूरत होगी और इस काम में उसे कोई शिक्षाविद् ही चाहिए। उस जमाने में ग्रियर्सन से बड़ा शिक्षाविद् कौन होता?

ग्रियर्सन के आई.सी.एस. में आने के लगभग पन्द्रह साल पहले भारतीय प्रशासन के लिए प्रतियोगिता शुरू (1858 ई.) हुई थी। इसके पहले ईस्ट इंडिया कम्पनी भारतीय प्रशासन के लिए अंग्रेज अधिकारियों का चयन करती थी। प्रसिद्ध भाषाविद् जॉन बीम्स 1858 के दो साल बाद के आई.सी.एस. अधिकारी थे। वे 1858 में भारत आये थे। उस दिनों के अनुभव को दर्ज करते हुए बीम्स (कम्पेरेटिव ग्रामर ऑफ दी मॉडर्न आर्यन लैंग्वेजेज/भूमिका) ने लिखा है कि काम का बोझ इतना था कि बमुश्किल मनोरंजन के लिए भी दो घंटे का समय निकल पाता था। उनके अनुसार मेरे हिस्से के ये दो घंटे भी बिल्कुल निजी नहीं थे। किसी भी वक्त ऊपर से कोई आदेश आ जाता था। फिर भी इसी दो घंटे में बीम्स भाषाओं के अपने अध्ययन का काम करते थे। उन्होंने काम के बोझ से कुछ राहत पाने के मक़सद से भाषाओं के अध्ययन का काम शुरू किया। इससे उन्हें दिमागी सुकून मिलता था। यों भी उनके समय के आई.सी.एस. में भाषा और गणित पर विशेष जोर था। गणित कानून, राजनीति के अलावा फ़ारसी, संस्कृत और हिन्दुस्तानी तीन भाषाएँ अनिवार्य विषय में थे। भाषाओं के अध्ययन के प्रति बीम्स का झुकाव इस कारण भी बढ़ा। उनकी श्रेण्य कृति 'कम्पेरेटिव ग्रामर' हिन्दी, पंजाबी, सिन्धी, गुजराती, मराठी, उड़िया और बाँग्ला का तुलनात्मक अध्ययन प्रस्तुत करता है। खास बात थी कि बीम्स ग्रियर्सन आदि अधिकारी प्रशासन की चुस्ती में पीछे नहीं थे और अध्ययन-कार्य में भी नहीं। वे सरकार के आज्ञाकारी थे। विधायिका जो तय करती थी, उससें एक कदम आगे-पीछे नहीं होते थे। भारत में ब्रिटिश राज को मजबूत करने में इन अधिकारियों का योगदान रहा है। महत्त्व की बात थी, किसी भी काम के प्रति इनके द्वारा जिम्मेवारियों का निर्वाह। काम का बोझ बीम्स के समय भी रहा होगा और ग्रियर्सन के समय भी, क्योंकि ईस्ट इंडिया कम्पनी के खत्म होने (1858 ई.) के बाद भारतीय प्रशासन का ढाँचा बदला था। सब कुछ नये सिरे से करना था। ग्रियर्सन भी उसी समय आये थे। उनके समय तक ब्रिटिश राज की नींव बहुत पक्की नहीं हुई थी। विधायिका की अनुशंसा को लागू करने का काम कार्यपालिका का होता है। विधायिका और कार्यपालिका के पारस्परिक सम्बन्ध को स्टील फ्रेम कहा जाता रहा है। ब्रिटिश राज

को मजबूत करने में कार्यपालिका की बड़ी भूमिका थी। अंग्रेज अधिकारियों के काम करने के तौर-तरीके और विधायिका से उनके पारस्परिक सम्बन्ध अलग से विचार के विषय हैं। ग्रियर्सन की कार्य-संस्कृति का बहुत विवरण नहीं मिलता है। इस विषय पर विचार होना चाहिए। बीम्स, ग्रियर्सन जैसे अधिकारी प्रशासनिक व्यस्तता के रहते हुए अध्ययन के लिए समय कैसे निकाल लेते थे?

ग्रियर्सन के नौकरी में आने के बाद उनकी प्रोन्नति स्वतः नहीं होती गयी। किसी अधिकारी के लिए वर्नाक्यूलर की दो परीक्षाओं को पास करना ज़रूरी था। ग्रियर्सन बंगाल प्रेसिडेंसी में थे। इसलिए उन्हें हिन्दी और बाँग्ला की वर्नाक्यूलर परीक्षा पास करनी पड़ी। अब के प्रशासन तन्त्र में भी ऐसा प्रावधान है लेकिन इसका सही-सही पालन शायद ही होता हो। ब्यूरोक्रेसी में अंचलाधिकारी/प्रखंड विकास पदाधिकारी सबसे नीचे का पद है। यहाँ के अधिकारी के लिए अंचल-विशेष की भाषा जानना और समझना प्रशासनिक दृष्टि से उपयोगी है। ऐसा नहीं है कि वह जिस इलाके में रहे, वहाँ की भाषा सीखे ही, लेकिन ऐसा कोई प्रावधान तो होना ही चाहिए जिसके अन्तर्गत अंचलाधिकारी या प्रखंड विकास पदाधिकारी को बृहत्तर इलाके की किसी एक भाषा का भी ज्ञान हो। ग्रियर्सन बंगाल में रहते थे। बाँग्ला सीखे। चूँकि बंगाल प्रेसिडेंसी की बनावट बहुभाषिक थी, इसलिए वे बिहार में रहकर भोजपुरी और मैथिली भी जान गये। ग्रियर्सन की बहाली जिस इलाके में हुई, वे आम जनता से बहुत दूर नहीं थी। इलाका-विशेष की भाषा सीखने का एक बड़ा लाभ जनता से प्रशासनिक अधिकारियों को निकट लाने का है। ब्रिटिश राज में भाषाओं के सीखने पर बड़ा जोर था। ग्रियर्सन समेत कई अंग्रेज अधिकारियों को भारतीय भाषाओं का अच्छा ज्ञान था। आजादी के बाद यह सिलसिला चालू रहता तो देश में दक्षिण और उत्तर भारत के बीच मजबूत सांस्कृतिक सेतु बनता। स्थिति यह रही है कि पिछले तीस-चालीस वर्षों के प्रशासनिक अधिकारियों में दो से अधिक भाषाओं को जानने वाले कम होते गये हैं। तमिल प्रदेश के किसी हिन्दी प्रदेश के अधिकारी को तमिल जाननी चाहिए। तमिल और हिन्दी प्रदेश के संवाद की भाषा हिन्दी है, न कि अंग्रेज़ी। खेद है कि पिछले कई दशकों के उच्च प्रशासनिक अधिकारियों ने अंग्रेज़ी को ही भारतीय राज्यों को जोड़ने का माध्यम मान लिया। ग्रियर्सन का सर्वेक्षण और विभिन्न विषयों पर उनके लेख अंग्रेज़ी भाषा में छपे। इससे अंग्रेज़ी भाषा का साहित्य समृद्ध हुआ। ग्रियर्सन कई भाषाओं के जानकार थे। सौ से अधिक भाषाएँ जानते थे। वे चाहते तो हिन्दी भाषा में अपना काम कर सकते थे। इससे भारतीय प्रदेशों को और करीब से समझते। फिर भी अंग्रेज़ी में काम करके उन्होंने हम भारतीयों को अपनी भाषा से प्रेम करना सिखाया है। यह समझ से परे है कि भाषाविद् बाबू राम सक्सेना का अवधी का शोध प्रबन्ध अंग्रेज़ी में था। उस समय के कई विद्वानों के शोध प्रबन्ध अंग्रेज़ी में थे। विषय हिन्दी का, भाषा अंग्रेज़ी की। इन विद्वानों में डॉ. कामिल बुल्के

अपवाद थे, जिनका राम कथा का शोध प्रबन्ध हिन्दी में था। डॉ. बुल्के अंग्रेज़ी जानते थे, फ्लेमिश (बेल्ज्यिम), फ्रेंच, हिब्रू और लैटिन भी। डॉ. शैल सक्सेना (फादर कामिल बुल्के, न.दि.09) ने लिखा है कि फ्लेमिश से उन्हें विशेष अनुराग था और जो कोई फ्लेमिश के बदले फ्रेंच भाषा का प्रयोग करता, उसके प्रति वे दुखी हो जाते थे। ग्रियर्सन ने बिहार में हिन्दी के प्रयोग का विरोध किया था। विरोध करने वालों में जॉन बीम्स भी थे। वे भी ब्रिटिश सेवा के अधिकारी थे। बुल्के हिन्दी को भारतीय भाषाओं का सांस्कृतिक सेतु मानते थे। ऐसा बीम्स भी मानते हैं। उनके पहले के लोग भी मानते थे। ग्रियर्सन का दृष्टिकोण इन सबसे भिन्न था।

ग्रियर्सन ब्रिटिश राज की सोच से बिल्कुल अलग नहीं हुए। ग्रियर्सन दूसरे अंग्रेज भाषाविदों से बहुत अलग नहीं थे। जैसे, डब्ल्यू.डब्ल्यू. हंटर (ए कम्पेरेटिव डिक्शनरी ऑफ दी लैंग्वेजेज ऑफ इंडिया एंड हाई एशिया) ब्रिटिश राज में पहाड़ी क्षेत्रों की उपेक्षा को लेकर क्षुब्ध थे। वे पहाड़ी क्षेत्रों की विशिष्ट पहचान चाहते थे। राज के लिए पहाड़ी क्षेत्रों में पैठ भी आसान नहीं थी। उन्हें लगातार विरोध का सामना करना पड़ रहा था। पहाड़ी क्षेत्रों में सब की स्थिति एक-सी नहीं थी। झारखंड में खेती का विकास बहुत पहले हो चुका था। कश्मीर के पार गिलगिट के इलाके या दरद के कबीलों में इतना असन्तोष था कि किसी पॉलिटिकल एजेंट का टिक पाना मुश्किल था। ग्रियर्सन ने कश्मीर पर अलग से कुछ लेख लिखे, विशेषकर कश्मीरी भाषा के ध्वनि तन्त्र को लेकर। वे दरद नहीं गये, गिलगिट नहीं गये थे। उन्हें काफी सामग्री स्टेन कोनो, ईश्वरी कौल और दूसरे पंडितों से मिली। दरद को वे आर्य और ईरानी परिवार का सम्मिलित प्रभाव मानते थे। उनकी समझ बिल्कुल सही थी। जिन इलाकों में ग्रियर्सन कभी गये नहीं, उसे लेकर उनकी दृष्टि बहुत दोषपूर्ण नहीं रही है। जिन इलाकों में वे रहे, उसे लेकर उनकी दृष्टि में काफी खोट है। बिहार को हिन्दी प्रदेश से अलग मानने का क्या अभिप्रेत है? मैथिली को बाँग्ला के निकट बताने का क्या अभिप्राय है? झारखंड का महत्त्व इस दृष्टि से ज्यादा है कि यहाँ द्रविड़, ऑस्ट्रिक और आर्य भाषी रहते हैं। ग्रियर्सन इस पक्ष को अनदेखा करते हैं। बिहार पश्चिमी हिन्दी के इलाके से अलग हो जाए, फिर मिथिला बिहार से अलग हो जाए। झारखंड अलग रहे। भाषायी आधार पर प्रान्तों के विभाजन को ग्रियर्सन कहीं-न-कहीं अस्वीकार करते हैं। वे बंगाल प्रेसिडेंसी के अस्तित्व को विकास के लिए कारगार मानते हैं। कश्मीर और दरद का इलाका हिन्दी प्रदेश का नहीं रहा है। कश्मीर संस्कृत के काव्यशास्त्रियों का गढ़ था। दरद से सटा श्लातुर, जो अब अफगानिस्तान और पाकिस्तान का सीमांचल है, प्रसिद्ध भाषाविद् पाणिनि की जन्म स्थली रहा है। ब्रिटिश राज के लिए भी कश्मीर पर्यटन-स्थल रहा और दरद-इलाके के सिस्टम से तो उन्होंने खुद को काफी दूर रख लिया था। इस क्षेत्र से उन्हें जितना राजस्व मिल जाए काफी था। बिहार, उत्तर प्रदेश पर उनका पूर्ण शासन था। इन

प्रदेशों की सांस्कृतिक और सामाजिक एकता इनके आर्थिक और राजनैतिक वर्चस्व के लिए घातक होती। इसलिए ग्रियर्सन की सोच ब्रिटिश राज से भिन्न नहीं थी। यहाँ उन पर सरकार का भारी दबाव रहा होगा। पहाड़ी क्षेत्रों को लेकर सरकार की सोच इसे हिन्दी प्रदेश से अलग मानने की थी। ग्रियर्सन भी ऐसा ही मानते थे।

पहाड़ी क्षेत्रों में सब की स्थिति एक समान नहीं थी। झारखंड और गढ़वाल में ब्रिटिश राज को लगभग सामाजिक स्वीकृति मिल चुकी थी। इन इलाकों से राज को बढ़िया राजस्व मिल जाता था। दरद के इलाके में राज को लेकर असन्तोष बन रहा था। इस इलाके को लेकर सरकार की भी कोई नीति नहीं थी। सरकार यहाँ के निवासियों को कबीलाई समझकर इन्हें मुख्य धारा से अलग ही मानती थी। झारखंड के नये राज्य का प्रारूप भी ब्रिटिश राज में ही बना था। यही काम दरद के इलाके में नहीं हो पा रहा था। वहाँ का कबीला किसी हाल में राज को स्वीकार नहीं कर रहा था। सरकार वहाँ से राजस्व वसूली भी चाहती थी। फलस्वरूप उसने कश्मीर को पर्यटन स्थल मान लिया और दरद को अपने हाल पर छोड़ दिया। इसके बावजूद मार्च 1895 में चित्राल राज के अधीन आया। बाद के दशकों में वहाँ विकास-कार्य कितना हुआ, यह कहना तो मुश्किल है लेकिन इस इलाके में जो नहीं हुआ, सरकार के मुताबिक इसकी जिम्मेवारी वहाँ के कबीलों की है। रॉबर्टसन (चित्राल : दी स्टोरी ऑफ ए माइनर सीज) ने लिखा है उन्होंने वहाँ किसी तंदुरुस्त और मोटे आदमी को नहीं देखा। गरीबी और भुखमरी इतनी कि किसी को भरपेट खाना खिला देने पर उससे कोई भी काम लिया जा सकता है। यह बात अपनी जगह बिल्कुल दुरुस्त है। रॉबर्ट्सन के अनुसार 1895 में गिलगिट (दरद परिवार/सिना) से एक ही सड़क कश्मीर होती हुई भारत जाती थी। उन्होंने यह भी लिखा है कि पेशावर और चित्राल के बीच लगभग दो सौ कि.मी. तक पश्चिम की तरफ (पामीर) यूरोप के प्रति भारी रोष और अविश्वास था। कारण कुछ नहीं बताया है। यह इलाका बहुत पहले से व्यापारिक मार्ग था। पाणिनि का समय लगभग चार सौ ई.पू. का है। उन्होंने अष्टाध्यायी में इस महत्त्वपूर्ण व्यापारिक मार्ग का ब्योरे से उल्लेख किया है। उनके इलाके में तरह-तरह के कम्बल तैयार होते थे। वे कम्बल भारत भी आते थे, यूरोप भी जाते हैं। यह इलाका यूरोप और भारत से बिल्कुल कटा हुआ नहीं था। काव्यशास्त्री राजशेखर (काव्य मीमांसा) आठवीं शती के थे। वे दरद इलाके की चर्चा करते हैं। कबीले सरदारों के अपने सिस्टम रहे होंगे, जिस के भीतर ब्रिटिश राज के पॉलिटिकल एजेंटों की घुसपैठ लगातार होती रही थी। उस असन्तोष का एक कारण बाउंड्री परिसीमन आयोग (1894) का बनना था। दूसरा कारण था कि सरकार सीधे अफगान के अमीरों से मिलकर परिसीमन के मामले में किसी निर्णय पर पहुँने को उत्सुक थी। इसका एक कमजोर पहलू वहाँ के स्थानीय कबीलों की उपेक्षा भी था, जिनका सम्बन्ध न तो अफगान सरदार से था और न

ब्रिटिश सरकार से। इस बात को रॉबर्टसन भी स्वीकारते हैं। यह कहना सही नहीं लगेगा कि दरद जैसे अन्तर्विरोधी (बफर) या अन्तस्थ राज्यों के प्रति ब्रिटिश राज के विदेश विभाग में काफी प्रेम और सहानुभूति थी। यों यह बहस का विषय है लेकिन अगर बहुत प्रेम था तो राज के पॉलिटिकल एजेंट ने इस इलाके को उन्हीं के सिस्टम के भरोसे क्यों नहीं छोड़ा?

ग्रियर्सन (भाषा सर्वेक्षण/खंड एक/भाग एक) मानते हैं कि प्राचीन काल में दरद भाषा का क्षेत्र काफी विस्तृत रहा था। पश्चिमी तिब्बत तक इसका प्रसार था। किसी समय सम्पूर्ण पंजाब पर दरद भाषा-भाषियों का अधिकार था। उनके अनुसार पंजाबी और लहन्दा में प्राचीन दरद भाषाओं के रूप मिलते हैं। दरद की संरचना भारत, पाकिस्तान और अफगानिस्तान तीनों से प्रगाढ़ है। थोड़ा आगे बढ़ जाएँ तो ईरान से भी। काफिर वर्ग की चार बोलियाँ काफिरिस्तान में बोली जाती हैं जो चित्राल की पश्चिमी पर्वतमालाओं से घिरी अफगान सीमा के अन्तर्गत है। चित्राल के पूर्व में गिलगिट और निकटवर्ती क्षेत्र में सिना बोली जाती है, जो भारत में है। दरद भाषा के रूप में अफगानिस्तान का सीमावर्ती क्षेत्र लगमन और निग्रहार का इलाका है, जहाँ की बोली तिराही है। तीरा एक घाटी है, जहाँ अफरीदी पठान निवास करते थे। दरद परिवार को लेकर ग्रियर्सन की समझ बहुत दोषपूर्ण नहीं है।

भारतीय भाषाओं का सर्वेक्षण एक कठिन कार्य था। ग्रियर्सन साहब ने केवल सर्वेक्षण नहीं किया है। उन्होंने हर इलाके की बोली का व्याकरण दिया है। जो नमूने उन्होंने अपने अधीनस्थ कर्मचारियों से संकलित करवाये, उनके हिन्दी और अंग्रेज़ी अनुवाद और उस इलाके के संक्षिप्त इतिहास को सामने रखते हुए उसका व्याकरण दिया है। ग्रियर्सन के भाषा-सर्वेक्षण में संकलित बोलियों और भाषाओं के व्याकरण से उस इलाके के इतिहास और उसकी संरचना आबादी के अनुपात और आव्रजन और प्रव्रजन की स्थितियों का भी पता चलता है। ग्रियर्सन द्वारा प्रस्तुत सर्वेक्षण भारतीय भाषाओं और उसके समाज का इतिहास भी है। उन्हें संस्कृत साहित्य का बहुत अच्छा ज्ञान था। उनके गुरु प्रो. एटकिंसन संस्कृत के विद्वान् तो थे ही। वे लैटिन, अंग्रेज़ी, रूसी और चीनी भाषाओं के अच्छे जानकार थे। वे डबलिन के ट्रिनिटि कॉलेज में प्राध्यापक थे। ग्रियर्सन भी उसी कॉलेज (1868 ई.) में पढ़ते थे। उन्हें एटकिंसन का शिष्यत्व प्राप्त हुआ था। उनके भाषा सर्वेक्षण में यह प्रभाव देखा जा सकता है।

भाषाओं की सीमाओं को तय करते समय वे बहुत सूक्ष्म व्याकरणिक परिवर्तनों को व्यापक मानकर (सेवन ग्रामर्स ऑफ दी डाइलेक्ट्स एंड सबडाइलेक्ट्स ऑफ बिहारी लैंग्वेज) भी चले। भोजपुर के केन्द्र आरा का मानक व्याकरण भोजपुरी का व्याकरण होगा। होना भी यही चाहिए। इससे भाषा का मानकीकरण ज्यादा दुरुस्त होता है। मुजफ्फरपुर के एक इलाके का व्याकरण, दरभंगा के एक इलाके का व्याकरण। इसका क्या मतलब है? बेहतर हो कि अंग्रेज़ी के विद्वान् ग्लासगो की

अंग्रेज़ी का अलग व्याकरण लिखें, लन्दन की अंग्रेज़ी का अलग। बोलियों का व्याकरण लिखा जाना चाहिए। विश्रृंखलित बोलियों (ब्रोकन डाइलेक्टस) का भी लिखा जाना चाहिए। बशर्ते कि बोलियों की व्यवस्था में व्यापक परिवर्तन हो रहा हो। अन्यथा हर आदमी अपनी बोली का अलग व्याकरण लिख डालेगा। तब बोलियाँ संवाद की माध्यम तो रहेंगी लेकिन एक छोटे कुनबे की। तुलसीदास ग्रियर्सन के प्रिय कवि थे। क्यों नहीं उन्होंने तुलसी की भाषा-दृष्टि से प्रेरणा ली? विद्यापति के गीत बंगाल में भी गाये जाते थे। विद्यापति भी उनके प्रिय कवि थे। विद्यापति मैथिली, अवहट्ठ और संस्कृत में लिख रहे थे। उनकी मैथिली की पहुँच बंगाल तक थी। ग्रियर्सन इस परम्परा को आत्मसात् नहीं कर पाते हैं।

भाषाओं के वर्गीकरण की सीमाओं को तय करना थोड़ा कठिन ज़रूर है। कुछ वर्गीकरण तो स्वतः हो जाते हैं या हो चुके हैं। पटना को कोई मैथिली का इलाका नहीं कहेगा। ग्रियर्सन के समय में भी वह मगही का इलाका था। दिक्कत दो बोलियों की सीमा को तय करने को लेकर होती है। वहाँ सामान्य जनगणना से मदद ली जाती है। परम्परागत भौगोलिक विभाजन से भी काम लिया जाता है। जैसे, जयनगर मैथिली का इलाका है। जयनगर के पार नेपाल है। वह नेपाली का इलाका है। एक ही इलाके में दूसरे भाषा-भाषी भी रहते हैं। भाषा या बोली के प्रति अतिरिक्त प्रेम कुछ ऐसा है कि पंजाब के किसी इलाके में रह रहा मैथिली या भोजपुरी भाषी पंजाबी न सीखेगा, न बोलेगा, क्योंकि वहाँ वह अपनी पहचान (आइडेंटिटी) को बनाने की जुगत में रहता है। यह अतिरिक्त प्रेम पंजाबी, मैथिली या भोजपुरी के बीच सेतु बनाने में बाधक होता है। खुद का मेरा अनुभव है कि मदुरै के मारवाड़ी व्यापारी तमिल बोलते हैं। मैथिली की पहचान मिथिला इलाके में है। वह कलकत्ता की बोली नहीं बनेगी। ग्रियर्सन के समय प्रेसिडेंसी की संरचना थी। एक ही प्रेसिडेंसी में एक से अधिक भाषाओं के प्रान्त थे। बंगाल प्रेसिडेंसी में असम, बंगाल, उड़ीसा और बिहार भी था। उन्हीं के समय में बिहार को अलग करने का आन्दोलन भी चला था। इस कारण भी ग्रियर्सन और उनकी पूरी टीम को परेशानी हुई होगी।

ग्रियर्सन 1894 ई. में पीएच.डी. कर चुके थे। 1895 ई. में उन्हें सी.आई.ई. (कम्पेनियन ऑफ दी इंडियन एम्पायर) की उपाधि मिली। डबलिन (1902) में उन्हें डि.लिट्. का सम्मान मिला। 1912 ई. में उन्हें के.सी.आई. (नाइट कमाण्डर ऑफ दी इंडियन एम्पायर) का सम्मान मिला। कैम्ब्रिज से डॉक्टर ऑफ लॉ और ऑक्सफोर्ड से डी.लिट्. का सम्मान मिला। कुछ पुरस्कार ब्रिटिश सरकार की उनकी सेवा के अनुरूप था। उपाधि और उनकी विद्वता पर ब्रिटिश साम्राज्य को गर्व होगा ही। उनकी विद्वता भारतीय विद्वानों के लिए भी अनुकरणीय है। फिर भी उन्होंने जो काम किया है, उससे ब्रिटिश राज की नींव ही मजबूत हुई है। सरस्वती का सम्मान तो होना चाहिए, उसकी 'तरफ' को अनदेखा कर नहीं। ग्रियर्सन के समय में दयानन्द सरस्वती और उनके कुछ

पहले राजा राम मोहन राय का पांडित्य भी अतुलनीय था। भले वे ग्रियर्सन की भाँति सौ भाषाओं के जानकार नहीं थे। उनकी देन को कौन अनदेखा कर सकता है? कई भाषाओं का विद्वान् होना उस समाज की उपलब्धि है। ग्रियर्सन के समय में ऐसे विद्वान् भी हुए जो अधिक भाषाएँ नहीं जानते थे। फिर भी अपनी भाषा को समृद्ध कर रहे थे। उनसे ब्रिटिश राज को खतरा था। कहना ये कि ''कम्पेनियन ऑफ दी इंडियन एम्पायर'' का सम्मान राजा राम मोहन राय को नहीं मिला, दयानन्द सरस्वती को भी नहीं मिला, जिन्होंने वैदिक साहित्य की व्याख्या की। रवीन्द्रनाथ टैगोर को भी नहीं मिला जो भाषा, साहित्य, नृत्य, संगीत और चित्रकला के पंडित थे। ब्रिटिश एम्पायर का सम्मान उसे ही मिलता जो 'एम्पायर' के सहचर थे।

अक्सर कहा जाता है कि ग्रियर्सन जिन कामों को अंजाम दे रहे थे, हिन्दी के लेखक उनसे कोसों दूर थे। ऐसा मानना कुछ हद तक सही है। हिन्दी साहित्य के सन्दर्भ में देखा जाए तो जो काम भारतेन्दु कर रहे थे, ग्रियर्सन उससे दूर थे। भारतेन्दु भारतीय पुरातत्त्व के क्षेत्र में भी काम कर रहे थे। इस काम के लिए उनके पास साधन सीमित थे। अपने इतिहास को खोज रहे थे। उनके नाटकों में राजस्थान से लेकर बिहार तक की शब्दावली मिलती है। उनकी मंडली में उड़िया भाषी लेखक भी थे और पंजाब से आये लेखक भी। पूरे उत्तर भारत को वे देख रहे थे। ग्रियर्सन के समय में लोक साहित्य पर अच्छा काम हुआ है। सत्तर-अस्सी (1870-80) के दशकों में इस क्षेत्र में हिन्दी के किसी लेखक का ध्यान नहीं गया था। आगे कवि राम नरेश त्रिपाठी जी ने बहुत मेहनत और निष्ठा से काम शुरू किया। उन्होंने लोक साहित्य को 'ग्राम्य साहित्य' का नाम दिया था। वे गाँवों को जोड़ने का काम कर रहे थे। ग्रियर्सन के समय के एक बड़े विद्वान् थे—एफ.एस. ग्राउजे (F.S.Growse)। वे ग्रियर्सन के पहले से काम कर रहे थे। 'दी जर्नल ऑफ दी बंगाल एशियाटिक सोसायटी' में उनका एक लेख (1-4/1878) छपा है, जिसमें मथुरा और भरतपुर का विवरण है। इस लेख में होली के अवसर पर ब्रज का लोक गीत (श्री भांड बधाई बरसाने की) और होली खेलने के समय साखी भी है, **कान्हा धरे रे मुकुट खेले होरी/एक ओर खेले कुँवर कन्हैया एक ओर राधा गोरी।** एक छोटी टिप्पणी पुरातात्त्विक खोज को लेकर भी है। ग्राउज़े ब्रिटिश राज में मैजिस्ट्रेट थे। जहाँ-जहाँ गये, वहाँ के परिवेश को अपने ढंग से उकेरा। वे भरतपुर में थे। जर्नल में उनका एक विवरण 'मेडीवल हिन्दू कॉलम्स फ्रॉम साहर' शीर्षक से छपा है। उनकी खोज है कि भरतपुर राजवंश के संस्थापक सूरजमल थे। उनके सुपुत्र बदन सिंह के समय मन्दिर को लेकर एक विवाद खड़ा हो गया। अदालत का फैसला हिन्दुओं के पक्ष में हुआ। वहाँ मन्दिर-निर्माण का काम शुरू हुआ। इस दौरान 1072 ई. के कुछ अवशेष अभिलेख के रूप में मिले। ग्राउजे ने इसका बहुत अच्छा विवरण दिया है। उनके अनुसार इस पुरातात्त्विक अवशेष की संरचना बहुत कुछ हिन्दू शैली की थी।

जो खम्भे मिले, वे लगभग चार सौ ई. के थे। उसी अंक में मार्च-अप्रैल 1877 की उनकी डायरी छपी है। उसमें ग्राउजे अपने समय की पुरातात्त्विक खोजों का ब्योरा देते हैं। किसी प्रशासनिक अधिकारी के लिए यह काम आसान है। ब्रिटिश राज में अधिकारियों को अपने समय में किये कामों का ब्योरा देने का चलन था। कोई-कोई विवरण जर्नल में छपते थे। अपने अधीनस्थों द्वारा लोक साहित्य जमा करने का काम भी होता था। फिर ब्रिटिश अधिकारी अपने राज की नीति के अनुरूप संकलित विवरणों में से चयन करते थे। अब जैसे, मस्जिद के गिरने और मन्दिर के बनने के विवरण का सामाजिक प्रभाव पड़ेगा ही। पहले मन्दिर (भरतपुर) था, फिर मस्जिद बनी, फिर मन्दिर बना। फिर खुदाई हुई, हिन्दुओं के ब्योरे मिले। इस विवरण में ब्रिटिश हिसाब से काफी दम है। ये मुसलमान हैं जो हिन्दू धर्म का गला घोंटते रहे हैं। ब्रिटिश राज हिन्दुओं की संस्कृति को पुनर्जागृत करने में लगा है। इस भाव के साथ ग्राउजे भारतीय समाज में अपनी साख जमाते हैं। इसी पत्र में एक साल बाद (न. III/1878) ग्रियर्सन का संकलन 'दी साँन्ग ऑफ मानिकचन्द्र' नाम से छपा है। मानिकचन्द्र रंगपुर (उड़ीसा) के राजा थे। ग्रियर्सन ने खुद इसका अंग्रेज़ी अनुवाद भी किया है। ग्रियर्सन ग्राउजे से प्रेरित हुए होंगे। एशियाटिक सोसायटी का जर्नल भारत सरकार का दर्पण था। इससे भारतीय बौद्धिकों को अंग्रेज़ी राज की उपलब्धियों का खाका मिलता था। ब्रिटिश अधिकारियों के ये संकलन विवरण के अलावा कुछ नहीं है। यह बहुत मेहनत का काम नहीं है। अधिकारियों के लिए तो और भी नहीं। उनके अधीनस्थ सारा काम करते हैं। ग्रियर्सन अपने समय के अधिकारियों में ज्यादा विद्वान् और बहुभाषी थे। वे लोक गीत का अंग्रेज़ी अनुवाद भी करते और उसकी व्याख्या भी। ब्रिटिश राज में डायरी लिखने का चलन भारतीय समाज से सम्बन्धित विवरणों को इकट्ठा करने के उद्देश्य से ही शुरू हुआ होगा। इस तरह के काम मुगल राज में भी हुए। इतिहासकार अबुल फजल की रचना 'आइने-ए-अकबरी' उनका रोजनामचा है। इतिहास लिखने की यह प्रथा यूरोप में भी थी। जिस इलाके में गिरिजाघर होते थे, वहाँ के दस्तावेज में उसकी कुल आबादी, स्त्री-पुरुष का शिक्षा-अनुपात, खेती-बारी के ब्योरे समेत अनेक विवरण होते थे। आज भी यह चलन है। यह इतिहास-लेखन तो है ही, अपने समय को समझने का एक जरिया है जो बहुत उपयोगी है, परन्तु अपने समय को अपनी नजर से देखने का ही माध्यम है।

ग्रियर्सन की तुलना में दूसरे यूरोपीय विद्वान् हिन्दी के विरोध में नहीं थे। इस दृष्टि से केलॉग का महत्त्व है। ग्रियर्सन भी कुछ खास अवसरों पर विरोध में आये। भाषा सर्वेक्षण में आयी शब्दों की तुलनात्मक सूची से भाषाओं के विकास को लेकर उनकी दृष्टि का पता चलता है। वे संस्कृत को मूल या रूढ़ मानकर चल रहे थे। खंड एक के दूसरे भाग में शब्दों की तुलनात्मक सूची आयी है। किसी दूसरे विद्वान् ने यह काम इतने विस्तृत तरीके से नहीं किया है। उनके समकालीन दूसरे विद्वान्

ग्रियर्सन की अपेक्षा बिल्कुल भिन्न सोच रखते थे। ए.एफ. रुदॉल्फ हॉर्नली (A.F. Rudolf Hornley) के साथ ग्रियर्सन काम कर चुके थे। बिहारी लैंग्वेज की कम्पेरेटिव डिक्शनरी (पहला और दूसरा खंड 1885/89) दोनों विद्वानों की श्रम-साधना का फल है। इस शब्दकोश के छपने के लगभग दस वर्षों पूर्व दोनों विद्वानों की सोच वही नहीं थी, जो 'बिहारी लैंग्वेज' के शब्दकोश के रूप में आयीं है। जैसे, रूदॉल्फ हॉर्नली की बात करूँ तो 1880 (नं. 11) में एशियाटिक सोसायटी (बंगाल) के जर्नल में प्रकाशित उनका लेख (ए कलेक्शन ऑफ हिन्दी रूट्स, विथ रिमार्कस ऑन देयर डेरिवेशन एंड क्लासिफिकेशन) बिल्कुल भिन्न सोच का है। लेख के शुरू में ही हॉर्नली यह स्पष्ट करते हैं कि हिन्दी में केवल संस्कृत-रूट से शब्द नहीं आये हैं। उनके अनुसार जहाँ प्राथमिक स्रोत (प्राइमरी रूट) की बात है, वहाँ संस्कृत में हिन्दी के शब्दों के स्रोत मिलते हैं। जहाँ द्वितीय (सेकेंडरी) स्रोत की बात है, वहाँ केवल संस्कृत से काम लेना बहुत मुश्किल है। उदाहरण के लिए **पैठ** को लिया जा सकता है। संस्कृत के शब्द **प्रविष्टि** से इसका सीधा सम्बन्ध नहीं है। **स्ना** (सं.) से **नहा** को हॉर्नली 'डेरिवेटिव रूट्स' मानते हैं, जो मूलभूत स्वर (रैडिकल भावेल) को अल्पकालिक (शार्टनिंग) बनाने से होता है। इसका उल्टा भी होता है। **कर** (सं.) के हिन्दी इलाके में कई रूपान्तर हैं, **करि** या **करी, करब, करा** इत्यादि। हॉर्नली ने लिखा है कि पुरानी हिन्दी (पृथ्वी राज रासो) में **दिख** और **पिख** कई बार आये हैं। आधुनिक हिन्दी में **देख** है। **खींच, खेंच, खैंच** कुछ ऐसे शब्द हैं जिनके सीधे स्रोत संस्कृत में नहीं मिलते हैं। हॉर्नली ने प्राथमिक स्रोत वाले शब्दों की सूची दी है, **अट, अ, अटै** (हि.)/**उखाड़ उत्कृष** (सं.)—**उत्कर्षति-उखाड़ै**/खैंचैं। **उपज-उत्-पट्-उत्प्रद्यते-उप्पज्जइ** (प्रा.)-**उपजै**। उन्होंने ऐसे तीन सौ शब्दों की सूची दी है। इसी प्रकार लगभग उतनी ही संख्या में द्वितीय शब्द-स्रोतों (सेकेंडरी रूट) की सूची दी गयी है। कुछ शब्दों के स्रोत को संस्कृत में खोजना कल्पना भर है। फेंक का प्राकृत में **पेक्खइ** है, लेकिन सं. में प्र-इष। **प्रेक्ष्यति** से **पेक्खइ** का विकास समझ से परे नहीं है। संस्कृत में **प्रेक्ष्यति** वर्तमान काल में है। हॉर्नली के अनुसार हिन्दी के **फेंक** में केवल महाप्राण परिवर्तन (ट्रांसफर ऑफ एस्पिरेशन) है। हिन्दी में ऐसे शब्द कम नहीं हैं। हॉर्नली संस्कृत का महत्त्व समझ रहे थे। वे संस्कृत से हिन्दी शब्दों के आने के तौर-तरीके पर भी विचार करते हैं। वे हिन्दी प्रदेश की बोलियों का भी महत्त्व समझते हैं। ग्रियर्सन के तुलनात्मक अध्ययन की दृष्टि के स्रोत हॉर्नली और उनके समकालीन अन्य भाषाविदों के साहित्य में देखे जा सकते हैं।

ग्रियर्सन और हॉर्नली दोनों संस्कृत से हिन्दी का सम्बन्ध मानते रहे थे। हॉर्नली हिन्दी प्रदेश की बोलियों का महत्त्व समझ रहे थे। ग्रियर्सन भी भाषा-सर्वेक्षण में बोलियों के शब्दों का ब्योरा देते हैं। ग्रियर्सन हिन्दी का विकास देख रहे थे। महाराष्ट्र, पंजाब और बंगाल हिन्दी के बड़े केन्द्र थे। हिन्दी राष्ट्रीय आन्दोलन के हर नेता

के लिए प्रिय थी। खुद महात्मा गाँधी गुजराती और अंग्रेज़ी के विद्वान् थे। उनकी पुस्तक 'हिन्द स्वराज्य' गुजराती में थी। वे हिन्दी के अच्छे जानकार नहीं थे, लेकिन हिन्दी का महत्त्व समझते थे। जिस वर्ष ग्रियर्सन की किताब 'सेवन ग्रामर्स ऑफ दी बिहारी लैंग्वेजेज' आयी, उसी वर्ष उनका लेख 'बिहारी डिक्लेनेशन् एंड कंजुगेशन' (संज्ञा रूप, विभक्ति रूप और संयोजन) एशियाटिक सोसायटी के जर्नल (बंगाल) में छपा। संज्ञा और विभक्ति रूप आधुनिक भारतीय भाषाओं की खास पहचान है। संज्ञा-रूपों के अध्ययन से विभिन्न भाषिक संस्कृतियों के पारस्परिक सम्बन्ध का पता चलता है। संस्कृत से अधिकांश भारतीय भाषाएँ आयी हैं लेकिन अपने अलग-अलग विभक्ति-रूप लिए आयीं। संस्कृत संयोगात्मक भाषा (सिंथेटिक लैंग्वेज) थी जिसमें व्याकरणिक सम्बन्ध स्वतन्त्र शब्दों (परसर्ग, सहायक क्रिया इत्यादि) द्वारा प्रकट नहीं होते हैं, **रामस्य, देवस्य**। संस्कृत के अलावा ग्रीक, लैटिन आदि भाषाएँ इसी श्रेणी में आती हैं। इनसे निकली आधुनिक भारतीय भाषाएँ वियोगात्मक (एनालिटिक) हो गयीं? भारत-यूरोपीय परिवार की अधिकांश भाषाएँ वियोगात्मक हैं। वियोगात्मक को विभक्ति युक्त भी कहा जा सकता है। बिहारी की भाषा या बोली पश्चिमी हिन्दी प्रदेश से इतनी भिन्न नहीं है कि उसके विभक्ति-रूपों को अलग नाम दिया जा सके। विभक्ति-रूपों में मैथिली, मगही और भोजपुरी का अध्ययन महत्त्व का है। बिहार में सूर और तुलसी, कबीर, मीरा की लोकप्रियता का क्या कारण है? ये सभी बिहार के बाहर के कवि हैं। मैक्समूलर (साइंस ऑफ लैंग्वेज) ने लिखा है कि भारत में प्रवेश करने वाले आर्यों की भिन्न-भिन्न भाषा होने के बावजूद साहित्यक भाषा का रूप विकसित होने लगा था। मध्यकाल में पूरे उत्तर भारत में भक्त कवियों के साहित्य का प्रसार एक कॉमन साहित्यिक भाषा के विकास का प्रमाण है। इस रूप में बिहार में हिन्दी भाषा के विकास से इनकार क्यों?

भाषा सर्वेक्षण के पहले खंड के पहले भाग की भूमिका में विलियम कैरे (1793) के एक पत्र का उल्लेख हुआ है। पत्र के अनुसार तमिल, कन्नड़, तेलुगु, गुजराती, मराठी, पंजाबी, हिन्दुस्तानी ये सभी भाषाएँ संस्कृत से आयी हैं। पिशेल आदि ने अनेक देशी शब्दों के स्रोत संस्कृत में दिखलाए हैं। ग्रियर्सन के अनुसार यहाँ बीस से अधिक ऐसी भाषाएँ हैं जिनके शब्द-समूह समान हैं और संस्कृत से उनका सम्बन्ध "एक रूप में ही" है। उनके प्रत्यय बिल्कुल भिन्न हैं। इसलिए उन्हें स्वतन्त्र भाषाएँ मानी जा सकता है। वे यह भी कहते हैं कि कोई-कोई भाषा अन्य भाषाओं की अपेक्षा प्रत्ययों आदि के सम्बन्ध में हिन्दी से इतनी भिन्न है कि इन्हें हिन्दी का रूप या हिन्दी की बोली कहना उचित नहीं है। भारत में कोई ऐसी सामान्य भाषा नहीं है जिनकी ये बोलियाँ हो सकें। उनके अनुसार हिन्दी किसी प्रदेश विशेष की भाषा नहीं है। यह मुसलमानों की दरबारी भाषा होने के कारण सभी शहरों एवं नगरों में प्रचलित है जहाँ पर उनका शासन है और इसे देश के प्रत्येक भाग में अंग्रेजों से

मिलने-जुलनेवाले मुसलमान इसे बोलते हैं (पृ. 24)। भारत में यूरोप के ज्यादातर विद्वान् संस्कृत के जानकार थे। वे संस्कृत को भाषाओं की जननी मानते थे। परन्तु इसी जरिये उन्होंने संस्कृतेतर शब्दों की उपेक्षा भी की है जबकि संस्कृत के आचार्यो ने इसका महत्त्व समझा है। आचार्य हेमचन्द्र (देशीनाममाला) ने संस्कृत से इतर बोलियों के शब्दों की सूची बनायी। डॉ. विद्यानिवास मिश्र (हिन्दी शब्द सम्पदा) ने देशी बोलियों के शब्दों की सूची तैयार की। डॉ. मिश्र संस्कृत के भी विद्वान् थे। पिशल सभी शब्दों का स्रोत संस्कृत में खोजते हैं। उनकी सफलता-असफलता अपनी जगह है। मुख्य बात यह है कि इन विद्वानों ने भी इस भाषा की लौकिक परम्परा को महत्त्व नहीं दिया है।

ग्रियर्सन ने लिखा है कि यहाँ दस-बीस कि.मी. की दूरी पर बोली या भाषा बदल जाती है। गाँवों में हिन्दी बोली और समझी नहीं जाती है। बंगाल में लोग बाँग्ला बोलते हैं। अभिप्राय है कि कई ऐसे प्रदेश है जहाँ हिन्दी बोली और समझी नहीं जाती है। शब्द-समूहों की एकरूपता से भाषा के प्रति एक खास परिवार की भाषा का बोध होता है। बाँग्ला आम हिन्दी भाषी बाँग्ला ही समझेगा लेकिन किसी विदेशी के लिए वही सहूलियत नहीं है। प्रत्यय के परिवर्तन से भाषा दुर्बोध नहीं हो जाती है या भाषा के सम्प्रेषण का क्षेत्र सिमट नहीं जाता है। **आँगन, अँगनवाँ, अँगना, अँगने** बिहार और उत्तर प्रदेश की बोलियों में सभी रूप चलते हैं। **मेरे अँगने में तुम्हारा क्या काम है,** इस गीत को बिहार के श्रोता भी समझते हैं और बंगाल के भी। मध्यकाल में पूरे उत्तर भारत में ब्रजभाषा मानक थी। ग्रियर्सन के समय में भी ब्रजभाषियों ने ब्रज राज्य की माँग नहीं की थी। उनके पहले से बिहार में ब्रजभाषा का व्यापक प्रसार था। बिहार के कई सुधी इस भाषा में रचना करते थे। ग्रियर्सन हिन्दी प्रदेश के अस्तित्व को स्वीकारते हैं। छोटे-से इलाके में हिन्दी सिमटी हुई है जहाँ मुसलमानों का राज्य था। औरंगजेब के समय तक मुगल साम्राज्य अफगानिस्तान तक फैला था। अफगानिस्तान हिन्दी का प्रदेश नहीं था। मुसलमान राजाओं की दरबारी भाषा आम तौर पर फ़ारसी थी। फ़ारसी राजभाषा भी थी। किले के अन्दर की मिली-जुली भाषा को उर्दू भी कहा जाता था। ग्रियर्सन का अभिप्राय है कि जिन शब्दों में मुस्लिम आबादी अधिक थी, वहीं हिन्दी बोली और समझी जाती थी। बाकी जगहों में बोलियों की भिन्नता इतनी अधिक है कि किसी मानक भाषा के होने की कल्पना सम्भव नहीं है। पता नहीं वाजिद अली शाह के जमाने में लखनऊ शहर और गाँव के बीच की सम्पर्क भाषा क्या रही होगी? उनका समय मुगलों के बहुत बाद का है। तब तक हिन्दी भाषा का काफी प्रसार हो चुका था। ग्रियर्सन भूमिका में उर्दू का उल्लेख नहीं करते हैं लेकिन जिस हिन्दी को वे स्वीकारते हैं, वह उर्दू या फ़ारसीनुमा ही है। उर्दू को भी वे फ़ारसी से ज्यादा महत्त्व नहीं देते हैं यानि ग्रियर्सन को मानें तो उनके समय तक हिन्दी प्रदेश में साहित्य की भाषा विकसित नहीं हुई

थी। सम्पर्क भाषा के रूप में मानक भाषा भी नहीं आयी थी। कुल मिलाकर हिन्दी का इलाका बिल्कुल मध्ययुगीन था।

ग्रियर्सन के भारत आने के पहले मैक्समूलर की किताब (साइंस ऑफ लैंग्वेज) आ चुकी थी। लन्दन (1861-63) में भाषा विज्ञान पर उनके कई भाषण हुए उसके संस्करण भी छपे। 1862 ई. में उसका तृतीय संस्करण ''लेक्चर्स ऑन दी सायंस ऑफ लैंग्वेज'' शीर्षक से छपा। आजादी के काफी समय बाद (1969) डॉ. उदय नारायण तिवारी ने इसका अनुवाद किया। मैक्समूलर के अनुसार तुलसीदास ने रामचरितमानस की भाषा को **भाखा** कहा। आधुनिक आर्यभाषा के कवियों ने भी अपनी भाषा के लिए **देशी** अथवा **भाखा** शब्द का प्रयोग किया है। मैक्समूलर का मानना है कि भारत में बोली जाने आधुनिक भाषाएँ 'प्राकृत' कहलाने की अधिकारिणी हैं (पृ. 123)। उनके अनुसार हिन्दी नामकरण उस भाषा का किया गया है जो उत्तरी भारत के मध्य भाग में बोली जाती है। मैक्समूलर को पश्चिमी हिन्दी नाम अनुपयुक्त लगती है। उन्हें पूर्वी वर्ग को बिहारी कहने से परहेज नहीं है। मैक्समूलर (पृ. 124) के शब्दों में ''वास्तव में उर्दू और उच्च हिन्दी एक ही भाषा है।'' अन्तर है, जहाँ उर्दू में विदेशी शब्द अधिक हैं, हिन्दी में इनकी संख्या बहुत कम है। डॉ. उदय नारायण तिवारी के अनुसार मैक्समूलर वैदिक एवं पाणिनीय संस्कृत के विद्वान् थे। वे पालि, प्राकृत और अपभ्रंश के पंडित थे। ग्रीक, लैटिन समेत विश्व की कई भाषाओं पर उनका अधिकार था ही। इतने बड़े अधिकारी विद्वान् की कही हुई हर बात शायद सत्य ही हो। उन्होंने 'पश्चिमी हिन्दी' नाम को नकार दिया और पूर्वी हिन्दी को स्वीकारते हुए एक नया नाम बिहारी दे दिया। विद्वानों का व्यवसन देखिए। अवध और ब्रज के इलाके को अलग मानने और समझने के लिए 'पश्चिमी हिन्दी' नाम को अनुपयुक्त समझा गया। इधर पूर्वी हिन्दी को उपयुक्त समझा गया लेकिन बिहारी नाम देकर। इधर भोजपुरी और मैथिली अलग-अलग होंगे, उधर ब्रज और अवध। ये हुए हिन्दी प्रदेश के टुकड़े। मैक्समूलर के बनाये फार्मूले को ग्रियर्सन भी आजमाते हैं और बड़े शौक से हिन्दी प्रदेश के अस्तित्व को नकार देते हैं। फर्क इतना है कि मैक्समूलर देशी शब्दों को महत्त्व देते हैं, ग्रियर्सन पिशेल की तरह उन शब्दों के स्रोत संस्कृत में खोजते हैं लेकिन हिन्दी के मामले में दोनों विद्वान् एक हैं। दोनों को हिन्दी से खतरा है, हिन्दी प्रदेश से खतरा है। ग्रियर्सन को हिन्दी प्रदेश की भाषिक संरचना में कुछ खास दिखायी दिया। वह भी पूर्वी हिन्दी में पश्चिमी हिन्दी में नहीं। पूर्वी में भी बिहारी और बिहारी में भी मैथिली में। जो खास महसूस हुआ उस कारण उन्हें मैथिली का अस्तित्व ही अलग नजर आया। असल में मैथिली में विभक्ति चिह्न शब्द के साथ लगा हुआ है, **रामक पुस्तक**। यहीं उनको बंगला का असर दिखायी दिया। यहीं उनको बंगाल से बिहार की निकटता महसूस होती है। भाषायी आधार पर प्रान्तों का गठन ज्यादा विवेकपूर्ण है, भारत के सन्दर्भ

में और भी। बंगाल की सम्पर्क भाषा हिन्दी है यानी बंगाली और बिहारी के बीच सम्पर्क की भाषा। अब गैर बिहारी प्रदेश में ग्रियर्सन के अनुसार वहाँ की सम्पर्क भाषा क्या हो? बिहार में मिथिलांचल अलग राज्य हो, झारखंड अलग और भोजपुरी अलग। तब बिहारी बोली या भाषा का क्या होगा? उस समय तक बिहारी भाषा की परिकल्पना अपना काम कर चुकी होगी। हिन्दी प्रदेश के बँटने के बाद इसका प्रयोजन ही कहाँ रह जाता है?

एशियाटिक सोसायटी के जर्नल (1903/बंगाल) में उनका तुलसीदास विषयक लेख छपा, "तुलसीदास : पोएट, रीलिजियस रिफार्मर।" दो वर्षों बाद (1905) उसी पत्र में विद्यापति ठाकुर शीर्षक से लेख छपा। उसके बहुत पहले (1886) वे भोजपुरी के लोकगीतों का संकलन कर चुके थे। इसके तीन साल पहले (1883) एशियाटिक सोसायटी के ही पत्र में ग्रियर्सन ने विद्यापति के भोजपुरी गीत छपवाये, "कुआर मास बन बोलेला भोर/आउ आउ गोरिया बलमुआ तो/अइले बलमुआ पुजली आस। पूरल "विद्यापति" बारह मास/मों न भुलबि हो।" यह खोज ग्रियर्सन की ही है। विद्यापति कई भाषाओं के जानकार थे। उनकी इच्छा भोजपुरी में भी लिखने की रही होगी। ग्रियर्सन ने इस गीत को खोजकर बिहार के सांस्कृतिक नायक के रूप में विद्यापति का महत्त्व समझा है। यह बड़ी बात है। उनका यह काम सराहनीय है।

प्रसिद्ध भाषा वैज्ञानिक डॉ. विश्वनाथ प्रसाद अपनी चाची से उनके (विद्यापति) भोजपुरी गीत (दुर्गाशंकर प्रसाद सिंह/भोजपुरी के कवि और काव्य) सुने थे। शायद ये अनुवाद भी हो। उनकी चाची विधवा थीं। वे गीत गाते-गाते रोने लगती थीं। कहें, वह संयोग और वियोग दोनों के गीत है। विधवा चाची को प्रेम की अभिव्यक्ति उन्हें कहीं अन्दर से तोड़ती भी थी, "प्रेम बन्हलका पियवा जीवे सगें जइहें। जवनि डगरिया ए ऊधो, रामा पिया गइलें चोरी।" कहते हैं कि भोजपुर इलाके में 'विद्यापति राग' बड़ा चर्चित था। विश्वनाथ प्रसाद के घर में सूरदास के भजन गाए जाते थे। इसके बोल बिल्कुल भोजपुरी थे, "साँझ भइल घरे ना अइलें कन्हइया।" भोजपुर की पिछड़ी जातियों (चमार, मुसहर आदि) में सूरदास के कई गीत लोकप्रिय थे, "काहे ना प्रभुता करीं ए हरी जी काहें ना प्रभुता करीं। जइसे पतंग दीपक में हुलसे पाछे के पगु ना धरे।" कहते हैं कि भोजपुर थे सूरदास का एक झूमर और सोहर बहुत प्रचलित था। एक सोहर में यशोदा गोपाल को प्यार से, लालच देकर बुला रही हैं, "खा खा माखन रोटी गोपाल पियारे।" गोपाल सुनते ज़रूर हैं लेकिन भाग जाते हैं। तुलसी की कृत्ति रामलला नहछू सोहर छन्द की रचना है। सोहर उनका प्रिय छन्द था। यह भोजपुर में भी लोकप्रिय था, मिथिला और पश्चिमी हिन्दी के इलाके में भी।

बिहार में विद्यापति तो लोकप्रिय थे। तुलसी और सूर की लोकप्रियता भी कम नहीं थी। तुलसी अवधी के कवि थे और सूरदास ब्रजभाषा के। बिहार में दोनों कवि बेहद लोकप्रिय थे। चाहे वह मिथिला का इलाका हो या भोजपुर का। स्वयं ग्रियर्सन

इस वास्तविकता के साक्षी थे। वे बिहार में कई वर्षों तक रहे। केवल मिथिला में नहीं रहे। मगही के इलाके में भी रहे और भोजपुर के समीप भी। तब भी वे बिहार में मिथिला और भोजपुर के सांस्कृतिक सम्बन्ध और पूर्वी पश्चिमी हिन्दी इलाके के सांस्कृतिक सेतु को भूल जाते हैं। भूल भी जाते तो बात समझ में आती। वे बिहार को हिन्दी का क्षेत्र ही नहीं मानते हैं। उनकी दृष्टि में बिहार का मतलब बिहारी बोलियों का बिहार। उसके भीतर मिथिला का मतलब एक स्वतन्त्र सांस्कृतिक परम्परा लिए और उसी तर्ज पर भोजपुर भी। विद्वान् लोग भाषा का विश्लेषण जितनी बारीकी से करें, उनका विवेचन अपनी जगह। यहाँ तो स्थिति है कि बिहार के इलाके में पश्चिमी हिन्दी के कवि भी उतने ही लोकप्रिय हैं, जितने पूर्वी हिन्दी के। अब इस सच्चाई से मुँह मोड़ लें, यह बात अलग भी है और समझ से परे भी। ग्रियर्सन साहब रोमन लिपि के प्रबल समर्थक थे। उस समय के कई अंग्रेज विद्वान् हिन्दी भाषा को रोमन लिपि में लिखे जाने के समर्थक थे। ग्रियर्सन से पहले के यूरोपीय भाषाविद् मैक्समूलर भी भाषा विज्ञान के नियमों को भाषिक समाज से अलग नहीं मानते थे। मैक्समूलर अपभ्रंश के सम्बन्ध में ''देशी'' और ''देशी भाषा'' की चर्चा विस्तार से करते हैं। वे भरत मुनि के ''नाट्यशास्त्र'' का हवाला देते हैं। वे आर. पिशेल की तरह देशी शब्दों को संस्कृत से उद्भूत नहीं मानते हैं। उन्ही के शब्द (पृ. 441) हैं—''जनभाषा व्याकरण के नियमों का अनुसरण नहीं करती, परन्तु व्याकरण को जनभाषा की प्रवृत्तियों का विश्लेषण करना पड़ता है।'' भाषाविद् डॉ. उदय नारायण तिवारी ने 'मैक्समूलर : भाषा विज्ञान' नाम दिया है। यद्यपि ग्रियर्सन भाषाओं और बोलियों का व्याकरण विभिन्न प्रकार के नमूनों के आधार पर ही देते हैं। भारत की बोलियों का व्याकरण तैयार करना कठिन काम था जिसे ग्रियर्सन जैसे विद्वान् ही पूरा कर सकते थे। परन्तु निष्कर्ष जो हाथ लगता है, उसका सामाजिक अभिप्रेत ब्रिटिश राज की मंशा से भिन्न नहीं है।

भाषावैज्ञानिक आधार बने कैसे? प्रकृति विज्ञान की तरह की कोई प्रयोगशाला हो तो एक बात है। यह चर्चा इसलिए कि मैक्समूलर के समय के कुछ पहले से यूरोप में प्रकृति की समग्रता का विचार ध्वस्त होने लगा था। अब वैज्ञानिक प्रकृति की हर चीज का अन्वेषण करने में लगे थे। समाज भाषा की प्रयोगशाला है। मनुष्य के सामाजिक सम्बन्धों को समझे बगैर भाषाओं के विकास को भी नहीं समझा जा सकता है। कैसे और क्यों, किन कारणों से अवधी के तुलसीदास और ब्रजभाषा के सूरदास बिहार के समाज में छाये रहे? मैथिली के विद्यापति के गीत बंगाल कैसे पहुँच गये? कबीर की साखियों में पश्चिमी हिन्दी की शब्दावली कैसे आ गयी? 'गुरु ग्रन्थ साहिब' में कबीर, पीपा आदि कैसे? पटना में ब्रजभाषा के कवि कैसे?

भारतीय भाषा-सर्वेक्षण के कुल ग्यारह खंडों का प्रकाशन एक साथ नहीं हुआ है। पहले खंड के भाग एक और दो (भूमिका/तुलनात्मक शब्दों की सूची) का

प्रकाशन 1927 में हुआ। 1928 में सारे खंड प्रकाशित हो गये। 1902 और 1903 में खंड 5 (बंगला, असमी/बिहारी एवं उड़िया) और उसी के तीसरे खंड के भाग दो (तिब्बत-बर्मा) प्रकाशित हुए। 1904 में तीसरे खंड के भाग तीन (कोचीन और बर्मा) और खंड 6 (पूर्वी हिन्दी) प्रकाशित हुए। 1905 में सातवाँ खंड (दक्षिण समूह/ मराठी) छपा। 1907 में खंड 9 का भाग 3 (भीली और खान देशी) और 1909 में खंड 3 का भाग एक (तिब्बत बर्मी) और 1916 में खंड 9 का भाग 4 (पहाड़ी एवं गूजरी) छपा। 1921 में दसवाँ खंड और 1927-28 में पहले खंड के दोनों भाग (भूमिका एवं तुलनात्मक शब्दकोश) छपे। पहले खंड का दूसरा भाग योगात्मक और अयोगात्मक भाषाओं का शब्द समूहों का बहुत अच्छा संकलन है। इस में कोरिया, ऑस्ट्रिक, थाईचीनी, तिब्बत-बर्मी, द्रविड़ भाषा समूहों के शब्दों का संकलन है।

पहला खंड बाकी सब खंडों का सार-संकलन भी है। यह बड़े महत्त्व का काम है, खासकर तुलनात्मक भाषा विज्ञान के विद्वानों के लिए। इससे ग्रियर्सन द्वारा पहले किये कामों का ब्योरा भी मिलता है। हो सकता है कि शुरू में उन्होंने इसकी कोई योजना न बनायी हो। बाद में उन्हें दूसरे भाग का महत्त्व महसूस हुआ हो। पहले भाग में सभी भाषा परिवारों का बहुत अच्छा विवरण है। इस भाग के अन्त (उपसंहार) में ग्रियर्सन ने लिखा है कि भारत वस्तुतः विरोधी तत्त्वों की भूमि है और भाषाओं के सम्बन्ध में विचार करते समय तो ये तत्त्व और भी दृष्टिगोचर होते हैं। यहाँ अनेक ऐसी भाषाएँ हैं जिनके ध्वनि-सम्बन्धी नियमों के कारण इनके शब्दों की संख्या सौ से अधिक नहीं है और ये शब्द भी ऐसे ही हैं जिनके द्वारा केवल गौण एवं साधारण विचारों को ही प्रकट किया जा सकता है। कई सौ बोलियों (179 भाषाएँ और 544 बोलियाँ) के इस देश में ध्वनिगत भिन्नताओं का होना कोई आश्चर्य नहीं है। इस देश का भाषिक प्रशिक्षण और उसकी क्षमता को ग्रियर्सन भी (भूमिका/45) स्वीकारते हैं। बंगाल और पंजाब के विषय में उनका कहना है कि शिक्षित व्यक्ति दो भाषाएँ बोल लेता है। इन इलाकों का प्रत्येक व्यक्ति स्थानीय बोली का व्यवहार होता है। अपरिचित व्यक्तियों से वार्तालाप में हिन्दी अथवा हिन्दोस्तानी का ही व्यवहार करता है। अनपढ़ व्यक्ति भी कम-से-कम दो भाषाओं का जानकार होता है, एक अपनी बोली और दूसरी सम्पर्क भाषा। उस समय शिक्षितों में अंग्रेज़ी का चलन था। इसलिए वह कम-से-कम तीन भाषाओं का जानकार तो होता ही था। स्कूल और कॉलेज में संस्कृत और फ़ारसी की पढ़ाई थी। इसे मिला देने पर वह चार भाषाओं का जानकार होता था। पहले खंड के पहले भाग (पृ. 46) में 1921 की जनगणना रिपोर्ट के आधार पर लेखक का यह विचार आया है। आशय है कि बिहारी और गोरखपुरी की भाषा में सुबोधता नहीं है। पारस्परिक बोधगम्यता नहीं है। बिहार का आदमी गोरखपुर की भाषा नहीं समझ सकता है। अगर ऐसा ही है तो कबीरदास को बनारस और गोरखपुर में ही कैद हो जाना चाहिए था। पता नहीं, बिहार कैसे पहुँच गये? मेरा सवाल जनगणना की रिपोर्ट

को लेकर ही है। अधिकांश जनगणना अधिकारी बिना साहित्य समझे टिप्पणी लगा देते हैं। साहित्य की समझ न हो तो केवल जनगणना का काम करें। टिप्पणी या विचार न दें। हिन्दी भाषी इलाके (अगर बिहार को हिन्दी भाषी इलाका न माना जाए तो भी) में शिक्षित लोग चार भाषाओं के जानकार होते हैं हिन्दी, अपनी मातृभाषा, संस्कृत या फ़ारसी और अंग्रेजी। गाँव के अशिक्षित किसानों में कबीर, सूर, तुलसी की लोकप्रियता यह बताती है कि वे अपनी बोलियों की सरहदों के पार के साहित्य का भी मनन करते रहे हैं, चाहे श्रुति परम्परा या लिखित साहित्य के रूप में। लोक गीत के प्रकारों का चलन केवल एक इलाके में नहीं था। सोहर बिहार की भी शोभा है और उत्तर प्रदेश की भी। "चन्दा मामा दूर के, पुए पकावे गुड़ के" बिहार, उत्तर प्रदेश और मध्य प्रदेश सहित पंजाब में भी प्रचलित है। अंग्रेज जनगणना अधिकारियों की दृष्टि से ऐसा नहीं होना था।

कम शब्द-सम्पदा वाली बोलियों में विचारों की अभिव्यक्ति नहीं हो पाएगी। भारत में ऐसी बोलियाँ हैं। इससे इनकार नहीं। ऐसी बोलियाँ भारत से बाहर भी हैं। बिल्कुल हाल की बात है। कुछ साल पहले कथाकार और सम्पादक मृणाल पांडेय (कादम्बिनी/जनवरी, 2008) ने दक्षिण अफ्रीका की एयाका बोली की चर्चा एक लेख में उसकी अन्तिम जानकार महिला की मृत्यु पर की थी। बोलियों का विकास समाज का विकास है। समाज आदिम अवस्था में हो तो उसकी बोलियों की शब्द-सम्पदा भी कमजोर होगी। इसे लेकर मतभेद नहीं है। अगर इसी आधार पर भारत को केवल विरोधी तत्त्वों का संगम बना दिया जाए तो यह ब्रिटिश राज का भी प्रतिष्ठा-हनन है। क्या किया उसने सौ साल के शासन में? अगर इसे प्रकृति मान लिया जाए तो ब्रिटिश विकास का मॉडल कमजोर समझा जाएगा जो विरोधी तत्त्वों के भारतीय समाज को बदल नहीं सका। भारत का समाज बदलने योग्य नहीं है। इसे यथावत् रहने देना होगा। शायद आगे के समय में कोई वेगवती हवा इस समाज को बदल दे। केवल विरोधी तत्त्वों को लेकर भारत बना होता जिसकी कल्पना से ग्रियर्सन मुक्त नहीं हैं, तो इन्हे सीधे-सीधे टुकड़ों में बँटे भारत के बारे में सोचना चाहिए।

1902-03 में पाँचवें खंड के छपने का सामाजिक और राजनैतिक कारण भी था। ग्रियर्सन बंगाल की प्रेसिडेंसी की सेवा में थे। बिहार में 1899 तक रहे। नवम्बर, 1899 को इंगलैंड के लिए प्रस्थान किये। वहाँ दो बार सरकारी सेवा में रहे। पुनः भारत नहीं लौटे। उनका शेष जीवन 'राथफार्नहम' (डबलिन) में ही गुजरा। 1899 में 'ए हैंडबुक ऑफ दी कैथी कैरेक्टर' का दूसरा संस्करण (कलकत्ता) छपा। 1890-1900 के बीच ग्रियर्सन के अधिकांश लेख बिहार के सामाजिक सन्दर्भों पर ही छपे हैं, 'दी मॉडर्न वर्नाक्यूलर लिट्रेचर ऑफ हिन्दुस्तान' (1889), 'ऑन दी कुर्मीज ऑफ बिहार, चुटियानागपुर एंड उड़ीसा' (1898), 'सम बर्थ कस्टमूस इन बिहार' (1899), और "सम मेडीवल किंग्स ऑफ मिथिला' (1899) इत्यादि। अधिकांश लेख 'इंडियन एंटीक्वेरी'

और 'जर्नल ऑफ एशियाटिक सोसायटी ऑफ बंगाल' में छपे। 1901 में उनका एक लेख राजस्थानी बोलियों पर ('नोट्स ऑन दी प्रिंसिपल ऑफ राजस्थानी डाइलेक्ट्स') बंगाल एशियाटिक सोसायटी के जर्नल में छपा। 'इंडियन एंटीक्वेरी' में उनका लेख (बम्बई/1899) 'ऑन दी इस्ट सेन्ट्रल ग्रुप ऑफ आर्यन वर्नाक्युलर्स' शीर्षक से छपा। बोधगया के अभिलेखों पर उनका लेख 'रिपोर्ट ऑफ दी इंस्क्रिप्शन ऑफ बोधगया' एशियाटिक सोसायटी के जर्नल (1895) में प्रकाशित हुआ। तुलसीदास का लेख भी उसी जर्नल (1903) में छपा।

फिर मैं उसी विषय पर आता हूँ। 1902 में ही पाँचवाँ खंड क्यों छपा? एक कारण तो है कि बिहार में वे रहे और महत्त्व की सामग्री उनके इंगलैंड प्रवास के दौरान रही। उनके मन में बिहार पर ही भाषा-सर्वेक्षण के प्रकाशन की बात आयी होगी। बंगाल प्रेसिडेंसी के साथ इसका तालमेल भी था। उन दिनों बिहार को प्रेसिडेंसी से अलग करने का आन्दोलन भी जारी था। 1911-12 में बिहार प्रेसिडेंसी से अलग हुआ। उस दौर में बिहार-बंगाल के बीच सामाजिक तनाव बढ़ चुका था। पाँचवें खंड के आने से यूरोप के विद्वानों में बिहार और हिन्दी प्रदेश को लेकर अलग छवि बनी होगी, यानि बिहार हिन्दी प्रदेश का हिस्सा नहीं है। यूरोप के शासक वर्ग में भी एक मन्थन चल रहा होगा, बिहार को हिन्दी प्रदेश से अलग किये जाने को लेकर। बिहार के बहाने पूरे हिन्दी प्रदेश की एक तस्वीर बन रही होगी, विरोधी तत्त्वों से लैस भारतीय समाज के रूप में। इसके प्रभाव के रूप में भारत में ब्रिटिश राज का औचित्य भी समझ में आ रहा होगा। हिन्दी प्रदेश राजनैतिक आन्दोलन के केन्द्र थे। इसकी समरसता को भंग करना ब्रिटिश राज के हित में था। उस समय तक कांग्रेस का आन्दोलन शहरी समाज तक ही सीमित था। परन्तु महज दो साल बाद सरकार बंगाल विभाजन का भारी विरोध झेल रही थी। सरकारी महकमे को सामाजिक और राजनैतिक विद्रोह का अनुभव था। इस परिप्रेक्ष्य में सर्वेक्षण के पाँचवें खंड का अवलोकन अलग विषय है।

पाँचवें खंड के दो भाग हैं, बाँग्ला और असमी तथा बिहारी और उड़िया। बाँग्ला और असमी की समानता समझ में आती है। सही भी है। परन्तु बिहारी और उड़िया के साम्य से कुछ विशेष अनुभव होता है। 1911-12 में बिहार-उडी़सा लेजिस्लेटिव असेम्बली पटना में थी। ये दो राज्य बंगाल प्रेसिडेंसी से अलग हो चुके थे। आज भी बिहार में 'बिहार उडी़सा डिमांड रिकवरी एक्ट' चलता है। प्रशासनिक दृष्टि से बिहार-उड़ीसा की यह पृष्ठभूमि तो है लेकिन हिन्दी प्रदेश की भाषाओं का सम्बन्ध कहाँ जुड़ता है? उड़िया की अपेक्षा बिहार की बोलियाँ बाँग्ला के अधिक निकट हैं। वे बाँग्ला परिवार की बोलियाँ नहीं है। ग्रियर्सन जनगणना के विशेषज्ञ भी थे। क्षेत्रीय दृष्टि को भाषाओं के विवेचन से जोड़ना अनुचित है। बिहार-उड़ीसा के संयुक्त राज्य होने के बावजूद बिहार में उड़िया भाषी परिवारों की संख्या बाँग्ला भाषियों से

कम थी। ग्रियर्सन के समय में बाँग्ला भाषा का साहित्य अधिक समृद्ध हुआ था।

बिहारी बोलियों के समाज को बिहारी होने का बोध क्यों और किस कारण से? पूर्वी हिन्दी खंड के छपने (1902-03) के तीन वर्षों बाद बंगाल के वायसराय लॉर्ड कर्जन के बंग-विभाजन का प्रस्ताव आया। तर्क यह दिया गया कि तत्कालीन बंगाल में बिहार और उड़ीसा के होने के कारण प्रशासन सही तरीके से नहीं चल पाता था। फलस्वरूप पूर्वी बंगाल के जिलों की उपेक्षा होती रही। वहाँ की आबादी में मुसलमान अधिक थे। उत्तरी और पूर्वी बंगाल की राजशाही और ढाका तथा चटगाँव डिवीजनों में आने वाले पन्द्रह जिलों को लेकर एक नया प्रान्त बनाया और उसे बंगाल से अलग किया गया। बिहार और उड़ीसा को पुराने बंगाल में ही रखा गया। उस समय सरकार ने मुसलमानों को अपनी ओर मिलाने की बहुत कोशिश की। उन्हें नये प्रान्त के बनने के बाद विशेष सुविधाएँ देने का वादा किया गया। ग्रियर्सन ने ही कश्मीरी भाषा को हिन्दू और मुस्लिम कश्मीरी कहा था। पहले खंड (पहला भाग) में मुसलमानों की कश्मीरी को फ़ारसी शब्दों के विकृत रूपों में लैस और हिन्दुओं की कश्मीरी को फ़ारसी से मुक्त कश्मीरी पंडितों की घरेलू भाषा कहा। उनके अनुसार हिन्दुओं की कश्मीरी में तत्सम शब्दों का व्यवहार नगण्य है। प्रसिद्ध भाषाविद् और कश्मीरी व्याकरण के लेखक डॉ. ओंकारनाथ कौल मानते हैं कि कश्मीर में इस तरह का विभाजन बिल्कुल अस्वाभाविक है। इस बावत मैंने अपने कई कश्मीरी मित्रों से बात की। वे कश्मीरी को महत्त्व देते हैं, कश्मीरियत को अपनी पूँजी मानते हैं। पहले खंड (1927) के छपने के कुछ ही वर्षों बाद कश्मीर में शेख अब्दुल्ला के नेतृत्व में रियासतों के खिलाफ आन्दोलन शुरू हुआ था। इस आन्दोलन पर विद्वान् भाषाविद् ग्रियर्सन के इस निष्कर्ष पर प्रभाव हो या न हो, अलग बात है। परन्तु आजादी के बाद जिस तेजी से कश्मीर में अराजक घटनाएँ घटी है, उससे ग्रियर्सन के इस निष्कर्ष को बल मिलता है।

ग्रियर्सन का परिवार बहुत शिक्षित और आयरलेंड और इंगलैंड के चुनिंदा परिवारों में था। शायद इसकी तुलना विश्व के कुछ गिने-चुने परिवारों से की जा सकती है। ग्रियर्सन की परदादी कांस्टेंशिया ग्रियर्सन (1706-1733) अंग्रेज़ी की कवि थीं। वे हिब्रू, ग्रीक, लैटिन और फ्रेंच भाषाओं की अच्छी जानकार थीं। मुद्रण के इतिहास में इस परिवार की निजी उपलब्धि है। इनके पिता जॉर्ज ग्रियर्सन का अपना प्रेस था। कहते हैं कि अंग्रेज़ी कवि मिल्टन की रचना 'पैराडाइज लास्ट' (1724) इन्हीं के प्रेस से प्रकाशित हुई थी। श्रीमती कांस्टेंशिया की लैटिन की कुछ रचनाएँ भी इसी प्रेस से छपी थीं। इस विषय में डॉ. आशा गुप्त (जॉर्ज अब्राहम ग्रियर्सन और बिहारी भाषा साहित्य) ने बहुत मेहनत से उनका जीवन-वृत्त तैयार किया। जॉर्ज ग्रियर्सन के पुत्र जॉर्ज अब्राहम ग्रियर्सन और इसी नाम से उनके पुत्र महारानी विक्टोरिया के मुद्रक थे। वे **एक्सप्रेस** नाम से दैनिक पत्र भी निकालते थे। जॉर्ज अब्राहम ग्रियर्सन

की माँ इजाबेला रक्स्टन नौसेना अधिकारी की पुत्री थीं। यह भी आश्चर्य है कि तीन पीढ़ियों से चली आ रही ज्ञान की परम्परा ग्रियर्सन के बाद सिमट गयी। उनके छोटे भाई बर्मा में व्यवसाय करते थे। दूसरे भाई प्रोटेस्टेंट चर्च के बिशप बने। तीन अविवाहित बहनें थीं। यह परिवार अपने समय में बहुत प्रगतिशील भी था। खुद ग्रियर्सन छात्र-जीवन में ही प्रणय-सूत्र में बँध चुके थे। उस समय के प्रसिद्ध शल्य चिकित्सक डॉ. मारिस हेनरी फिटजगराल्ड कालिस की सुपुत्री एलिजाबेथ कॉलिस से उनकी दोस्ती प्रगाढ़ होती गयी और 1880 में विवाह-सूत्र में बँध गयी। कॉलिस रविवारीय स्कूल चलाती थीं। पति-पत्नी दोनों बड़े जीवट के थे। दोनों ने एक टाईप राइटर कम्पनी की सहायता से ऐसा मॉडल बनाया था जिसके बोर्ड में विभिन्न भाषाओं के अक्षर फिट कर दिये जा सकते थे। पति-पत्नी दोनों मिलकर अपने घर के तोता को कई बोलियाँ सिखाते थे।

ग्रियर्सन गणित के प्रतिभाशाली छात्र थे। भाषा सर्वेक्षण के पहले खंड के पहले भाग (1927) में उनके गुरु और संस्कृत के पंडित प्रो. एटकिंसन का उल्लेख विस्तार से हुआ है। ग्रियर्सन के अनुसार उनकी जानकारी में एटकिंसन पहले अंग्रेज थे जिन्हें पाणिनि साहित्य की गहरी परख थी। उन्हें पूरी अष्टाध्यायी कंठस्थ थी। रॉबर्ट एटकिंसन बहुमुखी प्रतिभा के विद्वान् थे। वनस्पति विज्ञान में उनकी अच्छी पकड़ थी। वे बहुत अच्छा वायलिन बजाते थे। मुगदर भी भाँजते थे। जुजित्सु जो एक प्रकार की जापानी कुश्ती थी, उसमें भी कुशल थे। भारत आने के बाद उनका सम्पर्क प्रसिद्ध भाषाविद् स्टेन कोनों से हुआ। रेवेरण्ड मैकलिस्टर ने जयपुर राज्य की बोलियों के सर्वेक्षण (स्पेसिमेन ऑफ दी डाइलेक्ट्स स्पोकेन इन दी स्टेट ऑफ जयपुर/(1818)/भाषा सर्वेक्षण खंड एक/भाग एक) किया था। ग्रियर्सन ने खंड एक में लिखा है कि राय बहादुर गौरीकान्त का सहयोग उनके भारत प्रवास के दौरान तो मिला ही, भारत छोड़ने के बाद भी मिलता रहा। ब्रिटिश तथा विदेशी बाइबिल सोसायटी के डॉ. किलोर, ई.एच.हाल, और डार्लो भी इनके सहयोगी बने। मधुबनी प्रवास में मैथिली के विद्वान् बबुजन झा, हली झा, कवि चन्दा झा और महामहोपाध्याय परमेश्वर झा इनके सहयोगी बने। दरद परिवार और कश्मीरी विषयक सामग्री ईश्वर कौल, गोविन्द कौल, पं. मुकुन्द राम शास्त्री जी. एस. रॉबर्टसन और सर आरेल स्टाइन से मिली। इसके अलावा इनके अधीनस्थ अनेक अधिकारियों तथा कर्मचारियों का सहयोग भी मिलता रहा था। हिन्दी के लेखकों के बीच ग्रियर्सन की लोकप्रियता का अनुमान इसी से मिलता है कि कवि रामनरेश त्रिपाठी ने हिन्दी की कविताओं का संकलन (कविता कौमुदी/1919) उनके पास भेजा था। उन दिनों वे इंगलैंड में थे। ग्रियर्सन के भारत और इंगलैंड प्रवास के दौरान हिन्दी के लेखकों से उनका अच्छा सम्बन्ध था। हिन्दी जगत में क्या कुछ हो रहा था, ग्रियर्सन उससे बखूबी वाकिफ रहा करते थे। डॉ. आशा गुप्त की किताब में इ.ए. गेट का शोक सन्देश छपा है।

सन्देश में यह बात आयी है कि 1901 और 1911 की जनगणना के समय ग्रियर्सन साहब ने बहुत मेहनत से आँकड़े जुटाये थे। उन्होंने वे सभी आँकड़े स्वयं उपयोग में लाने के पहले जनगणना अधिकारियों को दे दिये।

खुद तो जिज्ञासु थे ही, अपने सहयोगियों से भी यही अपेक्षा रखते थे। जो सूचनाएँ उन्होंने हासिल की, कुछ छुपाया नहीं उन्होंने। कहा जाता है कि उनकी मृत्यु के बाद सौ-सवा सौ पांडुलिपियाँ/लेख/टिप्पणी इत्यादि गायब हो गयीं। वे सब-के-सब अप्रकाशित थे। वे नब्बे की उम्र में दिवंगत हुए। उस समय तक वे काम करते रहे थे। उन्होंने लम्बी उम्र पायी थी। उम्र की ढलान पर भी थके नहीं थे। निरन्तर कुछ-न-कुछ करने की जिज्ञासा थी। कुछ छूट गया, कुछ रह गया, इस सोच से कभी मुक्त नहीं हुए। गणित के विद्यार्थी होने के कारण उनके काम करने का तौर-तरीका बहुत सन्तुलित और वैज्ञानिक था। कहते हैं कि मैक्समूलर ने भाषा के अध्ययन को विज्ञान का दर्जा दिया था। तब वह भाषा विज्ञान कहलाया। उनके बाद ग्रियर्सन पहले यूरोपीय थे जिनके पास सामग्री-संकलन, सर्वेक्षण, व्याकरणिक विश्लेषण इत्यादि को लेकर एक किस्म की समझ थी। सर्वेक्षण के हर खंड में किसी भाषा से संबंधित पर्याप्त जानकारी मिलती है। सुदूरवर्ती पहाड़ी क्षेत्रों का साहित्य भी सर्वेक्षण में आया है। उनके काम करने का तरीका, सामग्री के सत्यापन की विधि और अपने काम के प्रति उत्साह के आगे कोई अहम्, अभिमान और खुद को आगे रखने की लालसा नहीं थी। उस समय और आज भी हिन्दी या किसी भाषा के लेखक छपने-छपाने को व्यग्र रहते हैं। ग्रियर्सन के समय में मुद्रण कला बिल्कुल नयी थी। उस समय छपने का शौक बहुत रहा होगा। भारतेन्दु की मंडली का साहित्य पढ़ने-समझने और उस समय ग्रियर्सन को जानने के बाद यह या ऐसा आग्रह कमजोर दिखता जान पड़ता है। भारतेन्दु कई विषयों के जानकार थे। चाहते तो हर चीज अपने नाम से छपवाते। उन्होंने दूसरों से लिखवाया, उसकी पृष्ठभूमि तैयार की। लेखकों का दस्ता बनाया। भारतेन्दु समझते थे कि सरकार से कलम की बदौलत लड़ा तो जा सकता है बशर्ते कलमकार एक मंच पर हों, एक लय में हों। खुद भी ग्रियर्सन उस समय प्रचलित ज्ञान के अधिकांश अनुशासनों से अवगत ही नहीं थे, बल्कि उसके पंडित थे। वे हर विषय को लेकर एक किताब लिख सकते थे। कई अनछुए प्रसंगों को उठाया भी, उस पर लिखा। दूसरों से लिखवाया भी। अनुवाद का काम किया। जहाँ गये, जिस इलाके में गये, वहाँ के विद्वानों के सम्पर्क में रहे। खुद भी इतना लिखा कि अब उनके लिखों की मुकम्मिल सूची उपलब्ध नहीं है। एशियाटिक सोसायटी (कलकत्ता) में ग्रियर्सन के साहित्य की प्रभारी मदाम गायत्री घोष मेरे साथ कम्प्यूटर पर डेढ़ घंटा बैठीं। उन्होंने खुद मेहनत कर ग्रियर्सन के अधिकांश लेखों और साहित्य की फिल्म-चिप बना ली थी। उनकी मेहनत और निष्ठा काबिले तारीफ। फिर भी, एक जगह ग्रियर्सन का सम्पूर्ण साहित्य उपलब्ध

नहीं है। नेशनल लाइब्रेरी में मदाम मंजू ग्लोरिया बाखला और अबु ज़ार दिन-रात मेरे काम में लगे रहे। वहाँ भी उनकी कुछ ही चीजें मिलीं। दिल्ली विश्वविद्यालय में युवा आलोचक राजीव रंजन गिरि, वेंकटेश, संदीप झा आदि मेरे अनुज हैं। ये सभी शोधार्थी हैं। इनकी लगन के बाद ही दिल्ली विश्वविद्यालय से कई-चीजें निकल पायीं। जामिया में इतिहासकार प्रो. रिज्वान कैसर, भोपाल में हिन्दी के सुपरिचित कवि राजेन्द्र शर्मा, खैरागढ़ में कथाकार रामाकान्त श्रीवास्तव, पटना में वाम लेखक सुमन्त और युवा कवि अरुण नारायण, अलीगढ़ मुस्लिम विश्वविद्यालय में मेरे मित्र और उर्दू के लेखक राहत अबरार आदि के सहयोग के बावजूद मुझे ग्रियर्सन का समग्र साहित्य नहीं मिला। मैं इन तमाम जगहों पर गया। पुस्तकालय देखा। कुछ यहाँ, कुछ वहाँ। लाहौर और कराची के मेरे मित्रों ने मुझे बुलाया ज़रूर, नहीं जा सका। वहाँ के प्रसिद्ध पत्रकार नुसरत मिर्जा अंग्रेज़ी के युवा विद्वान् और मेरे मित्र प्रो. दिग्विजय कुमार सहाय (राँची) आदि मेरे साथ घंटों बैठकर ग्रियर्सन पर चर्चा करते। अंग्रेज़ी के कठिन अंशों पर बातचीत करते, उसकी व्याख्या करते।

आजादी के बाद भारत में पुस्तकालय आन्दोलन व्यापक रूप में नहीं हुआ। हर जगह पुस्तकालय खुले, हर ब्लॉक और गाँव में खुले, इस दिशा में ठोस प्रयास नहीं हुए। भोपाल में हमने देखा कि हिन्दी के सुपरिचित लेखक अपने निजी पुस्तकालय की किताबें वहाँ के माधव राव सप्रे संग्रहालय को दे देते थे। संग्रहालय में हिन्दी के एक लेखक ध्रुव शुक्ल के यहाँ से लगभग दो सौ किताबों का बंडल देखा। बिहार और झारखण्ड में भी ऐसा रहा है, थोड़ा कमजोर। ग्रियर्सन बिहार में रहे। यहाँ के पुस्तकालयों में इनका साहित्य कम मिलता है। डॉ. आशा गुप्त ने उनके लेखों और किताबों को सूचीबद्ध करने का काम किया। मुझे उनके कुछ साहित्येतर लेखों के शीर्षक और प्रकाशन वर्ष मिले। खोजने पर वे लेख नहीं मिल सके। कलकत्ता नेशनल लाइब्रेरी और बंगाल एशियाटिक सोसायटी में इनका साहित्य व्यवस्थित है। सीरामपुर मिशनरी में जर्नल ऑफ एशियाटिक सोसायटी ऑफ बंगाल, इंडियन एंटीक्वेरी आदि के पुराने अंक जर्जर अवस्था में हैं, जिसका केवल फिल्म फोटो ही कराया जा सकता है। वहाँ श्री सुनील कुमार चटर्जी की निष्ठा देखते बनी। विलियम केरी पर उनकी किताब छपी थी। मैंने अपने मित्र और भाषाविद्! प्रो. सुब्रत लाहिड़ी (कलकत्ता) से कहा कि सत्तर पार कर चुके चटर्जी साहब पुस्तकालय में चार-पाँच घंटे बैठते हैं। वे हँसकर बोले, सत्तर नहीं, अस्सी कहिए। बंगाल की माटी में कुछ है जहाँ पुस्तकें अपने रख-रखाव से हमेशा दूसरों को रौशन करती रही हैं। उत्तर प्रदेश के केन्द्रीय हिन्दी संस्थान (आगरा) और उत्तर प्रदेश हिन्दी संस्थान (लखनऊ) की व्यवस्था और उनके सहयोगी मिजाज का कायल हूँ। केन्द्रीय हिन्दी संस्थान के कुल सचिव चन्द्रकान्त त्रिपाठी का सहयोग भी रहा है। ग्रियर्सन के साहित्य में मेरी रुचि को परख कर कहें या पहचान कर, डॉ. नामवर सिंह डॉ. कमला प्रसाद (वसुधा) और दिवंगत ने

कुछ ऐसे 'टीप' दिये जिन्हें लेकर मैदान में आगे ही बढ़ा जा सकता था, पीछे नहीं। फिर भाषा विज्ञान के युवा शोधार्थी राम विचार पांडेय और फ़ारसी के शोधार्थी बद्रे आलम (दिल्ली विश्वविद्यालय) के साथ बैठकर और कभी मोबाइल पर लम्बी बहस। फ़ारसी के विद्वान् प्रो. शरीफ हुसैन कासिमी और ईरान कल्चर सेन्टर (नई दिल्ली) के नकवी साहब, बनारस हिन्दू विश्वविद्यालय के फ़ारसी के प्राध्यापक प्रो. सैयद हसन अब्बासी, हिन्दी के प्रसिद्ध लेखक और सम्पादक जाबिर हुसैन (दोआबा/न.दि.) और प्रसिद्ध साहित्यिक पत्र **परिकथा** के सम्पादक कथाकार शंकर से सीधी वार्ता और मोबाइल पर गुत्थम-गुत्थी से ग्रियर्सन-साहित्य में मेरी रुचि को नयी चाशनी मिली है। पंजाबी के प्रसिद्ध कवि और गद्य लेखक सुतविन्दर सिंह नूर से पुराने पंजाब को समझने में मदद मिली है। अभिभावक तुल्य नूर साहब कई ऐसे विद्वानों के नाम बताये जिनसे मिलना तो सुखकर होता लेकिन समयाभाव। कुछ जल्दबाजी ज़रूर हुई है माथे पर से इस बोझ को उतारना चाह रहा था। इसलिए बहुत कुछ छूटा है जिसका अहसास तो है। पाक अधिकृत कश्मीर और सिंध को समझने में हिन्दी की प्रसिद्ध लेखिका श्रीमती नूर जहीर (न.दि.) से बहुत सहयोग मिला है। मेरी पत्नी प्रो. मृदुला सहाय जिन्होंने खुद इंडियन नेशनल साइंस अकादमी के अन्तर्गत 'प्राचीन भारत में वनस्पति' पर काम किया था, उनका अनुभव प्रेरक भी रहा है। वे बार-बार कहती थीं कि कॉलेज से अनुदान की राशि मिलने में देर हो रही है, अंधेर नहीं होगा।

हिन्दी के कई विद्वानों से ग्रियर्सन के साहित्य को लेकर चर्चा हुई। अधिकांश उनके कुछेक साहित्य की चर्चा करते रहे हैं, भाषा सर्वेक्षण, बिहार पीजेंट लाइफ, सेवन ग्रामर्स ऑफ डाइलेक्ट्स एंड सब डाइलेक्ट्स ऑफ बिहारी लैंग्वेज आदि। इसका मतलब यह नहीं था कि वे उनकी कृतियों को भूल चुके थे। दरअसल एक बात सभी विद्वान् मानते हैं कि ग्रियर्सन का भाषा-सर्वेक्षण इतना बड़ा काम है, जिसके हर अंग को लेकर स्वतन्त्र काम सम्भव है। हुआ भी ऐसा ही। डॉ. आशा गुप्त ने बिहारी बोली को लेकर काम किया। मोहन भारद्वाज और कुलानन्द ने मिश्र भाषा-सर्वेक्षण के मैथिली खंड का मैथिली में अनुवाद किया। डॉ. त्रिलोक नाथ गंजूजी ने कश्मीरी अंश पर ग्रियर्सन को लक्षित करते हुए किताब लिखी। कश्मीरी भाषा पर काम कर चुके भाषाविद् और कथाकार डॉ. ओंकार नाथ कौल (नयी दिल्ली) कश्मीरी और समीपस्थ इलाकों को लेकर उनकी समझ से बहुत असहमत नहीं थे। वे भी मेरे काम को बहुत उत्सुकता से देख रहे थे। मैं जब भी ग्रियर्सन के भारतीय भाषा विषयक विचार से असहमति प्रकट करता, वे कुछ देर मौन रहते लेकिन उनके कारण ब्रिटिश राज के मजबूत होने की चर्चा वे करते। दरअसल ग्रियर्सन कश्मीर को दरद परिवार की भाषा मानते थे। इससे कईयों को असहमति थी। एक दौर में आजादी के बाद असहमति ज्यादा तेज हुई। आजादी के बाद कश्मीर और वर्तमान पाकिस्तान से सिंधी विस्थापित हुए, कश्मीरी ब्राह्मण विस्थापित हुए। कश्मीर की समस्या पूर्ववत् बनी रही।

इस कारण भी कश्मीर के पुराने बाशिंदों में दरद परिवार को लेकर कुछ विरक्ति थी। कश्मीर छोड़ने के बाद कश्मीरी के प्रति उनकी आसक्ति बढ़ती गयी और वे हर हाल में कश्मीरी को वैदिक भाषा की उपज मानने लगे। बाद के परिवर्तनों को वे स्वीकार तो करते हैं लेकिन थोड़ी झिझक के साथ। भारत के बँटवारे ने आज के विस्थापितों की कमर तोड़ दी है। सिंधी अपनी पहचान के लिए बेचैन हैं, कश्मीरी पंडित अपनी पहचान के लिए। यह बड़ा हादसा था और एक किस्म की भाषिक-समझ ज़रूर बनी होगी। चाहे इनकी जितनी आलोचना की जाए, इसकी पृष्ठभूमि को अनदेखा नहीं किया जा सकता है। इसके बावजूद डोगरी के मेरे लेखक मित्र मोहन सिंह ग्रियर्सन के हिन्दू और मुस्लिम कश्मीरी को बिल्कुल नकारते हैं। उन्हें कश्मीरी और कश्मीरियत में विश्वास है। दरद परिवार को लेकर ग्रियर्सन की समझ बहुत विवादपूर्ण नहीं थी। भाषावैज्ञानिक प्रो. राम कमल पांडेय (केन्द्रीय हिन्दी संस्थान आगरा) मानते हैं कि दरद के इलाके में असीमित ठंड और कमजोर संचार और यातायात के कारण भाषा में कई विचलन या वेरिएशन आये होंगे। उस इलाके में यातायात कमजोर रहा है। तब भी 400 ई.पू. (पाणिनि का समय) से अफगानिस्तान के अनेक प्रकार के कम्बल भारत आते थे। प्रो. पाण्डेय ग्रियर्सन की तुलसी-भक्ति को स्वीकार करते हैं लेकिन कई मुद्दों पर उनकी असहमति भी रही है।

निःसन्देह हिन्दी के विद्वानों के बीच तुलसी की प्रतिष्ठा के कारक ग्रियर्सन और उनका तुलसी विषयक अध्ययन था। आलोचक और भाषाविद् प्रो. दिनेश्वर प्रसाद के अनुसार रामचन्द्र शुक्ल, हजारी प्रसाद द्विवेदी समेत आलोचकों के तुलसी-रुझान का आधार ग्रियर्सन का तुलसीदास विषयक अध्ययन है। तुलसी को जिस नजर से ग्रियर्सन देख रहे थे, वह एक ईसाई की भक्ति भी थी। ग्रियर्सन के विशाल काम को वे भी सराहते हैं। इससे इनकार नहीं है। जब कभी मैं उनसे बिहार को हिन्दी प्रदेश से अलग मानने के उनके विचार को लक्षित करता, वे इसे स्वीकार करते। फिर भी वे ग्रियर्सन को सराहते। इसका कारण उनका विद्वान् व्यक्तित्व था। ब्रिटिश राज और आजाद भारत में एक सौ से अधिक भाषाओं का पंडित शायद ही मिले। अंग्रेज़ी भाषी समाज को इस हीरे पर गर्व होगा ही। ग्रियर्सन की प्रतिभा और विद्वता के सभी कायल थे और हैं भी। आलोचक प्रो. सुधीश पचौरी (वाक्/न.दि.) ने मेरा लेख छापते हुए ग्रियर्सन के महत्त्व पर एक सम्पादकीय टिप्पणी दी। उनके शब्दों में, "एक नये भाषा जगत को जानने की बेचैनी।" इससे इनकार नहीं। दृष्टि-निरूपण तो होना ही चाहिए। **बहुवचन** के सम्पादक प्रो. राजेन्द्र कुमार (इलाहाबाद) भी मेरे विचार से सहमत होते थे लेकिन यह भी कहते थे कि उनके काम की मान्यता है। एक दिन भाषाविद् प्रो. चतुर्भुज सहाय (केन्द्रीय हिन्दी संस्थान, आगरा) से लम्बी बातचीत हुई। वे भी ग्रियर्सन के अवदान का महत्त्व समझते थे।

जो विद्वान् ग्रियर्सन के प्रशंसक रहे हैं और जिनसे मैं मिला हूँ, वे ब्रिटिश राज

के भारत को अच्छा समाज नहीं मानते थे लेकिन ग्रियर्सन के काम का महत्त्व ज़रूर समझते रहे हैं। निश्चय ही उनका काम बड़ा है। इस के मूल्यांकन में दो-चार साल का समय शायद कम ही हो। मैंने तो बहुत छोटा काम किया हूँ। विश्वविद्यालय अनुदान आयोग (विशेषकर मदाम नीलम चोपड़ा, आदरणीय राजेश आनन्द, श्रीमती रेणु बत्रा आदि) के कारण मैं यह छोटा-सा काम पूरा कर सका हूँ। इसको कितना आगे बढ़ा पाऊँगा, कह पाना मुश्किल है। शायद धीरज न रह पाए। राँची विश्वविद्यालय के पूर्व कुलपति और विज्ञानविद् प्रो. ए.ए. खाँ और वनस्पतिविद् डॉ. ज्योति कुमार निरन्तर इस काम को पूरा करने में सहयात्री की तरह साबित हुए।

सहयोग

1. अलीगढ़ मुस्लिम विश्वविद्यालय, अलीगढ़।
2. अल्बर्ट कॉलेज, राँची।
3. अमिताभ खरे, रेल भवन, नयी दिल्ली।
4. इतिहास विभाग, जामिया मिलिया इस्लामिया विश्वविद्यालय, नयी दिल्ली।
5. ईरान कल्चर सेंटर, नयी दिल्ली।
6. कामिल बुल्के शोध संस्थान, राँची।
7. केन्द्रीय पुस्तकालय, दिल्ली विश्वविद्यालय, नयी दिल्ली।
8. प्रो. अब्दुल कयूम अब्दाली, राँची विश्वविद्यालय।
9. नेशनल लाइब्रेरी, कोलकाता।
10. प्रो. रामानुज शर्मा, जी.एल.ए. कॉलेज, डाल्टनगंज, झारखंड।
11. प्रो. खालिक रशीद (पश्तो विभाग), जवाहरलाल नेहरू विश्वविद्यालय, नयी दिल्ली।
12. बंगाल एशियाटिक सोसायटी, कोलकाता।
13. माधव राव सप्रे स्मृति संग्रहालय, भोपाल।
14. मुहम्मद खैरूल्ला एडवोकेट, राँची।
15. वशारत हुसैन अंसारी, राँची विश्वविद्यालय।
16. वाक् (सं. सुधीश पचौरी), वाणी, नयी दिल्ली।
17. वसुंधा (सं. कमला प्रसाद), भोपाल।
18. संजय कृष्ण (दैनिक जागरण) राँची और अष्टभुजा शुक्ल, बस्ती (उत्तर प्रदेश)।
19. सम्मेलन पत्रिका (सं. विभूति मिश्र), इलाहाबाद।
20. सीरामपुर मिशनरी, सीरामपुर, कोलकाता।
21. संवेद (सं. किशन कालजयी), नयी दिल्ली।

द्वितीय अध्याय

जॉर्ज अब्राहम ग्रियर्सन और अन्तर अनुशासनिक अध्ययन

कई विद्वान् ग्रियर्सन के लोक साहित्य-अध्ययन को भाषा-सर्वेक्षण के काम से अलग और अधिक विशद मानते हैं। उनके भाषा विषयक चिन्तन में विवाद के कई सूत्र छिपे हैं और इस सन्दर्भ में उनके चाहने वालों में भी उनसे असहमति रही है। उनके लोक साहित्य के अध्ययन और विचार को लेकर आदर का ही भाव रहा है। लोक साहित्य का विषय ग्रियर्सन के लिए उस समय नया था और उसी सन्दर्भ में विद्वानों ने उनके प्रति सम्मान की भावना प्रकट की। ऐसी ही भावना उनके भाषा विषयक अध्ययन को लेकर भी रही।

ग्रियर्सन भारतीय भाषाओं के सर्वेक्षण के साथ-साथ, लोक साहित्य के संकलन और कुछेक जातियों का अध्ययन भी कर रहे थे। वे हिन्दी प्रदेश के ग्रामीण जीवन में भी रुचि ले रहे थे। एक साथ कई विषयों में उनकी रुचि से उनके अन्तर अनुशासनिक अध्ययन की आवश्यकता अनुभूत होती है। ऐसा भी नहीं है कि इस दिशा में केवल यूरोप के विद्वान् थे। हिन्दी क्षेत्र में ग्रियर्सन की पहल को आदर्श मान्यता मिल चुकी थी। हर जगह ग्रियर्सन-अध्ययन को मानक समझा गया है। उनके अध्ययन को कुछ भारतीय भाषाविदों (सुनीति कुमार चाटुर्ज्या, उदय नारायण तिवारी, धीरेन्द्र वर्मा आदि) ने आगे भी बढ़ाया है। उनका अन्तर अनुशासनिक अध्ययन भारत में ब्रिटिश राज की जमीन और उसकी नीति से बिल्कुल अलग नहीं था। वे भारतीय और यूरोपीय मनीषा के बीच एक संवाद-सेतु भी बने। इसका एक कारण तो उनका विशालकाय भाषा सर्वेक्षण का काम भी था। भारतीय भाषा सर्वेक्षण का काम शुरू होने के पहले ग्रियर्सन के कई लेख भारतीय भाषाओं की व्याकरणिक और ध्वनि व्यवस्था पर छप चुके थे। उन्होंने साहित्य और समाज के दूसरे क्षेत्रों पर भी लिखा। उनके लोक साहित्य, समाज विज्ञान और भाषावैज्ञानिक लेखों में एक सेतु रहा है, दृष्टिकोण का सेतु। लोक साहित्य के दर्पण से भारत की विभिन्न संस्कृतियों को खोजना। इसका लाभ भारत में नृविज्ञान के बाजार को मिलता ही। हमारे यहाँ मानव विज्ञान इसी उद्देश्य से फला-फूला। लोक-साहित्य और भाषाओं के विकास के

क्षेत्र में ग्रियर्सन की अकेली पहल थी। उनके बाद ही भारतीय विद्वान् और विचारक ने उनके काम को आगे बढ़ाया या उनके समानान्तर एक नयी दिशा को तय किया।

समाज, भाषा और साहित्य को देखने-परखने वाली दृष्टि की पड़ताल भी ज़रूरी है। केवल एक सीमा तक के प्रयास को इतना विस्तार न दे दिया जाए, बाकी सम्भावनाएँ अस्त हो जाएँ और अपनी इच्छा के सूर्योदय से ही सन्तोष करना पड़े। ग्रियर्सन के साहित्य का क्षेत्र विविध आयामी है जाति व्यवस्था, लोक साहित्य से लेकर भाषागत अध्ययन और भाषा-सर्वेक्षण। केवल उनके भाषा सर्वेक्षण को सामने रखकर किसी निष्कर्ष का निष्पादन कर लेना न्यायोचित भी नहीं होगा और ऐसा करना स्तुतिगान जैसा ही होगा। ग्रियर्सन का समग्र साहित्य ज्ञान के अन्तर अनुशासनिक (इंटर डिसिप्लनरी) रुझान को दर्शाता है। इसकी परम्परा ग्रीक दार्शनिकों में मिलती है। 19वीं शती में कार्ल मार्क्स और एंगेल्स का साहित्य और भारत की धरती पर भारतेन्दु हरिश्चन्द्र का समग्र साहित्य इसी अन्तर अनुशासनिक धरातल को पुष्ट करता है। इसलिए भारतीय या यूरोपीय बौद्धिकों के लिए भी ग्रियर्सन का अन्तर-अनुशासनिक रुझान कोई नया नहीं था। ग्रियर्सन समेत उस समय के विद्वानों की रचना-यात्रा यही संकेत करती है कि ज्ञान का विशेषीकरण एक समय और सुविधा तक ही सम्भव है। इस इलाके में बहुत कसरत करने पर यही होगा कि कारखाने के किसी एक मिस्त्री की दक्षता बैग की सिलाई तक की होगी और किसी की बकलस लगाने की होगी। इसलिए उस समय के विद्वानों का साहित्य इस खतरे को बार-बार इंगित करता है।

अन्तर अनुशासनिक अध्ययन सत्ता के लिए भी ज़रूरी है और गुलाम जनता के लिए भी। ग्रियर्सन के लोक साहित्य संकलन में 1857 के प्रथम स्वतन्त्रता संग्राम या ब्रिटिश राज-विरोधी लोक-गीत नगण्य हैं जबकि उन्होंने इस स्वतन्त्रता संग्राम पर लिखा है (ए नोट्स ऑन दि डिस्ट्रिक्ट ऑफ गया)। गुलाम देश की जनता चाहे स्वीकार करे या खारिज, लेकिन वह अपने समय और समाज की दृष्टि से अन्तर अनुशासनिक अध्ययन में वर्तमान और विहान को देखती है। किसी खास क्षेत्र और दिशा में सोचने-समझने की परिस्थितियाँ पैदा करना बड़ी बात है और यह काम ग्रियर्सन और उस समय के यूरोपीय विद्वानों ने किया है। यही एक उद्देश्य लेकर अपने समय और हित के लिए परिस्थितियों के निर्माण करने के काम को बन्द नहीं किया जा सकता है। हिन्दी के विकास में शिव प्रसाद 'सितारे हिन्द' भी लगे थे और भारतेन्दु भी, बटखरे अलग-अलग थे। बिना बटखरे देखे सामान ले लेने का जोखिम विवेक संगत तो नहीं ही है, इसलिए यह खतरनाक भी है। कहना ये कि अन्तर अनुशासनिक अध्ययन समय और समाज-सापेक्ष है। महज इसे जहाज का मस्तूल मानकर चलना मुश्किल है। खुद को खुश रखने का ख्याल भी अच्छा नहीं है।

अठारहवीं शती के शुरुआती दौर में प्रकृति विज्ञान अपने चरम पर था। उसकी

कई खोजों में प्रकृति के परिवर्तनीय होने का भाव अन्तर्निहित था। आश्चर्य यह कि प्रकृति के अपरिवर्तनशील होने की जड़ता को किसी दार्शनिक से ही चुनौती मिली थी। 1755 में जर्मनी के प्रसिद्ध दार्शनिक इमैनुअल कांट (सामान्य प्रकृति, इतिहास और गगनमंडल का इतिहास) की कृति आयी। उनका मानना था कि समूचा सौर मंडल ऐसी वस्तु के रूप में प्रकट हुआ जो कालक्रम में आविर्भूत हुआ था (फ्रेडरिक एंगेल्स, प्रकृति की द्वन्द्वात्मकता/मार्क्स, एंगेल्स और लेनिन, प्रकृति की द्वन्द्वात्मकता)। कांट की इस खोज के बाद और प्रकृति विज्ञान की आश्चर्यजनक खोजों के बावजूद दर्शन की भाववादी परम्परा की धार कहीं थमी नहीं। बर्कले (ट्रेटाईज़ कंसर्निंग दी प्रिंसिपल्स ऑफ ह्यूमन नॉलेज/ऑक्सफोर्ड, 1871) ने पहले खंड में बताया कि विचार या ज्ञान के अलावा और भी कुछ विद्यमान है, मस्तिष्क, मन, आत्मा या अहं। ब्ला.ई. लेनिन बर्कले के अन्तर्विरोध को बखूबी यों प्रस्तुत करते हैं कि प्रकृति को 'संवेदनों का संयोजन' और मानव-मस्तिष्क को किसी देवता द्वारा उत्पन्न मान लिया जाए और चेतना से बाहर उनके आधार की तलाश करना छोड़ दें और फिर ज्ञान के भाववादी ढाँचे के अन्तर्गत प्रकृति विज्ञान की खोजों और प्रामाणिकता को मान लें। स्पष्ट है कि भाववादी विचार और वस्तु को एक ही मानते हैं। इस अर्थ में ज्ञान के अनेक अनुशासनों का विकास रुक जाता है, जहाँ हम प्रकृति को किसी तरह आविर्भूत मानकर उसके अस्तित्व को स्थायी या जड़ मान लेते हैं। पाठक यह समझें कि 18वीं शती में अन्तर अनुशासनिक ज्ञान का विकास निर्बाध नहीं हुआ था। उसे संघर्ष के कई मोड़ों से गुजरना पड़ा था।

जॉर्ज अब्राहम ग्रियर्सन के समय एक परम्परा भाववादी दर्शन की थी। भाषा और साहित्य के क्षेत्र में भी इसका प्रभाव एक अलग विषय है। ग्रियर्सन जैसे अनेक भाषाविदों के अन्तर अनुशासनिक चिन्तन का लाभ शब्दों के तुलनात्मक अध्ययन और भाषाओं के विकास को समझने में मिलता है। दोनों को एक कर देखना बेमानी है। अन्तर अनुशासनिक दृष्टि प्रकृति और समाज को एक प्रक्रिया के रूप में देखती है। पूरे संसार को परिवर्तन और रूपान्तरण के बतौर समझने का एक रास्ता मिलता है। अगर देखा जाए तो इसी दृष्टि के कारण मानव-समाज जड़ और कई प्रकार के अध्यात्मिक दोषों से लड़ सका है। भाषा कोई मशीन नहीं है। वह समाज के विकास की अभिव्यक्ति है। उस दौर में भाववादी, जिसे आत्मवादी भी कह सकते हैं, भाषाओं के विकास को मनुष्य की बुद्धि, उसके तथाकथित चेतन मन में बसे विचार की परिणति के रूप में भी देखते थे। भाषा की उत्पत्ति के दैविक सिद्धान्त या किसी एक भाषा को देव भाषा मानकर समस्त भाषाओं के स्रोत को खोज लेने का विचार इसी की देन है। 18वीं और 19वीं शती में प्रकृति की जड़ता को मान लेने के दुराग्रह को अन्तर अनुशासनिक चिन्तन से धक्का पहुँचा था। प्रकृति और मानव जाति के इतिहास के केन्द्र में कई प्रकार के सम्बन्धों, प्रतिक्रियाओं इत्यादि

निर्णायक तत्त्व हैं। भाषा इसकी सम्पूर्ण अभिव्यक्ति है। इसलिए 19वीं शती में भाषाओं के वैज्ञानिक सर्वेक्षण का विचार आया।

कहते हैं कि मध्यकाल में प्रकृति एक समग्र इकाई के रूप में थी। कोई प्रकृति को ईश्वर की कृति (इस्लाम) मानता था तो कोई उसे ईश्वर का रूप देता था। मध्य युग के बाद प्रकृति विज्ञान धर्मशास्त्र से मुक्त हुआ था। प्राचीन काल में युक्लिड की ज्यामिति, टोलेमी का सौरमंडल का सिद्धान्त, अरबों की दशमलव-पद्धति प्रारम्भिक बीजगणित इत्यादि के परिप्रेक्ष्य में भूगोलीय और खगोलीय खोजों को महत्त्व मिला। सौरमंडल के नियम स्पष्ट होने लगे। खगोल वैज्ञानिक केप्लर ने ग्रहों की गति के नियमों का पता लगाया। न्यूटन ने गति के सामान्य नियमों की खोज की। 19वीं शती (मायर और जूल) ने ऊष्मा का यांत्रिक ऊर्जा और फिर उसका ऊष्मा में रूपान्तरण प्रदर्शित किया। अब यह बात सामने आयी कि भौतिक ऊर्जाए—यांत्रिक ऊर्जा, ऊष्मा, प्रकाश, विद्युत, चुम्बकत्व और रासायनिक ऊर्जा, ऊर्जा की क्षति किये बिना रूपान्तरित होते हैं। जीव विज्ञान के अन्वेषण में भी वैज्ञानिक यात्राओं और अभियानों, खुर्दबीन (माइक्रोस्कोप) के नियमित उपयोग और कोशिकाओं की खोज के बाद प्रकृति की समग्रता और अपरिवर्तनीयता का सिद्धान्त कुछ नहीं रह गया था। 18वीं और 19वीं शती में प्रकृति विज्ञान में जितनी खोजें हुई, उसका प्रभाव मनुष्य के सामाजिक और सांस्कृतिक जीवन पर भी पड़ा। ध्यान रहे, इसके फलस्वरूप दुनिया के धार्मिक पुरोहितों में बड़ा रोष हुआ। फिर भी ये इन खोजों को स्वीकार कर रहे थे। कोई इसे धर्म सुधार भी कहता था। यानि धार्मिक ग्रन्थों में प्रकृति विज्ञान के सत्य बीज रूप में थे। कोई इसे पुनर्जागरण भी कहता था। आगे के औद्योगिक विकास ने प्रकृति को जीत लिया। यह सच है कि प्रकृति के दुरुपयोग का असर भी मानव जाति के हित में नहीं रहा है। इसका यह मतलब नहीं कि प्रकृति को अपरिवर्तनीय और समग्र इकाई समझकर उसके अवयवों पर विचार करना ही छोड़ दें। मानव जाति के लिए प्रकृति का उपयोग होता रहेगा। मनुष्य प्रकृति को जिन्दा भी करता है। ऐसा कहना कोई ईश्वर को चुनौती देना नहीं है। ईश्वर भी मनुष्य की ही कल्पना है। वह इसकी कल्पना कई रूपों में करता है। ऐसा मानना कि ईश्वर के कारण प्रकृति है, भाववादी रुझान है जहाँ हम प्रकृति के भीतर की क्रिया को नकारते हैं। प्रकृति विज्ञान प्रकृति की अन्तःक्रियाओं का विश्लेषण करता है और फिर आगे वह नयी-नयी चीजों की खोज करता है। आगे के समय में प्रकृति विज्ञान का जिस तेजी से विकास हुआ है, उनके कारण आज मानव-जाति खुद को सक्षम समझती है। प्राचीन और मध्य युग में मनुष्य के कमजोर होने की अध्यात्मिक कथाओं का महत्त्व मध्य युग के बाद नहीं रह गया था। वह महज विश्वास रह गया था। आगे के वर्षों में धर्म को विश्वास मानने की भावना प्रबल हुई। अध्यात्मिक विज्ञान की बात करने वाले दरअसल अध्यात्म का महत्त्व बताने और समझाने के लिए प्रकृति

विज्ञान का सहारा लेते हैं। अगर ऐसा हो जाए यानि प्रकृति विज्ञान पीछे की ओर लौट जाए तो मानव जाति जंगल अवस्था में आ जाएगी। शायद एक दूसरा प्रलय आ जाएगा। प्रकृति विज्ञान रहस्य को बेपर्द करता है और मानव जाति की उपलब्धियों का लेखा-जोखा बताता है। 18वीं और 19वीं शताब्दियों में इस विज्ञान की उपलब्धियों ने धर्म और ईश्वर के काल्पनिक आधार को ध्वस्त किया है। ग्रियर्सन जैसे ईसाई भी प्रकृति विज्ञान की पद्धतियों को स्वीकारते थे। कुछ उनके विशेष आग्रह भी थे जिनके कारण उन्होंने तुलसीदास और दूसरे मध्यकालीन कवियों को उनकी भक्ति के कारण महत्त्व दिया है। वह भक्ति विद्यापति में भी है, तुलसीदास में भी है और बाद के कवियों में भी। परन्तु यही पक्ष प्रबल नहीं है, जिनकी बदौलत इन कवियों को सामाजिक मान्यता मिली।

यूरोपीय जगत में मैक्समूलर भाषा विज्ञान को भौतिक विज्ञान मानने वाले सम्भवतः पहले भाषाविद् थे। उनका समय 19वीं शती के उत्तरार्द्ध (1861-63/रॉयल इंस्टीट्यूट ऑफ लन्दन) का है। इसी समय भाषा विज्ञान पर उनके कई भाषण हुए। उनके पहले तक प्रकृति विज्ञान में जितनी खोजें हुई, उनसे भाषा विज्ञान के अध्ययन का रास्ता प्रशस्त होता है। मैक्समूलर भाषा विज्ञान (मैक्समूलर/भाषा विज्ञान/2) को भौतिक विज्ञान मानते हैं। वे विज्ञान की तीन अवस्थाएँ बताते हैं, आनुभविक, वर्गीकरणिक (क्लासिफिकेटरी) और सैद्धान्तिक। उनके अनुसार विज्ञानों का इतिहास अर्द्धशिक्षित जातियों के घरेलू उद्योग-धन्धों से जुड़ा हुआ था। उदाहरण के लिए ज्यामिति जो बिन्दु, रेखाओं आदि के सम्बन्ध पर विचार करते हैं, उसका आरम्भ क्षेत्र की पैमाइश से हुआ। वनस्पति विज्ञान (बॉटनी) का अर्थ ग्रीक में वनस्पति नहीं है, यह पशुओं के खाने का चारा था। मैक्समूलर आनुभविक अवस्था के अन्तर्गत विज्ञान की कई शाखाओं का शाब्दिक-विश्लेषण करते हैं। कहते हैं कि पहला ज्यामितिज्ञ हलवाहा था और पहला वनस्पति का जानकार माली था। उनका यह भी कहना है कि आरम्भिक अवस्था के विज्ञान को विज्ञान कहना उचित नहीं है। विज्ञान का जन्म और विकास प्रकृति से पर्दा हटाने और प्रकृति के रहस्य को जानने के लिए हुआ है। इस अर्थ में भाषा विज्ञान का अध्ययन भाषाओं पर बरसों-बरस के पर्दे को अलग करता है। इसके पहले तक भाषा को ईश्वर की कृति ही माना जाता था। कुछ का यह भी मानना था कि मानव इतिहास में एक ऐसा भी समय रहा होगा जब एक ही भाषा रही होगी। ऐसा मानना बहुत मुश्किल है लेकिन मूल स्रोत से भाषा के विकास का विचार इसी सोच से आया है। ग्रियर्सन और उनके पहले के भाषाविद् भी मूल स्रोत से भाषाओं को मानते रहे हैं। मैक्समूलर भी इसे मानते है लेकिन वे इस बिन्दु पर पूरी तरह आश्वस्त नहीं हैं। प्रकृति विज्ञान में जब नयी-नयी खोजें हो रही थी, उसी समय भाषाओं के अध्ययन की भी चर्चा होने लगी थी। एक समय ऐसा भी था जब विद्वान् भाषा की उत्पत्ति या उसके अन्य पहलुओं

पर विचार करना निरर्थक मानते थे। एक तो भाषा ईश्वर की चीज है। इस पर विचार कैसा? जैसे प्रकृति ईश्वर-प्रदत्त है। उसका अध्ययन कैसा? उदाहरण देते थे कि आँखों के प्रतिविम्ब इन्द्रियों द्वारा कैसे प्रस्तुत होते हैं। फिर ये किस प्रकार हमारी भावना को प्रभावित करते हैं? कैसे दृश्य पदार्थों का आँखों के भीतर चित्र बनता है? फिर मानस-पटल पर वह विचारों में परिवर्तित होता है। इन प्रश्नों की खोज, इनके उत्तर पाने की बेचैनी कहीं से तार्किक नहीं है। यह 18वीं और 19वीं शती के प्रकृति वैज्ञानिकों की ही देन है कि उन्होंने अपनी खोजों से इस प्रकार के विश्वासों की नींव हिलाकर रख दी थी। ऐसे ही दौर में भाषाओं के अध्ययन का विचार आया। देखा गया कि पूरे संसार में एक ही भाषा का होना बिल्कुल सम्भव नहीं है। एक समय की भाषाओं में स्वराघात था। दूसरे समय की भाषाओं में बलाघात (शब्द के किसी विशेष भाग पर बल) आ गया, जिसके कारण लघुता और दीर्घता आयी। यह परिवर्तन कैसे हो गया? भाषा अगर एक ही होती तो भरत के नाट्यशास्त्र (300 ई.) में एक इलाके की एक भाषा और दूसरे इलाके के लिए दूसरी भाषा का उल्लेख कैसे होता। यह तो बहुत बाद की घटना है भरत मुनि के बहुत पहले कबीलों के समाज में भी भाषा का एक रूप नहीं था। 18वीं और 19वीं शती के भाषा विज्ञान के अध्ययन के फलस्वरूप ही इन पर से पर्दा हटा और शब्दों के तुलनात्मक अध्ययन के कई मार्ग प्रशस्त हुए। लगभग तीन सौ वर्षों में प्रकृति विज्ञान के अध्ययन से यह बात भी सामने आयी कि अब भी प्रकृति का इतना विशाल अध्ययन बिल्कुल तुच्छ है। यह तो विराट प्रकृति के एक छोटे-से अंश का अध्ययन है। संसार में इतनी भाषाएँ हैं जिन्हें वर्गीकरण के बाद भी उन्हें अवर्गीकृत ही मानना पड़ेगा। भाषाओं का अध्ययन कोई आज, कल और परसों समाप्त होने वाला काम नहीं है। ग्रियर्सन ने अध्ययन की जिस परम्परा को आगे बढ़ाया है, उससे अध्ययन की नयी दिशाओं का दरवाजा खुलता है।

प्रकृति विज्ञान की उपलब्धियों ने अपरिवर्तनीयता के भ्रम को ध्वस्त किया है। पहले जहाँ विज्ञान अपनी स्वतन्त्रता का दावा करता था और एक तरह से सामान्य आदमी के लिए जल का तापमान, पृथ्वी का तापमान और वायुमंडल की गति सब कुछ अपरिवर्तनीय था, वह विज्ञान के विद्वानों का हिस्सा था, चर्च के अधिकार कहें, अधिनायकत्व ने विज्ञान का बहुत नुकसान किया है। अब वैज्ञानिक पिंडों के भीतर की आण्विक अवस्था के परिवर्तन पर विचार करने लगे उस दौर में विज्ञान समाज के बदलते अन्तःसम्बन्ध और चर्च के अधिनायकत्व का साक्षी था। विज्ञान के लिए न पृथ्वी समग्र और अपरिवर्तनीय इकाई रह गयी थी और न सौर मंडल। वस्तुओं के आन्तरिक सम्बन्ध और उसकी प्रकृति को जानने-परखने का काम उन वैज्ञानिकों ने किया जो अनपढ़ थे, जो किसान थे, जिन्हें कोई व्यवस्थित शिक्षा नहीं मिली थी। उनके मन में धर्म के अधिनायकत्व को लेकर दुविधा ज़रूर रही होगी। उनका मन

मनुष्य और प्रकृति के सनातन और अपरिवर्तनीय अस्तित्व को मानने को तैयार नहीं था। जिसने दशमलव की खोज की, उसके मन में एक सवाल था, संख्या एक और दो के बीच कौन-सा अंक है।

यूरोपीय जगत में यह चर्चा अजीबो गरीब किस्म से रही थी (18वीं शती) कि शिक्षित तबके में भाषा सुरक्षित रहती है और अशिक्षितों में अशुद्धियों के कारण परिवर्तित होती है। मध्य युग में शिक्षित समुदाय में लैटिन का चलन था। लैटिन में लचीलापन कम था। लैटिन बोलने और लिखनेवालों की दिनचर्या पर चर्चा का सीधा प्रभाव था। अनपढ़ों के जीवन में आपा-धापी अधिक थी। वे जंगलों को साफ करते थे। उनपर खेती करते थे। जैसे, प्रकृति विज्ञान में सनातन सत्य को माने जाने का चलन था, वैसे ही भाषा अध्ययन के क्षेत्र में भी एक सनातन भाषा का सिद्धान्त चला था। ब्लूम फील्ड इसे कुधारणा (लैंग्वेज/8) कहते हैं। इसका परिणाम हुआ कि कुछ समय के लिए भाषा-अध्ययन की रुचि घट गयी। ज्यादा मेहनत न करने के कारण भी यह समझ लिया गया कि संसार की भाषाएँ या तो लैटिन से आयी है या हिब्रू से। ब्लूमफील्ड की किताब 1933 में आयी थी। उसके पहले ग्रियर्सन का भाषा-सर्वेक्षण का काम पूरा हो चुका था। ग्रियर्सन की चाहे जितनी आलोचना करें, उन्होंने बोलियों का व्याकरण दिया। उसका वर्गीकरण किया। यद्यपि वे भी श्रेण्य या क्लासिकी भाषा से आधुनिक भाषाओं और बोलियों का विकास देख रहे थे तथापि वे यूरोप के भाषा-चिन्तन से पूरे तौर पर अवगत थे। वे भाषाओं के अध्ययन को सतत क्रिया मानते थे। भारतीय समाज में भाषा के प्रति यूरोपीय सोच जैसा कुछ भी नहीं था। भरत मुनि (300 ई.) से लेकर राजशेखर (800 ई.) तक के समय देशज बोलियों को सामाजिक मान्यता मिलने लगी थी। जिस समय यूरोप में भाषा को सनातन और अपरिवर्तनीय मानने का आग्रह था, भारत में वह समय भक्ति आन्दोलन का था। अधिकांश भक्त कवियों ने संस्कृत का चोंगा उतार दिया था। वे लोक भाषा में रचना कर रहे थे। विद्यापति से लेकर तुलसीदास के समय तक अधिकांश कवि संस्कृत के विद्वान् थे। इसके बावजूद उन्होंने देशज भाषाओं को महत्त्व दिया था। ये कवि अनेक भाषाओं में लिख रहे थे। भाषाओं के प्रति इनका आग्रह था कि वे अपनी बात जनता तक पहुँचा सके। वे देख रहे थे कि किताबी और लौकिक संस्कृत के समानान्तर अपभ्रंश के बाद ब्रज, अवधी आदि जितनी तेजी से लोकप्रिय हो रही थी कि अब संस्कृत में अपनी बात कहना सम्भव नहीं रह गया था। वे क्लासिकी भाषा को कृत्रिम नहीं मानते थे, लेकिन लोक पक्ष से अलग होने के बाद वह भाषा किताबी रह ही गयी थी। यूरोप के प्रकृति विज्ञान की प्रगति का असर हो या न हो, भारतीय मानस ने मध्यकाल में भाषाओं का अध्ययन समझा था। उसे ईश्वर प्रदत्त मानकर छोड़ नहीं दिया था।

ईसाई धर्म में ग्रियर्सन की गहरी आस्था थी। इससे वे कभी डिगे नहीं। तुलसी

और विद्यापति का महत्त्व भक्ति के आलोक में ही देखा, समझा और परखा। भाषाओं के अध्ययन में वे पुराने ईसाई आग्रह को लेकर चल सकते थे। कैथलिक नहीं थे। उनके समय के कुछ पहले ही कैथलिक के खिलाफ व्यापक आन्दोलन हुआ था। उनके परिवार के सदस्य प्रोटेस्टेंट चर्च की सेवा में थे। कैथलिक का अत्याचार चरम सीमा पर था। धर्म-द्रोह के दमन के लिए इनक्ज़ीविशन (क्रूर अदालतें) बनाये गये थे। प्रकृति विज्ञान का विकास जिस समय और जिस तेजी से हुआ, उससे क्रुद्ध कैथलिक विद्वानों को अग्निकुंड और कारागारों में डाल देते थे। इसके साथ प्रोटेस्टेंट का दमन भी जारी था। सर्वेट्स नाम के वैज्ञानिक रक्त संचार का पता लगाने वाले थे, काल्विन (प्रोटेस्टेंट) ने उसे आग में भुनवा डाला। कॉपर्निकस की क्रान्तिकारी किताब 'खगोल पिंडों की परिक्रमा' ने चर्च को चुनौती दी थी। उसे उसकी किताब मृत्यु शय्या (मई 1543) पर मिली। कॉपर्निकस के कारण ही प्रकृति विज्ञान धर्मशास्त्र से मुक्त हुआ। 16वीं और 17वीं शती का साहित्य सही अर्थों में यात्रा और भाषाओं का साहित्य था। कहा जाता है कि उन दो सौ वर्षों में शायद ही कोई हो जो चार-पाँच भाषाओं का पंडित न रहा हो। ऐसे कई लोग आये जो किसी इलाके के विशेषज्ञ नहीं थे। महान चित्रकार लियोनार्डो द विंसी गणितज्ञ और इंजीनियर थे। मैकियावेली राजनेता और इतिहासकार तो थे ही, कवि और वास्तुकार भी थे। वे सैन्य साहित्य के भी लेखक थे। ग्रियर्सन और उनके समय के अधिकांश भाषाविदों ने कैथलिक और प्रोटेस्टेंट के प्रकृति विषयक चिन्तन को एक सिरे से ठुकराया और भाषाओं के अध्ययन और विश्लेषण में जीवन-पर्यन्त लगे रहे। प्रकृति की तरह ही भाषा को ईश्वर प्रदत्त माने जाने के आग्रह को चुनौती के रूप में लिया। एक तरह से तुलनात्मक भाषा विज्ञान का विकास इसी जद्दो-ज़हद के साथ हुआ।

ग्रियर्सन के समय में भारत का शासन ग्रेट ब्रिटेन के हाथ में आ चुका था। 1858 में ईस्ट इंडिया कम्पनी समाप्त हो चुकी थी। 1858 के कई साल पहले (1813 ई.) कम्पनी ने ईसाई पादरियों पर से रोक हटा ली थी। कुछ ही वर्षों के अन्दर भारत में विभिन्न ईसाई मिशन स्थापित होने लगे थे। ग्रियर्सन ईसाई मिशनरियों पर पाबन्दी हटाये जाने के बाद के दौर में भारत आये थे। इसलिए जो परेशानी विलियम कैरी जैसे ईसाई विद्वानों को पाबन्दी के दौर में झेलनी पड़ी, उससे ग्रियर्सन मुक्त रहे। उनके दौर में ब्रिटिश राज में भारतीय जनता से सीधा संवाद करने की चिन्ता थी। इस कारण भी ग्रियर्सन के लोक साहित्य विषयक खोजों का सिलसिला शुरू हुआ।

ग्रियर्सन के भारत आने से बहुत पहले भाषाओं के वर्गीकरण पर विचार होने लगा था। पहले खंड के पहले भाग के प्रारम्भ में ही इसका ब्योरा आया है। अमीर खुसरो (1317 ई.) के अनुसार प्रत्येक प्रदेश में ऐसी विचित्र भाषाएँ प्रचलित हैं, जिनका एक दूसरे से सम्बन्ध नहीं है, हिन्दी (सिंधी), लाहौरी (पंजाबी), कश्मीरी-डूगरों (जम्मू के डोगरों), धूर समुन्दर (मैसूर की कन्नड़ भाषा), तिलंग (तेलुगु), गुजरात,

मलाबार (कारो-मंडल समुद्र तट की तमिल), गौह (उत्तरी बाँग्ला), बंगाल अवध (पूर्वी हिन्दी) दिल्ली तथा उसके आस-पास की भाषा (पश्चिमी हिन्दी)। अमीर खुसरो इन्हें हिन्दी की भाषाएँ मानते हैं। अबुल फजल (1556-1605/आईन-ए-अकबरी) के अनुसार हिन्दुस्तान में अनेक बोलियाँ हैं जिनमें पर्याप्त अन्तर है और ये परस्पर बोधगम्य नहीं हैं—दिल्ली की बोली (पश्चिमी हिन्दी), बंगाल (बाँग्ला), मुल्तान (लहंदा), मारवाड़ (पश्चिमी राजस्थानी), गुजरात (गुजराती), तेलंगाना (तेलुगु), मरहट्टा (मराठी), कर्नाटक (कन्नड़), सिन्ध (सिंधी), शॉल का अफगान (पश्तो), बलूचिस्तान (बलूची) तथा कश्मीर (कश्मीरी)। अमीर खुसरो और अबुल फज़ल दोनों इतिहासकार पारस्परिक सुबोधता का अभाव देख रहे थे। बोलियों के बीच आन्तरिक एकता को बिल्कुल अस्वीकार कर देना विचित्र अनुभव है। कम-से-कम अकबर के समय में ब्रजभाषा और अवधी पूरे उत्तर भारत की बोलियाँ थीं। वह समय भक्ति आन्दोलन का था। अहिन्दी प्रान्तों असम और बंगाल में भी इसका व्यापक प्रभाव था। खेद है कि ग्रियर्सन इस पर कोई टिप्पणी नहीं करते है। दोनों इतिहासकार हिन्दी को उत्तर भारत की भाषा मानते हैं। इस सच को ग्रियर्सन क्या अधिकांश यूरोपीय विद्वान् बहुत मुश्किल से स्वीकार करते हैं। अकबर का राज्य अफगानिस्तान तक फैला हुआ था। अफगानिस्तान और दिल्ली/आगरा के बीच सम्पर्क की भाषा फ़ारसी रही होगी। विदित है कि अफगानिस्तान से दिल्ली तक के वर्गीकरण में क्रमवार से पश्तो, बलूची और कश्मीरी का ज़िक्र है। बलूची, पश्तो, कश्मीर और दिल्ली तथा आगरा तक सीधा व्यापारिक मार्ग था। पाणिनि के समय (400 ई. पू.) के इस व्यापारिक मार्ग का उल्लेख (वासुदेवशरण अग्रवाल/पाणिनिकालीन भारतवर्ष) मिलता है। अबुल फज़ल के वर्गीकरण पर बहुत ध्यान से देखने पर भाषाओं का एक सिलसिला मिलता है, गुजराती, तेलुगु, मरहट्टा/मराठी, कन्नड़, सिंधी, पश्तो, बलूची और कश्मीरी। इससे अकबर के समय में राज्यों के एकीकरण का भी पता चलता है। अगर ऐसा है तो उत्तर भारत और शेष भारत के बीच की सम्पर्क-भाषा रही होगी।

भारत में फ़ारसी के कई विद्वान् यह मानते हैं कि वर्तमान उत्तर-पश्चिमी सीमा (एन.डब्ल्यू.एफ.पी./पाकिस्तान) अरबों के भारत पहुँचने का मार्ग था। ब्राउन (ए लिट्रेरी हिस्ट्री ऑफ पर्सिया/खंड-एक) के अनुसार पंजाब के किसी इलाके में भारत-ईरानी प्रजाति मिश्रित हुई होगी। अख़्वामनी/एकमेनियन (521 ई.पू.) राजा (डेरियस) ने अपने अधिकारियों को भारत के समुद्री मार्ग का पता लगाने के लिए बहाल किया था। इसलिए भारत और अफगानिस्तान के मध्य सीधे मार्ग के अस्तित्व को लेकर कोई विवाद नहीं है। परन्तु इसी सन्दर्भ में कुछ विद्वान् (मु.अब्दुल ग़नी/प्री.मुगल पर्सियन ऑफ हिन्दुस्तान) अरबों के ईरान पर हुए आक्रमण की बर्बादी को नहीं मानते हैं। अरबों में फ़ारसी के प्रति लगाव था, जिसके प्रमाण के रूप में सिंध को देखा जा सकता है। ग़नी की ही सूचना (37) है कि सिंध में अरबों के आने के बाद

का उनका अनुभव था कि कई ऐसे कवि थे जो प्राकृत के अच्छे जानकार थे और हिन्दी और अरबी दोनों में कविताएँ लिखते थे। कहा जाता है कि सिंध में अरब और हिन्दू परिवारों के बीच अच्छे सम्बन्ध थे। यह बात अपनी जगह, परन्तु अरबों हमले के बाद सामाजिक और सांस्कृतिक सम्बन्ध को उजागर करने की कवायद का अभिप्राय उसके आक्रमण को न्यायोचित ठहराना है। इस्लाम उस समय के लिए सबसे प्रगतिशील धर्म था। उसने अरब के कबीलों को एक करने का काम किया, लेकिन यही काम दूसरे देशों में नहीं हुआ। अकबर के समय में राज्यों के एकीकरण का काम तेजी से हुआ। चाहे उसके जो कारण रहे हों लेकिन उसका सामाजिक और सांस्कृतिक प्रभाव लम्बे समय तक सकारात्मक बना रहा। सूफी साहित्य इसी की उपज है। अबुल फज़ल ने कश्मीरी को हिन्दू और मुस्लिम कश्मीरी नाम नहीं दिया। अमीर खुसरो और अबुल फज़ल के वर्गीकरण में स्थान-विशेष का महत्त्व है। इन स्थानों में एक सिलसिला मिलता है। इन्होंने अपने समय के भौगोलिक महत्त्व को समझा था। ग्रियर्सन को इन दो इतिहासकारों के वर्गीकरण पर गम्भीरता से विचार करना चाहिए था। वे ऐसा नहीं कर सके। शायद ब्रिटिश प्रशासन का दबाव रहा हो। उन्होंने यूरोपीय विद्वानों के हिन्दी और भाषा पर किये गये अध्ययन पर भी कोई टिप्पणी नहीं की है। उन्होंने सीधे-सीधे उनके काम को पाठकों के सम्मुख रख दिया है। वे कहीं-न-कहीं खुसरो और फज़ल के वर्गीकरण को अंशतः भी स्वीकार करते थे। मध्य काल के मुगल काल में खेती का व्यापक प्रसार हुआ था। स्थान-विशेष की भाषा को बृहत्तर रूप के बतौर समझा गया। जैसे, लाहौरी को पंजाबी भी कहा गया। उस समय लाहौर पंजाब का प्रमुख केन्द्र था। केन्द्र की भाषा को पूरे पंजाब की भाषा मानने के पीछे एक तर्क पूरे पंजाब में पंजाबी के रूप में सम्पर्क भाषा के अस्तित्व का रहा होगा। यह बड़ी बात थी। पहले खंड की भूमिका का एक उपशीर्षक है, 'भाषा का स्थानीय नामकरण' (पृ. 38-39)। इसकी ओर उनका विशेष ध्यान गया है। स्थानीयता किसी भाषा के अनेक रूपों में सामने आती है। इसके बावजूद सम्पर्क भाषा का विशेष महत्त्व है, क्योंकि वह स्थानीय रूपों को भी बाँधे रखती है।

आश्चर्य यह है कि अक्सर हम लोग 18वीं शती में प्रकृति विज्ञान से उपजे सोच को परम्परा से हटकर एक नये रूप में देखते हैं। अरस्तू अन्तर अनुशासनिक ज्ञान की उपयोगिता को बखूबी समझते थे। उस यूनानी परम्परा ने प्रकृति और समाज को जड़ या गतिहीन रूप में स्वीकार नहीं किया। 15वीं शती के बाद प्रकृति विज्ञान के विकास से एक बार फिर अन्तर अनुशासनिक ज्ञान की समझ नये आकार में आयी। इस दृष्टि से फ्रांस के प्रसिद्ध विचारक रूसों की कृति (मनुष्यों में असमानता की उत्पत्ति तथा आधार) का विशेष महत्त्व है। आगे चलकर यूरोप के क्षितिज पर इस समझ को कई पंख लगे। कई भाषाओं को सीखने का एक दौर चल पड़ा। स्वयं ग्रियर्सन ने अपने गुरु एटकिंसन से संस्कृत का ज्ञान ग्रहण किया था। भारत में भी

19वीं शती का वह दौर अधिकाधिक भाषाओं को जानने-समझने का था। उस दौर में भारतेन्दु हरिश्चन्द्र, कमोबोश जॉर्ज अब्राहम ग्रियर्सन समेत अनेक विद्वानों की पहल से दर्शन की भाववादी धारा को धक्का पहुँचा। ऐसा होना कोई संयोग नहीं था बल्कि उस समय के बाजार की ज़रूरत था। एक दौर में उपनिवेशों के मालिक भी समझ रहे थे कि तह में छुपे हुए ज्ञान के विभिन्न स्रोतों को खोज निकालने में उनका भी लाभ है। जनता में राजसत्ता की पकड़ मजबूत होगी। यह कहने वाले मिलेंगे ही कि जो काम ग्रियर्सन ने किया है, अंग्रेजों ने किया है, वह दूसरे क्या कर पायेंगे। आज के भारत में भी इस विचार के कायल कई लोग मिलेंगे।

ग्रियर्सन के एक लेख (बिबिलियोग्राफी ऑफ वेस्टर्न हिन्दी इंक्लूडिंग हिन्दुस्तानी) में 1828 से 1895 तक के इस विषय पर यूरोपीय विद्वानों की किताबों की सूची है। निश्चय ही यह सूची ज्ञानवर्द्धक है। यूरोपीय विद्वानों के सूचनाप्रद ज्ञान और उनकी सेवा की याद दिलाती है। आश्चर्य यह कि स्टेनफोर्ड और डंकन फोर्ब्स (ऑन दि ओरिजिन एंड स्ट्रक्चर ऑफ दि हिन्दुस्तान, लन्दन/1828) से लेकर जी.स्मॉल (ए ग्रामर ऑफ दि उर्दू और हिन्दुस्तानी लैंग्वेज/1895) तक ने हिन्दी की हिन्दुस्तानियत को स्वीकार किया है, भले उर्दू के रूप में करें या संस्कृत-हिन्दी के रूप में। कुछेक विद्वानों (डब्ल्यू. बॉयर्स की कृति दी हिन्दी लैंग्वेज : टामसंस डिक्शनरी/कलकत्ता रिव्यू 1848) ने हिन्दुस्तानी को हिन्दी रूप में लिया। इन कृतियों का असर ये हुआ कि ग्रियर्सन को पश्चिमी हिन्दी में हिन्दीपन दिखायी दिया।

'ए कम्प्रेटिव डिक्शनरी ऑफ दि बिहारी लैंग्वेज' (कलकत्ता/1885) देवनागरी लिपि में लिखे शब्दों का रोमन में लिप्यंतरित बढ़िया शब्द कोष है। ग्रियर्सन और ए.एफ. रूडॉल्फ हॉर्नली ने मिलकर यह शब्दकोश तैयार किया। लेखक द्वय ने बहुत व्यवस्थित ढंग से देवनागरी से रोमन में लिप्यंतरित करने के मानकों का विवरण दिया है। कोश विज्ञान के क्षेत्र में हॉर्नली और ग्रियर्सन का यह काम कोष तैयार करने की प्रविधि की दिशा तय करता है। आश्चर्य यह कि इसमें दिये गये कई उदाहरणों से यह सिद्ध होता है कि देवनागरी लिपि का रोमन में लिप्यंतरित करना बिल्कुल अवैज्ञानिक है। इसका भौगोलिक कारण भी है। ठंडे प्रदेशों में स्वर यन्त्र के सभी अंग पूरे तौर पर खुलते नहीं या उसका पूरा उपयोग नहीं हो पाता है। ग्रियर्सन और हॉर्नली को हुई परेशानी का आभास इस शब्द कोश के प्रारम्भिक अंशों में दिये उदाहरणों से मिलता है। अनुस्वार वाले प्रसंग (पृ. 5-7) में कोशकार का मानना है कि अनुस्वार का प्रयोग दो स्थितियों में होता है। एक, जहाँ अनुस्वार स्वर और व्यंजन के बीच होता है (हंस) और दूसरे नासिक्य ध्वनि का प्रयोग बिलकुल अनुपयुक्त फैशन (इम्प्रॉपर फैशन अंग/अड़ंग) के रूप में। पहले को द्योतित करने के लिए तीन अनुस्वारों वाला प्रयोग निकाला गया और दूसरे के लिए 'ड' और 'छ' का सीधा प्रयोग रखा गया। ग्रियर्सन और हॉर्नली के अनुसार हिन्दी के शब्दकोश में स्वर के

नासिक्य रूप (नैज़लाईजेशन) देने के लिए तीसरे किस्म का अनुस्वार भी होता है यानी नासिक्य ध्वनियों में अनुस्वार का प्रयोग। ग्रियर्सन और हॉर्नली के अनुसार हिन्दी में यह भ्रम बना रहा है। इसी प्रकार स्वर का नासिक्यकरण (नैज़लाईजेशन) होता है, आँख। इससे भी भ्रम होता है। इसी क्रम में कोशकार लिखते हैं कि बिहार की भाषा में अनुस्वारों का समुचित उपयोग नही हो पाता है। यह भी एक कारण है हिन्दी के आदर्श रूप पश्चिमी हिन्दी से बिहार की भाषा को अलग मानने का। यूरोप की भाषाओं में नासिक्य ध्वनियों को दुबारा नासिक्य रूप देने का कोई प्रश्न ही नही है, क्योंकि वर्णों में मात्राओं का खेल नहीं है। भारतीय भाषाओं की विशेषता है कि यहाँ मात्र मात्रा के हेर-फेर से कोई शब्द अपनी भाषा का मैदान का छोड़ देता है। अदालत फ़ारसी का शब्द है। तेलुगु में **अदालतु** हो जाता है। यह ओकार और अकार बहुला प्रदेश हैं। स्वयं ग्रियर्सन ने अपने एक लेख (वॉवल सिस्टम इन कश्मीरी/1886) में स्वीकार किया है। फ़ारसी का **मंशा** हिन्दी में भी उसी रूप में है। **नींद, आँगन, आँकुर** (कम्प्रेटिव डिक्शनरी/पृ. 6) में पूर्ण और अर्द्ध नासिक्यता है। रोमन में इसके लिए कोई प्रावधान नहीं है। किसी भी यूरोपीय विद्वान् का दिग्भ्रमित होना अचरज नहीं है। मोनियर विलियम्स (ए प्रैक्टिल ग्रामर ऑफ संस्कृत लैंग्वेज) को भारतीय भाषाओं में एक वर्ण के लिए एक अर्थ होने पर आश्चर्य लगा था। ग्रियर्सन और हार्नली भारतीय भाषाओं के स्वभाव को देखकर चमत्कृत हुए होंगे। रोमन में लिप्यंतरित करना इतना आसान तो था नहीं। इसलिए उन्होंने कई प्रकार के चिह्न बनाये। इस क्रम में लेखक द्वय को यह भी महसूस हुआ कि बिहार की भाषा में वाचिक और लिखित में समानता नहीं है।

ग्रियर्सन और हार्नली के शब्दकोश के पहले फोर्ट विलियम कॉलेज के सदल मिश्र की दूसरी रचना 'रामचरित या अध्यात्म रामायण' आ चुकी थी। इसमें अनुस्वार का अतिरिक्त प्रयोग मिलता है, **लूंट, बंचायाए बंचने, संताती**। यूरोपीय विद्वानों के समक्ष सदल मिश्र और लल्लूलाल की रचनाएँ आदर्श रूप में रही होंगी। कारण यह कि ये खड़ी बोली के जानकार नहीं थे। कभी इन्होंने खड़ी बोली को इसकी मिट्टी का नहीं माना, कभी इसे संस्कृत से जोड़कर देखा तो कभी फ़ारसी से। स्वयं सदल मिश्र ने लिखा है, "...संस्कृत की पोथियाँ भाषा करने को महाउदार सकलगुण निधान मिस्तर जॉन गिलक्रिस्त साहब ने ठहराया, जो एक दिन आज्ञा की अध्यात्म रामायण को ऐसी बोली में करो जिसमें फ़ारसी अरबी न आवे तब मैं इसकी खड़ी बोली में करने लगा और संवत् 1862 में नौआब गवर्नर वल्जली लॉर्ड मारटंग साहब बहादुर के राज्य में इस पोथी को समाप्त किया और नाम रखा रामचरित रष्षा।" नासिक्य रूपों पर विचार करने के पहले एक चर्चा करना ज़रूरी है। लल्लूजी लाल की भाषा को ब्रजरंजित और सदल मिश्र की भाषा को पूर्वी या पूरबिया भी कहा गया। पूर्वी हिन्दी की बोलियों (मैथिली, मगही और भोजपुरी) में **ख** का बहुलता से

प्रयोग होता है। **ख** के बदले मूर्धन्य **ष** का प्रयोग प्रायः नही होता है। सदल मिश्र के यहाँ क्रिया रूप में मूर्धन्य **ष** (रष्षा) आया है, अन्य रूपों (भाषा) में नहीं। क्या पूर्वी हिन्दी की बोलियों में दीर्घ इकार का प्रयोग ही होता है? गिलक्राइस्ट का आदेश **नवाब** को **नौआब** लिखने का रहा होगा। उस ज़माने के अंग्रेज अधिकारी अवध को **औध** (Oudh) लिखते थे। सदल मिश्र के गद्य में ऐसे प्रयोग देवनागरी को रोमन में लिप्यंतरित करने के ब्रिटिश राज के प्रयास का संकेत देते हैं। लल्लूजी लाल और सदल मिश्र की भाषा को पूर्व और ब्रज में विभाजित करना निष्प्रयोजनार्थ नहीं है। यथार्थ यह है कि सदल मिश्र और लल्लूलाल के गद्य में पूर्वी और पश्चिमी दोनों के रूप मिलते हैं। सदल मिश्र के गद्य में ब्रजभाषा के अनेक रूप (वेर, सिगरे, तड़के) आये हैं। **विस, विन, विन्ह, विन्हो, विन्होने** जैसे सर्वनाम रूप आये है। 'कौन' सर्वनाम के लिए **को** अथवा **कै** रूप आये हैं। पूर्वी और पश्चिमी हिन्दी का विभाजन सख़्त नहीं था। सदल मिश्र के गद्य में दीर्घ इकार और उकार का बहुल प्रयोग (नीश्चय, चूकी, हूई) हुआ है। दीर्घ उकार का प्रयोग भी हुआ है। जिस दृष्टि और मंशा से अंग्रेज़ी राज के अधिकारी पूर्वी ओर पश्चिमी हिन्दी में अन्तर करते थे, वह कीटाणु पूर्वी और पश्चिमी हिन्दी क्षेत्र से आये लेखकों के गद्य में नहीं है। गिलक्राइस्ट जो चाहते थे, वह हिन्दी के लेखकों को मंजूर नहीं था।

हिन्दी में अनुस्वार की कई स्थितियाँ हैं। एक स्थिति है, नासिक्य का लोप और स्वर का दीर्घीकरण, **दंत** (सं.)=**दाँत, पंच** (सं.)=**पाँच, अंचल** (सं.)=**आँचल**। दूसरी स्थिति अनायास अनुनासिकता की है, **सर्प** (सं.)=**सप्प, अक्षि-अक्खि-आँख**। तीसरी स्थिति बहुवचन शब्दों में **अ** के लोप की है, **मानव-मानवों**। लघु अनुनासिक (इँ, उँ, आँ) अन्तःस्तरीय दीर्घ स्वरों से संचालित होते हैं। **धोंकना** और **धुँकना, सिंकना** और **सेंकना**। जिस **'आँख'** का उल्लेख शब्दकोश में हुआ है, उसके मूल रूप अक्षि में अनुनासिकता नहीं है। हिन्दी प्रदेश में इनका तत्सम शब्द है जिनका मूल रूप अनुनासिक नहीं है। हिन्दी प्रदेश में इनका अनुनासिक होना यहाँ की बोलियों की देन है। इलाका चाहे पूर्वी का हो या पश्चिमी का, अनुनासिकता पूरे इलाके की खास प्रकृति है। पूर्वी हिन्दी के क्षेत्र बिहार में अनुस्वारों पर बंदिश होती तो यहाँ तुलसीदास कैसे लोकप्रिय होते। यह दूसरी बात है कि कहीं **ण** (पहचाणा) की प्रधानता है तो कहीं **न** की। भारत-ईरानी भाषा परिवार में अनुनासिकता शब्दों के परिवर्तन के बावजूद वह ध्वनि अपरिवर्तित रहती है या अपने ही वर्ग की ध्वनि से परिवर्तित होती है। यह शब्दों के विकास-क्रम की सामान्य स्थिति है। पश्चिमी पंजाब (अब पाकिस्तान) की भाषा लहन्दा के अनेक पर्यायवाची नाम हैं—**लहँदा, लहन्दे, लंडा, डिलाही पंजाबी**। इसकी बोलियों में **अवांकी** और **पुंछी** प्रमुख हैं। आवांकी का पर्यायवाची है, **अवांकारी**। यह उत्तर पूर्वी लहंदा के पश्चिम रूप के कोहाट तथा झेलम की बोली है। फ़ारसी से अवांकारी में कुछ शब्दों में अनुनासिकता अल्प भी

हो जाती है, **दामिनि** (फा.) अवां. में **दवाँ**। यह अपवाद ही है। भाषाविद् प्रो. हरदेव बाहरी ने फ़ारसी से अवांकारी में अनुनासिकता की तीन स्थितियों (पृ. 186) का उल्लेख किया है। एक स्थिति अनायास नासिक्यकरण की है, दूसरी परम्परागत (Historical), तीसरी नासिक्य वृद्धि या घटाव और चौथी स्थिति है जहाँ अनुनासिकता लुप्त हो जाती है। फ़ारसी का **शीरीं** या **शीरीन** अवांकारी में केवल **शीरी** रह जाता है। फ़ारसी का शब्द **गर्मी** अवांकारी में उसी रूप में नहीं है, (गर्मी)। बाहरी जी ने लिखा है (पृ. 186) कि फ़ारसी और तुर्की में अनुनासिक स्वर (Nasalized vowels) चिर-परिचित नहीं थे। अवांकारी में स्वर से बने अनेक शब्द मिलते हैं जो फ़ारसी से आये हैं, **तौबा** (फा.) **तौबाँ** (अवां.)। दुनिया में कोई ऐसा व्यक्ति खोज निकाले जो नाकविहीन हो। कहना यह कि नासिक्य या अनुनासिक ध्वनियाँ तो रहेंगी ही। दुनिया की समस्त भाषाओं में इसका एक ही रूप नहीं होता, जो स्वाभाविक है। शब्दों की विकास-यात्रा में अनुनासिक ध्वनियों की बड़ी भूमिका है। यह स्वर और व्यंजन दोनों को प्रभावित करती हैं। इसलिए भारत-ईरानी परिवार में मात्राओं का महत्त्व बढ़ा। मात्राओं के कारण भी अनुनासिकता के अनेक रूप बनते-बिगड़ते हैं। भारत-ईरानी परिवाार की भाषाओं में वाचिक और लिखित रूपों में समानता के होने का कारण भी है यह। भारत-ईरानी परिवार की संस्कृत और अवेस्ता भाषाओं में गहरी समानता है। इनके वाचिक और लिखित रूप में अन्तर नहीं है। ग्रियर्सन इस परिवार को तीन भागों में बाँटते हैं, ईरानी, दरद और भारतीय। इन तीनों में ऋ का रूपान्तरण थोड़े बहुत अन्तर के बावजूद समान रूप में हुआ है। तीनों में कुछ भाषाएँ ऐसी भी हैं जो भौगोलिक दृष्टि से ईरानी परिवार के करीब हैं लेकिन उनके शब्दों की सूची की जाँच-पड़ताल करने पर उनके संस्कृत मूल रूपों का भी पता चलता है। डॉ. भोलानाथ तिवारी (भाषा विज्ञान कोश/93) तो यहाँ तक मानते हैं कि संस्कृत और अवेस्ता में एक भाषा के बहुत से वाक्य केवल साधारण परिवर्तन से दूसरी भाषा के बनाये जा सकते हैं। भारत यूरोपीय परिवार में अनुनासिक रूपों (अँ, इँ) का प्रयोग नहीं ही होता था। प्रारम्भ में इस परिवार की भाषाएँ योगात्मक थी, धीरे-धीरे वियोगात्मक होती गयीं (भाषा विज्ञान कोश/429)। वैदिक संस्कृत और लौकिक संस्कृत योगात्मक थीं लेकिन इसकी निकटवर्ती आधुनिक भारतीय भाषाओं में अधिकांश वियोगात्मक हैं। अंग्रेज़ी वियोगात्मक भाषा है। भारतीय उपमहाद्वीप की भाषाएँ अंग्रेज़ी की तरह वियोगात्मक हैं लेकिन इनमें नासिक्य (केवल व्यंजन के लिए) और अनुनासिक के प्रयोग की कई स्थितियाँ हैं। कहना यह कि भारत यूरोपीय भाषा परिवार भारतीय समाज और भारतीय संस्कृति से होने के बावजूद वह इस समाज की प्रतिनिधि और आदर्श परिवार नहीं है। यूरोप से हमारी निकटता थी और अब भी है। फिर भी हमारी भाषा का मानक उसके अनुरूप नहीं बदलता है। भारत-ईरानी भाषा परिवार हमारे समाज का एक हिस्सा रहा है। अंग्रेज़ी राज

के खिलाफ विद्रोह पश्तो समाज से लेकर हिन्दी प्रदेश तक में व्यापक रूप में हुआ है। इस पूरे इलाके की भाषिक प्रवृत्ति को यूरोपीय ध्वनि-व्यवस्था की तर्ज पर भी समझा जा सकता है।

कोशकार ने ठीक लिखा है कि शब्दों के हिज़्जे में कुछ अनुच्चरित रह जाते हैं। इस कोष में अनुच्चरित (अनफॉनेटिक) और उच्चरित (फॉनेटिक) का टेबुल दिया गया है (7), जिसका मुख्य सार है **ऋ**, तालव्य **श** और मूर्धन्य **ष** से उच्चरित होने वाले शब्द अपने मूल उच्चरण में नहीं हैं। आगे के विवरण में दोनों लेखक एक बार फिर अनुस्वार से घबरा जाते हैं। नासिक्य वर्ण अपने ही वर्ग के वर्ण के संयुक्त होने को अनुस्वार से भी व्यक्त करते हैं। ऐसे में नासिक्य वर्ण पूरी तरह से उच्चरित नहीं हो पाता है। ग्रियर्सन और हॉर्नली के अनुसार वाचन और लेखन में इतना साम्य नहीं है। आगे के ब्योरे में लेखक द्वय अन्य उदाहरण भी देते हैं। उनके अनुसार **य** का उच्चारण **ज** की तरह (पृ. 9) भी होता है। शब्द के प्रारम्भ में भी **य ज** की तरह उच्चरित होता है और शब्द के मध्य भी। **अयोग अजोग** भी होता है और कई बार **अ** और **ओ** के बीच का उच्चारण अनुच्चरित हो जाता है। केवल एक उदाहरण **यह** है जहाँ **य ज** में नहीं बदलता है। दोनों कोशकार कई शब्दों के विवरण देते हैं जहाँ वर्णों के उच्चारण अनुच्चरित रह जाते हैं। बिहारी हिन्दी में 'अ' का उच्चारण संवृत्त और विवृत्त दोनों में होता है (पृ. 10)। इस शब्दकोश में अरबी और फ़ारसी के वे शब्द जो बिहारी में प्रचलित हैं, उनके नीचे के बिन्दु को स्थान नहीं मिला है।

प्राकृत के विश्वविख्यात विद्वान् आर. पिशल (प्राकृत भाषाओं का व्याकरण/अनु. हेमचन्द्र जोशी) जर्मन भाषी थे। उन्होंने जर्मन में हेमचन्द्र के प्राकृत व्याकरण का अनुवाद किया था जो 1877-80 में दो खंडों में प्रकाशित हुआ। 1900 ई. में उन्होने प्राकृत भाषाओं का व्याकरण (स्ट्रासवर्ग) लिखा। पिशल की ये दोनों किताबें ग्रियर्सन और हार्नली के शब्दकोश और ग्रियर्सन के भारतीय भाषा विषयक यूरोपीय विद्वानों के सूचीपरक लेख के बाद की हैं। अनुस्वार और अनुनासिक को लेकर पिशल (पृ. 274-75) की जानकारी है कि अधिकांश हस्तलिखित प्रतियों में अनुनासिक का चिह्न नहीं है। भाषाविद् वाकरनागल (आल्ट इंडिशे ग्रामाटीक) की सूची में नासिक्य और चन्द्र बिन्दु का प्रयोग मिलता है। पिशल ने बहुत ईमानदारी से इसकी सूची दी है, **जाइँवअणाइँ** (हेमचन्द्र)।

शउलाणं मुहं (शकुन्तला की हस्तलिखित प्रति/पृ. 274) का एक सन्दर्भ क्रमदीश्वर और मार्कण्डेय विद्वानों का आया है जिनके अनुसार यमुना में **म** उड़ जाता है और उस स्थान पर **जाउँणा** रूप हो जाता है। हस्तलिखित प्रति में **जमुणा** (शौरसेनी) आया है। पिशल ने लिखा है कि व्याकरणाचार्यों के अनुसार प्राकृत और अपभ्रंश में पद के अन्त में **इं, हिं, उं, हुं और हं** और मध्य में उनके आने पर **हुं** और **ई** का उच्चारण लघु हो जाता हैं उच्चारण हल्का हो जाता है। यूरोपीय विद्वान् बेबर

(पिशल/प्राकृत भाषाओं का व्याकरण/275) के अनुसार इन अवसरों पर बिन्दु छोड़ देना चाहिए और सभी प्राकृत पुस्तकों के यूरोप के सम्पादकों ने उनका अनुसरण किया। पिशल के अनुसार जो उद्धरण दिये गये हैं, वह चन्द्रबिन्दु की आवश्यकता बताते हैं। पिशल अनुस्वार और अर्द्धचन्द्र या चन्द्रबिन्दु के पक्ष में हैं। हॉर्नली और ग्रियर्सन के शब्दकोश के समय यूरोपीय विद्वानों का प्राकृत अध्ययन प्रकाश में आ चुका था। पिशल की किताब बाद में आयी। इनमें अधिकांश अनूदित पुस्तकें थीं। इनके स्रोत चन्द्रबिन्दु तक का महत्त्व दर्शाते हैं। पिशल की सूचना है कि फ्रेंच भाषा में प्राकृत का व्याकरण (डे ग्रामाटिकिस प्राकृतिविस ब्रातिस्लावा/1874 आदि) आ चुका था। पिशल की किताब में हेमचन्द्र का एक उद्धरण आया है कि उच्चारण लाघव की आवश्यकता पड़ने पर **हि, हि, हिं और इँ इं** का प्रयोग करना चाहिए (पृ. 275)। कोशकारद्वय ने यूरोपीय विद्वानों के नासिक्य और अनुस्वार के विपरीत पक्ष को लिया। शब्दों के अन्त में **न** और **म्** के नियमित रूप से अनुस्वार में परिणत होने और महाराष्ट्री प्राकृत और अर्द्ध मागधी में इनके लुप्त हो जाने का भी एक पक्ष है लेकिन दूसरी ओर पश्चिमी हिन्दी क्षेत्र की भाषाएँ भी हैं, जहाँ नासिक्य ध्वनियों और अनुस्वार की प्रधानता है। आगे चलकर ग्रियर्सन ने अर्द्ध-मागधी वाला क्षेत्र कहा और पश्चिमी हिन्दी के क्षेत्र को आदर्श हिन्दी का। अनुनासिक और नासक्यि ध्वनियों का क्षेत्र आदर्श हिन्दी का क्षेत्र (ग्रियर्सन के अनुसार) और इनसे विहीन या अल्प प्रधान बिहारी भाषाओं का क्षेत्र। खड़ी बोली का आदर्श क्षेत्र महरौली (दिल्ली) से मेरठ तक का भाग रहा है जहाँ **रियाँ** (रहा), जैसे क्रियापद प्रचलित थे। खड़ी बोली के आदर्श क्षेत्र के अन्तर्गत हरियाणा भी है जहाँ नासिक्य ध्वनियों की प्रधानता है।

भारत का भाषा सर्वेक्षण (खंड एक/भाग एक/पृ. 274) में ग्रियर्सन ने लिखा है कि बिहार प्रदेश का राजनीतिक सम्बन्ध बंगाल की अपेक्षा आज के उत्तर प्रदेश से ही अधिक रहा है। साक्ष्य है, राम (अवध/उत्तर प्रदेश) और सीता (मिथिला/बिहार) का विवाह। उन्होंने लिखा (पृ. 274) है, ‘‘इन्हीं कारणों से लोग बिहारी भाषा को यू.पी. में प्रचलित हिन्दी का ही एक रूप मानते। किन्तु वास्तव में तथ्य के सर्वथा विपरीत है। बिहार तथा बंगाल में पारस्परिक चाहे जो दुर्भावना हो। बिहारी भाषा बंगला की बहिन है और पश्चिम की बोली से उसका बहुत दूर का सम्बन्ध है’’।

ग्रियर्सन द्वन्द्व पैदा करते है। वे कश्मीरी को संस्कृत तथा भारतीय आर्यभाषा परिवार से सांस्कृतिक रूप से एकतान मानते है लेकिन इसे वे दरद परिवार की भाषा मानते हैं। बिहार के सन्दर्भ में भी यही द्वन्द्व हैं। बिहार और उत्तर प्रदेश राजनैतिक निकटता में हैं लेकिन बिहारी भाषाएँ बाँग्ला के करीब हैं। उन्होंने बिहारी का सीमा-विस्तार उत्तर प्रदेश के पूर्वी जिलों तथा अवध के कुछ भागों तक माना है। बिहारी की विशेषता है तालव्य **श** और मूर्धन्य **ष** का तिरस्कार और **स** का स्वीकार। ग्रियर्सन इस तर्क के साथ बताते हैं कि कैथी लिपि में **श** लिखा जाता हैं

इसलिए बिहारी में **श** का उच्चारण किसी-न-किसी रूप में मौजूद है और इसलिए वह बंगला के निकट है।

सांस्कृतिक दृष्टि से बंगाल, बिहार और उत्तर प्रदेश के काफी घनिष्ठ हैं। कलकत्ता हिन्दी पत्रकारिता का बड़ा केन्द्र था और आज भी है। सरस्वती पत्रिका के मालिक और प्रकाशक बाबू चिन्तामणि घोष बंगाल से इलाहाबाद आये और वहाँ उन्होंने इंडियन प्रेस की बुनियाद रखी थी। यह 1898 की घटना है। उस समय बिहार को बंगाल से अलग करने का आन्दोलन चल रहा था। ग्रियर्सन एक पक्ष को अनदेखा करते हुए दूसरे को अपने साथ लेकर चले। बिहार से बंगाल के अलग होने का कारण भाषागत था। अलग-अलग भाषा के होने के बाद भी सांस्कृतिक सम्बन्ध भाषा को बहुत दूर तक प्रभावित करते हैं। इसे अनदेखा करने के घातक परिणाम हो सकते हैं। बिहार हिन्दी प्रदेश से अलग क्यों? कारण तुलनात्मक भाषा विज्ञान। ग्रियर्सन के समय का दौर इस अनुशासन का था। वह दौर मानव विज्ञान का भी था, संस्कृतियों को अलग-अलग देखने और उसे विशिष्ट रूप देने का। तुलनात्मक भाषा विज्ञान का सारा जोर वर्णों के रूपान्तरण और उसके ध्वनिग्रामिक अध्ययन पर ही नहीं है। भारत-यूरोपीय भाषाओं का परिवार बनने का राजनैतिक कारण था और उस आलोक में सांस्कृतिक कारणों की अपनी जगह है। भारत और यूरोपीवासी सांस्कृतिक दृष्टि से साम्य भी रखते हैं। यूरोप का मतलब केवल इंगलैंड नहीं हैं जर्मनी और फ्रांस भी है। इंगलैंड से पहले जर्मनी में भारतीय साहित्य का प्रसार हुआ। बिहार और उत्तर प्रदेश में फिरका बनायें और यूरोप तथा भारत को एक माने, इस तर्क के पीछे भारत की सत्ता यूरोप के इर्द-गिर्द ही रहेगी।

क्या तुलनात्मक भाषा विज्ञान को देखने-परखने की यही एक दृष्टि है जो ग्रियर्सन और कुछ यूरोपीय विद्वानों के भारत-विषयक साहित्य में निरूपित हुई है? देखा जाए तो इसका उत्तर पूर्ण सत्य नहीं होगा। ग्रियर्सन के समय तक तुलनात्मक भाषा विज्ञान की प्रगति हुई थी। ग्रियर्सन के पहले भाषावैज्ञानिक ब्लूमफील्ड (भाषा/पटना, 1968) के मन में द्वन्द्व था। यानि भाषा के व्यावहारिक रूपों को केवल व्याकरण के स्तर पर विश्लेषित किया जाए या उसके सांस्कृतिक पक्षों को भी इसमें शामिल किया जाए। उन्होंने लिखा है (भाषा/पृ. 72) कि फ़ारस की (ईरानी भाषाओं के नाम से प्रसिद्ध) भाषाएँ संस्कृत से इतनी घनिष्ठ हैं कि इन दोनों का सामीप्य प्रारम्भ से ही निश्चय था। 'तुलनात्मक पद्धति' वाले अध्याय की शुरुआत ही इन पंक्तियों से होती है कि "...कुछ भाषाएँ परस्पर इतनी अधिक मिलती-जुलती हैं कि ऐतिहासिक सम्बन्ध मानने से ही इनकी व्याख्या हो सकती है" (पृ. 358)। ब्लूमफील्ड भाषाओं की सांस्कृतिक पृष्ठभूमि को इनकार नहीं करते हैं, इसलिए उनकी किताब में एक अध्याय सांस्कृतिक अवदान का है। उनके अनुसार "प्रत्येक भाषा-समुदाय अपने पड़ोसियों से सीखता है। प्राकृतिक तथा कृत्रिम दोनों प्रकार की वस्तुएँ एक समुदाय

से दूसरे समुदाय में जाती हैं और इसी प्रकार प्रक्रिया की पद्धति भी, यथा तकनीकी पद्धतियाँ (पृ. 536)"। इसके बाद भी वे इस अध्याय में केवल ध्वन्यात्मक परिवर्तनों का साक्ष्य देते हैं। ब्लूमफील्ड के मन में संस्कृति के प्रभाव और ध्वन्यात्मक परिवर्तन, दोनों के साम्य-वैषम्य को लेकर दुविधा थी। वे आगे के विश्लेषण में वैसा निष्कर्ष नहीं देते हैं जो ग्रियर्सन अपने भाषा-सर्वेक्षण में देते हैं। उनकी दुविधा समय-सन्दर्भ में कुछ सीमा तक संगत है लेकिन किसी निष्कर्ष पर आते समय बिहार और उत्तर प्रदेश यानि हिन्दी प्रदेश और बंगाल के एक ही पक्ष को देखना असंगत होगा। ब्रिटिश राज में प्रेसिडेंसियों में भाषा और संस्कृति की दृष्टि से सहज संवाद और क्रिया-कलाप अनुकूल नहीं थे। बंगाल प्रेसिडेंसी में असमी भी थे, बंगला और उड़िया भाषी भी थे और हिन्दी भाषी भी। सरकारी काम-काज की भाषा अंग्रेज़ी थी, कोई देशी भाषा नहीं थी। बिहारी भाषा की परिकल्पना ब्रिटिश राज और गुलाम उपनिवेश की भेदक दृष्टि से अलग नहीं है।

हेमचन्द्र के प्राकृत व्याकरणम (हिन्दी व्याख्या/प्यारचन्द महाराज) के प्रथम भाग (193-95) में स्वर के पश्चात **क ग च ज त द प य** और **व** के लुप्त होने के साथ-साथ **य ज** और **च** के परिवर्तन के भी अनेक उदाहरण आये है। **पयावई (प्राकृत)** प्रथम भाग में ही हेमचन्द्र ने लिखा है कि पिशाच या पिशाची भाषा में **च** का परिवर्तन **ज** में भी होता है, **पिशाची-पिसाजी/असुकः-असुगो**। हेमचन्द्र इसे व्यत्यय (वर्णों का पारस्परिक एक के स्थान पर दूसरे की प्राप्ति) कहते हैं। हेमचन्द्र के प्राकृत-व्याकरण के द्वितीय सर्ग में चूलिका पैशाची व्याकरण दिया गया है। इसके कुछ परिवर्तन इस प्रकार हैं,

नगरम् - नकरम (चू.)
राजा - राचा (चू.)
जर्जम् - चच्चरं (चू./कमजोर)

ये उदाहरण अपवादस्वरूप नहीं है। घोष का अघोष होना चूलिका पैशाची की अपनी विशेषता है। घोष और अघोष, महाप्राण और अल्पप्राणता के परिवर्तन समस्त भाषाओं में होते हैं। भारतीय भाषाओं के एक इलाके में अघोष अल्पप्राण की प्रधानता है। एक इलाके में **ओ** की प्रधानता है, दूसरे में **अ** और **आ** की। इनका विश्लेषण होना चाहिए। इससे सामाजिक इतिहास पर रोशनी पड़ती है, बशर्ते कि भाषा का विद्वान् शब्दों के विश्लेषण के आधार पर समय और समाज की व्याख्या करे। कहना यह है कि भारतीय समाज की भाषिक विविधता को पचाए बिना भ्रम पैदा करने के परिणाम तक पहुँचाना न्यायोचित नहीं है।

भारत-ईरानी परिवार की भाषा फ़ारसी में बिन्दी का महत्त्व निर्विवाद है। बड़ी बहन के लिए **बाजी** शब्द है और चुनौती के लिए **बाज़ी**। बिन्दी हटा लेने पर ग़ज़ल का क्या रूप हो जाएगा? यह ग्रियर्सन और हॉर्नली ही तय करें। पूर्व की भाषा

अवधी में **ग** और **ज** के नीचे बिन्दी प्रचलित नहीं हैं। रामाज्ञा द्विवेदी जी के अवधी शब्दकोश में ग़ज़ल के बदले गजल आया है। अरबी के शब्द अवधी में बदले रूप में आये हैं, **अकीन** (अर./यक़ीन), **बेजह** (अर./बेज़ा), **कसूर** (अर./कसूर)। फ़ारसी शब्दों के बदले रूप तुलसीदास के रामचरितमानस में भी मिलते है, **नमाज़** (अर.) से **नेवाजू** (अव.) इत्यादि। इस प्रकार के अनेक शब्द रामचरितमानस में मिल जाएँगे। इनमें कई शब्द प्रचलित भी हुए। सम्भव है कि ग्रियर्सन के समय अवधी में परिष्कृत फ़ारसी के सारे शब्द बहुत लोकप्रिय न हुए हों। फिर भी पूरे भारत में ग़ज़ल का यह उच्चारण उस समय भी मान्य था, आज भी है। ग्रियर्सन या अन्य भाषाविदों की इस सोच का प्रभाव यह हुआ कि हिन्दी भाषियों के एक तबके में बिन्दी को लेकर अनावश्यक असहमति की चर्चा होने लगी। रोमन लिपि में इसके लिए कोई प्रावधान भी नहीं है। इससे क्या समझा जाए कि रोमन लिपि में आवे, उसको महत्त्वहीन समझ लिया जाए। जो तुम्हारे घर में फिट हो जाए, तुम्हारे मुताबिक चले, वह भला, बाकी सब बुरे। ग्रियर्सन के प्रिय कवि गोस्वामी तुलसीदास थे। तुलसी के साहित्य में फ़ारसी शब्दों के थोड़े-बहुत बदले रूप भी मिलते है। अगर उस पद्धति से ग्रियर्सन वर्तमान शब्दावली में संरचनागत बदलाव चाहते हैं तो देखना होगा कि तुलसीदास के साहित्य में शब्द बनाने या उसकी वर्तनी में परिवर्तन करने का एक ही तरीका था जो ग्रियर्सन साहब को रुचिकर लगा या कोई अन्य तरीके भी थे। संक्षेप में एक प्रश्न है, तुलसी के साहित्य में फ़ारसी शब्दों का प्रयोग किन रूपों में हुआ है?

तुलसीदास में फ़ारसी शब्दों का एक प्रयोग अर्थ और शैली के मिलान के रूप में मिलता है, **अपारा, दरबारा, अनुरागा, परागा**। इसमें **दरबार** फ़ारसी का शब्द है, शेष यानी **अपारा, अनुरागा** और **परागा** तत्सम प्रधान है। "एक धरम परमिति पहिचाने। नृपहि दोसु नहि देहिं सयाने" (अयोध्याकांड/पृ. 417), एक जो धर्म की मर्यादा जानते हैं और सयाने हैं, वे राजा को दोष नहीं देते। फ़ारसी शब्दों का इस रूप में प्रयोग यह दर्शाता है कि गोस्वामी तुलसीदास फ़ारसी को लोकप्रचलित तथा तत्सम और तद्भव शब्दावली के काव्यमय प्रयोग के कुशल पारखी थे। तत्सम प्रधान शब्दों (संज्ञा को छोड़) में वे उसके तद्भवरूप का चुनाव करते है, "अहि अध अवगुननहिं मनि गहई। हरइ गरल दुख दारिद दहई" (साँप के पाप और अवगुण को मणि नहीं ग्रहण करती बल्कि वह विष को हर लेती है और दुःख तथा दरिद्रता को भस्म कर देती है—अयोध्याकांड/पृ. 545)। उनकी रचनाओं में ईश्वर के अनेक नाम आये हैं, **साहेब, सिरताज, गरीब नेवाज** (कवितावली)। इस सन्दर्भ में ऊपरी तौर पर राजाओं और उनके राज दरबार में प्रचलित फ़ारसी शब्दों को स्रोत के रूप में देखा जा सकता है। परन्तु, यह पूरी तरह सत्य नहीं है। मुग़ल दरबार में **ज़िल्ले इलाही** का प्रयोग (राजा के लिए) बहुत प्रचलित था। तुलसीदास के साहित्य में यह शब्द शायद ही मिले। तुलसीदास के पहले **सूफ़ी** शब्द फकीर ख़्वाजा मुईनुद्दीन चिश्ती के लिए प्रचलित था।

उसी प्रकार साहब नाम के कई कवि उनके (तुलसीदास) पहले और समकालीन भी हुए, पलूट साहब, दरिया साहब आदि। कबीर के यहाँ साहब शब्द बहुत लोकप्रिय है। विशेषण शब्दों के प्रयोग में भी तुलसीदास फ़ारसी के लोक प्रचलित शब्दों का बेझिझक प्रयोग करते हैं, 'रामचरितमानस' के 'बालकांड' की एक पंक्ति है, "प्रभु मनसहिं लयलीन मनुचलत बाजि छबि पाव।" प्रभु की इच्छा अपने मन (मंशा) को लीन किये हुए चलता हुआ वह घोड़ा बड़ी शोभा पा रहा है (पृ. 319)। तुलसीदास के यहाँ मुग़ल राजाओं और उनके दरबारों की फ़ारसी शब्दावली उसी अर्थ और रूप में नहीं है। उनके साहित्य में इस्लामी आस्था को भी बहुत महत्त्व मिला है। **रजाई** शब्द सूफी मत में विशिष्ट महत्त्व रखता है। **रजाई** का मूल अरबी शब्द **दिज़ा** है। अयोध्याकांड (पृ. 415) की एक दो पंक्तियाँ है, "आयसु पालि जनम फलु पाई। ऐहउँ बेमिहिं होउ रजाई" (आप की आज्ञा पालन करके और जन्म का फल पाकर मैं जल्दी ही लौटूँगा)।

राज़काज की भाषा फ़ारसी थी। लोक-समाज में इसके अनेक शब्द प्रचलित थे। फ़ारसी के विद्वान् प्रो. मुहम्मद अब्दुल ग़नी (ए हिस्ट्री ऑफ पर्सियन लैंग्वेज एंड लिट्रेचर एट दि मुग़ल कोर्ट पृ. 74) ने लिखा है कि सिकंदर लोदी (1489 ई.) के समय से ही हिन्दू और मुसलमान जिनकी मातृभाषा हिन्दी थी, अरबी और फ़ारसी शब्दों का प्रयोग करने लगे थे। उस समय के हिन्दू और मुस्लिम भक्त कवियों की लोकभाषा शब्दावली में अरबी और फ़ारसी शब्दों का प्रयोग बहुलता से होने लगा था। प्रो. ग़नी यह मानते हैं कि भारत में फ़ारसी भाषा का विकास यहाँ की बोलियों के स्वभाव और शब्दावली के अनुरूप हुआ है। यहाँ के कवियों ने भी फ़ारसी शब्दों का प्रयोग करते समय कभी इसके मूल देश की भावना या उसके वातावरण को ध्यान में नहीं रखा। ग़नी फ़ारसी के विद्वान् थे। नागपुर के मारिस कॉलेज के प्रोफेसर थे। उनकी किताब फ़ारसी के पक्ष में पुरजोर खड़ी है। तब भी, उन्होंने (पृ. 75) लिखा है कि बाबर के आने के समय तक फ़ारसी पर हिन्दी का प्रभाव (दि इंफ्लुएंस ऑफ हिन्दी ओवर पर्सियन) महसूस किया जाने लगा था। उस समय हिन्दी लोकभाषा थी, फ़ारसी राजभाषा थी। दोनों के बीच टकराव से ज्यादा एक-दूसरे को ग्रहण करने की उदारता थी। यह भी एक कारण था, हिन्दी के भक्त कवियों के साहित्य में फ़ारसी शब्दावली के आने का। हिन्दी के भक्तकवियों के यहाँ फ़ारसी शब्दावली में बिन्दी का प्रयोग नहीं मिलता है। इसके बावजूद फ़ारसी भाषियों के बीच भक्त कवियों की ग्राह्यता में कमी नहीं आयी। तुलसीदास के अलावा कबीर और दूसरे कवियों का साहित्य फ़ारसी के जानकारों के बीच भी बहुत लोकप्रिय रहा है। ग्रियर्सन के समक्ष एक उदाहरण यह था यानी बिन्दी हटाने पर फ़ारसी शब्दों का चलन हिन्दी के साथ रोमन की तरह का हो जाएगा। आधुनिक युग को यह परिवर्तन स्वीकार्य नहीं था। पूर्वी और पश्चिमी हिन्दी की बोलियों में फ़ारसी शब्दावली कुछ बदले रूपों में आयी

है और अधिकांश शब्दों में बिन्दी का प्रयोग नहीं ही मिलता है। यह कहा जा सकता है कि ग्रियर्सन हिन्दी की बोलियों की संरचना के अनुरूप हैं। हिन्दी भाषा ने बिन्दी को स्वीकार किया है, मान्यता दी है। हिन्दी पूरे हिन्दी प्रदेश का प्रतिनिधित्व करती है। इसलिए बिन्दी का प्रयोग हिन्दी प्रदेश के स्वभाव के अनुरूप है।

शब्दों के उच्चारण में किसी वर्ण के अनुच्चरित होने के अनेक उदाहरण हैं। **ऋ** (स्वर) और तालव्य (श), मूर्धन्य (ष) और दंत्य (स) के उच्चारण के अन्तर स्पष्ट नहीं हैं। ग्रियर्सन और हॉर्नली ने सही लिखा है। इसी प्रकार **ऋ** के उच्चारण का पता नहीं है। देवनागरी में ऐसे कुछ ही वर्ण हैं। अनुच्चरित होने वाले वर्ण। **ऋ** का रूपान्तरण कई वर्णों में हुआ है। यह बिल्कुल ज्ञात है। उसी प्रकार **क्ष** का रूपान्तरण **छ** के रूप में हुआ है। हेमचन्द्र के प्राकृत व्याकरण के प्रथम भाग (पृ. 309) का एक सूत्र है, **वृक्षात-वच्छाओ** (ऋ के स्थान पर अ और क्ष के स्थान पर छ)।

क्षमा (सं.) - **खमा** (प्रा.)

क्षण (सं.) - **छणौ** (प्रा./उत्सव)

खणो (प्रा./खणो)

मध्य में **थ्य, श्च, त्स** अथवा **प्स** आने पर **च्छ** में परिवर्तन होता है (पृ. 312-313)

परूयम - **पच्छं** (प्रा.)

मित्या - **मिच्छा** (प्रा.)

पश्चिमम् - **पचिछम** (प्रा.)

ग्रियर्सन द्वारा संकलित भोजपुरी लोकगीत की पंक्ति है, कहाँ लछुमन गैले राम (सम भोजपुरी फोक सांग्स)।

इन अपवादों के बावजूद भारतीय भाषाओं की प्रकृति वाचिक और लिखित रूपों में अन्तर करने की नहीं रही है। हिन्दी ने फ़ारसी की वर्तनी को स्वीकार किया है। इसलिए नहीं कि राजभाषा थी बल्कि इसलिए कि आम बोलचाल में फ़ारसी की शब्दावली मूल या संशोधित रूप में प्रचलित रही है। यही कारण है कि दूसरी भाषाओं में भी ग़जलों के लिखे जाने के बावजूद उसकी मूल संरचना में छेड़छाड़ कम ही हुई है। आसिफ रोहतासवी (लहक माटी के/सासाराम/06) का अनुभव है, "मात्राओं का निर्धारण शब्दों के मक्तूबी (लिखित) रूप के अनुसार उनके मल्फ़ूजी (उच्चरित) रूप के मुताबिक हुआ है।" उनकी भोजपुरी ग़जलों में गजल रूप ही है। भोजपुरी में नीचे बिन्दी लगाने का चलन नहीं रहा है। हिन्दी ने इसलिए स्वीकार किया है, क्योंकि फ़ारसी और उर्दू की शब्दावली बृहत्तर हिन्दी इलाके में भी प्रचलित रही है। क्षेत्रीय भाषाओं में ग़जल लिखने वालों ने भी उसके परम्परागत रूप को जस-का-तस रहने दिया है। वह रूप है वाचिक और लिखित के साम्य का। विद्वान् चाहे यूरोप के हों या भारत के, इस रूप-रचना में दखल करने पर भारतीय भाषाओं का स्वभाव छिन्न-भिन्न होगा। इसका सामाजिक प्रभाव पड़ना स्वाभाविक है।

भारतीय भाषाओं की प्रकृति का विश्लषण करने पर भ्रम की गुंजाइश कम रह जाती है। भारतीय भाषाओं में वाचिक और लिखित रूपों की निकटता है। यूरोप की भाषाओं में वैसी निकटता देखने को नहीं मिलती है। किसी वर्ण के अनुच्चरित होने का यह अभिप्राय नहीं है कि उसे लिखित में बिल्कुल हटा दिया जाए। अंग्रेज़ी वाले **साइकोलॉजी** में से **पी** को क्यों नहीं हटा देते? **नो** का **के** हट जाना चाहिए। एक प्रश्न यह भी कि रोमन लिपि में शब्द कोश क्यों? अपनी भाषा को समृद्ध बनाने के लिए यह प्रयास सराहनीय है लेकिन उस भाषा की उच्चारण व्यवस्था को बिगाड़ कर या यह बताकर कि इससे भ्रम पैदा होता है, शब्दकोश तैयार करना छुपी अनुदारता है। काफी छानबीन करने के बाद विद्वानों का अनुदारी स्वभाव हाथ लगता है। अंग्रेज़ी में दंत्य **स** के लिए **सी** और **एस** दोनों वर्ण हैं। ग्रियर्सन के लेख (कवित्त रामायण ऑफ तुलसीदास) में शिव के लिए CIVA शब्द आया है। A को V के साथ जोड़ना क्यों ज़रूरी है? जवाब है कि देवनागरी का कोई व्यंजन स्वतन्त्र नहीं है, वह स्वर से मिला है। ग्रियर्सन के उसी लेख में कवित्त की वर्तनी है KAVITTA। **कवित्त** के अन्तिम संयुक्त **त्त** के उच्चारण में विलुप्त है, फिर इस **अ** को क्यों लाया गया? ग्रियर्सन के दूसरे लेख (तुलसीदास : पोएट एंड रीलिजियस रिफॉर्मर) में **कृष्ण** के लिए KRISHNA शब्द है। मूर्धन्य को दन्त्य में क्यों बदला गया? यानि अपने मन से कुछ कर लें, बाकी लोग उसी का अनुसरण करें। भाषा के प्रति यह विस्तारवादी नीति है।

बिबिलियोग्राफी ऑफ वेस्टर्न हिन्दी वाले लेख के पहले उनका एक लेख 1893 में "ऑन दि अर्ली स्टडी ऑफ इंडियन वर्नाकुलर इन यूरोप" शीर्षक से छपा। लेख यूरोपीय विद्वानों के भारतीय भाषा-विषयक कार्यों का कुशल विवरण है। 1700-1800 ई. में यूरोप के विद्वानों के बीच भारतीय भाषाओं की आकृति और प्रकृति को लेकर कुछ किस्म के भ्रम या विभ्रम की स्थिति थी। इसके बाद भी भारतीय भाषाओं में अनुवाद का काम रुका नहीं था। यूरोपीय विद्वानों ने पूरी निष्ठा और लगन से अनुवाद का काम किया। भाषाविद् ग्रियर्सन की सूचना है कि फादर अन्तोनियो (रोमन कैथलिक मिशनरी) ने भागलपुर (बिहार) की बोली में गॉस्पल और उसके नियमों का अनुवाद किया। अनुमानतः यह अनुवाद 1809 में हुआ। ग्रियर्सन के अनुसार उत्तर भारत की किसी भाषा में बाइबिल के पहले अनुवादक अन्तोनियो हैं। मैथिली में भी अनुवाद निश्चय ही हुआ है। फिर वे लिखते हैं कि उन्हें जॉन क्रिश्चियन द्वारा किये गये अनुवाद के कुछ अंश मिले थे। फादर अन्तोनियो और जॉन क्रिश्चियन की प्रेरणा हुई और ग्रियर्सन अपने खाली समय में 'वर्नाकुलर्स ऑफ बिहार' (ग्रियर्सन द्वारा प्रयुक्त) का अध्ययन करने में जुट गये।

"ऑन दि अर्ली स्टडी ऑफ इंडियन वर्नाक्यूलर इन यूरोप" से यह पता चलता है कि ग्रियर्सन बाइबिल के अनुवाद की ठोस जानकारी देने से चूक गये थे। इसके

साथ ही ईसाइयों के एक तबके में सामाजिक सुधार को लेकर व्याप्त चिन्ता भी रही थी जिसका उल्लेख उनके अब तक के प्राप्त लेखों में नहीं हुआ है। ईस्ट इंडिया कम्पनी और कुछेक ईसाई बौद्धिकों के बीच भारतीय समाज में चल रहे सामाजिक सुधार को लेकर बहस चल रही थी। ईस्ट इंडिया कम्पनी किसी प्रकार के हस्तक्षेप को ग़लत मानती थी। दूसरी ओर विलियम केरी और अन्य ईसाई बौद्धिक कम्पनी के इस विचार से सहमत नहीं थे। केरी नार्थम्पशायर (इंगलैंड/अगस्त, 1761) के रहने वाले थे। वे 1793 ई. में बंगाल आये और 1800 ई. में उन्होंने सीरामपुर में मिशनरी की नींव डाली। 1815 में गठित राजा राममोहन राय की 'आत्मीय सभा' और आगे चलकर सती प्रथा उन्मूलन में उनकी अग्रणी हिस्सेदारी के पीछे विलियम केरी जैसे चन्द बुद्धिजीवियों का भी सहयोग रहा था। कम्पनी भारतीय समाज के किसी रस्म-रिवाज और कुरीतियों को हटाने में हस्तक्षेप करने के बिल्कुल खिलाफ थी। ईस्ट इंडिया कम्पनी के गर्वनर जनरल लॉर्ड वेलेज़ली (1781-1811) को मनाने में केरी को कामयाबी मिली। विदित है कि उस समय त्योहारों के अवसर पर बच्चों को नदी में फेंके जाने, पति की मृत्यु पर पत्नी को जलाए जाने जैसी कुछ सामाजिक कुरीतियाँ मौजूद थीं जिनके उन्मूलन के लिए विलियम केरी का आगे आना उस समय के ईसाई जगत के लिए चौंकाने वाली घटना थी। केरी ने हिन्दू धर्मशास्त्रों को रिपोर्ट दी। उसके बाद भी ईस्ट इंडिया कम्पनी सती प्रथा और दूसरी कुप्रथाओं को खत्म करने की दिशा में बहुत सक्रिय नहीं हुई। सुनील कुमार चटर्जी (विलियम केरी एंड सीरामपुर) इसे सामाजिक सुधार की दिशा में राजा राममोहन राय (1818) के पहले की अभूतपूर्व घटना मानते हैं। यह सच है कि इन कुरीतियों के उन्मूलन मात्र से भारत में ब्रिटिश साम्राज्यवाद समाप्त नहीं हो जाता, लेकिन राष्ट्रवाद के उदय में इसका महत्त्व सामाजिक एकता के रूप में प्रतिफलित हुआ जिसका असर राष्ट्रीय आन्दोलन में देखा जा सकता है। 1820 के बाद केरी के साथ एच.एल.वी. डेरोजियों के शामिल होने से पुरातनपंथी पंडितों के खिलाफ आन्दोलन को और बल मिला। इस रूप में जाने-अनजाने उस समय की नयी पीढ़ी के सामने ईस्ट इंडिया कम्पनी के खिलाफ जनमत तैयार हुआ था। विलियम केरी और उनके साथियों का उद्देश्य ईसाई धर्म का प्रचार करना था और इसी परिप्रेक्ष्य से उन्होंने भारतीय भाषाओं में बाइबिल के अनुवाद की एक लम्बी योजना बनायी। मार्च 1806 में सीरामपुर मिशनरी (बंगाल) के संस्थापक विलियम केरी और जोशुआ मार्शमैन की टीम ने भारतीय भाषाओं में बाइबिल के अनुवाद के लिए एक प्रस्ताव रखा था। इस प्रस्ताव के पहले केरी के ही प्रयास से बंगला में इसका पहला अनुवाद (1801) और हिन्दी में 1811 ई. में आया। विलियम केरी और मार्शमैन ने प्रस्ताव में बाँग्ला, संस्कृत, फ़ारसी, बर्मी, असमी, तिलंगा, मराठी, पंजाबी, चीनी और उड़िया को बाइबिल के अनुवाद के लिए रखा था। हिन्दुस्तानी और फ़ारसी को अलग-अलग माना गया। ब्रिटिश एंड फॉरन

बाइबिल सोसायटी (1804) और केरी की गठित समिति के कारण अनुवाद का काम काफी आगे बढ़ा। इसके बावजूद इंगलैंड के ईसाई जगत में केरी के अनुवाद-कार्य की काफी आलोचना हुई। सुनील कुमार चटर्जी के विवरण से यह ज्ञात होता है कि इस अनुवाद के कार्य में हिन्दू पंडितों और मुस्लिम मुंशियों को शामिल करने पर उन्हें भारी एतराज था। इस कारण इंगलैंड के ईसाई पंडितों को उनके धर्म ग्रन्थ के ग़लत या विकृत अनुवाद हो जाने पर ख़तरा महसूस हुआ था। आलोचकों का यह मानना था कि केरी स्वयं किसी प्रकार की अकादमीय और धार्मिक शिक्षा प्राप्त नहीं किये हैं। इसलिए उनके और उनकी टीम के अनुवाद-कार्य का साहित्यिक स्तर निम्न कोटि का होगा। यहाँ तक कि बाइबिल का कुछ बोलियों और भाषाओं में अनुवाद अनावश्यक और न्यायोचित भी नहीं है। विलियम केरी और उनकी टीम 40 भाषाओं में बाइबिल के अनुवाद पर काम कर रही थी। उनकी टीम में एक दर्जन से अधिक विद्वान् थे, जो कई भाषाओं के जानकार भी थे।

ग्रियर्सन के दोनों लेखों (बिबिलियोग्राफी ऑफ वेस्टर्न हिन्दी और दि अर्ली स्टडी ऑफ इंडियन वर्नाक्यूलर इन यूरोप) में विलियम केरी विषयक जानकारी क्यों छूट गयी? उस समय वे सरकारी सेवा मे थे और भारतीय भाषाओं के सर्वेक्षण का काम देख रहे थे। 1857 के विद्रोह पर उनके विचारों से यह पता चलता है कि ब्रिटिश राज के विस्तार में उनकी गहरी रुचि थी। वे इससे अलग होकर कुछ भी देखने-परखने के हामी नहीं थे। वे रोमन कैथलिक मिशनरी से प्रेरित होकर बिहार की बोलियों के अध्ययन में जुटे। सीरामपुर प्रोटेस्टेंट मिशनरी का केन्द्र था। कैथलिक और प्रोटेस्टेंट के पारस्परिक विरोध का इतिहास बहुत पुराना है। ब्रिटिश राज के विस्तार में ईसाइयों के दोनों तबके अनुपातिक रूप से सहयोगी नहीं थे। 1900 के बाद प्रोटेस्टेंट की गतिविधि राजनैतिक क्षितिज पर बहुत सक्रिय नहीं रह गयी थी। कैथलिक ब्रिटिश-राज-विस्तार के सहयोगी साबित हो रहे थे। केरी के पूरे सन्दर्भ की चर्चा न कर ग्रियर्सन यह भी बताना चाह रहे थे कि बाइबिल के अनुवाद का काम हो या बिहार की भाषाओं के अध्ययन का, इस दिशा में जो कुछ हुआ है और जो कुछ हो रहा है, उनकी ठोस जानकारी उनके लेखों से ही मिल सकती है।

ग्रियर्सन के इस लेख में पृष्ठभूमि से एक निष्कर्ष आया है कि यूरोप में भारतीय-ज्ञान-विषयक खोजें होती रही हैं। भारतीय विद्या को लेकर यूरोप की चिन्ता किसी भारतीय से अधिक है। ग्रियर्सन स्वयं फादर अन्तोनियो के बाइबिल अनुवाद की खोज में जुट गये। पटना और आगरा में उसका कोई सुराग नहीं मिला। रोम में इसकी तलाश हुई। भागलपुर की बोली मे अनुदित बाइबिल की प्रति नहीं मिली। एक अनुमान है (ग्रियर्सन के अनुसार) कि पटना में हुए एक विद्रोह के दौरान रोमन गिरिजाघर को जला दिया गया था। उनको इसके संकेत रोम में मिले। इस घटना से ग्रियर्सन को भी अकेले यूरोप में ही ज्ञान के संरक्षण का बोध हुआ। उन का आशय

भी है कि यूरोप तन्हा महादेश है, जहाँ ज्ञान की खोज सतत जारी रही है। पटना में घटना घटी, गिरिजाघर को जला दिया गया। हर गिरिजाघर का एक पुस्तकालय या अभिलेखागार होता है जहाँ उस इलाके से सम्बन्धित कई दस्तावेज होते हैं। जो भी विद्रोह हुआ हो, उसका निशाना गिरिजाघर बनेगा ही, क्यों कि उस दौर में ईसाइयों के गिरिजाघर भारत में ब्रिटिश राजनीति के केन्द्र भी होते थे।

1857 के संग्राम के विशेष विवरण (ए नोट ऑन दि डिस्ट्रिक्ट ऑफ गया) की सूचना है कि विद्रोह के दरम्यान सार्वजनिक अभिलेखागार की लूट हुई, उसे जला दिया गया। विद्रोह के समय कुछ अंग्रेज अधिकारी नवादा अनुमंडल की गुफाओं में छुपे थे। इस अनुमंडल में कुछ दस्तावेज बचे हुए थे। इस विवरण में ऊपरी भारत (ग्रियर्सन के शब्द 'अपर इंडिया') के हिस्सों में हुए व्यापक विद्रोह की चर्चा है। एक सूचना है कि शहर में ब्राह्मण इस प्रचार में लगे थे कि बाजार में सुअर और बैल की हड्डी के चूर्ण से मिला आटा मिल रहा है। भारतीय बोलियों (वर्नाकुलर्स) के यूरोपीय अध्ययन का निबन्ध भी 1893 में आया और गया जिले का विवरण भी उसी वर्ष छपा। सीधे-तौर विद्रोह से हुए नुकसानों का विवरण देना लाभप्रद नहीं होता। सम्पत्ति के नुकसान के ब्योरे से उतना प्रभाव नहीं पड़ता जितना इस बात से कि समय-समय पर हुए विद्रोह के सिपाहियों ने विद्या की सरस्वती को भी नहीं बख़्शा। यूरोप में जो लोग भारत की स्वतन्त्रता के समर्थक हैं, उनकी आँख खुलती। उन्हें भारतीयों के बारे में उनके विवेकहीन होने का आभास होता। भारत में साक्षरता का प्रतिशत बहुत नहीं रहा है। फिर भी अपनी ज्ञान सम्पदा को सुरक्षित रखने में इस देश का मुकाबला नहीं है। उस समय के पुस्तकालयों के इतिहास से इसकी झाँकी मिलती हैं। खुदा बख़्श खाँ बहुत बड़े जमींदार थे। उनका निजी पुस्तकालय (पटना, 1908) आज भी अस्तित्व में है। सच्चिदानंद सिन्हा अपने समय के विद्वान् थे। उनका निजी पुस्तकालय (पटना) जिन्दा है। नेशनल लाइब्रेरी में सर आशुतोष मुखर्जी का अपना संग्रहालय मौजूद है। बड़े जमींदारों और नवाबों के अपने पुस्तकालय होते थे। सरस्वती (इलाहाबाद) पत्रिका के प्रसार-क्षेत्र की सीमा उत्तर प्रदेश तक ही नहीं थी या कुछ बड़े शहरों तक नहीं थी। भारत में पुस्तकालयों का इतिहास बहुत पुराना रहा है। मुगल साम्राज्य के हर राजा का अपना पुस्तकालय था। अधिकांश मदरसों में पुस्तकालय हुआ करते थे। अहमदाबाद के 'शाम-ए-बुरहानी' और काठियावड़ के 'मदरसा-फैज-सफा' प्रसिद्ध पुस्तकालयों में थे। डॉ. आर.सी. मजुमदार (फ्रॉम हिस्ट्री एंड कल्चर ऑफ दी पीपुल ऑफ मुगल एम्पायर) ने लिखा है कि बाबर से लेकर औरंगजेब तक सभी मुगल राजाओं में पुस्तकालय रखने की रुचि बहुत सम्पन्न थी। अकबर ने तो पुस्तकों के भंडारण और उसके वर्गीकरण की विशेष व्यवस्था दी थी। वे पुस्तकालय विज्ञान के पहले जानकार रहे होंगे। उनके समय में प्रसिद्ध कवि, कूटनीतिज्ञ और युद्ध-विद्या के विशेषज्ञ अब्दुर्रहीम खानखाना (1556-1627 ई.) का

अहमदाबाद स्थित पुस्तकालय (1583 ई.) हस्तलिखित ग्रन्थों का अनुपम खजाना था। रहीम ने इसकी देखभाल के लिए दर्जनों कर्मचारियों को बहाल किया था। इतिहासकार डॉ. समर बहादुर सिंह (अब्दुर्रहीम खानखाना) के अनुसार कर्मचारियों में कई विशेषज्ञ भी थे। शिराज के निवासी सुजा सुलेख में प्रवीण थे। मुहम्मद अमीन खुरासानी बेलबूटे बनाने में सिद्धहस्त थे। मुल्ला मुहम्मद हुसैन जिल्दसाज़ी में दक्ष थे। रहीम ललित कलाओं के प्रेमी थे, संगीत के जानकार थे, भवन-निर्माण-कला के पारखी थे। एक चित्रकार को पुरस्कार देते समय चित्रकार ने रहीम से उसके चित्र पर टिप्पणी करने को कहा। रहीम ने कहा इस चित्र में मधुर मुस्कान और चेहरे के भाव का कारण समझने के लिए सुन्दरी के पैर में हो रही गुदगुदी को देखना चाहिए। विद्यानुरागी रहीम एक दोहे में कहते हैं—

रहिमन विद्या बुद्धि नहिं, नहीं धरम जस दान।
भूपर जनम वृथा धरै, पसु बिन पूँछ विषान ॥

गया वाले नोट्स में अंग्रेज और सिखों की साझेदारी की चर्चा हुई है। ग्रियर्सन के अनुसार दानापुर, गया और मुंगेर में विद्रोहियों को कुचलने के लिए अंग्रेजों और सिखों का दस्ता तैयार था। कई अंग्रेज बुद्धिजीवी सिखों का अपना भक्त सिपाही मानते थे। 1893 के पहले, 1880 के दशक में लाहौर आधुनिक शिक्षा का केन्द्र बना और इस दिशा में आर्य समाज के नेता लाला हंसराज का योगदान अविस्मरणीय है। स्त्रियों को शिक्षित बनाने की पहल आर्य समाज की तरफ से हुई थी। लाला हंसराज ने स्त्री शिक्षा का आन्दोलन चलाया था। उस दौर के कांग्रेस के कई नेता विद्वता में किसी से कम नहीं थे। मुहम्मद अली जिन्ना अपने समय के बहुमुखी विद्वान् माने जाते थे। दादा भाई नौरोजी बहुत बड़े अर्थशास्त्री थे। महागोविन्द रानाडे कानूनविद् थे। कांग्रेस पार्टी बड़े विद्वानों और जानकारों की संस्था थी। यूरोप के देशों से इनका सम्पर्क रहा था। वहाँ इनकी लोकप्रियता थी। ग्रियर्सन के दोनों लेख उनके अन्तर अनुशासनिक रूझान को दर्शाते हैं लेकिन इसके भीतर यूरोप में भारतीयों की साख को धूमिल करने का उद्देश्य निहित है। यूरोप में भारत विषयक अध्ययन में इसके भाषा-चिन्तन वाले पक्ष की चर्चा विस्तार से हुई है। गया वाले नोट और यूरोप में भारत विषयक अध्ययन का मिलान करने पर सामाजिक विज्ञान और भाषा-चिन्तन के गहरे सामंजस्य का पता चलता है। ग्रियर्सन इन दो विषयों की गुत्थियों को बहुत सावधानी से सुलझाते हैं।

ऐसा कहना उचित नहीं है कि 19वीं शती के उत्तरार्द्ध में किसी भारतीय मनीषा में भाषा और समाज के विकास की सहभागिता को परखने वाली दृष्टि नहीं थी। वह समय भाषाओं को सीखने-समझने का था। राममोहन राय कई भाषाओं के विद्वान् थे। वे फ़ारसी में पत्र निकालते थे। विवेकानन्द, राजा शिव प्रसाद 'सितारे

हिन्द' आदि अनेक भारतीय देशी और विदेशी भाषाओं के पंडित थे। बहुभाषी होना उस समय की फ़ितरत थी। उस समय के भाषाविदों में बॉप (Bopp भारत यूरोपीय भाषाओं का तुलनात्मक व्याकरण/1838), आगुस्ट श्लाइखर (Schleicher/भारत यूरोपीय भाषाओं के तुलनात्मक व्याकरण की भूमिका/1861), विलियम ड्वाइट ह्विटनी (Whitney/भाषा और भाषा का अध्ययन/1867), हर्मन पाउल (Paul/भाषाई इतिहास के सिद्धान्त/1880) आदि प्रमुख थे। उस समय व्याकरण के अध्ययन को भाषा के विकास का आधार समझा जाता था। तुलनात्मक भाषा विज्ञान या ऐतिहासिक भाषा विज्ञान के नींव पड़ी थी। उस समय का उल्लेख ब्लूमफील्ड (भाषा का अध्ययन/पृ. 16) करते हैं, "हम भाषा परिवर्तनों का अध्ययन सम्बद्ध भाषाओं अथवा एक ही भाषा की विभिन्न ऐतिहासिक अवस्थाओं की तुलना से ही कर सकते हैं। उदाहरणार्थ, अंग्रेज़ी, फीजी, डच, जर्मन, स्कैडिनिबेयाई, गाथी भाषाओं की समानताओं को ज्ञात करें, इन सब की उस पूर्वकालीन भाषा (आदिम-जर्मन) की धारणा कर सकते हैं कि जिससे ये सब भाषाएँ एक क्रम में बदल गयी हैं और इनमें प्रत्येक परकालीन भाषा में होने वाले परिवर्तनों का अध्ययन कर सकते हैं।" उस समय तक भारतीय भाषाओं का मानकीकरण नहीं हो पाया था। इसलिए भी भारतीय भाषाओं को रोमन लिपी में लिखे जाने का विचार जोर पकड़ा था। आगे चलकर हिन्दी में कुछ शोध प्रबन्ध रोमन में लिखे भी गये। नागरी लिपि की वैज्ञानिकता की चर्चा होने लगी थी। बाँग्ला भाषी शारदाचरण मित्र ने उसी दौर में देवनागरी की अनिवार्यता पर लिखा। देवनागरी लिपि के रक्षार्थ व्यापक आन्दोलन खड़ा हुआ। ग्रियर्सन और दूसरे यूरोपीय विद्वानों का सारा प्रयास रोमन में समस्त भाषाओं के साहित्य को उपलब्ध कराने का था। इसलिए वे रोमन लिपि का महत्त्व प्रतिपादित कर रहे थे। खुले और स्पष्ट रूप में ग्रियर्सन या अन्य किसी यूरोपीय भाषाविद् ने रोमन लिपि की वकालत नहीं की। परन्तु, हिन्दी और भारतीय भाषाओं के साहित्य में उनकी पैठ रोमन लिपि के रक्षार्थ हुई। इससे भारत में ब्रिटिश राज का पाया मजबूत होता। अन्तर-अनुशासनिक अध्ययन का सोच एक समान नहीं है। भाववादी अपने अनुसार व्यवस्था को मजबूत भी करते हैं। भौतिक परिस्थितियों से विचार ग्रहण करने का सोच अपने विचार से परिस्थितियों का अनुमान लगाने वालों से बिल्कुल भिन्न होगा। उसके परिणाम भी अलग-अलग होंगे।

ला क्रोजो बर्लिन की रॉयल लाइब्रेरी के अधिकारी थे। वे प्राचीन जनश्रुति साहित्य (ओरियंटल) के विद्वान् थे। 1714 ई. में डेविल विलकिंस नामक विद्वान् ने अम्स्टर्डम से ला क्रोज को इस आशय का पत्र लिखा कि ईश-प्रार्थना का उनका एक संकलन छपने के लिए तैयार है जो कई भाषाओं में अनूदित है। इस सिलसिले में ला क्रोज ने जवाब में लिखा कि भारतीय भाषाओं की उनकी जानकारी कम है। फिर भी, एक अनुमान है कि समस्त भारतीय भाषाओं का उद्भव **हंस्कृत** (HANSCRIT/संस्कृत)

से हुआ है। ब्राह्मणों की यह भाषा (संस्कृत) दूसरे किसी स्रोत से नहीं आयी है। इसका स्रोत फ़ारसी या असीरी है। ब्राह्मणों के अलावा मलाबार, सिंहलीज, स्यामी, नीगू और कम्बोडिया की वर्ण-व्यवस्था लगभग समान है। पूर्व बंगाल में **'एस'** (S) का उच्चारण **'एच'** (H) ही होता है। यह पूरा विवरण ग्रियर्सन के लेख (स्टडी ऑफ इंडियन वर्नाकुलर) में आया है। उनके अनुसार ला क्रोजे का तात्कालिक स्रोत बर्नियर का यात्रा-वृत्तान्त (1666 ए.डी.) रहा होगा। उस समय के कोश लेखक चैम्बरलेन (1715) को लॉ क्रोज के तर्क से सन्तोष नहीं हुआ। इसके बाद दूसरा प्रसंग आया डेनिश प्रोटेस्टेंट जिग्नबाल्गका के मंतव्य का डेनिस प्रोटेस्टेंट के अनुसार 'ब्राह्मण' शब्द गलत है, ब्रामन (BRAMAN)। इसलिए ब्राह्मण भी हंस्कृत शब्द का प्रयोग नहीं करते हैं। इसके बदले वे कृंदम (Kirendum) का प्रयोग करते थे।

विचित्र है कि भारतीय भाषाओं के शब्द-स्रोत के लिए विदेशी विद्वानों के लेखन को पहले देखा जाता है। भारतीय भाषाओं की दो प्रवृत्तियाँ बिल्कुल सामान्य रही हैं और ये अलग-अलग इलाकों में देखी जा सकती हैं। संस्कृत और प्राकृत में तालव्य **श** महाप्राण **ह** में बदल जाता है (दश-दह)। वररुचि के प्राकृत प्रकाश और हेमचन्द्र के प्राकृत व्याकरण में इसके अनेक उदाहरण है।

इसलिए यूरोप के विद्वान् भारतीय भाषाओं की विविधता, भाषागत परिवर्तन के अनेक रूपों और विभिन्न भाषाओं के शब्द-स्रोतों तक नहीं पहुँच पाते हैं। प्राकृत के व्याकरणों से यह ज्ञात होता है कि तालव्य **श**, दंत्य **स** और **ह** का परस्पर परिवर्तन होता रहा है। शुष (सं.) धातु से शुष्यति (सं.) शब्द बना है। प्राकृत में सूसइ हो गया है। वररुचि प्रणीत प्राकृत प्रकाश (अनु. आचार्य नरेन्द्रनाथ) में ऐसे अनेक शब्द आये हैं,

यांष्टिः (सं.) - **लट्टी** (प्रा./101)

तीक्ष्णम् (सं.) - **तिण्हं** (प्रा./67)

यशस् (सं.) - **जसो** (प्रा./57)

जघनम् (सं.) - **जहणं** (प्रा./56) संस्कृत से प्राकृत में आये शब्दों की संख्या बहुत हैं। परन्तु, यही एक मात्र आधार नहीं है। आचार्य नरेन्द्रनाथ (प्राकृत भाषाओं का उद्भव और विकास लखनऊ, 1977/पृ. 22) **वच्छो** (प्रा.) का वृक्ष (सं.) रूप बताते है। इसके साथ **वत्स** और **रूक्खो** (प्रा.) का रूप भी वृक्ष को ही मानते है। हेमचन्द्र के प्राकृत (पिशल, प्राकृत भाषाओं का व्याकरण, पृ. 519) में **वच्छंतो, वच्छाओ, वच्छउ वच्छाहि, वच्छाहित्तो, वच्छा** रूप आया है। इसी अध्याय (रूपावली शिक्षाःसंज्ञा) में पिशल ने लिखा है कि अपादान कारक के रूप में **वच्छतो** और **रूक्तो** (प्रा.) दोनों रूप (पृ. 512) आये हैं। इसी के आगे हेमचन्द्र और **वररुचि** के प्राकृत व्याकरणों के आधार पर पिशल लिखते हैं कि सम्बन्ध कारक एकवचन में समाप्तिसूचनक रूप **श्श=स्य** के साथ-साथ **स** से निकला हुआ **ह** भी पाया जाता है, जिससे पहले आने

वाला संज्ञा शब्द का अन्तिम अ दीर्घ बन जाता है, शरीरस्य (सं.)–शलीलाह (प्रा.)। सामान्य तौर पर सम्बन्धकारक एकवचन अपभ्रंश में **हो** या **हाँ** (पिशल) है। **श** हेमचन्द्र के व्याकरण में ह का प्रयोग बहुत विचित्र है,

दुर्लभस्य (सं.)–**दुल्लहहो** (प्रा.)

सागरस्य (सं.)–**साअरहाँ** (प्रा.)

विरहस्य (सं.)–**विरहाँ**

अवधी में **रहहुँ** या **रहहूँ** जैसे क्रियापद हैं।

ये परिवर्तन अनियमित लगते हैं लेकिन हैं नहीं। छोटे-छोटे कस्बों में बँटे समाज और उनके बीच आवागमन के जरिये जिस रूप में विकसित हुए होंगे, उनके शब्दों का परिवर्तित रूप बिल्कुल भिन्न नहीं रहा होगा। ऐसा भी नहीं है कि जो प्राकृत के नियम हों, वही आज भी लागू हों। हिन्दी में ऐसे शब्दों की संख्या कम है जिसमें **ह** की पुनरावृत्ति हो, कह लें, दीर्घ महाप्राणता। कहा जाता है कि प्राकृत में व्यंजनांत शब्दों की रूपावली बिल्कुल समाप्त हो गयी थी। इसके कुछ अवशेष त, न, श और स में समाप्त होने वाले शब्दों में पाए जाते हैं। हिन्दी व्यंजनांत के पीछे लगे स्वरों का उच्चारण बिल्कुल नगण्य हो गया है। हिन्दी ने प्राकृत के **ह** प्रेम को स्वीकार नहीं किया है और न उसकी स्वर भक्ति को। विविधताओं के बीच नियमों के आधार पर ही किसी भाषा का व्याकरण तैयार होता है। **श** और **ह** का परिवर्तन अपनी जगह है। इसकी तह में जाने पर क्रियापदों में **ह** का होना कुछ और दर्शाता है। हिन्दी में **ह** से बने क्रिया पद उसकी अपनी पूँजी है। संज्ञा के शब्दों में प्रारम्भिक वर्ण के रूप में **ह** की बहार इस तरह नहीं मिलती जिसकी मिसाल हंस्कृत के रूप में दी जा रही है। हिन्दी भाषा ने संस्कृत के शब्दों को थोड़े मात्रागत परिवर्तन के साथ स्वीकार किया है यानि उस शब्द के प्राकृत रूप में नहीं ग्रहण किया है। संस्कृत के **जघनम् जहणं** (प्राकृत) (नरेन्द्रनाथ/पृ. 56) बना। हिन्दी में **जंघा** या **जाँघ** शब्द प्रचलित है। हिन्दी प्रदेशों में **ह** और **ण** (महाप्राण और अनुनासिक) दोनों का एक साथ उच्चारण कठिन है। भले पश्चिमी हिन्दी के एक क्षेत्र में **ण** का चलन क्यों न हो? अनुनासिक के साथ अलग से स्वर का मेल उच्चारण की दृष्टि से सुगम नहीं है। प्राकृत में जण्णओ जनकः के लिए है। प्राकृत के नियमों में ण के द्वित्व होने पर प्राकृत की स्वर भक्ति आ जाती है, जण्णओ। परन्तु हिन्दी ने इसे स्वीकार नहीं किया है। हिन्दी भाषा के लचीलेपन को देखकर कई विद्वानों को अचरज भी होता है। इसके बहाव को कम करने के लिए इस भाषा पर रोमन लिपि को लाद दिया जाए, इसकी उच्चारण-पद्धति को प्रभावित किया जाए, विदेशी अपने अनुकूल इसे न पाकर संज्ञा शब्दों को ही बदल दें (पाटलीपुत्र से पटना, मुंगेर से मौंधर, कानपुर से कौनपुर), तो ये किसी देश को अपने शासन की गिरफ़्त में लेने का माकूल हथियार है। आगे के दिनों और आज भी हर भाषा की एक लिपि की खोज जारी

है। विशेषकर अल्पविकसित भाषाओं को समाज में उनकी अपनी लिपि के होने के विचार को पक्का किया जा रहा है। यूरोप के विद्वान् अपने यहाँ एक लिपि में अनेक भाषाओं के लिखे जाने के विचार को विवादरहित मानते हैं लेकिन यही विचार एशिया के देशों में बदल जाता है।

ग्रियर्सन के 'भारतीय भाषा सर्वेक्षण' का खंड 8 के दोनों भाग 1919 (प्रथम) और उसके बाद प्रकाशित हुए हैं। भाग दो में ग्रियर्सन ने कश्मीरी के सम्बन्ध (242-52) में विचार किया है। कश्मीरी में भी **श** का **ह** में परिवर्तन होता है। ग्रियर्सन इसे दरद भाषा परिवार का प्रभाव मानते हैं। कश्मीरी के विद्वान् और भाषाविद् डॉ. त्रिलोकी नाथ गंजू के अनुसार दरद परिवार की भाषाओं में **श** और **ष** ध्वनियाँ **ह** में नहीं बदलती हैं। दरद परिवार की भाषाओं में बशगली, खोवार, दरद-श्रिण्या, कोहिस्तानी, कलश आदि प्रमुख हैं जो पाक अधिकृत कश्मीर की भाषाएँ हैं। आम तौर पर इनमें ऐसा परिवर्तन नहीं होता है। एक आश्चर्य यह भी है कि हिन्दी के सहायक क्रियापद (हूँ, हैं हो) दरद परिवार के क्रियापदों (हनु, हेंस, हनोंस, हूँ, हीं) से काफी निकट हैं। कल्हण की राजतरंगिणी के अनुसार दरद के क्षेत्र में (पश्चिमोत्तर भारत के गिलगित घाटी से लेकर लद्दाख और द्रास नदी तक) हिन्दू, शाक्त और बौद्ध भी रहते थे। अचरज यह कि कश्मीरी के क्रियापदों में **छ** की बहार है और उसी के समीपवर्ती में **ह** की। तालव्य और दंत्य ध्वनियाँ एक इलाके में सुरक्षित रही हैं और दूसरे में परिवर्तित भी। बिहार, उत्तर प्रदेश, मध्य प्रदेश, राजस्थान, हरियाणा आदि में दंत्य स बिल्कुल सुरक्षित है। रामाज्ञा द्विवेदी जी के 'अवधीकोश' (प्रयाग 1955) में तालव्य **श** और मूर्धन्य **ष** नहीं है। लगभग पन्द्रह सौ शब्दों के इस कोश में दंत्य स से बनने वाले कई शब्द आये हैं। अरबी भाषा से आये शब्दों का भी अवधी में अपनी जगह सुरक्षित है (अर. के क़सम से अव. का कसम)। दूसरी भाषाओं से आयातित शब्दों के मध्य में आया स भी अवधी और पूर्व की भाषाओं में सुरक्षित है। पूर्वी हिन्दी प्रदेश में आम तौर पर स का ह में परिवर्तन नहीं होता है। पूर्वी हिन्दी का क्षेत्र ह के रूप में महाप्राणीकरण का नहीं रहा है। कश्मीरी भाषा परिवार से लेकर मध्य पहाड़ी और पूर्वी हिन्दी के मैथिली क्षेत्र में छि की प्रधानता रही है। कश्मीरी में छ प्रारम्भ या मध्य में आता ही है,

छुस (कश्म.) = हूँ

गछान (कश्म.) = जाता

सहायक क्रिया के रूप में **छ** मैथिली, नेपाली सहित मध्य पहाड़ी क्षेत्रों (गढ़वाली और कुमाऊँनी) और कश्मीरी में प्रचलित रहा है। हेमचन्द्र के 'प्राकृत व्याकरणम्' का एक सूत्र **वृक्षात-वच्छाओ** (ऋ के स्थान पर **अ** और **क्ष** के स्थान पर **छ**/प्र.भा., 309) है। इस सूत्र के अनुसार क्ष का छ में परिवर्तन होता रहा है। यहाँ तक कि शब्द में ह्रस्व स्वर के बाद थ्य, पूच, त्स अथवा प्स भी छ में बदल जाते हैं,

पत्थ्यम = पच्छं
मिथ्या = मिच्छा
पश्चिमम् = पच्छिमं (प्राकृत व्याकरणम, प्र.भा., पृ, 312-13)

तुलसीदास के रामचरितमानस में दंत्य **स** की बहुलता है। **स** से उनका प्रेम इतना है कि तालव्य **श** भी दंत्य **स** में बदल जाता है, भनिति मोरि सब गुन रहित बिस्व बिदित गुन एक (बाल कांड), स्याम सुरभि पय बिसद गुनद करहिं सब पान (बालकांड)। पूरे बंगाल में तालव्य **श** अपनी-अपनी जगह पर कायम है।

फ़ारसी और संस्कृत का साम्य बहुत पुराना है। पार्स ईरान का एक प्रान्त था जो आगे चलकर फार्स कहलाया। रामचन्द्र वर्मा के उर्दू-हिन्दी शब्द कोश में संस्कृत और फ़ारसी के अनेक शब्द हैं। एक शब्द है बुत (मूर्ति/150)। कोशकार के अनुसार यह बुद्ध से आया है और उसका अर्थ भी 'पुतला' होता है, रास्ता चूँ बुत परस्त सुए बहार (फ़ारसी/सौभाग्य तेरे द्वार की ओर उसी तरह चला आता है जैसे बुत का पुजारी विहार की ओर भागता आता है)। यहाँ 'विहार' से मतलब बौद्ध विहार का है। ऋग्वेद में सिंध और सप्तसिंधवः (सात नदियों के अर्थ में) शब्द आये हैं। ईरानियों की धार्मिक पुस्तक अवेस्ता में **हैन्दु, हिन्दु, हतहिन्दवः हतहिन्दवो** शब्द मिलते हैं। प्रसिद्ध भाषाविद् धीरेन्द्र वर्मा (हिन्दी साहित्यकोश) के अनुसार हिन्द और हिन्दी शब्द अरब, मिस्र, सीरिया तथा अन्य देशों के साहित्य में प्रविष्ट हुए। अरब के निवासी हिन्द और सिंध को दो अलग-अलग प्रदेश मानते थे—कश्मीर की तराई से सिंध नदी के किनारे तक और गुजरात से लेकर भीतरी देश हिन्द तक का क्षेत्र। डॉ. वर्मा को यह सन्दर्भ अरब यात्री मसऊद (303 हिजरी यानी 100-03 ई.) के यात्रा वृत्तान्त से मिला। अरबी में हिन्दी का अर्थ है हिन्दुस्तानी फौलादी तलवार। जिस बर्नियर की चर्चा ग्रियर्सन के लेख में हुई है, उसके बहुत पहले अल्बेरूनी (1025 ई.) ने हिन्दी की भाषाओं को अल हिन्दयः कहा था। फ़ारसी और अरबी में स और ह दोनों सुरक्षित हैं। यूरोपीय विद्वानों ने भारत और ईरान के साहित्य से परिचित न होने के कारण किसी को संस्कृत से हंस्कृत का बोध हो जाए तो अपने विवेक को ही नमस्कार कह ले।

इस महत्त्वपूर्ण विश्लेषण में ग्रियर्सन का एक प्रयास पुरानी फ़ारसी, दरद परिवार और आर्य भाषा परिवार की भाषाओं में संख्यावाचक और सम्बन्धवाचक शब्दों का तुलनात्मक विश्लेषण करने का रहा है। यह सराहनीय है। इसके विश्लेषण से आर्यभाषा परिवार की श्रेष्ठता खंडित होती है और पिशाच (मानव भक्षी) या दरद परिवार का महत्त्व प्रतिपादित होता है। भारतीय भाषा सर्वेक्षण का खंड एक का भाग दो विभिन्न भाषा परिवारों के संख्यावाचक और सम्बन्धवाचक शब्दों की सूची का है। लखनऊ की अवधी में एक के लिए **याक** शब्द है, जो ग्रियर्सन के विश्लेषण से ईरानी और दरद परिवार का प्रभाव है। बलूची (याक), बशगली (इव), कलश (इक),

द्रास (इक) आदि दरद परिवार की भाषाएँ हैं। कश्मीरी आर्यभाषा है। वहाँ एक के लिए **अक** है। लहंदा पाकिस्तान अधिकृत पश्चिमी पंजाब की भाषा है। वहाँ एक के लिए **हिक्का** या **हेक्क** है। इसी प्रकार पुरानी फ़ारसी का **दू**, बलूची में **दो** कलश में **दू**, बशगली में **दिउ**, चित्राली में **दु** और संस्कृत में **दौ** है। इसी प्रकार पुरानी फ़ारसी **मया** (मेरा/), पश्तो **म्याँ** (Myan) कोहिस्तानी **मॉ** (Ma) और संस्कृत **मम** (मेरा)। ग्रियर्सन का शब्द-चयन और विश्लेषण इस ओर ध्यान दिलाता है कि पुरानी फ़ारसी, संस्कृत और पिशाच या दरद भाषा परिवारों में घनिष्ठता रही है। बिल्कुल आर्यत्व को सामने रखकर कुछ तय करना उचित नहीं है। ग्रियर्सन ने अपने भाषा सर्वेक्षण के पहले खंड के पहले भाग (पृ. 206) में लिखा है, ‘‘दरद शब्द का प्रयोग वास्तव में कश्मीर से सटे हुए उत्तर में बसने वाली सभी जातियों के लिए होना चाहिए, किन्तु वर्तमान समय में इसका अर्थ-विस्तार हो गया है और दर्दिस्तान की सभी जातियों से इसका तात्पर्य लिया जाता है।’’ ग्रियर्सन यह निष्कर्ष देकर भारतीय भाषाविदों के लिए नया रास्ता देते हैं।

तृतीय अध्याय

ग्रियर्सन का साहित्य चिन्तन

(क) ग्रियर्सन के तुलसीदास

तुलसीदास ग्रियर्सन के प्रिय कवि थे। एक धारणा है कि आचार्य रामचन्द्र शुक्ल के तुलसीदास विषयक चिन्तन के प्रेरणा-स्रोत ग्रियर्सन ही रहे हैं। उन्होंने विद्यापति और दूसरे कवियों पर भी लिखा है लेकिन तुलसी-साहित्य के प्रति उनकी आसक्ति अलग है। इतने मनोयोग से तुलसी के साहित्य की खोज, उनका रचनाकाल ओर विषयवार विश्लेषण किसी दूसरे यूरोपीय विद्वान् ने नहीं किया हैं। जिस अवधि में ग्रियर्सन सर्वेक्षण का काम कर रहे थे, ग्राम्य या लोक साहित्य पर लिख रहे थे, कश्मीरी भाषा की व्याकरणिक संरचना पर लिख रहे थे, उसी समय वे तुलसी के साहित्य की खोज और उसके निरूपण-विश्लेषण का काम भी कर रहे थे। यह एक मनीषी के अध्ययन और चिन्तन का विस्तार था। एक विद्वान् भगवती प्रसाद सिंह (तुलसीदास : व्यक्ति और रचना सन्दर्भ) ने लिखा है कि ग्रियर्सन 180 भाषाओं और 480 बोलियों में पारंगत थे। वह दौर अधिकाधिक भाषाओं के सीखने का था। फिर भी, निर्दिष्ट संख्या पर विश्वास नहीं होता है। उनकी विद्वता केवल भाषाओं के सीखने और उनका इतिहास खोजने तक ही सीमित नहीं थी। उनकी एक अन्य लेकिन महत्त्वपूर्ण कृति 'बिहार पीजेंट लाइफ' (1885) इस विद्वान् के व्यक्तित्व का दूसरा विस्तार है। 1872 में ग्रियर्सन भारत आये और 1885 में बिहार के गाँवों पर उनकी किताब (बिहार पीजेंट लाइफ) आयी और 1898-1903 के बीच तुलसीदास विषयक उनके लेख। 'बिहार पीजेंट लाइफ' में इस राज्य के गाँवों की दिनचर्या है। भारत में मानव विज्ञान के अध्ययन का एक आधार ग्रियर्सन की यह किताब देती है। इस किताब का निष्कर्ष और अध्ययन का तरीका सूचनापरक और ब्रिटिशपरस्त ज़रूर है। उनका यह कार्य आगे के मानव वैज्ञानिक अध्ययन का आधार बना है। बिहार के गाँवों का अध्ययन करने के समय इन्हें तुलसीदास की लोकप्रियता का

भान हुआ होगा। तुलसी के अनुपात में कबीर भी कम लोकप्रिय नहीं थे। तुलसी के प्रति ग्रियर्सन की निष्ठा के कुछ कारण रहे होंगे।

गोस्वामी तुलसीदास पर उनका पहला निबन्ध 1885 (अन्तर्राष्ट्रीय प्राच्यविद सम्मेलन वियना/1885) में पढ़ा गया। कहते हैं कि सम्मेलन में पठित समस्त निबन्धों में सर्वोत्तम ग्रियर्सन का ही था। उस समय के एक लेखक रॉबर्ट क्रस्ट (कलकत्ता रिव्यु 1887) ने लिखा है कि विद्वानों को भारत के गाँवों में तुलसीदास की लोकप्रियता का आभास भी ग्रियर्सन के इसी निबन्ध से मिला। क्रस्ट के विवरण में दो शब्द ध्यातव्य हैं, मेडीवल वर्नाक्यूलर और नॉर्थ इंडिया। इन दोनों को मिलाकर एक नया रूप आया, मेडीवल वर्नाक्यूलर लिट्रेचर ऑफ नॉदर्न इंडिया। सही भी है कि उत्तर भारत में ही तुलसीदास की लोकप्रियता थी। दक्षिण में राम भक्ति बहुत लोकप्रिय नहीं थी। भारतीय जनजीवन में तुलसी के साहित्य का अक्षुण्ण प्रभाव रहा हे। ग्रियर्सन इस सच्चाई को भली-भाँति समझते थे। इसलिए उन्होंने 'ए नोट ऑन तुलसीदास' के पहले पृष्ठ पर लिखा है, "यह (रामचरितमानस) दस करोड़ जनता की बाइबिल है और वे उसी प्रकार दैवी ग्रन्थ मानते हैं जैसे अंग्रेज पादरी बाइबिल को। वेद और उपनिषद् पंडितों के बीच चर्चा के विषय हो सकते हैं, पुराणों में कुछ लोगों की निष्ठा हो सकती है, परन्तु तुलसीकृत रामायण भारतवर्ष की अपार जनता के शिक्षित एवं अशिक्षित वर्गों के आचार का मूलाधार है।" ग्रियर्सन की दृष्टि में तुलसी की लोकप्रियता का एक बड़ा कारण शैवमत और उसके जनित अश्लीलता का खंडन था। यह काम रामानन्द कर रहे थे जो तुलसी के गुरु थे। इसी परिप्रेक्ष्य में एक दूसरा कारण उभरता है, वह है तुलसी की विनम्रता। ऐसी विनम्रता शायद ही किसी महाकवि में हो। इसलिए ग्रियर्सन की इस कृति का एक उप अध्याय 'किंवदन्तियाँ और परम्परागत अनुश्रुतियाँ' (पृ. 115) शीर्षक से है।

तुलसी की विनम्रता में अटल दृढ़ता भी है। अर्ध रात्रि में पत्नी रत्नावली के घर पहुँचने पर उनका ताना कुछ यों है,

> लाज न लागत आपु को, दौरे आयहु साथ।
> धिक धिक ऐसे प्रेम को, कहा कहौं मैं नाथ॥
> अस्थि चर्ममय देह मम, तामें जैसी प्रीति।
> तैसी जो श्रीराम महँ, होति न तो भवभीति॥

अन्तिम पंक्ति का अर्थ देखें, ''इसके (नश्वर शरीर) प्रति आपका जो प्रेम है वैसा कहीं भगवान राम में होता तो जीवन के सारे त्रास समाप्त हो जाते हैं।" तुलसी में पत्नी के प्रति गहरी आसक्ति थी। उसके बग़ैर एक पल भी जीना मुश्किल। उनके घर छोड़ने के बाद रत्नावली ने अपने पत्र में लिखा, "मोहि फटे की डर नहीं, अनत कटे डर होइ।" अपने हृदय के विदीर्ण हो जाने का भय नहीं है, पर आप किसी अन्य

स्त्री के मोह में न फँस जाएँ, इसका डर है। गोस्वामी जी का जवाब था, "कटे एक रघुनाथ संग, बाँधि जटा सिर केस।" सिर पर जटायेँ बाँधे हुए मैं तो राम के प्रेम में फँसा हुआ हूँ। इस संवाद को रामचरितमानस के राम-सीता संवाद से मिलान करने पर तुलसी की लोक चेतना और उसके प्रति दृढ़ता जाहिर होती है।

आम धारणा है कि गोस्वामी जी नारी को जड़ और कुचालि मानते हैं। पता नहीं, कबीर को लेकर यही धारणा क्यों नहीं बनी? ऐसे अनेक संत कवि हैं जो नारी को 'त्रिया चरित' मानते हैं। मध्यप्रदेश के एक संत कवि थे सिंगाजी महाराज। वे किसानों में बहुत लोकप्रिय थे। नारी समाज के प्रति उनके विचार सामन्ती थे। रामचन्द्र शुक्ल का पूरा चिन्तन तुलसी साहित्य का आधार लिए हुए है। उनके अनुसार "उनपर स्त्रियों की निन्दा का महापातक लगाया जाता है। पर वह अपराध उन्होंने अपनी विरति की पुष्टि के लिए किया है। उसे उनका वैरागीपन समझना चाहिए" (गोस्वामी तुलसीदास/55)। तुलसी ने प्रमादी और कामिनी नारी-रूपों को भला-बुरा कहा है। नारी होने के साथ केवल आदर्श की कल्पना ही क्यों? नारी कामी भी होती है, खलनायिका भी होती है। जैसे पुरुष होते हैं। फिर नारी जागरण का बहाना लिए तुलसी पर ही इतना हिमपात क्यों, कबीर पर क्यों नहीं? दूसरे संत कवियों पर क्यों नहीं?

रामचरितमानस की विषय सूची में क्रमवार से दशरथ कैकेयी, राम-दशरथ, राम-कौसल्या, सीता-राम और राम-कौसल्या-सीता-संवाद हैं। सब में क्रम एक तरह का है लेकिन सीता-राम संवाद में क्रम उल्टा हो गया है। पहले सीता तब राम यह वह सीता नहीं है जो राम के आगे गर्दन झुकाए निरुत्तरित रहे। जिस विनयशीलता की चर्चा होती है, तुलसी के साहित्य में, वह विरोध या विपक्ष की घड़ी में भी दृढ़ता के साथ विद्यमान है। ग्रियर्सन तुलसीकृत रामायण को शिक्षित एवं अशिक्षित वर्गों के आचार संहिता का मानते हैं। आगे के अध्याय (पृ. 27) में एक दोहे का अर्थ बताते हैं कि राम के वाम भाग में जानकी और दक्षिण भाग में लक्ष्मण विराजते हैं। दोहावली की पंक्ति है, "राम वाम दिसि जानिके" सीता न राम से आगे हैं, न पीछे। वह बराबरी में हैं। सीता-राम संवाद में राम चेतावनी देते हैं "जौं हठ करहु प्रेम बस बामा। तौ तुम्ह दुख पाउब परिनामा।"

हे वामा, यदि प्रेमवश हठ करोगी तो तुम परिणाम में दुख पाओगी, क्योंकि काननु घोर कठिन भयंकरु भारी। वन (कानन) बड़ा कठिन, क्लेशदायक है। वहाँ की धूप, वर्षा और हवा, ये तीनों भयानक हैं। जवाब में सीता की विनम्रता और दृढ़ता दोनों सराहनीय है, लागि सासु पग कह कर जोरी। छमबि देबि बड़ि अविनय मोरी। जवाब देने से पहले वह कौशल्या का चरण स्पर्श करती है और कहती है, हे देवि, मेरी इस बड़ी भारी ढिठाई के लिए क्षमा कीजिए। इस के बाद सीता ने स्त्री जाति की पीड़ा का निचोर रख दिया है, जहँ लगि नेह अरु नाते। प्रिय बिनु तियहि

तरनिहु ते ताते (हे नाथ, जहाँ तक स्नेह और नाते हैं, पति के बिना स्त्री को सभी सूर्य से भी बढ़कर तपानेवाले हैं।) आगे तो सीता खुलकर कहती हैं, "पति बिहीन सबु सोक समाजू।"

मध्यकाल के समाज में स्त्री की पराधीनता आधुनिक काल में भी रही है। पति के बिना स्त्री का कष्ट, उसपर परिवार और समाज के अत्याचार की कोई सीमा नहीं। ग्रियर्सन ने प्रारम्भ में लिखा है, "उनकी रामायण के स्वर की यह शुचिता, उच्छृंखलता के उस युग में अन्यत्र दुर्लभ है।" अगर ऐसा है तो "सीता-राम" संवाद में सीता की विनम्रता और दृढ़ता को विस्तार क्यों नहीं मिला? आचार्य रामचन्द्र शुक्ल (लोकनीति और मर्यादावाद/गोस्वामी तुलसीदास) "सीता-राम संवाद" की चर्चा नहीं करते हैं। कहते हैं कि शुक्ल जी के तुलसी साहित्य चिन्तन पर ग्रियर्सन का प्रभाव रहा है। एक अर्थ में दोनों में साम्य है। शुक्ल जी की पुस्तक "गोस्वामी तुलसीदास" 1935 में छपी यानि तीस के दशक में। यह दशक राजनीतिक के साथ-साथ सामाजिक और सांस्कृतिक हलचल का भी था। रामचन्द्र शुक्ल भी ग्रियर्सन की तरह ही तुलसी की विनम्रता को सामाजिक मर्यादा मानते हैं। शुक्ल जी की प्रसिद्ध पंक्ति (गोस्वामी तुलसीदास/55) है ''वर्ण-विभाग केवल कर्म-विभाग नहीं है, भाव विभाग भी है।" वर्ण व्यवस्था में स्त्री-पुरुष की बराबरी नहीं होती है लेकिन तुलसीदास वह कर दिखाते हैं जो वर्ण-व्यवस्था को मंजूर नहीं है। वर्णाश्रम का विरोध करें या समर्थन, इससे बड़ी बात है कि स्त्री को सम्पत्ति समझी जाने वाली उस वर्ण-व्यवस्था को ही तुलसी चुनौती देते हैं, यह साहस उस संत कवि का है जो हनुमान से कहते हैं, अति आरत, अति स्वारथी, अति दीन दुखारी "हे हनुमान जी! अति पीड़ित, अति स्वारथी, अति दीन और अति दुखी के कहे का बुरा नहीं मानना चाहिए (विनय पत्रिका/60)। भगवान के आगे भक्त बिल्कुल निरीह और निःसहाय।

ग्रियर्सन की किताब में तुलसीदास और रत्नावली का संवाद (पृ. 122-24) आया है। तुलसी की दृढ़ता और रत्नावली की सहज चतुराई मुखर हुई है। कई वर्षों बाद तुलसीदास चित्रकूट से लौटते हुए अपनी ससुराल पहुँचे। स्मार्त वैष्णव के अनुसार तुलसीदास अपना भोजन स्वयं बनाते थे। उन्हें पत्नी तुरंत नहीं पहचानी। एक-दो बार उनका कंठ-स्वर फूटा, गोस्वामी जी पहचान में आ गये। "मिर्च लाऊँ, अचार लाऊँ, कपूर लाऊँ, सब का एक ही उत्तर "मेरे थैले में थोड़ी सी है।" ग्रियर्सन ने लिखा है (पृ. 123) कि रत्नावली रात भर यही सोचती रही कि क्या किया जाए कि पति और परमेश्वर दोनों मिल जाएँ। प्रातःकाल कई बार के अनुनय-विनय के बाद रत्नावली बोली, खरिया खरी कपूर लों, उचित न प्रिय तिय त्याग। कै खरिया मोहि मेलिकै अचल करौ अनुराग।। (हे प्रिय, यदि तुम्हारे थैले में खड़िया से लेकर कपूर तक सभी वस्तुएँ हो सकती हैं तो अपनी पत्नी का त्याग उचित नहीं है। मुझे भी अपने थैले में रख लें या परित्याग कर के सर्वशक्तिमान प्रभु में अपने को निःशेष

भाव से समर्पित कर दें। तब भी तुलसी नहीं माने। वे अपने थैले की सारी चीजें ब्राह्मण को दान कर के वहाँ से चल पड़े। विनयपत्रिका के प्रसंगों में तुलसी राम को सर्व ईश्वर का रूप देते हैं, सन्त संतापहार, विश्व विश्रामकर, शुद्ध बोधायतन और सच्चिदानन्द कहा है। उनकी राम भक्ति में निर्गुणी सोच भी है, सारे देवताओं से भिन्न और सब के प्रिय राम हैं जो तुलसी के प्रिय हैं। तुलसी के निजी जीवन में भी प्रेम की धारा कुंठित नहीं थी बल्कि बहुत सहज और आवेगजनित थी। उसमें दृढ़ता का अनुपात भी कम नहीं था।

ग्रियर्सन तुलसी के भाषाधिकार को चमत्कारी मानते हैं। उनके काव्य-सौन्दर्य का चमत्कार, नाद पक्ष इत्यादि। ग्रियर्सन के समय में बिहारी और देव की धूम थी। ये कवि भाषा के पंडित कहे जाते थे। तुलसीदास की भाषा इन दो कवियों से भिन्न है। यद्यपि ग्रियर्सन इसकी तुलना नहीं करते हैं, फिर भी, कवित्त रामायण या कवितावली पर विचार करते समय वे इसके नाद-सौन्दर्य को तुलसीदास के काव्य का ऐश्वर्य मानते हैं।

तुलसी भक्ति काल के विरले कवि हैं जिनके यहाँ नाद-योजना के द्वारा भाव की व्यंजना करने की अकूत ताकत है। इसे प्रबन्ध काव्य की विशेषता मानी जा सकती है लेकिन खंड काव्य में भी यह सौंदर्य अनूठा है। "पार्वती मंगल" में दो छन्दों का प्रयोग हुआ है। सोहर और हरिगीतिका। सोहर ग्रामीण छंद है। विवाह के अधिकतर गीत इसी छंद के हैं। पार्वती मंगल के प्रारम्भ का नाद-सौन्दर्य देखें, "पाप नशावन, पावन, मुनि-मन-भावन।'' प्रसंग प्रार्वती और शिव के सुन्दर विवाह (गौरी-गिरिश-विवाह सुहावन) का है। तुलसी के अनुसार यह गान पाप नाशी, पवित्र और मुनि जनों को अच्छा लगेगा।

तुलसी की भक्ति अन्तर्मुखी नहीं है। ग्रियर्सन गाँव-कस्बों में तुलसी को देखते हैं। समाज में प्रचलित महाकवि के किस्सों की चर्चा होती रही है। एक किस्सा है। सती प्रथा के अनुसार एक ब्राह्मणी तुलसी दास के निकट से गुजरी। उन्हें प्रणाम किया। तुलसी ने कहा "सौभाग्यवती हो।" ग्रामीणों ने उन्हें उसके सती होने की बात कही। तुलसी बोले कि जब तक वह न पहुँच जाय, उनका दाह-संस्कार नहीं करना। लगभग 3 घंटे वे राम की स्तुति और प्रार्थना करते रहे। तत्पश्चात् वह मृत व्यक्ति उठ बैठा। वह महाकवि के पैरों पर गिर पड़ा। इसकी खबर दिल्ली के बादशाह तक पहुँची। तुलसीदास दरबार में हाजिर हुए। बादशाह ने उनसे चमत्कार दिखाने को कहा। तुलसीदास बोले कि उनके पास कोई चमत्कारी शक्ति नहीं है। वे केवल प्रभु राम का नाम जानते हैं। बादशाह बहुत क्रोधित हुआ और उन्हें बन्दी-गृह में डाल दिया। ऐसे रामभक्त को कष्ट में देख कर हनुमान ने राजमहल में अनेक बन्दर भेजे। उन सबने महल में भारी उत्पात मचा दिया। किसी तरीके से बन्दरों का उपद्रव नहीं थमा। तब राजा खुद तुलसीदास के पैरों पर गिर पड़ा, उनसे क्षमा

याचना की। बादशाह द्वारा दिल्ली को छोड़ने और नये नगर की स्थापना का वचन दिये जाने के बाद कवि ने पुनः हनुमान से प्रार्थना की। तब जाकर बन्दरों की सेना हटी। ग्रियर्सन साहब की यह किताब इस प्रकार के अनेक किस्सों का वर्णन करती है। जाहिर है कि इन्हें संकलित करने में कई स्रोतों से काम लेना पड़ा होगा। किताब में लिखित-अलिखित स्रोतों की चर्चा है। लोक साहित्य का संकलन ग्रियर्सन के समग्र साहित्य का एक हिस्सा रहा है। उनकी इतिहास की पुस्तकों को इस साहित्य से जोड़कर देखा जा सकता है। वे लोक साहित्य को इतिहास का स्रोत मानने वाले पहले यूरोपीय विद्वान् थे। उस समय तक हिन्दी के विद्वानों की नजर भी नहीं पड़ी थी। सुपरिचित है कि विक्टोरिया रानी के हाथों शासन की बागडोर आने के बाद भारतीय समाज के प्राचीन, मध्य एवं आधुनिक समय का इतिहास तैयार करने के वास्ते जगह-जगह पुस्तकालय खोले जा रहे थे। अंग्रेज़ी में निष्णात् भारतीय बौद्धिक भी इसमें हिस्सा ले रहे थे। वह दौर किताबों को खोजने और खँगालने का था। वह दौर अनुवाद साहित्य का भी था। ग्रियर्सन इन सबसे हट कर आम जनता के बीच तुलसीदास की छवि तलाशते और उसे निखारते हैं। उन्होंने कुछ जगहों के नामकरण का रहस्य भी बतलाया है। उदाहरणार्थ सारन जिला का भैरवा नामक गाँव (ए नोट ऑन तुलसीदास), हरि राम ब्रह्म के नाम से प्रचलित हुआ। कहते हैं कि हरि राम नामक व्यक्ति के यज्ञोपवीत संस्कार में तुलसीदास उपस्थित थे। लोक कथाओं का चमत्कार बन जाना अलग विषय है और यह हर समाज में मौजूद है। इनके उत्स से महानायकों को लोकप्रियता का पता चलता है। तुलसी अवतार के विरोधी थे। इसकी भनक भी एक कथा से मिलती है। शुक्लजी की किताब गोस्वामी तुलसीदास में यह कथा आई है। वृन्दावन में किसी कृष्णोपासक ने उनसे कहा कि उनके राम तो बारह कलाओं के अवतार हैं और कृष्ण तो 16 कलाओं के अवतार हैं। क्यों न वे कृष्ण के भक्त हो जाते हैं। तुलसीदास बोले कि उनके राम अवतार हैं, यह उन्हें आज ही मालूम हुआ है। इसलिए शुक्ल जी ने लिखा है, (पृ. 12) "तुलसी को राम का लोकरंजक रूप वैसा ही प्रिय लगता है जैसा चातक मेघ का लोक-सुखदायी रूप।" तुलसी राम को अवतार नहीं मानते थे। शुक्लजी (गोस्वामी तुलसीदास) इसका कारण बताते हैं कि रामचरितमानस के कथावाचक काकभुशुंडी, शिव और याज्ञवल्क्य और श्रोता थे। पार्वती, भरद्वाज और गरुड़। तीनों श्रोताओं ने अपना यह मोह प्रकट किया कि कहीं राम मनुष्य तो नहीं है। तीनों वक्ता इस मोह को छुड़ाने के लिए कथा कह रहे थे। दूसरा तर्क है कि कथा-प्रवाह में मग्न श्रोता को असल बात की ओर ध्यान दिलाने के लिए नायक को ईश्वरावतार के रूप में दिखाने की आवश्यकता पड़ी होगी। इस सम्बन्ध में ग्रियर्सन (ए नोट ऑन/पृ. 135) ने जो कथा कही है, उसमें ज़्यादा दम है। अम्बर (जयपुर) के प्रसिद्ध महाराजा मानसिंह (मृ. 1618 ई.) और उनके परिजन और मित्र महाकवि के दर्शन करने जाते थे। किसी ने तुलसीदास से पूछा कि आजकल

ऐसे प्रतिष्ठित लोग उनसे क्यों मिलते हैं। तुलसीदास का उत्तर था–

लहे ना फूटी कौडिहू को चाहइ केहि काज।
सो तुलसी मँहगो कियो, राम-गरीब-निवाज।
घर घर माँमे टूक पुनि, भूपति पूत्रे पाई।
तो तुलसी तब राम बिनु, ते अब राम सहाई।

कभी मैं भिक्षा माँगता था और फूटी कौड़ी भी नहीं मिलती थी। मुझे किसी काम के लिए कौन चाहता? राम ने, जो गरीब-निवाज हैं, मेरा मूल्य बढ़ा दिया। घर-घर में टुकड़ा माँगता था, अब राजा मेरी पूजा करते हैं। तब मैं राम के बिना था और अब राम मेरा सहायक है। जीविकोपार्जन के लिए कथावाचन के पेशे में ईश्वर, कह लें अवतारी ईश्वर की चर्चा करनी ही पड़ती होगी ताकि श्रोता के कथा सुनने का अविरल प्रवाह बना रहे। शुक्ल जी इस पक्ष को शिव, काक और याज्ञवल्क्य के कथा-वाचन के रूप में देखते हैं। अब ये तुलसी के प्रति उनकी अनन्य भक्ति हो सकती है। ग्रियर्सन ईसाई थे। ईसाई धर्म में भी परमेश्वर को सभी दुःखों का निवारक माना गया है। परमेश्वर के आगे भक्त खुद को पापयुक्त मानता है। वह परमेश्वर से प्रेम भी करता है और उसके सामने प्रायश्चित भी करता है। ग्रियर्सन इस मनोभाव को प्रकट नहीं होने देते हैं। कारण जो भी रहा हो।

ग्रियर्सन को तुलसीदास की भक्ति बहुत प्रिय है। उसे वे बहुत विनम्र और विनयशील मानते हैं। आगे कई विद्वान् भी इसको महत्त्व देते हैं। शुक्ल जी को भी तुलसी की भक्ति बहुत प्रिय है। वे उसमें उसका लोकरंजक रूप देखते हैं। उनके शब्दों में, "उनकी भक्ति का आधार भगवान का लोक धर्म रक्षक और लोकरंजक स्वरूप था।" उनकी किताब (गोस्वामी तुलसीदास) की विषय सूची के क्रम से तुलसी की भक्ति पद्धति प्रथम है, आगे प्रकृति और स्वभाव, लोक-धर्म, धर्म और जातीयता का समन्वय जैसे विषय हैं। भक्ति पर जोर इसलिए कि भारतीय परम्परा की भक्ति को विस्तार से रखा जा सके। ज्ञान, भक्ति और योग, तीनों में भक्ति की श्रेष्ठ माना गया है, क्योंकि बाकी दो भक्त को चमत्कारी बनाते हैं। शुक्ल जी ने लिखा है, "बात यह है कि पैगम्बरी (यहूदी, ईसाई और इस्लाम) मतों में धर्म व्यवस्था के भीतर तत्त्व-चिन्तन या ज्ञान कांड के लिए स्थान न होने के कारण अध्यात्मिक ज्ञानोपलब्धि रहस्यात्मक ढंग से (स्वप्न, सन्देश, छाया दर्शन आदि के द्वारा) ही मानी जाती है।" सही दृष्टि है। तुलसी की भक्ति में कल्पना का विस्तार मिलता है। किस्म-किस्म के पेड़-पौधों सहित विशाल वैभव के साथ मानवीय क्रिया-व्यापार की बारीकी सगुणभक्ति की अपनी विशेषता है। इस भक्ति को कई रूपों में देखा जा सकता है। कवि-प्रधानता दूर-दूर तक नहीं है। ''पार्वती मंगल'' छोटी रचना है। प्रारम्भ में ही कवि की उक्ति है, ''कवित्त रीति नहिं जानउँ, कवि न कहावउँ। शंकर चरित सुसरित

मनहिं अन्हवावउँ।।" छंद रचना के नियम नहीं जानता हूँ और न कवि कहलाता हूँ। केवल अपने मन को शिव के चरित्र की सुन्दर नदी में स्नान करा रहा हूँ।

शुक्ल जी जिस रूप में एकेश्वरवाद को चमत्कारी बताते हैं, मध्यकाल में उसका विकास सगुण की चमत्कारी वृत्तियों के विरुद्ध भी हुआ था। जिस समय ईसाइयत नयी वैज्ञानिक खोजों के प्रतिकास्वरूप खड़ी थी, इस्लाम समस्त जातियों को एकबद्ध करने में लगा था। एकेश्वरवादी दोनों ही थे। ईसाई धर्म का एकेश्वरवाद भक्ति को बन्दी बनाये था। इस्लाम का एकेश्वरवाद सूफी और दूसरे आन्दोलनों के जरिये पद दलितों में फैल रहा था। गियर्सन एकेश्वरवाद के इस महत्त्व पर चुप हैं। वे वर्ण व्यवस्था का प्रसंग उठाते ही नहीं है। शुक्ल जी उठाते भी हैं तो निष्कर्ष देते हैं कि शूद्र से अभिप्राय विद्या, बुद्धि, शील, शिष्टता, सभ्यता सबकी हीनता से है। जिन शूद्रों ने एकेश्वरवाद को गले लगाया, वे वर्ण व्यवस्था में परिवर्तन के उत्सुक थे। तुलसी वर्ण व्यवस्था पर सीधे प्रहार नहीं करते हैं लेकिन जिन बीमारियों के विरोध में जाते हैं, वे रामचरितमानस के अविस्मरणीय प्रसंग हैं, सीता राम संवाद, राम वट संवाद आदि। यहाँ तक कि वन गमन के समय हजारों नर-नारियों से, भगवान राम और सीता का साक्षात्कार कुछ और संकेत देता है। वहाँ न कोई ब्राह्मण है और न कोई शूद्र।

आचार्य रामचन्द्र शुक्ल की किताब (तुलसीदास/37) तीन प्रकार के साधुओं का उल्लेख करती है। प्राचीन परम्परा के भक्त यानी संसार से विरक्ति वाले साधु, अनाधिकारी ढंग से ज्ञान की माया फैलाकर समाज के प्रतिष्ठित आदर्शों के प्रति तिरस्कार-बुद्धि उत्पन्न करने वाले और तीसरे हठयोगी साधु। कवितावली का एक और प्रसिद्ध दोहा है, "बरन-धरमु गयो, आश्रम निवासु तज्यो" —इस कुसमय में वर्ण धर्म चला गया, ब्रह्मचर्यादि आश्रमों ने अपना स्थान छोड़ दिया। इन आठ पंक्तियों के ब्योरे में प्रसिद्ध है, "गोरख जगायो जोगु, भगति भगायो लोगु, निगम नियोग तें सो केलि छरो-सो है।" तुलसी कहते हैं कि गोरख ने जोग क्या जगाया, लोगों को भक्ति से विमुख कर दिया और वेद की आज्ञा ने खेल-ही-खेल में संसार को ठग-सा लिया है। यह उद्धरण ग्रियर्सन की किताब में भी आया है। दोनों (ग्रियर्सन और शुक्ल) यह मानते हैं कि तुलसी के समय में भक्ति चमत्कार का स्थान ले चुकी थी। ग्रियर्सन के शब्दों में उन्होंने अत्यन्त सरल एवं उदात्त धर्म तथा ईश्वर में अखंड विश्वास का उपदेश दिया। अनैतिकता के उस युग में, जब मुगल साम्राज्य संगठित और परिपुष्ट हो रहा था तथा हिन्दू समाज के बन्धन-सूत्र शिथिल हो रहे थे, उनके द्वारा उपदिष्ट धर्म की सर्वाधिक विशिष्टता थी उसकी कठोर नैतिकता, जिसे उसकी पूरी अर्थव्यंजकता के साथ ग्रहण किया गया था (पृ. 2)। शुक्ल जी पर ग्रियर्सन के इस विचार का गहरा प्रभाव पड़ा था। उनकी रचना गोस्वामी तुलसीदास के लोक धर्म वाले या किसी भी अध्याय में ग्रियर्सन का उल्लेख शायद ही हो। ग्रियर्सन मुगल

साम्राज्य को नैतिक नहीं मानते थे। ये उनकी मजबूरी हो या ब्रिटिश सरकार की। शुक्लजी भी एकेश्वरवाद को नहीं मानते थे लेकिन वे स्दवेशी आन्दोलन के समर्थक थे। शुक्लजी ग्रियर्सन से आगे चल रहे थे।

ग्रियर्सन हिन्दी साहित्य का इतिहास लिख चुके थे। उनकी किताब ''मॉडर्न वर्नाक्यूलर लिट्रेचर ऑफ हिन्दुस्तान'' (1889) के दो अध्यायों (मुगल दरबार व तुलसीदास) का क्रम देख कर भी एक पूर्वाभास ज़रूर मिलता है। मुगल राज की अव्यवस्था, उसकी विकृतियाँ और विसंगतियाँ किसी अंग्रेज विद्वान् की चिन्ता क्यों बनी? यह केवल ग्रियर्सन की ही बात नहीं थी बल्कि उस दौर के कई अंग्रेज विचारक अपने इतिहास और साहित्य में मुगल राज की कमजोरियों को विशिष्ट मान रहे थे। जहाँ ग्रियर्सन अकबर दरबार का वैशिष्ट्य बताते हैं वहाँ उसकी तुलना इंगलैंड की महारानी एलिजाबेथ से करना नहीं भूलते है। वे लिखते हैं, ''यह देखा जा सकता है कि अकबर बादशाह का शासन काल और एलिजाबेथ का शासन काल प्रायः एक ही है और इन दोनों शासकों के शासन काल साहित्यिक प्रतिभाओं के एक असाधारण एवं अभूतपूर्व स्फुरण से परिपूर्ण हैं और यदि तुलसीदास और सूरदास की शेक्सपियर और स्पेंसर के साथ सचमुच तुलना की जाये, तो ये भारतीय कवि बहुत पीछे नहीं रहेंगे।'' (पृ. 126) किताब के अनुवादक किशोरी लाल गुप्त इस टिप्पणी से असहमत हैं। अकबर दरबार का वैशिष्ट्य एलिजाबेथ के शासन से तुलना करने योग्य क्यों समझा गया है? 1858 में रानी विक्टोरिया रानी की जयजयकार हो रही थी। भारतेन्दु और उनकी मंडली के लेखक ब्रिटिश राज पर सीधे हमला बोल रहे थे। आम लोगों में राज की लुटेरी छवि के बदले कुछ सरकार की अच्छी छवि देनी थी। अच्छी सरकार के जयघोष करनेवाले एलिजाबेथ दरबार की ओर देखते हैं। उसकी विशिष्टता की कंठी बनाते ही जिसे सभी भारतीय पहनकर गौरवान्वित होते। मुगल-दरबार अध्याय में कवियों का विवरण आया है, वीरबल, मानसिंह, रहीम, अबुल फ़ैज, रामदास नरहरि सहाय, हरिनाथ कवि, करनेस कवि बन्दीजन, लक्ष्मी नारायण, गंगा प्रसाद, जैत कवि, लक्ष्मी-नारायण आदि। इनके ब्योरे में एक बात कॉमन है, अकबर की दानशीलता। राजा ने कई कवियों को ज़मीन और दूसरी सुविधाएँ देकर बसाया। इस ब्योरे में बाराबंकी (उत्तर प्रदेश) जिला के गाँव होलपुर के होल राय कवि की चर्चा (1583 ई.) हुई है। अकबर ने उन्हें वहाँ ज़मीन दी। आगे चलकर वहाँ होलपुर गाँव बस गया। एक बार तुलसीदास उस गाँव से गुजरे। उन्होंने होल राय को पीतल का लोटा दिया। होल राय जी उसे देवता सहित प्रतिष्ठित किये और उसकी पूजा करने लगे।

ग्रियर्सन को इस कथा से तुलसीदास की लोकप्रियता का भान हुआ होगा। उनके समय तक तुलसीदास के लोटे की पूजा भी होती थी। महाकवि हिन्दी प्रदेश के ग्राम अंचलों का खूब भ्रमण किये होंगे। ग्रिसर्यन साहब के समक्ष एक मानक ज़रूर रहा

होगा ऐसा कवि और विचारक घर बैठे रामायण नहीं लिख गया होता। इसलिए तुलसी की लोकप्रियता पुस्तकीय नहीं थी। आगे के विद्वानों में तुलसीदास पर गम्भीर चिन्तन होने लगा। इसका श्रेय ग्रियर्सन को ही जाता है। छठे अध्याय में उन्होंने लिखा है कि पंडित लोग वेद और उपनिषद् की बातें कर सकते हैं और कुछ उनका अध्ययन भी कर सकते हैं। कुछ कह सकते हैं कि उनका विश्वास पुराणों के साथ संलग्न है। किन्तु, हिन्दुस्तान की अधिकांश जनता के लिए चाहे वह विद्वान् हो अथवा अविद्वान, चरित्र का एकमात्र प्रतिमान तुलसीकृत रामायण है। ग्रियर्सन के इस विचार से पूरी सहमति होगी। उनकी किताब (मॉडर्न वर्नाक्यूलर लिट्रेचर ऑफ हिन्दुस्तान) भारतेन्दु की मृत्यु के तीन साल बाद (1889 ई.) आई। तब हिन्दी साहित्य में तुलसीदास रामायण वाचक कवि ही रह गये थे। बाद के दौर में भी बिहारी और देव की कविताओं के कायल आलोचकों की जमात पैदा हो गई। ग्रियर्सन के तुलसीदास सम्बन्धी विचारों से असहमति रही है बल्कि उनके विचारों में निहित नियत पर विचार होना चाहिए। परन्तु तुलसी साहित्य की खोज और उसके विषयवार निरूपण करने का प्रथम श्रेय ग्रियर्सन को ही जाता है। इस महत्त्व की अपनी जगह है। शुक्ल जी के तुलसी साहित्य चिन्तन के भी पीछे ग्रियर्सन की पृष्ठभूमि रही है।

डब्ल्यू.एच. मोरलैंड (अकबर की मृत्यु के समय का भारत) "उपभोक्ता वर्ग" शीर्षक अध्याय में दो निष्कर्षों पर आते हैं। एक, अकबर के शासन काल में आधुनिक तकनीक से दूर रहने और दूसरा मध्य वर्ग के बुद्धिजीवियों को शासन के ऊँचे पदों में शामिल न करने की प्रवृत्ति। उस समय तक पत्रकारिता पर शासन की नज़र नहीं थी। उसी समय जेसुइटों ने मुद्रण कला की शुरुआत की थी। इसका प्रसार दक्षिण भारत तक ही था। मोरलैंड की दृष्टि में अकबर के शासन में नयी तकनीक को अपनाने की सलाहियत नहीं थी। आइने-ए-अकबरी (अबुल फज़ल) का सन्दर्भ है कि कवि और चिकित्सक दोनों की सेवाओं के उपयोग का क्षेत्र बहुत छोटा था। आगे मोरलैंड अकबर के गुणों की चर्चा करते हुए उनके दरबार में लोकप्रिय हो चुके कवियों के स्थान मिल जाने का उल्लेख करते हैं। अभिप्राय है कि अकबर अपनी निजी रुचि के कारण कवियों और कलाकारों को दरबार में महत्त्व देते थे लेकिन साहित्य, कला और संस्कृति को लेकर उनके शासन की कोई नीति नहीं थी। कवियों को अनुदान में ज़मीन दी जाती। ग्रियर्सन की किताब (मॉडर्न वर्नाक्यूलर लिट्रेचर ऑफ हिन्दुस्तान) में भी अनुदान प्राप्त अनेक कवियों की सूची मिलती है।

प्रायः यह माना जाता है कि अकबर की अर्थ-व्यवस्था में व्यक्तिगत सेवाओं पर खर्च का अच्छा अनुपात था। आइने-ए-अकबरी में शाही गृहस्थी के पहले हिस्से (जनाना) का उल्लेख हुआ है जिसमें पाँच हजार से अधिक स्त्रियाँ थी। इनकी सेवा में नौकर-चाकर लगे रहते थे, स्त्री पहरेदार, हिजड़े, राजपूत और दरबान इनकी चौकसी करते थे। इसके बाद का हिस्सा शाही शिविर का था। कवियों और कलाकारों को

मिलने वाले अनुदान को भी व्यक्तिगत में रखा जा सकता है। इसी सन्दर्भ में मोरलैंड का निष्कर्ष है कि जनशक्ति के एक बहुत बड़े हिस्से को उपयोगी काम-धंधों से विमुख कर अनुत्पादक व्यय में लगा दिया गया। मोरलैंड के बहुत पहले ग्रियर्सन की किताब आयी थी। ग्रियर्सन की भी सूचना (मुगल दरबार) है कि कवियों के दान देने की प्रवृत्ति कई छोटे-बड़े राजाओं की थी। प्रसिद्ध कवि नरहरि के पुत्र अकबर के दरबारी कवि थे। वह एक दरबार से दूसरे दरबार में जाया करते थे। रीवाँ के बघेल राजा रामचन्द्र ने उन्हें एक दोहा के लिए एक लाख रुपया दिया और आमेर नरेश मानसिंह ने उन्हें दो दोहे के लिए दो लाख रुपये दिये। नरहरि के पुत्र दरबार से लौट रहे थे। किसी भिखारी ने उन्हें एक दोहा सुनाया। वे इतने प्रसन्न हुए कि उन्होंने राजदरबार से मिली राशि उस भिखारी को दे दी।

ग्रियर्सन की किताब (मॉडर्न वर्नाक्यूलर लिट्रेचर ऑफ हिन्दुस्तान) में दान-पुण्य के विवरण आये हैं। किताब में एक अध्याय ''कम्पनी के शासन में हिन्दुस्तान'' शीर्षक से है। ग्रियर्सन उस समय के समाज में प्रगति की चर्चा करते हुए लिखते हैं कि कम्पनी के शासन के हिन्दुस्तान का समय ''पुनर्जाग्रति" का था। इसका सूत्रपात मुद्रण यन्त्रों के प्रसार से हुआ। विद्वान् लेखक के अनुसार उस समय के साहित्य के तीन प्रमुख केन्द्र थे—बुन्देलखण्ड, बनारस और अवध। ग्रियर्सन साहब के नक़्श-ए-कदम की छाप आगे भी मिलती है। रेवरेंड ग्रीफ्स (ए स्केच ऑफ हिन्दी लिट्रेचर/1928) भी हिन्दी साहित्य को पाँच कालों में बाँटते हैं—आरम्भिक काल (800-1400 ई.), रचनात्मक काल (1400-1500 ई.), विस्तार काल (1580-1700 ई.), स्थिरकाल (1700-1800 ई.) और पुनर्जागरण और परिवर्तन काल (1800 ई. से जारी)। उनके सोच में यह बात निहित थी कि कम्पनी के शासन में हुई प्रगति के नये आयाम विक्टोरिया रानी के हिन्दुस्तान में पल्लवित-पुष्पित हुए। ग्रियर्सन भी मानते हैं कि दोनों के शासन में इस देश की पूरी तरक्की हुई है। इस निष्कर्ष तक पहुँचने के पीछे एक कारण ब्रिटिश राज के प्रति असन्तोष को झुठलाना था। जो असन्तोष हुए, विद्रोह हुए, उनके अन्य कारण हो सकते हैं, साम्प्रदायिक, जातिगत, क्षेत्रीय इत्यादि। सामने 1857 का संग्राम था जिसे ब्रिटिश राज के इतिहासकार मुस्लिमों का षड्यन्त्र कहते थे। ग्रियर्सन तुलसीदास को किस रूप में देखते हैं, उनको कैसा तुलसीदास चाहिए? ये प्रश्न अनुत्तरित नहीं हैं। वे पहले विद्वान् हैं जो तुलसी के भक्ति पक्ष का महत्त्व बताते हैं, परन्तु उनके तुलसी विषयक लेखों और पुस्तकों को ही आधार नहीं मानना चाहिए। पहले लेख के लगभग आठ वर्षों तक उन्होंने तुलसीदास के साहित्य पर कुछ नहीं लिखे। उसी अवधि में उनकी "मॉडर्न वर्नाक्यूलर लिट्रेचर'' वाली किताब (1889) आयी। लिक्खार लेखकों की कृतियों को कालक्रमानुसार भी देखना चाहिए। इससे उनकी सोच और उनकी रचना-प्रक्रिया का पता चलता है। ग्रियर्सन 1800 के बाद के भारत को विकास का भारत मानने और आम जन तक उसे बताने का मन बना

चुके थे। संयोग ही था कि 1885 के कांग्रेस के प्रथम अधिवेशन से सरकार के प्रति सहयोगी रुख से कई अंग्रेज विद्वानों को प्रोत्साहन ही मिला होगा। जो कुछ वे कर रहे थे, राज को उनसे एतराज नहीं था।

1890 के बाद तुलसीदास पर उनके कई निबन्ध छपे। जैसे, 1893 की इंडियन ऐंटीक्वेरी (बम्बई) में उनका लेख "नोट्स ऑन तुलसीदास'' छपा। 1898 के रॉयल एशियाटिक सोसाइटी के जर्नल (बम्बई/कलकत्ता) में "नोट ऑन डि डेट ऑफ दिकवित्त रामायण-बाई तुलसीदास'' छपा। उसी वर्ष उसी जर्नल में उनका दूसरा लेख "दि फर्दर नोट ऑन तुलसीदास एंड दि प्लेग इन बनारस'' छपा। पुनः 1903 में रॉयल एशियाटिक सोसायटी के ही जर्नल में उनका लेख "तुलसीदास पोएट एंड रीलिजियस रिफॉर्मर'' आया। तुलसी-साहित्य पर वे लगातार सोचते और लिखते रहे थे। पहले हिन्दुस्तान में ब्रिटिश राज की ज़रूरत को साबित करने का मन बनाया, फिर तुलसी-साहित्य की ओर मुड़े। विशेष बात यह ज़रूर है कि उन्होंने तुलसी के साहित्य की खोज की। उन्होंने अपने प्रिय कवि को जन श्रुतियों और किंवदन्तियों में खोजा। नोट्स ऑन तुलसीदास में किंवदन्तियों और अनुश्रुतियों वाले अध्याय में तुलसी की जीवनी के कई पक्ष आये हैं। बीच-बीच में ब्रिटिश के पहले के भारत की बीमारी भी बताते गये हैं। उदाहरण तुलसीदास में ही है। ग्रियर्सन की सूचना है कि ब्रिटिश राज्य से पूर्व के समाज में खास समय में जन्म लेने वाले बच्चे ''अभुक्त मूल नक्षत्र" वाले कहे जाते थे। ऐसा बच्चा अशुभ होता था। उनके पिता की मृत्यु तो निश्चित ही थी। इस कारण माता-पिता उसका परित्याग कर देते थे। पुराणों में रावण के पुत्र नारान्तक के अभुक्तमूल में जन्म होने और उसी प्रकार उसके परित्यक्त होने की कथा वर्णित है। तुलसीदास का जन्म भी इसी नक्षत्र में हुआ। इसलिए वे माता-पिता के द्वारा परित्यक्त हुए। "विनय-पत्रिका'' की पंक्ति साक्ष्य है, "जननी जनक तज्यों जन्नमि, करम बिनु बिधिहुँ सृज्यो अवडेरे'', (मेरे माता-पिता) ने मुझे जन्म देकर मेरा त्याग कर दिया तथा स्वयं विधाता ने मुझे भाग्यविहीन बनाया और त्याग दिया। निःसन्देह तुलसीदास मध्यकालीन समाज की कुरीति के शिकार हुए। ग्रियर्सन द्वारा संदर्भित उदाहरण कल्पित नहीं है। इसका स्थापन जिस तरीके से हुआ है, उसके मध्यकालीन भारतीय समाज के घोर अन्धकार का पक्ष ही सामने आता है। उसे मुखर भी करना है यह नहीं लिखा ग्रियर्सन ने। ब्रिटिश राज के आने के बाद इस घोर और अनीति वाली सामाजिक कुप्रथा में कोई बदलाव आया? या यह पहले की तरह ही रहा? ग्रियर्सन इतिहासकार नहीं थे। तथ्यों के चयन और उसकी सजावट के कुशल शिल्पी एक निष्कर्ष तक पहुँचते, वह विवादपूर्ण क्यों न हो, रचनाओं के तल-अतल तक जाना ही पड़ेगा। यह काम ग्रियर्सन ने भी किया, रचनाओं को खोजने का काम। एक तरह और एक दृष्टि से समझने और परखने का भी काम किया।

तुलसीदास के अशुभ नक्षत्र में पैदा होने और परित्याग करने की कथा से मध्यकाल के भारत का एक काला अध्याय सामने आता है। ग्रियर्सन क्या किसी भी विद्वान् के लिए यह घटना अपच के योग्य है। ध्यान यह भी रहे कि मध्यकाल से लेकर ब्रिटिश राज और आज तक के भारत में हजारों व्यक्तियों के नाम तुलसी से शुरू होते है, और उनके प्रिय 'राम' से अन्त होते है। मेरे एक मित्र हैं, तुलसी राम जी, अभी के दौर के बड़े बुद्धिजीवी हैं। कहना ये कि तुलसी को उनके माँ-बाप ने भले त्याग दिया, समाज ने उनका त्याग नहीं किया। समाज ने उनके नायक को गले लगाया। भारतीय समाज का यह प्रगतिशील पक्ष अनदेखा क्यों रह जाता है।

बनारस की चर्चा करने के क्रम में ग्रियर्सन ने लिखा है कि बंगाल के विपरीत हिन्दुस्तान (हिन्दीभाषी प्रदेश) के पास आदर्श की वह प्रतिभा (गोस्वामी तुलसीदास) थी, जहाँ वे पीछे मुड़कर जा सकते थे। बुन्देलखंड के बारे में उनकी धारणा भिन्न है। वहाँ के साहित्यकार अठारहवीं शती का अनुकरण करने वाले थे। 19वीं शती में बुन्देलखंड उन अर्ध-स्वतन्त्र राजाओं का प्रदेश बना रहा जो परस्पर युद्धरत थे और "जिनके यहाँ मुद्रण ग्रन्थों का विशेष प्रचार नहीं हुआ था।"

बुन्देलखंड 1857 का केन्द्र था। फिर भी, इसकी उपेक्षा। बनारस की भी चर्चा, लेकिन 1857 से अलग। बिहार और अवध दोनों 1857 के केन्द्र थे। अवध में तुलसीदास हुए, इसलिए इसकी चर्चा है। बिहार का उल्लेख नहीं, क्योंकि यह राज्य हिन्दी प्रदेश का हिस्सा नहीं था। बिहार की उपेक्षा करने का कारण 1857 का विद्रोह था। उनकी किताब ''नोट्स ऑन डिस्ट्रिक्ट ऑफ गया'' (1893) में 1857 पर छोटा नोट है। ग्रियर्सन की नियुक्ति गया में भी हुई थी। पटना के कमिश्नर टेलर ने अपने अधीनस्थ अधिकारियों ने अपने ठिकाने को पटना के निकट स्थापित करने के आदेश दिये थे। गया के इस नोट में इसका पूरा विवरण है। बहुत मुश्किल से मुझे यह किताब बंगाल एशियाटिक सोसायटी (कलकत्ता) में मिली। वहाँ की अधिकारी मदाम गायत्री घोष की कृपा थी। किताब जर्जर हाल में थी। मैं उन दिनों 'वसुधा' के 1857 विशेषांक की तैयारी कर रहा था। मैंने इसकी फोटो प्रति कवि अशोक पांडेय जी (ग्वालियर) को भेजी। उन्हीं का किया हिन्दी अनुवाद "गया में बलवा" शीर्षक से वसुधा (अंक 76) में छपा है। इस लेख का अन्त इन पंक्तियों से होता है, "वर्तमान लेखक ने ऐसा बहुत कुछ देखा है, जिससे वह कह सकता है कि वे भविष्य में किसी ऐसे स्थानीय इतिहासकार को बेशकीमती जानकारियाँ उपलब्ध करायेंगे, जिसके पास ढेर सारा खाली समय हो।" सन्दर्भ है कि विद्रोहियों ने सार्वजनिक रिकॉर्ड कक्ष को जला दिया था। एकमात्र शासकीय अभिलेख नवादा सबडिवीजन में बचे थे जिसे कर्मचारियों ने एक गुफा में छिपा दिया था। ग्रियर्सन साहब को वे दस्तावेज हाथ लगे जो उनके समय तक बिल्कुल बेतरतीब थे। अब विद्वान् हाकिम को ऐसा कोई आदमी मिले जिनका मन मुताबिक उपयोग किया जा

सके। नया इतिहास इस आशय का तैयार करवाया जा सके कि विद्रोहियों ने विद्या की सारी चीजों को जला कर अपनी विवेकहीनता का परिचय दिया है। इसलिए बिहार में साहित्य कहाँ?

बनारस में मुद्रण का प्रसार हुआ। विद्वान् भाषाविद् के शब्दों (कम्पनी के शासन में हिन्दुस्तान) में "और विशाल अंग्रेज़ी राज्य के साथ-साथ मुद्रित ग्रंथों का भी प्रवेश हुआ।" इसलिए ''पुनर्जाग्रति'' युग आया। ध्यान रहे कि गोवा के बाद मुद्रण यन्त्र सीरामपुर (पश्चिम बंगाल) में लगा जो कोलकाता से कुछ किलोमीटर की दूरी पर निपट गाँव था। कोलकाता बंगाल प्रेसिडेंसी का मुख्यालय था। इसके बावजूद सीरामपुर सांस्कृतिक जागरण का केन्द्र नहीं बना। अवध से उन्हें डर भी था। यहाँ के अधिकांश शहर विद्रोह के केन्द्र थे। अवध के साहित्य का ''ज़िक्र'' (काव्य संग्रह-विद्योन्मोद तरंगिणी) हुआ है। बिहार को उन्हें बिहारी भाषाओं का क्षेत्र बनाना था। "विक्टोरिया के शासन में हिन्दुस्तान (1857-1887)'' में बिहार के मैथिली नाटकों की चर्चा हुई है। विद्यापति ठाकुर (1400 ई.) के दो नाटकों (पारिजात हरण और रुक्मिणी स्वयंवर) का उल्लेख आया है। इसके अलावा लाल झा और भानुनाथ झा के नाटकों का भी उल्लेख हुआ है। इनके नाटकों में संवाद संस्कृत या प्राकृत में है। केवल गीत मैथिली में है। इसलिए ग्रियर्सन ने स्वीकार कर लिया कि इनकी कृतियों की भाषा नाटक के अन्तर्गत नहीं आती हैं। भाषा से अभिप्राय हिन्दी का है। हिन्दी का मतलब है उत्तर प्रदेश। एक तरह से वे मैथिली के साहित्य को हिन्दी का साहित्य नहीं मानते हैं। यह कैसा अन्तर्विरोध? नीयत बहुत साफ है कि जब बिहार के लोग बंगाल प्रेसिडेंसी से अलग होने के लिए बेचैन हैं तो इन्हें हिन्दी प्रदेश से भी अलग समझा जाए।

"महारानी विक्टोरिया के शासन में हिन्दुस्तान" वाले अध्याय की स्थापना है कि (द मॉडर्न वर्नाक्यूलर लिट्रेचर ऑफ हिन्दुस्तान) महारानी का भारत आन्तरिक अशान्तियों से मुक्त ज्ञान प्रसार और ज्ञान-प्राप्ति के प्रोत्साहन का है क्योंकि इस युग में मुद्रण कला का पूरा-पूरा प्रसार हुआ है। हजारों पृष्ठ एक दिन में पाठकों के बीच आ जाते हैं। यह इस युग की बहुत बड़ी उपलब्धि है। मोरलैंड की किताब बाद में आयी है। दोनों विद्वान् ब्रिटिश राज की उपलब्धि की वन्दना करने में लगे हैं। मोरलैंड ग्रियर्सन की किताब का उल्लेख भी नहीं करते हैं। इतिहास के विद्वान् यह समझें कि साहित्य का सहित पूर्वानुमानों को बखूबी पहले समेटता है। अकबर के समय में मुद्रण कला (1600 ई./गोवा) आयी। अकबर की मृत्यु 1605 में हो हुई। महज चार वर्षों में अकबर का शासन मुद्रण कला को कितना परवान चढ़ा पाता। यह विदित है कि उन्हीं के समय में टामस रो और कई विदेशी राजदूत भारत आये। राजा से उनका सीधा सम्पर्क हुआ, अच्छे सम्बन्ध बने। कई गिरिजाघरों का निर्माण अकबर के समय में ही हुआ। नयी तकनीक से परहेज नहीं था। धातु की खुदाई

(माइनिंग) का काम अकबर के समय में ही शुरू हुआ था। उस काल की एक बड़ी विशेषता खेती का विकास हैं। तुलसीदास के रामचरितमानस का किष्किंधा कांड खेती का महत्त्व बताता है। जहाँ खेती सम्पन्न होगी, वहाँ उद्योग और नयी तकनीक भी आयेगी, ''ससि सम्पन्न सोह महि कैसी।'' (अन्न से युक्त लहलहाती हुई खेती यानी पृथ्वी कैसी शोभित हो रही है, जैसे उपकारी पुरुष की सम्पत्ति) भारत में खेती उद्योग के आने से विनष्ट नहीं होगी जैसा कि ब्रिटिश भारत में हो रहा था। पशु-पक्षियों समेत बादल और वर्षा की व्यापक चर्चा है।

ग्रियर्सन की दृष्टि में रामचरितमानस का श्रेष्ठ अंश किष्किंधा कांड का वर्षा वर्णन है। इसलिए मानस पर विचार करते समय वे किताब (तुलसीदासः व्यक्ति और रचना सन्दर्भ) में वर्षा ऋतु का पूरा अंश देते हैं। उनके अनुसार "यहाँ तुलसीदास ने सन्तुलित और विरोधात्मक वाक्यों की शृंखला प्रस्तुत की है। हर पंक्ति में एक तथ्य का कथन और एक उपमा है उपमान प्रायः धार्मिक हैं। (पृ. 110-111)। मानस का यह एक ऐसा अंश है जहाँ द्वन्द्व और दुविधा से घिरे राम को आगे कोई रास्ता नहीं सूझ रहा है। सीता की कोई खोज-खबर नहीं। सुग्रीव वानरों को बुलाते हैं, उन्हें सब दिशाओं में भेजते हैं। हनुमान की भूमिका बहुत रचनात्मक और तन-मन से सहयोग करने की है। वानरों को प्यास लगी है। वे उन्हें सरोवर के पास ले जाते हैं। तब भी हनुमान को इस सेवा का गर्व नहीं है। वे प्रभु राम को नहीं पहचानने को लेकर दुखी हैं, "जदपि नाथ बहु अवगुन मोरे," यद्यपि मुझ में बहुत से अवुगुण हैं तथापि सेवक स्वामी की विस्मृति में न पड़ें यानि आप उसे भूल नहीं जाएँ, क्योंकि जीव आप की माया से मोहित है। वह आपकी कृपा का विस्तार है। तुलसी के कथा कहने की शैली है, एक तथ्य के बाद ईश्वर का स्मरण। यह कथावाचक की विवशता है। मुख्य बात है, स्व और अहंकार से कोसों दूर हनुमान का व्यक्तित्व। धर्म और सम्प्रदाय को जीवन का लक्ष्य मानने वाले हनुमान को इस रूप में नहीं देखते। धर्म के पंडितों ने उन्हें जिस रूप में देखा है, उससे समाज सम्प्रदायों में बँट सकता है और बँटा भी है।

ग्रियर्सन वर्षा वर्णन के पहले के प्रसंग का उल्लेख नहीं करते। राम की दुविधा उन्हें छू नहीं पाती है। उनके संशय की तिल-मात्र अनुभूति नहीं। यह तो तुलसीदास हैं जो ऐसे समय में राम के अशांत चित्त में वर्षा-वर्णन कर उम्मीद का पौधा लगा देते है। बादल के बीच बिजली स्थिर नहीं रहती जैसे खल (राक्षस) की प्रीति। हनुमान सेवक हैं। इसलिए प्रभु से एक दूरी भी है। महाकवि के लिए क्या है। वह तो कहीं भी जा सकता है। यहाँ राम के आगे अन्धकार है, पीछे का पता नहीं। आलोक की हल्की-सी अनुभूति वर्षा वर्णन है। खल के वचन को संत के सहने के लिए बूँद और पर्वत की उपमा, ''बूँद अघात सहहिं गिरि कैसे'' में विरोध कहाँ? उपमा देने की वस्तु उपमान है और उपमा देने के योग्य उपमेय है। ग्रिर्यन उपमानों

को धार्मिक मानते हैं। इस वर्षा-वर्णन में धर्म की व्याख्या नहीं है। उपकार-अपकार, संत-असंत, साधु-असाधुता को प्रकृति के चक्र में देखने वाली दृष्टि को धार्मिक मानने का अभिप्राय समझ से परे है। तुलसी बालकांड में "साधु-चरित सुभचरित कपासु" लिखते है। कपास से साधु की तुलना, इस उपमान को धार्मिक कैसे कहूँ? केवल तुलसीदास ही नहीं उस समय के अधिकांश कवियों के उपमेय-उपमान प्रकृति से लिए गये हैं, ''वृक्ष कबहुँ न फल भरवै, नदी न संचै नीर'', ऐसी अनेक उपमाएँ हैं जिन्हें किसी धर्म का जामा पहनाने की चतुराई पूर्वाग्रही है।

यह सच है कि ग्रियर्सन के बाद ही तुलसी की ओर विद्वान् आकृष्ट हुए। ग्रियर्सन पहले विद्वान् थे जो सगुण भक्ति की ओर आये, तुलसी का महत्त्व समझे! किस अर्थ में? यह मायने रखता है। ग्रियर्सन ईसाई थे जहाँ सगुण के लिए कोई स्थान नहीं है। उनके पहले की परम्परा में भी ईसाई विद्वान् निर्गुण की ओर आकृष्ट हुए थे। डॉ. दिनेश्वर प्रसाद ने मुझे बताया कि बेतिया (1840 ई./बिहार) के ईसाई पादरियों ने वहाँ पहले से मौजूद कबीर मठ को देखा तो उन्हें अचरज हुआ। वे अपने धर्म से उनका सामजंस्य खोजने लगे। कबीर के साहित्य में ईश्वर के स्वरूप से वे बहुत प्रभावित हुए। उनके बाद भी ईसाई पादरियों के कबीर-साहित्य-अध्ययन की परम्परा मिलती है। ग्रियर्सन के सामने हिन्दी के भक्ति साहित्य का अध्ययन इस रूप में भी रहा होगा। तब भी ग्रियर्सन ने कबीर की ओर नहीं देखा। वर्षा-वर्णन में किसानों की दिनचर्या है, "कृषि निरावहिं चतुर किसाना" (चतुर किसान खेतों को निरा रहे हैं)। इस वर्णन की विशेषता है कि तुलसी अपने हर मंतव्य को प्रकृति की बारीकी में देखते है। वृक्षों के नये पत्ते आ गये, जैसे साधक के सात्त्विक चित्त में विवेक प्रस्फुठित हो रहा है। इसमें कई पेड़-पक्षियों का उल्लेख है, अर्क, जवास, अगस्त्य, चक्रवाक आदि। "नोट्स ऑन तुलसीदास" में वर्षा-वर्णन का यह पक्ष प्रमुखता लिए नहीं आया है। किताब में इसका अर्थ आया है। इस पर विचार करते हुए कोई कारण नहीं कि कोई विद्वान् इसे महज एक धर्म का प्रतिमान-उपमान समझे। असल में अंग्रेज़ी साहित्य में नीतिपरक दोहे बाइबिल में मिलते हैं। हिन्दू धर्म के किसी ग्रन्थ को बाइबिल और कुरानशरीफ के रूप में नहीं देख सकते हैं। यानि यहाँ संघ बद्धता नहीं है। इसलिए भक्ति काल के कवि अपनी बात किसी धार्मिक ग्रन्थ में नहीं कहते या उससे जोड़ कर नहीं कहते हैं। मानस को हिन्दुओं का धार्मिक ग्रन्थ मान भी लिया जाए तो कबीर ने कौन-सा धार्मिक ग्रन्थ लिखा? अमीर खुसरो ने इस्लाम की किताब नहीं लिखी। सच है कि ग्रियर्सन तुलसी के मानस को अपने धार्मिक मूल्यों से देख रहे थे।

तुलसीदास सघन यायावरी थे। इसलिए उनके यहाँ दैनिक जीवन की उपमाएँ मिलती हैं। वे लोक में प्रचलित उक्तियों और विश्वासों को महत्त्व देते हैं। उपमा देकर अपनी बात को पुष्ट करने वाली शैली लोक विश्वासों से आयी है। लोक से

विशिष्ट साहित्य की रचना में निजी जीवन का प्रभाव होता है। ग्रियर्सन लोक साहित्य के अध्येता थे। तुलसी के साहित्य के सन्दर्भ में इस पक्ष की ओर उनका ध्यान गया होगा। तुलसी को लोक तक पहुँचना था और यह बात केवल उन्हीं पर लागू नहीं होती है। एक समय के अधिकांश भक्त कवियों पर होती है। इसलिए यह प्रश्न है, ग्रियर्सन ने तुलसी पर ही क्यों लिखा, रहीम और कबीर पर क्यों नहीं? उस समय और बाद तक हिन्दी के विद्वानों के बीच कबीर, रहीम और मीरा बहुत लोकप्रिय नहीं थे। इसका एक उत्तर यह हो सकता है कि तुलसी उत्तर भारत के सांस्कृतिक नायक थे। ग्रियर्सन का समस्त साहित्य पूरे उत्तर भारत को एक करने की दिशा में कहाँ खड़ा होता है? तब ग्रियर्सन पश्चिमी हिन्दी को आदर्श नहीं मानते, भोजपुरी को उत्तर प्रदेश की बोली नहीं मानते, हिन्दी की बोलियों के रूप में जनजातियों की बोलियों (द्रविड़ और आस्ट्रिक परिवार) को भी लेते। तुलसी के समय में कई प्रकार के धार्मिक और सम्प्रदायगत परस्पर विरोधी विचारधाराएँ मौजूद थीं। तुलसी इन सब के बीच सांस्कृतिक एकता को देख रहे थे। तुलसी-साहित्य में एक पति-पत्नी का महत्त्व प्रतिपादित हुआ है। वह इस हद तक है कि शिव जी की विकराल बारात (पार्वतीमंगल) को भी पार्वती से सहमति मिल जाती है। वह शिव से विवाह करने को लेकर विचलित नहीं होती है। ग्रियर्सन इसे ''आर्यों की भव्य प्रकृति उपासना और भारत के आदिवासियों की गर्हित असुर पूजा की समन्वय गाथा'' (तुलसीदास व्यक्ति और रचना सन्दर्भ/56) मानते हैं। आदिवासी समाज में प्रकृति उपासना का भारी महत्त्व रहा है। शिव जी की बारात में कई देवता शामिल थे। बारात की शोभा थी, नर-कपाल में जल भर-भर कर पीते-पिलाते बाराती। विष्णु इस विचित्र समाज को देखकर कर हँसते हैं। एक तरफ पार्वती मंगल रचना है तो दूसरी तरफ जानकी मंगल है। यहाँ गाधि पुत्र (विश्वामित्र) राम को लेकर नगर का अवलोकन करने चले। जानकी उनकी प्रिय है। इस छोटी-सी रचना में राम की यात्रा, शिव-धनुष भंग तथा सीताराम के विवाह का वर्णन है। इस रचना को लेकर ग्रियर्सन की कोई टिप्पणी नहीं है। पार्वतीमंगल रचना पतिव्रता स्त्री का महत्त्व बताती है। तुलसी कृषि समाज का भविष्य देख रहे थे। वे रामचरितमानस में भी एक पति-पत्नी पर जोर देते हैं। वे दशरथ की तीन रानियों का स्तुतिगान राम के कारण करते हैं। यह उनकी सीमा भी है। राम के प्रति भक्ति ऐसी है कि उनके विवाह के पहले उन्हें राजा जनक की पुष्पवाटिका मनोहारी लगती है, क्यों कि वहाँ राम पहुँचे हुए हैं। कई स्थलों पर मानस में भक्ति का अतिरेक मिलता है। पढ़ना कष्टकारी महसूस होता है। तुलसी राजा दशरथ के लिए खड़े नहीं हैं। इसके पीछे एक कारण बहुविवाह भी है। राजतन्त्र के कृषि समाज में बहु विवाह विलासिता का ही पर्याय होता था। इससे राज्य का अनुत्पादक व्यय बढ़ता है। किसानों पर बोझ बढ़ता है। सामाजिक मूल्यों का पतन होता है।

तुलसीदास के यहाँ दशरथ राजा के रूप में आये हैं। कई स्थलों पर उनके लिए राजा, नृप शब्द प्रयुक्त हुए हैं। वन गमन के समय राम एक बार फिर सीता को सास-ससुर की सेवा का अर्थ समझाते हैं। वहाँ तुलसी दृढ़ता से सीता के पक्ष में खड़े हैं। तुलसी (अयोध्याकांड) कह रहे हैं कि शीतल, हितकारी, मधुर और कोमल सीख सीता जी को अच्छी नहीं लगी। वे व्याकुल हो उठीं। दशरथ के विलाप की चर्चा दूसरे लोग करते हैं। तुलसी के कहने की जो शैली है, उसकी एक बानगी यहाँ भी है। मीठे, शीतल वचन हैं, लेकिन सीता के लिए अप्रिय। तुलसी राजतन्त्र की विलासिता देख रहे थे। राजतन्त्र पर सीधे-सीधे प्रहार न करना जैसा कि कबीर में मिलता है, तुलसी की सीमा है। इस सीमा के रक्षार्थ वे कभी ईश्वर का नमन करने लगते हैं तो कभी विधि का विधान बताने लगते हैं। वे इस सीमा से मुक्त नहीं हैं। कई विद्वान उसे ही उपलब्धि मान लेते हैं। ग्रियर्सन जिस रूप (भक्ति और अध्यात्म) में तुलसी को देख रहे थे, आगे चलकर राज-दरबारों में उनका यही रूप स्वीकृत हो गया।

अकबर के समय और उसके बाद में अतिरिक्त खर्च का अनुपात उत्पादक व्यय के बराबर होने से कृषेतर उत्पादनों पर इसका भारी असर पड़ता। इस हद तक कि राज्य की पूरी व्यवस्था चरमरा चुकी होती और उसी समय में भारत में अंग्रेज़ी राज का खूँटा मजबूत हो चुका होता। मोरलैंड इस दृष्टि से विचार नहीं करते हैं। अबुल फज़ल (आईने-ए-अकबरी) उत्पादक और अनुत्पादक दोनों का विस्तार में उल्लेख करते हैं। जिनके समय (1551) में विचारों की उदारता नहीं थी या कम थी, फिर भी अबुल फज़ल ईमानदारी से नहीं चूके। वे सुकवि भी थे। ''आईने-ए-अकबरी'' के अंग्रेजी अनुवादक एच. ब्लाकमान के अनुसार (भूमिका) कश्मीर के एक मन्दिर में उनकी रचना मिलती है। इस रचना में उनका धार्मिक विश्वास मुखर हुआ है जो इस्लाम के भी करीब है और ईसाई और हिन्दू धर्म के भी। फजल कहते हैं कि वह कौन है जिसे मैं मन्दिर-मन्दिर खोजता हूँ। कभी मैं चर्च के करीब जाता हूँ तो कभी मस्जिद के। ईश्वर के होने न होने का जिक्र नहीं है। अबुल फज़ल को मन्दिर, मस्जिद और गिरिजाघर का बनना और वह भी खुदा के लिए नागवार लगा। फज़ल अकबर-राज के मंत्री थे। बहुत कुछ बढ़ा-चढ़ाकर लिखते। यहाँ तक कि अनुत्पादक व्यय का उल्लेख भी नहीं करते। उस समय में लगभग पन्द्रह धातुओं की खुदाई, उसके आयात-निर्यात पर इतना जोर नहीं होता (आईने-ए-अकबरी/ पृ. 36-45)। आईने के पहले खंड (पृ. 43) में अबु नासिर (सिजिस्तान) की चार पंक्तियों की एक रुबाई दर्ज है जिसमें धातुओं के स्पेस्फिक घनत्व और मापों की चर्चा है। उल्लेख है कि शेरशाह के समय (पृ. 32) चाँदी का सिक्का आया था और अकबर के समय में केन्द्रीय सत्ता, बंगाल, अहमदाबाद और काबुल में सोने के सिक्के प्रचलित थे। 28 जगहों में ताँबे के सिक्के प्रचलित थे। मूल धातुओं के मिश्रण से नये धातु (पीतल, काँसा) बनाये जाते थे। अकबर के समय के प्रसिद्ध

कवि शेख अब्दुल फैयाजी (सुपुत्र/अबुल फजल) की कुछ कविताएँ आईन के पहले भाग (पृ. 620) में संकलित है। एक कविता का अर्थ है, विज्ञान सड़क स्थित बालू में मौजूद है। अपनी पूर्णता पाने के लिए साहित्य के क्षेत्रों की तुलना विश्व ज्ञान से की जा सकती है। अकबर और उसके बाद के समाज में तकनीकी प्रगति थी। विज्ञान के प्रति राज-सत्ता में एक किस्म की जागरूकता थी। अनुत्पादक व्यय के चरम उत्कर्ष पर होने की स्थिति में धातुओं की गलाई और उसकी खुदाई का काम नहीं होता, उसके आयात निर्यात नहीं होते।

तब भी यह चर्चा रही कि मुगल साम्राज्य में पूरी अर्थ व्यवस्था पुराने तौर-तरीके पर टिकी हुई थी यानी अनाज के बदले अनाज यह एक आधार था जिसके कारण उस समय विकास होना सम्भव नहीं था। उस पर से अनुत्पादक व्यय में सब मिला कर स्थिति इतनी विकट थी कि मुगल सत्ता अगर रह भी जाती तो भारत विज्ञान और तकनीक तथा विकास के दूसरे क्षेत्रों में पहले की तरह रहता। तरक्की को लेकर चिन्तित बौद्धिकों की कृतियों में प्राचीन और मध्य कालीन भारत का ब्योरा ही आता है। ग्रियर्सन के बाद आये इतिहासकारों की कृतियों में भारत के किसानों की चर्चा भी नहीं है। सभी कृतियों के बारे में प्रमाणतः नहीं कहा जा सकता है लेकिन लोकप्रिय और स्कूल-कॉलेजों के पाठ्यक्रम में चलने वाली किताबों में इसका अभाव देखा जा सकता है। विंसेंट स्मिथ (दि आक्सफोर्ड हिस्ट्री ऑफ ब्रिटिश इडिया) में प्राचीन से लेकर आधुनिक भारत (1911 तक) तक का इतिहास संकलित है। इसमें किसानों का ब्योरा कहीं नहीं है। ईस्ट इंडिया कम्पनी से लेकर विक्टोरिया रानी के हिन्दुस्तान के गवर्नर जनरलों के काम-काजों का विवरण है। अब इन ब्योरे में कहीं-कहीं किसान दिख जाए तो अपने भाग्य के कृतज्ञ हों पाठक। ग्रिर्यसन हिन्दी साहित्य के इतिहास को जितने कालों में बाँटते हैं, उनमें ईस्ट इंडिया कम्पनी, महारानी विक्टोरिया के शासन में हिन्दुस्तान प्रमुख हैं। केवल इतिहास पढ़ने-पढ़ाने वाले छात्र और प्राध्यापक स्मिथ की ही किताब पढ़कर समझ लेते हैं कि राज का खूँटा मजबूत होने के बाद ही बड़े-बड़े अंग्रेज विद्वान् अंग्रेज़ी सरकार की तरफ खड़े हुए। सच कहा जाए तो ग्रियर्सन ने वह आधार दिया था। भले स्मिथ इनका नाम उल्लेख केवल एक पृष्ठ (15) में और वह भी सन्दर्भ सूची में करते हैं। यह बात ज़रूर है और कुछ अर्थो में ग्रियर्सन ईमानदार भी हैं बल्कि ब्रिटिश राज के लिए भी इतिहास लिखते समय वे कुछ स्थलों पर तुलसी के मूल्यांकन में भी उनके लोक-वैशिष्ट्य वाले पक्ष को छुपाते नहीं हैं। अनाज के बदले अनाज वाली व्यवस्था का एक अर्थ भारतीय गाँवों की आवश्यकता को सीमित बताना है। भारतीय गाँवों की आत्म-निर्भरता इतनी थी कि आम जन उसी में उन्हीं आवश्यकताओं को पूरा करने में आजीवन लगे रहते थे। उसकी कल्पनाओं का संसार बहुत सीमित था। आवश्यकता के अनुसार पूर्ति और अतिरिक्त खर्च की उगाही किसानों के अतिरिक्त उत्पाद से होती थी। उस

समय की अर्थ व्यवस्था बिल्कुल पाक-साफ नहीं थी। अकबर के पहले और कहें कि राजनैतिक अस्थिरता के दौर के कबीर लिखते हैं, 'सन्तो ई मुरदन के गाँव'। तुलसीदास दोहावली के आखीर में राजा का कर्त्तव्य बताते हैं, ''सेवक कर पद नयन से मुख सो साहिब होइ'' (शासक मुख से शासक हो लेकिन हाथ, पैर, आँखों से लोकसेवा करे। तुलसी और उनके पहले के कवियों ने मनुष्य के लघु जीवन की उपमा तरह-तरह के वृक्षों से दी है। रहीम तो लिखते ही हैं कि ''वृक्ष कबहुँ न फल भरवै, नदी न संचय नीर''। तुलसीदास भी दोहावली के अन्त में मनुष्य को बरगद के पेड़ जैसा बनने और सोचने की नसीहत देते हैं, तुलसी भल बरतरु, निज मूलहि अनुकूल। बरगद का पेड़ अच्छा है, अपनी जड़ के अनुकूल बढ़ता है। आगे लिखते हैं कि वह सब को सुख देने वाला है, थोड़ा भी अभिमान नहीं है उसमें। मानस के बालकांड में है, साधु चरित सुभ चरितकपासु। निरस विसद गुनमय फल जासु। ये तमाम ब्योरे उस समय के समाज के मूल्यों को लेकर हैं। इससे अंग्रेज़ी राज की उपादेयता कहाँ सिद्ध होती है? आप एक हाथ को निकम्मा बतायें, निकाज कहें, इससे दूसरे हाथ का निकम्मापन साबित कहाँ होता है?

अंग्रेज़ी राज के चिंतकों का सारा ध्यान मुगल राज सत्ता की ओर था। उसी समय वे भारत आये भी थे। उनके खाते में मुगल सत्ता को अर्थहीन और उद्देश्यविहीन बताना उनका पहला दायित्व होता ही। मोरलैंड (एग्रेरियन सिस्टम ऑफ मोडर्न इंडिया) उस समय की अर्थ व्यवस्था में करों की उगाही और भुगतान संतुलन की प्रशंसा करते हैं जो किसानों के अतिरिक्त उत्पादन का एक बड़ा भाग था। आईन के पहले भाग के प्रारम्भ में (दि इम्पीरियल ट्रेजरीज़) कर-संग्रह की पूरी प्रक्रिया का विवरण है। कर उगाही के लिए केन्द्रीय सत्ता अधिकारियों (पेशकश, नजर, दरोगाज इत्यादि) को लिखित रसीद देती थी। अबुल फजल (पृ. 14) के अनुसार ईरान में केवल एक कोषाधिकारी बहाल होता था जबकि हिन्दुस्तान में इस व्यवस्था को दुरुस्त रखने के लिए कई अधिकारी बहाल होते थे। राजस्व का हिस्सा इतना ज्यादा और साम्राज्य में व्यापार इतना बहुधंधी और बहुकिस्मी (मल्टीफेरियस) होता था कि एक अधिकारी से काम चलाना बहुत मुश्किल था, इस पूरे काम के लिए बारह अधिकारी बहाल होते थे। दोनों अधिकारी अलग-अलग भुगतान और तीन अधिकारी बेशकीमती पत्थरों को ढोना इत्यादि के लिए बहाल किये जाते थे। इतिहासकार इरफ़ान हबीब (बैंकिंग सिस्टम इन मुगल इंडिया कंट्रीब्यूशन टू इंडियन इकानॉमिक हिस्ट्री) के अनुसार मुगल काल में विकसित बैंकिंग प्रणाली थी जो निश्चय ही रुपयों के व्यापक उपयोग और विस्तार को दर्शाता है। उन्होंने सही लिखा है कि किसानों से रुपयों के रूप में करों की उगाही उन्हें एक मैट्रिक प्रणाली या परिधि (ऑर्बिट ऑफ मनी इकानॉमी) में ले आती है।

ब्रिटिश राज के किसानों की दुर्दशा के जितने हवाले आये हैं, वे उनकी व्यवस्था

को मुगल साम्राज्य से बेहतर नहीं बताते हैं। किसानों की दशा उनसे छुपी नहीं थी और उन दिनों इलाकों के जिलाधीशों से हर माह की रिपोर्ट लेने का चलन था। वह चलन आज भी है। एक समाज वैज्ञानिक बी.एम. भाटिया (एग्रीकल्चरस कंडीशंस इन 1888/कंट्रीब्यूशन टू दि इंडियन इकानॉमिक हिस्ट्री) के लेख में यह द्रष्टव्य है कि शाहजहाँपुर, इलाहाबाद, बाँदा और अवध के इलाकों के जिलाधीशों की राय में भारत का एक बहुत बड़ा हिस्सा खाद्य सामग्री की अपर्याप्तता से जूझ रहा था। रायबरेली के उपायुक्त की राय में भारतीय किसानों और मेहनतकशों की हालत इतनी कमजोर थी कि इस तरह या किसी तरह उन्हें कुछ भोजन मिल जाता, यही उनकी उपलब्धि होती। ऐसे में उन्हें अपने गाँव के महाजनों पर निर्भर रहना पड़ता था। ग्रियर्सन के भारत के आने के कुछ ही वर्षों बाद खेती की दुर्दशा पर कई रिपोर्टें आयीं। खासकर अवध के इलाकों को लेकर खाद्य सामग्री की अपर्याप्तता जग जाहिर थी। ग्रियर्सन के समय (1888) ही लॉर्ड डफरिन के आदेश से किसानों के निचले तबके की आबादी की दशा की जाँच-पड़ताल के लिए एक आयोग (इंक्वायरी इंटू दि इकानॉमिक कंडीशंस ऑफ एग्रीकल्चर पॉपुलेशन) गठित हुआ था। ग्रियर्सन के विवरण में किसानों की दुर्दशा का जिक्र तक नहीं है। विदित है कि आयोग की रिपोर्ट बहुत निराशाजनक थी। अवध के इलाकों का हाल तो और भी बुरा था। लार्ड डफरिन के आयोग (1888) के तीन साल पहले हिन्दी प्रदेश के किसानों पर ग्रियर्सन साहब की किताब (बिहार पीजेंट लाइफ/1885) आ चुकी थी। पाठक यह सोचेंगे कि लार्ड डफरिन को किसानों की दुर्दशा को लेकर आयोग बनाने की रोशनी ग्रियर्सन से ही मिली होगी। ऐसा बिल्कुल नहीं है। किताब के उपशीर्षक (ए डिसकर्सिव कैटलॉग) से ही यह जाहिर है कि किताब से ज्यादा बिहार के किसानों की दिनचर्या का शब्दकोश है। इसे लेकर मेरे मन में दो सवाल उठते हैं। एक, इसे शब्दकोश की क्यों नहीं कहा गया। दूसरा, इसमें आये किसानों की दिनचर्या से अवध के किसानों का तालमेल क्यों नहीं है? शब्दकोश कहने से तत्कालीन समय में इस किताब को लेकर प्रचलित मानवशास्त्रीय धारणा पुष्ट नहीं होती। उस ज़माने में भारत तथा दूसरे उपनिवेशों में मानवशास्त्र नये विषय के रूप में आया था। इसे लेकर एक रूपरेखा बनी थी, वह लगभग कोश जैसी ही थी। किसी इलाके, किसी समाज का सर्वेक्षणात्मक अध्ययन, इसे अध्ययन कहने से ज्यादा संकलन कहना ठीक होगा। ग्रिर्यसन के इस संकलन की खासियत है, इलाकावार प्रचलित प्रथाओं और उससे जुड़े शब्दों का संकलन। एक दृष्टि से यह लोक साहित्य के अध्येता का काम है। ग्रियर्सन यह काम कर रहे थे। विभिन्न जातियों और समुदायों में प्रचलित लोक साहित्य के संकलन में भी लगे थे। उसी क्रम में उनकी ये किताब आयी। बिहार के किसानों पर लिखी उनकी यह किताब भारतीय बुद्धिजीवियों से ज्यादा अंग्रेज़ी राज के काम आती रही होगी।

पूरी किताब में किसानों की दुर्दशा का उल्लेख भी नहीं है। अगर यह इतिहास की ही पुस्तक है, तब किसानों का पन्ना कहाँ चला गया? उस किताब का एक अध्याय बिहार के गाँवों में प्रचलित श्रम अग्रिम (लेबर एडवांस), मजदूरी (वेज) और परिलब्धि (परक्विजिटिस) पर केन्द्रित है। यह पूरा अध्याय शब्दों का कोश है। विद्वान् लेखक की खोज है कि बिहार के तिरहुत में मजदूर और दक्षिण-पूर्व में जन शब्द प्रचलित हैं। उसी प्रकार बिहार के दक्षिण-पूर्व में जन शब्द प्रचलित हैं और पूर्वी तिरहुत में कमरिया। इस अध्याय में ऐसे अनेक शब्दों का संकलन है। ब्रिटिश प्रशासकों के लिए इन शब्दों का महत्त्व है। अंचलाधिकारी से लेकर उपायुक्त-आयुक्त तक के अधिकारियों के काम-काज में इन शब्दों की उपयोगिता है। इससे किसानों की पीड़ा को समझने में कितनी सहूलियत मिलेगी?

आचार्य रामचन्द्र शुक्ल वर्ण-व्यवस्था के पक्ष में खड़े हैं, तुलसी की मर्यादा का अवलम्ब लेकर। उनकी प्रसिद्ध पंक्ति (गोस्वामी तुलसीदास/55 है, ''वर्ण विभाग केवल कर्म-विभाग नहीं है, भाव विभाग भी है।'' तुलसी वर्णाश्रम का खुला विरोध नहीं कर रहे थे। परन्तु वे स्त्री को पराधीन समझने वाली उस वर्ण-व्यवस्था को चुनौती ज़रूर दे रहे थे। सम्भव है कि तुलसी वर्ण व्यवस्था को सामाजिक मर्यादा भी मान रहे हों। मानस के कथा-विधान में कई ऐसे स्थल हैं जो स्त्री-पुरुष की बराबरी के भाव को द्योतित करते हैं। बाल कांड में ''पुष्प वाटिका वर्णन'' प्रसंग क्यों और इस ओर तुलसी साहित्य के कथावाचकों का भी ध्यान नहीं जाता, जहाँ तुलसी अनेक सामाजिक मूल्यों को ध्वस्त करते हैं। सीता का राम से मिलना (चुपके-चुपके)। सीता की सुन्दरता अपने लिए नहीं, दूसरों को आलोकित करने वाली है। इस पक्ष की ओर ग्रियर्सन का ध्यान नहीं गया, शुक्ल जी संकेत मात्र भी नहीं किये। बाद के तुलसी साहित्य के विद्वान् भी इसे विस्तार नहीं दे सके। क्या समझा जाए इसे? एक बारगी तो यह कह सकते हैं कि ग्रियर्सन की तरह उनके समकालीन और परवर्ती विद्वान् वर्ण-व्यवस्था को कमजोर करने वाली कड़ी को छूने से भी घबराते थे।

ठीक है, तुलसी भगवान से बराबरी नहीं करते हैं। यह सूरदास में भी है, ''तु दयालु दीन हौ, मैं पातकी भिखारी।'' सगुण भक्त कवियों के यहाँ भगवान का यह सर्वसामान्य रूप है। ग्रियर्सन को भी भगवान का यह रूप स्वीकार्य है, क्योंकि बाइबिल परमेश्वर को समझने और पापों का हरण करने वाला बताया गया है। मनुष्य को प्रायश्चित करने वाला बताया गया है। मनुष्य को प्रायश्चित करने वाले के रूप में देखा गया है। इस्लाम में भी भगवान का यही रूप है। आश्चर्य है कि यहाँ सगुण और निर्गुण दोनों एक हैं, कबीरदास को छोड़कर तुलसी के ईश-स्मरण करने के कई रास्ते हैं। इसे रास्ता कहें या तरकीब, तुलसी कथा का वर्णन करने के क्रम में भगवान का स्मरण करते हैं। कवितावली के प्रारम्भ में राम के सौन्दर्य का वर्णन है। प्रसिद्ध पंक्ति है, ''तन की दुतिस्याम सरोरुह, लोचन कंज की मंजुलताई

हरे।'' राम का शरीर नील कमल जैसा है। आँखों का सौन्दर्य कमल की सुन्दरता का भी अपहरण कर लेता है। प्रारम्भ में राम के बालरूप के वर्णन के बीच भगवान का स्मरण और उस रूप में भी जप, योग, समाधि पर प्रहार, तुलसी "के शब्द हैं, अस बालक सो नहिं नेह कहा जप जोग समाधि किये'' (कवितावली)। भगवान के इस बाल रूप से प्रेम नहीं किये तो जप, योग, समाधि करने से क्या लाभ है? विदित है कि तुलसी कथावाचक भी थे। कथावाचक श्रोताओं के बीच भगवान को हरका दे, चुनौती दे दे, कथा सुनेगा कौन? कथावाचक रटन्त तोता भी होता है। उसे पूरी रामायण कंठस्थ होती है। उसी में उसका कारोबार चलता था। तुलसी कथावाचक के साथ-साथ अपने समय और समाज के बारे में सोचते थे, मनन करते थे। सामान्य कथावाचक के लिए ईश्वर का बार-बार स्मरण करना ज़रूरी समझा जाता है। तुलसी कई स्थलों पर ईश्वर का नाम नहीं लेते। कवितावली में ही शिव के लिए चंडीस शब्द आया है, "भूपमंडली प्रचंड चंडीस-कोदंड खंडयौ।'' सन्दर्भ धनुष तोड़ने का है। परशुराम कहते हैं कि प्रचंड राजाओं के समूह में जिसने शिव का धनुष (कोदंड) तोड़ दिया। यहाँ सन्दर्भ राम के पराक्रम का है। अगर केवल इसी विषय पर समस्त तुलसी साहित्य के स्थलों का चयन किया जाए तो ईश्वर को लेकर तुलसीदास की भक्ति और विराग दोनों का पता चलेगा। सच है कि तुलसी जनता में समादृत और स्वीकृत ईश्वर के रूप का अतिक्रमण नहीं करते है। पुनः अगर यही पक्ष तुलसी के साहित्य का आधार है, तब उन पर विचार-पुनर्विचार क्यों किया जाए?

(ख) ग्रियर्सन और भारतेन्दु की परम्परा

जॉर्ज अब्राहम ग्रियर्सन के भाषा-सर्वेक्षण और लोक साहित्य विषयक अध्ययन का ऐतिहासिक महत्त्व है। इस क्षेत्र में उनका पहला काम भारतीय भाषा चिन्तन की अनमोल कड़ी है। ग्रियर्सन के समय भारतेन्दु हरिश्चन्द्र और उनकी मंडली का अन्तर अनुशासनिक लेखन पूरे उठान पर था। भारतेन्दु के बाद भारतेन्दु की मंडली में हिन्दी भाषी प्रदेश के लेखक तो थे ही, (बालकृष्ण भट्ट, लाला श्रीनिवास दास, प्रताप नारायण मिश्र, अम्बिका दत्त व्यास, बद्रीनारायण चौधरी प्रेमघन, राधाचरण गोस्वामी, राधाकृष्ण दास आदि) अहिन्दी और अल्प हिन्दी भाषी प्रदेश के लेखक भी थे।

दक्षिण भारत के दामोदर शास्त्री सप्रे (सितारा), मोहन लाल विष्णुलाल पंड्या (गुजरात), रामकृष्ण वर्मा (पंजाब) आदि। हिन्दी में यात्रा वृत्तान्त लिखने वाले (दक्षिण दिग्यात्रा, पूर्व दिग्यात्रा, बदरिकाश्रम यात्रा) भारतेन्दु के बाद के लेखकों में भी दामोदर शास्त्री सप्रे ही थे इन्होंने व्यायाम पर किताब (नियुद्ध) लिखी। मोहनलाल विष्णुलाल पंड्या पुरातत्त्व के विद्वान् थे। प्रसिद्ध पुराविद् डॉ. राजेन्द्रलाल के मित्र थे। उन्होंने पृथ्वीराज रासो के पुनरुद्धार का भार उठाया। उसका सम्पादन किया।

मेवाड़ के सिसोदिया राजपूतों पर इनका लेख बंगाल एशियाटिक सोसायटी के जर्नल में प्रकाशित हुआ था। अपने समय के प्रखर अनुवादक काशीनाथ खत्री ने ''इंडियन नेशनल कांग्रेस" शीर्षक से ए.ओ. ह्यूम और दादा भाई नौरोजी के व्याख्यान का अनुवाद "देश की दरिद्रता ओर अंग्रेज़ी राजनीति" नाम से किया था। इनकी रचनाओं की सूची विविध विषयी है, गौगुहार, गोरक्षा प्रबन्धक, बाल विवाह की कुरीति, मन की शुद्धि, सभा में वक्तृता करने के नियम आदि। भारत के सुधार पर इनकी टिप्पणी है, ''जिस भारतवर्ष के निवासियों ने प्रायः एशिया को धर्म और विद्या का उपदेश दिया है वे सर्वथा दूसरे देशवासियों का अनुकरण करने में ही सत्य उन्नति नहीं कर सकेंगे; भारत की उन्नति का मन्दिर जब निर्माण होगा तब उसकी प्राचीन नींव पर ही होगा। यह वह भूमि नहीं है जहाँ कोई सर्वथा विदेश का वृक्ष आकर लगा दे और वह भली-भाँति पनपे—(व्रजरत्न दास/भारतेन्दु मंडल/पृ. 33)।

व्रजरत्नदास जी के भारतेन्दु मंडल में ''शिवप्रसाद सितारे हिन्द'' का भारतेन्दु से निकट सम्बन्ध का उल्लेख हुआ है। भारतेन्दु के बहुत बाद तक और कह लें आज तक साहित्य में इतिहास-लेखन की परम्परा समृद्ध रही है। साहित्य की विधाओं, जीवन वृत्तान्त और रेखाचित्रों की शैली में इतिहास वृत्त लिखना द्विवेदी युग और उनके बाद की विशिष्टता रही है। चार खंडों में प्रकाशित व्रजरत्नदास की रचना मुगल दरबार (मआसिरुल उमरा का अनुवाद) मौलिक रचना है। फ़ारसी की यह किताब पूरे मुगल का जीवनीपरक दस्तावेज है। बिल्कुल कहानी कहने की शैली है। यह बृहत् रचना अकबर से लेकर औरंगजेब तक के समय को उस समय के चर्चित व्यक्तियों और उसके इर्द-गिर्द की घटनाओं को रखकर इतिहास-सूत्र देती है। इस बात को स्वयं व्रजरत्नदास ने पहले खंड के अनुवाद (1928) में स्वीकार किया हैं, इतिहास कहने या लिखने का दावा नहीं है लेकिन जो लिखा जा रहा है, वह इतिहास का विश्वसनीय स्रोत है। बहुत छोटे-छोटे ब्योरे राजतन्त्र के भीतर चल रही खींचतान की याद दिलाते हैं। राजा के इर्द-गिर्द और उसका विश्वासपात्र बनने की होड़ लगी हुई थी। अकबर का विश्वासपात्र बैरम खाँ खुद अकबर के हाथों क्यों मारा गया? मुगलदरबार (खंड 2/पृ. 4-8) के अनुसार अहमद खाँ कोका पाँचहजारी मनसबदार था। उसने अपनी समझदारी तथा राजभक्ति के कारण अकबर पर अपना विशेष प्रभाव जमा रखा था। वैवाहिक सम्बन्ध राजतन्त्र की मजबूती का ढाल था। बैरम खाँ का पुत्र अब्दुर्रहीम खानखाना (1554 ई.) के समय की चर्चा ''मुगल दरबार'' में (खंड 2/पृ. 181-85) हुई है। उस समय जमींदारों को मिलाने और राज्य को सुदृढ़ करने के लिए तेजी से वैवाहिक सम्बन्ध बने। फ़ारसी में लिखी यह रचना इतिहास लिखने के छोटे-छोटे सबूत देती है। न केवल हिन्दी में बल्कि दूसरी भाषाओं में भी अपने समय के इतिहास को लिपिबद्ध करने की बेचैनी थी। ''मुगल दरबार'' के ये चारों खंड कथा यात्रा के अनेक सोपानों के मुगल साम्राज्य की तह में जाते हैं।

आम जन में मुगल साम्राज्य के प्रति आसक्ति थी। अंग्रेज़ी शासन से इसे बेहतर समझा जा रहा था। बेहतरी के बावजूद मुगल सत्ता का अन्त हुआ। हिन्दी के लेखक इसके कारण की तह में गये। देखा, परखा और पाया कि यह शासन अपनी आन्तरिक अराजकता को नियन्त्रण में नहीं कर सका था। शासन मनसबदारों के कब्जे में था। मनसबदारों की बहाली का कोई सुनिश्चित सामाजिक आधार नहीं था। जिससे काम पड़ा, उसे मनसबदार बहाल कर दिया गया। ब्रजरत्नदास की रचना मुगलदरबार के खंड 2 में अमानुल्लाह खानजमाँ बहादुर का विवरण (पृ. 226-33) आया है। शाहजहाँ को उलटने की पूरी योजना अमानुल्लाह ने तैयार की थी। उसके इस कारनामे से जहाँगीर बहुत खुश हुआ और उसे तीन हजारी मनसब के साथ खानजाद खान की पदवी भी दी। अमानुल्लाह ने अमानी उपनाम से एक दीवान भी तैयार किया था। ऐसा लगता है कि वह कोई सामाजिक महत्त्व की रचना नहीं थी। भारतेन्दु के समय में कहा जाता था कि मुसलमानी राज्य हैजे का रोग है और अंग्रेज़ी क्षयी का। भारतेन्दु की दो पंक्तियों की नज़्म थी, “बागबाँ आया गुलिस्ताँ में कि सैयाद आया/जो कोई आया मेरी जान को जल्लाद आया।”

रामकृष्ण वर्मा ताश ओर शतरंज खेलों के बड़े शौकीन थे। दो भागों में छपी इनकी किताब “ताश-कौतुकपचीसी” (वाराणसी/1881) बहुत लोकप्रिय हुई थी। महामहोपाध्याय सुधाकर द्विवेदी गणित के अध्यापक थे। इन्होंने डिफरेंशियल कैलकुलस, इंटिग्रल कैलकुलस, थ्योरी ऑफ इक्वेशन और डाइनैमिक्स का अनुवाद “चलन-कलन”, चल-राशि-कलन, समीकरण मीमांसा और गति विद्या” शीर्षक से किया। राधाचरण गोस्वामी (सं. भारतेन्दु) की एक कविता में यूरोप का प्रखर विरोध हुआ है,

“मैं हाय हाय दै धाय पुकारौं कोई
भारत की डूबी नाव उबारौ कोई
वही चली सकल यूरोप हाय मति भोई
भारत की डूबी नाव उबारो कोई।”

लाला सीताराम ने अंग्रेज़ी में “ए हिस्ट्री ऑफ सिरोही राज” लिखा। उन्होंने अयोध्या का इतिहास (अंग्रेज़ी) भी लिखा। राजा शिवप्रसाद “सितारेहिन्द” की रचनाएँ भूगोल हस्तामलक, इतिहास तिमिर नाशक, मानव-धर्मसार, उपनिषद सार आदि इस अध्ययन की एक और कड़ी है।

“भारतेन्दु मंडल” के लेखक ने लिखा है, “राजा शिव प्रसाद भारतेन्दु जी के गुरु थे। अतः उनकी संक्षिप्त जीवनी देना भी आवश्यक ज्ञात हुआ पर वह मंडल के अन्तर्गत नहीं आ सकते थे। इसलिए परिशिष्ट में उनकी जीवनी दे दी गयी है।” इस किताब का आधार केवल प्रकाशित सामग्री नहीं है। ब्रजरत्नदास जी भारतेन्दु

मंडल के लेखकों के परिवार (पुत्र पौत्र आदि) आदि के सम्पर्क में आये, उनसे पत्र-व्यवहार किया, तब जा कर "देखन में छोटै" यह पुस्तक तैयार हुई। जो कोई अन्तर अनुशासनिक अध्ययन अपना ले, वह भारतेन्दु मंडल का सदस्य नहीं हो सकता। ब्रजरत्न दास द्वारा प्रस्तुत विवरण मंडल के केवल तात्कालिक महत्त्व का नहीं था। व्यापकता के साथ और उससे बड़ी शर्त थी, राष्ट्रवाद की। इस अध्ययन से हिन्दी का पाठक गौरवान्वित हो, न कि हीन भावना से ग्रसित हो जाए। भारतेन्दुकालीन गुजराती के लेखक और समाज सुधारक नर्मद (अरविन्द देसाई, भारतेन्दु और नर्मद का तुलनात्मक अध्ययन) का लेख "आपणी देश जनता" देशीपना (देशपणु) को संजीवनी मानता है। देश, भाषा, धर्म और राज्य इस देशीपन के अंग हैं। नर्मद महज लेखक नहीं थे। बहुत बड़े समाज सुधारक थे। वे बम्बई के एलिफिंस्टन कॉलेज में पढ़ते थे। वहीं उन्होंने "जुवान पुरुपोनी अन्योअन्य बुद्धिवर्धक सभा" नाम से संस्था का गठन किया था। इस सुधारक के मन में एक देश की कैसी तस्वीर थी, यह उनके इसी लेख से ज़ाहिर होती है। नर्मद लिखते हैं कि हिन्दी और मराठी की लिपि देवनागरी है। गुजराती और बाँग्ला की लिपि भी सामान्य जनता के लिए वैसी ही होनी चाहिए। अभिप्राय यह कि देशीपन की एक शर्त लिपि का एक होना हैं। हिन्दी प्रदेश के अलावा अहिन्दी भाषी गुजरात और बंगाल में एक लिपि के लिए आन्दोलन हुए।

नर्मद का प्रयुक्त शब्द "देशीपना" ग्रियर्सन के वर्नाक्यूलर का अनुवाद या उसके करीब है। गुजरात में फार्बस की कोशिश से 1848 ई. में गुजरात वर्नाक्यूलर सोसाइटी बनी थी जो आज "गुजरात विद्या सभा" के रूप में काम कर रही है। ग्रियर्सन के 1890 के बाद या उसके कुछ पहले के लेखों में यह शब्द प्रयुक्त हुआ है। नर्मद के लिए देशीपना का प्रयोग वृहत्तर अर्थ लिए था, सभी भाषिक प्रदेशों को एक लिपि से जोड़ने के अर्थ में।

वर्नाक्यूलर को लेकर ब्रिटिश राज की चिन्ता विभिन्न भाषिक प्रदेशों के लिए बनी प्रेसिडेंसियों के आधार को मजबूत करने की थी। लिपियों की विविधता को भारतीय समाज की बीमारी के रूप में चिह्नित करने और एवज़ में रोमन लिपि को चलाने की पीछे की राजनीति किसी से छुपी नहीं थी। इसलिए भारतेन्दु के समकालीन शारदाचरण मित्र जैसे साहित्यकार और समाज सुधारक एक लिपि से समस्त भारतीय भाषाओं को जोड़ने पर बल दे रहे थे। उन्हें प्रेसिडेंसियों की संरचना की ब्रिटिश राजनीति का भान था। उनके अन्तर अनुशासनिक अध्ययन का रुझान महज सामग्री बटोरकर पाठकों को परोस देना भर नहीं था। किसी ने बंगाल को बिहार से अलग और किसी ने करीब बताया तो हिन्दी के लेखकों पर इसकी प्रतिक्रिया हुई अनुवाद साहित्य के रूप में। उस दौर में हिन्दी में भारतीय भाषाओं की कृतियों के खूब अनुवाद हुए। इनमें बाँग्ला से हिन्दी अनुवाद का काम अधिक हुआ। कार्तिक

प्रसाद खत्री ने बाँग्ला के एक दर्जन उपन्यासों का अनुवाद किया। भारतेन्दु युग में अनुवाद और जीवनी साहित्य की बहुलता रही। एक उद्देश्य "वर्नाक्यूलर" का असली सत्य बताना था।

भारतेन्दु मंडल में खड़ी बोली से असहमति रखने वाले लेखक भी थे। स्वयं वे खड़ी बोली में गद्य लिख रहे थे। फिर भी, कविता लिखने की कला को खड़ी बोली से दूर ही रखना चाहते थे। उनके या किसी के लिए खड़ी बोली में कविता लिखना दुष्कर कार्य था। इस बिन्दु पर भारतेन्दु मंडल के लेखक बिल्कुल अलग-अलग राय रखते थे। हिन्दोस्थान पत्र में प्रकाशित अयोध्या प्रसाद खत्री (अयोध्या प्रसाद खत्री स्मारक ग्रन्थ/पृ. 65-66) के एक पत्र में ब्रजभाषा के पक्ष में प्रबलता से खड़े राधा चरण गोस्वामी के सारे तर्क निर्बल हो जाते हैं। इस लम्बे पत्र में खत्री खड़ी बोली को राष्ट्रवाद की मजबूत कड़ी मानते हैं। एक खास खतरे की ओर पाठक का ध्यान खींचते हैं। राधाचरण गोस्वामी ब्रजभाषा क्षेत्र की बोलियों का ज़िक्र करते हैं, ठेठ ब्रज की बोली, कन्नौज प्रान्त की बोली, शौरसेनी (ब्रज की ठेठ बोली), बैसवाड़ी, बिहारी (मगध की भाषा), अन्तर्वेदी (गंगा-यमुना के बीच की) और बुदेलखंडी। खत्री जी का तर्क है कि ब्रज की इन प्रांतिक बोलियों में फ़ारसी, अरबी और तुर्की के भी शब्द हैं। खत्री जी ठेठ हिन्दुस्तानी और खड़ी बोली में कोई भेद नहीं मानते हैं। उन्होंने लिखा है कि इस हिन्दुस्तानी या हिन्दी का प्रचार भारतवर्ष में इतना विस्तृत है कि यूरोपियन इसे यहाँ की सम्पर्क भाषा समझते हैं। खत्री बोलियों के भेदगत रुआब को एक किनारा कर के एक भाषा की बात करते हैं, पूरे देश को जोड़ने वाली भाषा। बोलियों के अन्तर को सामाजिक प्रसार देने का खतरा प्रान्तिक और उपप्रांतिक भेदों में दिखेगा। कोई हिन्दी प्रदेश को टुकड़ों में करने की पैरवी करेगा तो कोई दक्षिण प्रदेश को।

राधाचरण गोस्वामी के साथ खड़ी बोली का विरोध करने वालों में भारतेन्दु मंडल के दूसरे लेखक भी थे। कविता के सन्दर्भ में मंडल के अधिकांश लेखकों की समझ रीतिकालीन थी। खड़ी बोली की लहर के साथ गद्य के रूपों के बन्द आयाम खुले। सामाजिक परिवर्तन में गद्य के लोकप्रिय होने का कारण भी यही था। कविता की सामाजिक भूमिका को लेकर भारतेन्दु मंडल के लेखक बहुत आश्वस्त नहीं थे। खड़ी बोली में कविता करने के प्रसंग में दो टूक जवाब मिलता, "खड़ी बोली में कविता करने की लालसा उन्हीं लोगों की विशेष होती है, जो न कविता कर सकते, न समझ सकते और न काव्य के तत्त्व को जानते हैं और कविता करने को आतुर हैं"—(राधाचरण गोस्वामी/अयोध्या प्रसाद खत्री स्मारक-ग्रन्थ/पृ. 70)। यह विरोध साधारण नहीं था। ब्रजभाषा को एक ऐसी बोली से चुनौती मिल रही थी, जो उम्र में बहुत छोटी थी, नाजुक नहीं थी। छोटे का विरोध असह्य था। इसके बावजूद मंडल के लेखकों ने खड़ी बोली में कविता रची। स्वयं भारतेन्दु इसके अपवाद नहीं थे,

"कहाँ हो, ए हमारे राम प्यारे/किधर तुम छोड़ मुझको सिधारे।" ये कविता ''विद्या विनोद'' में संकलित है जो 1876 ई. की रचना है। उसी वर्ष बिहार बन्धु (खत्री स्मारक ग्रन्थ/पृ. 167) में लक्ष्मी प्रसाद (मुजफ्फरपुर) की खड़ी बोली की लम्बी कविता छपी। जिस तेजी और तन्मयता से गद्य के मानक तैयार हो रहे थे, उसी रफ्तार और एकाग्रता लिए कविता के नये समय को लेखक नहीं आँक रहे थे। तब भी भारतेन्दु मंडल के बाहर खड़ी बोली की कविता लिखी जा रही थी। मंडल के लेखकों की ब्रजभाषा वाली सोच को खड़ी बोली की पनप रही दुनिया ने स्वीकार नहीं किया था। भारतेन्दु को इस अन्तर ध्वनि का भान था। जीवन के उत्तरार्द्ध में ही सही, उन्होंने खड़ी बोली में कविता लिखी।

गुजराती लेखक नर्मद के देशीपन (देशपणु) और खत्री जी की प्रयुक्त हिन्दुस्तानी यूरोपीय विद्वानों के लिए सहज स्वीकार्य नहीं थी। वे चाहते थे कि हजारों बोलियों के इस देश में बोलीगत विविधता को इतनी आँच तो ज़रूर ही मिले कि देशीपन और हिन्दुस्तानी की हिन्दुस्तानियत ओट में चली जाए और सामने आ जाए उनके सोच का देशीपन। अयोध्या प्रसाद खत्री भाषाविद् नहीं थे, कोई बहुत बड़े समाज सुधारक भी नहीं थे, केवल खड़ी बोली का झंडा लेकर जंग में कूदे थे। उनकी दूरदर्शिता और भावी खतरों को पहले अनुमानित कर लेने की उनकी दृष्टि का लोहा मानना होगा। वे अपवाद थे जो प्रांतिक बोलियों के अलग-अलग मुहानों को दूर से देख रहे थे। "बिहारी" शब्द राधाचरण गोस्वामी के पूर्व-उल्लिखित पत्र में आया है। वे इसे मगध की भाषा का नाम देते हैं। 'बिहारी' से उनका अभिप्राय वही नहीं है जो ग्रियर्सन या दूसरे भाषाविदों का रहा है। 1877 में प्रकाशित उनकी पुस्तक 'हिन्दी व्याकरण' से उनके भाषा विषयक ज्ञान का पता चलता है। उनके व्याकरण में समान शब्दों के विषम अर्थ (सम-शम/सर-शर/कूल-कुल इत्यादि) की सूची के साथ उच्चारण की दृष्टि से शुद्ध-अशुद्ध शब्दों (स्त्री-इस्त्री/स्थिर-अस्थिर/ स्मरण-अस्मरण इत्यादि) की सूची भी दी गयी है। इसकी एक और विशेषता है, तत्सम सहित फ़ारसी या उर्दू शब्दों का प्रयोग-तशदीद-द्वित्व-Double, हिज्जे-विवर्ण-Spelling। हिन्दी का एक ऐसा व्याकरण जो उर्दू और हिन्दी के भेद से ऊपर हो। एक खास बात, जिसकी ओर यूरोपीय विद्वानों का ध्यान बहुत बाद में गया, खत्री जी उसका ज़िक्र करते हैं। हिन्दी में अक्षरों के भी अर्थ होते हैं, **अ त्र विष्णु, आ त्र कामदेव**। उन्हें तुलनात्मक भाषा विज्ञान का ज्ञान रहा हो।

1858 और 75 के बीच हिन्दी, उर्दू, फ़ारसी और अंग्रेज़ी की लिपियों को लेकर मतभेद गहराया जिसका परिणाम जातीय गौरव के रूप में फलित हो रहा था। जॉन बीम्स उर्दू और अंग्रेज़ी को जीवित भाषा मानते थे। बीम्स मानते थे कि हिन्दी केवल शब्दों को तोड़-मरोड़ कर नयी अभिव्यंजना करती हे। गिलक्राइस्ट के विचार में रोमन लिपि ही सबसे उपयुक्त थी। एफ.एस. ग्राउस फ़ारसी लिपि के विरोधी थे। वे

हिन्दी भाषा के पक्ष में थे। रेवरेंड केलॉग (Grammar of the Language) हिन्दी की व्यापकता को समझते थे। इस मतभेद को तूल दिये जाने का प्रभाव साम्प्रदायिक और जातीय गौरव के रूप में दिखा। राजा शिवप्रसाद "सितारेहिन्द" और सर सैयद अहमद खाँ दोनों ब्रिटिश राज के भक्त-बौद्धिक थे और दोनों एक-दूसरे के विरोध में खड़े हुए। उस समय के इनके वक्तव्यों में उत्तेजक जुमलों ने घर बसा लिया था। शिव प्रसाद 'सितारेहिन्द' ने ब्रिटिश सरकार को दिये एक प्रतिवेदन (1868 ई.) में कहा "...फ़ारसी पढ़-पढ़कर हम लोग फ़ारसीमय होते जा रहे हैं, हमारी भावनाएँ दूषित हो रही हैं और हमारी राष्ट्रीयता का विनाश हो रहा है, वह दिन बड़ा अशुभ था जिस दिन मुसलमानों ने सिंधु नदी को पार किया था"—(डॉ. कमला कानोड़िया/ भारतेन्दु कालीन हिन्दी साहित्य पृष्ठ 184)। सितारेहिन्द हिन्दी के पक्ष में खड़े थे लेकिन उनकी हिन्दी ब्रिटिश राज के जातीय स्वरूप से भिन्न नहीं थी। वे विविध विषयों के लेखक थे। इतिहास, भूगोल, भाषा सब पर उनकी कलम चली। किसी में चूके नहीं। कोई अचरज नहीं कि भारतेन्दु हरिश्चन्द्र के बाद राज को हिन्दी और उर्दू समेत समस्त भाषाओं के एक इलाके की अस्मिता की खुराक मिल गयी थी। भाषागत प्रान्तों का गठन इसका समाधान ज़रूर था। परन्तु बोलियों को स्वतन्त्र अस्मिता का बोध कराने वाली समझ के कारण एक भाषा वाले प्रान्त में भी अलगाववाद फूटा। काफी समय तक किसी भाषा की स्वतन्त्र सत्ता को सिद्ध करने के लिए शोध कार्य हुए, किताबें लिखी गयीं। कई बार मृत हो चुकी बोलियों को जिलाने में लोग लगे रहे। कई बार एक भाषा की भिन्नता और स्वतन्त्रता को लक्षित करने के लिए तुलनात्मक पद्धति का सहारा लिया गया। इन सब के मूल में एक समाज में कई भाषा परिवारों का अस्तित्व अनदेखा हुआ है। भारतेन्दु मंडल से जो बुनियाद पड़ी थी, वह आगे के दशकों में सुस्त नहीं पड़ी। मंडल से प्रेरित कई लेखकों ने इसे आबाद किया। भारतेन्दु मंडल राष्ट्रवाद के पनपने का एक आधार बना था। विवाद हिन्दी उर्दू का हो या अन्य, इस मंडल के परवर्ती लेखकगण इसका समाधान करने से चूके नहीं। भारतेन्दु ब्रजरत्न दास के प्रिय लेखक थे। वे उर्दू के भी विद्वान् थे। मुगलों के इतिहास पर उनकी अच्छी पकड़ थी। भारतेन्दु के कुछ ही वर्षों बाद उर्दू को लेकर विवाद खड़ा था। भारतेन्दु की उर्दू मिश्रित हिन्दी का उदाहरण उनका "वैद्यनाथ की यात्रा" वाला लेख है। निःसन्देह उनमें संस्कृत की तत्सम शब्दावली का विन्यास भी मिलता है और उर्दू-फ़ारसी का भी। उनके फ़ारसी शब्द विन्यास का एक नमूना है, "हर दिल ख़्वाह आसूदगी को खुशी कह सकते हैं।" उनका 'खुशी' निबन्ध इसका एक उदाहरण है। भारतेन्दु के निबन्धों में तत्सम और उर्दू-फ़ारसी दोनों प्रकार के रूप मिलते हैं। उनके यात्रा वृत्तान्तों में भाषा के बदले रूप नहीं मिलते हैं। हाँ, ये रूप शुद्ध-फ़ारसी मिश्रित भी नहीं हैं और तत्समी भी नहीं। यात्रा वृत्तान्तों में अधिकांश 1871-79 या 1880 तक की रचनाएँ है। "वैद्यनाथ की यात्रा" (1880)

प्रकृति-चित्रण का अनुपम उदाहरण है। इसकी भाषा तत्सम, तद्भव और उर्दू का मिश्रण है। सम्भव है कि उस समय तक भारतेन्दु हिन्दी भाषा के रूप को लेकर एक स्पष्ट नीति बना चुके हों। अर्थात् हिन्दी न फ़ारसीमयी होगी न संस्कृतनिष्ठ। 1870-80 के बीच की उनकी रचनाओं की भाषा भिन्न रही है ओर भाषा का यही रूप आगे की हिन्दी का स्वरूप बना है।

1900 के पहले तक उर्दू को फ़ारसी रंग देने का चस्का लगा हुआ था। कुछ उर्दू का विरोध उसके फ़ारसी रंग के कारण कर रहे थे जबकि फ़ारसी कोई विदेशी भाषा नहीं थी। व्रजरत्न दास की पुस्तक उर्दू साहित्य का इतिहास 1954 में आयी। इस पुस्तक में संस्कृत, हिन्दी, फ़ारसी, उर्दू, लैटिन और अंग्रेज़ी के शब्दों का तुलनात्मक विवरण दिया गया है। इसके साथ यह टिप्पणी है, "इसलिए यह कहना कि अमुक भाषा अमुक भाषा से अमुक संवत् में उत्पन्न हुई है, भ्रमोत्पादन मात्र है। पर वह भाषा जो दो भिन्न भाषाभाषी जातियों के सम्पर्क से संगठित हो, उसका समय निश्चित किया जा सकता है।'' (पृ. 4) आगे उन्होनें लिखा है कि उर्दू की उत्पत्ति "विचारों के आदान प्रदान में सुगमता लाने के लिए हुई थी।" प्रोफेसर आज़ाद (आबेहयात) का यह प्रसिद्ध वाक्य आया है कि उर्दू ज़बान ब्रजभाषा से निकली है। व्रजरत्नदास जी के अनुसार अलाउद्दीन ख़िलजी के समय में मुसलमानों को हिन्दी सिखाने के लिए अमीर खुसरो ने खालिकबारी लिखी थी। पुस्तक में हिन्दी, पंजाबी ब्रजभाषा फ़ारसी, अरबी के तुलनात्मक पर्याय आये हैं। खालिकबारी की लाखों प्रतियाँ गाँव-गाँव में बँटवायी गयी थी। एक कहावत प्रसिद्ध थी, ''एक लख ऊँट सवा लख गारी। तिसपर लदी ख़ालिक बारी।" व्रजरत्नदास लिखते हैं (पृ. 10) कि "शब्दों का मुअर्रब (अर्थात् रबकी रूप) और मुन्फर्रस (फ़ारसी रूप) भी काम में आने लगा। विदेशी शब्दों का अधिकता से प्रयोग होने लगा और उर्दू का नया स्वांग धारण कर नई भाषा बन बैठी।"

फ़ारसी को विदेशी मानने का आग्रह सही नहीं है। स्वयं व्रजरत्नदास इसी किताब में फ़ारसी के अनेक शब्दों का उल्लेख करते हैं, जो आम फहम में प्रचलित हो चुके हैं, दलाल, कुर्सी, कारीगर, दालान आदि। आम फ़हम में ढलने वाली उर्दू का फ़ारसी रंग वही था जो हिन्दुस्तानी मिट्टी में रचा-बसा। अमीर खुसरो की ग़जल का एक मिसरा फ़ारसी तथा दूसरा उर्दू का था। मतलब यह कि उर्दू वही नहीं जो फ़ारसी है और फ़ारसी है भी तो हिन्दुस्तानी मिट्टी की।

फ़ारसी राजभाषा थी लेकिन सम्पर्क भाषा नहीं थी। उसकी यह स्थिति केवल 19वीं सदी में ही नहीं बनी थी। अमीर खुसरो को साक्ष्य माने तो तेरहवीं शती में हिन्दी फ़ारसी से बिल्कुल भिन्न थी। व्रजरत्न दास की "खुसरो की हिन्दी कविता" पहले-पहले 1922 ई. में प्रकाशित हुई थी। इसके पहले हिन्दी में खुसरो-बहुत लोकप्रिय नहीं हुए थे। समय गुजरते उर्दू का फ़ारसी रंग भी बहुत शास्त्रीय नहीं रह

गया था। मिर्जा ग़ालिब (1797-1869) के काव्य के सन्दर्भ में यह प्रचलित है कि प्रारम्भिक अवस्था में उनके यहाँ फ़ारसी की विद्वता झलकती हे लेकिन बाद के दौर में उनकी कविता में फ़ारसी सम्पर्क भाषा नहीं रह गयी थी। ग़ालिब इस बदलते मिजाज़ को समझ रहे थे। वे उर्दू के पहले शायर थे जिनके यहाँ ग़ज़ल का तसव्वुर बिल्कुल बदला ओर मौजूँ बहुत वसी यानी फैला हुआ था "जुल्मेकदः में मेरे शबे ग़म का जोश है इक समअ है दलीले सहर, सो खामोश है।" तिमिर कक्ष में दुःख की रात अपने यौवन पर है। घर का अंधेरा इतना अधिक है कि प्रकाश की कोई झलक नहीं है या शमा भी मौन है। न जाने कब की बुझ चुकी है। अपने समय की ऐसी मार्मिक पीड़ा ग़ालिब के पहले किसी कवि में नहीं मिलती है। हालाँकि व्रजरत्न दास लिखते हैं (पृष्ठ 126) कि स्वर्ग और नर्क और पाप पुण्य को चुनौती देते समय गालिब भावावेश में होते हैं। परन्तु ऐसी सोच तभी बनती जब ग़ालिब कभी तो धर्म को चुनौती देते और कभी उसके लिए पंखा डुलाते। शुरू से आखिर तक ग़ालिब में खुदी का जबर्दस्त अहसास मिलता है, "क्यों जल गया न ताबे रुखे यार देखकर/जलता हूँ अपनी ताकते दीदार देखकर।" इसके साथ इन पंक्तियों को मिलाकर देखें, "कयामत है कि होवे मुद्दई का हम सफर ग़ालिब/वह काफिर जो खुदा को भी सौंपा जाए है मुझसे।" उस ग़ालिब के संस्कार में ईश्वर का वास नहीं था, चाहे कितना भी अंधेरा क्यों न छा जाए। यह आश्चर्य नहीं कि यूरोप के किसी विद्वान् की नज़र गालिब पर नही पड़ी। ग्रियर्सन ने भी ग़ालिब पर कुछ नहीं लिखा। हिन्दी और दूसरी भारतीय भाषाओं के यहाँ ग़ालिब को जैसा सम्मान मिला, यूरोप वालों के यहाँ नसीब भी नहीं था। व्रजरत्न दास ने ग़ालिब पर भी लिखा और अमीर खुसरो पर भी। बाद के लेखकों ने जिस परम्परा को आगे बढ़ाया उसकी बुनियाद मंडल के लेखकों से पड़ चुकी थी। ग्रियर्सन के समय एक नयी परम्परा जन्म ले रही थी। राष्ट्रवाद की परम्परा और जिनकी लय गालिब की शायरी में मिलती है। राष्ट्रवाद अँधेरे की तबीयत को संशय से देखता है। ग्रियर्सन के समय एक नयी परम्परा जन्म ले रही थी। राष्ट्रवाद की परम्परा और जिसकी लय गालिब की शायरी में मिलती है। राष्ट्रवाद अँधेरे की तबीयत को संशय से देखता है। गालिब के यहाँ वही संशय है, अपने से प्रश्न पूछते हैं, ऐसा क्यों, ये प्रश्न पूरी 19वीं सदी में छाये रहे थे। अपनी पहचान को व्यापक राष्ट्रीय रूप देना, उस सन्दर्भ में देखना। 19वीं सदी का कुल सार।

19वीं सदी में धर्म का स्वरूप भी पहले जैसा नहीं रह गया था। धर्म के साथ तर्क का जुड़ाव होने लगा था। राजा राममोहन राय की आत्मीय सभा। (1815) से लेकर स्वामी दयानन्द सरस्वती तक के आर्य समाज (1875) में धर्म को तर्क से टक्कर मिलती है। धर्म की कट्टरता संशय को समाप्त कर देती है। विश्वास की काई जमा देती है। 19वीं सदी इस काई को साफ करती है। "खुदबीं हैं कि हम/

उलटे फिर आये, दरे काबः अगर वा न हुआ।" ईश्वर की बन्दगी में भी शायर का अभिमान है। क़ाबा का दरवाज़ा नहीं खुला है। तो क्या हुआ। इंतजार नहीं करना है लौट आना है। भारतेन्दु मंडल और उसके बाद जिस भाषा की नींव पड़ी थी, वहाँ बिहारी और ग़ैर का भेद नहीं था। अनकहे यूरोपीय विद्वानों के भारतीय अध्ययन के आगे भारतीय मनीषों के साहित्य में एक पूरी इमारत बुलंद होती दिखायी देती है। 19वीं सदी में भारतेन्दु मंडल से जिसकी आधारशिला पड़ी, वह आगे मजबूत ही हुई है। हिन्दी में फ़ारसी की मिलावट क्षम्य नहीं थी। खुसरो की श्रेष्ठ कृति ख़ालिकबारी, अरबी, फ़ारसी और हिन्दी का एक नायाब खजाना है। जिस हिन्दी की वकालत खुसरो कर रहे थे, वह पूर्वी और पश्चिमी हिन्दी का मिश्रित रूप था। यह बात खालिकबारी से सिद्ध होती है। कहा जाता है कि खालिकबारी की रचना ईरानियों को हिन्दुस्तानियों से बातचीत करने के लिए हुई थी। खालिकबारी के समय फ़ारसी राज-काज की भाषा थी। आमफ़हम में यह भाषा प्रचलित नहीं थी। इस कृति में आये अधिकांश शब्द घरेलू और खेती-बारी के हैं। हिन्दी के शब्द दिल्ली के आस-पास के हैं, हाँकना, पाथर मुंडा (बालक), कुकड़ी (मुर्गी) इत्यादि। खुसरो की पहेलियों में पूर्वी और पश्चिमी हिन्दी की शब्दावली मिलती है—

सोने की एक नार कहावै,
बिना कसौटी बान दिखावै।
नारी में नारी बसे, नारी में नर दोय।
दो नर में नारी बसे, बूझै बिरला कोय।
गाँठ गंठीला रंग रंगीला एक पुरुष हमने देखा
मरद स्त्री उसको रखे उसका क्या कहूँ लेखा।

खुसरो की पहेलियों में समाज के हर तबके को स्थान मिला है। कुम्हार पर उनकी पहेली है, कोली पर खेती करै औपेड़ में दो दो आग/रास ढोवै घर में रखै, वहाँ रह जाए राख। "इनके यहाँ पान-फूल से लेकर, काजल, कजरौटी, सोना, चाँदी, बया का घोंसला, भँवरा सब का उल्लेख मिलता है। कहीं-कहीं तो ठेठ पूर्वी शब्दावली मिलती है," "एक पुरुष जब मद पर आवै, लाखों नारी संग लिपटावै।" हिन्दी को उन्होंने जिस रूप में अपनाया है, उसमें पूर्वी और पश्चिमी का भेद नहीं था, बिहारी और हरियानवी या पंजाबी हिन्दी का फर्क नहीं था। भारतेन्दु हरिश्चन्द्र पर खुसरो के साहित्य का सघन प्रभाव था। उनकी मुकरियों में खुसरो की शैली मिलती है, "सब गुरुजन को बुरो बतावै/अपनी खिचड़ी अलग पकावै।" हिन्दी के प्रति खुसरो का अनुराग जन-जीवन में उनके रम जाने का परिणाम था। लोक साहित्य की पूँजी उनके सम्पूर्ण साहित्य में बिखरी पड़ी है। खुसरो स्वयं तो बादशाहों के दरबार में रहे। तब भी भारतीय गाँवों का एक पूरा शब्द कोश उनके साहित्य में मिलता है। विवाहोपरान्त पहली बार ससुराल जा रही लड़की की करुणा खुसरो के साहित्य में

स्थान पा सकी हैं, "काहे को बिआहे परदेस।। सुन बाबुल मोरे/भइया के दीहे बाबुल महला-दुमहला/हमके दीहे परदेस, सुन बाबुल मोरे।"

खत्री जी मौलवी स्टाइल की हिन्दी का स्वरूप बताते हैं, फर्द, काजल, क़सीदा तशबीब, रूबाई, क़िता इत्यादि। ये सभी अरबी नाम हैं। वे इन्हें हिन्दी के छंद-भेद में रखते हैं। इस पर बहस हो सकती है। मुख्य बात है, खड़ी बोली के बृहत्तर आयाम को समझने की। खत्री जी प्रांतिक बोलियों के यूरोपीय सोच से वाकिफ थे। बोलियों का अपना अस्तित्व है। उनसे भाषा का विकास होता है। कोई बोलियों का इतिहास लिखना चाहे, लिख सकता है। उससे एक जानकारी मिलेगी। मृत हो चुकी बोली को जीवित बनाने का प्रयास कहीं से सामाजिक नहीं है यानि वह उपयोगी नहीं है। उसके सम्भावित खतरे हैं भाषाओं के सर्वेक्षण में उन्हें जगह देना अनिवार्य नहीं है। ज़रूरत पड़ने पर उल्लेख किया जा सकता है। भाषागत परिवारों में भी उसका उल्लेख होना चाहिए, शब्दों के तुलनात्मक स्वरूप को लेकर। अंग्रेज़ी में डाइलेक्ट का भी एक भेद है, सबडालेक्ट (उप बोली)। भारतेन्दु मंडल और उनके बाहर ब्रजभाषा बनाम खड़ी बोली का विवाद था। खड़ी बोली बनाम अवधी, खड़ी बोली बनाम बुंदेली, छत्तीसगढ़ी, बघेली का विवाद नहीं था। कारण यह कि उत्तर प्रदेश भोजपुरी और अवधी का भी क्षेत्र रहा है। बिहार के लिए खास खाना बनाने का विचार बंगाल प्रेसिडेंसी से इस राज्य को अलग करने के आन्दोलन से भी उपजा था। अंग्रेज़ी सरकार अपने द्वारा तैयार प्रेसिडेंसियों को कहीं से तोड़ना नहीं चाहती थी। केन्द्रीय शक्ति के विकेन्द्रीकरण से ब्रिटिश राज की जड़ हिल सकती थी। परन्तु, जब यह समझा गया कि अब यह बिल्कुल अपरिहार्य है, तब अंग्रेज राज के विद्वान् और राजनीतिज्ञ उपभेदों की ओर बढ़े, भाषा का भेद विभाषा, बोली का भेद उपबोली। भारतेन्दु मंडल के बाहर उनके मित्रों की मंडली में विभिन्न भाषाओं के विद्वान् थे, कलकत्ता के पुरातत्त्वज्ञ डॉ. राजेन्द्र लालमित्र, पिन्काट, सिख सम्प्रदाय के तीसरे गुरु के वंशज सुमेर सिंह साहिबजादा सहित कई रियासतों के राजे और हुक्काम। सुमेर सिंह पटना में रहते थे। वे ब्रजभाषा के अच्छे कवि थे। भारतेन्दु के समय में प्रेसिडेंसियों की संरचना को लेकर गर्माहट थी। विभिन्न भाषाओं की एक प्रेसिडेंसी में अंग्रेज़ी का निर्विवाद वर्चस्व था। हिन्दी प्रान्तों को अलग कर देने पर हिन्दी का प्रसार होता ही और जिसका राजनैतिक परिणाम राज के खिलाफ जाता। भावी भारत में राज की कोशिश भाषा-विभाषा, बोली उपबोली जैसे भेदीकरण के साथ हिन्दी, बिहारी, अहिन्दी भाषी क्षेत्रों में अपनी स्थिति को मजबूत करने की थी। यह तभी सम्भव है जब हिन्दी के खिलाफ समस्त को खड़ा किया जाए। इसलिए मैथिली को हिन्दी से अलग बताने पर मिथिलांचल का पताका फहरा। जनजातीय भाषाओं को अलग रूप देने की कोशिश में झारखंड अलग प्रान्त की माँग उठने लगी। कश्मीरी को संस्कृत से सम्पर्कित, लेकिन दरद परिवार की उपज के साथ भारत और पाक

अधिकृत कश्मीर का नवजात अवतरित हुआ। छोटे दायरे में पनपी सिमट चुकी बोलियों को उनकी लिपि होने या पूर्व में होने की बात कही गयी। आज भी उसके परिणाम महसूस हो रहे हैं। कोई अपनी लिपि की खोज करने में लगा है तो कोई अपनी भाषा की अस्मिता को लेकर परेशान है। एक लिपि में अनेक भाषाएँ लिखी जाती हैं, यह मोटी-सी बात आखिर किस नियत की शिकार हो रही है?

यूरोपीय विद्वानों के सामने प्रकाशित या लिखित या कुछ लोगों से प्राप्त नमूने अध्ययन के आधार थे। इस क्षेत्र में उन्हें दुर्लभ सामग्री प्राप्त हुई। उन्हें इकट्ठा कर सम्पादित करना भी बड़ा काम था। इनके पास साधन भी थे। इन्होंने इसका सदुपयोग किया। हिन्दी के लेखकों के पास साधन का अभाव था। ब्रिटिश राज के विद्वान् अवगत थे कि ब्रिटिश राज के लिए उनका भारत विषयक अध्ययन संजीवनी विद्या है। इसलिए उन्हें आर्थिक लाभ भी था। हिन्दी और भारतीय भाषाओं के विद्वानों के सामने चौतरफा संकट था। भारतेन्दु को सरकार से टकराना पड़ा था। इनका अन्तर अनुशासनिक अध्ययन कठिन तपस्या के समान था। इनके अध्ययन का आधार सामग्री-संकलन के साथ-साथ यात्रा करना भी था। मंडल के लेखक यायावरी थे। यात्रा और संगठन करना इनके खून में बसा हुआ था। कार्तिक प्रसाद खत्री और सारसुधा निधि के सम्पादक पं. सदानंद मिश्र ने द्विजाति धर्मामृत वर्षिणी नाम से मंच बनाया। इनके सहयोग से ही हिन्दी दीप्ति प्रकाश पत्र का प्रकाशन (1871/कलकत्ता) प्रारम्भ हुआ। ये दोनों लेखक घूम-घूम कर पत्र के ग्राहक बनाया करते थे। खत्री जी कुछ वर्षों तक रीवाँ के महराजा के दरबार में रहे। वे डिब्रूगढ़ (असम) गये। वहाँ उन्होंने बनारसी पान की दुकान खोली। बाद में वे ऊनी कपड़ों का कारोबार करने लगे। इनके ही प्रयास से वहाँ हिन्दी का प्रचार तेज हुआ। लाला श्रीनिवासदास पेशे से व्यवसायी थे। इनके पिता मथुरा के प्रसिद्ध सेठ के यहाँ मुनीम थे। दिल्ली में भी उनकी कोठी थी। आगे चलकर लाला श्रीनिवासदास कोठी के व्यापार में तल्लीन हो गये। पंजाब सरकार ने उन्हें म्युनिसिपल कमिश्नर और ऑनरेरी मैजिस्ट्रेट भी बनाया। वे दिल्ली से सदादर्श साप्ताहिक पत्र (1874) निकालने लगे।

भारतेन्दु मंडल और उसके बाहर हिन्दी की सेवा में लगे लेखकों में मध्यवर्गीय व्यवसायियों की अच्छी जमात थी। ये लोग हिन्दी और भारतीय भाषाओं का महत्त्व समझ रहे थे। हिन्दी प्रदेश के बाहर भी इनका कारोबार फैला था। भारतेन्दु के गद्य में कुछेक स्थलों पर "सार्वदेशिक" शब्द का ज़िक्र हुआ है। उनका लेख "जातीय संगीत" निबन्ध और प्रश्न-पहेली कला का सुन्दर मिश्रण है। इस लेख में "सार्वदेशिक" की भाषण देने जैसी व्याख्या नहीं है। उपशीर्षकों में अपने समय की सामाजिक बीमारियों का कैप्सूल मंत्र है—बाल विवाह, जन्मपत्री की विधि, अंग्रेज़ी फैशन, भ्रूण हत्या और शिशुहत्या, हिन्दुस्तान की वस्तु हिन्दुस्तानियों को व्यवहार करना इत्यादि (नागरी प्रचारिणी पत्रिका/1950)। गुजराती लेखक नर्मद के देशीपन और भारतेन्दु

की "सार्वदेशिकता" पूरे देश में एक धड़कन, एक मंशा, एक नियम का स्मरण कराती है। भारतीय भाषाओं के उस दौर के लेखकों के पेशेगत और रचनात्मक साहित्य का मिलान करने पर भारतीय समाज का व्यापारिक मध्यवर्ग सामने आता है जो अंग्रेज़ी राज से त्रस्त था। भारतीय लेखकों के लिए अन्तर अनुशासनिक अध्ययन का रास्ता ज़्यादा कठिन था। खुद ही सब कुछ करने के साथ अंग्रेज़ी राज का भय भी उन्हें सताता रहा था।

ग्रियर्सन के लोक साहित्य और सामाजिक चिन्तन को केवल संग्रह या संकलन का नाम नहीं दिया जा सकता है। जिस समय (1885) ग्रियर्सन बिहार के ग्रामीण जीवन की सामग्री संकलित (बिहार पीजेंट लाइफ) कर रहे थे, हिन्दी और भारतीय भाषाओं में संकलन का काम हुआ ही नहीं था। उस समय तक हिन्दी भाषा का साहित्य प्रगति के मार्ग पर था। पूरे हिन्दी प्रदेश को जोड़ने वाली भाषा के रूप में हिन्दी का महत्त्व तो था लेकिन उसी अनुपात में इसका साहित्य समृद्ध नहीं हो सका था। अंग्रेज़ी की इतिहास-पुस्तकों में भी लोक-जीवन के विविध अनुभवों और ज्ञान के विभिन्न स्रोतों की चर्चा नहीं थी। "बिहार पीजेंट लाइफ" लिखकर (1885) ग्रियर्सन ने हिन्दी भाषी समाज का एक कोश ही तैयार कर दिया था। उनके कुछ पहले (1879) क्रूक ने इसी तरह का काम उत्तर-पश्चिमी प्रान्त और अवध (रुरल एंड एग्रीकल्चरल ग्लॉसरी ऑफ दि नॉर्थ वेसटर्न प्रोविसेंज एंड अवध) के लिए किया था। "बिहार पीजेंट लाइफ" के विषय में कहा गया है कि यह संकलन बंगाल सरकार के आदेश से सम्पन्न हुआ। सरकार के लिए इस काम का महत्त्व था। शासक वर्ग को अपने इलाके के समाज की जानकारी होनी चाहिए। इससे सत्ता की पकड़ मजबूत होती है। शासन की शैली तय करने में मदद मिलती है। यह संकलन का काम ही सही, लेकिन आवश्यक है। कुटीर उद्योग के विनष्ट हो जाने से फैले असन्तोष को दबाने के लिए कम्पनी के अधिकारी सीधे आक्रमण का सहारा लेते थे। 1857 के बाद यह महसूस होने लगा कि अब सीधे हमले से ब्रिटिश सत्ता दीर्घायु नहीं हो सकती है। इससे भारतीयों के जन-जीवन पर इसका बुरा प्रभाव पड़ सकता है। ब्रिटिश सरकार के दूसरे उपनिवेश भी इससे प्रभावित हो सकते हैं। 1880 से 1900 के बीच ग्रियर्सन के कामों की सूची में संकलन और सम्पादन की रचनाएँ, उन पर निबन्ध या लेख अधिक हैं।

भारतेन्दु ने भी जीवनी-संकलन का काम बहुत व्यवस्थित ढंग से किया था। हजरत मुहम्मद से लेकर महाराणा प्रताप, अकबर, शाहजहाँ, महाभारत, रामायण आदि पर उनके परिचयात्मक लेख छपे। आश्चर्य लेकिन उन्हें इस काम की सज़ा मिली। सरकार चाहती थी कि हरिश्चन्द्र पत्रिका उसके मन-माफिक निकले। भारतेन्दु इस पत्रिका को नया रूप देना चाहते थे। वह नया रूप था, भारतीय जनमानस को अपने देश की संचित निधि से अवगत कराना। देश-प्रेम त्वरित उत्पन्न और खत्म होने वाली भावना नहीं है। अपने देश के वैभव को जाने बिना देश-भक्ति कैसी? उस पर

से विदेशी बार-बार भारत के अनगिनत टुकड़ों के होने की परिकल्पना को साकार करने में लगे हों। ऐसे में विकल्प कुछ नहीं दीखता और वर्तमान को स्वीकार कर लेने की सनक सवार हो जाती है। इसलिए भारतेन्दु जातियों का इतिहास लिखते हैं, इस देश के नायकों का इतिहास लिखते हैं, खुद के प्रयास से मिले पुराने दान पत्रों को जनता के बीच लाते हैं। यह संकलन का ही काम है। संकलन के साथ सम्पादन का भी। कुशल सम्पादक परगुणग्राही होता है। भारतेन्दु हरिश्चन्द्र और उनकी टीम ने क्षेत्रवार अध्ययन का काम बहुतायत में नहीं किया। भारत के रीति-रिवाजों और जीवन-शैलियों को संकलित करने का काम भी नहीं किया। भारत की जनता को उनके रीति-रिवाजों से अवगत कराने से बड़ा काम उनकी परम्परा के प्रति उन्हें जाग्रत कराना था। 1857 और उसके बाद तक भारतीय जन-मानस में मुगलकालीन वैभव बेशकीमती निधि के रूप में था जो उन्हें बार-बार काश, ''मुग़लशाही होती, तो ऐसा नहीं होता'', की दस्तक दे रहा था। संकलन और सम्पादन एक ही नज़रिये से नही होता है यह जमा करना है, वह जमा करना है, महज ऐसा समझकर ब्रिटिश राज के चहेते भी संकलन और सम्पादन का काम नहीं कर रहे थे।

ग्रियर्सन की किताब "बिहारः पीजेंट लाइफ" कांग्रेस के स्थापना वर्ष (1885) में आयी। वह समय सरकार और जनता के बीच सेतु बनाने का था। कांग्रेस की स्थापना भी इसी उद्देश्य से हुई थी। आगे चलकर ब्रिटिश उपनिवेशों में मानव विज्ञान विषय का परिचय भी इसी रूप में हुआ। भारतेन्दु की कविता "गंगाछवि" में उसके सौन्दर्य, उसके प्रवाह और गति की तुलना स्वर्ग से की गयी है, "सुभग स्वर्ग सोपान सरिस, सब के मन भावत/दरसनमज्जन पान विविध भय दूर मिटावत।" जैसे मनुष्य की इच्छाएँ अनंत हैं, वैसे ही गंगा की चंचल लहरें हैं, बार-बार उठती-गिरती हैं, मनुष्य की इच्छाओं के उठने-गिरने के समान। जीवन शैली संसाधनों से तय होती है। ग्रियर्सन की इस किताब में बिहार के प्राकृतिक वैभव का वर्णन नहीं है। जहाँ वे कृषि उत्पाद के तमाम उपकरणों सहित बिहार की मिट्टी के वर्गीकरण और उसकी प्रकृति की चर्चा करते हैं, वहीं गंगा जैसी पवित्र नदी और कई शहरों को जोड़ने वाली नदी का वर्णन केवल सामाजिक रिवाज (पृ. 401) के लिए आया है। भाषाविद् ग्रियर्सन के अनुसार मुकद्दमों और दो परस्पर विरोधी दलों के बीच पंचैती के समय "गंगा की सौगंध" का प्रमाण दिया जाता था। गंगा जल को एक पात्र में (ताँबा) में रखकर और तुलसी-दल सहित कहा जाता है, "बेटा का सिर पर हाँथ धै कँ।" आगे के पृष्ठों में ''वसंता भवानी'' ''कुल देवता'' सहित ''गंगा माई'' का उल्लेख हुआ है। ''गंगा माई'' और बिहारवासियों का सम्बन्ध एक खास धार्मिक सन्दर्भ में आया है। क्या गंगा वही है, जैसा ग्रियर्सन दिखाते हैं? उसके धार्मिक महत्त्व के पीछे कोई वैज्ञानिक और सामाजिक कारण भी है। भारतेन्दु के पहले मिर्जा ग़ालिब ने "बनारस की गंगा" नाम से नज़्म लिखी थी। ग़ालिब विचार से हिन्दू या इस्लामी

नहीं थे, वंश से इस्लामी ज़रूर थे। उनकी "बनारस की गंगा" (फ़ारसी) कहती है, "बुतनाशरा हयूला शोलए तूर/सरापा नूर ऐज़द चश्मे बदूर (यहाँ बुतों की आत्मा तूर के समान है वह सरापा नूर है। उस पर शनि-दृष्टि न पड़े।) यह भारतीय समाज है, वहाँ की गंगा है जहाँ बुतपरस्तों के लिए भी वही जगह है, जो तौहीद के लिए है। इस गंगा के लिए न कोई नास्तिक है और न कोई आस्तिक। उसकी गोद में सभी खेलते आ रहे हैं और आगे भी खेलते रहेंगे। उस पवित्र गंगा के लिए अगर किसी किताब में कोई जगह न हो तो वह कैसा मानववैज्ञानिक सर्वेक्षण है?" "बिहार पीजेंट लाइफ" को "डिसकर्सिव कैटलॉग" कहा गया है। ग्रियर्सन के दो सहायकों मुंशी दिलावर अली और मुंशी मोती लाल में से एक (दिलावर अली) इस किताब के तैयार होते-होते स्वर्गीय हो चुके थे। बिहार के बारे में उनके दो सहायकों से उन्हें पूरी जानकारी मिली होगी। प्राप्त जानकारियों की काट-छाँट स्वयं ग्रियर्सन ने की होगी। पूरी काट-छाँट के बाद लगभग सात सौ पृष्ठों की यह किताब तैयार हुई, जिसे कई विद्वान् बिहार का इंसाइक्लोपीडिया मानते हैं।

ब्रिटिश अधिकारियों के लिए "बिहार पीजेंट लाइफ" का महत्त्व है। किसी पेचीदा मसले के हल में यह उपयोगी है। इसलिए पुस्तक में थोड़े-बहुत अन्तर से शब्दों के कई पर्यायवाची रूप आये हैं, बिबाह, बिआह, सादी, शादी, विवाह, शुभमंगली (पृ. 357) आदि। उसी प्रकार पत्नी के लिए इस्तिरी, माउग, मौगी, बहू, बह या बौह, जन्नी (पृ. 357) इत्यादि। इन शब्दों के लिए क्षेत्र-विशेष का चयन भी हुआ है। जैसे, बहू और बौह केवल चम्पारण में प्रचलित है। यह कहा गया है कि जोरु, कबिला, जनाना, मेहरारु शब्द केवल मुस्लिम समुदाय में एकरूपता लिये है। इस्त्री, पत्नी, बहू जैसे शब्द पूरे बिहार में प्रचलित रहे हैं।

इस किताब के परिचय में ग्रियर्सन के लोक साहित्य अध्ययन में परम्परा से प्रचलित और लोकप्रिय सम्बन्धित गीत अधिक हैं। शेष गीत समुदाय-विशेष में प्रचलित रूप में प्रतिष्ठित हुए। मैथिली में प्रचलित सलहेस की कथा है। सलहेस जाति का दुसाध था। उसकी पत्नी दीना मालिन मोरंग (नेपाल की सरहद) की थी। वह जादू-टोना करने में सिद्धहस्त थी। सलहेस केवलगढ़ का राजा भीम सेन का चौकीदार था। सलहेस और उसकी पत्नी की वीरता भीमसेन की रानी हंसावती का कंठहार ओर पलंक को खोजने और चोर चूहड़मल को राजा के सामने पेश करने में प्रकट होती है। चूहड़मल और सलहेस में मल्लयुद्ध भी होता है। सलहेस विजयी हो जाता है। दीना-भद्री की कथा मुसहर जाति में बहुत लोकप्रिय थी। इस कथा गीत में दोनों भाइयों (दीना और भद्री) की वीरता का वर्णन है। दीना भद्री की माँ इलाके के राजा/जमींदार को साफ कहती है कि उसके बेटे कनक सिंह के खेतों में काम नहीं करेंगे। कनक सिंह और दीना भद्री का युद्ध होता है दोनों भाई मारे जाते हैं। सात दिन बाद फिर दोनों जी उठते हैं। दुसाध जाति में यह विश्वास है कि एक

दिन दोनों भाई (दीना भद्री) पृथ्वी पर अवतरित होंगे और उनका दुःख हर लेंगे। बिजैमल के गीत (सांग्स ऑफ बिजयमल) सलहेस और दीना-भद्री के कथा गीतों में एक समानता उसके धार्मिक महत्त्व को लेकर है। बिहार की बोलियों के लोक साहित्य में राम और कृष्ण का सर्वाधिक महत्त्व रहा है। राम का जन्म-स्थान पूर्वी हिन्दी का क्षेत्र है और कृष्ण का पश्चिमी हिन्दी का। पश्चिमी और पूर्वी हिन्दी क्षेत्र के नायक पूरे उत्तर सहित दक्षिण भारतीय समाज के भी नायक बने। किसी विदेशी विद्वान् के लिए भी राम और कृष्ण का महत्त्व स्वाभाविक है।

ग्रियर्सन के सत्प्रयास के बाद ही लोक साहित्य के संकलन में किसी भारतीय विद्वान् व साहित्यकार ने रुचि दिखलायी है। यह उपलब्धि ग्रियर्सन साहब के अध्यवसाय का एक ऐसा सोपान है, जिस पर चढ़कर ही कोई भारतीय साहित्यकार यहाँ के विशाल लोक साहित्य को देख सकेगा, परख सकेगा। रवीन्द्रनाथ ठाकुर के मन में बाँग्ला के लोक गीतों का संकलन करने की बात आयी। वे कलकत्ता तथा उसके पार्श्ववर्ती गाँवों की यात्रा (1894 ई.) पर निकले। कईयों को इस काम के लिए चिट्ठी लिखी, उनसे विचार-विमर्श किया। इस काम में उन्हें लगभग चार साल लगे। उस समय के बाँग्ला के प्रसिद्ध पत्रों (साधना, साहित्य परिचय पत्रिका, भारती आदि) में उनके द्वारा संकलित गीत छपे भी। 1907 में इसका पुस्तकाकार प्रकाशन हुआ। बाँग्ला में लोक गीत को ''छड़ा गीत'' कहा जाता है। 'छड़ा' का अर्थ तुकबन्दी से है। बाँग्ला में लोक गीत के शिल्प पर विशेष ध्यान दिया गया है। बिना तुकबन्दी के कोई गीत हो ही नहीं सकता है। रवीन्द्रनाथ वाणी का सौन्दर्य समझते थे। वे इसे ''ग्राम्य साहित्य'' भी कहते थे। इनके संकलन में बाल गीतों की संख्या अधिक है। इस संकलन से गुजरने के बाद सूरदास की परम्परा का स्मरण हो आता है। सूर के वात्सल्य गीतों में भी लोक की वह बहार ब्रज भूमि के गाँवों से ही आयी है। सूर ने भले ही लोक गीतों का संकलन न किया हो लेकिन उनके गीत ब्रज भूमि की मिट्टी से जुड़े हुए हैं। उनके गीतों में कल्पना की उँची उड़ान मिलती है जो बाल-स्वभाव के सहज अनुकूल है। शिल्प की दृष्टि से "सूर सागर" को उन्मुक्त प्रबन्ध कहा गया है। वहाँ प्रत्येक पद अपने में पूर्ण लेकिन एक कथा-क्रम में है। सूर की बाल-लीला के पदों में कृष्ण की आयु के क्रमिक संकेत मिलते है। सूर के अनेक पदों में बाल-चेष्टाओं का अद्भुत सौन्दर्य मिलता है। वहाँ गीतों में पारिवारिक जीवन की रसमयता मिलती है। रवीन्द्रनाथ का लोक गीतों का संकलन सूर की परम्परा की ही कड़ी है। कई स्थलों पर कल्पना की ऐसी उड़ान मिलती है जो हमारे जीवन को खोजी बनाती है। कोई चीज कहाँ से आयी, कैसे आयी, क्यों आयी, खोज की यह प्रवृत्ति रवीन्द्र के लोक गीतों के संकलन से गुजरने के बाद सहसा जाग उठती है। कई गीतों में इलाके का भौगोलिक सौन्दर्य मिलता है, "ए पार गंगा ओ पार गंगा माझिखाने चर।/तारीमाझे बोशे आछे शिव सौदागर।" इस पार गंगा उस पार गंगा, बीच में चरा (द्वीप) है, उसी के बीच शिव सौदागर बैठा है। कुछ गीतों में बंगाल की सामाजिक

दशा का वर्णन मिलता है, "वृष्टि पड़े टापुर टुपुर नदी एलो बान/शिवठाकुरेर बीचे होलो तीन कोन्ये दान" (टुपुर-टुपुर बारिश होने से नदी में बाढ़ आयी है। तभी शिव ठाकुर का विवाह हुआ और तीन कन्याओं का दान दिया गया।) संगति देखिए, टुपुर-टुपुर बारिश से नदी में आयी बाढ़ और शिव ठाकुर के लिए तीन कन्याओं का दान। कन्याओं का दान भी बाढ़ की तरह है। बंगाल के कुलीन ब्राह्मणों में वृद्धावस्था में भी विवाह करने का प्रचलन था। शिव ठाकुर भी तीन कन्याओं से विवाह करते हैं। रवीन्द्रनाथ लोक साहित्य से इतिहास के बीज चुनते हैं। लोक साहित्य में इतिहास बिल्कुल ठेठ अन्दाज में नहीं रहता है। लोक साहित्य की बड़ी बात उसकी ग्राम्यता है जिसे रवि ठाकुर ''ग्राम्य गीत'' कहते हैं। उनके लोक गीतों के संकलन में कई स्थलों पर तारतम्यता नहीं मिलती है। बाल गीतों में एक साथ अनेक चित्र मिलते है। एक ही गीत के सभी चित्रों को मिला देने चित्रों का एक मनोरंजक रूप भी सामने आता है। एक दृश्य है, "आय रे आये टीए।/नाय भोरा दीए।" (टीया पाखी/तोता नौका पर चढ़कर आ रहा है।) अब नौका पर सवार तोता में अद्भुत कल्पना-शक्ति है। उन्मुक्त पाखी नौका पर सवार है। लहरों का साथी बना हुआ है। तूफान और मंद-मंद हवा का हमसफर है। रवीन्द्रनाथ ने कहीं कहा भी है कि इन बारीक कल्पनाओं से एक रेखा चित्र बन सकता है।

रवीन्द्रनाथ के लोक गीतों के संकलन के कुछ समय बाद कवि रामनरेश त्रिपाठी इस काम में लगे। कहते हैं कि 1925-26 की अवधि से संकलन करना शुरू किया। लम्बे समय बाद संकलन पुस्तकाकार रूप में आया। पहला भाग 1950 ई. में छपा। रवीन्द्रनाथ और रामनरेश जी के संकलन से उनकी कठिन साधना का पता चलता है। रवीन्द्रनाथ जमींदार खानदान के थे। वे बंगाल के गाँवों का दौरा करते थे। पूर्वी बंगाल में उनकी जमींदारी थी। वे वहाँ जाया करते थे। वे गाँवों में किसान, मल्लाह, कर्मचारी और कारिदों से मिलते थे। लोक गीत के संकलन की यह अनिवार्यता तो ज़रूर है। संस्कृत में वाणी को बहुत महत्त्व मिला है। वाणी के आगे पुस्तक भी महत्त्वहीन है। गप, संवाद, वार्ता, बातचीत ये विचार-विनिमय हैं। भारतीय लोक को समझने वाले किसी भी विद्वान् के दस्तावेज में लिखित से ज़्यादा अलिखित का महत्त्व होना चाहिए। देश-दुनिया को समझने के लिए यायावरी शर्त भी है और जीवन का आनन्द भी। लिखित साहित्य विशेषकर छपे साहित्य के आने के बाद हमारी स्मृति कमजोर पड़ी है। अब लिखित और छपे साहित्य से ही रचना बुनने का जुगाड़ कर लेते हैं लोग। ग्रियर्सन ने भी बिहार और बंगाल के गाँवों की यात्रा की है। इसके बावजूद उनके लोक साहित्य के संकलन में भारतीय जीवन की दिनचर्या कम है। रवीन्द्रनाथ, राम नरेश त्रिपाठी और दूसरे साहित्यकारों ने लोक साहित्य के संकलन का काम देर से शुरू किया। उनके संकलन में दूसरे पाश्चात्य विद्वानों जैसी तंगदिली दृष्टि नहीं है।

हिन्दी या किसी भी भारतीय भाषा में लोक साहित्य के संकलन का काम देर से शुरू हुआ है। तकनीकी साधनों के अभाव में यह काम कठिन साधना ही था। कवि रामनरेश त्रिपाठी (ग्राम-साहित्य/पहला भाग) सितम्बर, 1926 से इस काम में हाथ लगे और 1950 में उनकी किताब तैयार हुई। गीतों के संग्रह में उस इलाके की जीवन-शैली और सामाजिक संरचना के सफेद-काले पक्षों से सामना होता था। चमारिनों के घर संकलित गीत का भूगोल यह था कि गाँव से बाहर उनका घर और उसके भीतर सैकड़ों दरारें, छिप किली, मकड़ी और चूहों की कतार। एक ही कमरे में खाना, सोना, नहाना सब। कवि त्रिपाठी के वर्णन का चित्र-सौन्दर्य इन शब्दों में "झोपड़ी के आस-पास सुअर और उनके छौने घूम रहे हैं। छौने कभी-कभी अन्दर भी घुस आते हैं। घर के आसपास खेत हैं, जो सुअर के गू से भरे हैं। पानी बरस जाने से गू सड़कर ज़मीन पर फैल रहा हैं। उसकी बू से लवेन्डर सूँघने वाली शहर की नाक फटी जा रही है। एक किनारे चूल्हे पर मरी हुई गाय का मांस पक रहा है। मैं उसी झोंपड़ी के द्वार पर दीवार से पीठ टेके, रुमाल पर बैठा हुआ, एक साठ बरस की बुड्ढ चमारिन से गीत लिख रहा हूँ– (पृ. 23)।" संघर्ष के इस दौर से गुजरते हुए कोई भारतीय गाँवों का इतिहास लिख सकता हैं, जो किसी यूरोपीय विद्वान् से सम्भव नहीं है। त्रिपाठी जी ने लोक के बदले इसे "ग्राम-सहित्य" का नाम दिया है। वह ग्राम एक ही का नहीं है। दर्द और कराह, घृणा और हिकारत और निर्मम आचार-व्यवहार के बीच गुजर-बसर कर रही जिन्दगी में हँसी-खुशी के बादल भी हैं, चपलता के गागर भी हैं, ग्राम साहित्य उसका दर्पण है। इस जिन्दगी में यह गीत लोकप्रिय है, "सोने की थरिया में जेंवना परोस्यों" श्स "खोलौ न चन्दन केवड़िया।" त्रिपाठी जी ने लिखा है कि "किसी समय हमारे देश की चमारिन भी गर्व करती थी। आज तो उसके घर में काँसे की फूटी थाली भी मुश्किल से मिलेगी और उसके फूस के झोंपड़े में केवाड़ों की ज़रूरत ही नहीं है; (पृ. 37)।"

शहरीकरण के दौरान लोक तो रहा, उसका नित-सृजनशील साहित्य क्षीण होता गया है। गाँवों के लोक जीवन में दिनचर्या के साथ साहित्य का जुड़ाव रहता है। भले वे कहानी और कविता न लिखते हों। कुछ अभिव्यक्त करने की उनकी बेचैनी उनके लोक साहित्य में झलकती है। रेलगाड़ी आयी तो जंगल-झाड़ कर गये। आज यह अहसास अटपटा लगता है, परन्तु उस के भीतर कुछ और सन्देश है। तकनीक विकास से उन्हें गुरेज नहीं है, उनका असन्तोष प्राकृतिक संसाधन के विस्थापन के साथ उसके विकल्प न होने पर है, "जब से छुटि रेल के गाड़ी कटिगा जंगल पहाड़/ पैर रहा सौंप दिया" अर्थात् पैर को पैदल चलने न देकर उसका टिकट खरीद लिया और पेट को पीठ के हाड़ (रीढ़) को सुपुर्द कर दिया। विदित है कि रेल लाइनें बिछी तो हिन्दुस्तानियों के पैसों से। भारत की आम जनता को यह अहसास रेल आते ही

होने लगा था। किसान और लगान के बीच है दीवान। ठाकुर कैसा हो, वह कब किसान का मान रख सकता है? कैसा ठाकुर, किस उमर का ठाकुर, एक किसान का अनुभव है, "लरिका ठाकुर बूढ़ दिवान। ममिला बिगरै साँझ बिहान।" इस लोक से कैसे जुड़ा जाए? विदेशी विद्वानों के लिए कठिन तो है ही। वे किताबों में छपे या किसी व्यक्ति-विशेष से प्राप्त पांडुलिपि पर भरोसा कर चलते हैं। भारत में आये विदेशी विद्वानों में अधिकांश ब्रिटिश सेना के अधिकारी थे। उन्हें अपने कारिन्दों या मातहत पर भरोसा कर चलना पड़ता था। वे हिन्दी और संस्कृत के जानकार तो थे। हिन्दी के गाँवों में जाकर, उनके बीच बैठ-बतियाकर उनका साहित्य ले लेना सम्भव भी नहीं था। ग्रियर्सन को भी समाज के कुछ अभिजातों से सम्पर्क था। उनसे जितना कुछ मिला, जो हासिल हुआ, ले लिया।

परन्तु केवल यह और इतना ही कहकर बचा नहीं जा सकता है। लोक गीत-संकलन में एक ही पक्ष का गीत क्यों? शादी-विवाह, छट्ठी-मुंडन के गीत ही क्यों? समसामयिक विषयों पर ग्रामीण जनता कुछ सोचती थी। सामयिक घटना को लेकर उसकी कुछ चिन्ताएँ थी। ग्रामीणों के बोल हैं, "लिखि लिखि पतिया के भेजलन कुँवर सिंह/ए सुन अमर सिंह भाय हे राम। चमड़ा के टोड़वा दाँत से हो काटे कि/छतरी के धरम नसाघ हो राम/बाबू कुँवर सिंह और भाई अमर सिंह/दोनों अपने हैं भाय हो रम।" कुँवर सिंह बड़े जमींदार थे। अंग्रेजों के आने के बाद भी उनके नायक अंग्रेज कमिश्नर नहीं बने थे। अनियत या बेसमय लगान देने के बाद भी भारतीय गाँवों के लिए भारतीय जमींदार अपेक्षाकृत कम नुकसानदेह थे। गाँव की जनता इसके दूसरे कारणों से भी वाकिफ थी। दूसरे कारणों की चर्चा होने से अंग्रेज़ी राज की तरफ के भारतीय बुद्धिजीवियों और जमींदारों में भी "अच्छा और बुरा" को लेकर बहस छिड़ती और संग्राम की मुख्य भावना पीछे रह जाती। इसलिए लोक गीतों में केवल धार्मिक कारण ही केन्द्रित हुआ है। इस विद्रोह के धार्मिक कारक दूसरे कारण से भी रेखांकित हुए हैं। इतिहासकार डॉ. कालीकिंकर दत्त (कुँवर सिंह अमर सिंह/पृ. 89) ने लिखा है कि सत्तावन के एक-दो साल पहले पटना में ईसाई पादरी उपदेश देते और परचे बाँटते थे। इन पर्चों में अंग्रेज़ी राज की प्रशंसा होती थी। एक पर्चे में कहा गया, "वह समय आ गया है, जब लोगों को इस बात पर गम्भीरता से विचार करना चाहिए कि सभी व्यक्तियों को एक ही धर्म ग्रहण करना चाहिए या नहीं। रेल, जहाज, बिजली और तार तेजी के साथ संसार के सभी राष्ट्रों को आपस में संयुक्त कर रहे हैं। वे एक दूसरे के जितने निकट आते जा रहे हैं, उतना ही निश्चित यह परिणाम होता जा रहा है कि सभी आवश्यकताएँ एक हैं, चिन्ताएँ एक हैं और शोक संताप एक हैं।" गाँवों में भी ईसाई पादरियों के उपदेश होते थे। हर जगह पर्चे बाँटे जाते थे। गाँवों में इसे लेकर रोष था। इसकी प्रतिक्रिया में वर्ण व्यवस्था की वकालत भी

होने लगी थी। मँगरौनी (दरभंगा/बिहार) के पंडित भिखियादत्त झा द्वारा लिखित कुँवर सिंह के वंश-वर्णन में कुँवर सिंह के लिए संस्कृत की एक प्रशस्ति (डॉ. कालीकिंकर दत्त/पृ. 241) छपी है, जिसकी दो पंक्तियाँ हैं, "ब्राह्मण" वेदनिरताः, क्षतियाश्च गुणान्विताः/वैश्याश्च वैश्य कर्माणो शूद्राश्च दासकर्मकृतः।" उस समय ईसाई धर्म का प्रचार साम्राज्यवाद को मजबूत करने का ढाल साबित हुआ था। इसके प्रतिकारस्वरूप धार्मिक कारण तत्काल और प्रमुखता से रेखांकित हुआ है। सरसरी निगाह से देखने पर किसी को धर्म और साम्राज्यवाद का रिश्ता दिखाई न पड़े। वह इसे समझे ही नहीं। उस समय के गाँवों की जनता ईसाइयत के जरिये साम्राज्य-विस्तार का मर्म समझने लगी थी। इसलिए अंग्रेजों ने इसे मुसलमानों का षड्यन्त्र भी कहा। बिना बहस कहा जा सकता है कि उस समय तक सनातन और इस्लामधर्मी केवल ईसाइयत के खिलाफ नहीं लड़ रहे थे। उनका मक़सद ब्रिटिश राज का खात्मा था। विद्रोह के बाद के अंग्रेज़ी राज की निर्ममता विद्रोह की हर आँच को भविष्य के लिए भी मिटा दे रही थी, कोई सर न उठा सके, निजाम अपना है।

लोकगीत के बारे में ''परम्परा से प्रचलित" की दृष्टि रही हो, अर्थात् पुरानापन लोक गीत की शर्त है। यूरोपीय विद्वान् इसी मत के नहीं हैं। ए.जी. शिरेफ उस दौर के आई.सी.एस. थे। उनके संकलित गीतों के अंग्रेजों अनुवाद रॉयल एशियाटिक सोसायटी (अप्रैल, 1936) में छपे। उसका संकलन (हिन्दी कोक सॉन्न्स) उसी वर्ष छपा। इस संकलन में कुँवर सिंह वाला लोक गीत भी शामिल हैं, उसका अंग्रेज़ी अनुवाद भी हुआ है। लोक साहित्य में रुचि दिखाने वाले ग्रियर्सन पहले और उच्च कोटि के विद्वान् थे। अपने पद के अनुकूल उनके लिए लोक गीतों का संकलन बनिस्बत आसान था। इस काम में सामाजिक महत्त्व के गीतों को छोड़ना ही पड़ता। धार्मिक और पौराणिक कथा गीतों के संकलन में उनकी रुचि इस कारण और बढ़ी। भद्री के गीतों को लिप्यंतरित करने का श्रेय ग्रियर्सन को ही जाता है। "बिहारी फोक सॉन्न्स", "बिहार पीजेंट लाइफ" और "एन इंट्रोडक्शन टू दी मैथिली लैंग्वेज ऑफ नॉर्थ बिहार" उनकी महत्त्वूपर्ण रचनाएँ हैं जिनमें मैथिली और भोजपुरी का लोक साहित्य संकलित हैं। यह संकलन 1880-90 के बीच का है। उस दौर में ग्रियर्सन के अलावा सर जॉर्ज कॉक्स (दी माइथोलॉजी ऑफ आर्यन नेशंस/1870) भी नार्वे, इटली, यूनान और भारत के लोक साहित्य के संकलन में सक्रिय थे। कॉक्स इन देशों की लोक कथाओं की मौलिक एकता को प्रतिपादित करने वाले प्रथम यूरोपीय विद्वान् थे। उनकी तुलना में ग्रियर्सन का लोक साहित्य विषयक अध्ययन और संकलन बहुत व्यापक नहीं है। कॉक्स के बहुत पहले ग्रिम बन्धुओं (जेकब ग्रिम और विलहेल्म ग्रिम/जर्मनी) ने जर्मनी के लोक गीतों और लोक कथाओं का संकलन, विश्लेषण और वर्गीकरण किया था। उनका समय 1785-1863 ई. का था। ग्रियर्सन को विरासत में

लोक साहित्य के अध्ययन की यूरोपीय परम्परा मिली थी। उन्होंने इस काम को आगे बढ़ाया। भारतीय भाषाओं के स्वभाव से परिचित थे। भारत की सिविल सेवा में रहने के कारण यहाँ के समाज से उनका सम्पर्क था। सामग्री-संकलन में वे अपने अधीनस्थ जानकारों से मदद लेते रहे थे। उन्हें जिस तरह की सामग्री जहाँ मिली, उन्होंने संकलन किया। उस समय तक हिन्दी में लोक साहित्य का संकलन नहीं मिलता है। ग्रियर्सन की पहल से हिन्दी के विद्वानों को नयी दिशा मिली थी। 1900 के बाद इस कार्य में कवि रामनरेश त्रिपाठी, प्रो. सत्येन्द्र, देवेन्द्र सत्यार्थी और दूसरे विद्वान् सक्रिय हुए।

ग्रियर्सन के कथा गीतों और भोजपुरी के संकलन में राम से जुड़े कई गीत हैं। गीतों में इन दो नायकों (राम और कृष्ण) को महत्त्व मिलना सुखद अनुभूति है,

रामजि के भेल जनमवा जनमवा
बाजेला अयोध्या में ढोल
राम तं राम तं रघुनन्दन पुकारे जे
जैसे गोखुला में गोपी काँध
आपानि महलिया ले सीता जि पुकारेलि
कहाँ लछुमन मैले राम
बने बने मैया चरावेले कन्हैया
घरे-घरे जोरेलि पिरीति
उनका मौगि के सान मारि ऐसे
आखिरी तं जात अहीर।

मानबोध कवि का लोक गीत मैथिली भाषा की अमूल्य निधि है। मानबोध (भोलन झा) का समय लगभग 1195 ई. का है। मधुबनी अनुमंडल के पंडौल के एक गाँव के निवासी मानबोध की रचना विद्यापति की पुरानी मैथिली और हरषनाथ झा की आधुनिक मैथिली के बीच की है। ऐसा ग्रियर्सन का मानना है। उनके अनुसार दस अध्यायों में रचित इस गीत का शिल्प विद्यापति के पहले और बाद में भी प्रयुक्त होता रहा है। इस कथा गीत का विषय कृष्णावतार है। ग्रियर्सन को इस कथा गीत की प्रति दरभंगा जिला के जोगियारा निवासी बाबू श्रीनारायण सिन्हा से मिली थी। दो खंडों में विभक्त इस कथा-गीत के पहले खंड को ही ग्रियर्सन लिप्यंतरित कर सके थे। दूसरा खंड बिल्कुल ही पढ़ने योग्य नहीं था। इस कथा गीत का छन्द विधान बहुत व्यवस्थित और एकरूप है। चौपाई छन्द का यह गीत कृष्ण के जन्म और उस समय लोगों के उत्साह, उनके आनन्द, उनकी सामाजिक सक्रियता को पूरे मनोयोग से प्रस्तुत कर सका है।

प्रणमों हिमगिरी कूमरि चरन। जे.बल कबि सभ त्रिभुबन बरन ॥१॥
हमउँ कैल अछि मन बड़ गोट। कृष्ण जनम परिप्र नहीं छोट ॥

अल्प स्वर के लिए **ए ए ओ और औ** का प्रयोग हुआ है। ग्रियर्सन साहब ने स्वयं

ही इन चिह्नों का प्रयोग किया है। मूल प्रति में इसका रूप कुछ और रहा होगा। उच्चारण में स्वरों और व्यंजनों के सूक्ष्म स्तर की पहचान ग्रियर्सन के लेखों का प्रमुख तथ्य रहा है। यहाँ भी उनकी कोशिश कथा गीत को पूरा-पूरा लिप्यंतरित करने की रही है। उन्होंने प्लुत या अल्प उच्चरित होने वाले स्वरों को भी ध्यान में रखा है। छन्द विधान और उसके कौशल के अनुसार इस कथा गीत में आ दीर्घ और लघु रूपों में प्रयुक्त हुआ है। अपनी स्थिति के अनुकूल अल्प स्वर (शार्टवॉवेल) दीर्घ भी होते रहे हैं संयुक्त वर्ण (न्ह) में स्वर लघु हो जाता है। नासिक्य वर्ण (मंच) में स्वर दीर्घ हो जाता है। ग्रियर्सन का मानना है कि मंच में पहले वर्ण का उच्चारण दीर्घ होता है और अनुस्वार प्रयुक्त मंच में लघु हो जाता है। इसी प्रकार **इन्द्र** और **इन्दर** भी देखा जा सकता है। ग्रियर्सन ने सुविधानुसार अनुस्वार का भी प्रयोग किया है। बाबू श्रीनारायण सिन्हा जी ने कथा गीत पढ़कर सुनाया होगा। सम्भव है, उस समय तक खड़ी बोली में अनुस्वार और **ञ** के व्यंजन के साथ लगने पर अलग-अलग अन्तरों का बोध हो। यह आज भी है, **इन्द्र-इन्दर**। परन्तु, ऐसा सभी शब्दों के साथ नहीं रह गया है। मंच और मञच में स्वर बिल्कुल लघु है। दोनों के स्वर उच्चारण में भेद नहीं है। फिर भी, इस कथा के बहाने स्वनिम के जिस सूक्ष्म भेद को दर्शाया गया है, वह स्तुति-योग्य है। उनके पहले ऐसा विश्लेषण शायद ही हुआ है। एक तरह से उन्होंने ध्वनि-विश्लेषण की बन्द खिड़की खोल दी है। इसमें भी श्रुति आधार पर विश्लेषण लोक साहित्य के भाषा वैज्ञानिक अध्ययन की एक दिशा देता है। आज भले सम्भव है कि सुने हुए गीतों को टेपित कर उसे दुबारा-तिबारा सुना जाए और स्वर और व्यंजनों के उच्चारण की विभिन्न अवस्थाओं को परखा जाए। ग्रियर्सन के समय इतनी तकनीकी उपलब्धता नहीं थी। किसी से गीत सुनना फिर उसे लिखना और गुनना, कहीं ग़लती हो जाने पर इस प्रक्रिया को दुहराना, यह पूरा काम बहुत ही कठिन था। ग्रियर्सन को स्वर और व्यंजन के उच्चारण के सूक्ष्म भेद का गहरा बोध था। एक उदाहरण इसी गीत से, "लक्ष्मिनारायण दखल सदेह" (प्रथम अध्ययन)

देखल (देखना) में ए का पूरा उच्चारण होता है। मैथिली में असल रूप दखलआन्हि। इस अन्तर-बोध से स्पष्ट है कि उन्हें खड़ी बोली हिन्दी और हिन्दी प्रदेश की बोलियों का पर्याप्त ज्ञान था। उन्होंने अंग्रेज़ी भाषा में भारतीय भाषाओं पर लिखकर अपनी भाषा का साहित्य समृद्ध किया है। यह काम अगर हिन्दी भाषा में हुआ होता तो इसका लाभ दूना होता। ग्रियर्सन भारतीय भाषाओं की प्रकृति से बखूबी परिचित थे, वाचिक और लेखन-रूपों की घनिष्ठता। इसलिए अंग्रेज़ी में लिखते समय भी उन्होंने इसका खासा ध्यान रखा ताकि पाठकों तक भावों का सही सम्प्रेषण हो सके।

रंगपुर की बोली में संकलित कृष्ण-कथा गीत और कुछ अन्य लोक गीतों के संकलन में सामाजिक संस्कृतियों की विविधता में ग्रियर्सन की गहरी रुचि लक्षित हुई

है। इस आयाम से गुजरते हुए वे भाषागत और बोलीगत परिवर्तन के विभिन्न रूपों का विश्लेषण करने से नहीं चूकते हैं। रंगपुर उड़ीसा का एक जिला है जो सीमांचल का हिस्सा है। इसके उत्तर में कूच बिहार और भूटान का द्वार है और दक्षिण में बंगाल है। ग्रियर्सन का यह संकलन 1877 ई. का है। इसके तीन वर्षों पूर्व वे कलकत्ता आ चुके थे और यहाँ मैजिस्ट्रेट के पद पर कार्यरत थे। उनका यह संकलन बहुत साफ-सुथरा नहीं मिला है। इसके विवरण का भाग पूरी तरह पढ़ने-योग्य नहीं है। इस में संकलित गीतों का भाषागत विश्लेषण भी शामिल है।

रंगपुर की बोली की वर्णमाला बाँग्ला से काफी मिलती-जुलती है। जहाँ तक मैं इस पूरे भाग को पढ़ सका हूँ, इस सन्दर्भ में बिल्कुल ठोस निष्कर्ष निकालना कुछ मुश्किल है। भाषागत विश्लेषण ओर मूल संकलित गीतों को मिला कर कुछ तथ्य-निरूपण सम्भव है। ग्रियर्सन के अनुसार इस बोली की स्वर-व्यवस्था परिवर्तनशील है। **अ** की स्थिति यह है कि वह किसी भी दूसरी स्वर-ध्वनि का स्थान ले सकता है। **छ** का उच्चारण दंत की तरह ही होता है। **ज** और **य** का कभी-कभी उच्चारण होता है। **फ** के बदले **फ (F)** का उच्चारण होता है। कभी-कभी **ब** का स्थान **म** ले लेता है। बाँग्ला में **र** और **य ज** और **ब** का स्थान लेते हैं **र** भी **ड़** का स्थान लेता है। रंगपुर की बोली में कभी-कभी **ज** और **य** का उच्चारण अंग्रेज़ी की तरह होता है। ऐसा केवल अरबी और फ़ारसी के शब्दों के साथ ही नहीं होता। तत्सम शब्दों में भी यह परिवर्तन देखा गया है, **यखन** से **जखन**। इस ब्योरे में विभक्ति-रूप भी दिया गया है,

मों॑हामि या **हामरा, मों॑क** (उम) **हामाक, हामाके** इत्यादि। प्रथम पुरुष में **मुई, मइ, मों॑ हामि, आमि** और **हामरा** प्रयुक्त होता है। द्वितीय पुरुष में तुई, तइ, तों॑ और तुमि, तृतीय हूँ (जीपे), ताँ या तैं (जींज या ीम) और सम्बन्धवाचक में **याँ** या **याँइ** या **याँथ्रि** (who) प्रयुक्त होते हैं। ग्रियर्सन बाँग्ला, हिन्दी और रंगपुर की बोली के भाषागत साम्य पर विचार करते हुए लिखते हैं कि **आमि हामि, हमारा** और **हम** के बीच सादृश्य हैं और हामि, हामरा और हम हैं तो बहुवचन लेकिन बहुधा एकवचन में प्रयुक्त होते हैं। इनका समानार्थक प्रयोग भी होता है। ग्रियर्सन क्या किसी भी विदेशी विद्वान् के लिए यह परिवर्तन यानी बहुवचन और एकवचन का यह उदाहरण चकित करने वाला है। अंग्रेज़ी में तुम लोग के लिए You के बदले People प्रयुक्त होता है। उन्होंने बिल्कुल सही रेखांकित किया है। यह परिवर्तन ईरानी और भारतीय आर्यभाषा परिवार के घनिष्ठ रूप को भी दर्शाता है। यूरोपीय परिवार में क्रियापद और सम्बन्ध सूचक में विविधता नहीं हैं बहनोई के लिए भी ब्रदर-इन-लॉ और पत्नी के भाई के लिए भी। मामा और चाचा दोनों के लिए अंकल। उसी प्रकार क्रियापदों में भी **इज़, वाज़ वेअर, शैल, विल** में सारे किस्म के वाक्य समा जाते हैं।

हिन्दी और संस्कृत में किसी भी काल में वाक्य के विविध रूप हैं। कई बार उसी काल (वर्तमान, भूत और भविष्यत) के नहीं रह जाते। हम थोड़ी देर में आते हैं, यह

वर्तमान काल नहीं है। यह भविष्यत में आरोपित वर्तमान है। इस प्रकार के अनेक वाक्यों के क्रियापदों का विश्लेषण अलग विचार का विषय है। भारतीय आर्य भाषाओं के क्रियापदों का विश्लेषण अलग विचार का विषय है। क्रियापद और संज्ञा-रूपों के विभिन्न रूप एशियाई जीवन-शैली में पारिवारिक सम्बन्धों का महत्त्व दर्शाते हैं। यूरोप में एक ईसाई धर्म के अन्तर्गत सभी त्योहार, सामाजिक रस्म रिवाज़ समा गये हैं। ऐसा भारतीय समाज में नहीं। इसलिए उनके यहाँ क्रियापदों की बहुलता नहीं है। इस आधार को लेकर कोई यह निष्कर्ष भी निकाल ले कि पूर्ण औद्योगिक विकास वाले समाज में क्रियापद कम होते हैं और कृषक समाज में अधिक। इसकी जाँच अलग मुद्दा है। ग्रियर्सन के रंगपुर की बोली के विश्लेषण से दूसरी बातें भी सामने आती हैं। **हम, हमार, हामि, आमि, हामरा** का अस्तित्व यह दर्शाता है कि दरद परिवार से उड़ीसा तक की पट्टी में संज्ञा और क्रियापद में **ह** का अस्तित्व है। कश्मीरी के क्रियापद में **छ** का अस्तित्व है। इन दोनों का सम्बन्ध भारतीय आर्यभाषा और भारत ईरानी परिवार से अधिक है बशर्ते यूरोपीय भाषा परिवार से। क्रियापदों के रूपों को सामने रखने पर भारोपीय भाषा परिवार की सामान्य प्रवृत्तियों का निष्पादन करना कठिन होगा। भारत ईरानी भाषा परिवार का महत्त्व अधिक है। यह भारत और ईरान के समाज की समान सांस्कृतिक प्रवृत्ति को भी दर्शाता है। पाक अधिकृत कश्मीर सेलेकर उड़ीसा तक के समाज की समान सांस्कृतिक पहचान बनती है।

रंगपुर की बोली के लोकगीत देवनागरी लिपि में लिप्यंतरित हैं। उस समय यानि 1877 ई. तक ग्रियर्सन देवनागरी का महत्त्व समझ रहे थे। लोकगीतों की ध्वनि बाँग्ला और उड़िया से काफी मिलती-जुलती है, "काने-काने कथा कय/तिन गाँओं तार इलाम पाय" (गोख नाथेर गान)। गीतों में देवनागरी में लिप्यंतरित और अंग्रेज़ी में इसका अनुवाद होने से हिन्दी, बाँग्ला और अंग्रेज़ी तीनों के पाठकों को यह दुर्लभ साहित्य प्राप्त हुआ है। यह सराहनीय है। 1877 में ग्रियर्सन ने यूरोपीय भारतविदों के लिए एक निर्देश-पथ तैयार कर दिया था।

गोरख नाथेर गान, व्याघ्रेर देवताः सोनाराय ठाकुरेर गान, किष्टेर जन्माष्टमी, और नीलार वारमासि रंगपुर बोली के चार कथा गीत हैं। कृष्ण से सम्बन्धित कथा गीतों में कृष्णावतार की कथा अधिक लोक प्रचलित है। किष्टेर जन्माष्टमी में राजा उग्रसेन की कथा है। पूरी कथा देवकी, वासुदेव, कृष्ण-अवतार और कंस के मध्य चलती है। कथा-प्रवाह संवाद शैली के कारण बना हुआ है। कोई चाहे तो इस पर नाटक भी लिख दे, इसका मंचन भी कर दे। इसमें देवकी और कंस का भी संवाद है। कृष्ण कहते हैं "गोकुले जन्मि ने हामार हेयाछे मन" (मैंने गोकुल में जन्म लेने का निर्णय लिया है)। "एखन सुन देवगन हामार हइल मन" (हे देवगण, अब आप सभी हमारे मन की बात सुनें।) इसके गीत में प्रकृति और आसपास के समाज, पर्व-त्योहारों का विवरण बहुत कम है। "गीत बिजैमल" में भी इसका अभाव है।

मानबोध के कथा गीत में ऐसा ही है। एक व्यक्ति-विशेष की रचना होने के कारण इसमें घटना का विधान, स्थानों का उल्लेख और कृष्णावतार, तीनों का गहरा मेल लक्षित हुआ है, "सारद ससधर जगमग राति। देखि हरि गलाह मनोरथ माति।" शरद पूर्णिमा की रात में हरि को देखने का मनोरथ पूरा हुआ है, मानो नशा-सा आ गया। यह अवतार केवल एक परिवार का सुख नहीं है बल्कि पूरा वृन्दावन झूम उठा है, "ब्रिन्दावन भए कउ भॅल रास।"

चतुर्थ अध्याय

ग्रियर्सन का भाषा सर्वेक्षण और यूरोपीय चिन्तन

भाषा विज्ञान के अब के दौर में तुलनात्मक या ऐतिहासिक भाषा विज्ञान पहले की तरह स्वीकार्य नहीं रहा है। मनुष्य के इतिहास को समझने के लिए शब्दो की तह तक जाने के लिए संधान-अनुसंधान होते रहेंगे। जॉर्ज अब्राहम ग्रियर्सन के भाषाओं के वर्गीकरण को समझने में भी शब्दों का तुलनात्मक अध्ययन और उसका विकास एक प्रमुख आधार है। उनके समय तक भाषाओं के अध्ययन के लिए यही एक बड़ा आधार था। अंग्रेज़ी में "फाइलोलॉजी" (Philology) के बाद ही "लिंग्विस्टिक्स" (Linguistics) शब्द चला। किसी समय भाषा विज्ञान को तुलनात्मक व्याकरण (कम्पेरेटिव ग्रामर) कहा जाता था। 19वीं सदी में एक शब्द आया "कम्पेरेटिव फिलोलॉजी" तुलना को लेकर एक धारणा है, ज्ञान में निहित तुलना के स्वभाव की। किसी भी शास्त्र का ज्ञान तुलना के बिना अधूरा है। फिलोलॉजी (यूनानी) में **फिलोस** का अर्थ प्यार या प्रेमी और **लोगोस** का अर्थ बात-चीत शब्द या भाषा है। कहते हैं कि 1386 में अंग्रेज़ी में "फिलोलॉजी" का प्रयोग व्याकरण, आलोचना, साहित्य और ज्ञान के अर्थ में होता था। लिंग्विस्टिक शब्द बाद में चला। अंग्रेज़ी साहित्य में फिलोलॉजी को साहित्य-अध्ययन से अलग नहीं समझा गया।

ग्रियर्सन भाषाओं के व्याकरणिक अध्ययन के साथ-साथ लोक साहित्य में भी रुचि ले रहे थे। मध्यकालीन कवियों के साहित्य का अध्ययन भी कर रहे थे। उन्होंने जायसी के पद्मावत का अंग्रेज़ी में अनुवाद किया। वे तुलसी के साहित्य पर लिखे। विशेषीकरण के इस युग में भाषा के अध्ययन को साहित्य से अलग करने का लाभ नहीं हो सकता था। इस फाइलोलॉजी का आधार भी शब्दों का तुलनात्मक अध्ययन ही था। उसी आधार पर 19वीं शती के जर्मन भाषा वैज्ञानिकों की कई खोजें सामने आयीं। उसी आलोक में कई भाषाओं के व्याकरण सामने आये। उसी परिप्रेक्ष्य में श्रेष्ठ और निम्न भाषाओं के विचार भी आये और उसी सन्दर्भ में जातियों की श्रेष्ठता का विचार भी आया। ग्रियर्सन साहब के भाषाओं

के सर्वेक्षण के स्वरूप को इससे अलग कर नहीं देखा जा सकता है। इसका यह मतलब नहीं है कि शब्दों का तुलनात्मक अध्ययन भाषा के साम्राज्यपरस्त चिन्तन का कारण है। यह समझना होगा कि उन्होंने अपने समय के वर्गीकरण के लिए क्या तरीका निकाला। अपनी कुछ सीमाओं के होते हुए भी भाषाओं के सर्वेक्षण का उनका तरीका विचारणीय है।

भाषाओं के अध्ययन के लिए तुलनात्मक के अलावा दूसरा कोई आधार नहीं था और अब भी उसका महत्त्व है। एक सवाल है, भाषाओं का वर्गीकरण क्यों? द्वितीय विश्व युद्ध के समय और उसके बाद वर्णात्मक भाषा विज्ञान (डिस्क्रिपटिव लिंग्विस्टिक्स) का विकास हुआ। उद्देश्य सुदूरवर्ती इलाकों की बोलियों और भाषाओं का विवरण लेना था। तब भाषा के वर्गीकरण को ज्यादा गहराई से देखा-परखा गया होगा। वर्गीकरण और संरचना की पहचान और परख मानव-विवेक की ज़रूरत है। कोई भाषा वैज्ञानिक या भाषा का कोई विद्वान् वर्गीकरण में रुचि नहीं भी लेता, तो भी वर्गीकरण का विचार किसी गैर-भाषाविद् के दिमाग में उपजता ही। मानव वैज्ञानिक का विचार है कि प्रत्येक वस्तु उपजाति, प्रजाति और फिर दृश्यमान जगत के विविध रूपों से जुड़ी होती है। अब उसके आदिम रूपों तक पहुँचने और प्रारम्भिक चरण से विकास की सुनिश्चित यात्रा तय की जा सकती है। यह काम ग्रियर्सन के पहले के भाषाविदों ने भी किया है।

19वीं शती के भाषा विज्ञान में भाषाओं के व्याकरणिक अध्ययन खूब हुए बल्कि भाषा वैज्ञानिक होने का यह एक सोपान बन चुका था। ग्रियर्सन अपने समय के भाषाविदों से भिन्न थे। व्याकरण पर उनका जोर है। भाषा-सर्वेक्षण में वे भाषायी परिवारों के अध्ययन में व्याकरणिक संरचना को आधार बनाते हैं। उन्होंने विद्यापति और तुलसीदास पर लिखा। उनके मन में भाषा विज्ञान को साहित्य से अलग करने या मानने का आग्रह नहीं था। इसलिए भाषा-सर्वेक्षण में उनके नमूने केवल दैनिक जीवन के सीधे-सादे वाक्यों के नहीं हैं। उन्होंने मुहावरे और कहावतें संकलित करवाये थे। उनके सर्वेक्षण में बहुत छोटे-छोटे अनुभव आये हैं जिनसे भाषिक समाज की सोच का भी पता चलता है। कविता में शब्दों का अनुशासन ज्यादा गठित और व्यवस्थित होता है जो कविता के पाठ और उसकी श्रव्यता में निहित है। ग्रियर्सन भाषा विज्ञान को तकनीकी विद्या के रूप में नहीं लेते हैं। भाषा का अध्ययन, उसका एक आधार वाचिक रूप है। लिखने की सामग्री के अधिक प्रचलित न होने के दिनों में साहित्य वाचिक और दृश्य रूप में था। कविता की श्रव्यता पर विशेष जोर था। कविता के सुनने में कविता के पाठ और श्रोता की प्रतिक्रिया दोनों का आनन्द मिलता है और वह त्वरित होता है। ऐसे लोक प्रचलित शब्दों से कवि बँधा होता है। वह शब्द गढ़ नहीं सकता है, वह शब्द थोप नहीं सकता है। जो करना है, वह लोक विश्वास और मर्यादा के अनुसार। राजशेखर (880-920 ई.) के नाटक (कर्पूरमंजरी)

में एक सूत्रधार अपने दूसरे सहयोगी से कहता है कि सभासदों के बीच सुनायी जाने वाली रचना कविता है। भाषा के अध्ययन का मुख्य आधार वाचिक है। इस वास्तविकता को भाषा वैज्ञानिक मैक्समूलर भली-भाँति समझते थे। उनका रॉयल इंस्टीट्यूट ऑफ लन्दन (1861) के व्याख्यान के प्रारम्भ में बोलियों के साहित्य की चर्चा है। आगे चलकर उनका पूरा व्याख्यान साइंस ऑफ लैंग्वेज (1890) में प्रकाशित हुआ। उन्हीं के शब्दों में "........बोलियों को साहित्यिक भाषाओं से जो लाभ होता है, उसके बजाए साहित्यिक भाषाओं को बोलियों से जो लाभ होता है, उसे स्पष्ट रूप से प्रदर्शित करूँ "(भूमिका)"। भाषा विश्लेषण के सन्दर्भ में इसका महत्त्व है। लोक या लिखित साहित्य का विकास तुलनात्मक अध्ययन के लिए बड़ी कसौटी है। ग्रियर्सन के सर्वेक्षण में भाषाओं के नमूने के रूप संकलित किये गये (भूमिका/खंड एक/भाग एक)। एक रूप बाइबिल के आदर्श उद्धरण का अनुवाद था। दूसरा, लोक गीत अथवा विवरणात्मक गद्य का था जिसमें उसके मुहावरे और कहावतें आ जाएँ। दोनों का फर्क सर्वेक्षण के दूसरे चरण से समझा जा सकता है। दूसरे चरण में प्रत्येक जिलाधिकारी और राजनैतिक एजेंटों को अपने इलाके की भाषाओं और बोलियों का ब्योरा देने का आदेश दिया गया।

भाषाओं के अध्ययन-क्षेत्र में दैनिक जीवन की शब्दावली का दृष्टांत लिया जाता रहा है। मैक्समूलर और ब्लूमफील्ड भी कुछ शब्दों या वाक्यों का नमूना प्रस्तुत करते हैं। जर्मनी के भाषाविदों श्लाइखर, हर्मन बॉप आदि तुलनात्मक-विवेचन में आगे रहे हैं। वे व्याकरण को अपने अध्ययन का आधार बनाते हैं। उनकी तरह ग्रियर्सन भी व्याकरण का सहारा लेते हैं। उनके पूर्ववर्तियों और समकालीनों ने योरोपीय परिवारों का विशद् अध्ययन किया। कुछेक शब्दों और वाक्यों को आधार बनाया। ग्रियर्सन लोक के बीच से व्याकरण के तत्त्व लेते हैं। उन्होंने लोक साहित्य का संकलन किया। बाँगरू (हरियानी) के नमूना के लिए वे झिंद तहसील में प्रचलित लोक कथा (भाग 9 पश्चिमी हिन्दी/165-166) की मिसाल देते हैं। पश्चिमी हिन्दी में (VI) का चलन संज्ञा, सर्वनाम और क्रिया तीनों में होता है, **अपणे, कौण** (अपने और कौन) आणे, देण, लेण (आने, देन, लेन)। एक क्रिया है **रहण**। आगे इसका चलन **रहे थे** और, कहीं-कहीं **रे-थे** और **रह्या** के रूप में भी है। इसी प्रकार रोहतक की बाँगरू (जाटों की भाषा जाटू) का नमूना उन्हें एक फ़ारसी लिपि से मिला। कथा है कि एक अहीर अपने दामाद से सब कुछ देने का वचन देता है। दामाद उससे सुन्दर उपहार माँगता है। अहीर उसे देने से बचने के लिए तरह-तरह के बहाने बनाता है। वे (ग्रियर्सन) जिस समाज से आये थे, वहाँ एक धर्म का समाज था, ईसाई धर्म का। शादी-विवाह एक से दो दिनों में निबट जाते थे। ग्रियर्सन इस समाज को बहुत करीब से देख रहे थे। इसलिए संकलित लोक साहित्य में भाषा के प्रवाह के साथ सामाजिक जीवन के रंग-बिरंगे चित्र मिलते हैं। जो बात कर्पूरमंजरी में आयी है, कविता की श्रव्यता

की, ग्रियर्सन उसका महत्त्व समझते थे। कहानी कहने से बनी है, तो कविता कथन का रूपान्तर है। श्रोताओं के बीच से होती कविता पाठक तक पहुँचे। लिखना और कहना दोनों का जादुई असर दिखेगा।

लोक साहित्य में भाषा का अनकही प्रवाह होता है। कहने की अदा के कारण लोक कथा अपनी जानी-पहचानी और प्रचलित 'थीम' के बाद भी चाव से सुनी जाती है। इसकी भाषागत जाँच-पड़ताल करने पर कई अजूबे निष्कर्ष भी मिलते हैं। भारतीय भाषाओं में महाप्राणत्व मुख्य प्रवृत्ति के बतौर रेखांकित होता है। इसके महत्त्व पर भाषाविद् रामविलास शर्मा ने (भारतीय भाषा परिवार और हिन्दी) विस्तार से लिखा है। भाषा सर्वेक्षण के नौवें खंड के पहले भाग (पृ. 204) में जयपुर की डाँगी बोली की लोक कथा आयी है। वह पूरी कथा मानों महाप्राणत्व को चुनौती दे रही है। हर जगह महाप्राणत्व से किनारा, **कसी** (खुशी), **बांदो** (बँधा), **सूको** (सूखा), **साद्** (साधु), **भूको** (भूखा) **राकस** (राक्षस पृ. 205-06) महाप्राण ह का हाल है कि वह प्रायः शब्द के पहले वर्ण के बाद आ जाता है, म्हल (महल), **म्हाराज** (महाराज) महाप्राणता के खिलाफ ऐसी बगावत केवल दरद परिवार में मिलती है, **नगर** का **नकर**। हिन्दी इलाके में महाप्राणत्व से ऐसी परहेजी, समझिए अनमोल रतन है। जिस प्रवृत्ति को ग्रियर्सन दर्शाते हैं, उनसे हिन्दी और दरद की सन्निकटता का बोध होता है। भले ग्रियर्सन लोक कथा के भाषागत विश्लेषण से इस निष्कर्ष तक नहीं पहुँचते हैं या वे इस वृहत्तर सम्बन्ध को अनदेखा भी करते हैं। फिर भी, उनके लोक साहित्य के रुझान से हिन्दी इलाके की बहुभाषिक प्रवृत्ति का पता चलता है। इस समाज की भाषाओं का अध्ययन समाजशास्त्री होकर करना पड़ेगा और यह काम ग्रियर्सन कर रहे थे।

लोक गीत, विवरणात्मक ग़द्य को प्रयोक्ता से सुनकर तैयार किया गया था। तीसरा नमूना आदर्श शब्दों और परीक्षित वाक्यों का था जिसे सर जॉर्ज कैम्पबेल (1866 ई.) ने बंगाल एशियाटिक सोसायटी (जर्नल ऑफ एशियाटिक सोसायटी ऑफ बंगाल खंड 35/2) के लिए तैयार किया था। इस तरह सर्वेक्षण के तीन उदाहरण तैयार किये गये, आदर्श अनुवाद, स्थानीय चुने गये उदाहरण तथा शब्दों और वाक्यों की सूची। तब यह निर्णय हुआ कि पहला नमूना बाइबिल के अपव्ययी पुत्र (प्रोडिगल सन) की कथा होगी। एतदर्थ सर्वेक्षण के बाद 231 भाषाएँ तथा 774 बोलियाँ मिलीं। कई प्रदेशों से कुछ नाम दो-तीन बार आ गये थे। एक ही भाषा के नमूने विभिन्न नामों से आये। गहन जाँच के बाद 179 भाषाएँ तथा 244 बोलियों की सूची तैयार हुई। 1921 की जनगणना में 188 भाषाएँ दर्ज हैं। इनमें बोलियों की संख्या नहीं है। इस सर्वेक्षण में किसी प्रदेश की मुख्य भाषा के समीपस्थ बिल्कुल उपेक्षित बोली का भी पता करना था। जैसे हिमालयवर्ती जिलों में एक छोटी बस्ती तिब्बती भाषा की भी है। ग्रियर्सन के अनुसार इसका पता किसी जिलाधिकारी को नहीं था। इस सन्दर्भ

में भाषा के स्थानीय नामकरण को लेकर समस्या आयी। कई बार प्रयोक्ता को खुद अपनी बोली का पता नहीं होता हैं। वह अपने इलाके से कुछ दूर बोली जानी वाली भाषा का नाम जानता है लेकिन अपनी बोली या भाषा का नहीं। कहीं-कहीं बोली के विचित्र नाम के कारण परेशानी होती है। पंजाब के दक्षिण की एक बोली का नाम **जंगली** था। ग्रियर्सन (खंड एक/भाग एक/39) के अनुसार यह बीकानेर की सीमा के मरुस्थल की बोली। किन्तु जिससे भी पूछा जाता, वह यही कहता कि जंगली बोली यहाँ से कुछ दूर पर बोली जाती है। आगे बढ़ने पर भी यही उत्तर मिलता। ग्रियर्सन लिखते हैं कि काफी आगे जाने पर राजपूताने के रेगिस्तान का ऐसा इलाका मिला जहाँ कोई बोली नही बोली जाती थी। यह विश्वसनीय नहीं है, फिर भी यह सत्य है कि सुदूरवर्ती इलाकों की बोलियों को संकलित करने में स्थानीय अधिकारी सफल-विफल रहे होंगे। 1897 में ग्रियर्सन के कठिन प्रयास से एक संग्रह ''विभिन्न भारतीय भाषाओं में नमूने के अनुवाद'' शीर्षक से निकला। इसमें 65 पाठान्तर थे। जिलाधिकारियों ने तीन नमूने भेजे थे। इनमें एक नमूना ''अपव्ययी पुत्र की कथा'' का था। दूसरा नमूना स्थानीय लोगों द्वारा तैयार किया गया था। इसमें अधिकारियों को यह आदेश दिया गया था कि वे अनुवाद करते समय साहित्यिक भाषा का प्रयोग नहीं करें। तीसरा नमूना आदर्श शब्दों और वाक्यों का था।

नमूने का सम्पादन भी आसान नहीं था। हिमालय तथा असम प्रदेश में कुछ बिल्कुल अप्रचलित बोलियों के केवल एक-एक नमूने मिले। गहन छानबीन के बाद पता चला कि यह बोली इससे पूर्व लिखित रूप में कभी आयी ही नहीं। कई बार नमूने की शुद्धता की जाँच करना भी कठिन मालूम हुआ। कुछ बोलियों के लिए नमूना प्राप्त करना बहुत कठिन था। हिन्दुकुश के काफिरों की बोली का पता गड़ेरिये से मिला। उसे कुछ प्रलोभन देकर चित्राल लाया गया। वह केवल अपनी मातृभाषा जानता था। उसी समय एक बशगली नदी के किनारे बसने वाला शेख मिला। वह इस गड़ेरिये की भाषा भी समझता था और चित्राली भी। उन दोनों की सहायता से बाशगली या बशगली और चित्राली के नमूने मिले। तमाम तरीकों से प्राप्त बोलियों में कई विश्लेषणात्मक और कई संश्लेषणात्मक हैं। इनमें से कुछ का व्याकरण लैटिन से भी अधिक जटिल है। ग्रियर्सन के अनुसार (पृ. 46) ''भाषा विज्ञान की दृष्टि से इन सभी बोलियों को एक भाषा-विशेष की बोली मानना, वैसा ही असंगत है जैसा जर्मन को अंग्रेजी की बोली मानना।'' इसलिये ग्रियर्सन इनके व्याकरणिक गठन के अनुसार बिहारी, पूर्वी तथा पश्चिमी हिन्दी में विभाजित करते हैं।

मैक्समूलर के अनुसार (भाषा विज्ञान/17) जीवित भाषाओं का ज्ञान केवल व्याकरण और शब्द भंडार की दृष्टि से ही महत्त्वपूर्ण नहीं है। इन भाषाओं का ज्ञान श्रेष्ठतम समाज से परिचय प्राप्त करने तथा यूरोप के श्रेष्ठतम ज्ञान के लिए भी प्रासांगिक है। आगे वे लिखते हैं कि तुलनात्मक भाषा विज्ञान में भाषा का अध्ययन

मात्र साधन नहीं है, वह साध्य है। उन्होंने लिखा है (पृ. 19) कि भाषा के गठन और विभिन्न युगों में उसके विकास का ज्ञान साहित्य के अध्ययन के बिना सम्भव नहीं है। मैक्समूलर के मत में यूरोप का साहित्य श्रेष्ठतम है। भारतीय साहित्य को लेकर उनकी दृष्टि बहुत उदार नहीं है। उन्हें वैदिक संस्कृत का गहरा अध्ययन था। वे पालि, प्राकृत और अपभ्रंश के विद्वान् थे। इसके अलावा ग्रीक, लैटिन समेत दूसरी भाषाओं के साहित्य का भी अध्ययन था। भारतीय साहित्य को लेकर उनके विचार स्वीकार्य नहीं हो सकते हैं। वह प्रभाव ग्रियर्सन के कार्य पर भी देखा जा सकता है। ग्रियर्सन ने सर्वेक्षण के पहले खंड के पहले भाग में भाषाओं के वर्गीकरण को लेकर संस्कृत, प्राकृत और अपभ्रंश के विद्वानों को अनदेखा किया है। वे अलबेरुनी (1030 ई), अमीर खुसरो (1317) और अबुल फजल (1556-1605) की कृतियों पर बहुत संक्षेप में चर्चा करते हैं। उस पर भी अबुल फजल के बारे में उनकी राय है, "भारत में पैदा होने के बावजूद उसने इस विषय में हिन्दू दृष्टिकोण से विचार नहीं किया है, (पृ. 3)"।

पुनः मैक्समूलर पर आते हैं। भाषा के अध्ययन को साहित्य का हिस्सा माननेवाले वे थोड़े यूरोपीय विद्वानों में थे। उनकी कृति (भाषा विज्ञान) में एक अध्याय "अपूर्ण वर्गीकरण" (111.152) का है जिसका आधार अशोक के शिलालेख (300 ई.पू.) हैं। इस आधार पर वे भाषा की दो धाराएँ देखते हैं, वैदिक एवं पाणिनीय संस्कृत और दूसरी धारा अनगिनत जीवंत भाषाओं से परिचालित। अशोक के अभिलेख में बोलचाल की भाषा है। मैक्समूलर सीधे तौर पर संस्कृत भाषाओं के विकास की चर्चा नहीं करते हैं। वे समस्त बोलियों और भाषाओं को व्याकरणिक और अव्याकरणिक प्राकृतों में देखते हैं। व्याकरणिक प्राकृत से उनका अभिप्राय अपभ्रंश का है। उनके अनुसार यह प्राकृत संस्कृत की भाँति ही वैयाकरणों द्वारा निर्धारित नियमों से निर्मित हुई है (बौद्ध और जैन ग्रन्थों की प्राकृतें)। वे मानते हैं कि महाराष्ट्र की एक ही प्राकृत महाराष्ट्री है। शेष अन्य प्राकृतें किंचित् परिवर्तित रूपों में नाटकों में व्यवहृत हुई हैं। इनमें सबसे प्राचीन पालि है। अव्याकरणिक प्राकृतों का आधार अशोक के शिलालेख है। ये शिलालेख एक इलाके के नहीं है। इनमें प्राकृत के अनेक रूप मिलते हैं। गिरनार शिलालेख में लिखने के लिए शहबाजगढ़ी में लिखापितु, जौनगढ़ में लिखपिता तथा मानसेरा में लिख पित मिलता है। हिन्दी में लिखने के अनेक रूप रहे हैं, **लिखने कूँ, लिखन कूँ, लिखिबे को, लिखावे** के इत्यादि। **लिख** क्रिया के आगे **पित/पितु** क्यों? सम्भव है कि क्रिया की पूर्णता केवल **लिख** से स्पष्ट नहीं होती हो। **पित पितु** (पूर्व या प्रत्यय प्रीपोजीशन) के रूप में भी प्रयुक्त हुआ होगा। हिन्दी में भी कूँ, में के इत्यादि का विकास कहीं-न-कहीं क्रिया की पूर्णता को ही दर्शाता है। पितु के परसर्गो का मेल बिठाना मुश्किल है। **के को** का प्रयोग केवल परसर्गों के रूप में ही नहीं हुआ है। सर्वनाम के रूप में भी हुआ है, **को** बड़ **छोट कहौं अपराधी यहाँ को**

(कौन) सर्वनाम है। ग्रियर्सन के पहले खंड के पहले भाग (पृ. 111) में हिमालयवर्ती एक बोली "लिम्बू" का उदाहरण आया है, **मैं उसे मारता हूँ** (हि.) **हिप्तुंग**। ग्रियर्सन का विश्लेषण है कि यहाँ **मैं** तथा **उसे** प्रत्यय रूप में क्रिया पद से संयुक्त हुआ। इस भाषा में **मारना** के लिए **हिप उस** के लिए **तूं** तथा मैं के लिए **न्ग** का प्रयोग होता है। उनके अनुसार (पृ. 713) ऑस्ट्रिक भाषा परिवार में भी ऐसे प्रयोग मिलते हैं। मुंडा या मुंडारी में शब्द-निर्माण के लिए प्रत्यय पर प्रत्यय संयुक्त होते जाते हैं। **दल** (संथाली) का अर्थ है मारना। इससे **दल-ओचो-अकन्त-तए-तिञे** (वह जो उनका है जो मेरा है चोट खाते रहने पर भी कार्य जारी रखेगा)। **दल** से **दपल** बना है, तब मारने की क्रिया पारस्परिक-बोधक हो जाएगी। हम ग्रियर्सन से सहमत हों या असहमत, भाषाओं के विश्लेषण में वे स्वयं या दूसरों से संकलित नमूनों को आधार बनाते हैं। इस दृष्टि से उनकी प्रखरता अद्वितीय है।

शिलालेखी प्राकृतों में परसर्गों का विकास संस्कृत की तर्ज़ पर भी नहीं हुआ है। ऑस्ट्रिक परिवार में प्रत्यय-दर-प्रत्यय संयुक्त होनेवाले शब्दों से एक वाक्य का बोध प्राकृत के एक रूप की नियमित व्यवस्था को दर्शाता है। प्राकृतों के सूक्ष्म या बारीक भेद तो अलग और इसे मैं बहुत विचारणीय नहीं मानता हूँ। आर्यों के इलाके (अगर ऐसा माना जाए) में ही प्राकृत का वह रूप भी मिलता है जिससे संस्कृत के प्रचलित रूप का पूरा मेल नहीं है। इस इलाके या हिमालयवर्ती इलाके में प्राकृत का एक भिन्न रूप आकार ले रहा था जिसकी डोर बिहार के दक्षिणी इलाके के ऑस्ट्रिक परिवार में मिलती है। प्रत्ययों का संयुक्त होना संस्कृत में भी है महान् भाषाविद् पाणिनि (400 ई.पू.) भाषा (संस्कृत) के अलावा विभाषा शब्द का प्रयोग करते हैं, जिसका अर्थ वैकल्पिक भाषा है। ध्यातव्य है कि अशोक के समय प्राकृत राजभाषा थी। संस्कृत अपदस्थ हो चुकी थी। अशोक के शिलालेखो प्राकृत के क्षेत्रीय भेदों का एक कारण संस्कृत के एवज में क्षेत्रीय भाषाओं को महत्त्व देना भी रहा होगा। आगे चलकर एक आदर्श प्राकृत का विकास हुआ जिसकी व्याकरणिक संरचना बिल्कुल भिन्न थी। जैसे, संयुक्त व्यंजन ध्वनियों मे स्वर भक्ति, **मर्यादा-मरियादा**। द्विवचन और **लृ** का लुप्त हो जाना, स्वर धातुओं का आना आदि। व्यंजन का लोप, **स्फाटिक-हटिक**, संस्कृत की संयुक्त व्यंजन ध्वनियों में स्वर-भक्ति, **मर्यादा-मरियादा**।

हिमालयवर्ती भाषाओं में व्यंजन से प्रारम्भ होने वाले अनेक शब्द हैं। अब **न्ग** का उच्चारण किस रूप में होगा? वहाँ बसी आबादी अपने अस्तित्व के लिए संघर्ष करती रही होगी। उन्होंने अपनी भाषा को अक्षुण्ण बनाये रखा। आगे हिन्दी में इसका कोई असर नहीं हुआ। इससे सम्पर्क भाषा होने पर अर्ध व्यंजन के शुरू होने वाले शब्दों को अकल्पनीय मान लिया गया। अब कोई इसे आर्य भाषा परिवार कह दे, तो यह अलग और खतरनाक है बल्कि कहें क्षेत्रवाद को महत्त्व देना है। एक प्रश्न है, ग्रियर्सन ऑस्ट्रिक परिवार का विश्लेषण करते हैं लेकिन किस कारण स्वर

भक्ति बढ़ी, इसे मुद्दा नहीं बनाते। इससे श्रेण्य भाषा से अनेक भाषाओं के विकास की धारणा पर हमला होता जो सामाजिक और राजनैतिक दृष्टि से ब्रिटिश राज के अनुकूल नहीं थी। शिलालेखों तथा दूसरी शताब्दी के पश्चिमी भारत के अभिलेखों में जिन बोलियों का प्रयोग हुआ है, वे साहित्यिक प्राकृत (115) से बिल्कुल भिन्न हैं। ये प्राकृत वैयाकरणों द्वारा निर्धारित नियमों के अनुकूल नहीं है। अशोक के अभिलेखों के दो प्रकार हैं, एक, में **ण** (मूर्धन्य), ञ (तालव्य) तथा आदि य और र सुरक्षित हैं। दूसरे में **ण ञ** और आदि **य** का लोप हो गया है। मैक्समूलर का अनुमान है कि अशोक के मंत्रिपरिषद् में वैदिक भाषा के जानकार नहीं थे। इसलिए अभिलेखों में संस्कृत शैली के अनुकरण और उसके व्याकरण के नियमों की अवहेलना हुई है। उनके शब्दों में "जिस भाषा में अशोक ने अपने प्रजा को सम्बोधित किया था और सम्भवतः जिसे उसकी प्रजा समझती थी वह साहित्यिक संस्कृत से उतनी ही भिन्न थी, जितनी की दाँते के युग की बोलचाल की इटालियन भाषा, साहित्यिक लैटिन से... (118)।"

मैक्समूलर संस्कृत से प्राकृतों के विकास को बहुत स्पष्ट नहीं मानते हैं। राजेश्वर के नाटक "कर्पूरमंजरी" में संस्कृत को कर्कश कहा गया है। सम्भव है कि वैदिक संस्कृत की मिठास लौकिक में न रही हो। इस कारण संस्कृत केवल अभिजनों की पूँजी बन कर रह गयी थी। नाटक के पहले अध्याय में देवी का वचन है, **सहि बिअक्खरो। अम्हाणां पुरदो तुमं गाठं कइत्तणेण उत्ताण होसि**। इसका संस्कृत विवेचन है, **सखि विचक्षणे, अस्माकं पुरतस्त्वं गाठं कवित्वेन उत्ताना भवामि**। हिन्दी व्याख्या है, "सखि विचक्षणे, हमारे सामने तुम कविता करने की बड़ी डींग मारती हो।" विश्लेषण करने पर वैदिक से लौकिक और प्राकृत तक का विकास बिल्कुल श्रेणीगत या सोपानवत नहीं है। **क्ष** का **क्स** में परिवर्तन बिल्कुल सम्भव है लेकिन **व** का **इ** में और **भव** का **हो** में परिवर्तन कैसे और किस कारण से है? **भवसि** और **होसि** में कॉमन स है। **भ** और **ह** की कोई तुलना नहीं है। एक ओष्ठ्य और दूसरा महाप्राण का बादशाह। आगे चलकर हिन्दी इलाके में **भ** का चलन कम हुआ है, **ह** का अधिक हुआ है। राजशेखर बड़े नाटककार थे, बड़े भाषाविद् थे। वे कविता की आत्मा को केवल भाषा के बदल जाने से प्रदूषित नहीं मानते थे। लिखने की सामग्री के आने के बाद भी कविता का स्वभाव राजशेखर के अनुसार उसकी श्रव्यता ही है। भले उसके संचय के लिए उसे लिपिबद्ध कर लिया जाए। इसकी सीमा अपनी जगह है। मध्य काल में साहित्य रचना के भीतर एक आस्वादक था, आस्वाद की चिन्ता थी। संस्कृत लोक भाषा नहीं रह गयी थी। लोक का साहित्य उस समय की प्रचलित बोलियों में सुरक्षित है, जिसकी ओर मैक्समूलर संकेत करते हैं। वैदिक और लौकिक संस्कृत की शब्दावली से प्राकृत और अपभ्रंश का विकास एक रैखिक है यानि सरलता से समझ में आ जाता है, संस्कृत, प्राकृत, अपभ्रंश, हिन्दी। इस रूप

में भारतीय भाषाओं की शब्दावली को देखा परखा जा सकता है, लेकिन पूर्णतया नहीं। दैनिक जीवन के शब्दावली में इतने परिवर्तन हुए हैं, जो श्रेण्य भाषा से वर्तमान भाषिक स्थिति को कोसों दूर रख देते हैं।

संस्कृत के **एक** को पूर्व-पश्चिम नेपाल की बोलियों से मिलान कर पाना कहीं सम्भव है कहीं बिल्कुल असम्भव। पूर्व-पश्चिम नेपाल की बोलियों की अच्छी आबादी (1921 ई.) है। इनकी बोलियों में सबसे कम संख्या नेवारी (10,134) और सबसे अधिक मुर्मि (385121) की है। इस इलाके की बोलियों में संस्कृत के एक के लिए चिक (सर्पा) **का** (सुनवार), **क्रि** (गुरुंग), **ग्रिक** या **रिक** (मुर्मि), **कॉट** (मगर) **दि** (तक्ष्य) **येक** (परवूया), **च्चि** (नेवार) और **थिट** (लिम्बु) शब्द है। यही स्थिति **दो** (सं.) की है। सर्पा में **दो** के लिए **निइ** और सुनवार में **निशि** प्रचलित हैं। नेपाल संस्कृत और मैथिली का एक केन्द्र रहा है। वहाँ की मुख्य भाषा नेपाली पर संस्कृत का प्रभाव है। फिर भी, पूर्व-पश्चिमी आबादी की बोलियों पर वैदिक संस्कृत का प्रभाव कम है। शब्दों की संरचनात्मक दृष्टि और इनका विस्तृत अध्ययन यह दर्शाता है कि वैदिक संस्कृत के समानान्तर बोलियों का विकास हुआ था जिसके सूत्र-संकेत डब्ल्यू. डब्ल्यू. हंटर के शब्दकोश (लैंग्वेजेज ऑफ इंडिया एंड हाइ एशिया) में मिलते हैं।

ग्रियर्सन के भाषा-सर्वेक्षण के पहले खंड के प्रकाशन (1927) के कई वर्षों पहले हंटर का शब्दकोश प्रकाशित हुआ था। इस कोश में शब्दों के सात खानों में, चाईनीज फ्रंटियर एंड तिब्बत नेपाल (पूर्व से पश्चिम), किरान्ति समूह (पूर्व नेपाल) और ब्रोकेन टाइब्स (नेपाल) प्रमुख हैं। हंटर संस्कृत और अरबी को इंफलेक्टिंग समूह में रखा है। हंटर भी श्रेंण्य भाषाओं (क्लासिकल) का महत्त्व समझते थे। आश्चर्य यह कि तुलनात्मक दृष्टि से ब्रोकन टाइब्स ऑफ नेपाल और किरान्ति समूह (पूर्व नेपाल) की बोलियों में श्रेण्य भाषाओं संस्कृत और अरबी के शब्दों की छाप बहुत कम है, न तो रूपांतर और न अपभ्रंश और विकास की दृष्टि से। अभिप्राय यह नहीं है कि ये बोलियाँ श्रेण्य भाषाओं के असर में नहीं आयी होंगी। पुराने समय में भी बोलियों की पहचान को सुरक्षित रखने का चलन था। व्यवस्थित और प्राचीन भाषाओं के प्रभाव में भी भौगोलिक कारणों से इन बोलियों की घनिष्ठता नहीं रही होगी। हंटर (पृ. 6) मानते हैं कि अनार्य भाषा क्षेत्र में ऐसी कोई जगह नहीं है जहाँ इनका बसाव नहीं हुआ हो। कुछ स्थानों पर आर्यों की तुलना में अनार्य भारी भी पड़े हैं। फिर समतीलय क्षेत्रों की अपेक्षा पहाड़ी क्षेत्र अधिक दुर्गम रहे हैं। प्रव्रजन (माइग्रेशन) हुआ है, बहुत तीव्रता से नहीं। हंटर बाँग्ला भाषी समाज को तत्कालीन सरकार में बहुप्रतिनिधित्व (एम्प्ली रिप्रेजेंटेड) मानते हैं। उनके अनुसार प्रत्येक सप्ताह पहाड़-निवासियों का एक समूह भूख और गरीबी से लाचार हो खेती की ओर उत्तर-पूर्व में आते हैं। बंगाल सिविल सेवा के उच्च अधिकारी हंटर का अनुभव है कि उन लोगों को प्रशासकीय सफलता समतलीय इलाकों (लोलैंड डिस्ट्रिक्टस) में मिली है।

उनके स्वयं का अनुभव है कि हिन्दू जिला (हिन्दू डिस्ट्रिक्टस) में हर महत्त्वपूर्ण गाँव में मकान और स्कूल मिलेंगे। परन्तु सीमावर्ती क्षेत्रों में सरकार के स्कूल नदारद हैं। कुछ स्थानीय और सम्पन्न क्षेत्रों (लोकल कैपिटलूस), जहाँ हिन्दू अधिकारियों और व्यापारियों का विस्तार हुआ है, वहाँ स्कूल हैं।

ग्रामीण भारतीय समाज का बारीक सर्वेक्षण करने वाले (एनल्स ऑफ रुरल बंगाल) हंटर बंगाल सिविल सेवा के पहले अधिकारी थे। ''ए कम्पेरिटिव डिक्शनरी ऑफ लैंग्वेजेज ऑफ इंडिया एंड हाई एशिया'' उनकी दूसरी कृति है। वे समाज शास्त्र और मानव विज्ञान के सम्मानित फेलो थे। उनका यह शब्द कोश बहुत विस्तृत है। खास बात है योगात्मक, अयोगात्मक और योग-आयोग से सम्पृक्त (आइसोलेटिंग)। इस दृष्टि से हंटर का काम सराहनीय है। इस संकलन से शब्दों के विकास की अलग-अलग सरणियों का पता चलता है। अनजाने ही सही, हंटर श्रेण्य भाषा से अनेक शब्दों के रूपांतरित होने की स्थिति से सहमत नहीं है। दरअसल इस 'सही' तक पहुँचने का सिलसिला पहाड़ी क्षेत्रों में विकास न होने और समतलीय क्षेत्रों की आबादी द्वारा उन्हें दबाए जाने के विचार से शुरू होता है। ब्रिटिश राज के प्रति भक्ति भी थी और उसे रास्ता भी दिखाना था। अपने ''डिसर्टेशन'' जिसे शब्दकोश की लम्बी भूमिका के रूप में ही देखा जा सकता है, हंटर अनेक बोलियों से शब्दों के रूपांतरित होने की विस्तृत चर्चा नहीं करते हैं। वे योगात्मक और अयोगात्मक आधारों पर भी भाषाओं के वर्गीकरण की बात कहते हैं। इससे शब्दकोश का महत्त्व सामने आता है। परन्तु, समतलीय और पहाड़ी क्षेत्रों में विकास के होने/नहीं होने की चर्चा क्यों? शब्दों की अलग-अलग सरणियों को दिखने के साथ हंटर के मन में पहाड़ी क्षेत्रों के अलग विकास होने का विश्वास जगा होगा। आगे चल अपने देश में क्षेत्रीय आन्दोलन के पीछे विकास का नहीं होने का ही तर्क खोजा गया। जिस इलाके में एक से अधिक भाषा परिवारों के लोग रहते हैं, उनकी सामाजिक और सांस्कृतिक एकता को महत्त्व न देकर महज़ योगात्मक और अयोगात्मक को महत्त्व देने का मतलब भाषा विज्ञान को वृहत्तर सामाजिक सन्दर्भ से अलग कर देखना है। एक तरह से यह काम ग्रियर्सन ने भी किया बल्कि हंटर के काम को आगे बढ़ाया। बिहार को हिन्दी प्रदेश न मानने का उनका आग्रह इसकी एक मिसाल है।

हंटर का तुलनात्मक शब्दकोश ब्रिटिश राज को लेकर गहरे असन्तोष के दिनों में आया। उस समय तक ग्रियर्सन भारत नहीं आये थे। स्वतन्त्र विषय के रूप में समाजशास्त्र और नृविज्ञान बल्कि कहें कि आनुवांशिकी का परिचय सर्वेक्षण-आधारित दस्तावेज तैयार करने के रूप में हुआ था। हंटर अपने तुलनात्मक शब्दकोश के शोधपरक अध्ययन (डिसर्टेशन) में ब्रिटिश राज के लिए कुछ ऐसे गुण-सूत्र भी दिये जो आगे चलकर भारतीय समाज में अलगाववादी और सम्प्रदायवादी मानसिकता के जनक बने। चाहते तो हंटर केवल शब्दकोश तैयार करते। भूमिका जिसे वे ''डिसर्टेशन''

कहते हैं, में कोष विज्ञान (लेक्जिकोग्रॉफी) और वर्णित शब्दों की प्रकृति पर विचार करते। शब्दकोश की किताब में ब्रिटिश राज की उपलब्धियों और सीमाओं की चर्चा करते हैं। हंटर का तुलनात्मक शब्दकोश राज के महत्त्व से प्रेरित है और अप्रत्यक्ष एक सन्देश भी है कि भारत में भाषाओं के विकास का अध्ययन ब्रिटिश राज के भविष्य को सामने रखकर ही किया जा सकता है। कह सकते हैं कि तुलनात्मक भाषा विज्ञान अंग्रेज़ी राज के बौद्धिकों के लिए खालिस भाषा विज्ञानी अध्ययन नहीं था। शब्दों की तुलनात्मक परख के साथ श्रेण्य भाषाओं से शब्दों के विकास का एक ऐसा रास्ता मिला जहाँ से उन्हें जाति और भाषा या सम्प्रदाय और भाषा के निकट सम्बन्ध का सूत्र भी मिलता है। फिर भी, इससे तुलनात्मक भाषा विज्ञान के निरर्थक होने और महज राजनीति प्रेरित होने का निष्कर्ष निकालना एकपक्षीय होगा। बिल्कुल और एक सिरे से श्रेण्य भाषाओं को महत्त्वहीन बता देना भी भाषाओं के विकास के रहस्यों को अपरिचित बनाये रखना है। इस शब्दकोश से शब्दों के परिवर्तन की प्रक्रिया में टूटे क्रमों का भी पता चलता है। या इनसे अलग शब्दों का पता भी चलता है। जैसे, संस्कृत का **हस्त** नेपाल की बिखरी जनजातीय (ब्रोकन ट्राइब्स ऑफ नेपाल) बोलियों में **हॉत** (दारही), **हॉथ** (देनवार), **कालिपक** (लेपचा), **लप्पा** (भूटानी/ पृ. 129) भी होता है। नेपाल संस्कृत का क्षेत्र रहा है। जिन क्षेत्रों में **हॉत** या **हाथ** का चलन था, वहाँ संस्कृत लोक भाषा रही होगी, तभी हस्त-हत्थ और हाथ बना। जिन क्षेत्रों में संस्कृत लोकभाषा नहीं थी, वहां सम्पर्क भाषा के रूप में एक आदर्श भाषा भी रही होगी, शेष छोटी-बड़ी बोलियाँ होंगी। यह विकास बिल्कुल अनियमित और बिखरा हुआ लगता है। थारु में तरहत्ती मैथिली और बज्जिका में भी बहु प्रचलित है। हंटर के शब्दकोश में थारु ब्रोकन ट्राइब्स में शामिल है। इसका इलाका मोतीहारी (बिहरा) से नेपाल तक का है। **हस्त** से **तरहत्ती** की यात्रा को समझने के लिए केवल तुलनात्मक अध्ययन से काम नहीं लिया जा सकता है। ज़रूरी है, उस इलाके के इतिहास को देखना, विशेषकर प्रव्रजन के इतिहास को बिना समाज भाषा विज्ञान को समझे तुलनात्मकता की तह तक नहीं जाया जा सकता है और इस दिशा में लोक साहित्य का अध्ययन नयी रोशनी देता है। इसलिए मैक्समूलर भाषा के अध्ययन में साहित्य का महत्त्व समझते थे। कविता की श्रव्यता और भाषा की वाचिकता या उसके वाचक स्वरूप में घनिष्ठ सम्बन्ध है। यह लिखित रूप में होना चाहिए। संभव है कि ग्रियर्सन ने इसे ही ध्यान में रखकर सर्वेक्षण की खास प्रविधि बनायी थी।

हंटर दो भारत देख रहे थे। एक भारत समतलीय क्षेत्रों का है जहाँ हिन्दू-मुसलमान रहते हैं। दूसरा भारत पहाड़ और जंगलवासियों का है। उनके अनुसार समतलीय क्षेत्रों में ब्रिटिश प्रशासन जितना सक्रिय रहा है, उसकी अपेक्षा अन्य क्षेत्रों के प्रति उसका व्यवहार मूर्खतापूर्ण रहा है। भारतीय इतिहास भी इस दृष्टि से एकांगी रहा है, क्योंकि इसने पहाड़ और जंगल के निवासियों को वहाँ के काँटों से निकलने नहीं

दिया और उन्हें रहस्यभरी और जादुई जातियों के रूप में स्वीकार किया। यथार्थ यह है कि अनार्य केवल पहाड़ों और जंगलों में ही नहीं रहे हैं। वे समतलीय क्षेत्रों की आबादी के साथ मिश्रित हुए हैं बल्कि कुछ जगहों पर आर्यों पर भारी पड़े हैं। अधिकांश समतलीय क्षेत्रों में ''हिन्दू आबादी'' की अपेक्षा उनकी आबादी की पर्तें ज्यादा मोटी रही हैं। हंटर लिखते हैं कि वे अपनी कृति "एनल्स ऑफ रूरल बंगाल" में बंजारों (एबॉर्जिनल) पर आर्यों के गहराते प्रभाव का उल्लेख कर चुके हैं। उनकी जीवन शैली, धर्म, समाजिक संस्थाओं और उनकी भाषा (स्पीच) पर भी आर्य (हिन्दु) (पृ. 8) प्रभाव डालते रहे हैं। मुसलमान उन्हें जंगली जानवर समझते रहे। इसके बावजूद पहाड़ों और जंगल के निवासियों की जिजीविषा उन्हें इस समाज से और अपने समय के इतिहास से खुद को लुप्त नहीं होने देती है। घिसी-पिटी संस्कृत वाली संस्कृति और प्रेरणादायी इस्लाम के बीच हिन्दुओं में कुछ उच्च आर्यवंशी सरदार इनके साथ जुड़े भी और उन्होंने अपना साम्राज्य स्थापित किया। हंटर ब्रिटिश राज की दुविधा का उल्लेख करते हैं। हिन्दुओं ने राज के राज्यारोहण से सहमति जतलायी लेकिन मुसलमान उन्हें निरंकुश तानाशाह समझते रहे और उनसे घृणा करते रहे। केवल बंजारे (एबॉर्जिनल्स) बचे थे, जिन्हें राज अपना मित्र और अपना सहयोगी समझ सकता था।

ग्रियर्सन के भारत आने के पहले जॉन बीम्स की किताब "ए कम्पेरेटिव ग्रामर ऑफ दि मॉडर्न आर्यन लैग्वेजेज विथ हिन्दी, पंजाबी, सिंधी, गुजराती, मराठी, उड़िया एण्ड बंगाली" (1871) प्रकाशित हो चुकी थी। बीम्स बंगाल सिविल सेवा के अधिकारी थे। 1871 में बालासोर (उड़ीसा) में थे। उनकी यह किताब तीन खंडों में छपी थी ध्वनि, संज्ञा, सर्वनाम और क्रिया। वे आर्य भाषाओं के सादृश्य पर काम कर रहे थे। तुलनात्मक अध्ययन के क्षेत्र में इसका महत्त्व है। इसे पढ़ते हुए आर्य भाषाओं के बीच सादृश्य और हिन्दी का महत्त्व समझ में आता है। वर्गीकरण को लेकर विचार करें तो वे संस्कृत और प्राकृत के अस्तित्व (भूमिका 22) को ही स्वीकार करते हैं। उनके अनुसार प्रारम्भिक दौर में ये ही दो भाषाएँ थीं। उस समय आर्यों की अनेक भाषाओं और बोलियों की परिकल्पना को बीम्स नहीं मानते हैं। देखा गया है कि आधुनिक शब्दावली किसी-न-किसी रूप में संस्कृत से सादृश्य रखती है। जैसे, **रात्रि** का **राई** (प्रा.) और फिर **रात** हो जाना। वे श्रेण्य/ विकृत लैटिन और फ्रेंच का उदाहरण देते हैं, Verberare (श्रेण्या क्लासिकल लैटिन), Batuere (विकृत या वल्गर लैटिन) और Battre (फ्रेंच/पृ. 25)। उनके अनुसार आधुनिक फ्रेंच और स्पेनिश भाषाएँ बोलियों का विकास तो हैं। परन्तु ये मूलतः, लैटिन के ही विकृत रूप हैं। भारतीय सन्दर्भ में विश्लेषण करते हुए वे आधुनिक शब्दावली को संस्कृत और प्राकृत का विकृत रूप (पृ. 30) नहीं मानते हैं। यह भी मानना है कि लम्बे समय बाद सिंध और पंजाब में प्राकृत भाषाएँ अपने मौलिक और व्यवस्थित (लेजिटिमेट) रूप में

थी जो मूलतः संस्कृत की ही रूपान्तर थी। इसे सिद्ध करने के लिए वे मध्यकाल की फ़ारसी शब्दावली को हिन्दी और दूसरी भाषाओं से अलग देखते हैं। उनका अभिप्राय है (पृ 30) कि उस समय तक हिन्दी फ़ारसी की संरचना से अनुप्राणित नहीं थी। उस समय के मुसलमान भी शुद्ध (प्योर) हिन्दी बोलते थे। उनके कारण फ़ारसी भाषा नहीं आयी बल्कि टोडरमल की नयी राजस्व व्यवस्था ने हिन्दुओं को फ़ारसी सीखने के लिए विवश किया।

बीम्स के अनुसार (पृ 22) संस्कृत और प्राकृत दो ही भाषाओं के साहित्य मिलते है। इनमें स्वनिमिक (फोनेटिक) परिवर्तन होते रहे हैं। इनमें आधुनिक शब्दावली के स्रोत देखे जा सकते हैं। इसके बावजूद वे प्राकृत जिनका साहित्य बहुत सम्पन्न था, वह भी संस्कृत की तरह लोक भाषा नहीं रह गयी थी। बीम्स लिखते हैं कि प्राकृत के कई रूप इस सन्देह से मुक्त नहीं थे कि वे लोक भाषाएँ नहीं थी। इसे दुर्भाग्य ही कहें कि जो लोग इन भाषाओं में साहित्य रचते रहे, उनका साहित्य बहुत मौलिक नहीं रह गया था और यह सिलसिला पीढ़ी-दर-पीढ़ी चलता रहा। इस कारण न केवल संस्कृत अपरिवर्तनीय रह गयी बल्कि बौद्धों की बोली भी जड़ होती गयी। इसलिए इनके साहित्य का रचना काल चाहे बिल्कुल सुनिश्चित क्यों न हो, उन्हें देशी भाषाओं (वर्नाक्यूलर) के रूप में स्वीकार करना कठिन है। जॉन बीम्स के पहले मैक्समूलर के व्याख्यान (साइंस ऑफ लैंग्वेज) छप चुके थे। वे भी संस्कृत से प्राकृतों से सीधा सम्बन्ध नहीं मानते थे। बीम्स भी ऐसा ही मानते हैं। परन्तु वे संस्कृत और प्राकृत को जड़ मानकर भारतीय समाज की प्रगति के ठहराव का विचार ही प्रेषित करते हैं। मतलब यह कि भारत का मध्यकाल बिल्कुल ठहरा हुआ तालाब था। इसलिए वे भाषाओं के वर्गीकरण को महत्त्वपूर्ण न मानकर केवल दो भाषाओं (संस्कृत और प्राकृत) का उल्लेख करते हैं। हिन्दी, बाँग्ला और उड़िया पर विचार करते हुए वे तत्सम और तद्भव दो वर्गीकरण करते हैं। उनके अनुसार (पृ. 34) हिन्दी में देशज और तद्भव शब्दों की अधिक संख्या है। बाँग्ला और उड़िया में तत्सम शब्दों की प्रधानता है। तद्भव शब्दों की बहुलता का एक कारण हिन्दी इलाके में मुस्लिम समुदाय की बहुलता है। यह बात वे खुले तौर पर नहीं कहते, हिन्दी इलाके की भौगोलिक संरचना बताकर इस ओर संकेत करते हैं। बीम्स के विश्लेषण को मानें तो वर्गीकरण का एक महत्त्वपूर्ण आधार शब्द-स्रोत है, भारतीय सन्दर्भ में तत्सम और तद्भव के सन्दर्भ में भाषाओं का वर्गीकरण सम्भव है। कुछेक प्रश्नों से टकराना होगा। जैसे, बाँग्ला मे तत्सम शब्दों की प्रधानता का क्या कारण है? पश्चिम बंगाल की बाँग्ला में शिष्टता अधिक है और तत्समी शब्दों को शिष्ट माना गया है जबकि पूर्वी बंगाल में ऐसा नहीं है। क्या समझा जाए इसे? अगर बीम्स की स्थापना को सही माने तो पश्चिम बंगाल में मुसलमानों की संख्या कम थी और पूर्वी बंगाल में अधिक।

इसे आधार मानने पर क्षेत्रों के बीच निरन्तर बढ़ते प्रव्रजन (माइग्रेशन) के प्रभाव की उपेक्षा होगी। शब्दों के आगम और विकृति इसी कारण होते हैं। पुनः अबके दिनों में तत्सम का प्रभाव खत्म नहीं हुआ है। दिल्ली जैसे महानगरों में पर्यावरण कॉम्प्लेक्स, समाचार अपार्टमेंट, मयूर विहार जैसे नाम इसके उदाहरण हैं। यह ज़रूर है कि विचार-विमर्श संज्ञा शब्दों से ज्यादा क्रिया-परिवर्तन में होना चाहिए। संस्कृत में वचन तथा पुरुष की दृष्टि से क्रिया कर्ता के अनुरूप होती है, **बालकः गच्छति, बालकौ गच्छतः, बालकाः गच्छन्ति** और **अहं गच्छामि**। हिन्दी में वचन तथा पुरुष के अतिरिक्त लिंग में भी क्रिया कर्ता के अनुरूप होती है, **राम गया/सीता गयी**। बाँग्ला में वचन तथा लिंग के कारण परिवर्तन नहीं होता है, राम चलिल (राम चला), **सीता चलिल** (सीता चली), **छेले चलिल** (लड़का चला), **छेलेश चलिल** (लड़के चले)। यहाँ तक कि वचन की दृष्टि से बाँग्ला में परिवर्तन नहीं होता है, जब कि हिन्दी में ऐसा नहीं है, **आमि जाइ** (मै चलूँ), **से गेले** (वह चले)। जिस भाषा में तत्सम शब्दों की प्रधानता है और जैसा कि बीम्स मानते हैं, उनकी वाक्य संरचना संस्कृत और हिन्दी से बिल्कुल भिन्न है। भाषा वैज्ञानिक और भौगलिक दृष्टि से भी बाँग्ला हिन्दी परिवार की भाषा नहीं है, जैसे, अवधी और ब्रजभाषा। बंगाल हिन्दी पत्रकारिता का केन्द्र रहा है। बाँग्ला पर उसका असर है। संज्ञा और विशेषण शब्दों में यह असर देखा गया इसके बावजूद बाँग्ला पूर्वी और पश्चिमी हिन्दी क्षेत्र की भाषा नहीं है। संरचना की दृष्टि से बंगाल से बिल्कुल सटे झारखण्ड में ऑस्ट्रिक परिवार भी है। वाक्य संरचना हिन्दी और बाँग्ला दोनों से भिन्न है। पूर्वी बंगाल (बाँग्लादेश) में संताली बहुल इलाके भी हैं। भारतीय उपमहाद्वीप में कोई भी इलाका एक से अधिक भाषा-परिवारों का है। किसी भी भाषा में जन साधारण द्वारा प्रयुक्त शब्दों का खासा भंडार होता है। इन्हें आर्येतर कहने का चलन था। वैदिक काल में दासों की शब्दावली को आर्येतर कहा जाता था। प्रायः आर्यगण अशुद्ध उच्चारणों की निन्दा करते थे। श्रेष्ठ और अपश्रेष्ठ का विचार था उनमें। परन्तु आर्येतर और आर्य भाषाओं का विचार बड़ी आबादी द्वारा प्रयुक्त शब्दों के संसार से हमें वंचित कर देता है। प्राकृत के कुछ वैयाकरण तद्भव के स्थान पर ''संस्कृत'' या तत्सम शब्द का व्यवहार करते हैं। हेमचन्द्र और वाग्भट्ट (पिशल/प्राकृत भाषाओं का व्याकरण) इसे देशी (देशीनाममाला/ देशीमत) नाम देते हैं। इस वर्ग में वे उन शब्दों को भी रखते हैं जिनका स्रोत उन्हें नहीं मालूम है। उन शब्दों के स्रोत संस्कृत में नहीं होंगे। उन्हें वे ''देशी'' कोटा में रख देते थे। भाषाविद् डॉ. मुरलीधर श्रीवास्तव "शेखर" (हिन्दी तद्भवशास्त्र/77) इसे संस्कृत से अलग मानने को तैयार नहीं हैं। उनके अनुसार देशी भाषा में कुछ ऐसे सामाजिक और संधियुक्त शब्द भी रख दिये गये हैं, जिनके शब्द तो अलग-अलग संस्कृत में मिलते हैं, किन्तु सारा संधियुक्त शब्द संस्कृत में नहीं मिलता जैसे **अच्छिवडणम**! (आँख बन्द करना)। असल में यह शब्द **अक्षि पतन**

से बना है पर संस्कृत में **अक्षिपतन** शब्द इस काम में नहीं आता। शेखरजी मानते है कि इन देशी शब्दों में क्रियावाचक शब्दों की बहुलता है। साठ के दशक मे हिन्दी में निरुक्ति विषयक पुस्तकें नहीं के बराबर थी। शेखरजी की किताब तद्भव के चिन्तन-क्षेत्र में पहली कृति थी। इसलिए शब्द-स्रोतों के प्रति लेखक का आग्रह वही है जो बीम्स और दूसरे अंग्रेज भाषाविदों का था। बीम्स की विशेषता यह ज़रूर है कि वे हिन्दी प्रदेश की भाषाओं को हिन्दी की बोलियाँ मानते हैं और इस दृष्टि से वे हिन्दी के इलाके में सम्भावित क्षेत्रवाद को प्रेरित नहीं करते हैं।

उसी दौर यानि 1961 में डॉ. रामविलास शर्मा की पुस्तक ''भाषा और समाज'' आयी थी। उसमें स्लाव और हिन्दी के शब्दों की तुलना का उद्देश्य बहुत अर्थों में संस्कृतेतर या आर्येतर समझी जाने वाली भाषाओं का महत्त्व भी दर्शाना था। इसका यह अर्थ नहीं कि वे संस्कृत की उपेक्षा करते थे। परन्तु इसमें दम है कि भाषा का जो रूप मौजूद है, उससे शब्दों के मूल स्रोत तक पहुँचने का सबसे विश्वसनीय विचार मानना मुश्किल है। भाषाविद् डॉ. विद्यानिवास मिश्र की किताब (हिन्दी शब्द सम्पदा) 1970 में आयी थी। इससे गुजरने के पश्चात् तद्भव शब्दों का महत्त्व समझ में आता है। विशेषकर खेती विषयक शब्दावली से भिन्न परिवार की शब्दावली का बोध होता है। मेरा संकेत द्रविड़ भाषा परिवार की ओर है। किसी अंग्रेज भाषाविद् ने बहुत पहले कहा था कि वैदिक शब्दावली में कृषि से इतर शब्दावली आदि द्रविड़ परिवार की भाषाओं से सीधे सम्बन्ध रखती है।

भाषा एक आदत भी है। थोड़ा सीमित अर्थ में देखें तो भाषा के प्रयोक्ता को **रात्रि** के **रात** हो जाने के ''क्यों'' से कोई मतलब नहीं है। एक आदत, जो व्यवहार है, में रात का शुमार सूर्यास्त से है। इसलिए उसका प्रयोग उसी रूप में निश्चित हो गया है। आदत बदलती है। भाषा का अध्ययन बदल रही आदतों का होता है। जब बीम्स लिखते हैं कि लम्बे समय तक संस्कृत और प्राकृत जड़ भाषाएँ रह गयीं, तो इसका मतलब हुआ कि भाषा के प्रयोक्ता की आदत में कोई परिवर्तन हुआ ही नहीं, यानि उसकी दिनचर्या बिल्कुल स्थिर रही। समाज में कोई परिवर्तन नहीं आया। ध्यान रहे कि ब्रिटिश राज भी इस विचार का कायल था। अब बीम्स की मानें तो भारतीय भाषाओं का वर्गीकरण बिल्कुल अनुपयुक्त है। ग्रियर्सन भारतीय समाज की अपरिवर्तनीयता को मानते हैं। मध्यकाल में इस समाज के जड़ होने वाले विचार से सहमत हैं। परन्तु वे इसी आधार पर भाषाओं के वर्गीकरण को अनावश्यक नहीं मानते हैं। बीम्स की किताब पहले आ चुकी थी और उसके पहले मैक्समूलर की किताब आ चुकी थी। ग्रियर्सन के सामने वर्गीकरण की प्रक्रिया से ज्यादा इस समाज को लेकर दुविधा रही होगी। इसके मध्यकाल को किस रूप में लिया जाए। सरकारी अधिकारी थे, सरकार के अनुसार चलते। वर्गीकरण की चर्चा ओरियंटल कान्फ्रेंस (वियना/1886) में हो चुकी थी। ग्रियर्सन

भारतीय समाज के जड़ होने के विचार से सहमत थे।

जॉन बीम्स दूसरे अंग्रेज अधिकारियों की अपेक्षा अधिक उदार और सहिष्णु थे। उनकी आत्मकथा (मेमाअयर्स ऑफ ए बंगाल सिविलियन/1896) में इसके कई प्रसंग आये हैं। शाहाबाद और पूर्णिया के उनके अनुभव से इसकी पुष्टि होती है। उन्होंने अपने जिलाधीश सर स्टुअर्ट बेली (आगे बंगाल के गवर्नर) से किसानों के कल्याण के बावत कुछ कहा। बेली उन पर हँसे और कहा कि जमींदार को किसानों के साथ कुछ भी करने का अधिकार है। बीम्स किसानों पर अत्याचार पर बंदिश लगाना चाहते थे। बेली इसे हँसी में उड़ा देते थे। क्रिस्टोफर **क्रूक** उनकी आत्मकथा के कुछ अरुचिकर प्रसंग प्रस्तुत करते हैं। वे भारतीय शिक्षा आयोग (1887) के सदस्य बनाये गये थे। आगे फिर राजस्व बोर्ड के सदस्य बने। गवर्नर के बाद का सबसे उँचा पद था। कुछ ही महीनों बाद वहाँ से हटाकर वे भागलपुर में कमिश्नर (अगस्त 1887) के पद पर बहाल हो गये। ग्रियर्सन उनको तीक्ष्ण कलम और सरस्वती का मालिक मानते थे। सरकारी सेवा में आते ही सरकारी नियमानुसार उन्होंने हिन्दुस्तानी और फ़ारसी की उच्च परीक्षा पास की थी। वे संस्कृत, फ़ारसी, जर्मन, फ्रेंच और इतालवी समेत कई भाषाओं के जानकार थे। उन्होंने बाँग्ला भाषा का व्याकरण (ग्रामर ऑफ बंगाली लैंग्वेज/1891) लिखा जो आई.सी.एस. के प्रशिक्षुओं के लिए पाठ्यक्रम (1922) में स्वीकृत था। अपने विचारों में वे स्पष्टवादी और बहुत तीखे थे। इसलिए उच्च अधिकारियों से उनका मेल प्रायः नहीं बैठता था। इन खूबियों के बाद भी बीम्स ऐसा मानने को बाध्य हुए कि संस्कृत "वर्नाक्यूलर" (देशी) कहलाने के उपयुक्त नहीं थी। उनमें समकालीनता को प्रकट करने वाले तत्त्व नहीं थे। सम्भव है कि फ़ारसी, ब्रज और अवधी को लेकर उनकी यही राय रही हो। ब्रिटिश राज के दबाव को महसूस किया जा सकता है। एक दृष्टि से वे भारतीय समाज की जड़ता को ही रेखांकित कर रहे थे।

बीम्स (पृ. 68) के अनुसार हिन्दी में अन्तिम वर्ण का उच्चारण नहीं होता है, **बाल** (not Bala)। वे **जान** का उदाहरण नहीं देते हैं वरना वह संज्ञा से क्रिया बन जाता **जाना**। उनके मत में **रत्न** और शब्द के उच्चारण **रतन** और **शबद** रह गये हैं। आगे वे लिखते हैं कि बाँग्ला में **अ** का उच्चारण **ओ** हो जाता है, **छोट** (छोटो या छाटो)। निष्कर्ष है कि पुरानी अंग्रेज़ी में शब्दों का अन्तिम इ (e) प्रायः नहीं ही होता है। वही स्थिति हिन्दी की है। अगर यह मान लिया जाए तो संस्कृत की तर्ज पर राम **रामः** या **रामा** होगा, इसी तरह अन्य संज्ञा शब्द भी। प्रश्न है, हिन्दी को संस्कृत की तर्ज पर ही चलना चाहिए? ऐसा माननेवालों को प्राकृत की स्वर-भक्ति से और सम्बल मिल जाता है। हिन्दी ने व्यंजनान्त को स्वीकार किया है। बीम्स के लिए **दर्शन** का **दरसन** लिखा जाना असावधानी है। **दर्शन** तत्सम है। हिन्दी का प्रयोक्ता उसे इसी रूप में क्यों स्वीकार करेगा? भाषा के शब्द सुविधानुसार प्रयुक्त

होते हैं। किसी व्यंजन के आने पर स्वर-निर्वाह उस व्यंजन के अनुरूप होता है। बीम्स ने लिखा है (पृ. 184) कि संस्कृत का दीर्घ स्वर-निर्वाह हिन्दी में संक्षिप्त हो जाता है। इस सम्बन्ध में कोई निश्चित नियम गढ़ना मुश्किल होगा। कुछ शब्दों में मध्यम स्वर बिल्कुल बाहर हो जाता है, **स्फटिक** (सं.), **फिटकिरी** (हि.), फटकी (बीम्स-192-93)। अन्यत्र (पृ. 270-71) वे लिखते हैं कि अन्तिम व्यंजन अनुच्चारित रह जाता है। संस्कृत का **अपि** हिन्दी में **भी** है जो प्राकृत के **बि हि** से आया है। सिंधी में **पि बि** और **भि** तीनों प्रयुक्त होते हैं। आर्य का **बि हि** और उसी तर्ज पर **भी** हो जाना असंगत लगता है। परन्तु बीम्स के दिये उदाहरण से आधुनिक भाषाओं में केवल तत्सम और तद्भव शब्दों के विकास की बिल्कुल स्वतन्त्र धाराएँ नहीं रही है। ऐसा नहीं है कि किसी भाषा में केवल तत्सम शब्दों का प्रवाह देखा गया हो और किसी में केवल तद्भव का।

स्वर के लुप्त हो जाने के जितने उदाहरण दिये गये हैं, उससे क्या सिद्ध होता है। भारतीय भाषाओं, विशेषकर हिन्दी के विषय में उसके वाचक और लिखित रूपों में समानता को दर्शाया जाता है, बोलने के अनुरूप लिखना। अंग्रेज़ी में ऐसा नहीं है। जो अंग्रेज़ी में नहीं है, वैसा हिन्दी मे भी हो, यह समझ पैदा करने के लिए संस्कृत से हिन्दी को अलग भी माना गया। यह बताया गया कि अंग्रेज़ी की तरह स्वर-दीर्घता को कम करने की प्रवृत्ति रही है। इसलिए वाचक और लिखित की एकरूपता न तो हिन्दी में है और न किसी अन्य भारतीय भाषा में। यथार्थ में उनका विकास यूरोपीय भाषाओं की तरह ही हुआ है। इतनी कसरत इसलिए कि भारतीयों को अंग्रेजी का महत्त्व समझ में आये। वे यह समझें कि हिन्दी और भारतीय भाषाएँ यूरोपीय भाषाओं की तर्ज पर आगे बढ़ी है। फिर ज्ञान-विज्ञान का साहित्य अंग्रेज़ी में है। इसलिए पढ़ाई अंग्रेज़ी में होनी चाहिए। भाषा के प्रति साम्राज्यवादी सोच की दुविधा कहीं हिन्दी को संस्कृत का विकास और कहीं इसे अंग्रेज़ी में ढालने की रही है। श्रेण्य भाषा से विकास माने, तो हिन्दी प्रदेश की बोलियों की उपेक्षा होगी और फलस्वरूप क्षेत्रवाद प्रबल हो सकता है। अंग्रेज़ी की तर्ज़ पर इसका विकास मानें तो हिन्दी रोमन लिपि में लिखी जा सकती है। जॉन बीम्स (पृ. 31) हिन्दी को गंगा और उसकी सहायक नदियों के क्षेत्र की भाषा मानते हैं। उनके अनुसार यह इलाका मूलतः आर्यों का रहा है और उसमें यह संस्कृत की परवर्ती भाषाओं का भी क्षेत्र रहा है। इन इलाकों में अनार्यों की वासिता भी रही है और पीढ़ी-दर-पीढ़ी आर्यों की संस्कृति के साथ सम्मिलित होते रहे हैं। यह प्रवृत्ति केवल गंगा और यमुना के इलाके में नहीं है, जिसकी चर्चा बीम्स करते हैं। सिंधी और कश्मीरी में इसके अनेक उदाहरण मिलेंगे। स्वर-दीर्घता व्यंजन के आने से प्रभावित होती है। ग्रियर्सन (खंड 8 भाग 2, पृ. 244) का मानना है कि भारतीय आर्य भाषाओं में दो स्वरों के बीच त ध्वनि प्रायः लुप्त हो जाती है, संस्कृत **कृत** हिन्दी में **किया** हो गया है। **शत**

(सं) **सौ** (हि.)। यह स्वर-दीर्घता का उदाहरण है। भाषाविद् डॉ. त्रिलोकी नाथ गंजू (कश्मीर) भाषा का भाषाशास्त्रीय अध्ययन/75) लिखते हैं, उस स्थिति में वर्तमान कालिक समस्त हिन्दी क्रिया से संलग्न **'ता ती'** ध्वनि का लोप होना चाहिए क्योंकि इनके स्वरूप भी दो स्वरों के बीच आते हैं। अगर गहराई से देखें तो हिन्दी में दोनों स्थितियाँ हैं। गंजू जी ने प्राकृत-अपभ्रंश में दो स्वरों के बीच **त** की आठ विभिन्न अवस्थाओं का उल्लेख किया है, **ता** के बदले **या, दा, दि, ई** इत्यादि। दरद परिवार की भाषा अपने किस्म की स्वर-दीर्घता है, **देइँ** (देता है), **सेई** (सोती है)। **त** सुरक्षित रहे या न रहे, चिन्ता इसे लेकर नहीं है। परिवर्तन स्वर दीर्घता और संक्षिप्तता को लेकर है जिनकी ओर बीम्स ध्यान आकृष्ट करते हैं। दरद परिवार की एक बोली बाशगली में **कृत कुत्त** हो जाता है और **शत शेर** (सौ) हो जाता है। डॉ. रामविलास शर्मा (भारत के प्राचीन भाषा परिवार और हिन्दी/294) सिंधी में ओकारान्त और उकारान्त दोनों प्रवृत्तियाँ देखते हैं। ब्रजभाषा की ओकारान्त और अवधी की उकारान्त दोनों प्रवृत्तियाँ है। ग्रियर्सन (भाग 9/पश्चिमी हिन्दी/73) लिखते हैं कि पूरे ब्रज प्रदेश में **ओ और** औ परस्पर परिवर्तित होते रहे हैं, **चल्यौ/चल्यो**। कन्नौजी में ब्रजभाषा का औ प्रत्यय ओ रूप ले लेता है। ग्रियर्सन (पृ. 83) ब्रजभाषा और कन्नौजी में बहुत कम भिन्नता देखते हैं, जो बिल्कुल सही है। उन्होंने ठीक लिखा है (पृ. 82) कि विशुद्ध कन्नौजी के क्षेत्र में भिन्नताएँ कम है परन्तु यही बात ब्रजभाषा क्षेत्र पर क्यों नहीं लागू होती? कन्नौजी का क्षेत्र छोटा है, फरुखाबाद, इटावा, हरदोई, शाहजहाँपुर, पीलीभीत और कानपुर की मिश्रित कन्नौजी (ग्रियर्सन के अनुसार)। ब्रजभाषा का क्षेत्र बड़ा है। बड़े क्षेत्र में किसी भाषा के अधिक रूप बनते हैं। इस विचार के तहत आदर्श ब्रज, कन्नौजी में अन्तर्भुक्त ब्रज, भदौरी में अन्तर्भुक्त ब्रज, राजस्थानी में अन्तर्भुक्त ब्रज, नैनीताल की तराई में मिश्रित ब्रजभाषा (पृ. 63-64) जैसे रूपों को देखते हैं। इस वर्गीकरण में व्याकरणिक संरचना के आधार पर ही उन्होंने ब्रज की सुबोधता के तत्त्वों की जाँच नहीं की है। इसके साथ एक और सूक्ष्म वर्गीकरण है। उनके शब्दों (पृ. 62) में ''ब्रजभाषा बोलनेवाले ऊपर की इन सारी विशेषताओं को नहीं जानते, फिर भी वे इसकी कई विभिन्न बोलियों से परिचित हैं।'' अब सूक्ष्म वर्गीकरण देखें, ग्वालियर के उत्तर-पूर्वी क्षेत्र में सिकरवाड़ राजपूतों के कारण यहाँ की ब्रजभाषा "सिकरवाड़ी" कहलाती है। करौली के समतल भू-भाग तथा चम्बल पार की बोली जादो राजपूतों के कारण "जादोबाटी" कहलाती है। भरतपुर के दक्षिण के उबड-खाबड़ क्षेत्र तथा करौली एवं जयपुर के पूर्व के प्रदेश को "डांग" कहते हैं। इसलिए इस क्षेत्र के पहाड़ों के गूजरों की बोली "डोगी" है। जयपुर में इसकी कई उपबोलियाँ हैं, डांगी, डंगरवारा, कालीमाल तथा डांगभांग (पृ. 63)। इतने विवरण के बाद ग्रियर्सन भूतकाल के कृदन्तीय रूपों **यौ, औ, यो** अथवा **ओ** को आधार मानकर ब्रजभाषा के विभिन्न रूपों का वर्गीकरण करते हैं।

दिखने में यह बड़ा वैज्ञानिक वर्गीकरण लगता है। भोजपुर में राजाओं की बोली को "रजेसी" कहा जाता था। लखनऊ में बेगमों की बोली को "बेगमाती" कहते थे। सवाल है, वर्गीकरण में इनका महत्त किस दृष्टि में है? यह तो बताना होगा। केवल आँकड़ा जुटा देने से बात नहीं बनती है। मक़सद क्या है। मेरे मित्र और भाषा विज्ञान के शोधार्थी राम विचार पांडेय (दि.वि.) कहते हैं कि ग्रियर्सन भाषाओं का सर्वेक्षण कर रहे थे। इसलिए भाषिक इलाकों के वैरिएशंस को देखना ज़रूरी समझा गया। कई विद्वान् ग्रियर्सन को भाषा वैज्ञानिक नहीं मानते हैं। ऐसा मानना नासमझी है। ग्रियर्सन अधिकांश बोलियों और भाषाओं की व्याकरणिक संरचना बताते हैं, उसका व्याकरण प्रस्तुत करते हैं। वाक्य संरचना का अन्तर बताते हैं। उनका ध्यान क्रियापदों पर अधिक केन्द्रित है। संस्कृतियों की पारस्परिकता को समझने के लिए संज्ञा शब्दों के चलन पर विशेष ध्यान देने की ज़रूरत है। असल बात है कि भाषाओं के सर्वेक्षण में बोलियों, उपबोलियों और उसके प्रयोग के विभिन्न रूपों के बारीक विश्लेषण के बाद भाषाओं का भूगोल किस तरह का बन सकता है। जैसे, कन्नौजी का इलाका छोटा है। उनके रूपों के वर्णन के बाद भी यह तय है कि पूरे क्षेत्र में कन्नौजी बोली और समझी जाती है। उसी प्रकार ब्रज के क्षेत्र में जहाँ मिश्रित ब्रज का रूप है, और जहाँ आदर्श ब्रज का रूप है, दोनों के सम्प्रेषण में कठिनाई नहीं है। फिर जो पूर्वी हिन्दी का इलाका है, उसके ब्रज क्षेत्र के बीच भाषिक सुबोधता में कठिनाई नहीं आती है। ब्रज और कन्नौजी क्षेत्र में **ओ** और **औ** के पारस्परिक परिवर्तन पूरे हिन्दी इलाके में अपने किस्म का है। हिन्दी ने **होता** को **हौता** और **था** को **थो** के रूप में स्वीकार नहीं किया है। **हो** सहायक क्रिया अधिकांश रूप में अकेले नहीं आती है। हिन्दी प्रदेश ने ब्रज और कन्नौजी के ओकार को सीमित अनुपात में ही स्वीकार किया है। इस अर्थ में हिन्दी किसी खास बोलियों के पूरे प्रभाव में नहीं है। कहना ये कि पश्चिमी हिन्दी को आदर्श मानने का आग्रह (जैसा कि ग्रियर्सन मानते हैं) दुर्भावपूर्ण है।

इलाकों में उपबोलियाँ जाति और वर्ग विशेष नामों से सम्बोधित होती हैं। वह भी हर समय नहीं। ग्रियर्सन के समय में ही बेगमाती हिन्दी या उर्दू का चलन नहीं रह गया था। लखनऊ की ज़बान उर्दू या हिन्दी थी। राजतन्त्र में राजाओं की बोली नौकरशाही और शासन-व्यवस्था के हिसाब से भिन्न थी। भिन्नता ऐसी नहीं थी कि राज परिषद् के निर्णय, उनके आदेश जनता तक सम्प्रेषित नहीं हो पाते थे। राजाओं और आम जनता के बीच एक दूरी को दर्शाने के लिए भी उपबोली के भी अलग रूप होते थे जो बहुत लम्बे समय के लिए नहीं होते थे। सिकरवाड़ के इलाके में सिकरवाड़ी रूप राजपूत राजा और उसके परिषद् में प्रचलित रहा होगा, आगे चलकर यह बड़े इलाके में प्रचलित हो गया। इस रूप में उपबोली एक समय में जाति और वर्ग-विशेष में होती है। इसे बहुत महत्त्व देना तभी सम्भव है जब

उससे ध्वनि-संरचना की किसी विशेष प्रवृत्ति का प्रभाव बृहत्तर इलाके में पड़ा हो। ग्रियर्सन ब्रज और अवधी समेत समस्त पूर्वी और पश्चिमी और पूर्वी हिन्दी इलाके की ध्वनि-संरचना को नहीं दर्शाते हैं। राजशेखर के विवरण से भाषिक विविधता का पता चलता है। उस समाज की ध्वनि-संरचना का विश्लेषण करते समय भिन्नता से ज्यादा पारस्परिक सुबोधता को ध्यान में रखना होगा। वर्णों के पाँच स्थानों (स्वर, काल, स्थान, प्रयत्न और अनुप्रदान) में से किसी एक को लेकर चलना मुश्किल है। स्थान और काल ध्वनि-परिवर्तन के कारक होते हैं। परन्तु इसे व्यक्ति विशेष से इंगित करना उचित नहीं है। जैसे, **हाथ** और **हात** (ब्रज) में महाप्राणता कमजोर पड़ती है। ग्रियर्सन (पृ. 72) ने लिखा है कि इस इलाके में महाप्राण व्यंजनों का व्यवहार अनिश्चित है। अलीगढ़ में **क्यों** के लिए **छो** प्रयुक्त होता है। व्याकरणिक दृष्टि से हिन्दी इलाके की भाषिक संरचना बहुविध है। ग्रियर्सन इस विविधता को दर्शाते हैं। एक सामान्य प्रवृत्ति पूरे ब्रज के इलाके में मिलती है, ओ, औ, कर्ता कारक के परसर्ग **ने** इत्यादि। जहाँ **नु** का प्रयोग होता है, कुछ जगहों पर, वह बहुत स्थानीय है। सिंधी और कश्मीरी ब्रज और अवधी से बहुत दूर हैं। सिंध के एक सिरे पर ईरान है तो दूसरे सिरे पर अवधी और ब्रज का इलाका है। स्वर के अनुच्चरित होने का उदाहरण केवल यूरोप की भाषाओं में नहीं है। स्वयं ग्रियर्सन ने भाषा सर्वेक्षण के आठवें खंड में लिखा है कि दरद परिवार की बोली सिना में शब्द का अन्तिम स्वर अनुच्चरित ही रहता है। भौगोलिक दृष्टि से सिना का इलाका या दरद परिवार का इलाका पंजाब के निकट है और पंजाबी में स्वर दीर्घता अनुनासिकता के साथ होती है, **तूँ** (प.), **आपणा** (प.), **तुसी**। ग्रियर्सन के भाषा-सर्वेक्षण का नौवाँ खंड पश्चिमी हिन्दी और पंजाबी का है। इस खंड में पंजाबी भाषा का व्याकरण भी है। इसमें एक सूची सर्वनाम और क्रियावादों की दी गयी है। इस खंड में रावी नदी के निकट की बोलियों गूजरी, डोगरी और कण्डिआली का विवरण है। कण्डिआली में आदर्श पंजाबी घुल-मिल गयी है। ग्रियर्सन द्वारा पंजाबी खास कर उन इलाकों का नमूना दिया गया है (पृ. 185)। नमूने में अनुनासिक ध्वनि सहित स्वर-दीर्घता के कई शब्द हैं, **दउँ** (दो), **उन्हाँ** (उनमें), **दै.-देओ** (दे दो), **उत्याँ उँनी** (वहाँ उसने) **लुच-पने-बिच सब-किधर** (बदमाशी में सब कुछ गँवा दिया)। बीम्स स्वर के महत्त्व और उसकी दीर्घ और संक्षिप्तता को समझने वाले अपने समय के बहुत थोड़े भाषाविदों में हैं। ग्रियर्सन को इससे प्रेरणा मिली होगी। एक बात यह भी कि व्याकरणिक संरचना का उनका विश्लेषण इस ओर ज़रूर संकेत करता है कि भारतीय भाषाओं के सन्दर्भ में यह आधार उनके वर्गीकरण को लेकर पर्याप्त नहीं है। उसे यूरोपीय भाषा की तर्ज पर भी दिखा नहीं सकता है। होना चाहिए कि हम भारतीय आर्य भाषा और भारत ईरानी भाषा परिवार को केन्द्रित करें, क्योंकि दोनों इलाकों में आर्य और अनार्य की वासिता रही है। यानि वे इसके केन्द्र रहे हैं। यूरोपीय भाषाओं की अपेक्षा इस

ओर हमारी दृष्टि जानी चाहिए। यूरोपीय भाषाओं के विकास के दिशा से यहाँ की भाषिक समाज को समझना मुश्किल होगा।

बीम्स हिन्दी को बृहत्तर इलाके की भाषा मानते हैं। यह भी मानते हैं कि हिन्दी इलाके में दूसरे कबीलों या अनार्यों की वासिता रही है। सामाजिक कारणों से भाषा का विकास प्रभावित होता है। रामशरण शर्मा के मानभूम सर्वेक्षण (1948/भारत में आर्यों का आगमन/पृ. 33) में एक उल्लेख बंगाल के पुरुलिया जिला का आया है। इतिहासकार के अनुसार इस इलाके के द्विभाषी जनजातियाँ एकभाषी होती गयीं। 1950 तक जिला की कुरमी जनजाति ने कुरमाली भाषा को त्याग कर बाँग्ला को अपना लिया। अनार्यों के बस जाने के बाद हिन्दी का वही रूप नहीं रहा था जिसे संस्कृत का सीधा विकास मानते हैं। यह स्थिति केवल अंग्रेज़ी की रही होगी।

सामाजिक सम्पर्कों के प्रसार के साथ सम्पर्क भाषा की ज़रूरत होती है। द्विभाषिकता का चलन भी इसी कारण होता है। भाषाओं की संस्कृति को सामाजिक विकास के साथ देखना होता है। एक इलाके में योगात्मक और अयोगात्मक दोनों तरह की भाषाओं का विकास होता है। झारखण्ड इसका एक उदाहरण है। बीम्स हिन्दी की व्यापकता को स्वीकारते हैं। भाषाओं के विकास के लिए योगात्मक और अयोगात्मक प्रकृति को आधार बनाते हैं। फिर इस रोशनी में व्याकरणिक संरचना का विश्लेषण करते हैं। इसलिए और इस दृष्टि से स्वर की लघुता और दीर्घता, व्यंजन का प्रसार और लोप तथा दूसरे कारण भाषाओं के वर्गीकरण में पूरी तरह सहायक नहीं हो पाते हैं। कारण यह कि व्याकरण भाषा के भीतर मौजूद व्यवस्था को सामने लाता है। भाषा पहले, तब व्याकरण, ग्रियर्सन भाषाओं की व्याकरणिक बनावट पर विचार करते हैं। वर्गीकरण में यह एक कारक है। उसका महत्त्व है। तुलनात्मक भाषा विज्ञान के क्षेत्र में व्याकरण को आधार बनाने का चलन 19वीं शती के उत्तरार्द्ध में रहा है और इसी परिप्रेक्ष्य में श्रेण्य भाषाओं के विकास का विचार भी सामने आया है। जर्मन भाषा वैज्ञानिकों का काम निश्चय ही सराहनीय है। ब्लूमफील्ड का विवेचन भी महत्त्वपूर्ण है। ग्रियर्सन बीम्स और तुलनात्मक भाषा विज्ञान के दूसरे विद्वानों के कार्यों को एक सीमा तक ही आगे बढ़ाते हैं। अपने और अधीनस्थों द्वारा संकलित नमूनों तथा दूसरे स्रोतों से प्राप्त निष्कर्षों का विवेचन करते हैं। इसलिए वे हर इलाके की बोली या भाषा को बताते हैं, उसका आकलन करते हैं। बीम्स या मैक्समूलर की अपेक्षा ग्रियर्सन का काम नया भी है, भाषाओं के व्यावहारिक अध्ययन की दिशा में पहला भी है और भारत के सुदूरवर्ती इलाकों की भाषिक संस्कृति को समझने का एक आधार भी है।

वर्षों से उनके भाषा-सर्वेक्षण को निर्विवाद समझा जाता रहा है। यह काम बड़ा था और ग्रियर्सन बहुत निष्ठा और मेहनत से इसे परिणाम तक पहुँचाते हैं। इलाके का भाषा-सर्वेक्षण में शब्दों और वाक्य-संरचना का परिवर्तन को जानना होता है।

शब्दों के ध्वनि-तन्त्र और वाक्य-संरचना में परिवर्तन अलग-अलग भी हैं। ध्वनि-तन्त्र में कुछ दूरी पर परिवर्तन होते हैं। वाक्य-संरचना में इतना तीव्र परिवर्तन नहीं होता है। ध्वनि-तन्त्र के अन्तर से भाषा के सूक्ष्म भेद को जाना तो जा सकता है लेकिन महत्त्व इसके विस्तार का होता है। अगर **अ** का **ओ** हो जाना पूर्वी क्षेत्र (बाँग्ला) की विशेषता है तो वहीं भोजपुरी का भी इलाका है, जहाँ के लोग उच्चारण में मुँह पूरा खोलते हैं। **ओ** की प्रवृत्ति ब्रजभाषा और बुन्देली में भी है। ध्वनि-तन्त्र के **ओ** के पूरे इलाके को एक निरन्तरता (कंटीन्यियिटी) में देखा जा सकता है लेकिन इस समाज का क्या करेंगे जहाँ आव्रजन और प्रव्रजन ध्वनि विज्ञान के अनुसार नहीं होता है। कलकत्ता में भोजपुरियों का समाज भी है। अब ध्वनि-तन्त्र की विचित्रता किसी भी बहुभाषी समाज में होती है। एकभाषी समाज या छोटे से इलाके में भी ध्वनि-तन्त्र का सुकोप-प्रकोप देखा जा सकता है। इन छोटे-छोटे बदलावों को मिलाकर कोई बड़ी कड़ी मिल जाए तो ध्वनि-तन्त्र की सामान्य प्रवृत्ति का पता चलेगा। हिन्दी और अहिन्दी इलाके के ध्वनि-तन्त्र विमर्श के विषय हैं। इससे शब्दों की बदलती संरचना का पता चलता है। हिन्दी प्रदेश में **अ** और **ओ, न** और **ण** और **स** और **श** की प्रवृत्ति है। यह इस इलाके की एकता को दर्शाता है। लाख कुछ हो जाए, हरियाणा वाले बिहार को हिन्दी का इलाका ही मानेंगे। जिन इलाकों में केवल **ओ** की प्रवृत्ति रही है वहाँ की भाषा बुन्देली आदि वहीं की होकर रह गयी है। ध्वनि-तन्त्र के अध्ययन से एक बड़े सामाजिक परिवर्तन और सामाजिक मूल्य की पुष्टि होती है। इसलिए ध्वनि-संरचना का अध्ययन ज़रूरी है।

कई बार ध्वनियों के ''बारीक अन्तर'' को रेखांकित करने से कुछ हाथ नहीं लगता है। इससे भाषायी व्यक्तिवाद ही सामने आता है या उसे बढ़ावा मिलता है। बारीक अन्तर से ध्वनि-संरचना की खास प्रवृत्ति इंगित हो तो इसे स्वीकार करना चाहिए। जैसे ग्रियर्सन जयपुर की डाँगी बोली का ध्वन्यात्मक विश्लेषण करते हैं। परन्तु यही मानक दूसरी जगहों पर उन्हें कोई खास निष्कर्ष नहीं देता है। सर्वेक्षण के पश्चिमी हिन्दी भाग (खंड 9/238-45) में जिला जालौन के पश्चिमी इलाके के अलग-अलग नमूने आये हैं। जालौन बुन्देली का इलाका है, जहाँ ग्रियर्सन के अनुसार बुन्देली के तीन रूप हैं, प्रामाणिक बुन्देली, निभट्टा और लोधांती बुन्देली। बुन्देली की अन्य बोलियाँ भी हैं। उसका ब्योरा नहीं आया है। अचरज है कि प्रामाणिक बुन्देली की संख्या तीन लाख से ऊपर है और हिन्दुस्तानी बोलने वालों की संख्या दस हजार से कुछ ही उपर। जालौन शहरी इलाका है, झाँसी जिला के बिल्कुल उत्तर में। यह हिन्दी का इलाका है और यहाँ हिन्दुस्तानी अल्प भाषी हैं। उसी खंड (पृ. 18) में वे पश्चिमी हिन्दी की एक बोली के रूप में हिन्दुस्तानी को स्वीकार करते हैं। इन्हें वे दो शीर्षकों के अन्तर्गत लेते हैं, वर्नाक्यूलर हिन्दुस्तानी और उसके आधार पर निर्मित साहित्यिक हिन्दुस्तानी। अगर वर्नाक्यूलर हिन्दुस्तानी को ही लिया जाए तो ग्रियर्सन

के दिये आँकड़े बहुत विश्वसनीय नहीं हैं। इससे हिन्दी के इलाके में हिन्दुस्तानी (देवनागरी और फ़ारसी) के अप्रचलित होने का भ्रम होता है। जालौन की बुन्देली का विश्लेषण है कि यहाँ **ए** और **ओ** की अपेक्षा **ऐ** तथा **औ** को प्राथमिकता मिली है। इस बोली में मध्य जालौन के समान स्वरों की परिवर्तनशीलता मिलती है, **सिब** (सब), **पहुँचन** (पहुँचना)। बुन्देली (जालौन) की अकबर और बीरबल से सम्बद्ध लोक कथा आयी है जिसमें कुछ शब्द ध्यातव्य हैं, **एक बेर** (एक बार), **बास्साय** (बादशाह), **बैठे हते** (बैठे हुए थे) **तब बीरन-ने कही कै** (तब बीरबल ने कहा कि), **बास्साय-ने बुलाइबे** (बादशाह ने बुलाया)। बुन्देली (जालौन) की ही एक दूसरी लोक कथा भी आयी है जिसमें पहले से कुछ बारीक अन्तर इस प्रकार हैं, **कही के** (कहा कि), **तीरथन-कों चलो** (तीर्थ को चलो) **बाबा-ने कही जो आमदनी हुइहै सो हम दे हैं** (जो आमदनी होगी सो हम देंगे)।

देख आयहैं (देख आये हैं), **तीरथन**, पश्चिमी हिन्दी के हर इलाके में **न** की प्रधानता वाले शब्द प्रचलित हैं। ये केवल जालौन की बात नहीं है। पश्चिमी हिन्दी की बोलियों में **ने** का प्रयोग इस इलाके में पंजाबी के प्रभाव को दर्शाता है। पश्चिमी हिन्दी से लेकर पंजाब तक नासिक्य ध्वनियों का अपना स्थान है। ग्रियर्सन के भाषा-सर्वेक्षण के पंजाबी खंड में जलंधर दोआब की पंजाबी माझी (माझ क्षेत्र की बोली) का लोक गीत (95-98) आया है जिसकी कुछ पंक्तियाँ हैं, **राणी जस-कौर धर जम्मी** (रानी जसकौर घर पैदा हुई) **रलमिल भाबीआँ सालू फड़िया। ओनूँ रूप सवाया चढ़िआ।** (भाभियों ने मिलकर उसका लाल दुपट्टा पकड़ा, (जिससे) उसका सौन्दर्य बढ़ गया)।

एक ही इलाके में **ए, ओ** और **औ** की भिन्नता से किसी सामान्य या कॉमन निष्कर्ष पर आना मुश्किल है। इससे एक बोली के अनेक रूपों का भ्रम होता है। मैं इसे भ्रम ही कहूँगा। कारण कि ध्वनि-तन्त्र का विकास भौगलिक स्थितियों पर भी निर्भर है, सामाजिक सम्पर्क तो है ही। बृहत्तर क्षेत्र में यह परिवर्तन होना ध्वनि-परिवर्तन की खास प्रवृति को रेखांकित ज़रूर करता है। अन्यथा छोटे इलाके में परिवर्तन से पश्चिमी जालौन तथा जालौन से बाहर बुन्देली के अलग-अलग होने का भ्रम होता है। बुन्देली के तमाम क्षेत्रों के बीच उसे समझने की सुबोधता तो है ही। फिर विश्लेषण किस बात का? कोई हिन्दी के इलाके की बोलियों के अलग-अलग रूपों के आधार पर अलग-अलग अस्मिता की बात करें तो इसके राजनैतिक उद्देश्य साफ दिखेंगे। ठीक है कि कुछ ध्वनिगत भेद के कारण एक ही बोली के अलग-अलग क्षेत्रीय नाम पड़ गये हों। भाषाओं के सर्वेक्षण में इनका सीमित महत्त्व है। भाषा-सर्वेक्षण के पंजाबी खंड (85 एवं 104-5) में माझी और बिलासपुरी पंजाबी की लोक कथा आयी है। सिमला के पहाड़ी रियासतों की अधिकतर भाषाएँ पश्चिमी पहाड़ी के अनेक रूप हैं, ऐसा ग्रियर्सन का मानना है। कहलूर, मंगल नालागढ़ और मैलोग पश्चिम की

रियासतें हैं। कहलूर और मंगल रियासतों की बोली कहलूरी या बिलासपुरी कहलाती है। यहाँ ग्रियर्सन सावधानी बरतते हैं और इसे अनगढ़ पंजाबी (पृ. 104) कहते हैं। कहलूरी बोली का नमूना है,

एकी मानूँ दो पुत्र थे—एक मनुष्य के दो पुत्र थे।

माझी का नमूना है।

इक्क मनुक्खदे दो पुत्र से—एक मनुष्य के दो पुत्र थे। **अते छोटेनै उनाँ बिच्चों आपणे पिउनूँ आखिया बापू-जी, मालदी वण्ड जिहड़ी मैनूँ आउनी और छोटे ने,** (छोटे ने उनमें से, अपने बाप को कहा, बापू जी, सम्पत्ति की जो मुझे आती है)।

बिलासपुरी का नमूना है, **लौह के पुत्ते अपणे बुड्ठेनों गलाया, जो जादाद मेरे बणदे, आओंही, सो मन्नों दई-दे** (छोटे पुत्र ने अपने बूढ़े बाप से कहा, जो सम्पत्ति मेरे हिस्से में आती है, वह मुझे दे दे)। इसकी व्याकरणिक संरचना के विषय में ग्रियर्सन (पृ. 17) लिखते हैं कि सम्बन्ध कारक में पश्चिमी हिन्दी के **कौ, को** (या का) के स्थान पर **दा** परसर्ग का प्रयोग होता है। इसलिए **मनुक्खदे**। पंजाबी की एक क्रिया है **घल्ल** (भेज) इससे कई रूप बनते हैं, **घल्लण** (संज्ञार्थक क्रिया/भेजना) **घल्ला** (वर्तमान कृदन्त/भेजता) कर्तृचावी संज्ञा-**घल्लणवाला** (भेजनेवाला)। इसी तर्ज पर **चाहुणा** (चाहना), **आउणा** (आना)। ग्रियर्सन इसके व्याकरणिक भाग में पंजाबी और हिन्दुस्तानी के गहरे साम्य की बात करते हैं। जॉन बीम्स इस पर विचार कर चुके हैं। जयपुर की डाँगी बोली में महाप्राण से परहेज है, पंजाबी के क्रियापदों में भी कई जगहों पर महाप्राण से परहेज है। **द** के इतने रूप। एक अभिप्राय यह भी कि हिन्दी के बृहत्तर इलाके में दरद परिवार का प्रभाव रहा है। ग्रियर्सन (पृ. 16) पंजाबी में तत्सम का अभाव देखते हैं और तद्भव की बहुलता। अगर ऐसा है तो दरद परिवार में भी तत्सम का अभाव मान लेना चाहिए।

संज्ञा शब्दों में महा और अल्प प्रमाणीकरण के अनेक उदाहरण मिलते हैं। जैसे, फ़ारसी का **किशमिश** गुजराती में **खिसमिस** हो जाता है। संस्कृत का **तप** कश्मीरी में **तफ** हो जाता है। क्रियापदों में भी हिन्दी इलाके में अल्पप्राणता की प्रवृत्ति मिलती है। महाप्राण की भी **बहै, है, हो**। व्याकणिक संरचना के आधार पर सर्वेक्षण हो सकता है, वर्गीकरण भी हो सकता है लेकिन बहुत लचीला। अन्ततः सामाजिक और अन्य कारक ही प्रमुख हैं। किसी इलाके में दूसरे भाषा-भाषियों के आने से ध्वनि-परिवर्तन का अध्ययन अलग विषय है। क्षेत्रीय आधार पर किसी बोली के रूपों को तब तक अलग नहीं समझना या मानना चाहिए जब तक कि बोली को समझने-बूझने की पारस्परिक सुबोधता रहती है।

पंचम अध्याय

बिहारी बोलियों की परिकल्पना और तुलनात्मक अध्ययन : ग्रियर्सन के भाषा सर्वेक्षण के आलोक में

(क) बोलियों का महत्त्व और ग्रियर्सन की बिहारी

एक भाषिक परिवेश में मौजूद अन्तर ऐतिहासिक भाषा विज्ञान के विषय रहे है। 19वीं सदी के भाषाविदों ने इस पर खासा ध्यान दिया है। भाषा के स्थानीय रंग उसे बोली और उपबोली का रूप प्रदान करते हैं। ग्रियर्सन के पश्चिमी हिन्दी भाषा-सर्वेक्षण के नवम खंड के चार भाग हैं, पश्चिमी हिन्दी तथा पंजाबी, राजस्थानी तथा गुजराती, भीली भाषाएँ, खान देशी आदि और पहाड़ी। भीली और खानदेशी भाषाओं का अधिकांश ग्रियर्सन के समकालीन मित्र और भाषावैज्ञानिक प्रो. स्टेन कोनो ने तैयार किया था। पश्चिमी हिन्दी वाले भाग में बोलियों के बारीक अन्तर के नमूने आये हैं, एक जिला के दो-तीन नमूने। लगभग यही दृष्टि दूसरे खंडों में भी रही है। हिन्दी भाषी इलाके पर विशेष जोर है। भाषा के अत्यन्त स्थानीय और बारीक अन्तर को क्यों लिया जाए? इसका मक़सद क्या है? जब तक कि कोई स्थानीय अन्तर सामाजिक और राजनैतिक दृष्टि से महत्त्व न प्राप्त कर ले, उसे महत्त्व देने का क्या अभिप्राय है? ग्रियर्सन के भाषा-चिन्तन के सन्दर्भ में ये कुछ प्रश्न हैं।

उनके अनुसार पश्चिमी हिन्दी की पाँच बोलियाँ हैं हिन्दोस्तानी, बाँगरू, ब्रजभाषा, कन्नौजी या कन्नौजी और बुन्देली (पश्चिमी हिन्दी खंड/भूमिका)। हिन्दोस्तानी के तीन रूप हैं, स्थानीय बोली और साहित्यिक हिन्दोस्तानी (उर्दू और हिन्दी मिलाकर) और दक्खिनी ब्रजभाखा के रूप गिनती के बाहर हैं, हर जिला के दो से तीन रूप। उसी प्रकार बुन्देली के अनेक रूप हैं—झाँसी, जालौन, पश्चिमी जालौन, हमीरपुर, पूर्वी ग्वालियर, ओरछा, सागर, होशंगाबाद, सिवनी, दमोह, दतिया की बुन्देली। बुन्देली बोलने वालों के दिल-ओ-दिमाग में इतने रूप नहीं रहे होंगे। हिन्दोस्तानी का दक्षिण के मुसलमानों द्वारा प्रयुक्त रूप दक्खिनी है। उर्दू के समान यह फ़ारसी में भी लिखी

जाती है लेकिन फ़ारसीकरण से बची हुई है। इसमें ऐसे व्याकरणिक रूप (मेरे को) चलते हैं जो ग्रामीण क्षेत्रों में प्रचलित हैं। उर्दू में भी कई रूप हैं, जो ग्रियर्सन के सर्वेक्षण में आये हैं, रेख़्ती रेख़्ता, रेख्ती या बेगमाती, लखनवी आदि।

बोलियों के इतने स्थानीय रूपों के पीछे ऐतिहासिक भाषा विज्ञान की समझ है कि मानक भाषा कुछ खास ऐतिहासिक परिस्थितियों में स्थानीय बोलियों से निकली है। इसके पहले तक यह चर्चा होती थी कि कोई भाषा किसी प्राचीन भाषा का रूप होती है। जैसे, मानक अंग्रेज़ी प्राचीन अंग्रेज़ी से निकली है। अब विद्वान् मानते हैं कि आज की अंग्रेज़ी लन्दन की किसी प्राचीन बोली का रूप है जो विशिष्ट परिस्थितियों में प्रान्तीय और मानक रूप धारण कर गयी। मान सकते हैं कि मानक भाषा का कोई स्थानीय रूप आदर्श या शुद्ध है। दरअसल शुद्धता कोई जाँची-परखी हुई व्यवस्था नहीं है। इसका सम्बन्ध सामाजिक स्वीकारिता से है। एक बोली के अनेक रूप हो सकते हैं और इस कारण ''बोली'' के नीचे एक और विभाग बना ''उपबोली'' का।

भाषा के दो आधार-पक्षों मानसिक और भौतिक में कई विद्वान् मानसिक को भाषा की आत्मा मानते हैं। दोनों में किसी को आधार माने, बोली की स्थानीय भिन्नता को देखा-परखा जा सकता है। प्रत्येक बोली के अनेक रूपों में सांघटनिक स्तर पर विस्थापन के तत्त्व मिलते हैं जिसका कारण मानसिक से ज्यादा भौतिक है। प्राचीन अंग्रेज़ी में F और V का परस्पर विस्थापन हुआ है। स्वनिम के आधार पर स्थानीय बोली के अनेक रूपों में अन्तर देखा जा सकता है। दो व्यक्तियों की एक बोली के दो रूप मिल सकते हैं। भिन्नता अगर इसका आधार है तो हर व्यक्ति का बोली-भूगोल अलग-अलग होगा और तब भाषा की भौतिक परिस्थितियाँ मानक भाषा के बनने में योग नहीं करेगी। यानी भाषा दिमागी फितूर होगी। हर दिमाग के लिए एक-एक भाषा। ऐसी भाषिक अराजकता का एक उदाहरण 1991 के भाषा-सर्वेक्षण में मिलता है जहाँ कुल 10,400 भारतीय बोलियों का उल्लेख है। भाषा वैज्ञानिक डॉ. धनेश जैन (सोशियों लिंग्विस्टिक्स ऑफ इंडो आर्यन लैंग्वेज)[(1)] लिखते हैं कि किसी भी द्विभाषी और बहुभाषी समाज में वर्गीकरण स्वाभाविक है लेकिन भारतीय सन्दर्भ में भाषिक विविधता विशेष किस्म की भाषिक परिस्थितियों को दर्शाती है जो पूरे दक्षिण एशिया का चरित्र है। ऐसा मानना थोड़ा मुश्किल है, क्योंकि भाषिक विविधता के बावजूद पारस्परिक सुबोधता भी है। इसे क्यों नजरन्दाज किया जाए? विद्वान् डॉ. जैन की सूचना है कि 10,400 बोलियों की जाँच-पड़ताल के बाद 1576 बोलियाँ आयीं जिन्हें मानक (रेशनलाइज्ड मदर टंग्स) कह सकते है। इसके बाद भी कुछ अवर्गीकृत बोलियाँ रह गयीं थीं जो बोलियों से कम दर्जे (रेलिगेटेड एंड अनक्लासिफायड) वाली बोलियाँ थीं जिसकी संख्या 1496 थीं। जॉर्ज अब्राहम ग्रियर्सन

1. जॉर्ज कार्डोना धनेश जैन, "दी इंडो आर्यन लैंग्वेज़" में संकलित

को भी सर्वेक्षण के बाद 231 भाषाएँ और 774 बोलियाँ (भारत का सर्वेक्षण/खंड एक/भाग एक) मिलीं। बहुत जाँच-परख के बाद 179 भाषाएँ और 544 बोलियाँ आदर्श बनीं। 1921 की जनगणना के अनुसार पूरे भारत में 188 भाषाएँ थीं। इस जनगणना में बोलियों की संख्या शामिल नहीं हैं। इसमें बर्मा का सर्वेक्षण भी शामिल नहीं है। ग्रियर्सन का अनुभव था कि किसी व्यक्ति के लिए अपने ही इलाके की बोली से भिन्न छोटे समूह द्वारा व्यवहृत बोली का पता नहीं होता है। हिमालयवर्ती क्षेत्र की एक छोटी बस्ती में तिब्बत से आये लोग जमाने से रह रहे थे। किसी अधिकारी को इसका पता नहीं था। वहाँ तिब्बती भाषा प्रचलित थी। स्थानीय सूचियों के आधार पर प्रादेशिक सूचियाँ तैयार (खंड एक/भाग एक) की गयी थीं। ग्रियर्सन खुद मानते हैं कि इन्हें भारत की बोलियों एवं भाषाओं की शुद्ध सूची के रूप में (पृ. 39) नहीं देखा जा सकता है। सूचियों के प्रकाशन के बाद इन्हें दो वर्गों में बाँटा गया-विशेष अंचल में बोली जाने वाली बोली और उसी अंचल में रहने वाले विदेशियों के व्यवहार की बोली। सम्भव है कि वे उसी अंचल-विशेष की बोली का व्यवहार करते हों। अब किसे विदेशी माना जाए? यह अलग विषय है। जैसे, हिमालयवर्ती इलाका के एक छोटे भाग में तिब्बती रह रहे थे। ग्रियर्सन के समय में वे तिब्बती ही बोलते होंगे। बाद के दौर में वहाँ की स्थानीय बोली और तिब्बती के मिश्रण से उस बोली को भी नया रूप मिला होगा। यह इस बात पर निर्भर करता है कि विदेशी उस समाज में किस तरह घुले-मिले होंगे।

जॉर्ज वेन्कर जर्मनी के भाषाविद् थे। उन्होंने राईन नदी के किनारे की बोलियों का सर्वेक्षण करना शुरू किया। 1861 ई. में उत्तरी और केन्द्रीय जर्मनी को समेटे उनकी बोली मानचित्रावली (डाइलेक्ट एटलस/ब्लूमफील्ड/भाषा 388-89) की पहली किस्त छपी। पुनः उन्होंने पूरे जर्मन राज्य की बोलियों का सर्वेक्षण किया। उन्होंने कुछ वाक्यों का 40,000 से अधिक स्थानीय बोलियों में अनुवाद करवाया। ब्लूमफील्ड के अनुसार प्रारम्भ में स्थानीय बोलियाँ प्राचीन मानक भाषा की तरह असंगत थीं। बहुत बारीक भेद से स्थानीय बोलियों के कई रूप हो सकते हैं। बोलियों के बीच पारस्परिक समभाव भी था, तभी तो एक ही इलाके में जो परिवर्तन हुए, उनसे उस इलाके की समस्त बोलियाँ प्रभावित हुई होंगी। कुछ स्वनिमिक परिवर्तनों को लेकर बोलियों से अनेक उपबोलियों को अलग किया जा सकता है। इसका प्रयोजन क्या है? मानसिक आधार लेकर ऐसा सर्वेक्षण किस काम का? जिस इलाके में आव्रजन और प्रव्रजन होता है, उसके कई कारणों में एक भौगलिक भी है। ठंडे प्रदेश से आये लोगों को गर्म प्रदेश में व्यवस्थित होना मुश्किल होता है। ऐसे में पारस्परिक सुबोधता के लिए भाषा का कोई-न-कोई मानक रूप बनता ही है। पूरे पंजाब और हरियाणा में **ण** का प्रयोग और संयुक्ताक्षर से परहेज यह दर्शाता है कि बृहत्तर इलाके में पारस्परिक सुबोधता के लिए यह परिवर्तन हुआ होगा। तब कुछ अपवादिक स्थितियों में ये

प्रयोग नहीं हो रहे हैं, तो उसे एक बड़ा इलाका अस्वीकार करता है। अब अपवाद का ज़िक्र होना चाहिए। उसका महत्त्व है बशर्ते उससे बृहत्तर इलाके की भाषागत सुबोधता प्रभावित हो। सच है कि एक ही क्षेत्र में भाषायी लक्षणों का एक रूप नहीं होता है। इस पर ब्लूमफील्ड (पृ. 412) भी जोर देते हैं। इसके मानसिक और भौतिक कारण हैं। भाषा अपने आभ्यान्तरिक से ज्यादा समाजिक कारणों से परिवर्तित होती है। स्वनिमिक बदलाव भी इसी कारण होते हैं। बोलियों के विभाजन की स्थिति दूसरे कारकों से प्रभावित होती है।

एक सीमित इलाके में ही बस चुकी आबादी के लिए समीप के इलाके की बोली भी बोधगभ्य नहीं होती है। वे बोली की पहचान तो कर लेते हैं लेकिन उसे पूरा-पूरा समझ नहीं पाते हैं। बोली का अध्ययन करने वाले इसे Passive और Active Competance कहते हैं। "पैसिव कम्पीटेंस" में बोली की पहचान हो जाती है और "एक्टिव कम्पीटेंस" में बोली के किसी भी अंश का भाव समझ में आता है। ऐसा तभी सम्भव है जब एक बोली के इलाके का दूसरे इलाके में आना जाना हो। खड़ी बोली के हिन्दी भाषा बनने के बृहत्तर सामाजिक कारण थे। पश्चिम के बड़े भाषाविद् लेबोव अमेरिकी अश्वेत युवक और मनोवैज्ञानिक के बीच संवाद का हवाला (पेटर/पीटर ट्रडगिल/ऑन डाइलेक्ट/28) देते हैं। अमेरिकी अश्वेत के लिए I been know your name का अर्थ है I have known you for a long time. अश्वेतों के खास इलाके में इसका यही अर्थ होता है। बोधगम्यता के अभाव में छोटे इलाके की बोली बड़े इलाके के लिए अबोध हो जाती है। पश्चिम के विद्वान् अंग्रेज़ी के अनेक रूपों को स्वीकार करते हैं। केवल ब्रिटेन में ही इसके अनेक रूप हैं। पीटर ट्रेडगिल (34) लिखते हैं जितना हम बोली के प्रकारों के बारे में जानने की कोशिश करते हैं, इसकी प्रकृति, इसकी संरचना के विषय में जानना चाहते हैं, उतना ही हमें अपने भीतर कई तरह के सवालों से टकराना पड़ता है। ठीक इसके विपरीत जितना ही हम बोलियों की बहुमुखता (वेराइटी) से दूर होते हैं, उसी अनुपात में हम गलती भी करते हैं। अज्ञानता या अल्पज्ञानता से हमारी दृष्टि समृद्ध नहीं होती है। इसी परिप्रेक्ष्य से ट्रेडगिल पॉप सॉन्ग्स का अध्ययन (एक्ट्स ऑफ कंलिक्टिंग आइडेंटिटी) करते हैं। ब्रिटेन के पॉप गायक कई बार अपने समूह की खास पहचान के लिए शब्दों के उच्चारण में परिवर्तन करते हैं। ऐसा वे अमेरिकी गायकों की बराबरी में भी करते हैं। पॉप सॉन्ग की दुनिया में अमेरिकी गायकों की साख रही है। पॉप की गायकी में गीतों के शब्द-उच्चारण को बदलना आम बात है। अश्वेत पॉप गायक **आर नॉट** के लिए **ऐंट** (Ain't) का उच्चारण करते हैं।

ब्रिटेन और अमेरिका में अंग्रेज़ी के अनेक रूपों में एकरूपता थोड़ी शिथिल है। अमेरिका और ब्रिटेन की अँग्रेजी के रूपों में अन्तर है और दोनों इलाकों में आसानी से सम्प्रेषित नहीं है। आबादी और क्षेत्रफल के हिसाब से ब्रिटेन भारत का एक छोटा

हिस्सा है। तब वहाँ बोली के अनेक रूपों का परिचय मिलता है। भारत में बोलियों का समुद्र है। पाकिस्तान और बाँग्लादेश को मिलाने पर पूरे भारतीय उपमहाद्वीप में बोलियों की संख्या हजारों में है। फिर भी, यहाँ सम्प्रेषण की समस्या बहुत कम है। बिहार में मैथिली के अनेक रूप हैं। पंजाब में पंजाबी के अनेक रूप हैं। उनके बीच सम्प्रेषण का संकट नहीं है। भारतीय उपमहाद्वीप में एक इलाके से दूसरे इलाके में जाने या आने की समस्या भौगोलिक कारण से नहीं है। मौसम के कारण आवाजाही में कठिनाई नहीं है। इसलिए सुदूर इलाके की बोली में दूसरे इलाकों की बोलियों के शब्द आसानी से मिल जाते हैं। मैथिली में बाँग्ला, पंजाबी और मलयालम के भी शब्द मिलेंगे। कहीं वे तत्सम रूप में मिलते हैं तो कहीं उनका स्रोत प्राकृत में मिलता है। पश्चिम में विकसित बोली विज्ञान (डाइलेक्टॉलॉजी) भारतीय उपमहाद्वीप की विभिन्न बोलियों को समझने में बहुत उपयोगी नहीं है। एकरूपता के सूत्र ढीले पड़ते जाते हैं। ट्रेडगिल के विचार से सहमत होना मुश्किल है। अगर हर परिवार की बोली का अध्ययन किया जाए तो हाथ क्या लगेगा? भाषा के मानसिक पक्ष को आधार बनाकर चलने पर उसकी भौतिक परिस्थितियाँ और उन कारणों से भाषा में आये बदलाव को हम नहीं जान पाएँगे जबकि भाषाओं के अध्ययन में इनकी उपयोगिता अधिक है। ट्रेडगिल एक खास सन्दर्भ को पॉप संगीत के विश्लेषण के बहाने इंगित करते हैं। व्यक्ति अपनी खास पहचान के लिए भी अपनी इच्छा से भाषा में परिवर्तन करता है। पॉप गायकी में कुछ वैसा ही हुआ है। देशज बोली के प्रयोक्ता दूसरी बोलियों के शब्दों को समावेशित नहीं कर पाते हैं। ट्रेडगिल (पृ. 26) का सही मानना है। परन्तु यह कब और किस स्थिति में होता है? बोली का प्रयोक्ता अपने ही इलाके में आजीवन रह जाए, दूसरे समाज से उसका सम्पर्क ही न हो। ऐसी स्थिति में उस बोली का महत्त्व भी धीरे-धीरे कम होता जाएगा। वह बोली स्वतः दिनोदिन सीमित होती चली जाएगी।

अमेरिकी पॉप गायकी में बलाघात (एक्सेंट) का महत्त्व रहा है। गायकी में अधिकांश एफ्रो-अमेरिकी मूल के गायक हैं। इसलिए अमेरिकी बलाघात का दबदबा है। अब स्थिति यह है कि ब्रिटिश पॉप गायक खुद को अमेरिकी गायकी के रूप (मॉडल) में अपनी खास पहचान देखते हैं। हिन्दुस्तानी गायकी में बलाघात का कॉमन रूप मिलता है। हिन्दी फिल्मों के हजारों गीतों में एक ही किस्म का बलाघात मिलता है चाहे कोई पंजाबी भाषी गाए या कोई हिन्दी भाषी। हेमन्त कुमार बाँग्ला भाषी थे। हिन्दी फिल्मों के लिए गीत गाए। कहीं उनके 'एक्सेंट' बदले हुए नहीं है। हिन्दी इलाके के गीतों में हर वर्ण और मात्रा का उच्चारण होता है। गायक मुकेश के बारे में कहा जाता है कि वे गीतकार के लिखे गीत में कोई हेर-फेर या बदलाव नहीं करते थे। उसे पूरा-पूरा अपनी धुन में गाते थे, "मुझे तुम से कुछ भी न चाहिए मुझे मेरे हाल पे छोड़ दो" यह पूरी पंक्ति एक वाक्य है और मुकेश पूरी

तन्मयता से गाते हैं। एक-एक वर्ण का उच्चारण होता है यहाँ। किसी मात्रा और वर्ण को हटाना नहीं है। भारतीय गायकी में बलाघात का अपना और खास महत्त्व है। भाव-सम्प्रेषण की दृष्टि से इसका महत्त्व है। पाकिस्तान के गायक गुलाम अली अकबर इलाहाबादी की ग़ज़ल ''हंगामा है क्यों बरपा थोड़ी-सी जो पी ली है'' की गायकी में ''हंगामा'' शब्द को दो-तीन तरह से उच्चरित करते हैं। और फिर ''डाका तो नहीं डाला चोरी तो नहीं की है'' में डाका को कभी **डा - का** और कभी एक साथ **डाका उच्चारित** करते हैं। भारतीय भाषाओं में बलाघात का खास महत्त्व है। किसी वर्ण को हटाकर ऐसा सम्भव नहीं है। किसी वर्ण पर खास तवज्जो देना पड़ता है। पॉप गायकी में भी बलाघात है। वहाँ भी बलाघात का महत्त्व है उनके यहाँ एक वर्ण एक ही ध्वनि के वाची नहीं होते हैं। इसलिए किसी वर्ण को हटाने पर उस स्थान की पूर्ति की ज़रूरत नहीं पड़ती है।

व्यक्ति ही भाषा का प्रयोक्ता है। इसी से व्याकरणिक रूप मिलता है। भाषा और उसकी ध्वनि (स्पीच) के बीच सामाजिक संरचना प्रमुख होती है। इसी से भाषा को मानक रूप मिलता है। किसी समाज को बिल्कुल जड़ मानकर वहाँ की भाषिक स्थिति को अनियमित नहीं माना जा सकता है। वैयाकरण जॉन बीम्स (पृ. 30) के अनुसार बारहवीं शती के पहले तक भारत में आये विदेशी पूरी तरह व्यवस्थित नहीं हो सके थे। सिंध और पंजाब में लगभग चार सौ वर्षों बाद प्राकृत भाषाएँ अपने मौलिक रूप में व्यवस्थित और नियमित हुई जो मूलतः संस्कृत की ही रूपान्तर थीं। ऐसा मानने के पीछे यह बताना है कि भारत में बोलियों का ही गणतन्त्र रहा है। कभी मानक भाषा आदर्श रूप में नहीं आ सकी। क्या मान लिया जाए कि गुप्त साम्राज्य से लेकर इस्लाम के आने तक का समाज गतिहीन था और इस्लाम के आने के बाद विश्रृंखलन इतना अधिक हुआ कि हर इलाके की एक अपनी पहचान मुकम्मिल होनी लगी। ग्रियर्सन के इलाकावार बोलियों के सर्वेक्षण में जॉन बीम्स की इस समझ का असर तो है।

यों बोली और भाषा के बीच मोटा अन्तर कर लेना मुश्किल है। बोली को किसी भाषा की छोटी इकाई भी कह सकते हैं। एक दौर ऐसा भी रहा है जब ब्रज और अवधी बोलियों का साहित्य बहुत सम्पन्न था और आज का दौर है जब भारत की कई बोलियाँ भाषा की मान्यता के लिए आगे आ रही हैं। भाषाविदों में यह चर्चा है (कॉलिन पी. मसीका) कि भाषा और बोली में मानक अन्तर न होने के बाद भी यह जाँच का विषय है कि कैसे और कितना, किस रूप में ध्वनि के प्रकार (स्पीच वेराइटी) एक मानक भाषा का निर्माण करते हैं। कुछ कहते हैं कि ध्वनि प्रकारों की अस्सी प्रतिशत से अधिक शब्दावली के आने पर मानक भाषा बन जाती है। मसीका (पृ. 25) मानते हैं कि ग्रियर्सन का बोलीगत सर्वेक्षण बोलियों की सीमा-रेखाओं के बीच समभाषांश सीमा रेखा तय करने में मदद करता है। पूरी तरह यह बोली भूगोल

तो नहीं है लेकिन उस दिशा में एक कदम ज़रूर है। ऐसा मानना बहुत संगत नहीं है। विचार होना चाहिए इस पर।

समभाषांश रेखाएँ (आइसोग्लोसेज) किसी भाषिक तत्त्व का विस्तार निर्दिष्ट करती हैं। बोलियों के मिलने की एक स्थिति होती है जब बोलियाँ एक दूसरे क्षेत्र का अतिक्रमण करती हैं। ग्रियर्सन को भी बोली की सीमा तय करने में कठिनाई हुई होगी। भारत की विविधता को देखते हुए यह कार्य बहुत आसान नहीं था। भारत में कई क्षेत्र मिश्रित बोलियों के रहे हैं। 1958 ई. में भाषाविद् डॉ. विश्वनाथ प्रसाद के सम्पादन (लिंग्विस्टिक सर्वे ऑफर सदर सबडिवीजन ऑफ मानभूम एंड धालभूम) में भाषाई सर्वेक्षण का काम सम्पन्न हुआ। मानभूम अनुमंडल में चास का क्षेत्र हिन्दी भाषी का है, शेष नौ क्षेत्रों (पुरूलिया, झाला, रघुनाथपुर आदि) की तीस प्रतिशत हिन्दी आबादी है और शेष बाँग्ला। सर्वेक्षण के बाद देखा गया कि लगभग साढ़े सात लाख वक्ता कुरमाली, खोट्टा, मुचिआली, मगही तथा अन्य बिहारी बोलियाँ बोलते हैं। इन्हें बाँग्ला में रखा गया। सर्वेक्षण का निष्कर्ष था कि कुरमाली बिहार की बोली है और मगही से उसका निकट सम्बन्ध है। कुरमाली बोलने वालों में अधिकांश कुर्मी जाति के हैं जिन्हें ग्रियर्सन आदिवासी वर्ग का बताते हैं, कुर्मियों को द्रविड़ जाति का हिस्सा बताते हैं। इस पर भाषाविद् डॉ. कैलाशचन्द्र भाटिया (भाषा भूगोल/81) की सम्मति बिल्कुल ठीक है कि सांस्कृतिक और सामाजिक दृष्टि से मानभूम और सिंहभूम का सम्बन्ध बिहार से अधिक है। इसका क्षेत्र मगही तथा बिहार की अन्य बोलियों से है। इसलिए इसे मगही के वर्ग में शामिल करना कहीं से अवैज्ञानिक नहीं है। भाषा भूगोल की यह उपयोगिता है। भाषा भूगोल द्वारा जो भाषिक मानचित्र बनता है, उससे स्वनिम-परिवर्तन (फोनीम) की दिशा तय होती है। भाषा-भूगोल से एक भाषिक क्षेत्र की सीमा तय होती है। क्षेत्रीय भाषाओं के अध्ययन में इसकी उपयोगिता है। ऐसा सर्वेक्षण अगर होता है और भारत में हुआ भी है तो कुछ उपबोलियों का भी पता चलता है। ये उपबोलियाँ सही अर्थ में किसी बड़ी भाषा के अंग होती है। उर्दू के आलोचक डॉं. गोपीचन्द नारंग द्वारा दिल्ली की उर्दू की एक बोली करखनदारी पर किये सर्वेक्षण (1961) से यह पता चला कि उनके मुहल्ले में हाथ का काम करने वालों की आबादी है। कारखानेदार से उनकी बोली करखनदारी है जिसका केन्द्रीय क्षेत्र जामा मस्जिद और लाल कुँआ बाजार का दक्षिण और पश्चिम भाग है। इससे पेशेवर समाज में बोली के बनने का पता चलता है। यहाँ भाषा-भूगोल की उपयोगिता समझ में आती है।

कुछ भाषाविदों को ग्रियर्सन के काम करने का तरीका बहुत वैज्ञानिक नहीं लगेगा। उनके अपने तर्क हो सकते हैं, संक्षिप्त प्रश्नावली, बहुत ब्योरेवार भाषिक नक्शे का अभाव, टीम वर्क का न होना इत्यादि। ग्रियर्सन अपनी पूरी पद्धति का विवरण भाषा-सर्वेक्षण के पहले खंड के पहले भाग में देते हैं। उनकी एक टीम थी। उनके

निकटतम सहयोगी भाषाविद् स्टेन कोनो थे। उन्होंने विशिष्ट इलाके की उस भाषा के विद्वानों से सहयोग लिया, कश्मीर के ईश्वर कौल से लेकर मधुबनी (बिहार) के बबुआन झा तक। वे कोई ठोस प्रश्नावली लेकर नहीं चले। बाइबिल की एक कथा का कई भाषाओं में अनुवाद करवाया और इलाकेवार लोकगीतों का संकलन किया। इन सब दृष्टियों से डॉ. कैलाशचन्द्र भाटिया (भाषा भूगोल/76) सही हैं कि उनके सामने भाषाओं के बिखराव को समेट कर उन्हें भागों और उपभागों में विभक्त करने की समस्या थी। परन्तु, ग्रियर्सन सर्वेक्षण के साथ-साथ कई जगहों पर निष्कर्ष नहीं देते हैं। उनके बचाव में कॉलिन पी. मसीका (दी इंडो आर्यन लैंग्वेज/पृ. 27) लिखते हैं कि कई बार स्थानीय राजनीति के कारण भाषा का सही इलाका निर्धारित नहीं हो पाता है। कोंकणी एक स्वतन्त्र भाषा है या मराठी की बोली है? हलबी (मध्य प्रदेश) उड़िया और मराठी का मिश्रण है, मराठी की बोली है, या स्वतन्त्र भाषा? कई मामलों में ग्रियर्सन किसी भाषा या बोली को मिश्रण बताने की कोशिश करते हैं। ध्वनि के निरन्तर अस्थायी या बदलते रहे रूपों के कारण बोलियों और उपबोलियों का सीमांकन नहीं हो पाता है। यह आधुनिक भारतीय आर्य भाषाओं की अपनी समस्याएँ हैं। मसीका इसे आधुनिक भारतीय आर्य भाषाओं के लिए उलझन ही मानते हैं। मिसाल के लिए वे हिन्दी और उर्दू का उदाहरण देते हैं। एक नयी समझ दिल्ली की आदर्श बोली को पूरी दिल्ली की न मानने की है बल्कि यह मुगल दरबार की बोली है। अमेरिकी भाषाविदों का यह मानना है कि हिन्दी और उर्दू को लेकर एक समुचित भाषिक सर्वेक्षण का अभाव रहा है यानि ऐसा कोई इतिहास नहीं आया है जो प्राचीन और मध्य काल की भाषिक गतियों को समेट सके। कुछ भाषाविदों का प्रश्न आदर्श हिन्दी के स्वरूप को लेकर है, यानि उसकी बोलियों को लेकर। ग्रियर्सन पूर्वी, पश्चिमी, राजस्थानी, बिहारी और पहाड़ी में विभाजन करते हैं। मैथिली, मगही, भोजपुरी, राजस्थानी हिन्दी की बोलियाँ हैं।

अगर किसी राजनैतिक कारण से किसी भाषिक क्षेत्र का सर्वेक्षण नहीं हो सका है, (ग्रियर्सन के समय में), इसके लिए जिम्मेवार कौन? ब्रिटिश राज की बंगाल प्रेसिडेंसी क्या थी? कई भाषिक इलाकों का मुरब्बा। 1920 के बाद भाषावार प्रान्तों के गठन की माँग आयी थी। ग्रियर्सन के भाषा-सर्वेक्षण के पाँचवें खंड के आने तक बिहार बंगाल प्रेसिडेंसी से अलग हो चुका था। उसी दौर में ग्रियर्सन बिहारी को हिन्दी न मानने का सच गढ़ चुके थे। भाषावार प्रान्तों के गठन के समानान्तर बोली के आधार पर राज्य बनाने का पौधा लग चुका था। आज बुन्देली और मिथिला राज्य की माँग हो रही है। इसके जनक ग्रियर्सन हैं। खुद ग्रियर्सन का अनुभव है कि जनगणना के दौरान कई इलाकों में नयी बोली सुनने को मिली, जैसे, भागलपुरिया। इसके पीछे कोई भाषिक चेतना नहीं है बल्कि वह दृष्टि है, बिहार को बाँटने वाली, हिन्दी इलाके को बाँटनेवाली दृष्टि। ग्रियर्सन के समय में कई अंग्रेज विद्वान् बोलियों

पर जोर दे रहे थे। उनमें एक विद्वान् टेम्पल (पंजाब नोट्स एंड क्वेरीज/1883) थे जो बोलियों के सीमा-निर्धारण पर जोर दे रहे थे। लक्षण को सम्मुचय बोलियों के सीमा-निर्धारण का आधार मानना विशेष स्थिति में ही सम्भव है, जब दो इलाकों की बोलियों में ध्वनि और वाक्य-विन्यास को लेकर पर्याप्त अन्तर होता है। ध्वनि संरचना थोड़े-बहुत अन्तर से किसी बोली को स्वतन्त्र मानने का सामाजिक और राजनैतिक परिणाम भी होता है। जैसे, बज्जिका को मैथिली की एक शाखा और मैथिली को हिन्दी की शाखा नहीं मानने से क्षेत्रवाद को बढ़ावा मिलता है। ग्रियर्सन यह काम पंजाबी खंड में करते हैं। वे लहंदा को पंजाबी से अलग मानते हैं।

क्या ग्रियर्सन बोलियों के गणराज्य में विश्वास करते हैं? मध्यकाल के इतिहासकार (अबुल फज़ल/आईन-ए-अकबरी) जयपुरी और लाहौरी बोली की चर्चा करने के क्रम में जयपुरी की बोलियों की चर्चा नहीं करते हैं। उन्होंने बड़े स्थान की बोली को अनेक उपभेदों में नहीं बाँटा। उन्होंने जयपुरी को राजस्थानी से अलग नहीं माना। भाषा वैज्ञानिक डॉ. सिद्धेश्वर वर्मा बोलियों की अल्पता को लेकर ग्रियर्सन के कार्य को ''बेकार'' मानते हैं। डॉ. ग़ोपीचन्द नारंग की करखनदारी पर किये सर्वेक्षण से उसके उर्दू से बुनियादी अन्तर और फिर एक स्वतन्त्र भाषा की बात सामने नहीं आती। इसपर उनका जोर भी नहीं है। ग्रियर्सन बोलियों और उपबोलियों का विभेदीकरण उसकी व्याकरणिक संरचना के बारीक अन्तर को सामने रख कर उसके स्वतन्त्र या परतन्त्र अस्तित्व की घोषणा करते हैं। बोलियों की स्वतन्त्रता और परतन्त्रता के विधायक को हिन्दी इलाके की बृहत्तर सांस्कृतिक एकता को केन्द्र में रखना चाहिए था।

क्षेत्रीयता और साम्प्रदायिक दुर्भाव भाषिक जनगणना में बाधक ही होते हैं। इस कारण बोलियों के जितने नमूने मिलते हैं, उनकी परीक्षा करना एक अलग कठिनाई है। बोलियों को भाषाओं के वर्गीकरण में शामिल करते समय कई तरह से सोचना-समझना पड़ता है। उसी समय भाषाविदों की सामाजिक और राजनैतिक समझ का पता चलता है। भाषा सर्वेक्षण के पहले खंड (भाग एक/पृ. 335) में राजस्थान का विवरण आया है। सर्वेक्षण के अनुसार यह राज्य बहुत से राज्यों और जातियों में विभक्त है। इसलिए इसकी परस्पर सम्बन्धित बोलियाँ भी हैं। केवल जयपुर राज्य में स्थानीय भाषा की कम-से-कम पन्द्रह बोलियाँ हैं। ग्रियर्सन के अनुसार साधारण स्थानीय विभेदों को छोड़ने पर भी लगभग बीस वास्तविक विभाषाएँ हैं। 1921 की जनगणना के अनुसार 4,51,115 की आबादी में अनिर्दिष्ट बोलियों का चलन है। इस सन्दर्भ में पंजाब और राजस्थान को लेकर ग्रियर्सन की दृष्टि समान नहीं है। उसी प्रकार राजस्थान और बिहार को लेकर भी उनके विचार एक-से नहीं हैं। उत्तर प्रदेश, बंगाल और कश्मीर समेत दरद परिवार को लेकर एक विचार नहीं है। पंजाब और मध्य देश में सांस्कृतिक दूरी अधिक है। उनके शब्दों (पृ. 330) में, ''यद्यपि वह केन्द्र, जहाँ से संस्कृत सभ्यता का प्रसार हुआ था, पवित्र सरस्वती नदी से दूर नहीं है

तथापि ऊपर के उल्लेखों से यह स्पष्ट ज्ञात होता है कि प्राचीन काल में पंजाब की सामाजिक रीति-नीति मध्य देश से अत्यधिक भिन्न थी।'' पंजाबी और हिन्दी शब्दों के तुलनात्मक अध्ययन से ग्रियर्सन के इस विचार की पुष्टि नहीं होती है। पंजाबी की नासिक्य ध्वनि के हिन्दी प्रदेश में व्यापक प्रसार पंजाब और मध्य देश के बीच पारस्परिक आवाजाही को इंगित करता है। पंजाब संस्कृत और फ़ारसी दो भाषाओं के व्यापक प्रभाव में रहा है। मध्य देश भी फ़ारसी और संस्कृत के प्रभाव वाला क्षेत्र रहा है। इसलिए दोनों की सांस्कृतिक परम्परा को एक धारा के रूप में देखा जा सकता है। बिहार से लेकर पंजाब तक की एक सांस्कृतिक धारा और पारस्परिकता बिहार और बंगाल जैसी नहीं है।

खड़ी बोली के केन्द्र हरियाणा और दिल्ली के इलाके हैं। इसके प्राचीन स्वरूप के प्रमाण बहुत नहीं मिलते हैं। प्राचीन से मतलब मध्य काल के पहले। परन्तु आठवीं शती के बाद इस इलाके (कुरूक्षेत्र) में पंजाब से लोग आकर बसने लगे थे। खड़ी बोली की लगभग पाँच उपबोलियों में एक पश्चिमी खड़ी बोली भी है। इसका इलाका यमुना के पश्चिम से लेकर अम्बाला और कुरूक्षेत्र की उत्तरी-पूर्वी सीमा तक है। घग्गर नदी के पूर्व में पटियाला के कुछ गाँवों की बोली भी खड़ी बोली है। पंजाब का इलाका खड़ी बोली का है। उसकी परिनिष्ठित भाषा हिन्दी का इलाका नहीं है लेकिन पूरे पंजाबी क्षेत्र का हिन्दी से घनिष्ठ सम्बन्ध है। गुरुनानक की बानी ब्रजभाषा में है। गुरु गोविन्द सिंह ब्रजभाषा के कवि थे। खड़ी बोली की तरह पंजाबी भी आकार बहुला है, जांदा, खांदा, करदा आदि पंजाबी की क्रियाएँ हैं। कहीं-कहीं आकार बहुलता हद पार कर जाती है, बिच दिल दे होण हैरान लग्गा। लिया की जगह लेआ होता है। **न** को **ण** करने की प्रवृत्ति हरियाणी, राजस्थानी, पंजाबी यानी पश्चिमी क्षेत्र के बड़े इलाके में है। पंजाबी में सुन का **सुण** और बहन का **भैण** आम है। गोरख की बानी में **ण** की प्रधानता है, **"कौण** देस स्युँ आगे जोगी, कहा तुम्हारा भाव/**कौण** तुम्हारी **बहण-भाणजी**, कहाँ धरोगे गाँव।

खड़ी बोली के उद्‌गम-क्षेत्र कुरूजनपद/कुरूजांगल (वर्तमान में हरियाणा) हैं। दोनों क्षेत्रों की खड़ी बोली में काफी मेल है। हरियाणा की खड़ी बोली का वाक्य है **औरत मरद का तो आग-फूंस का साथ है, लगे बिना रहई नई सकती।** एक और वाक्य देखें, **अरै, थारा बाप्पू तो एड्डी रगड़-रगड़कर मर गया** (इसमें हरियाणी और राजस्थानी दोनों की मिश्रित ध्वनि है।) खड़ी बोली के सीमा निर्धारण के अन्तर्गत अम्बाला, पटियाला और फिरोजपुर जिले भी आते हैं। ग्रियर्सन खड़ी बोली को ऊपरी दोआब और पश्चिमी रुहेलखंड की भाषा (खंड 9 भाग 1/47) मानते हैं। डॉ. धीरेन्द्र वर्मा (हिन्दी भाषा का इतिहास/64) उसमें अम्बाला को भी शामिल करते हैं। अम्बाला का पूर्वी भाग खड़ी बोली का क्षेत्र है शेष भाग पंजाबी का है। पंजाबी रामायण के क्रियापद खड़ी बोली जैसे ही है, लेआ सुण (लिया की जगह)

हैरान लग्गा (लगा) आँसू बहाण लग्गा (बहाने लगा) न को टक्कर देने का चलन हरियाणा और राजस्थान में भी है।

पंजाबी की एक प्रवृत्ति सम्प्रसारण की है। इस कारण यह भाषा अपने खास अन्दाज में पहचानी जाती है। पंजाब का इलाका मुख्यतः कृषि प्रधान है। गेहूँ की ताकत अर्जित किया किसान अपने खेत से किसी को बुलाता है, उच्चारण में उसकी शक्ति का पूरा सम्प्रसार होता है। पंजाबी भाँगड़े में इसकी झलक देखी जा सकती है। सम्प्रसारण का हाल यह है अल्पप्राण **त** और **ज** की जगह **द** और **झ** से प्रतिस्थापित होते हैं। महाप्राण और ऊष्म वर्ण **स/ह** में बदल जाता है। **ह** में ऊष्मा अधिक है। **जोर**–(पं. झोर), **हजार** (पं. हझार) जहाँ **ज** नहीं बदलता, **जाण लग्गा** (जाने लगा), वहाँ भी सम्प्रसारण है। जहाँ **द** मौजूद रहता है, **चलाँउदा** वहाँ भी सम्प्रसारण है। महाप्राण की मौजूदगी सम्प्रसारण को इंगित करती है, **बैठ का बेह**। खड़ी बोली ने इस गुण को पंजाबी ताव में ग्रहण नहीं किया है। खड़ी बोली का सम्बन्ध उन इलाकों से भी है, जहाँ सम्प्रसारण का गुण कम है या वह पंजाबी क्षेत्र से बिल्कुल अलग है।

बिहार से अलग हिन्दी का चलन किस रूप में हुआ? ग्रियर्सन (भाषा सर्वेक्षण/खंड एक/भाग एक 325) लिखते हैं कि अंग्रेजों के प्रभाव से "उच्च हिन्दी" का व्यवहार शुरू हुआ जिसका चलन हिन्दुओं में था। वे साहित्यिक गद्य की भाषा के रूप में "उच्च हिन्दी" (उर्दू का नहीं) का व्यवहार करते थे। उनके अनुसार इसके पहले तक कोई हिन्दू गद्य लिखता था, तो वह उर्दू नहीं होता, उसका रूप अवधी, ब्रजभाषा, वर्नाक्यूलर हिन्दुस्तानी का होता। उनकी दृष्टि में लल्लू जी लाल का **प्रेम सागर** पहली रचना है जिसकी भाषा पहले कभी नहीं देखी गयी थी। ग्रियर्सन ने लल्लू जी लाल की दूसरी रचना **लाल चन्द्रिका** की भूमिका लिखी थी। उसमें भी वे उन्हें एक नयी भाषा का प्रयोक्ता मानते हैं। इसके पहले लल्लूजी लाल रेख्ता में सिंहासन बत्तीसी, बैतालपचीसी, शकुन्तला नाटक और माध्वानल लिख चुके थे।

ग्रियर्सन के पीछे गिलक्राइस्ट (जॉन बार्थविक/1759-1842) की परम्परा थी। वे फोर्ट विलियम कॉलेज (कलकत्ता/1803) में हिन्दुस्तानी या हिन्दोस्तानी के प्रोफेसर थे। उन्होंने कॉलेज की एक सभा में यह प्रस्ताव रखा था कि यहाँ के बाशिन्दे गास्पेल और ईसा मसीह की शिक्षा को अपने देश की किताबों के आलोक में देखन-परखने की योग्यता रखते हैं। इसे लेकर कॉलेज में काफी असन्तोष हुआ। कलकत्ता के पुराने बौद्धिक ईसाई मिशनरी के किसी भी कार्य के प्रति शंकालु थे। इस कारण गिलक्राइस्ट को कॉलेज से हटना पड़ा, (सादिक-उर-रहमान/ गिलक्राइस्ट एंड लैंग्वेज ऑफ हिन्दुस्तान/55-56)। गिलक्राइस्ट का मानना था कि खड़ी बोली हिन्दुस्तानी की विशिष्ट शैली है जिसे वे हिन्दवी भी कहते हैं और जो अरबी-फ़ारसी से मुक्त है। उन्हें उर्दू सीखने का अवसर मिला था। वे फैजाबाद में नौकरी में थे। उर्दू के प्रसिद्ध शायर सौदा से उनकी खासी दोस्ती थी।

1883 ई. में ही ग्रियर्सन की किताब "सेवन ग्रामर्स ऑफ बिहारी लैंग्वेज" आयी। वह समय (1880-90) उनके अध्यवसाय का शुरुआती दौर था। मात्र दस वर्षों में उन्होंने बिहार के साहित्य और सांस्कृतिक परिदृश्य का गहरा अध्ययन किया था। हिन्दी के लेखक तो इस जमीन में कहीं थे ही नहीं। ग्रियर्सन के बाद ही कविवर रामनरेश त्रिपाठी और दूसरे रचनाकार लोक साहित्य के अध्ययन में आगे आये। इस दौर में वे लोक साहित्य और भाषाओं के व्याकरण का अध्ययन कर रहे थे। 1881 में कैथी (ए हैंडबुक टू द कैथी कैरेक्टर/कलकत्ता) पर किताब लिखी। उसी वर्ष मैथिली भाषा पर उनका लेख (एन इंट्रोडक्शन टू द मैथिली लैंग्वेज ऑफ नार्थ बिहार, कनेक्टिंग ए ग्रामर, क्रिस्टोमैथी एंड वोकेबुलरी) जर्नल ऑफ एशियाटिक सोसायटी ऑफ बंगाल (1881-82) में छपा। दो साल बाद (1883) बिहार की बोलियों का व्याकरण छपा। उसी वर्ष बिहारी बोलियों की संज्ञा-विभक्ति और संयोजक (एसेज ऑन बिहारी डिक्लिनेसन एंड कंजुगेशन) लेख "जर्नल ऑफ एशियाटिक सोसायटी ऑफ बंगाल" में छपा। इसी पत्रिका में एक साल बाद "सम बिहारी फोक सॉन्ग्स" शीर्षक से लेख छपा। 1885 में बिहार के किसानों की सामाजिक और आर्थिक संस्कृति (बिहार पीजेंट लाइफ) पर किताब छपी। उसी वर्ष ए.एफ.आर. हार्नले के साथ मिलकर बिहारी बोलियों का शब्दकोश (ए कम्प्रेटिव डिक्शनरी ऑफ द बिहारी लैंग्वेज) छपा। उसी वर्ष विद्यापति पर उनका लेख इंडियन एंटीक्वेरी में छपा और उसी वर्ष उन्होंने भोजपुरी के आल्हा उदल के विवाह-गीत (सांग ऑफ आल्हाज मैरिज) को लिपिबद्ध किया जो "इंडियन एंटिक्वेरी" (बम्बई) में छपा। 1886 के "जर्नल ऑफ एशियाटिक सोसायटी ऑफ बंगाल" में उनका लेख "सम भोजपुरी सॉन्ग्स" छपा और एक साल बाद 1886 में मगहिया डोम की भाषा (लैंग्वेज ऑफ मगहिया डोम्स) पर उनका लेख इंडियन एंटीक्वेरी में छपा। 1889 में उनकी किताब "मॉडर्न वर्नाक्यूलर लिट्रेचर ऑफ हिन्दुस्तान" छपी। इसके आगे भी लोक साहित्य और भाषा विषयक उनके लेख छपते रहे। 1910 के इंसाइक्लापीडिया ब्रिटानिका के ग्यारहवें संस्करण के बंगाली बिहारी और गुजराती अंश के लेखक और आगे मैथिली और मगही के लोक साहित्य के लेखक के रूप में ग्रियर्सन की ख्याति रही। 1929 में "मगही लोरिक" (द बर्थ ऑफ लोरिक/बुलेटिन ऑफ स्कूल ऑफ ओरियंटल स्टडीज़) छपा। यह उनकी रचना-यात्रा का संक्षित प्रारूप है। विस्तृत व्योरे में जाने पर यह सहज अनुभूति भी होती है कि भारत में ब्रिटिश राज को टिकाने में ग्रियर्सन जैसे अनेक विद्वानों की बौद्धिक साधना लगी थी। ब्रिटिश राज के आने और जाने के कई वर्षों बाद आज तक ग्रियर्सन की स्थापनाएँ रंग लाती रही हैं। चाहे हिन्दी प्रदेश के विभाजन का मामला हो या जनजातीय भाषाओं की अस्मिता को लेकर उनकी चिन्ता हो।

ग्रियर्सन साहब के अध्ययन-क्षेत्र को देखकर कुशल अध्येता और भारतीय

समाज के प्रति उनकी निष्ठा भी महसूस होती है। सच कहा जाए तो इतना बड़ा और विविधवर्णी काम उस दौर के हिन्दी के किसी विद्वान् लेखक का नहीं रहा है। परन्तु राजनीति के चश्मे से भाषा और संस्कृति को देखने की एक दृष्टि भी मिलती है। वह ब्रिटिशपरस्ती राजनीति ही थी। गुलामी केवल सैनिक प्रहार से पुख्ता नहीं होती है। भाषा और संस्कृति के इलाके में दखल से गुलाम बनाने की विचारधारा को सुदीर्घ ताकत मिलती है। यह काम बहुत सलीके और बारीकी से होता है। कई बार हम इसकी दीर्घकालिक मंशा को समझ नही पाते और भाषा और संस्कृति के भावनावश अपने समय की राजनीति और राजनैतिक द्वन्द्व को भूल जाते हैं। ग्रियर्सन का विशाल कृतित्व भारतीय समाज को पूरी समग्रता में नहीं देखता है। भारत में राष्ट्रवाद पहले या बाद में आया, ग्रियर्सन के अध्ययन में इसे नकारने की कोशिश हुई है। राष्ट्रवाद का बीज सामाजिक और सांस्कृतिक एकता है। ग्रियर्सन इसे अलग रखकर कई दूसरे मंतव्य पर जोर देते हैं जिसे अपने मन का वक्तव्य ही कह सकते हैं। अहिन्दी भाषी क्षेत्र दक्षिण और मध्य का इलाका है। तीनों में गहरा सांस्कृतिक साम्य है, भक्ति आन्दोलन से लेकर आज तक। हिन्दी इलाके को बिखेर देनेवाली दृष्टि भाषिक और सांस्कृतिक परिप्रेक्ष्य में बोलियों के बारीक अन्तर को विशेष तौर पर रेखांकित करने पर प्रतिफलित होती है। बारीक अन्तर को इतना विस्तार दे दिया जाए कि क्षेत्रवाद अपने आप गोलबन्द होने लगे। इसको व्यावहारिक शक्ल देने के लिए उसी हथियार का प्रयोग किया जाता है जिसका इस्तेमाल सांस्कृतिक एकता के लिए होता है। जैसे, हलवी को मराठी की उपबोली मान लेना, मैथिली को बाँग्ला के निकट और हिन्दी से दूर और भोजपुरी को उत्तर प्रदेश की बोली मान लेना इत्यादि। इस कड़ी में निष्कर्ष यहाँ तक आया कि बिहार हिन्दी का इलाका नहीं है, वह बंगाल का हिस्सा है। मसलन, किस आधार पर ग्रियर्सन बिहार की अदालतों में हिन्दी के चलन का विरोध करते हैं? किस आधार पर वे मध्य प्रदेश के बस्तर की हलवी को हिन्दी की बोली नहीं मानते हैं? मिथिला को एक प्रदेश मानने और उसकी स्वतन्त्र परम्परा को स्वीकारने के पीछे क्या आधार है? ग्रियर्सन पाँचवें खंड के दूसरे भाग (पृ. 4) में यह चर्चा करते हैं कि मिथिलावासी अपने स्वाभिमान में इस्पाती रहे हैं। इन पर कितने भी आक्रमण हुए, इन्होंने दूसरी राष्ट्रीयता को कभी स्वीकार नहीं किया है। कुलानन्द मिश्र और मोहन भारद्वाज के मैथिली अनुवाद में ''नेशनलिटीज'' का अनुवाद नहीं हुआ है। इसके आगे ग्रियर्सन का मानना है कि मिथिला से सटा, मगध मुसलमानों के युद्ध-स्थल होने के कारण भी यहाँ (मगध) के लोग अपनी हिन्दू परम्परा को भूल चुके हैं। यहाँ एक शब्द प्रचलित है, "भदेस" (असभ्य या गँवार) और यह शब्द मगध के निवासियों के लिए ही प्रयुक्त होता है। ग्रियर्सन के मुताबिक मगध और भोजपुर की अपेक्षा मिथिला की सांस्कृतिक परम्परा अक्षुण्ण रही है। मगध असभ्य इलाका ठहरा, भोजपुर 1857 का केन्द्र था। वह प्रिय

कैसे होता? मिथिला में 57 की लहर थी। वह भी कुछ इलाकों में। मिथिला इस संग्राम का केन्द्र नहीं था। इस या जिस कारण से भी ग्रियर्सन को मिथिला पसंद था।

बिहार में ग्रियर्सन लम्बे समय तक रहे। बिहार प्रवास के दौरान विभिन्न इलाकों के शब्दों का संकलन भारतीय भाषाओं के इतिहास में अपने ढंग का अनूठा काम था। यह काम दूसरे ब्रिटिश अधिकारी भी कर रहे थे। उत्तर प्रदेश में क्रूक भी इस काम में लगे थे। बिहार पीजेंट लाइफ के प्रथम संस्करण की भूमिका (1885) में ग्रियर्सन ने लिखा है कि बिहार के कृषि जीवन की शब्दावली-संकलन की प्रेरणा क्रूक से ही मिली थी। उनका शब्द-संकलन उत्तर-पश्चिमी प्रान्त और अवध की ग्रामीण एवं कृषि शब्दावली सम्बन्धी सामग्री 1878 में इलाहाबाद से छप चुका था। 1877 में पैट्रिक कारनेगी का शब्द-संकलन "कचहरी टेक्नीकलिटीज" नाम से आया था। बिहार पीजेंट लाइफ जनपदीय शब्दों के संकलन के इलाके में तीसरी पुस्तक है। हिन्दी में ग्रियर्सन साहब की प्रेरणा ही कहें कि भाषा वैज्ञानिक धीरेन्द्र वर्मा, हरिहर प्रसाद गुप्त, अम्बा प्रसाद सुमन आदि विद्वानों ने इस क्षेत्र में महत्त्व का काम किया है। डॉ. धीरेन्द्र वर्मा जी के निर्देशन में हरिहर प्रसाद गुप्त जी का शोध प्रबन्ध ''आजमगढ़ जिला के तहसील फूलपुर के ग्रामोद्योग से सम्बन्धित शब्दावली" का था। गुप्त जी के इस शोध प्रबन्ध की विशेषता को रेखांकित करते हुए भाषावैज्ञानिक डॉ. अम्बा प्रसाद सुमन ने लिखा है कि बहुत-से शब्दों के मूल और विकास को लौकिक संस्कृत और पालि भाषा से लेकर हिन्दी तक में इसके अस्तित्व को देखा गया है। सुमन जी अलीगढ़ के एक तहसील (कोल) के रहने वाले थे। अपनी पुस्तक ''ब्रजभाषा शब्दावली'' के पहले खंड (1960) की भूमिका में उन्होंने अपने इलाके के एक किसान का अनुभव दर्ज किया है। वर्षा होने पर वह किसान खुशी से कहने लगा, ''आजु तौ सौनों बरस्यो ऐ।'' सुमन जी को अथर्ववेद की एक उक्ति याद आ गयी जिसका अर्थ था, आज इस पृथ्वी के लिए जल घृत जैसा बरस रहा है। यही प्रेरणा थी कि सुमन जी 1949 से शब्दों के संकलन के काम में लग गये। शब्दों के संकलन और विश्लेषण का काम इतना ज्ञानवर्द्धक और रोचक है कि कई इतिहासकारों ने अपना पूरा जीवन इस काम में लगा दिया। डॉ. वासुदेव शरण अग्रवाल शब्दों से इतिहास की ओर जाते हैं प्रचलित लोकोक्तियों और मुहावरों को लिया जाए तो निश्चय ही इतिहास के निष्कर्ष कुछ भिन्न होंगे। विदित है कि अकबर के समय (1556-1605) तक कई सौ वर्षों के बाद को स्थिर और कुछ लोग के अनुसार स्वर्ण युग माना जाता था। परन्तु तुलसीदास की कवितावली का उत्तरकांड कुछ और कहता है। किसान तबाह थे, वणिक का व्यापार तंग हो चुका था। लोग बेरोजगार हो रहे थे। अब बताएँ, ऐसे में स्वर्ण युग कैसा? ग्रियर्सन से लेकर धीरेन्द्र वर्मा और अम्बा प्रसाद सुमन तक के कामों को केवल शब्द-संकलन की दृष्टि से देखना अपर्याप्त होगा। मुझे लगता है कि इनकी कृतियों में आये कृषि सम्बन्धी कार्यों के विवरण को एक

समय की अर्थ व्यवस्था में उसके उत्पाद, उत्पादन के साधन और बाजार के अध्ययन के रूप में देखा जा सकता है। इसकी ओर ग्रियर्सन का भी ध्यान गया है और बाद के भाषाविदों का भी। इस दृष्टि से शब्दों के संकलनकर्ताओं ने इतिहासकारों के लिए बड़ी सामग्री छोड़ रखी है। इस आधार पर इतिहास लिखना कठिन ज़रूर है। सामान्य इतिहास से इसके सम्भव है कि निष्कर्ष अधिक विश्वसनीय हों।

ग्रियर्सन के लिए शब्दों का संकलन केवल संग्रह मात्र नहीं था। इसकी प्रशासकीय उपयोगिता थी। अंग्रेज अधिकारियों के लिए इसका अधिक महत्त्व था। एक समय में एक इलाके से शब्दों का संकलन अपने में बड़ा काम है। समय-असमय शब्द घिसते हैं, अप्रचलित होते हैं। वे किताब में ही सिमट कर रह जाते हैं। उन शब्दों से सामना होने पर हमें शब्दों के इतिहास के साथ भाषाओं और बोलियों के विकास का पता चलता है। ग्रियर्सन के समय में ही भाषा विज्ञान के अन्तर्गत भाषा भूगोल (लिंग्विस्टिक ज्योग्राफी) अस्तित्व में आया था। 1841 ई. में यूरोप की भाषिक मान चित्रावली तैयार हुई थी। 1860-1900 फ्रेंच के भाषाविदों को बोलियों के अध्ययन की ज़रूरत महसूस हुई। 1873 के आस-पास इंगलैंड में "इंग्लिश डायलेक्ट़ सोसायटी" की स्थापना हुई। भाषा भूगोल एक स्वतन्त्र विषय के रूप में उसी समय आया।

भाषाविदों की चिन्ता थी कि वे भाषाओं के सर्वेक्षण के सिलसिले में बोलियों को किस प्रकार समाविष्ट करें। भारत जैसे देश के लिए इसका खास महत्त्व था। हम किसे हिन्दी का प्रदेश मानें और किसे नहीं मानें। मान लें कि भोजपुरी और मैथिली के पचास से अधिक प्रतिशत शब्द पूरे हिन्दी इलाके में प्रचलित होते हों तो उसे हिन्दी की बोली के रूप में देखा जा सकता है या नहीं? बोलियों के बीच पारस्परिक सुबोधता होती है। उसके कई आधार हैं, लोक साहित्य, शारीरिक चेष्टाएँ, अनुतान तथा स्वर लहर, सुनने वालों की क्षमता, प्रयुक्त शब्दों की सापेक्षिक आवृत्ति, आगत शब्दों की अधिकता इत्यादि। भाषा भूगोल के विद्वानों का मानना है कि पचास प्रतिशत से अधिक बोधगम्यता होने पर एक भाषा की सीमा में बोलियों को समाहित किया जा सकता है। भारतीय समाज की संरचना कई समाजों से भिन्न है। यहाँ एक भी क्षेत्र ऐसा नहीं है जहाँ एक से अधिक भाषा परिवार न मिलता हो। छत्तीसगढ़ी समाज में तीन प्रमुख भाषा परिवारों की उपस्थिति है, निषाद, द्रविड़ और आर्य भाषा परिवार। संयुक्त बिहार में ऑस्ट्रिक, द्रविड़ और आर्य भाषा परिवार हैं। अहिन्दी भाषी क्षेत्र को छोड़ हिन्दी के अधिकांश क्षेत्रों में एक से अधिक भाषा परिवार की उपस्थिति है। दूसरी बात है इस समाज की गतिशीलता। दूसरे किसी भी समाज की तुलना में यहाँ के समाज में आगतों का क्रम हमेशा जारी रहा है। प्रो. कान्ति कुमार की किताब "छत्तीसगढ़ी बोली : व्याकरण और कोश" 1969 में आयी है। उस समय का उनका आकलन है कि छत्तीसगढ़ी समाज में तिब्बती, पंजाबी और बाँग्ला भाषी विस्थापितों के आगमन और स्थायी रूप से पुनर्वास के फलस्वरूप शीघ्र ही स्थानीय

बोलियों पर इनके प्रभाव की आशंका बढ़ने लगी थी। इसलिए छत्तीसगढ़ी क्या दूसरे समाजों में भी विलुप्त प्राय या मरणासन्न बोलियों की संख्या मिलती है। कई बार बोलियों की अस्मिता का सवाल इसी कारण उठ खड़ा होता है। छत्तीसगढ़ी समाज में निषाद परिवार की बोलियों में कुर्कू या कोड़ाकू, खरिया और खेखारी बोलियों की संख्या (1931) हजारों में है। निषाद अपनी विशेषताओं में अफ्रीका के निग्रो से मिलते-जुलते है। अब अधिकांश मानते हैं कि मालवा और खानदेश की पश्चिमी सीमा पर नर्मदा, ताप्ती और महानदी के किनारे का इलाका निषादों का रहा है। इस परिवार की कई बोलियों को विलुप्तों की श्रेणी में रखा जा सकता है। इनके शब्दों का किसी मुख्य भाषा में मौलिक या विकृत रूप में आगम हो सकता है। उनके मूल में जाने पर ऐसा ज्ञात हो सकता है। ऐसा भी होता है कि शब्द अपने मूल अर्थ में कुछ और रहे हों, विकृत होने के बाद उनके अर्थ बदल गये हों। बदली स्थिति में भी एक इलाके में उन शब्दों का चलन दूसरे इलाके से भिन्न होता है। कई बार कुछ ऐसे शब्द मिलते हैं जिनसे शब्दों के रूप का कोई सम्बन्ध न हो। रूपगत साम्य भी नहीं, उच्चारणपगत साम्य भी नहीं, फिर भी, वे शब्द उस इलाके में प्रचलित रहे हैं। ग्रियर्सन की ही सूचना (बिहारक ग्राम जीवन/225) है कि सिंचाई के लिए शाहाबाद के दक्षिणी और पश्चिमी इलाके में कन्हैया शब्द का सम्बन्ध **पटावन** या **पटौनी** से है। बिहार के अधिकांश इलाकों में **पटौनी** (सिंचाई) शब्द प्रचलित है। **पटौनिहार** शब्द कॉमन है। पटौनिहार के लिए दक्षिणी और पश्चिमी तिरहुत में **खरवाहा** शब्द प्रचलित है जिसका अर्थ है पानी पटाने वाला। कनेर एक पौधा है जिसका फूल सफेद और लाल होता है। कनेरिया का अर्थ कनेर के रंग का। मारवाड़ी समाज में **कनेरिया** और **कानोड़िया** दोनों शब्द प्रचलित हैं। कनेर का कन्हैया से शायद कोई सम्बन्ध हो। अब इस शब्द का **ह** में परिवर्तन सम्भव है कनेर पौधों की सिंचाई के लिए होता हो। फिर भी, सिंचाई के लिए **कन्हैया** शब्द का चलन अविश्वसनीय ज़रूर लगता है। बिहार के अर्द्धमागधी भाषा परिवार में **र** और **ल** का पारस्परिक परिवर्तन आम बात है। फिर भी, **र** का **ह** में परिवर्तन यह संकेत दे रहा है कि बिहार के किसी इलाके का सम्बन्ध महाप्राण वाले इलाके से रहा हो। मुंडारी में ''पटाना'' के लिए **पटआ** या **पटओ** शब्द प्रचलित है। **पटना** या **पटाना** शब्द पूरे बिहार में प्रचलित है। मुंडारी में हिन्दी के कई शब्द अपने कुछ रूपगत अन्तर से प्रचलित हो गये हैं। जैसे, "प्याज" का **पेयाज**, "प्याज" का **पेयाली** लेकिन "प्यार" के लिए वहाँ **दुलाड़** शब्द प्रचलित है। ऑस्ट्रिक परिवार की इस भाषा में एक ही काम के लिए क्रियापद के अनेक रूप मिलते हैं। जैसे, कुल्हाड़ी से काटना के लिए **माआ** शब्द है और छुरी से काटना के लिए **हड** और हँसुआ से काटना के लिए **ईर** शब्द प्रचलित है। क्रियापद की ऐसी विविधता हिन्दी समाज में नहीं मिलती है, बिहार के समाज में नहीं मिलती है। श्रीमती स्वर्णलता प्रसाद के हिन्दी मुण्डारी शब्दकोष में ''काटना'' क्रिया के लिए

दस अलग-अलग क्रिया रूप आये हैं। हिन्दी की अपेक्षा मुंडारी की शब्द-सम्पदा सीमित है। सीमित शब्द सम्पदा वाले समाज में क्रिया-रूपों की विविधता इस कारण से भी है कि वहाँ दूसरे भाषिक परिवेशों का समागम कम हुआ है और हुआ भी है तो उसकी घुलनशीलता अन्य समाजों की तरह नहीं रही है। संज्ञा और विशेषण रूपों में संस्कृत शब्दों का मुंडारी समाज में खपने का कारण आर्य भाषा परिवार के साथ इनका सम्बन्ध है। संज्ञा और विशेषण के शब्द किसी भी समाज में आसानी से अनुकरणीय हो जाते हैं। क्रियापद के रूप में ग्रियर्सन के संकलन में पानी से बने अनेक शब्द है, विशेषण शब्द हैं, **पनिआयेल** (जल प्लावित)। खर या **ख़र** फ़ारसी का शब्द है, अर्थ है **गदहा** या मूर्ख। खेती के काम-धाम में गदहे का उपयोग होता रहा है। पानी पटाने के काम में भी इनका उपयोग होता हो। देहातों में "खर" का एक अर्थ धान या दूसरे पौधों से निकले अतिरिक्त से है, **खर-पतवार**। "खरवाहा" शब्द भी विश्वसनीय है। परन्तु कन्हैया का चलन अनुमान से परे है। ग्रियर्सन अपने अधीनस्थों से शब्दों का संकलन करवाते थे। अब अधीनस्थ के हाथ जो आया, उसे मान लेना होगा। ग्रियर्सन साहब को कृषक शब्दावली की खोज के पीछे एक प्रेरणा भाषाविद् जॉन बीम्स और उनकी प्रसिद्ध कृति ''कम्पेरेटिव ग्रामर ऑफ दी मॉडर्न आर्यन लैंग्वेजेज़'' की रही है। बीम्स पंजाबी, सिंधी, गुजराती, मराठी, उड़िया और बाँग्ला के तुलनात्मक अध्ययन के सन्दर्भ में संस्कृत से इन भाषाओं के शब्दों को तुलना ज़रूर करते हैं। परन्तु यह भी मानते हैं कि आर्य परिवार के स्वर-प्रयोग में विजातीय (एलियन) जातियों का प्रभाव रहा (पृ. 128-129) है। अनुमान के आधार पर इनके स्रोत बताये जा सकते हैं। पंजाब जिसे वे हिन्दुस्तान कहते हैं, में बाँग्ला और उड़िया भाषियों के उच्चारण में भदेसपन या गँवईपन महसूस होगा। इनके उच्चारण में कभी-कभी विदेशीपन का बोध होता है। बीम्स ने सप्तशतक से कई शब्दों के उदाहरण दिये हैं **कृपण** (सं.)–किविना/**पुद्धि**–पृष्ठ **अइप्पण**–तर्पण। ग्रियर्सन के पहले बीम्स की किताब (1871 ई.) आ चुकी थी। बीम्स को सीधे संस्कृत स्रोत से शब्दों को देखने में दुविधा का भान हुआ था। यूरोप के भाषाविद् जो भारत में आये और कई स्थल तक रहे, उनमें कई संस्कृत की पृष्ठभूमि से आये थे। इसलिए वे संस्कृत पर जोर देते रहे। बीम्स थोड़े भाषाविदों में हैं जो विभिन्न बोलियों में शब्दों के इतिहास को देख रहे थे। संस्कृत से इन बोलियों का साम्य भी था और वैषम्य भी। भाषाओं में संयुक्त व्यंजन के परिवर्तन को वे देख रहे थे,

सूर्य-सूरी-सुज्जी-सूरज (पृ. 349)

तूर्य्य-तूर, तूरही, तुरम

बीम्स यह भी कहते हैं (पृ. 299) कि सात भाषाओं (हिन्दी, पंजाबी, सिंधी, गुजराती, मराठी, उड़िया और बाँग्ला) में संज्ञा समान किस्म के परिवर्तन हुए है। उनमें एक तरह की सजातीयता देखी जा सकती है। संज्ञा रूपों में एक तरह का समान

व्यतिक्रम (डिक्लेंशन) दिखायी पड़ता है। यहाँ तक कि सर्वनामों में भी यह सजातीयता मिलती है। मराठी के **मी** या **मो**, उड़िया के **मु** के **मुइ** जिप्सी के **मे** और नेपाली के **म** इसके उदाहरण हैं। इसलिए बीम्स (पृ. 303) संस्कृत के **मया मइ** (अपभ्रंश) और आगे चलकर आधुनिक भारतीय भाषाओं में **म** के अनेक रूप मिलते हैं। बीम्स **मो, मैं** के विभिन्न रूपों में एक व्यवस्था खोजने की कोशिश करते हैं। जैसे, चन्द (शायद चन्दबरदाई) का उदाहरण देकर वे बताते हैं कि **मैं** का प्रयोग सकर्मक क्रिया के भूत काल में होता रहा है जहाँ कर्ता सीधे-सीधे क्रिया के साथ हो **मैं सुन्यो...**। बाकी जगहों में यह काम सर्वनाम से हो जाता है। इससे सहमत होना मुश्किल है। परन्तु बीम्स इस बहाने आधुनिक भारतीय भाषाओं की समान गति को ज़रूर दर्शाते हैं। चाहे वे भाषाएँ हिन्दी प्रदेश की हों या हिन्दी प्रदेश के बाहर की। वे विद्यापति का भी उदाहरण देते हैं, **कहसि मोहे निदान**। विद्यापति में **मो** का प्रयोग भी मिलता है, **मो बिने स्वपने न हेरबि आन**। यह **मुझ मज्झ** से आया है और आधुनिक भारतीय भाषाओं में इसके प्रयोग में एक तरह की सजातीयता मिलती है। बीम्स का मानना है कि प्राकृत के विभिन्न रूपों से भारतीय भाषाओं के आधुनिक रूप को समझा जा सकता है। कहीं-कहीं तो बाँग्ला और उड़िया में प्राकृत शब्द लगभग यथावत् हैं। उड़िया में **अम्हे** सुरक्षित है। बाँग्ला **आमि अम्हे** का कोमल (सॉटेन) रूप है और हिन्दी में यह का **ह** संज्ञा रूपों में नहीं रहता है। वहाँ **ह** क्रिया-रूपों में है। बीम्स ने नौ भाषाओं (हिन्दी, पंजाबी, सिंधी, गुजराती, मराठी, बाँग्ला, नेपाली–जिप्सी) के सर्वनाम-रूपों का तुलनात्मक विवरण दिया है। उन्होंने यही काम विशेषण और क्रिया-रूपों में किया है। इस ब्योरे से आधुनिक भारतीय भाषाओं के विकास की सजातीय प्रवृत्ति का पता चलता है। ग्रियर्सन बीम्स के अध्ययन को पूरे-पूरे इसी रूप में ग्रहण नहीं करते है या कहें कि उसे आगे नहीं बढ़ाते हैं।

ग्रियर्सन की किताब में शब्दों के मूल स्रोत का उल्लेख नहीं है। कहावतों और मुहावरों की चर्चा है। एक ही शब्द दूसरे इलाके में भिन्न अर्थ भी रखता है। समाज में व्याप्त शब्द और अर्थगत भिन्नता की ओर इनका ध्यान नहीं गया है। वे स्वयं संस्कृत और प्राकृत के विद्वान् थे। उन्हें भारत की कई भाषाओं का ज्ञान था। "पीजेंट लाइफ इन बिहार" अप्रैल, 1885 में प्रकाशित हुआ। इसके पहले तक ग्रियर्सन भारतीय भाषाओं के जानकार हो चुके थे। इन्होंने शब्दों के मूल स्रोत को अनजाने में शामिल नहीं किया है। ऐसा एक सुनिश्चित भाषा नीति के तहत हुआ है। शब्दों के मूल स्रोत तक जाने और दूसरे इलाकों में उन्हीं शब्दों के भिन्न अर्थ में प्रचलन से बिहार को हिन्दी भाषी प्रदेश मानने की पुष्टि होती। ऐसा ग्रियर्सन भी नहीं चाहते थे और ब्रिटिश सरकार भी नहीं चाहती थी। बिहार बंगाल से भी अलग रहे और हिन्दी प्रदेश से भी, इस मंशा से भी शब्दों का संकलन हो रहा था। इसलिए छोटे-से-छोटे इलाके में बिल्कुल अप्रचलित शब्दों को महत्त्व मिला है। बिहार

पीजेंट लाइफ के मैथिली अनुवाद में मैथिली अकादमी के अध्यक्ष इंद्रकान्त झा ने लिखा है कि ग्रियर्सन ने विभिन्न भाषाओं वाले बिहार के समाज के लिए बिहारी नाम दिया। इसे इंद्रकान्त जी बिहार के प्रति ग्रियर्सन साहब की "ममता" बताते है। जरा देखें, बिहार के प्रति उनका कैसा प्रेम था? वे बिहार को बंगाल और दूसरे हिन्दी प्रान्तों से अलग देखना चाहते थे। बिहार अलग-थलग रहे, ऐसी ममता बिहार को कहाँ ले जाएगी?

बिहारवासियों का भाषा-प्रेम ग्रियर्सन या किसी अंग्रेज अधिकारी के अनुरूप बिल्कुल नहीं था। उस समय भी बिहार की जनता अपनी भाषा, अपनी संस्कृति का महत्त्व समझती थी। वे समझते थे कि बंगाल प्रेसिडेंसी के काउंसिल के यहाँ सिफारिश या कोशिश-पैरवी करने से उनकी अपनी भाषा और संस्कृति को महत्त्व मिल सकता है। अयोध्या प्रसाद ''बहार'' (रियाज़-ए-तिरहुत) दरभंगा महाराज की रियासत में में सेवारत (1853) थे। उर्दू में लिखा उनका विवरण **रियाज़-ए-तिरहुत** (1868 ई.) में मुजफ्फरपुर से प्रकाशित हुआ था। उनकी सूचना है कि (27 फरवरी, 1868) मुजफ्फरपुर में रईसों, कारिन्दों, महाजनों और जमींदारों की राय से इज़लास कौंसिल (बंगाल प्रेसिडेंसी/कलकत्ता) को भेजने के लिए ब्रिटिश इंडियन एसोसिएशन और साइंटिफिक सोसायटी की ओर से एक प्रस्ताव तैयार किया गया जिसमें देशी भाषा में उच्च शिक्षा की पढ़ाई की व्यवस्था करने पर विशेष जोर था। इस प्रस्ताव में हिन्दुस्तानी का उल्लेख हुआ है। यहाँ कहा गया है कि महाविद्यालयों में परीक्षा ''प्रचलित हिन्दुस्तानी भाषा'' में हो। ध्यातव्य है कि उस समय तक बंगाल प्रेसिडेंसी में कलकत्ता में ही महाविद्यालय खुले थे। इस प्रस्ताव में ''हिन्दुस्तानी'' से उनका अभिप्राय बहुत स्पष्ट नहीं था। प्रस्ताव में देशी भाषा का एक महाविद्यालय खोलने के लिए भी अनुरोध किया गया है। अयोध्या प्रसाद ''बहार'' के ब्योरे से ज्ञात होता है कि यह प्रस्ताव कौंसिल के सामने पेश होकर फिर ब्रिटिश सरकार के सचिव और बिहार के ब्रिटिश इंडियन एसोसिएशन को एक चिट्ठी के साथ जारी हुआ। चिट्ठी का केवल उल्लेख है। बहार लिखते हैं कि इसके बाद ही बिहार में प्रेस आया। किताबों के अनुवाद छपने लगे। एक अखबार भी निकलने लगा जिसके सम्पादक स्वयं अयोध्या प्रसाद जी ही थे। निर्णय क्या हुआ, इसकी चर्चा नहीं हुई है। लेखक के ब्योरे से ब्रिटिश सरकार के सकारात्मक निर्णय के संकेत मिलते है। उस समय तक और उसके बाद भी सरकार हिन्दुस्तानी और देशी भाषा के पक्ष में नहीं थी। इस प्रस्ताव में देशी भाषा के साथ हिन्दुस्तानी का उल्लेख बिहार की बोलियों और हिन्दुस्तानी के पारस्परिक सम्बन्ध का संकेत देता है। हिन्दुस्तानी चाहे वो संस्कृत या फ़ारसी मिश्रित हिन्दी हो, उससे बिहार के भाषा-भाषियों की दूरी नहीं थी। इस प्रस्ताव में विशेष तौर पर अंग्रेज़ी की चर्चा हुई है। देशी भाषा, हिन्दुस्तानी और साथ में अंग्रेज़ी की चर्चा जिस तर्ज़ पर हुई है, उससे स्पष्ट है कि उस समय (1868 ई.)

के बिहार के जमींदार और सरकारी सेवा में कार्यरत अंग्रेज अधिकारी भी देशी भाषा की तरक्की में अंग्रेज़ी को रुकावट ही मानते थे। अंग्रेज़ी को लेकर बिहार के अभिजात वर्ग की कोई आसक्ति नहीं थी। बिहार को हिन्दी प्रदेश न मानने और देशी भाषा और हिन्दुस्तानी के बीच एक दूरी बनाये रखने का ख़्याल ब्रिटिश अधिकारियों का सोचा-समझा था।

अयोध्या प्रसाद "बहार" का वह प्रस्ताव मैथिली को हिन्दी से अलग भाषा मानने को लेकर बहस का था। हिन्दी प्रदेश में यही एक इलाका था जहाँ हिन्दी बनाम मैथिली की चर्चा थी। पूर्वी और पश्चिमी हिन्दी की सीमा के पार पहाड़ी हिन्दी और राजस्थानी में अपनी भाषा को लेकर ऐसा दुराग्रह नहीं था, जो बाद के दौर में मिथिला में बना। पूर्णिया जिले के फ्रांसिस बुकनान के विवरण (एन एकाउंट ऑफ दी डिस्ट्रिक्ट ऑफ पूर्णिया 1809-10) का सन्दर्भ देते हुए ग्रियर्सन ने लिखा है कि मैथिली, मगही और भोजपुरी को हिन्दी की बोलियाँ मानने का विश्वास भी था। स्वयं बुकनान ने भी इसे हिन्दी की बोलियों के रूप में स्वीकार किया है। ग्रियर्सन के सर्वेक्षण (खंड 5 भाग 2) में यह चर्चा है कि उन दिनों पूरे बिहार में बोली जाने वाली भाषा हिन्दी का विकृत रूप थीं। बिहारी लाल ''फितरत'' (आइन-ए-तिरहुत/1883) के अनुसार यह रूप गँवारी हिन्दी का था। ग्रियर्सन 1880 ई. तक मधुबनी में अनुमंडलाधिकारी (एस.डी.ओ.) थे। बिहारी लाल "फितरत" भी उसी दौर में थे। उनके अनुसार बिहार में हिन्दी के दो रूप थे, ''गँवारी हिन्दी'' और ''संस्कृत मिश्रित हिन्दी।'' मिथिला की पिछड़ी जातियों में ''गँवारी हिन्दी'' प्रचलित थी और मैथिल पंडितों में ''संस्कृत मिश्रित हिन्दी।'' गँवारी हिन्दी का उदाहरण है, **आहाँक नाम छी की?/कोन गाम घर अछि?** मैथिल पंडितों और कायस्थों की संस्कृत मिश्रित हिन्दी का नमूना है, **अपने क की संज्ञा थीक/कतय उपस्थित थीक?/कोन कार्यक हेतु अयलहुँ अछि** (आप का नाम क्या है?/कहाँ के रहने वाले हैं?/किस कार्य से आये हैं?) ग्रियर्सन की किताब (एन इंट्रोडक्शन टू दी मैथिली लैंग्वेज ऑफ नॉर्थ बिहार) दो खंडों में आयी थी। पहले खंड में मैथिली का व्याकरण है जो 1880-81 में छपा और दूसरे खंड में मैथिली भाषा के उद्धरण और शब्दावली (1882) संकलित हैं। निःसन्देह ग्रियर्सन मैथिली के उद्धरणों और उसकी शब्दावली दोनों को एक साथ शामिल कर भाषा-विश्लेषण की एक पद्धति प्रस्तुत करते हैं। उस समय तक तुलनात्मक भाषा विज्ञान विकास के पथ पर था। शब्दों की तुलना एक बात है लेकिन किसी भाषा के अवतरण (पैराग्राफ़्स) को सामने रखकर भाषा का विश्लेषण कर शब्दों की तुलना से ज्यादा तर्कसंगत और मेहनत का काम है। क्रेस्टोमैथी के दूसरे खंड की खास बात है, लोक गीत (दुसाधों में प्रचलित सलहेस गीत—नाग गीत) और फतूरी लाल, विद्यापति और हर्षनाथ झा के गीतों का संकलन। ऊँची और पिछड़ी जातियों में प्रचलित गद्य के नमूने भी दिये गये हैं।

भाषाओं के अध्ययन की पद्धति की दृष्टि से ग्रियर्सन की मैथिली क्रेस्टोमैथी वाली किताब एक मानक प्रस्तुत करती है। प्रश्न है, इतने सुगठित मानक के बावजूद कोई भाषावैज्ञानिक अपने निष्कर्षों में दुरुस्त क्यों नहीं रह पाता है? मैथिली क्रेस्टोमैथी वाली किताब का पुनः प्रकाशन दो साल पहले (2009 ई.) हुआ है। इसकी भूमिका में प्रो. हेतुकर झा ने मैथिली को हिन्दी से अलग मानने, कह लें हिन्दी की बोली न मानने के पक्ष में ग्रियर्सन के समय के इतिहास को दुहराया हैं। उनके अनुसार ''गँवारी'' और ''संस्कृत मिश्रित'' हिन्दी के उदाहरण मैथिली को हिन्दी की बोली न मानने के ग्रियर्सन के विश्वास को मजबूत करते हैं। हिन्दी की बोली से इनकार करने के पीछे फ्रांसिस बुकनान की टिप्पणी एक कारण है जिसमें वे मैथिली को ''मिथिला की देश भाषा'' कहते हैं। 1809-10 के पूर्णिया जिला के ब्योरे (एन एकाउंट ऑफ दी डिस्ट्रिक्ट ऑफ पूर्णिया इन 1809-10) में ''देश भाषा'' की चर्चा है। प्रो. हेतुकर झा ''देश भाषा'' शब्द पर विचार नहीं करते हैं। उस समय तक पूर्वी और पश्चिमी हिन्दी के क्षेत्र में ब्रजभाषा देश भाषा थी। ''देश भाषा'' को विभिन्न बोलियों और भाषाओं के बीच की सम्पर्क-भाषा मानी जाए तो मैथिली मिथिला की सम्पर्क भाषा थी। आज स्थिति कुछ भिन्न है। इसके बावजूद मिथिला क्षेत्र में मैथिली का स्थान सर्वोपरि है। मैथिली को ''देश भाषा'' कहते समय बुकनान शायद हर इलाके के लिए ''देश भाषा'' चाहते हों। भोजपुरी का इलाका उत्तर प्रदेश और मैथिली का इलाका मिथिला। बुकानन के ''देश भाषा'' का प्रयोग करने के पीछे यह मंशा भी रही होगी। आगे चलकर ग्रियर्सन भी भोजपुरी को बिहार की बोली नहीं मानते हैं। बुकनान और ग्रियर्सन के परिप्रेक्ष्य में विभाजन कुछ यों होगा, उत्तर प्रदेश की भोजपुरी से लेकर बिहार के भोजपुर का एक इलाका, झारखंड दूसरा इलाका और मिथिला तीसरा इलाका। यही है ''देश भाषा'' का कमाल। इसलिए ग्रियर्सन ''बिहारी भाषा'' की नयी परिकल्पना देते हैं।

राजस्थानी कहावत है ''पटै लिखाई मोठ बाजरी, माँगै चावळ दाल।'' भाग्य में जब मोठ और बाजरा ही बदा है तब चावल-दाल की आकांक्षा निरर्थक है। यहाँ **पटै** का अर्थ भाग्य से है। अवधी में **पटइब** का अर्थ पटना या **सौदा** करने से है। **पटाऊ** (अव.) का अर्थ है कुल **देवता को** चढ़ाए **जाने वाला कपड़ा**। **पटकन** (डंडा) और **पटकब** (गिरा देना) ये दोनों बिहार की भाषाओं में प्रचलित हैं। दोनों अवधी के शब्द हैं। छत्तीसगढ़ी में ''पट'' से बनने वाले अनेक शब्द हैं, **पटा** (विधवा स्त्री द्वारा पहनी जाने वाली चूड़ी), **पटुका** (छोटी धोती), **पटौहा** (ऊपर की मंजिल), **पट** (जगन्नाथपुरी और बद्रीनाथ का चित्र जिसे यात्री अपने साथ लाते हैं), **पट्टन** (शहर)। मूल शब्द संस्कृत का **पट** या **पट्ट** है, कपड़ा। इसी प्रकार ब्रजभाषा में **पटकना, पटकौड़ा, पटा** और **पाट** शब्द प्रचलित हैं। एक खास किस्म की मोटी रस्सी का टुकड़ा ''पटकना'' कहलाता है। उसी से **पटकौड़ा** (रस्सी का एक टुकड़ा जिसे टोपी पर लगाया जाता

है, बिहार में इसे फुँदना या कलगी कहते हैं। लहँगे के घेरे में जुड़े कपड़े की पर्त को पाट कहा जाता है।)

अर्थ-भिन्नता कई कारणों से होती है। पहनावे ओढ़ावे से लेकर खान-पान तक में बारीक बदलाव और दैनिक जीवन की व्यस्तता के कारण अर्थ-भिन्नता आती है। मूल शब्द का विस्तार पड़ोसी भाषिक क्षेत्रों में ही होता है। अब **पट** से लैटिन और फ्रेंच में कोई शब्द नहीं बनेगा। **पट** का अर्थ-वैविध्य ब्रज, छतीसगढ़, अवधी के इलाके में ही दिखेगा। शिष्ट भाषा में अर्थ-परिवर्तन और अर्थ-विस्तार दोनों होते हैं। हिन्दी में सिंचाई के लिए पटाना और सौदा के लिए भी पटाना शब्द है। ध्यान दें कि यहाँ बिहार के भाषिक क्षेत्र से पश्चिमी हिन्दी के क्षेत्र में क्रिया-पद का तबादला भी हो रहा है और संज्ञा और विशेषण में उसके प्रयोग देखे जा रहे हैं। हिन्दी इलाके में संज्ञा, विशेषण और क्रिया के स्थानान्तरण और परिवर्तन एक साथ हो रहे हैं। भाषा-भूगोल के क्षेत्र में फ्राँस में बोली जाने वाली बोलियों, अशिष्ट बोलियों और जनबोलियों (जार्गन्स) को लेकर एक मानचित्र (एटलस) तैयार हुआ था। एक बात सामने आयी थी कि भाषिक सीमाओं को बिल्कुल रेखागणित की रेखाओं की तरह नहीं दिखाया जा सकता है। जन बोलियों (जार्गन्स) को शब्दों का इतिहास समझने के लिए देखना-परखना चाहिए। वहाँ तक उसकी उपयोगिता है, उसके आगे नहीं। 19वीं शती में बोलियों के अध्ययन के लिए कमिटि बनी। डेनमार्क में डेनिश लोक बोलियों के अध्ययन के लिए एक सोसायटी (1879) बनी। नीदरलैंड (1873) में भी इसी तरह की सोसायटी बनी। 1886 ई. में फीलवर्ग (H.F. Feilberg) ने डेनिश "बोलीकोश" का निर्माण किया। इसके तीन साल पहले (1883) "बोली विज्ञान" का पहला अन्तरराष्ट्रीय सम्मेलन हुआ। यह चर्चा होने लगी कि हर इलाके के शब्दों के संकलन से बोलियों का भौगोलिक दायरा भी समझ में आयेगा और उसके विकास की दिशा भी तय हो सकेगी। ग्रियर्सन के सामने ही बोली विज्ञान अस्तित्व में आ चुका था। इसलिए बिहार के समाज में प्रचलित शब्दों के संकलन में यूरोप के बोली विज्ञान से जुड़े भाषाविदों के कार्य सामने थे।

ब्रजभाषा में **पट** से अनेक शब्द बने हैं, **पटारों** (घोड़े पर कपड़े का बना गद्दा यानी जीन की दोनों तरफ कपड़े में अर्द्ध चन्द्राकार लोहे या पीतल का छल्ला), **पटिया** (जिस खेत की लम्बाई अधिक हो और चौड़ाई कम हो), **पटिया पारना** (बालों को मोड़ने और सजाने का काम)। ब्रज के इलाके में एक कहावत प्रचलित है, "आजु गौरा चली रूँठि/न पाटी पारी मोम तें।" अर्थ है, आज गौरी रूठकर चल दी। उसने मोम से सिर पर पाटी भी नहीं की। मूल शब्द **पट** है। उसी से हिन्दी के इलाके में अनेक किस्म के शब्द बने। अगर स्रोत की ओर जाया जाए तो बिहार को उत्तर प्रदेश और राजस्थान से अलग मानकर बिहारी मानने का कोई औचित्य नहीं है। बिहार पीजेंट लाइफ में आये शब्दों के क्रिया रूप की चर्चा हुई है। संज्ञा-रूपों में

भी अनेक उदाहरण मिलेंगे। किताब के प्रारम्भ में **हर** (पृ. 4, 5, 6) की चर्चा हुई है। **हर** अवधी में भी है (हर नाधब/हर जोतना)। ब्रजभाषा में एक लोकोक्ति का अर्थ है, ''मेरा पद सब से ऊँचा है और मेरे ऊपर सदैव मर्द (हर) का हाथ रहता है।'' राजस्थानी में कहावत है, ''हर कठै अर मन कठै'' (ईश्वर कहीं और मन कहीं और)। दूसरी लोकोक्ति है **हर सें हेत, खसम से चोरी** (पति से चोरी करती है और ईश्वर से हेत जतलाती है)। राजस्थानी में **हर** से **हरी** बना है, **हरी खेती अर ग्याभण गाय** (हरी खेती और गर्भवती गाय का अनुमान नहीं लगाया जा सकता है)। बिहार के शाहाबाद में **हर** को **खुटहरा**, पश्चिम बिहार और दक्षिणी मुंगेर में **सांग** और **सांगह** भी कहा जाता है। ग्रियर्सन के संकलन में इसका उल्लेख है। हर के लिए एक शब्द है डेँठी। अवधी में **ठेँठी या ठेंठी** का अर्थ है शीशी या बोतल का मुँह बन्द करने की लकड़ी। बिहार में इसे ठेपी भी कहा जाता है। छत्तीसगढ़ी का शब्द है **ठेठी** (शीशी की डाँट)। मुंडारी के तीन रूपों हसदाआ, तमरिया और नागुरी में ''हर'' के लिए अलग-अलग शब्द हैं, **नयल, नाइल** और **लहेन**। इसमें **ल** कॉमन है। हिन्दी-मुंडारी के कोष में भी हल का उल्लेख है, हर का नहीं। हिन्दी प्रदेश में दूसरे भाषिक इलाके की तरह मूल शब्द में ही आगे-पीछे कोई वर्ण लगा कर नया शब्द बनाने की क्षमता है। यह भाषा का लचीलापन है। हर का मुख्य भाग **बल्ला** कहलाता है। भोजपुर और तिरहुत के इलाके में ''बल्ला'' के लिए **हरिस** या **हरीस** शब्द प्रचलित हैं। अवधी में बल्ला के लिए **हरसि** शब्द है। ग्रियर्सन की किताब में इसका उल्लेख है लेकिन इस वैशिष्ट्य के साथ नहीं। अवधी की चर्चा नहीं है। बल्ला के लिए भोजपुरी समाज में प्रचलित शब्दों का उल्लेख है। ब्रजभाषा में **हल** शब्द है। अगर **सांग** और **सांगह** को अपवाद माना जाए तो पूर्वी और पश्चिमी हिन्दी के क्षेत्र में अर्थगत भिन्नता लेते हुए समान किस्म के शब्द प्रचलित रहे हैं। इस उद्देश्य से शब्दों का संकलन और उसकी तुलना नए निष्कर्ष की ओर भी ले जा सकती है। इस सिलसिले में **ओटना** या **उटी** क्रिया को देखें। डॉ. अम्बा प्रसाद सुमन (कृषक जीवन-सम्बन्धी ब्रजभाषा शब्दावली) के अनुसार **उटी** शब्द ब्रजभाषा का है और उटी कपास रूअ कहलाता है। राजस्थानी में एक कहावत हैं **रुइया सुख सोइया, घीया न ल्हूखा खाए** (रूई और कपड़े का व्यायपारी आराम से सोता है, घी का व्यापारी लूखी (रूखी) रोटी नहीं खाता और लोहे और काठ का व्यापारी कष्ट में रहता हैं)। ग्रियर्सन के "बिहारक ग्राम जीवन" (मैथिली अनुवाद) में **ओटनी** (सारन), ओटाई (सारन), औटाँई (दक्षिणी भगलपुर/पृ. 263-65) शब्द आये हैं जिसका सीधा अर्थ कपास को औंटने से है। अवधी में ओठ (पर्दा) और छत्तीसगढ़ी में औंटाना शब्द प्रचलित है। इनके अर्थ भी कपास की **औंटाई** से है। कपास की खेती राजस्थान से लेकर बिहार तक में होती है। ब्रजभाषा में उटी भी है, **ओटना** भी है और **औटी** (पेट फूल जाने दी जाने वाली एक दवा) भी। एक राजस्थानी कहावत है **ओत पड़े, सो**

करो (जो किफायत हो, वही काम करो)। कपास की खेती वाले व्यापक क्षेत्र में एक तरह के शब्दों का चलन यह दर्शाता है कि बिहार, उत्तर प्रदेश और राजस्थान के बीच आबादी की अदला-बदली का इतिहास बहुत पुराना है। कहावतों की संरचना से भी यह बात स्पष्ट होती है। **अकास में पड़ी, खिजूर में अटकी** (संकट पर संकट)। यह कहावत हिन्दी में सर्वस्वीकृत है, आकाश से गिरे, खजूर पर अटके। बिहार को किस हिन्दी प्रदेश से अलग समझा जाए और क्यों समझा जाए? इस दृष्टि से शब्दों का संकलन आखिर क्यों? अपवादस्वरूप जिन शब्दों को सुन लिया, लिख लिया, वे शब्द जमा हो गये। इससे अभिप्राय क्या निकला? किस निष्कर्ष पर आये? बिहारी भाषा इन्हीं अपवादस्वरूप शब्दों से तय होती है? अब इन शब्दों को लेकर शब्द कोश तैयार हो सकता है। यह बड़ा काम होगा। इससे शब्दों के स्रोत तक जाने में मदद मिल सकती है।

भारतीय दर्शन में शब्द पर विस्तार से विचार हुआ है। मोटे तौर पर भारतीय दार्शनिकों ने शब्द को एक ऐसी सार्थक ध्वनि के रूप में स्वीकार किया है जिससे लोक-व्यवहार में पदार्थ की प्रतीति होती है। कोश तैयार करनेवाले वैज्ञानिक मानते हैं कि शब्दों का अर्थ उस शब्द के अर्थ-क्षेत्र से सम्बन्धित अन्य समान और असमान या सम्बद्ध शब्दों के साथ उसका सम्बन्ध स्थापित हो। ग्रियर्सन की किताब की भूमिका बहुत महत्त्वपूर्ण है। इसमें शब्दों के संकलन का एक "मेथॅड" दिखता है। उन्होंने लिखा है कि यदि कोई शब्द किसी स्थान-विशेष में प्रचलित हों तो इससे यह नहीं समझना चाहिए कि वह दूसरी जगहों में प्रयुक्त न होता हो। राज्य के प्रत्येक जिलाधिकारी को यह निर्देश दिया गया कि वे संकलित शब्दों की स्थानीय स्तर पर जाँच करवा कर उसकी शुद्धता पुष्ट करें। ग्रामीण जीवन से सम्बन्धित शब्दावली ग्रामीणों को बुलाकर, उनसे संवाद कर और शब्दों को लिखकर जमा की गयी इसके बाद ही जिलाधिकारियों के पास शब्दों की सूची भेजी गयी। इस पूरे काम में उनके अपने सहायक दिलावर अली और मुंशी मोती लाल का सहयोग हमेशा बना रहा। दिलावर अली तो इस किताब के तैयार होते-होते स्वर्गवासी हो गये। मुंशी मोती लाल आगे भी ग्रियर्सन के सहयोगी बने रहे। ग्रियर्सन ने भूमिका में लिखा है कि मुंशी मोती लाल उच्च कोटि के अध्यवसायी और बौद्धिक थे। ग्रियर्सन ने सरकार को उन पर कृपा दृष्टि बनाये रखने का अनुरोध किया। इस पुस्तक का दूसरा संस्करण 1925 ई. में छपा था। दूसरे संस्करण में कुछ परिवर्तन भी किया गया था। इस काम में ब्रिटिश सरकार के पदाधिकारी राय बहादुर श्याम नारायण सिंह और प्रो. राधाकृष्ण झा का विशेष सहयोग मिला था। पहले संस्करण में फोटो लेने में खासी कठिनाई आयी थी जिसका विवरण उसकी भूमिका में आया है। इस किताब की संक्षिप्त भूमिका से शब्दों के संकलन के तौर-तरीकों का पता चलता है। आगे

के शब्द कोशकारों को इससे मदद मिली है। ग्रियर्सन बहुपठित भाषाविद् थे। कई विषयों पर एक साथ काम करते थे। प्रशासक भी कमजोर नहीं थे। उन्होंने दर्शन का भी अध्ययन किया होगा। शब्दों की भारतीय विद्वानों की व्याख्या से अवगत हुए होंगे। निश्चित रूप में भाषा की आधारभूत सामग्री शब्द ही है। परन्तु यह भी ध्यान रहे कि वह शब्द तभी जिन्दा रहता है जब वह प्रयोग में आये। प्रयोग में आने के बाद ही विद्वानों ने इसे ''पद'' कहा। कहीं-न-कहीं वे शब्दों के व्यापक उपयोग को तरज़ीह दे रहे थे। इसलिए भाषा-प्रयोग के सन्दर्भ में ''पदार्थ'' और ''प्रकार्य'' दो शब्द आये। भाषा में दोनों की उपस्थिति अपने-अपने ढंग की है।

शब्दों के मूल स्रोत में जाने पर उनके प्रयोग का भी पता चलता है। किसी-किसी शब्द को लेकर उठ रही भ्रांति भी दूर होती है। सांस्कृतिक सम्बन्ध को समझने में मदद मिलती है। कई लोग इस काम को भाषा विज्ञान का काम नहीं मानते हैं। कईयों को शब्दों से सांस्कृतिक साम्य-वैषम्य की चर्चा बेमानी लग सकती है। एक दौर में ऐसा हुआ भी है। अब भी कुछ कहते हैं। भला शब्दों का संस्कृति से क्या लेना-देना? ग्रियर्सन जैसे भाषाविद् के लिए ऐसे पूर्वाग्रह का कोई महत्त्व नहीं है। इसलिए शब्दों के संकलन का उनका काम महत्त्वपूर्ण है। यह बात भी है कि वे भारतीय भाषाओं में विभिन्न संस्कृतियों के समागम का महत्त्व समझते थे। फिर भी, बिहार की भाषाओं को लेकर उनके विचार काफी भिन्न और कई बार राजनीति से प्रेरित लगते हैं। ज्युल ब्लॉख ग्रियर्सन के समकालीन थे। फ्रेंच भाषी थे। उनकी किताब "'ल' आँदो एरियाँ" (भारतीय आर्य भाषा) 1934 ई. में आयी थी। ब्लॉख काफी हद तक सुलझे हुए भाषाविद् थे। ब्लॉख का मानना (भारतीय आर्य भाषा/343) है कि भारतीय आर्यों से पहले कम-से-कम दो बार बाहर की जातियाँ आयीं, एक की प्राचीन भाषा द्रविड़ होगी और दूसरी मुंडा समूह की जातियाँ। काफी पहले तमिल भाषियों ने समुद्री व्यापार द्वारा अपना समृद्ध राज्य स्थापित कर लिया था। इसलिए तमिल में समृद्ध साहित्य लिखित रूप में मिलता है। ब्लॉख का मानना है कि इन दोनों समुदायों की भाषाओं में भारतीय आर्य भाषा के साथ सम्पर्क करने के अनेक प्रमाण मिलते हैं। एक अन्य भाषाविद् एस. लेवी का सन्दर्भ देते हुए उन्होंने लिखा है, **पुलिन्द-बुलिन्द/कोसल-तोसल/कलिंग-त्रिलिंग**, इस प्रकार के नामों के युग्म ऑस्ट्रो एशियाटिक परिवार की याद दिलाते हैं। इससे यह समझा जा सकता है कि संस्कृत शब्दावली के कुछ तत्त्व मुंडा-बोलियों के कारण हो सकते हैं। द्रविड़ का अस्तित्व चाहे संस्कृत के पहले रहा हो या वैदिक संस्कृत के बाद, भारतीय आर्य भाषाओं और उसके परिवार से इनका घनिष्ठ सम्बन्ध रहा है। बिहार की बोलियों में भी इसका असर देखा जा सकता है। यों, यह खोजने की बात है। बिहार के भाषा परिवार की विशेषता है कि यहाँ संस्कृत की क्रूरता का अतिक्रमण भी है और उसके शब्दों की रक्षा भी। पालि में संस्कृत पर निर्भरता कम है। मगही में यह निर्भरता कम दिखेगी।

परन्तु इसे इसी रूप में न लेकर यह कहें कि मगही और मुंडारी में संयुक्त वर्णों का दबाव नहीं है। मैथिली में यह दबाव है। बिहार के इलाकों में संस्कृत का कम या ज्यादा दबाव अपने किस्म का है। ईश्वर का **ईसर** (मुंडारी) हो जाना संस्कृत के दबाव और प्रभाव दोनों को दर्शाता है। पाहन **पाषाण** से बना यह शब्द मुंडारी में **पा-णा** और मुंडारी के एक रूप तमरिया में **पहान** या **पाहाण** भी है।

यह माना जाता रहा है कि उत्तर बिहार में प्रचलित कुसियार (गन्ना/बिहारक ग्राम जीवन/256-57) खास इसी इलाके की पूँजी है। ग्रियर्सन साहब ने इसका स्रोत नहीं बताया है। मुंडारी के तीन रूपों के दो यानि हसदाआ और नागुरी में क्रमशः **कोसेअर** और **कोसेयार** होता है। ब्रजभाषा में **कुस** (गन्ना) बिल्कुल सुरक्षित है। अवधी में **कुस** का अर्थ तर्पण करने से है। छत्तीसगढ़ी **में कुसियार** (गन्ना) बिल्कुल सुरक्षित है। बिहार और उत्तर प्रदेश के इलाके इस अर्थ में अनुपम उदाहरण हैं जहाँ संस्कृत से बचाव भी है और संस्कृत शब्दों की रक्षा भी। मैं कोई जान-बूझकर हर शब्द को संस्कृत से जोड़ने की कोशिश में नहीं हूँ। परन्तु केवल ईख या गन्ना के इलाकावार विश्लेषण करने पर यहाँ के निवासियों के शब्द-प्रयोग की क्षमता का परिचय मिलता है। गन्ना की शक्ल एक डंडे की तरह है। राजस्थानी में इसे **साँटा** कहा जाता है। बिहार में **सोंटा** शब्द बहुत प्रचलित है। इस डंडे को ऑस्ट्रिक परिवार में भी सम्मान मिला है। गन्ना के लिए हो भाषा का शब्द है **गूड़-दंडअ**। मुंडारी में **गुड़ डंडा** बहुत प्रचलित है। ग्रियर्सन के संकलन में ईख के एक प्रकार के लिए **चिनिया** शब्द आया है। गया और शाहाबाद में इसे **पनसारी** और सारन में **पनसाही**, सारन के एक इलाके में **पनछाही** और दक्षिणी भागलपुर में **पौड़ी** कहा जाता है। ईख के विभिन्न रूपों की खोज के क्रम में **पौड़ी** एक नया शब्द आ गया है। ब्रजभाषा में **पौड़ा** शब्द का अर्थ है ईख के खेत में बीज को छोड़ दिये जाने के बाद फिर उसे उखाड़कर एक गड्ढे में रखा जाता है। तब तक वह मोटा डंडा हो जाता है जिसे **पौड़ा** कहा जाता है। डॉ. अम्बा प्रसाद सुमन (पृ. 34) इसका उद्भव संस्कृत के **पौण्ड्रक** से मानते हैं। **पौड़ा** शब्द अवधी में भी है जिसका अर्थ **मोटा डंडा** है। एक प्रकार का शब्द-निर्माण रूप-रचना से होता है। दूसरे प्रकार का निर्माण शब्दों के आकार-प्रकार से होता है। तीसरे प्रकार का निर्माण अर्थ और उसके प्रयोग से होता है। शब्द-निर्माण के तौर-तरीके जनता के बीच से निकलते हैं। क्लासिक या श्रेण्य भाषाओं में ये तरीके शिथिल पड़ जाते हैं। हिन्दी भाषी क्षेत्रों सहित द्रविड़ इलाके में ऐसा ही लचीलापन मिलता है। इसलिए आर्य और द्रविड़ भाषा परिवार का पारस्परिक सम्बन्ध कोई नयी बात नहीं है। स्वयं ग्रियर्सन साहब इस लचीलेपन से बहुत प्रभावित थे। भले यह खासियत किसी भारतीय को सामान्य लगती हो लेकिन लैटिन या किसी क्लासिक परम्परा से आये भाषाविद् के लिए यह बड़ी बात थी। यह आश्चर्य ज्यूअल ब्लॉख जैसे भाषाविदों को भी होता है। उन्होंने ''भारतीय आर्य भाषा'' की भूमिका में लिखा

है कि एक ऐसे देश में जहाँ "अनिश्चित और परिवर्तनशील" राजनीतिक सीमाएँ जातियों के अनुरूप कभी नहीं रहीं, वास्तविक भाषा-सम्बन्धी सीमाएँ ज्ञात करने की आशा नहीं की जा सकती है। दुनिया की पुरानी सभ्यता वाले देश की भाषाओं के वर्गीकरण में यह कठिनाई आयेगी। ग्रियर्सन जिस परम्परा और जिस समय में आये थे, अंग्रेज़ी को लैटिन से विकसित होने का आग्रह था। इसमें सच्चाई भी थी। संस्कृत से हिन्दी के विकास की ओर दृष्टि जाने पर भी बोलियों के अपने गणतन्त्र की सच्चाई से मुँह फेरना मुश्किल था और इसे प्रायः हर भारतीय विद्वान् मानते थे। कई बार ऐसा हुआ है कि भारतीय विद्वान् हर शब्द को, उसके उत्पत्ति-स्रोत को संस्कृत तक खींच ले जाते हैं। यह उनकी मजबूरी भी है। ग्रियर्सन की ही किताब में **बदाम** (256) के लिए **चना** का प्रयोग चौंकाने वाला है। पश्चिम तिरहुत में इसे **रहिला** कहा जाता है, छत्तीसगढ़ी में चबैना कहते है। **चणक** (सं.) से **चना** की उत्पत्ति मानी जाती है। **चबैना, चबाना, चाबना, चबर-चबर करना** उन शब्दों के स्रोत को बोलियों में ही देखा जा सकता है। पूर्ण अनुशासित और क्लासिक भाषा में इन्हें खोज पाना मुश्किल काम ज़रूर है।

ग्रियर्सन किसानों की दिनचर्या के एक-एक काम के लिए प्रयुक्त शब्दों का संकलन करते हैं। इनके पहले ऐसा अनूठा काम किसी दूसरे भाषाविद् ने नहीं किया है। उनके बाद के जिन भाषाविदों ने ऐसा काम किया है, दोनों का मिलान करने के बाद कृषक-जीवन की निरन्तरता को समझा जा सकता है। भारतीय किसानों के जीवन की गति को विभिन्न समय में शब्दों के संकलन से समझा जा सकता है। मेरे एक मित्र हैं, हिन्दी के अच्छे कवि हैं, मनोज कुमार झा। एक दिन उन्होंने मुझसे पूछा कि बिहार के खेतिहर इलाकों की संरचना पर ग्रियर्सन क्या सोचते थे। उनका प्रश्न सीधे-सीधे "लैंड रिलेशन" से था। इस विषय पर मुझे ग्रियर्सन का कोई लेख नहीं मिला, उनकी कोई किताब नहीं मिली। पीजेंट लाइफ इन बिहार से अक्सर यह भ्रम होता है जो शायद मनोज जी को भी हुआ। फिर भी, मुझे यह सवाल बेचैन करता रहा। शब्दों की तह में जाने पर बिहार के गाँवों की संरचना की भनक ज़रूर मिलती है। बिहार के गाँव आत्म निर्भर थे। "बिहारक ग्राम जीवन" में **पटौनी** के कई प्रकारों (पृ. 225) का उल्लेख हुआ है नहर से सिंचाई करने को **नहरिसँ**। इसे दक्षिणी भागलपुर में **पेन** अथवा **लह्नी** कहते हैं। कुआँ से सिंचाई करने को **इनारसँ** कहा जाता था। तालाब से सिंचाई करने पर **पोखरिसँ** और पटना और गया में **जलागारकेँ** या खजान शब्द प्रचलित थे। ग्रियर्सन साहब ने लिखा है (224) कि सरकारी नहर से सिंचाई को **नहरिसँ** कहा जाता था। पानी के प्रवाह को लेकर भी शब्द प्रचलित थे। जहाँ पानी समतल खेत में कुछ ऊँचाई पर रहता है और किसान को केवल खाली जल-मार्ग निकालना होता है, उसे **अपटा** और उत्तर पश्चिम तिरहुत में **पाट** कहते हैं। मुंगेर में इसे **मेलान** कहते हैं। जहाँ पानी नीचे से ऊपर

की ओर ले जाया जाता है इसे पश्चिम बिहार में **उदह** और दक्षिण पूर्व में **उखेबा** कहा जाता है। इसी प्रकार कुएँ से पानी की सिंचाई करने का ब्योरा है। यह ब्योरा बहुत विस्तृत है। इससे पता चलता है कि ग्रियर्सन के समय में बिहार के किसानों को पानी की किल्लत नहीं थी। सरकारी नहर से सिंचाई करने के लिए अलग-अलग शब्दावली यह दर्शाती है कि गाँवों में परम्परागत नहरें तो थीं, सरकारी नहरें भी बनी होंगी। उन्होंने परम्परागत नहरों से सिंचाई करने की शब्दावली का जिक्र नहीं किया है। सरकार के द्वारा बने नहरों से पहले से किसान नहरों से सिंचाई करते होंगे। सिंचाई के सिलसिले में पानी के थैलों को लेकर चर्चा है जिसका चलन उत्तर प्रदेश में भी था। यह चलन बिहार में भी रहा होगा। किसान का खेत ऊँचे धरातल पर हो तो उसे पानी चमड़े के एक थैले द्वारा ऊपर फेंकना होता है। इस थैले को **परोहा** (अम्बा प्रसाद सुमन/6) कहते हैं। बिहार में पानी जमा करने के बर्तन को **कूँड़ या कूँड़ी** (ग्रियर्सन/228) कहा जाता है। इसे **ढेकुल** या **ढेँकुल** भी कहा जाता है। ग्रियर्सन की किताब (225) में तिरहुत में प्रचलित दो कहावतों का उल्लेख हुआ है **पोखरि रजोखरि और सभ पोखरा। राजा शिव सिंह और सभ छोकरा**।। (वास्तव में रजोखरि पोखरा है और सब छोटे जलाशय हैं। वास्तविक राजा शिव सिंह है बाकी सब छोड़ा या छोकरा हैं।) रजोखरी तथा भूपाल दरभंगा जिले के दो गाँव हैं, जहाँ राजा शिव सिंह ने पग-पग पर तालाब बनवाये थे। परम्परागत नहरें ब्रिटिश राज के पहले से थीं। मिथिला और भोजपुर के हर इलाके में तालाब था छोटा या बड़ा। ग्रियर्सन के ब्योरे से यह प्रतीत होता है कि अंग्रेज़ी राज के पहले सिंचाई के क्षेत्र में किसान स्वावलम्बी थे। उनके आने के बाद नहरें कितनी बनी, कितनी नहीं बनीं, यह अलग विषय है विचार का। ग्रियर्सन भूमि के प्रकार का संक्षिप्त ब्योरा (178-80) देते हैं। उनके अनुसार पूरे बिहार में गाँव की जमीन तीन प्रकार की थीं, एक बस्ती से दूरी, दूसरा घटक-तत्त्व और तीसरा वहाँ रह रही जातियों के अनुसार। बस्ती के नजदीक की जमीन अधिक उपजाऊ होती थी। इसे **बासगत** भूमि भी कहते हैं। इसके अन्य नाम हैं, **'आबादी, डीह, बस्ती'** शाहाबाद, पटना और गया में **डिहाँस** मुंगेर में **घरबारी** और दक्षिण भागलपुर में **बाड़ी** कहा जाता है। बस्ती के निकट की जमीन के उपजाऊ होने के कारण डॉ. अम्बा प्रसाद सुमन (पृ. 66-77) बताते हैं कि यहाँ गाँव के स्त्री-पुरुष शौच किया करते थे। ब्रज. के इलाके में इस खेत को **बारे** भी कहते हैं। सुमन जी के अनुसार विलियम क्रुक की किताब (ए रूरल एग्रीकल्चरल ग्लौसरी फॉर दी नार्थ वेस्ट प्रोविंसेज़ एंड अवध/कलकत्ता/1818 ई.) में गाँव के निकट के खेत के लिए **गोएँड़, गोएँड़ा** या **गोएड़ा/गोएरा** शब्द प्रचलित थे। क्रुक के संकलन में एक कहावत का उल्लेख है, "गोएरे की खेती छाती का जम।" (गाँव के निकट खेती करना छाती पर सवार यम के सदृश बुरा है)। मतलब

यह कि ब्रज के इलाके में गाँव के निकट या बस्ती के निकट खेती नहीं होती थी। ग्रियर्सन की किताब में ऐसी कोई सूचना नहीं है। उनके अनुसार इसमें उत्तम फसल होती रही है। मिथिला और भोजपुर के इलाके में भी **गोएँड़, गोएँड़ा** या **गोँड़ा** शब्द प्रचलित रहे हैं। ग्रियर्सन ने गाँव के निकट की जमीन के उपजाऊ होने का कारण नहीं बताया है। सुमन के संकलन में इसका उल्लेख है। विलियम क्रुक के संकलन में जिस कहावत का ज़िक्र हुआ है, ऐसा न भी हो तो यह चलन (उस पर खेती न करने का) कुछ ही इलाकों में रहा होगा। ''गोएरा'' शब्द राजस्थानी में भी आया है, ''गोयरोलड्यो क परैसी पड़ी।'' गोएरा साँप से भी ज़हरीला होता है। उसके काटते ही आदमी गिर जाता है। गोएरा आदमी से कहता है कि तुम कहीं मेरे ऊपर गिर कर मुझे दबा न देना। तुम अलग गिरना। बिहार से राजस्थान तक में खेती के कई प्रकार मिलते हैं लेकिन भौगोलिक दृष्टि से उनमें काफी समानता है। यह सच्चाई विलियम क्रुक और ग्रियर्सन दोनों के संकलन से निकलती है। दोनों इसे खुले तौर पर जाहिर नहीं करते हैं। इसलिए बिहार के शब्दों के स्रोत खोजे बग़ैर किसी निष्कर्ष पर आना उचित नहीं होगा।

घटक तत्त्व के आधार पर एक प्रकार की ज़मीन **बलुआही** (ग्रियर्सन/179) कहलाती है। भागलपुर में इसे **बलवाहा** और चम्पारण में **बलधूस** कहा जाता है। इसके अन्य नाम भी हैं, **बलभिठ** (शाबाबाद), **बलुआ** (मुंगेर) आदि। अवधी में **बलुआ** शब्द प्रचलित रहा है। इ प्रत्यय लगाकर **बलुआइ** शब्द बनता है। दूसरा शब्द **बलुहट** (बालू वाली ज़मीन) भी है। धान उपजाने वाली मिट्टी को चिकनी मिट्टी कहा जाता है। मुंगेर में इसे **केवाल** और दक्षिण-पूर्व में **कटार** कहा जाता है। पत्थरयुक्त मिट्टी को **पथराही, कँकराही** (सारन और पटना), **झिटकी** (चम्पारण और गया) कहा जाता है। ब्योरे में ग्रियर्सन जमीन के प्रकार बताते हैं। इनमें खेती की प्रधानता है। खेती करने के तौर-तरीके और मिट्टी की प्रकृति के अनुसार यह वर्गीकरण हुआ है। ज़मीन पर मिल्कियत की प्रकृति सामने नहीं आयी है। इसकी चर्चा अन्तिम अध्याय (व्यापार, महाजनी और लेखा) में संक्षिप्त रूप में हुई है। जमीन के प्रकार और सिंचाई के ब्योरे से बिहार के किसानों की स्थिति का पूरा-पूरा पता नहीं चलता है। सिंचाई के ब्योरे से यह संकेत ज़रूर मिलता है कि ब्रिटिश राज के समय में इसके नये साधन नहीं आये थे या सिंचाई की ओर विशेष ध्यान नहीं दिया गया था।

1886 ई. के उत्तरार्द्ध में ग्रियर्सन गया में पद स्थापित थे। उन्हीं दिनों अयोध्या प्रसाद खत्री मुजफ्फरपुर के जिलाधीश कार्यालय में पेश्कार थे। बिहार में ग्रियर्सन साहब के मित्रों की संख्या बहुत बड़ी थी। खत्री जी भी उनके मित्रों में थे। ऐसा खड़गविलास प्रेस (पटना) की भूमिका पर छपी। डॉ. धीरेन्द्रनाथ सिंह की किताब (आधुनिक हिन्दी के विकास में खड़गविलास प्रेस की भूमिका) से ज्ञात होता है। बिहार में ग्रियर्सन के पद-स्थापित होने के कुछ ही समय बाद से खत्री हिन्दी के प्रसार के

साथ-साथ साहित्य-रचना में लगे थे। उनकी कई पुस्तकें 1887-89 के बीच आयी थीं, खड़ी बोली का पद्य (पहला भाग/1887—दूसरा भाग/1889), मौलवी साहब का साहित्य (1887), मौलवी स्टाइल की हिन्दी का छन्द भेद (1887) इत्यादि। वे "पीयूष प्रवाह" पत्रिका (मुजफ्फरपुर/1884 ई.) भी निकालते है। खत्री जी बिहार में हिन्दी के आन्दोलन के नायक थे। खेद है कि ग्रियर्सन की किताब "द मॉडर्न वर्नाक्यूलर लिट्रेचर ऑफ हिन्दुस्तान" (1889 ई.) में इसकी कोई चर्चा नहीं है। कुछ विद्वान् इसका कारण पद की गरिमा बताते हैं। परन्तु मुझे इसके पीछे बिहार को हिन्दी प्रदेश से अलग मानने वाली सोच ही बड़ा कारण दिखता है। ग्रियर्सन खड़ी बोली में लम्बी कविता के पहले कवि महेश नारायण जी से भी बहुत घनिष्ठ थे और पुस्तक में इनका भी उल्लेख नहीं है। इसका एक कारण बिहार को बंगाल से अलग करने के आन्दोलन में उनका सक्रिय होना रहा होगा। दूसरा कारण खड़ी बोली में लिखी उनकी कविता **स्वप्न** जो **"बिहार बन्धु"** (अक्तूबर 1881 ई.) में छपी थी, रहा होगा महेश नारायण की खड़ी बोली कविता के पहले प्रयोक्ता थे और एक तरह से उन्होंने भारतेन्दु हरिश्चन्द्र को चुनौती ही दी थी। महेश नारायण के जीवनीकार उमाशंकर जी (महेश नारायण व्यक्तित्व और कृतित्व) के प्रयास से उनकी कविता हिन्दी के पाठकों के बीच पुनर्प्रकाशित हुई। भारतेन्दु हरिश्चन्द्र ने खड़ी बोली की एक कविता सितम्बर 1881 ई. में "भारत मित्र" (कलकत्ता) को प्रकाशनार्थ भेजी थी। कविता के साथ एक पत्र भी था। आशय था कि खड़ी बोली की कविता लिखने में उन्हें दूना परिश्रम करना पड़ा है। इसके बाद ही महेश नारायण जी की कविता "बिहार बन्धु" में छपी थी। उमाशंकर जी इस कविता में छायावाद, प्रगतिवाद, प्रयोगवाद और रहस्यवाद का उत्स देखते हैं। इस बात से सहमति कठिन है। इस कविता में उर्दू और हिन्दी शब्दों का अद्भुत मेल मिलता है। कुछेक पंक्तियाँ हैं, **बिजली की चमक से/रोशन हुआ चिहरा/देखा तो परी है/नाजों से भरी है।** खड़ी बोली का **याँ** और **वाँ** महेश नारायण की कविता में भी मौजूद है **यां तो बेवजह लड़ाई नहीं होती होगी**?/हाथा पाई तो हवा पर नहीं होती होगी। ग्रियर्सन के इतिहास-ग्रन्थ में महेश नारायण नहीं हैं। उनकी सोच का असर हिन्दी के साहित्यकारों पर भी पड़ा। कविवर रामनरेश त्रिपाठी की "कविता कौमुदी" (1921 ई.) में बिहार के रचनाकारों को स्थान नहीं मिला जिसे लेकर शिवपूजन सहाय ने उसी वर्ष "चैतन्य चन्द्रिका" में इसकी बड़ी आलोचना की।

डॉ. धीरेन्द्रनाथ सिंह (आधुनिक हिन्दी के विकास में खड़गविलास प्रेस की भूमिका) ग्रियर्सन को हिन्दी का सेवी बताते हैं। बिहार में हिन्दी के प्रसार में उनके योगदान को सराहते हैं। बिहार प्रवास के दौरान उन्होंने कैथी लिपि का टाईप तैयार किया। उस समय तक बिहार में हिन्दी साहित्य की सेवा कर रहे रामदीन सिंह (खड़गविलास प्रेस) जी के पास कैथीलिपि का टाईप नहीं था। 1873-75 ई. की

अवधि में सरकार की ओर से बिहार की अदालतों में देवनागरी लिपि में काम करने के कई आदेश निर्गत हो चुके थे। धीरेन्द्र जी की सूचना है कि सितम्बर 1879 ई. में बिहार के पुलिस विभाग ने फ़ारसी के दस्तावेजों को देवनागरी या कैथीलिपि में लिपिबद्ध करने के आदेश दिये थे। उस समय (1880) ग्रियर्सन पटना में संयुक्त न्यायाधिकारी के पद पर कार्यरत थे। रामदीन सिंह जी उनके मित्र थे। इस बाबत कैथी लिपि का टाईप तैयार हुआ, आश्यर्च यह कि बिहार में हिन्दी की सेवा करने वालों में भूदेव मुखोपाध्याय जी के साथ ग्रियर्सन साहब का भी नाम आ जाता है। इसके पीछे मुख्य कारण कैथी लिपि का टाईप तैयार करने वाला प्रसंग है। कैथी नागरी लिपि का ही एक रूप है जो पूर्वी हिन्दी प्रदेश में ज़्यादा प्रचलित थी। यह लिपि कायस्थ जाति में विशेष रूप से प्रचलित थी। केन्द्रीय और राज्य प्रशासन में इस बिरादरी का ही प्रभुत्व था। बिहार में कैथी लिपि के तीन रूप प्रचलित रहे हैं—तिरहुती, भोजपुरी और मगही कैथी। ग्रियर्सन ने कैथी लिपि का टाईप तैयार कर बड़ा काम किया। वे भी यह जानते थे कि कैथी देवनागरी लिपि का स्थान नहीं ग्रहण कर सकती। उस समय तक देवनागरी लिपि में भी सुधार की आवश्यकता थी। बिहार हो या उत्तर प्रदेश, हिन्दी के किसी इलाके में देवनागरी लिपि मानक थी। उसके अनेक रूप प्रचलित नहीं थे। बिहार में भी कैथी देवनागरी का स्थान नहीं ले सकती थी। फिर भी, इस लिपि को बढ़ावा देने का मतलब था, देवनागरी लिपि बहुल इलाके से इस राज्य को अलग कर देना।

भूदेव मुखर्जी 1877 ई. में बिहार के स्कूल इंस्पेक्टर पद पर बहाल (पटना) हुए थे। उन्हें बिहार, बंगाल और उड़ीसा के इक्कीस जिलों के शिक्षा-संचालन का दायित्व मिला था। उन्होंने बाँग्ला के एक पत्र "सुलभ समाचार" में लेख लिखकर सरकार का ध्यान हिन्दी के प्रचार की ओर दिलाया। वे बिहार में देवनागरी लिपि के प्रचलन पर जोर देते रहे। इस बावत उन्होंने समकालीन गवर्नर इडेन साहब से तफसील में हिन्दी की दुर्दशा की चर्चा की। वे बिहार के स्कूलों में उर्दू और फ़ारसी सीखने की विवशता को ग़लत मानते थे। गवर्नर साहब को उनकी बातें नागवार लगीं। इसके बाद भूदेव मुखर्जी हिन्दी के लिए पाठ्य पुस्तक तैयार करवाने में लग गये। उनकी तत्परता में खड़गविलास प्रेस और उसके मालिक रामदीन सिंह जी का शत-प्रतिशत योगदान रहा। जिस हिन्दी और देवनागरी लिपि के विरोध में ग्रियर्सन खड़े थे, उसी में अस्सी के दशक में स्कूलों के लिए चार भागों में गणित की पुस्तक "गणित बत्तीसी" (1879 ई.) तैयार हुई। यह किताब खड़गविलास से छपी थी। पं. लक्ष्मीशंकर नागर की "गणित कौमुदी" (1882 ई.) भी इसी प्रेस से छपी। रामदीन सिंह स्कूल में अध्यापक थे। उन्होंने गणित में ''क्षेत्र तत्त्व'' (1881 ई.) नाम से किताब लिखी थी। यह रेखागणित की किताब थी। उस दौर के गणित के कई विद्वानों की पाठ्य पुस्तकें खड़गविलास प्रेस से छपी। इसी प्रेस से समाज विज्ञान

और भूगोल की किताबें भी छपीं। इन किताबों की खास बात थी सूत्रों में समस्या का समाधान। "गणित बत्तीसी" में कुछ ऐसे सूत्र दिये गये जिनसे कितने छटाँक का सेर और कितने सेर का मन निकालने में ज़रा भी देर नहीं लगती। लक्ष्मीशंकर जी की गणित कौमुदी में देशी हिसाब को सरल विधि से हल करने के सूत्र दिये गये थे। राम प्रकाश लाल भूगोल के कुशल अध्येता थे। उनकी किताब "भू तत्त्व प्रदीप" में पृथ्वी की संरचना, वायु, बादल, कुहासा, समुद्र, नदी, झील का भूतत्त्वीय विवेचन सरल भाषा में मिलता है। साहब प्रसाद सिंह गणितज्ञ (गणित बत्तीसी) तो थे ही, स्त्री-विमर्श पर भी उनकी किताब खड्गविलास प्रेस से छपी थी "स्त्री शिक्षा-सुता बोध" (1887 ई.)। ध्यातव्य है कि स्त्री-विमर्श की पत्रिका "बाला-बोधिनी" (1874 ई.) खड्गविलास प्रेस से ही छपती थी। जिस समय ग्रियर्सन हिन्दी और देवनागरी लिपि का विरोध कर रहे थे और बिहार को हिन्दी का इलाका नहीं मानते थे, बिहार में हिन्दी का सहित्य विकास के पथ पर अग्रसर था। विज्ञान और समाज विज्ञान में हिन्दी में किताबों का प्रकाशन उस समय के लिए बड़ी घटना थी। विशेषकर विज्ञान में अंग्रेज़ी के विकल्प के रूप में हिन्दी और देवनागरी लिपि को स्थान दिलाने का जो काम बिहार में हुआ है, उससे ग्रियर्सन भी अवगत थे। रामदीन सिंह जी उनके मित्र हुआ करते थे। जाहिर है कि उनके प्रेस से छपी किताबें उनकी नज़र से गुजरी होंगी। वे खुद भी जानते थे कि खड्गविलास प्रेस केवल छापाखाना नहीं है। वह हिन्दी के आन्दोलन के लिए कटिबद्ध हैं। इसके बावजूद ग्रियर्सन बिहार में चल रहे इस आन्दोलन से प्रभावित और प्रेरित क्या होते बल्कि वे इसके विरोध में बुलंदी के साथ खड़े हो गये।

"ए हैंडबुक ऑफ कैथी कैरेक्टर" (कलकत्ता/1881) की भूमिका में वे बिहार की अदालतों में हिन्दी के प्रयोग का विरोध करते हैं। उनके अनुसार हिन्दी बिहार की भाषा नहीं हो सकती है। हिन्दी की स्थिति इंगलैंड के नॉर्मन फ्रेंच जैसी है जिसे इंगलैंड की अदालतों में वकील तो बोलते थे लेकिन वहाँ की भाषा नॉर्मन फ्रेंच नहीं हो सकी। फ्रांस के नॉरमेंडिस इलाके से इंगलैंड में बसी आबादी की भाषा नॉर्मन फ्रेंच थी। ग्रियर्सन के अनुसार इतिहास एवं भाषा विज्ञान के नियमों के आधार पर नार्मन फ्रेंच इंगलैंड की वर्नाक्यूलर भाषा नहीं बन सकी। उसी प्रकार जैसे हिन्दी बिहार की अदालतों की भाषा नहीं हो सकती है। इसी किताब (ए हैंडबुक ऑफ कैथी कैरेक्टर) में उनकी समझ है कि कोई भी राष्ट्र या जनजाति (नेशन ऑर ट्राइब) लोकसभा के क्रिया-कलाप से अपनी भाषा नहीं बदलती है। उसके पीछे वर्षों के संघर्ष की परम्परा होती है। हम सब को बिहारी का अस्तित्व गुजराती, मराठी और सिंधी की तर्ज पर स्वीकारना होगा। ध्यान दें, भोजपुर और मगध ग्रियर्सन क्या किसी अंग्रेज विद्वान् की रुचि के इलाके नहीं थे। भोजपुर का केन्द्र शाहाबाद और मगध का केन्द्र पटना, ये दोनों इलाके 1857 के केन्द्र थे। इन दोनों इलाकों में बड़ा विद्रोह हुआ

था जिसकी झलक उनके गया वाले आशय (ए नोट ऑन द डिस्ट्रिक्ट ऑफ गया) में मिलती है। ले-देकर एक इलाका रह गया था, मिथिला जिसे एक राज्य का भी दर्जा दिया जा सकता था। ग्रियर्सन नेशन शब्द के साथ ट्राइब का उल्लेख करते हैं, नेशन एंड ट्राइब। क्या मतलब निकाला जाए इससे? मिथिला को राष्ट्र मान लिया जाए और मगध को ट्राइब। आशय कुछ ऐसा ही है। ग्रियर्सन यही नहीं रुकते हैं। उनकी दृष्टि में मध्य प्रदेश भी हिन्दी का इलाका नहीं है। उनके अनुसार वर्तमान छत्तीसगढ़ के बस्तर और उसके आस-पास की बोली हलवी हिन्दी की बोली नहीं है। उनके अनुसार (खंड-6) हलवी, उड़िया, छत्तीसगढ़ी, मराठी आदि की मिश्रित भाषा है। वे न इसे मराठी की उपभाषा मानते हैं और न छत्तीसगढ़ी की उपबोली। छत्तीसगढ़ी की उपबोली न मानने के पीछे मुख्य कारण **ल** प्रत्यय और सम्बन्धवाचक **च** का पाया जाना है। ग्रियर्सन इसे मराठी की विशेषता मानते हैं। उच्चारण-प्रक्रिया, शब्द-भंडार और वचन/सर्वनाम रूपों में हलवी पूर्वी हिन्दी और छत्तीसगढ़ी से मिलती है। ऐसा ग्रियर्सन भी मानते हैं। तब भी हलवी को हिन्दी की बोली न मानने का कारण राजनैतिक ही हो सकता है, हिन्दी प्रदेश का विभाजन। ग्रियर्सन की सीमा को विद्वान् प्रो. विनय मोहन शर्मा (हलवी भाषा और उसका साहित्य पृ. 26) दर्शाते हैं कि उन्हें प्राप्त हलवी के नमूने विदर्भ में बसे हलवाओं की हलवी है जिसमें मराठीपन अधिक है। उन्हें छत्तीसगढ़ के काँकेर रियासत से जो नमूने मिले, उनमें हिन्दी की छाप है। इन दोनों नमूनों को देखकर सधे भाषाविद् का असमंजस में पड़ना भी समझ से परे हैं। बनारसी और शाहाबादी भोजपुरी के नमूनों को देखकर दुविधा हो सकती है। पटना और दरभंगा की मैथिली के नमूनों से भी दुविधा हो सकती है। डॉ. उदय नारायण तिवारी (भोजपुरी भाषा और साहित्य/ पृ. 247) ने सर्वनाम का उदाहरण दिया है। मधेसी भोजपुरी (चम्पारन की बोली) उन लोगों के लिए **औ-कनी** शब्द है और मुजफ्फरपुर की मैथिली में **आ-कनी** है। क्या ऐसे ही कुछ आधारों पर मधेसी भोजपुरी को आदर्श मैथिली से और भोजपुरी से अलग कर दिया जाए? या मुजफ्फरपुर की मैथिली को आदर्श मैथिली से अलग कर दिया जाए? अगर ऐसा होता है तो यह क्षेत्रवाद है। ग्रियर्सन को दुविधा या उलझन होने का कोई कारण नहीं है। नमूने अनेक मिलेंगे। हलवी या हलवी के बोलने वाले "हलवा" किसान हैं। ये आदिवासी थे। डॉ. भोलानाथ तिवारी (भाषा विज्ञान कोश/ पृ. 725) का मानना है कि हलवा आदिवासी जहाँ भी गये, वहाँ की भाषा की कुछ-न-कुछ विशेषता ग्रहण करते गये। इसलिए इस बोली में कई बोलियों का मिश्रण है। जैसे चाँदा की हलवी मराठी की ओर झुकी हुई है। छत्तीसगढ़ में छत्तीसगढ़ी हिन्दी की ओर झुकी है। हलवी पर मराठी उड़िया के साथ-साथ द्रविड़ भाषाओं का भी प्रभाव है। फिर भी व्याकरणिक संरचना में इसका झुकाव हिन्दी की ओर है। पूर्वी हिन्दी की छत्तीसगढ़ी बोली के अन्तर्गत इसे मानना चाहिए। इसे मिश्रित मानने का कोई कारण नहीं है।

पूर्वी हिन्दी के इलाके में मराठी और द्रविड़ भाषाओं की शब्दावली का होना उत्तर भारत में दक्षिण के निरन्तर आगमन और बसने की प्रक्रिया का परिचय देता है। मध्य भारत की मराठी और पूर्वी हिन्दी की मैथिली बोली के क्रिया पदों का साम्य दक्षिण और मध्य भारत तथा हिन्दी प्रदेश के ऐतिहासिक सम्बन्ध को दर्शाता है। विद्वान् भाषाविद् विनय मोहन शर्मा (हलवी भाषा और उसका साहित्य) पूर्वी हिन्दी और बिहारी में **ल** की उपस्थिति को महत्त्व देते हैं। ग्रियर्सन पूर्वी हिन्दी विशेषकर अवध के क्षेत्र को बिहार से अलग करते हैं। डॉ. शर्मा भी पूर्वी हिन्दी और बिहारी में **ल** की उपस्थिति दिखाकर अवध और बिहार को अलग मानते हैं। अर्ध मागधी के इलाके में क्रियापद के रूप में **ल** की उपस्थिति है। जैसे, भूतकालिक क्रिया **गेल, गइल, गइलन**। ये मैथिली और भोजपुरी दोनों में है। मराठी में **गेला** क्रियापद है। **गे** मूलधातु है, बाकी को कृदन्त मान सकते हैं। मगही में भी **गेल** क्रियापद है, राम **गेल** (राम गया) एवं सीता गेल (सीता गयी)। जहाँ **ल** की प्रधानता प्रत्यय के रूप में नहीं है, वहाँ भी **ल** मौजूद है, **राम जाइत हलन** (राम जा रहा होगा) एवं **सीता जाइत हलन** (सीता जा रही होगी)। कथन यह कि डॉ. शर्मा भी बिहारी को ही महत्त्व देते हैं। बिहारी का प्रयोग ऐसे कई स्थलों पर आया है। ग्रियर्सन की हलवी को मराठी की उपबोली मानने वाली बात से वे सहमत नहीं हैं। वे इसे हिन्दी की उपबोली मानते हैं। बिल्कुल सही है लेकिन इस चक्कर में बिहारी को हिन्दी से अलग क्यों माना जाए? ग्रियर्सन के प्रभाव का यह एक उदाहरण है। ग्रियर्सन भी चाहते हैं कि हिन्दी के लोग आपस में ही टकराएँ। यह भारत में राष्ट्रवाद के विकास की प्रमुख बाधा है।

बिहारी का **ल** हलबी, छत्तीसगढ़ी तथा मराठी तक पहुँचा हुआ है। छत्तीसगढ़ी के कई लोक गीतों में हिन्दी के **ल** वाले क्रिया पद महज मात्रागत परिवर्तन लिए आये हैं। होली का एक गीत है, **बजै नगारा दसों जोड़ी**, हाँ, **राधा किश्न खेलैं होरी रंग गुलाल सबै बोरी हां, खेलैं तब राधा मुस्काए कहिन, हां 'अउ खेलिहो होरी तुम होरी।'** इसी बोली का एक शृंगार गीत है,

कुआँ के पानी कुआँसी लागे,
परदेसी चलै जाबे रोआसी लागे।
एक और गीत है,
खाए ल मुर्रा पिये ल पानी,
दम की दम म ले लेवे ललामी।

(खाने के लिए कोई पकवान उपलब्ध नहीं है बल्कि सेखे, मुरमुर और सादा पानी ही है। परन्तु युवावस्था ऐसी होती है कि क्षण-क्षण पर स्वास्थ्य की लालिमा उस पर छा रही है)। इस दृष्टि से मराठी से लेकर बिहार तक समान भाषिक संरचना मिलती है। मराठी से लेकर बिहार तक के लोक साहित्य में समान सामाजिक प्रवृत्ति ज़रूर है। खंड-खंड राष्ट्रीयता के मानने वालों को इस पर गौर करना चाहिए। इसे

ग्रियर्सन को रेखांकित करना चाहिए था। उत्तर और दक्षिण के परस्पर समागम में राष्ट्रवाद के बीज छुपे हैं। इससे परहेज क्यों?

विनय मोहन शर्मा जी के उसी लेख में एक अंग्रेज अधिकारी की काँकेर यात्रा का जिक्र आया है। बात अप्रैल 1776 की है। बंगाल गवर्नर के निर्देश पर एक अंग्रेज अधिकारी टी. मोट्ट काँकेर की रियासत में गये। वहाँ के राजा शाम सिंह से उनकी वार्ता हुई। उन्हें राजा के धारा प्रवाह हिन्दुस्तानी बोलने (अर्ली यूरोपीयन ट्रेवलर्स इन नागपुर टेरिटरीज़) पर आश्चर्य हुआ। ग्रियर्सन के पहले वहाँ के एक राजनैतिक एजेंट (छत्तीसगढ़ युडेटरी स्टेट्स) ने लिखा है कि रियासत में हिन्दी, हलवी, तेलुगु और गोंडी भाषाएँ बोली जाती थी। उनके अनुसार हलवी छत्तीसगढ़ी का विकृत रूप है जिसके बोलने वालों की संख्या एक लाख से भी ऊपर है। पॉलिटिकल एजेंट ब्रेट का यह विवरण 1909 का है। तात्पर्य यह कि ग्रियर्सन के सर्वेक्षण के पहले छत्तीसगढ़ के विषय में यह पूरा ब्योरा प्रकाश में आ चुका था। इसके बावजूद वे इसे हिन्दी की बोली नहीं मानते थे। इस दुराग्रह को क्या कहा जाए? कुमारी भावना श्रीवास्तव की किताब (बस्तर की हलवी विभाषा) में हलवी में प्रयुक्त संस्कृत के लगभग सत्रह सौ शब्दों का संकलन हुआ है। इनमें संज्ञा और विशेषण शब्दों की संख्या अधिक है। कई शब्द तो बिल्कुल तत्सम हैं, **आरती, आलू, अक्षर, आकार, इष्टदेवी, जन, जन्मदिन** इत्यादि। कुछ शब्द थोड़े-बहुत हेर-फेर से हलवी में प्रयुक्त हुए हैं, **आर्या** का **आया, आसव का ओसो**। ग्रियर्सन के निष्कर्ष के जवाब में हलवी को संस्कृत की पुत्री साबित कर देना एक दूसरा भ्रम पैदा करने जैसा होगा। परन्तु यह निश्चित है कि हिन्दी इलाके की बोलियों पर संस्कृत और उसी प्रकार अपभ्रंश का प्रभाव रहा है। इस भाग से उसे अलग कर के महज उड़िया और बाँग्ला शब्दों के आगमन से हलवी को मिश्रित बोली मान लेना अनुचित होगा।

हलवी को मिश्रित बोली के कोटे में क्यों रखा जाए? भारत में हलवी समान कई इलाके मिलेंगे जहाँ हिन्दुस्तानी मजे में बोली और समझी जाती है। वहाँ की बोली को कुछेक वर्णों के होने और न होने के आधार पर मिश्रित मान लेने का राजनैतिक लक्ष्य ही है। मिश्रित बोली के आधार पर बस्तर के इलाके को हिन्दी प्रदेश से अलग किया जा सकता है। बस्तर काँकेर रियासत का हिस्सा है। यह रियासत मध्य प्रदेश से अलग हो सकता है, आधार मिश्रित बोली का है। एक रियासत एक बोली का हिन्दुस्तान। भाषा विज्ञान के नियम समाज को जोड़ने के लिए होते हैं। ग्रियर्सन सुलझे हुए रास्तों से चलकर उलझनों का रास्ता खुद बनाते हैं।

ग्रियर्सन को मध्य प्रदेश में हिन्दुस्तानी मजबूत दिखी और बिहार में कमजोर। वे बिहारी को बाँग्ला और पूर्वी हिन्दी के बीच की भाषा मानते हैं। बाँग्ला की विशेषता **अ** और **स** ध्वनि के उच्चारण में है। मैथिली में भी **अ** का उच्चारण बाँग्ला के **ओ** की तरह है। बिहारी के व्याकरण (सेवन ग्रामर्स ऑफ बिहारी लैंग्वेज पृ. 20-25) में एक उल्लेख तटस्थ या निर्गुण (Neutral) स्वर का आया है। ग्रियर्सन के अनुसार स्वर का

बहुत ही सूक्ष्म रूप बिहारी में उच्चरित होता है। जैसे, अंग्रेज़ी के **ब्राइटन** (Brighton) में **ओ** (O) की स्थिति है। इस अर्थ में **अ** का लुप्त उच्चारण भी होता है। उसी व्याकरण में उल्लेख है कि प्रायः किसी शब्द के व्यंजनांत होने पर अन्तिम स्वर का उच्चारण नहीं होता है। **घर** में अन्तिम स्वर का उच्चारण नहीं होता है। बिहारी में ऐसे स्वर हैं जिन्हें संधि स्वर (Dipthong) कह सकते हैं **eo, ai & ou**। हिन्दी में ये संधि स्वर नहीं हैं। भाषा सर्वेक्षण (खंड 6) में मैथिली **अ** के उच्चारण को अंग्रेज़ी के Hot जैसा बताया गया है। बिहार की अन्य बोलियों की तरह मैथिली में **ए** और **ओ** का उच्चारण दो तरीके से होता है लघु या एक मात्रिक और गुरु या द्विमात्रिक। जैसे, मैथिली में **ए** (गुरु) और **ए.** का अन्तर है। मैथिली में संयुक्त स्वर **ऐ.** के अनुरूप अंग्रेज़ी में कोई वर्ण नहीं है। यह **ऐ.** अंग्रेज़ी के mightly के i की तरह का है। मैथिली खंड के मैथिली अनुवाद में कहा गया है कि **अ इ** और **उ** में **अ** का उच्चारण इतना सूक्ष्मग्राही होता है कि अक्सर वह सुनाई नहीं पड़ता है। लघुत्तम इ और उ केवल पदांत में आते है। मैथिली खंड के अन्त में संख्यावाची शब्दों के चार रूप दिये गये हैं, मैथिली (दरभंगा के ब्राह्मण), छिका-छिकी (भागलपुर), मगही (गया) और भोजपुरी (शाहाबाद)। शाहाबाद की भोजपुरी से इनका अन्तर गो के कारण है, तीन-गो, चार-गो, आठ-गो। बाकी तीनों में संख्यावाची रूप लगभग समान हैं। सम्बन्धवाचक शब्दों में भी समानता है। शरीर के अंगों के लिए प्रयुक्त शब्दों में भी समानता है।

भाषा सर्वेक्षण के छठे खंड के मैथिली भाग में हिन्दी से अलग बिहार की बोलियों और बाँग्ला के साम्य को ज्यादा विस्तार से दर्शाया गया है। फिर मैथिली और भोजपुरी के बीच सामाजिक अन्तर को दर्शाया गया है। असम और बंगाल में मैथिली, मगही और भोजपुरी भाषियों की संख्या का उल्लेख हुआ है। पुनः ग्रियर्सन का कहना है कि यह उपभाषा नहीं बल्कि एक भाषा है जो हिन्दी और बाँग्ला दोनों से भिन्न है, जिस भाषा के समाज की अपनी परम्परा है, अपनी संस्कृति है। वे बिहारी भाषा की रूपरेखा प्रस्तुत करते है। मामला कुछ ऐसा है कि बिहार को हिन्दी प्रदेश से अलग समझा गया, फिर बिहार की बोलियों की आन्तरिक एकता पर विचार हुआ और अन्त में मैथिली को भोजपुरी से अलग और मगही को उसकी बोली मानकर आगे की दिशा तय हुई। यानि भविष्य में बिहार अगर अलग हुआ तो यहाँ की सम्पर्क भाषा मैथिली होगी। अब ग्रियर्सन सीधे-सीधे इसे एक देश तो नहीं मानते हैं लेकिन पूरे विवेचन से ध्येय कुछ ऐसा ही स्पष्ट होता है।

सर्वेक्षण के पूर्वी हिन्दी खंड में विविध बोलियों के शब्दों और वाक्यों की मानक सूची संकलित है। इसमें पूर्वी हिन्दी की बोलियाँ (अवधी, बघेली और छत्तीसगढ़ी) है। अवधी के तीन रूप हैं–अवधी (गोंडा), अवधी (मध्य प्रतापगढ़) और अवधी (बैसवाड़ी, उन्नाव)। उसी प्रकार बघेली के दो रूप शामिल हैं, बघेली के गोंडी (रीवाँ) और गोंडवानी (माँडला) तथा छत्तीसगढ़ी के दो रूप–छत्तीसगढ़ी (रायपुर)

और भूलिया (सोनपुर रियासत) हैं। छत्तीसगढ़ी के दो प्रमुख केन्द्र हैं–रायपुर तथा बिलासपुर। रायपुर के दक्षिण-पश्चिम की स्थानीय भाषा उड़िया का ही एक रूप है। ऐसा ग्रियर्सन (पृ. 34), का मानना है। वे यह मानते हैं कि रायपुर तथा बिलासपुर के सामन्ती रियासतों अर्थात् काँकेर, नन्दगाँव, खैरागढ़, चुइखदान और कवर्धा, चाँदा जिला की पूर्वोत्तर तथा बालाघाट के पूर्वी हिस्से में यह खल्टाही के नाम से जानी जाती है। ग्रियर्सन के अनुसार (पृ. 39) हलबी या हलवी उनके द्वारा बोली जाती है जो लारिया (छत्तीसगढ़ का एक नाम) बस्तर रियासत में बस गये। ग्रियर्सन इसका फैलाव उड़िया भाषी रियासतों और बस्तर के इलाकों में भी मानते है। बस्तर का इलाका मराठी क्षेत्र है। हलवी इसकी बोली है। इसी भाग में ग्रियर्सन इस इलाके की विशृंखलित बोलियों का विवरण भी देते हैं, सद्री कोरवा (जशपुर), बैगानी (बालाघाट, रायपुर, बिलासपुर, सम्बलपुर, कवर्धा), बिंझवारी (रायपुर, रायगढ़, सारनगढ़ और पटना) कलंगा (पटना), भूलिया (सोनपुर-रियासतें और पटना)। उनके अनुसार सद्री शब्द आर्य भाषा के उस रूप की अभिव्यक्ति है, जो एक आदिवासी के मुख से (पृ. 40) व्यवहृत होती है। इसलिए सद्रा या सद्री का अर्थ है, स्थानीय आर्य भाषा का एक कोरवा द्वारा प्रयुक्त रूप यानी सद्री कोरवा।

पटना में कलंगा बोली की आबादी 600 थी और सोनपुर और पटना रियासत में भूलिया की आबादी तेरह हजार से कुछ ऊपर थी। ग्रियर्सन जिसे मध्यवर्ती शाखा (अवधी, बघोली और छत्तीसगढ़ी का क्षेत्र) मानते हैं, उसमें पूर्वी हिन्दी का इलाका (अवधी का क्षेत्र) भी है और गैर पूर्वी हिन्दी का भी। तभी तो वे पटना में कलंगा और भूलिया की छोटी आबादी को महत्त्व देते हैं लेकिन पटना को हिन्दी का इलाका नहीं मानते हैं। ग्रियर्सन (पृ. 41) लिखते हैं–''वे (कलंगा और भूलिया) आज तक उड़िया की बोलियों के रूप में वर्गीकृत हुई हैं। वे स्पष्टतः दोनों ही छत्तीसगढ़ी के रूप हैं।'' फिर हलवी के बारे में उनका कहना है कि उनके नमूनों के परीक्षण से पता चलता है कि यह बोली छत्तीसगढ़ी, उड़िया और मराठी का मिश्रित रूप है। खंड 6 में हीरालाल काव्योपाध्याय लिखित "ए ग्रामर ऑफ दि डाइलेक्ट ऑफ छत्तीसगढ़ इन दि सेंट्रल प्रोविंसेज" और ग्रियर्सन द्वारा अनूदित (कलकत्ता, 1890) "छत्तीसगढ़ी व्याकरण" का संक्षिप्त भी आया है। इसमें केवल सर्वनाम रूपों का अध्ययन हिन्दी प्रदेश और हिन्दी की बोली होने की पहचान देता है। क्रियाओं में भी एक वचन में हौं (हूँ), बहुवचन में **हन**/भूतकाल के एक वचन में **रहयौं** और **रहेन** (थे) प्रयुक्त होते हैं। **मन** जोड़कर बहुवचन बनता है, **मनुख-मन** (बहुत से आदमी)/ सम्प्रदान का चिह्न **ला** (लिए) कर्मकारकीय अभिव्यक्ति भी है। सम्बन्ध कारक का **के** (का भी) अपरिवर्तित रहता है, **लइका-का** (लड़के को), **लइका-के** (लड़के का), **लइका-मन के** (लड़कों-का)। भोजपुरी में **तुम** के लिए **तू** प्रयुक्त होता है। सर्वनाम अपने मूल और अपने रूप में चलता है, **अपने कब चलबि**? (आप कब चलिएगा?) छत्तीसगढ़ी

में करण कारक में **अन** प्रत्यय मिलता है, **भूँखन** (भूख से)। भोजपुरी के क्रियापद की एक विशेषता इसे छत्तीसगढ़ी से अलग करती है। भोजपुरी में **है** के बदले **बाड़े** और **लागे** प्रयुक्त होते हैं, **पढ़त बाड़े** (पढ़ता है), **सुनर लागे** (अच्छा लगता है)। कहीं अपवाद भी है, **हम त आवते रहलीं हँ** (हम तो आते ही थे)। (छत्तीसगढ़ी में **जो ला** रूप (सम्प्रदान और कर्म कारक का चिह्न) ग्रियर्सन को खटकता है, भोजपुरी में **ल** अतीत के रूप में उत्तम पुरुष, मध्यम पुरुष और अन्य पुरुष में प्रयुक्त होता है, एक वचन में **हम दे खलीं**। बहुवचन में **दे खलीं जाँ**, मध्यम पुरुष में **दे खले** और अन्य पुरुष में **दे खलनि, दे खलीं**। इसका स्त्रीलिंग रूप **सन्हि** या **स** लगा कर बनता है, **दे खलु-सन्हि** (मध्यम पुरुष), **दे खलू** (मध्यम पुरुष)। आदररहित रूप में **दे खलि सन्हि** होता है। ग्रियर्सन को पटना में छत्तीसगढ़ी की उपबोलियाँ मिलीं तो कोई अचरज की बात नहीं है। भोजपुरी और छत्तीसगढ़ी में इतना साम्य है, जितना हिन्दी प्रदेश की दूसरी बोलियों में हो सकता है। इसके बावजूद बिहारी की परिकल्पना से क्या अभिप्राय? क्या वे हलवी की तरह ही बिहारी को हिन्दी से अलग तीन बोलियों का मिश्रण मानते हैं? मध्य प्रदेश की छत्तीसगढ़ी को हिन्दी की बोली मानें और उस बड़े इलाके के एक क्षेत्र को मिश्रित बोली का क्षेत्र मान लें, इससे दो क्षेत्रों के पारस्परिक अन्तर्विरोध भी बढ़ेंगे और इसका असर हिन्दी की बोली छत्तीसगढ़ पर पड़ेगा। आनेवाले समय में कोई तेज-तर्रार भाषाविद् हलवी से अलग छत्तीसगढ़ के क्षेत्र में किसी अन्य बोली का क्षेत्र खोजकर हिन्दी से इसे अलग बतायेगा। फिर छत्तीसगढ़ का भी टुकड़ा होगा। बिहारी के सम्बन्ध में भी ग्रियर्सन की कुछ ऐसी परिकल्पना रही थी। भाषा विज्ञान में व्याकरण की अपनी भूमिका होती है, ध्वनि संरचना और उसमें आये बदलाव की भूमिका होती है लेकिन उसी मूल्य पर विभिन्न समाजों के सांस्कृतिक आदान-प्रदान को ठुकराया नहीं जा सकता है। ध्वनि-संरचना पर उसका असर पड़ता है। हलवी और भोजपुरी क्षेत्र में **अपन** और **हमन** का चलन इसका परिचायक है कि दोनों इलाकों में **अन** प्रत्यय का बहुलता से प्रयोग हुआ है, जो दोनों इलाकों के सांस्कृतिक सम्बन्ध को दर्शाता है।

बिहारी को अलग भाषा मानने के तर्क हैं। ग्रियर्सन के साहित्य को अपनी खोज मात्र मानकर चलता कर देना उचित नहीं है। बिहारी क्यों? बंगाल, पंजाब और गुजरात हिन्दी के भी केन्द्र रहे हैं। उन राज्यों में गुजराती, बंगाली और पंजाबी अपनी बोलियों में बँटे होने के बावजूद बृहत्तर सन्दर्भ में उस भाषा का प्रतिनिधित्व करते हैं। पंजाबी पूरे पंजाब प्रान्त की सम्पर्क भाषा है। बिहारी के पक्ष में भाषा और ध्वनि विषयक तर्कों के बावजूद बिहारी भाषा (अगर कोई भाषा है) बिहार की सम्पर्क भाषा नहीं हो सकती है। इससे विभाजन को बढ़ावा मिलेगा। भाषा या बोली किसी विद्वान् के बनाने या किसी राजनैतिक दल के घोषणा करने पर नहीं बनती है। यह सामाजिक पूँजी है। फिर भी ग्रियर्सन बिहारी की संकल्पना प्रस्तुत करते हैं। इस विषय में डॉ. रामविलास

शर्मा (भारत के प्राचीन भाषा परिवार और हिन्दी/ एक/139-94) मैथिली, मगही और भोजपुरी के अन्तः सम्बन्ध के साथ ब्रज, कोसल और पंजाब से इसके गहरे सम्बन्ध का मूल्यांकन करते हैं। यह दृष्टि किशोरी दास वाजपेयी (हिन्दी शब्दानुशासन) वाली है। परन्तु वे जिस अन्तर्दृष्टि के साथ हिन्दी के स्वरों की समानता पर विचार (पृ. 140-46) करते हैं, वह निश्चय ही प्रासंगिक महत्त्व का है।

ग्रियर्सन की समझ मैथिली में **अ** के भिन्न उचारण को लेकर है। चर्चा पहले हो चुकी है। डॉ. उदय नारायण तिवारी (भोजपुरी भाषा और साहित्य/301) के अनुसार भोजपुरी में **अ** के चार उच्चारण मौजूद हैं, **ह्रस्व, दीर्घ ह्रस्व**, विलम्बित और दीर्घ विलम्बित। भोजपुरी में ह्रस्व पश्चिमी हिन्दी के **अ** के समान विवृत्त नहीं है। इसका झुकाव बाँग्ला की ओर है। दीर्घ होने पर यह वर्तुल भी होता है। भोजपुरी और बाँग्ला में साम्य एकाक्षर (Monosyllabic) को लेकर है। बाँग्ला की तरह भोजपुरी में भी **दिन** (दिवस) **दीन** (दरिद्र) और **दीन** (मुसलमानों का धर्म) का उच्चारण दीर्घ होता है। मैथिली और बाँग्ला की तरह भोजपुरी और बंगला में भी समानता है। दीर्घ से दीर्घतर और दीर्घतम उच्चारण प्लुत स्वर कहलाता है। आम तौर पर हिन्दी प्रदेश की बोलियों में प्लुत का उच्चारण नहीं ही होता है। दूर से किसी को आवाज देने या रोने-गाने के समय प्लुत स्वर का उच्चारण सुनायी पड़ता है। भोजपुरी में ह्रस्व विलम्बित **अ** का उच्चारण **जवन, कवन, नवन ज, क** और **त** में सुनायी पड़ता है। सही है कि पूर्व की तीन भाषाओं (बाँग्ला, उड़िया और असमी) में अ का उच्चारण ओ की तरह होता है। पश्चिम की ओर बढ़ने (बिहारी बोलियाँ) पर अ का विलम्बित उच्चारण कम होता जाता है।

अन्य भारतीय भाषाओं की तरह मैथिली मगही और भोजपुरी में अन्तिम **अ** का उच्चारण नहीं होता है। कुछ क्रिया-रूपों में बिहार की तीनों बोलियों में **अ** का उच्चारण होता है। यह उच्चारण बाँग्ला की तरह वर्तुल भी नहीं हैं। मैथिली के विद्वान् (भारतक भाषा सर्वेक्षण) गोविन्द झा बताते हैं कि मैथिली में दूसरी भाषाओं की तरह स्वर के गुरु, लघु और लघुतम रूप हैं। उनके अनुसार मैथिली में छोट बेटी **चल गेल** के **गेल** में लघुतम उच्चारण का चरम रूप मिलता है। अन्य भाषाओं में लघुतम रूप का ऐसा चरम रूप नहीं मिलता है। गोविन्द झा कहते हैं कि ग्रियर्सन पहले विद्वान् हैं जो इस चरम रूप के लिए एक चिह्न तय करते हैं। कहा जाए कि वे मैथिली में उस रूप की खोज करते हैं, जो मगही और भोजपुरी में नहीं हैं। निष्कर्ष देते हैं कि ग्रियर्सन साहब मैथिली के उच्चारण में उसके सूक्ष्म रूप को लेकर भी बहुत सजग थे। उन्होंने लिखा है कि ग्रियर्सन की समझ हॉर्नले और केलॉग में आयी है। ऐसा है नहीं। केलॉग ग्रियर्सन की अपेक्षा हिन्दी की बोलियों की आन्तरिक एकता को व्यापक रूप में लेते हैं।

भाषा सर्वेक्षण के पहले खंड (भाग एक/294-97) के अनुसार मैथिली और मगही में सम्बन्ध घनिष्ठ है और दोनों बाँग्ला के निकट हैं। भोजपुरी की स्थिति थोड़ी भिन्न है। इसमें **अ** की स्थिति अंग्रेज़ी के **Aw** के समान है। दूसरा फर्क है, मध्यम

पुरुष आदर सूचक सर्वनाम **अपने** का प्रयोग भोजपुरी में नहीं होता है। भोजपुरी में इसके बदले **रउरे** शब्द प्रचलित है। मैथिली और मगही में सहायक क्रिया जटिल है, **छइ** और **अछि** (मैथिली) **हइ** (मगही) और **बाटे, बाड़े, हवे** (भोजपुरी)। फिर एक निष्कर्ष देते हैं, "मैथिली तथा मगही ऐसी जातियों की बोलियाँ हैं, जो रूढ़िवादिता की चरम सीमा तक पहुँची है, जबकि भोजपुरी एक बलाढ्य जाति की व्यावहारिक भाषा है जो परिस्थितियों के अनुसार अपने को परिवर्तित करने के लिए सदैव तत्पर रहती हैं और जिसने सम्पूर्ण भारत पर अपना प्रभाव स्थापित किया है (296)।"[(1)] जहाँ तक तीनों को अलग-अलग दिखाने की बात है तो ग्रियर्सन "ब्राह्मण प्रभुता की अमिट छाप" (पृ. 296) पूरे मिथिला समाज पर मानते हैं। यह भी है कि यहाँ के निवासी कृषि के अतिरिक्त किसी अन्य साधन का उपयोग नहीं करते हैं। वे विदेश भी जाना नहीं चाहते हैं। इस अर्थ में वे पक्के रूढ़िवादी हैं। भोजपुरी भाषी अपनी विशिष्टता के कारण दोनों से बिल्कुल भिन्न है।

ग्रियर्सन (खंड 5 भाग 2/13-14) स्पष्ट लिखते हैं कि मैथिली का शुद्ध रूप दरभंगा और भागलपुर के उत्तर के ब्राह्मणों में मिलता है। उनके अनुसार मिथिला के सभी मुसलमान मैथिली नहीं बोलते हैं। मुजफ्फरपुर और चम्पारण में उनकी बोली अवधी के बहुत निकट है जिसे कुछ लोग शेखई या मुसलमानी भी कहते हैं। यदा-कदा इसे जोलहा भी कहा जाता है। ग्रियर्सन इसे मैथिली की शाखा मानते हैं। उनके दिये आँकड़े के अनुसार बंगाल के लगभग पचीस जिलों में मैथिली बोलने वालों की अच्छी संख्या है। कटक, पुरी और बालासोर (उड़ीसा) में भी मैथिली भाषी एक सौ से कुछ ऊपर हैं। असम प्रान्त के लगभग पन्द्रह जिलों में मैथिली भाषी हैं। इनमें कछार समतल में इनकी संख्या लगभग बीस हजार और शिवसागर में पन्द्रह हजार है। जिस भाषा का फैलाव पूर्वी हिन्दी के इलाके से सटे दो प्रान्तों में बड़े पैमाने पर हो, उसके समाज को रूढ़िवादी कहना (ग्रियर्सन) कितना उचित होगा? जिसका फैलाव इतनी दूर तक हो, उसे केवल ब्राह्मणों की भाषा कहना कितना संगत होगा? मैथिली प्रेमी ग्रियर्सन की भेदक नीति को ध्यान में रखें। महान कवि विद्यापति की कीर्तिलता में जौनपुर (उत्तर प्रदेश) का विवरण आया है और पूरे मैथिली समाज का भी। ग्रियर्सन मैथिली भाषी समाज का एक ही चित्र प्रस्तुत करते हैं, वह अपनी जमीन से जुड़े होने की उनकी दृढ़ता। इसे एक अंश तक ही सार्थक माना जा सकता है। अन्यथा यह प्रवृत्ति किसी समाज को जड़ मानने के लिए काफी है। क्या मिथिला का समाज ग्रियर्सन के मुताबिक बिल्कुल जड़ था? मैथिलों ने अपनी अहम्मन्यता के कारण (खंड एक, भाग एक/296) दूसरी जातियों को महत्त्व नहीं दिया। ग्रियर्सन इसका कारण नहीं बताते हैं। महाराजा दरभंगा ने लगभग 1890 में मैथिलों का संघ

---

1. भाषा सर्वेक्षण, खंड एक, भाग एक

बनाया था। उद्देश्य अपनी जमीन की रक्षा करना था। मैथिल सामन्तों ने अपनी जमीन की हिफाजत और बढ़ावा देने के मकसद से अपनी प्रभुता कायम रखी। पूजा-पाठ, मन्दिर-निर्माण इत्यादि के रूप में उनकी प्रभुता कायम रही। महाराजा दरभंगा ने अपने इलाके में औद्योगिक विकास नहीं किया, मन्दिर ज़रूर बनवाए। ग्रियर्सन यहाँ के लोगों की कृषि पर निर्भरता को सही बताते है। कृषि-उद्योग ब्रिटिश राज में ही होना था। ब्रिटिश राज में इसकी कितनी चिन्ता थी? दरभंगा 1857 का केन्द्र नहीं था। परन्तु आगे के वर्षों में यह पूरा शहर क्रान्तिकारियों का केन्द्र बना। यह पूरा इलाका आर्य समाज के प्रसार के लिए भी जाना जाता है। ग्रियर्सन के मुताबिक मैथिली भाषी अपनी परम्परा नहीं भूलते जबकि मगध के लोग "हिन्दू युग के गौरवपूर्ण दिनों" (खंड एक/296) को भूल चुके हैं। ग्रियर्सन परम्परा और रूढ़ि में अन्तर नहीं करते हैं। परम्परा निरन्तर चलने का नाम है, कुछ विश्वासों और तर्कों को लेकर गतिशील होने का नाम है। रूढ़ि जड़ता का नाम है। अगर मिथिला में ब्रिटिश राज के प्रगतिशील होने का विश्वास होता तो मिथिला का समाज रूढ़िवादी होता, वहाँ कोई राजनैतिक आन्दोलन नहीं होता। महात्मा गाँधी के आन्दोलन को लेकर मैथिली में अनेक लोकगीत मिलते हैं। यह मैथिली साहित्य की प्रगतिशील परम्परा है। ग्रियर्सन मैथिली के जानकार थे, मिथिलाक्षर और कैथी दोनों लिपियाँ जानते थे। तब भी वे मैथिली के वर्तमान साहित्य से थोड़ी भी मदद नहीं लेते हैं। मैथिली के लोक साहित्य से मदद नहीं लेते हैं। यह दुर्भाग्यपूर्ण है। वे बाँग्ला साहित्य की चर्चा (पृ. 304)[1] संक्षेप में करते हैं। मैथिली के साहित्य का उल्लेख (पृ. 293) करते हैं, केवल विद्यापति के सन्दर्भ में। उनके शब्दों में "जिनके राधा-कृष्ण सम्बन्धी पदों ने पूर्वी भारत के धार्मिक विश्वासों पर पूर्ण प्रभाव डाला है।" सन्दर्भ विद्यापति का है। राधा कृष्ण के पद भोजपुर से मिथिला तक में गाये जाते हैं।

बिहारी की चर्चा करने के सिलसिले में छोटानागपुर या झारखंड की चर्चा नहीं होती है। बिहारी से उनका अभिप्राय आर्य भाषा परिवार का है जिसमें झारखण्ड की एक भाषा नागपुरी शामिल है। भारतीय आर्य भाषाओं का विकास (प्रथम खं./ भाग एक/237-261) में मागध अपभ्रंश के प्रसार का उल्लेख हुआ है। कहा गया है, "मागध अपभ्रंश वस्तुतः मुख्य अपभ्रंश थी और प्राचीन पूर्वी प्राकृत से यह प्रसूत हुई थी।" इससे गौड अथवा प्राच्य अपभ्रंश (मालदह जिला/बंगाल) भी निकला जो आधुनिक बाँग्ला की जननी है। गौड़ या गौड (मालदह) अवध का भी भाग था और बंगाल का भी। इसलिए उनके अनुसार गौड़ देश को पूर्वी हिन्दी और बिहार की भाषाओं का केन्द्र कहा जा सकता है। इसलिए वे सेवन ग्रामर्स ऑफ बिहारी लैंग्वेजेज (कलकत्ता/1883) के प्रारम्भ में ही बिहारी बोलियों को उड़िया बंगाली और असमी

---

1. भाषा सर्वेक्षण, खंड एक, भाग एक

के साथ ईस्टर्न गौडियन लैंग्वेजेज कहते हैं। वे बिहारी और बंगाली को भाषा और संस्कृति की दृष्टि से उत्तर प्रदेश की तुलना में निकटतर मानते हैं। उनके अनुसार (पृ. 247) मगध अपभ्रंश की भाषाएँ बाहरी उपशाखा की है। ग्रियर्सन भारतीय आर्य शाखा को चार भागों (खंड एक/भाग एक/53) में बाँटते हैं, संस्कृत, बाहरी उप शाखा, मध्य उप शाखा और भीतरी उप शाखा। उत्तर प्रदेश को बिहार से अलग मानने के कारण वे बंगाल प्रेसिडेंसी की भौगलिक संरचना और उसके महत्त्व को मानते हैं। स्पष्ट है कि वे भाषाओं के आधार पर राज्यों के विभाजन के पक्ष में नहीं थे। वे ब्रिटिशकालीन भारत की चली आ रही राज्य संरचना से सहमत थे। वे बिहार के साथ झारखंड के दो भाषा-परिवारों (ऑस्ट्रिक एवं द्रविड़) को शामिल नहीं करते है, ऐसा करने पर हिन्दी प्रदेश का दायरा बढ़ेगा। यह भी कि झारखण्ड 1857 का एक केन्द्र था। वे इसे हिन्दी प्रदेश में भी शामिल करना नहीं पसंद करते और बिहार में भी नहीं। इसलिए एक अलग झारखंड। झारखंड में द्रविड़ और ऑस्ट्रिक के अलावा आर्य भाषा परिवार की मौजूदगी अलग चिन्ता है उनके लिए।

कुछ लोग यह मान सकते हैं कि झारखंड को द्रविड़ और ऑस्ट्रिक भाषाओं की मौजूदगी के कारण इसे हिन्दी प्रदेश का हिस्सा न माना जाए। जैसे बिहार को हिन्दी प्रदेश से अलग कर देते हैं। वे झारखंड को बंगाल प्रेसिडेंसी का ही हिस्सा मान रहे हैं, जो ग्रियर्सन के समय में भी था। ईस्ट गौड़ियन लैंग्वेजेज के अन्तर्गत झारखंड की भाषाएँ भी शामिल है। यह पूरी दृष्टि राजनीति प्रेरित है। झारखंड के आर्य भाषा परिवार (नागपुरी) से सम्बन्ध स्थापित करने के लिए ग्रियर्सन को एक अलग खाना बनाना पड़ा, नागपुरी को भोजपुरी की बोली के रूप में। समुदायों और उसकी संस्कृतियों के आवन-जावन से भाषाओं के संस्कार बनते और बदलते हैं। मुंडारी और हिन्दी में परिवारगत साम्य भले न हो लेकिन दोनों परिवार की आबादी एक साथ रहती है। इस सच को स्वीकारना होगा। कई भाषाविद् (ब्लॉक आदि) मानते हैं कि भारतीय आर्य भाषाओं में द्रविड़ का प्रभाव मुहावरों में देखा जा सकता है। विश्लेषण करने पर क्रियार्थक संज्ञा इन्हीं मुहावरों से आयी है। यद्यपि इसमें सच्चाई नहीं है, फिर भी भाषाविद् मरे बी. एमेन्यु (लैंग्वेज एंड लिंग्विस्टिक एरिया) कहते हैं कि आदिम मुंडा (प्रोटो मुंडा) और संस्कृत में काफी साम्य है। उसी प्रकार द्रविड़ और आर्य भाषाओं में साम्य है। कई शब्दों का विन्यास इसकी पुष्टि करता है। **मयूर** का **मे** (संस्कृत) और **मार** (मुंडा) का विन्यास एक ही भाषा-परिवार का नहीं है। इसलिए संस्कृत के अधिकांश शब्द दूसरे भाषा-परिवारों के साथ मिलकर पुनर्रचित हुए हैं। एमेन्यु तो भारतीय आर्य भाषा परिवार के उद्भव को भारत-यूरोपीय या मुंडा परिवार में देखते हैं। आश्चर्य है कि संस्कृत और मुंडा के साम्य को परखते हुए भी पश्चिम के भाषाविद् भारोपीय परिवार के महत्त्व को नहीं भूलते है। ग्रियर्सन हिन्दी प्रदेश में द्रविड़ और ऑस्ट्रिक परिवार को छोड़कर आर्य भाषा परिवार की भाषाओं पर विचार करते हैं जबकि हिन्दी प्रदेश की भौगोलिक संरचना उनकी मान्यता

के अनुरूप नहीं है। अपनी ओर से विचार गढ़ने और थोपने का नतीजा सामाजिक समरसता के पक्ष में नहीं आयेगा।

संस्कृत के अधिकांश शब्द आधुनिक भारतीय भाषाओं में पुनर्रचित हुए हैं। परन्तु सभी शब्दों को द्रविड़ परिवार और फिर भारोपीय अथवा मुंडा से जोड़ने की कसरत भी (मरे वी. एमेन्यु/181) एक दूसरी अतिशयोक्ति है। दरअसल ये विद्वान् भारोपीय और कहें तो यूरोप की भाषाओं में इसके स्रोत खोजते हैं। मुण्डारी में यूरोपीय शब्दों का ध्वनि-परिवर्तन हुआ है। इसकी एक संक्षिप्त सूची भाषाविद् डॉ. दिनेश्वर प्रसाद की किताब (मुण्डारी शब्दावली : अखिल भारतीय सन्दर्भ/88) में है, **कप** (मु. काप), **गैस** (मुं. गार्स), **रबर** (मु. खड़ा), **फुटबॉल** (मु. फुटुबोल), **टोस्ट** (मु. तोसो)। ध्यातव्य है कि मुण्डारी में प्रचलित यूरोपीय शब्द हिन्दी और नागपुरी में समान हैं, **अचार, अलकतरा, टिकट, टिन, हंटर, सलाद, तारपिन**। नागपुरी, मगही और भोजपुरी में भी मुण्डारी के प्रचलित यूरोपीय शब्द चलते हैं, **रिपोट, सिलेट, मनिआडर, मिसतिरी**। नागपुरी और मुण्डारी में कई यूरोपीय शब्दों की वर्तनी एक जैसी है, **कोपी, टिकट, डिपुटी, पिपरमेंट, जेल**। मुण्डारी ऑस्ट्रिक परिवार की भाषा है। पहली बार यह नाम पेटर शिमड्ट ने दिया था। इस परिवार की भाषाएँ बहुत बड़े इलाके में फैली हैं, न्यूजीलैण्ड तथा दक्षिण अमेरिका के तट से लेकर इस्टर द्वीप समूह तक। ग्रियर्सन (भाषा सर्वेक्षण/खंड एक/भाग एक/57) इसके दो उप-परिवार हैं—ऑस्ट्रोनेशियन और ऑस्ट्रोएशियाटिक। पहले में मेडागास्कर, इंडोनेशिया और प्रशांत महासागर के द्वीपों की भाषाएँ आती हैं और दूसरे में भारत की भाषाएँ हैं। मुण्डारी ऑस्ट्रोएशियाटिक परिवार की भाषा है। हिन्दी प्रदेश में दोनों परिवार फल-फूल रहे हैं। इसलिए भोजपुरी नागपुरी और मुण्डारी में अंग्रेज़ी के शब्द तत्समी रूप में भी हैं और थोड़े-बहुत ध्वनि-परिवर्तन के साथ भी आये हैं। इनमें अधिकतर शब्द संज्ञा-रूप हैं। एक अध्ययन मैथिली, मगही, भोजपुरी, नागपुरी और मुण्डारी में आगत यूरोपीय शब्दों का हो सकता है। ऑस्ट्रिक परिवार की दूसरी भाषा **हो** में फ़ारसी शब्दों का रूप-परिवर्तन मिलता है, **वकील** (फा.), **उकील** (हो), **वनज** (फा.), **ओजोन** (हो), **वंश** (फा.), **बोंस** (हो)। मुण्डारी में अल्प और महाप्राणीकरण दोनों के अच्छे उदाहरण मिलते हैं लेकिन **हो** में अधिकांशतः अल्पप्राणिक और अघोष व्यंजन ही मिलते हैं। यह विचित्र प्रवृत्ति मैथिली, मगही और भोजपुरी में नहीं है। इस दृष्टि से ऑस्ट्रिक के ऑस्ट्रोएशियाटिक उप-परिवार में दो प्रवृत्ति वाली भाषाएँ हैं, अघोष और अल्पप्राण और महाप्राण। मैथिली, मगही और भोजपुरी में दोनों प्रवृत्तियाँ मिलती हैं। हो की तुलना में मुण्डारी का फैलाव अधिक हुआ है और मुण्डारी की तुलना में मैथिली, मगही और भोजपुरी भाषाओं का फैलाव अधिक हुआ है। व्यापक प्रसार वाली भाषाओं में भाषिक संरचना के अनेक सूत्र मिल जाते हैं।

बिहार और झारखंड दोनों हिन्दी प्रदेश हैं। दोनों में तीन भाषा परिवारों की

भाषाएँ हैं। विशेषकर ऑस्ट्रिक और द्रविड़ परिवार की वाक्य संरचना आर्य भाषा परिवार से बिल्कुल भिन्न है। ऑस्ट्रिक परिवार की भाषाएँ योगात्मक हैं—आर्य परिवार की अयोगात्मक। मुण्डारी में संस्कृत की तरह ही तीन वचन हैं, एक, द्वि और बहुवचन। इस गहरे भेद के बाद भी एक बड़े क्षेत्र में दो भिन्न प्रकार की भाषिक संरचना फल-फूल रही है। ग्रियर्सन इसे अनदेखा कर दें, लेकिन उन्हीं के मन-मुताबिक ऑस्ट्रिक और आर्य भाषा परिवार वाले एक इलाके से अलग कैसे हो जायेंगे? ऐसा होने पर संसार के समस्त भाषिक क्षेत्रों में नये सिरे से वर्गीकरण होगा। यानि पहले भाषा-परिवार तब समाज। इस तथ्य को ग्रियर्सन भी समझते हैं। फिर भी, वे हिन्दी प्रदेश के विभिन्न भाषा परिवारों को जोड़ने वाली हिन्दी के महत्त्व को अनदेखा कर बिहारी की कल्पना करते हैं। अब झारखंडी की भी कल्पना कर लें, उत्तराखंडी की भी कर लें।

(ख) मिथिला में ग्रियर्सन

बिहार और मिथिला में ग्रियर्सन ऐसे शीर्षकों में कुछ खास है। ग्रियर्सन के समग्र साहित्य के सिलसिले में इनका महत्त्व है। वे बिहार के कई इलाकों में रहे। बिहार को उन्होंने बहुत करीब से देखा और जाना। मिथिला में वे तीन साल (दिसम्बर, 1877 से जुलाई, 1880 तक) रहे। मधुबनी के अपने तीन साल के प्रवास में उन्होंने विद्यापति समेत मैथिली के दूसरे कवियों (हर्षनाथ झा और फतूरी लाल) के पदों का संकलन किया। ग्रियर्सन के पहले कोलब्रुक यहाँ की प्रशासनिक सेवा में आ चुके थे। उनका एक निबन्ध (एसे ऑन संस्कृत एंड प्राकृत लैंग्वेज, 1801 ई.) चर्चित हुआ था। ये विद्वान् इस इलाके के लिए मैथिली का महत्त्व समझते थे। इनके पहले विलियम केरी (1793 ई./सीरामपुर) ने भाषाओं के वर्गीकरण में मैथिली को भी शामिल किया। उनका वर्गीकरण स्थान-विशेष को इंगित करता है, उदयपुरी, बीकानेरी, मारवाड़ी, कच्छी, ब्रज मैथिली। भाषाओं का यह वर्गीकरण कोई नया नहीं है। केरी कभी बिहार नहीं आये, पुराने विवरण और अनुभव के आधार पर उन्होंने मैथिली का महत्त्व समझा। मिथिला की सम्पर्क भाषा मैथिली उस समय भी थी।

ग्रियर्सन के भाषा-सर्वेक्षण के पाँचवें खंड का शीर्षक "इंडो आर्यन फेमिली (ईस्टर्न ग्रुप)" और छठे खंड का शीर्षक "इंडो आर्यन फेमिली, मेडिएट ग्रुप (ईस्टर्न हिन्दी)" है। "ईस्टर्न हिन्दी" दोनों में है। फिर भी बिहार को हिन्दी प्रदेश मानने से इनकार। पुराने मिथिला राज्य को आधुनिक सन्दर्भ में जीवंत करने की पृष्ठभूमि से पहले की तरह और कहें दूसरे राज्यों की तरह मिथिला में भी सामन्ती ढाँचे की हिफाजत हो पाएगी। भाषा सर्वेक्षण के सभी खंडों के छपने के बाद यानि तीस के दशक में बिहार से अलग झारखंड राज्य की माँग होने लगी थी। झारखंड, मिथिला

और उत्तर प्रदेश में भोजपुरी, ये खाँचा यूरोपीय विद्वानों की ज़हन में था। ये ही इलाके बीसवीं शती के शुरुआती दौर में ब्रिटिश-विरोध के केन्द्र भी थे।

मिथिला में ग्रियर्सन का काम बहुत महत्त्वपूर्ण रहा है। वे विद्यापति समेत हर्षनाथ झा, फतूरी लाल के पदों और दुसाधों में प्रचलित सलहेस के कथा-गीत की खोज करने वाले पहले विद्वान् थे। उन्होंने स्वयं इनका अंग्रेज़ी में अनुवाद किया। इनकी शब्दावली तैयार की। शब्दों के प्रासंगिक अर्थ को जानने में बहुत मेहनत करनी पड़ी होगी। वे एक साथ लोक साहित्य और शिष्ट साहित्य में काम कर रहे थे। उन्होंने तुलसी की तरह ही विद्यापति के साहित्य से हिन्दी के पाठकों का पुनः परिचय कराया है। "दी मॉडर्न वर्नाक्यूलर लिटरेचर ऑफ हिन्दुस्तान" में वे विद्यापति को 15वीं शती के धार्मिक पुनर्जागरण की परम्परा का कवि मानते हैं। इस पुनर्जागरण वाले अध्याय में सबसे पहले रामानन्द स्वामी (1400 ई.) और फिर इसी क्रम में विद्यापति आते हैं। दोनों वैष्णव सम्प्रदाय के कवि हैं। ऐसा ग्रियर्सन भी मानते हैं। उनका यह भी कहना है कि गीत परम्परा के प्रवर्तक के रूप में विद्यापति ठाकुर पूरे बंगाल और ''कर्मनाशा से कलकत्ता तक प्रत्येक घर में सुपरिचित हैं।'' उनकी सूचना है कि इन सीमाओं के अन्तर्गत आनेवाली अनेक बोलियों में उनके गीतों के रूपान्तर हुए हैं। इस अध्याय में मैथिली के एक अन्य कवि और विद्यापति के समकालीन उमापति (1400 ई.) और जैदेव (1400 ई./ 'गीत गोविन्द' के रचयिता जयदेव से भिन्न) की भी चर्चा है। इसी अध्याय में मीराँबाई (1420 ई.) के विस्तृत विवरण के साथ ब्रज और गुजरात के कवियों का भी संक्षिप्त विवरण है। "दी मॉडर्न वर्नाक्यूलर लिटरेचर ऑफ हिन्दुस्तान की प्रस्तावना में ग्रियर्सन देशी भाषाओं में मारवाड़ी, हिन्दी और बिहारी की गणना करते हैं। 15वीं शती के धार्मिक पुनर्जागरण से बिहार, उत्तर प्रदेश, राजस्थान और गुजरात के कवियों की चर्चा करते हैं। एक समय में पूरे उत्तर भारत के धार्मिक पुनर्जागरण का ब्योरा महत्त्वपूर्ण है। इसे उन्होंने ''सामाजिक'' नाम नहीं दिया है।

विद्यापति मैथिली के कवि हैं या बाँग्ला के। बिहार के हैं या बंगाल के। भोजपुरी क्षेत्र में भी उनके गीत रचे-बसे हैं। असम के इलाके में भी। वे हिन्दी के अपवाद कवि हैं जिनके साहित्य की लोकप्रियता अपनी जगह है, उन्हें अपनी पूँजी बताने की जद्दोज़हद होती रही है। सम्भव है उस दौर (1360-1440 ई.) के अन्य कवि भी होंगे जिनकी भाषा को लेकर बहस हो सकती है। भाषा और साहित्य के विकास की दृष्टि से वह समय संक्रमण का था। विद्यापति अवहट्ट, मैथिली और संस्कृत में लिख रहे थे। वे कई विषयों के विद्वान् थे, ज्योतिष, भूगोल, इतिहास, व्याकरण, पुराण, स्मृति, धर्मशास्त्र, नीति शास्त्र इत्यादि। अधिकांश विषय पर उनकी रचना मिलती है। कीर्तिलता, कीर्तिपताका (अवहट्ठ) इतिहास की पुस्तकें हैं। भू-परिक्रम रचना (संस्कृत) भूगोल का विवरण देती है। इसमें भारत के विभिन्न तीर्थों का ब्योरा मिलता है। शैव सर्वस्वसार और शैव सर्वस्वसार-प्रमाणभूतसंग्रह

(संस्कृत) पुराण-साहित्य का गहन अध्ययन है। गंगा वाक्यावली, दान वाक्यावली, दुर्गाभक्ति-तरंगिणी, गयापत्तलक और वर्षकृतय (संस्कृत) स्मृति ग्रन्थ हैं। वर्षकृतय मुख्यतः धर्मशास्त्र है। पुरुष परीक्षा (संस्कृत) नीतिशास्त्र और काम-कला से सम्बद्ध हैं। लिखनावली (संस्कृत) मिथिला के भृत्य (गुलाम) और दासियों के क्रय-विक्रय सहित मिथिला के किसानों का जीवन प्रस्तुत करती है। यह पत्र-साहित्य भी है। इसमें पत्र लिखने के तौर-तरीके का वर्णन है। विद्यापति के प्रपौत्र द्वारा संकलित पदावली (मैथिली) में श्रृंगार और भक्ति का साहित्य है। बड़ी बात है कि विद्यापति की रचनाएँ नेपाल से लेकर बंगाल तक के पुराने संग्रहालयों में मिलती हैं। विद्यापति का पांडित्य तो अपनी जगह है, रचनाकार के रूप में उनका महत्त्व रीति और भक्ति के किसी भी कवि से कम नहीं था। गीतों में प्रकृति का ऐसा गत्यात्मक चित्रण, मानव के क्रिया-व्यापार और अनेक अलंकारों की अद्भुत छटा बहुत कम कवियों में मिलती है। अनुप्रास का सौन्दर्य देखना हो तो विद्यापति का साहित्य मौजूद है, **नव वृन्दावन नव नव तरु गन/नव नव विकसित फूल/नवल वसन्त नवल मलयानील/मातल नव अति कूल/बिहरइ नवल किसोर/कालिन्दी पुलिन कुंज वन सोभन/नव नव प्रेम विभोर।** आधुनिक युग में महाकवि निराला में (जूही की कली वर दे वीणा वादिनि) में ''मलयानिल'' (दक्षिण में आयी हवा) और ''नव-नवल'' का प्रयोग हुआ है। लोक साहित्य से शिष्ट साहित्य की रचना की अपनी यात्रा है जिसका पल्लवन विद्यापति के साहित्य में मिलता है। ऐसे महाकवि के साहित्य को अपनी पूँजी बताने के लोभ से कोई क़ौम वंचित नहीं रह सकेगा।

जॉर्ज अब्राहम ग्रियर्सन ने विद्यापति समेत फतूरीलाल और हर्षनाथ झा के साहित्य की खोज कर अवध से लेकर मिथिला तक के साहित्य प्रेमियों का बड़ा उपकार किया है। यह बड़ा काम है। अपने बिहार प्रवास की अवधि में ग्रियर्सन ने मैथिली की तरह ही भोजपुरी के साहित्य की खोज की। यहाँ की विभिन्न जातियों में प्रचलित लोक साहित्य को संकलित किया, अंग्रेज़ी में अनुवाद किया। ग्रियर्सन अवध और ब्रज क्षेत्र के अलावा बिहार की बोलियों के भी जानकार थे। उस समय मधुबनी दरभंगा जिले का अनुमंडल था। दरभंगा भी नवोदित जिला (1875 ई.) बना था। मधुबनी को आदर्श मैथिली का इलाका माना जाता है। मधुबनी प्रवास के कुछ ही वर्षों बाद 1882 ई. में उनकी महत्त्वपूर्ण किताब **एन इंट्रोडक्शन टू दी मैथिली लैंग्वेज ऑफ नॉर्थ बिहार कंटेनिंग ग्रामर, क्रेस्टोमेथी एंड वोकेबुलरी** आयी। इसके कई वर्षों बाद 1902 ई. विद्यापति पर उनका लेख **जर्नल ऑफ एशियाटिक सोसायटी** (कलकत्ता/1882 ई.) में छपा। इसके साथ मैथिली की संक्षिप्त शब्दावली भी है। शब्दावली में अधिकांश शब्द संकलित साहित्य से ही हैं। मैथिली के शब्दों का अंग्रेज़ी अर्थ देकर एक तरह से मैथिली-अंग्रेज़ी शब्दकोष ही दे दिया है। इस शब्दकोष में मैथिली के शब्द देवनागरी लिपि में हैं। पुस्तक में आदर्श, प्रचलित

और विकृत मैथिली के रूप मिलते हैं। ''अथ गीत राजा सलहेसक कथा'' विकृत मैथिली का रूप है। फतूरी लाल की कविता (कवित्त अकाली) प्रचलित मैथिली का उदाहरण है और विद्यापति का पद आदर्श मैथिली का। तीनों का समय एक नहीं है। सलहेस की कथा लोक गीत है। इसका समय निर्धारित करना मुश्किल है। फिर भी अति पिछड़ी जातियों में प्रचलित मैथिली का एक रूप मिलता है। विद्यापति का समय 1360-1440 ई. का है। हर्षनाथ झा को आधुनिक मैथिली साहित्य के प्रारम्भिक समय का कवि माना जाता है। ग्रियर्सन ने इन्हें वैष्णव कवि माना है जो विद्यापति की शैली के गीत लिखते थे। एक तरह से उन्होंने मैथिली के प्रारम्भिक रूप से आधुनिक समय तक के रूप को लिया है। उनके भाषा चिन्तन का वैशिष्ट्य साहित्य-रूपों का उदाहरण देकर भाषिक संरचना या बनावट का विश्लेषण करने में निहित है। ग्रियर्सन ने भाषा सर्वेक्षण के मैथिली खंड (खंड 5/2) दरभंगा में तथा भागलपुर जिले के उत्तरी और पूर्णिया के पश्चिमी क्षेत्रों के ब्राह्मणों में प्रचलित मैथिली को आदर्श माना है। ''एन इंट्रोडक्शन टू दी मैथिली लैंग्वेज'' में संकलित साहित्य में ऊँची और पिछड़ी जातियों में प्रचलित मैथिली के रूपों का पता चलता है। एक बोली या भाषा के अनेक रूपों का होना स्वाभाविक है। सर्वेक्षण में चर्चा है कि मुजफ्फरपुर और चम्पारण की बोली अवधी के बहुत निकट है। मुसलमानों में प्रचलित बोली शेखई या मुसलमानी कहलाती है। कहीं-कहीं इसे जोलहा भी कहा जाता है। उत्तर बिहार के इलाके में बोली की अनेकरूपता मध्यकाल विशेषकर पूर्व मुगल काल में कृषक जीवन और समाज में सीमित बाजार को दर्शाती है। विद्यापति और फतूरी लाल के समय तक की सामाजिक व्यवस्था का समय बहुत लम्बा है। इतिहासकार प्रो. राधाकृष्ण चौधरी (विद्यापति : अनुशीलन एवं मूल्यांकन/सं.) मिथिला को स्वतन्त्र राज्य मानते हैं। उनके अनुसार राजा शिव सिंह (1362 ई.) और उनके भाई के सुपुत्र भैरव सिंह ने चाँदी के सिक्के चलाए थे। इस दृष्टि से मिथिला को स्वतन्त्र राज्य माना जा सकता है। स्वतन्त्र राज्य से मिथिला में किसी गणतन्त्र के होने का अनुमान लगाना अनुचित होगा। तुगलक वंश के संस्थापक गयास-उद्दीन-तुगलक (1320-25 ई.) के समय तिरहुत (तिरहुत) को दिल्ली में मिला लिया गया था। कुछ ही वर्षों बाद लगभग 1325-51 ई. की अवधि में पूरे भारत में राजनैतिक विशृंखलता आयी थी और अनेक हिन्दू और मुस्लिम शासक स्वाधीनता की घोषणा कर चुके थे। 1351 ई. में तुगलक वंश ने मिथिला में कामेश्वर को हटाकर भोगीश्वर को ''सामन्त नृपति'' का पद दिया था। भोगीश्वर की मृत्यु के बाद उनका पुत्र गअनेस राजा हुआ। असलान नाम के किसी व्यक्ति ने गअनेस की हत्या कर दी। 'कीर्तिलता'' में इसका उल्लेख आया है। ''कीर्तिलता'' से ही ज्ञात होता है कि 1400-02 ई. में मिथिला के एक हिस्से पर असलान का अधिकार हो चुका था। इब्राहिम शाह (जौनपुर) के तिरहुत अभियान के समय कीर्ति सिंह ने असलान को व्यक्तिगत युद्ध में पराजित

किया था। राधाकृष्ण चौधरी ने सही भी लिखा है कि मैथिल-समाज सामन्तवादी आधार पर टिका था। मध्यकालीन सामन्तवादी समाज के सारे दोष यहाँ मौजूद थे। छोटे-बड़े सामन्तों की बड़ी-बड़ी उपाधियाँ थीं, महासामंताधिपति, महासामन्त, महामंडलेश्वर, सामन्त इत्यादि। विद्यापति की रचना **लिखनावली** (संस्कृत/1498 ई.) में सामन्तों की उपाधियों का उल्लेख हुआ है। ''अथाधःकक्ष लिखनानि'' वाले अध्याय में उपाधियाँ आयी हैं, महासामन्ताधिपति, महामत्तक इत्यादि। पिछड़ी जातियों के दोहन का विवरण भी है। उसी अध्याय के प्रारम्भ में ही चर्चा है कि अपने और अपने परिवार के हित के लिए राजा को निरन्तर कर देना न भूलें अन्यथा हाथी, घोड़ा और पैदल सेना उसके पूरे परिवार को कुचल देगी, धूल-धूसरित कर देगी। यमलोक पहुँचने में थोड़ा भी समय नहीं लगेगा। मिथिला में सामन्तों की अपनी सेना थी। लिखनावली के ही ''अथ व्यवहारलिखनानि'' अध्याय के शुरू में ''बिकाऊ प्रथा'' का ब्योरा मिलता है। किसी व्यक्ति को छह रुपए, किसी की घरवाली को चार रुपए और किसी के पुत्र को तीन रुपए में अमुक-अमुक समय के लिए बेच दिया गया। इनमें शूद्र-शूद्रियों की संख्या ही अधिक थी। विद्यापति के समय के किसी साहित्य में शूद्रों के विद्रोह की चर्चा बहुत कम मिलती है। ''स्कंदपुराण'' में इसका उल्लेख मिलता है। यह साहित्य 900-1300 ई. के बीच का माना जाता है। पूर्व मध्यकाल में ग्रामीण आबादी का तबादला तेजी से होने लगा था। इसके पीछे एक कारण अकाल था और दूसरा कारण करों का बढ़ता हुआ बोझ। शूद्रों के विद्रोह की चर्चा या उसका उल्लेख विद्यापति के साहित्य में भी नहीं मिलता है। विद्यापति का समय 14वीं शताब्दी का है। उस समय खेती में पर्याप्त प्रगति के बावजूद सुदृढ़ वर्ण व्यवस्था पूरे सामन्तीय आर्थिक ढाँचे को प्रभावित कर रही थी। वर्णरत्नाकर के पहले ही भाग में उल्लेख है कि बंजर भूमि को जोतने के लिए शूद्रों को काम में लगाया जाता था। मिथिला में खेती को बढ़ाने पर जोर था। परन्तु सामन्तों की जितनी कोटियाँ थी यानि उनका जिस रूप में संस्तरीकरण (स्ट्रैटिफिकेशन) था, उससे अनुत्पादक पूँजी बेहिसाब बढ़ रही थी। बड़ा बाजार बनने का रास्ता संकीर्ण हो रहा था। सामन्तों के अपने सिक्के चलाए जाने की चर्चा है लेकिन सवाल है कृषि उत्पादन के मूल्य में बदलने को लेकर। आमतौर पर पूँजी की एक मंजिल पूँजी के उत्पादन-प्रक्रिया की होती है। ज्योतिरीश्वर ठाकुर और विद्यापति के साहित्य से मिथिला में कृषि की प्रगति का उल्लेख मिलता है। उत्पादन को पूँजी में बदलने के लिए और सरल कहें मुनाफा बनाने के लिए बड़े बाजार की ज़रूरत होती है। मध्यकाल के पूर्ववर्ती दौर में मिथिला में इसका सीमित क्षेत्र था। लोग अपने क्षेत्र से बाहर व्यापार करने जाते थे लेकिन कुल मिलाकर मिथिला की सामन्ती व्यवस्था में ठोस संस्तरीकरण विकास में बाधक बना। विद्यापति बहु विवाह के विरोधी थे। वर्ण व्यवस्था से बहुत विरोध नहीं था। शूद्रों की दुर्दशा को देख रहे थे। उस पर लिख भी रहे थे। उनके साहित्य का एक पक्ष मिथिला का समाज रहा है। राज दरबारों

से सम्बद्ध होने के कारण भी वे शूद्रों की दुर्दशा और किसानों की दयनीय स्थिति पर बहुत नहीं लिख सके होंगे। जाति प्रथा पहले से सुदृढ़ थी ही। हरि सिंह देव (1324 ई.) के आने के बाद पंजी प्रथा का चलन शुरू हुआ जिसके फलस्वरूप बिकौना प्रथा चली। विद्यापति की रचना "कीर्तिलता" में इसका विवरण मिलता है। विद्यापति के समय का मिथिला राज्य स्वतन्त्र होते हुए भी बहुत सुखी-सम्पन्न नहीं था। करों की उगाही में बहुत सख्ती थी। मुसलमानों के आने के बाद के रचित कई साहित्य में यह चर्चा है कि वैश्य और शूद्र मूलतः करदाता थे। ''लिखनावली'' में आये ब्योरे से करों के निश्चित न होने से शूद्रों में असन्तोष रहा होगा। जो विवरण ''कीर्तिलता'' में आया है, उससे मिथिला के अराजक समाज की स्थिति लम्बे समय से चली आ रही थी। सामाजिक परिवर्तन हो रहे थे। विद्यापति के बोल (कीर्तिलता) हैं, ''जाति अजाति विवाह, अधम उत्तम काँ पारक'' (जाति-अजाति में विवाह होने लगे थे। अधम ने उत्तम पर श्रेष्ठत्व प्राप्त कर लिया था)। अजाति से अभिप्राय निम्न जातियों यानी शूद्र से है। अधम से भी वही अभिप्राय है। इस वर्णन से मिथिला में राजनैतिक अस्थिरता के बावजूद या इसी कारण भी सामाजिक परिवर्तन हो रहा था। राजनैतिक अस्थिरता के बावजूद या इसी कारण भी सामाजिक परिवर्तन हो रहा था। राजनैतिक अस्थिरता वाली स्थिति पूरे देश की थी। इसलिए मिथिला कोई अपवाद नहीं था।

ग्रियर्सन ने अपने विद्यापति विषयक लेख में उनके समय की सामाजिक दशा की चर्चा नहीं की है। एक कारण विद्यापति की कुछ कृतियों का उनके समय तक अभाव रहा है। "भू-परिक्रमण" की हस्तलिखित प्रति बंगाल एशियाटिक सोसायटी में थी। पुरुष परीक्षा 1830 ई. तक अंग्रेज़ी में अनूदित (राजा काली कृष्ण बहादुर) हो चुकी थी। इसके कुछ वर्ष पहले हर प्रसाद राय ने इसका बाँग्ला में अनुवाद (1815 ई.) किया था। ग्रियर्सन मैथिली और बाँग्ला के जानकार थे। उनके लेख में इसकी चर्चा होनी चाहिए थी। फिर भी, उन्होंने ईमानदारी से बाँग्ला में चर्चित विद्यापति और उनकी नकल करनेवाले कवियों की चर्चा कर बाँग्ला के विद्यापति के रहस्य को सार्वजनिक किया है। उनके अनुसार जैसोर (बंगाल) के बसंत राय विद्यापति के नाम से लिखते थे। उनकी मैथिली मिश्रित बाँग्ला न तो बाँग्ला थी और न मैथिली। धीरे-धीरे इस तरह के प्रयोग में कोई नयापन नहीं आया। मिथिला का समाज बिल्कुल अराजक हो चुका था। ''कीर्तिलता'' के दूसरे अध्याय में चर्चा है कि मिथिला के राजा गणेश्वर की हत्या के बाद सर्वत्र अराजकता फैल चुकी थी। भृत्य (गुलाम) अक्सर अपने स्वामियों को पकड़ लिया करते थे। सारे काम-धंधे चौपट हो चुके थे। जाति-कुजाति में शादियाँ होने लगी थीं। कविगण भिक्षाटन करते थे। विद्यापति के अनुसार राजा गणेश्वर के स्वर्गवासी होने के बाद ''तिरहुत के सभी गुण तिरोहित हो गये (तिरहुत्ति तिरोहित सब्ब गरोस जब सग्ग गउँ)।'' विद्यापति कीर्ति सिंह के साथ जौनपुर गये थे। ''कीर्तिलता'' में कीर्ति सिंह के इब्राहिम शाह को समझाने या उन्हें अपने तर्क

से सहमत करने का पक्ष बहुत प्रबल है। तीसरे पल्लव में कीर्ति सिंह कहते हैं कि दो राजाओं को एक पृथ्वी और दो पुरुषों को एक नारी, दोनों का भार नहीं सह सकती। विद्यापति की इस कृति को ज्ञान के किसी एक अनुशासन से नहीं नवाज़ा जा सकता है। यह चरित काव्य भी है। यात्रा वृत्तान्त भी है। संस्मरण भी है और अपने समय के इतिहास का सार-संकलन भी है। साहित्य और इतिहास का ऐसा विलय विरले मिलता है। ''कीर्तिलता'' अवहट्ट या अवहट्ठ में लिखा यथार्थपरक चरित काव्य है। अवहट्ट का प्रथम प्रयोग ज्योतिरीश्वर ठाकुर (वर्णरत्नाकर/1325 ई.) में मिलता है। उस समय की राज सभाओं में भाट छह भाषाओं का प्रयोग करते थे, संस्कृत, प्राकृत, अवहट्ट, पैशाची, शौरसेनी और मागधी। दूसरा प्रयोग विद्यापति की कृति ''कीर्तिलता'' है जिस भाषा को वे "देशी वचन" कहते हैं। ''कीर्तिलता'' एक यात्रा वृत्तान्त भी है जिसमें अतिरंजना से काफी बचा गया है। हुआ ये कि कुछ लोग जो विद्यापति के नाम से या उनका अनुकरण करते थे, वे बाँग्लाभाषियों के बीच अधिक लोकप्रिय होते गये। इनमें चंडी दास और विद्या सुन्दर प्रमुख हैं। इस तरह कूट या नकली (स्पूरियस साँग्स) गीत बाँग्ला भाषियों में अधिक लोकप्रिय होने लगे। ग्रियर्सन की सूचना है कि 1878-79 में बाँग्ला में प्रकाशित प्राचीन काव्य संग्रह की शृंखला में अक्षयचन्द्र सरकार द्वारा बाँग्ला कविताओं का संकलन आया जिसे वे बेमेल (हेट्रोजीनस) कहते हैं। इसी का संशोधित संस्करण सारदा चरण मित्र (1878-79 ई.) द्वारा प्रकाशित हुआ जिसकी भूमिका में उन्होंने विद्यापति को विस्फी (पुराना दरभंगा जिला) इलाके का निवासी बताया। ग्रियर्सन सारदा चरण स्वयं के द्वारा सम्पादित पदों को विद्यापति का पद मानते हैं लेकिन उनका यह भी मत है कि बहुत सावधानी पूर्वक इन पदों के अध्ययन के बाद मुश्किल से पाँच या छह पदों को विद्यापति की मूल रचना मान सकते हैं। इनमें भी हेर-फेर या विकृति आयी है। विशेषकर गेयता की दृष्टि से मैथिली के छन्दों का अनुसरण नहीं मिलता है। ''इंडियन एंटीक्वेरी'' (अक्तूबर, 1875 ई./बम्बई) में छपे जॉन बीम्स के विद्यापति विषयक लेख में बाँग्ला में विद्यापति के पाठ संशोधन का विवरण आया है। ग्रियर्सन स्वीकार करते हैं कि वैष्णव सम्प्रदाय के इस कवि के पदों को यूरोपीय नियम और स्वाद से नहीं देखा जा सकता है। उनके छन्दों में ब्रजभाषा के छन्दों का मिजाज़ भी अनुकूल नहीं बैठता है। छन्दों को लेकर फिलहाल कुछ कहना मुश्किल है। यों ग्रियर्सन ने स्वयं ही विद्यापति के छन्दों के लिए कुछ कॉलम बनाये। फिलहाल कहना है कि ग्रियर्सन ने ही बाँगला में विद्यापति की चर्चा का रहस्य बताकर और उनकी वंशावली का ब्योरा देकर मैथिली साहित्य के इस महाकवि का अन्तरप्रान्तीय महत्त्व भी समझा है।

ग्रियर्सन के समय में ही (1872-73 ई.) बाँग्ला में विद्यापति की काव्य प्रतिभा को खोजने का काम रामगति न्यायरत्न ने किया। बाँग्ला के एक अन्य लेखक राजकृष्ण

मुखोपाध्याय (1875 ई.) ने विद्यापति को मैथिली का कवि घोषित किया। मुखोपाध्याय के "विद्यापति" शीर्षक से बंगदर्शन में प्रकाशित लेख का अंग्रेज़ी अनुवाद इंडियन **एंटीक्वेरी** (अक्तूबर, 1875 ई.) में छपा। यह मानना उचित नहीं है कि बाँग्ला में जो कवि विद्यापति की नकल कर रहे थे, वे उनके प्रति कोई गहरी आस्था रखते थे। श्री पदकल्पतरु में बसंत राय के इक्यावन पद संकलित हैं। राजकृष्ण मुखोपाध्याय के लेख के छपने के बाद "श्री पदकल्पतरु" का प्रकाशन हुआ। विद्यापति को मैथिली का कवि घोषित होने के बाद उनकी नकल पर कविता लिखे जाने का जोर बढ़ा। इसे विद्यापति का प्रभाव तभी तक माना जाता जब बाँग्ला के कवि विद्यापति के नाम से नहीं लिखते। प्रभाव और नकल के अन्तर को समझना चाहिए। मैथिली मिश्रित बाँग्ला या बाँग्ला मिश्रित मैथिली विद्यापति की भाषा नहीं थी। वे आदर्श मैथिली में लिख रहे थे। फिर कई भाषाओं के इतने बड़े विद्वान् की भाषा की नकल पर दूसरी भाषा बना या गढ़ लेने की ज़िद क्यों? इससे विद्यापति की लोकप्रियता का पता चलता है। ग्रियर्सन ने ठीक ही लिखा है कि बाँग्ला में विद्यापति के गीतों को विकृत भी किया गया है और बाँग्ला से बलपूर्वक समता दिखाने की भी कोशिश हुई है। विद्यापति की लोकप्रियता से चिढ़कर ऐसा होना स्वाभाविक था या बाँग्ला को भी एक विद्यापति चाहिए था? ऐसा भी नहीं है कि इस दिशा में बंगाल प्रेसिडेंसी की कोई भूमिका रही हो। विदित है कि 1800 ई. के बहुत पहले से बंगाल में विद्यापति लोकप्रिय थे। उनके पद गाए जाते थे। 1800 ई. के बाद बाँग्ला के कुछ नये कवियों को नयी भाषा गढ़ने और विद्यापति की तर्ज़ पर कविता लिखने की धुन सवार हुई होगी। एक आश्चर्य यह भी कि विद्यापति के साहित्य की खोज और विश्लेषण का काम जिन विद्वानों ने किया, उनमें अधिकांश मैथिली भाषी नहीं थे, डॉ. सुकुमार सेन (विद्यापति गोष्ठी), खगेन्द्रनाथ मित्र, विमान बिहारी मजूमदार, हरप्रसाद शास्त्री, सारदा चरण मित्र, बाबूराम सक्सेना, शिव प्रसाद सिंह, रामवृक्ष बेनीपुरी आदि। आजादी के बाद के दिनों में इतिहासकार विमान बिहारी मजुमदार का विद्यापति-अनुराग ही था कि वे "जर्नल ऑफ बिहार रिसर्च सोसायटी", "पटना यूनिवर्सिटी जर्नल" और "नागरी प्रचारिणी पत्रिका" में इनकी बहुमुखी प्रतिभा पर निरन्तर लिखते रहे। प्रो. विमान बिहारी कई विषयों के विद्वान् थे, भाषा-अध्ययन, धर्म नीति, इतिहास, विज्ञान इत्यादि। पचास के दशक में वे "राष्ट्रविज्ञान परिषद" के सभापति भी बने थे। इनमें कुछ बाँग्ला भाषी थे, कुछ अवधी और ब्रजभाषा के जानकार थे। बेनीपुरी मिथिला के निवासी थे। तीस के दशक में बेनीपुरी जी ने विद्यापति के पदों का संकलन (विद्यापति की पदावली) किया। उस किताब के समर्पण में कवि देव, बिहारी, तुलसी और केशव की श्रेष्ठता में उलझे समालोचकों से विद्यापति को भी स्थान देने के निवेदन जैसे भाव में आक्रामकता भी छुपी है। आलोचकों के लिए उनके शब्द हैं "जो अपने फतवे को अकाट्य और अलंघनीय

साबित करने के लिए ''नवरत्न'' में दस रत्न घुसेड़ सकते हैं।'' मैथिली और हिन्दी में परस्पर विरोध जताने वालों के लिए यह कुछ खास है जहाँ विद्यापति अन्तर-प्रान्तीय नायक के रूप में दिखते हैं। बेनीपुरी की इस टिप्पणी की खबर लाहौर से प्रकाशित अंग्रेज़ी पत्र से (दी पीपुल) मिली। बेनीपुरी मिथिला के जन-जन में बसे इस महान् नायक का भी स्मरण करते हैं। लिखा है कि शिव का पुजारी डमरू हाथ में लिए "कखन हरब दुख मोर हे भोला नाथ'' गाते-गाते तन्मय हो जाता है, अपने आपको भूल जाता है। नव-वधू को कोहबर में ले जाती हुई कामिनियों का समूह विद्यापति के गीत में खो जाती हैं, ''सुन्दर चलिलहुँ पहु-घर ना, जाइतहि लागु परम डर ना" प्रो. खगेन्द्रनाथ मित्र और प्रो. विमान बिहारी मजुमदार ने विद्यापति के पदों को एक जगह संकलित कर उसका अनुवाद भी प्रस्तुत किया। मित्र और मजुमदार जी के साथ हरेश्वरी प्रसाद ने मिलकर विद्यापति को क्रमवार संकलित और शब्दार्थ और व्याख्या करने का काम उस दौर (1953 ई.) में किया जब मिथिला में हिन्दी बनाम मैथिली का जोर पकड़ा था और कई सुधी जन मैथिली को हिन्दी की बोली मानने से इनकार कर रहे थे। उन दिनों मित्र जी कलकत्ता विश्वविद्यालय में थे, मजुमदार जी कॉलेज इंस्पेक्टर (पटना) थे और हरेश्वरी प्रसाद पटना में अध्यापक थे। तीनों की यह टीम विद्यापति के साहित्य का अन्तर्देशीय महत्त्व समझ रही थी। बाँग्ला के प्राध्यापक खगेन्द्रनाथ मित्र ने विमान बाबू (विद्यापति) के बारे में लिखा कि वे विद्यापति के पदों का संग्रह, पाठ-उद्धार और-निर्धारण तीनों काम कर रहे थे। विद्यापति के पदों का प्राचीन संग्रह नेपाल दरबार के पुस्तकालय में था। नगेन्द्रनाथ गुप्त के अनुरोध पर हर प्रसाद शास्त्री ने नेपाल सरकार से वहाँ के पुस्तकालय में सुरक्षित विद्यापति के पदों की प्रति मँगवायी। गुप्त जी ने इन पदों को बाँग्ला में प्रकाशित किया। लम्बे समय बाद खगेन्द्रनाथ मित्र और विमान बिहारी मजुमदार के सम्पादन में "विद्यापतिर पदावली" प्रकाशित हुई। प्रो. सुभद्र झा के सम्पादन में नेपाल दरबार के पुस्तकालय में सुरक्षित विद्यापति की पदावली का प्रकाशन "सॉन्ग्स ऑफ विद्यापति" नाम से हुआ। बाँग्ला समाज में विद्यापति के पदों को लाने का श्रेय राजेन्द्रलाल मित्र (विविधार्य संग्रह/1859) और आगे चलकर रामगति न्यायरत्न को है। विद्यापति और चंडीदास दोनों समकालीन थे। रवीन्द्रनाथ ठाकुर का एक लेख इसी विषय पर है, "चंडीदास और विद्यापति।" निराला ने भी इसी शीर्षक से निबन्ध लिखा था जो उनके निबन्ध संकलन ''प्रबन्ध प्रतिमा'' में संकलित है। कबीर और तुलसी के पहले अहिन्दी भाषी क्षेत्रों में भी लोकप्रिय होने वाले कवि विद्यापति ही थे।

ग्रियर्सन के संकलित पदों में शृंगारिक अधिक हैं। इसे लेकर हिन्दी साहित्य के इतिहास में चर्चा रही है कि इन्हें भक्त कवि माना जाए या शृंगारिक। स्वयं ग्रियर्सन ने विद्यापति वाले निबन्ध में इस पर विचार किया है। उन्होंने लिखा है कि यूरोप की रुचि से इस पर विचार करना उचित नहीं है या ऐसा भी नहीं कहा जा सकता

है कि आत्मा-परमात्मा के प्रेम के लिए वेश्यालय की भाषा (ब्रॉथेल टू डिस्क्राइब) का सहारा लिया गया है। उनके अनुसार पश्चिम देश के रहने वाले ईश प्रेम को पिता और पुत्र के अटूट प्रेम का रूप देकर सन्तुष्ट रहें, गर्म देश के सत्यान्वेषियों के लिए पूजक और पूज्य के सर्वश्रेष्ठ प्रेम को राधा और कृष्ण का रूप दिया गया है। आम हिन्दू विद्यापति के पदों को उसी प्रकार पढ़ते हैं जिस प्रकार सोलोमन के गीतों को ईसाई पादरी पढ़ते हैं। इससे सहमत होना मुश्किल है। ईसाई भक्ति में पिता और पुत्र का सम्बन्ध ठंडे प्रदेश के होने के कारण नहीं है। जिस दौर में चर्च प्रभुओं की सत्ता थी, प्रभु या पिता के रूप में उनका वर्चस्व था, भारत में भी जमींदारों को ईश्वर या पिता मानने का चलन था। गर्म प्रदेशों में शृंगारिक प्रवृत्ति ईश्वरीय साधन के रूप में ही प्रतिफलित हुई हो, ऐसा नहीं है। सूरदास विद्यापति के समकालीन थे। सूर में ईश्वर को दयालु कहा गया है, ''तू दयालु, दीन हौं, मैं पातकी भिखारी।'' कबीर भी लगभग उसी समय के हैं। कबीर में ईश्वर का रूप बराबरी का है, भक्त और ईश्वर एक समान। विद्यापति का समय निर्गुणवादियों का था। निर्गुण में आत्मा और परमात्मा को स्त्री-पुरुष के रूप में देखा जाता था। मुख्यतः वह स्त्रीत्व और पुरुषत्व का द्योतक था। यों, विद्यापति कोई रहस्यवादी कवि नहीं थे। उनकी कई रचनाएँ रहस्यवाद के दर्शन से प्रेरित जान पड़ती हैं। कुछ विद्वान् ''कामिनि करए सनाने/हेरतहिं हृदय हनए पंचवाने'' को रहस्यवादी मान लेते हैं। यह पद ग्रियर्सन के संकलन में भी है, "कामिनि करु असनाने। हेरइत हिर्दय पचमाने। तितल बसन तन लागु।... चिकुर बहै जल धारे। जनि शशि बिनु मोहि लागत अन्धारे।" सुन्दरी स्नान कर रही है। ऐसे समय में देखना भयकारक है। देखते ही वह कामदेव के पाँचों बाण (पँचवाने) से मारती है। यों, इस पद के साथ एक घटना जुड़ी है। राजा शिव सिंह को दिल्ली के सुल्तान ने अपने यहाँ कैद कर लिया। विद्यापति सुल्तान के दरबार में गये और अदृष्ट वस्तु के दृष्टवत वर्णन करने का दावा किया। सुल्तान ने विद्यापति की परीक्षा ली और एक सद्यःस्नाता सुन्दरी का वर्णन करने को कहा। तभी विद्यापति यह पद गाने लगे। सुल्तान इससे भी सन्तुष्ट नहीं हुआ। उसने विद्यापति को एक काठ के बक्से में बन्द कर दिया। बक्से को कुएँ में लटका दिया। आदेश दिया कि कुएँ के ऊपर जो कुछ है, विद्यापति उसका वर्णन करे। वे संदूक के भीतर से गाने लगे, ''सजनि निहुरि फुकु आगि।/ तोहर कमल भमर मोर देखल, मदन उठल जागि।'' विद्यापति के इस कवित्व से सुल्तान बहुत प्रसन्न हुआ और उसने शिव सिंह को मुक्त कर दिया। यहाँ विद्यापति की शृंगारिकता प्रवृत्तिवश नहीं है। राज दरबार से जुड़े कवियों के लिए शृंगारिकता विवशता भी थी। शिव सिंह विद्यापति के सखा भी थे और आश्रयदाता भी। उन्हीं के आदेश से विद्यापति ने "पुरुष परीक्षा" और कीर्तिपताका की रचना की। उन्हें राज्याश्रय कई राजाओं का मिला। राजा शिव सिंह और लखिमा देवी के साथ उनकी घनिष्ठता थी। राज दरबार से जुड़े कवियों

की शृंगारिकता दरबार पोषक थी। आगे के दरबारी कवियों में बिहारी के यहाँ भी शृंगारिकता का वही रूप मिलता है। तुलसीदास दरबार के कवि नहीं थे। अकबर के लाख बुलाने पर भी राम कथा की डोर पकड़े रहे। उन्हें डर था कि कहीं उनके राम अकबर के दरबार में कैदी न हो जाएँ। उनके समय में राजनैतिक स्थिरता भी थी। विद्यापति के समय की आपा-धापी नहीं थी। मध्यकाल के भक्त कवियों की शृंगारिकता की एक परम्परा रही है जिसकी ओर डॉ. शिव प्रसाद सिंह ने ''शृंगार और भक्ति "वाले" अध्याय में ध्यान आकृष्ट किया है। शृंगारपरक रचना का प्रारम्भ प्राकृत काल (400-500 ई.) से माना जाता हैं। उसका कारण विभिन्न जातियों का मिश्रण था। उत्तर-पश्चिम से आयी विदेशी जातियाँ यहाँ के सम्पर्क में आयीं। शिव प्रसाद सिंहजी के अनुसार हूण और आभीरों के आगमन के बाद ''मध्य देश की प्राकृत भाषा इनके सम्पर्क और प्रभाव से नये रूप में विकसित हुई और इनकी स्वच्छन्द शौर्य और रोमांस की प्रवृत्ति ने इस भाषा के साहित्य को भी प्रभावित किया।'' इसलिए भक्ति और शृंगारिकता साथ-साथ चली। ग्रियर्सन के संकलन में विद्यापति के कुल 82 पद संकलित है। कुछ पद ऐसे हैं जिसकी शृंगारिकता प्राकृत साहित्य की परम्परा का स्मरण कराते है। उनमें शृंगार की उन्मुक्तता है। प्रकृति से उपमाओं का चयन करने के कारण इसमें भक्ति का रंग महसूस होता है। एक पद 'अथ श्री राधाक रूप' शीर्षक से है, "माधव कि कहब सुन्दरि रूपे/पल्लवराज चरन जुग सोभित" (माधव, सुन्दरी के रूप का वर्णन क्या करूँ। उनके दोनों चरण कमल के समान शोभित हैं)। नायक से दूति का वचन है, ''गति गजराजक भाने/कनक केदलि पर सिंह समारल/तापर मेरु समाने।'' गजराज की तरह मस्त चाल। सोने के केले के स्तंभ जैसी जाँघ और उस पर उभरा वक्ष स्थल मेरू यानि पर्वत के समान हैं। स्त्री पूजा की परम्परा रही है। प्राकृत से पहले के साहित्य में भी स्त्री पूजा की परम्परा थी। खगेन्द्रनाथ मित्र और विमान बिहारी मजूमदार के संकलन में एक अध्याय मिथिला में लोकमुख से संगृहीत पदों का है जिनमें कई पद शृंगारिक हैं। विवाह के अवसर पर मिथिला में गाए जाने वाले गीतों की अच्छी संख्या है। मिथिला में विवाह का आयोजन एक महीने से अधिक का ही होता है। इस या दूसरे अवसरों पर भी गाए गीतों लोक गीतों में शृंगारिक गीत भी हैं। हर भाषा में ऐसे गीत होते हैं। मिथिला के लोक गीतों में शृंगारिकता का अनुपात अधिक हो सकता है। लोक में प्रचलित विद्यापति के गीतों के मित्र और मजुमदार जी के संकलन में एक गीत है, ''रयनि सनागलि रहलछिय थोर। रमनि रमन रतिरस नहि ओरा'' (रात्रि शेष हुई, अल्प रह गयी; रमणी-रमण के रतिरस की सीमा नहीं रही)। दूसरा गीत है, ''कहु सखि कहु सखि रातुक रंग/कतेक दिवस पर पहुक प्रसंग।'' (हे सखि, रात्रि का रंग यानी विलास की कथा कहो। कितने दिनों बाद प्रभु के संग प्रसंग हुआ)। इनमें बेनीपुरी, नगेन्द्रनाथ गुप्त और मिथिला गीत संग्रह ही मुख्य स्रोत है। मतलब

यह कि मिथिला के समाज में बहुत पहले से विद्यापति के गीतों को गाने का चलन रहा है। फिर भी, स्त्री के अंग-प्रत्यंग का वर्णन करने की प्रवृत्ति शृंगारिक से ज्यादा दरबारी है। इस अर्थ में भक्त कवियों की शृंगारिकता सामन्ती संस्कार लिए थी। राजाओं के मनोरंजन के लिए ऐसे पद लिखे जाते रहे हैं। संकलन के अन्तिम दो पद हैं, ''मैना कृत शिव वर्णन और उमा सखी कृत शिव वर्णन बिबाह समय'', ''घर घर भरमि जनम नित/तनिकाँ केहन बिबाह/से अब करब गोरी बर/ई होए कतए निबाह।'' शिव जो हमेशा घर-घर विचरण करते हैं, उनका विवाह कैसे हो सकता है? गौरी से विवाह करने की बात चल रही है। इसे कैसे अनुमति दी जा सकती है? आगे प्रश्नों की झड़ी है। शिव का घर कहाँ है? उनका आँगन कहाँ है? उनके माता-पिता कौन हैं? उनको दामाद कौन बनायेगा?

विद्यापति ने शिव, विष्णु समेत कई देवताओं की स्तुति की है। मिथिला के समाज में कैसी भी पूजा हो, इस अवसर पर पंच देवता (भवानी, गणेश, ब्रह्मा, विष्णु और महेश) की पूजा का रिवाज़ है। विद्यापति की धार्मिक उदारता कहें या विभिन्न सम्प्रदायों के बीच समन्वय स्थापित करने की उनकी व्यापक दृष्टि कि उन्होंने प्रायः सभी देवताओं की वन्दना की है। उनके एक पद में शंकर और विष्णु के अभिन्न स्वरूप का वर्णन आया है, ''भल हर भल हरि भल तुअ कला/खन पित बसन खनहि बघछाला/खन पंचानन खन भुजचारि/खन शंकर खन देव-मुरारि/खन गोकुल भए चरावथि गाय/खन भिखमांगिय डमरू बजाए।'' (हर अच्छे, हरि अच्छे, तुम्हारी लीला अच्छी। क्षण में जीत वसन। क्षण में बघछाला। कभी पंचानन, कभी चतुर्भुज, कभी शंकर, कभी देव मुरारि। क्षण में गोकुल में गौएँ चराते और क्षण में डमरू बजा कर भीख माँगते हो)। एक स्थल पर वे मातृ रूप में ब्रह्म को याद करते हैं, ''विदिता देवी विदिता हो, अविरल-केस सोहन्ती।/एकानेक सहस को धारनि, अरिरंगा पुरनन्ती।/कजल रूप तुआ काली कहिए, उजल रूप तुअ बानी/रबिमंडल परचंडा कहिए, गंगा कहिए पानी।'' (हे घनकेश शोभिनि देवि, तुम ज्ञान में समा जाओ। तुम अकेली ही हजारों को धारण करती हो। मानो युद्ध स्थल में नगर नर्तकी के समान सहज ही नृत्य करती हो। तुम काले रंग में काली नाम से परिचित हो और उज्जवल में वाणी अथवा सरस्वती। सूर्यमंडल में तुम प्रचंडा और जल रूप में गंगा कही जाती हो)। कहीं पुरनटी भी है और कहीं ''जनि रंगा'' भी। ''पुरनटी'' या ''पुरनन्ती'' का अर्थ नगर नर्तकी से है। रंगा का अभिप्राय युद्ध-स्थल से है। जरि पुरनन्ति का अर्थ है शत्रु के साथ युद्ध में अपनी विभूति से हजारों सैनिक उत्पन्न कर के युद्ध-स्थल पूर्ण करती है। युद्ध क्षेत्र में नगर नर्तकी के समान ही सहज नृत्य करती है। ग्रियर्सन साहब के संकलन में गंगा की स्तुति (गंगाक स्तुति) भी है, ''कत सुख सार पाओल तुअ तीरे।/छाड़इत निकट नयन बह नीरे/कर जोरि बिनमओं बिमल तरंगे/पुनु दरसन होअ पुनमति गंगे।'' (बड़े सुख के सार से तुम्हार तीर प्राप्त हुआ। निकट (तीर)

छोड़ते समय नयन से अश्रु बह रहे हैं। हे विमल तरंगे, पुण्यवती गंगे, हाथ जोड़कर विनय करता हूँ, जिससे फिर दर्शन हो)। विद्यापति के समय सामाजिक शिथिलता अपेक्षतया अधिक रही है। इसका कारण बहुदेवोपासना ही नहीं है। विद्यापति अपने समय के कई धार्मिक सम्प्रदायों के बीच समन्वय या सामंजस्य चाहते थे। विभिन्न देवी-देवताओं की उपासना के पीछे यह भी एक कारण है। विद्यापति की रचना "भू-परिक्रमण" गणेश, विष्णुदेव, सूर्य, अम्बिका के नमन से प्रारम्भ होती है। बहुदेवोपासना का एक आधार भक्त की कल्पना का विस्तार था। दूसरा सामाजिक आधार भी था। कृषि आधारित सामन्ती व्यवस्था में उसे ईश्वर मानने का चलन था। यह चलन यूरोप में भी था, अरब में भी था। अल्लाह के रसूल, ईश्वर के दूत, आखिरी कहें या शुरू के। सत्ता पर धर्म के काबिज होने के बाद खुद सामन्त ही स्वयं को ईश्वर का प्रतिनिधि मानने लगे। अब दरबारी कवि उनकी शान में या उन्हें रिझाने के लिए जो कहें, राधाकृष्ण की उपासना करें, लीला करें या रूठे राजो को मनाने के लिए ईश्वरीय विधान के भीतर शृंगार की झड़ी लगा दें। विद्यापति के पदों में राधाकृष्ण का मानवी रूप मिलता है जैसे सूरदास में है। ग्रियर्सन के संकलन "माधब कि कहब सुन्दरि रूपे।" पद की चर्चा हो चुकी है। सूर भी अपने एक पद (अद्‌भुत एक अनूपम बाग/जुगल कमल पर गजवर क्रीड़त, तापर सिंह करत अनुराग) में कुछ ऐसा ही कहते हैं। माधव के रूप इतने हैं कि क्या वर्णन करें? फिर वर्णन करने के क्रम में राधा का अंग-निरूपण। कबीर भी विद्यापति के समय के हैं। निर्गुण या निराकार ब्रह्म संहित मन्दिर-मस्ज़िद पर हमला कर उन्होंने सगुणोपासना के सामाजिक आधार को तोड़ने की कोशिश की। राज दरबारी कवियों से ऐसा करना सम्भव नहीं था। प्राकृत की परम्परा में भक्ति और शृंगार का समन्वय मिलता है। विद्यापति इसकी कड़ी हैं। जिन्होंने इस समन्वय को तोड़ा (निराकार ईश्वर) है, वे अलग विचार के साहित्य से जनता का परिचय करा रहे थे।

अक्सर कहा जाता है कि विद्यापति के समय में इस्लाम और दूसरे धर्मों के बीच समन्वय भी हो रहा था। निराकार ईश्वरोपासना के प्रचार को इस्लाम के प्रभाव के रूप में देखा जा सकता है। परन्तु "कीर्तिलता" से इस्लाम और हिन्दू धर्मावलम्बियों के बीच दूरत्व भाव का भी पता चलता है। राजनैतिक अस्थिरता के उस दौर में दोनों की दो स्थितियाँ रही होंगी। दूसरी स्थिति ज़्यादा प्रबल रही होगी। कारण कि निराकारत्व के बावजूद धर्मान्तरण का भी संकेत देते हैं। द्वितीय पल्लव में जौनपुर के समरस समाज की चर्चा है। उसी अध्याय में तुर्कों के आचरण का भी वर्णन है। ब्राह्मण बटुक को पकड़ लाते और उसके माथे पर गाय का "शुरुआ" रख देते थे। तुर्क बलपूर्वक तिलक पोंछ देते थे। जनेऊ तोड़ देते थे (धरि आनए वाभन वटुआ/मथां चड़ावए गाइक चुड़ुंआ/फोट चाट जनेऊ तोर)। विद्यापति के इस अवतरण में समन्वय और वैमनस्य दोनों का वर्णन है। हिन्दू और तुर्क मिल रहे हैं। किन्तु साथ-साथ रहने से एक दूसरे

का उपहास भी होता है। कहीं बाँग (अजान) तो कहीं विस्मिल्लाह (हिन्दू तुरके मिलल वास/एकक धम्मे अओका उपहास/कतहु बाँग कतहु वेद/कतहु विस्मिल कतहु छेद)। ''छेद'' से अभिप्राय कर्ण-छेदन का है। तुर्क बलपूर्वक बेगार भी करवाते थे। जौनपुर और मिथिला के विवरण से पूरे भारत में अराजकता का पता चलता है जो तात्कालिक नहीं थी, लम्बे समय से चली आ रही थी। स्नेह और वैमनस्य दोनों के बीच लोग जी रहे थे। ''कीर्तिलता'' से आम दिनचर्या की तंगी के संकेत मिलते हैं। दैनिक जीवन से लेकर भोग-विलास की सामग्री की कमी नहीं थी। तीर-कमान, गहने-जेवरात भी बिकते थे और दैनिक जीवन के सामान भी। कई हाटों का वर्णन आया है, धनहटा, सोनहटा, पक्वानहटा, मछहटा। इसलिए केवल इस्लाम और हिन्दू धर्म के समन्वय के विश्वासियों को विद्यापति के जौनपुर के वर्णन से निराशा हो सकती है। पहले भी कहा है कि ''कीर्तिलता'' विद्यापति का यात्रा वृत्तान्त भी है, आँखों देखा विवरण भी है। पूरी रचना में अतिशय काल्पनिकता नहीं मिलती है। इस कारण भी विद्यापति का वृत्तान्त बहुत विश्वसनीय हो सका है। ''कीर्तिलता'' में कथा कहने की मिठास भी है। कहने की एक खास अदा है जो उस काल के बहुत कम कवियों में मिलती है। जैसे, ये पंक्तियाँ देखें, ''कलीमा कहन्ता कलामे जिअन्ता/कसीदा कढ़न्ता मसीहा भरन्ता/ कितेवा पढ़न्ता तुरुक्का अनन्ता।'' (कोई कलीमा कह रहा है तो किसी का रोजाना कलाम ही है। कोई कसीदा पढ़ रहा है तो कोई मस्ज़िद जाता है। कोई किताब पढ़ता है। तुर्कों की महिमा अनंत है)। इस यात्रा वृत्तान्त में कथा-विधान भी आदि से अन्त तक नहीं है। बीच-बीच में है और दिनचर्या के विवरण में इनका विलय खास आनन्द देने वाला है।

ग्रियर्सन के संकलन में एक पद (55) की कुछ पंक्तियाँ है, "हिरा मनि मानिक एको नहिं माँगब/फेरि माँगब पज़्ह तोरा।" राधा कह रही है, मैं कोई हीरा मोती नहीं माँगती हूँ, केवल मुहब्बत माँगती हूँ, प्रेम माँगती हूँ। पद शुरू होता है "माधव तो हे जनि जाह बिदेसे।" माधव मैं अपने देश के बाहर क्यों जाऊँ। भाव है कि मेरी खुशी यहीं है। पिया दूर देश में है। बहुत खोजी, नहीं मिले, ''माधव हमर रटल दुर देस। केयो न कहे साखि कुशल सनेस।'' कोई भी पिया का कुशल नहीं दे रहा है। दरबारी कवियों में विद्यापति विरले हैं जिनके यहाँ श्रृंगार के सामाजिक पक्ष भी पूरी शिद्दत लिए आया है। ग्रियर्सन के संकलन ऐसे पदों की खोज या चयन संकलनकर्ता के स्वाद को भी दर्शाता है। इस संकलन में प्रेम के अनेक रूप मिलते हैं, "माधव बचन करिए प्रतिपाले।" नायक से नायिका की प्रार्थना है, अपने वचन का पालन करने की। इसी पद में आगे विद्यापति कहते हैं, ''बड़ाक बचन कबऊ नहिं बिचलय/निशिपति हरिन उपामें।'' (बड़े अपने वचन से कभी डिगते नहीं, भले चन्द्रमा और हिरण से उनका प्रेम डिग जाए।) इस पद का अन्त राजा शिव सिंह और लखिमा देवी के नाम स्मरण से होता है। विद्यापति के श्रृंगार-भाव में एकरसता नहीं है। प्रार्थना में भी कुछ ऐसा ही है। माधव के अनेक रूप की तरह जीवन के

भी अनेक रूप हैं। हिन्दी के परवर्ती शृंगारिक कवियों में विद्यापति के इस रुझान का विकास मिलता है।

विद्यापति और फतूरी लाल की तुलना करते हुए ग्रियर्सन ने लिखा है कि फतूरी लाल में हिन्दी और ब्रज की शब्दावली भी मिलती है। विद्यापति थोड़ा भिन्न है। उन्होंने विद्यापति के पदों में आये ब्रजभाषा और अवधी शब्द का उल्लेख नहीं किया है। फतूरी निश्चित तौर पर विद्यापति से भिन्न ही नहीं, अलग समय के हैं। दोनों (फतूरी लाल और विद्यापति) जन कवि रहे हैं और बड़े स्पष्टवादी भी। विद्यापति के पदों में भी उनका पांडित्य कहीं हावी नहीं है। फतूरी लाल में भी वह बात है। उर्दू मुशायरों में मशहूर फतूरी लाल में अरबी और फ़ारसी शब्दावली का अभाव है। उनकी भाषा को जोलहा मैथिली भी नहीं कह सकते हैं। ऐसी भाषा से गुजरने के बाद यह अनुभव स्वाभाविक है कि मैथिली के इलाके में वाचिक स्तर पर भाषा का जो रूप प्रचलित था, वह मैथिली होते हुए उससे थोड़ा भिन्न था। हो सकता है कि वह रूप पटना की बोली में भी हो, क्योंकि मैथिली से भिन्न इस रूप में ब्रज और अवधी शब्दों की बहुलता भी है। यह भी कह सकते है कि यह भाषा का यह रूप ब्रज, अवधी और हिन्दी क्षेत्र में प्रचलित शब्दों के निवेश को दर्शाता है। फतूरी लाल की भाषा उस अर्थ में मानक मैथिली नहीं है। मैथिली की उपबोली बज्जिका भी नहीं है। लोक प्रचलित मैथिली तो ज़रूर है। ग्रियर्सन (खंड पाँच के भाग दो) मैथिली को दरभंगा और भागलपुर जिला के उत्तरी क्षेत्र तथा पूर्णिया जिला के पश्चिमी क्षेत्र के ब्राह्मणों की भाषा मानते हैं। फतूरी लाल की भाषा में ग्रियर्सन की मानक मैथिली का रूप नहीं मिलता है लेकिन जो रूप है, वह आज के उत्तर बिहार की भाषा के काफी करीब है। दरभंगा, मुजफ्फरपुर, चम्पारण जिन्हें मैथिली का इलाका भी माना जाता है, यहाँ एक से अधिक बोलियाँ आ गयी हैं। एक ब्रजभाषा, अवधी का प्रभाव था ही, भोजपुरी, मगही का भी असर और वह असर "कवित्त अकाल" में भी है, मातु पिता घर परिजन रोवय-। बाबू गेलाह जहलखाना। दरभंगा की अनपढ़ मुसलमान औरतें ''जेल'' को जेहल बोलती हैं। मातु-पिता घर परिजन ये शब्द अवधी में भी हैं और ब्रज भाषा में भी।

ग्रियर्सन ने इनकी रचना को जनता के बीच लाकर मैथिली साहित्य का बहुत उपकार किया है। जन कवि के रूप में फतूरी लाल अपने समय में लोकप्रिय थे। "कवित्त अकाली" कविता जन-भावना का प्रतिनिधित्व करती है। कवि ने लिखा है कि मालिक और महाजन के यहाँ अन्न का भंडार था। परन्तु ये लोग हमेशा जनता से मुँह चुराते रहे, "मालिक और महाजन सभ केँ। घर घर ढेरी अन्न।। ''लोक बुझाओन ओहो तकैछथि। मुँह गरीबक सन।।" सम्भवतः यह ज़िक्र पहले अकाल का है। पहले अकाल में सरकार की ओर से भारी अव्यवस्था थी। स्पष्टवादिता भी अपने ढंग की है, "खबरि गये अखबार मैँ-। मैथिल के एह हाल। सुनऊ फिरंगी देकेँ-। मेटऊ दुख के जाल।।" इस रचना में मैथिली और ब्रजभाषा-शब्दावली का मेल मिलता

है। यह रचना विद्यापति के कई सौ वर्षों बाद की है। विद्यापति के लम्बे समय बाद दरभंगा की मैथिली में काफी बदलाव आये। फतूरी लाल मधुबनी के रहने वाले थे। यह इलाका मानक मैथिली का केन्द्र माना जाता है। ''कवित्त अकाली'' में कई शब्द मैथिली और अवधी के बीच के किसी इलाके से आये लगते हैं। उस समय तक मुजफ्फरपुर में अवधी भाषियों की भी अच्छी संख्या थी। पटना इलाके में ब्रजभाषा का चलन था। उस समय तक पूर्वी और पश्चिमी हिन्दी-क्षेत्र में ब्रजभाषा मानक भाषा थी। ''कवित्त अकाली'' में कई क्रिया पद दोनों इलाकों में प्रचलित जान पड़ते हैं, **सुनो, गरजत, उपजल**। कुछ संज्ञा शब्द संस्कृत और हिन्दी दोनों प्रचलित में रहे हैं, वे इस रचना में भी हैं, **नर-नारी, गाड़ी, भोजन**। अंग्रेज़ी के कुछ शब्दों को फतूरी बिल्कुल अपने हिसाब से गढ़ लेते हैं, **लछमी सागर के पोखरि मेँ -। ताहि कीन्ह इसटीशन**। फतूरी का **इसटीशन** शब्द खास दरभंगा में बहुत प्रचलित रहा है। गाँव-देहात के लोग ''स्टेशन'' को **टीशन** कहते हैं। ग्रियर्सन ने जिनसे भी फतूरी की यह कविता सुनी होगी, उनकी कोशिश वाचन को हू-ब-हू लिखित में उतारने की रही होगी। इसमें उन्हें कामयाबी भी मिली है। दरभंगा में **ठेकाना** शब्द बहुत प्रचलित है। “कवित्त अकाली” की पंक्ति है, **मिसर कन्हैया केँ पोखरन मेँ। पहिलक अड़ी ठेकाना।** ग्रियर्सन मूल रचना में कई जगह अनावश्यक अनुनासिक (चन्द्रबिन्दु इत्यादि) लगाते हैं। मैथिली क्या पूरे बिहार की बोलियों में हरियाणा और पंजाब जैसी अनुनासिकता नहीं है। सम्भव है कि फतूरी लाल की कविता का वाचन जिसने भी किया होगा, ग्रियर्सन को नासिक्य ध्वनियों का ज्यादा आभास हुआ हो, खासकर कविता के गायन में। वैसे भी यह रचना तुकबन्दी और होली के गीतों की शैली में है। इसलिए गायन के समय अनायास भी अनुनासिकता आ जाती हो। इस रचना में जितनी जगहों के नाम आये हैं, उनमें छोटे बड़े कई इलाके हैं, दरभंगा, हाजीपुर के साथ बेनीपट्टी, सुल्तानपुर, पिंडारुच, पंडौल, फुलपरास, बेनीपुर, महिनाथपुर और लक्ष्मी सागर जैसे कस्बे और मुहल्ले भी हैं। फतूरी लाल ने अकाल के कई छोटे-बड़े इलाकों का भ्रमण किया होगा। यों चर्चा आगरा, अजमेर और कानपुर की भी है लेकिन दूसरे सन्दर्भ में। यहाँ अनाज के भंडार थे। सम्भव है, इन क्षेत्रों से अकाल पीड़ितों के अनाज मँगवाए गये हों।

सारे नक्षत्र अपने दायित्व से मुकर गये, **आरदरा आडम्बर भारी। गरजत हैं चहु ओर।।** आदरा में गरज तो है लेकिन बरस नहीं। फतूरी लाल के समय में तिरहुत में दो बार भीषण अकाल पड़ा, 1865 और 1874 ई.। उस समय तक पूरा तिरहुत जिला था। इन दो अकालों का खासा ब्योरा फतूरी लाल के समय की कई भाषाओं के विद्वान् बिहारी लाल फितरत की किताब “आइने-ए-तिरहुत” में मिलता है। बिहारी लाल “फितरत उर्दू” के बहुत अच्छे शायर थे, फ़ारसी के बहुत अच्छे विद्वान् थे, संस्कृत और अरबी के बहुत अच्छे जानकार थे। ''आइने-ए-तिरहुत'' का वैशिष्ट्य फितरत की स्पष्टवादिता में छुपा है। उस समय की सरकार में उनकी ऊँची पहुँच

थी। वे दरभंगा राज के प्रशासन के ऊँचे पद पर थे। उस समाज में उनकी प्रतिष्ठा थी। उर्दू के मुशायरों में उनकी शायरी गूँजती थी। ''आइने-ए-तिरहुत'' में दो अकालों का पूरा ब्योरा (शादान फारुखी–हेतुकर झा/148-52) आया है। पहले अकाल में अनाज की अनुपलब्धता के कारण हजारों लोग भूखे मर गये। फितरत ने लिखा है कि कई हिन्दू मुसलमान हो गये और ''कई भूख के मारे ईसाई हो गये।'' लौनिया समुदाय पूरा-का-पूरा समाप्त हो गया। कई लोग बरगद के पेड़ का फल (पकोहा) खाकर जिन्दा रहे। फितरत के शब्द हैं, ''सरकार की तरफ से इस अकाल में कुछ अच्छी तरह देख-रेख नहीं की गयी। अतः उड़ीसा प्रान्त की जनता भी अनाज नहीं मिलने तथा खैर-खबर नहीं लेने के कारण तबाह और बर्बाद हो गयी।'' दूसरा अकाल 1874 ई. में आया। फितरत ने लिखा है कि इस अकाल में प्रजा की देख-भाल में सरकार की हिम्मत का कोई जवाब नहीं था। उन्होंने यह भी लिखा है कि सरकार के बन्दोवस्त से जो खर्चा हुआ, वह केवल सरकारी खजाना नहीं था। वह राजाओं, जमींदारों, महाजनों, हाकिमों, वकील-मुख़्तारों और व्यापारियों से अकाल-पीड़ितों के लिए लिया गया चन्दा था। चन्दे की रकम इतनी अधिक थी कि सरकारी खजाने से पीड़ितों के सहायतार्थ बहुत कम अनुदान ही दिया गया होगा। केवल मुजफ्फरपुर से दस हजार रुपए जमा हुए थे।

ग्रियर्सन ब्रजभाषा के प्रमुख ग्रन्थ पिंगल प्राकृत सूत्र की चर्चा छन्दों के सिलसिले में करते हैं। पिंगल नाम के एक प्राचीन मुनि हुए जो छन्द के आचार्य थे। उन्हीं के नाम पर छंदशास्त्र या पिंगलशास्त्र आया। ब्रजभाषा को पिंगल भी कहा जाता है। "प्राकृत पैंगलम" (1300 ई.) कृष्ण भक्ति काव्य का एक ग्रन्थ है जिसमें कृष्ण भक्ति की कई रचनाएँ छंदों के उदाहरण के साथ संकलित हैं। इस ग्रन्थ में कृष्ण के अतिरिक्त शंकर और विष्णु के पद भी हैं। स्तुतिपरक पदों में प्रणय-निवेदन भी है। शंकर और कृष्ण की एक साथ स्तुति समेत दशावतार के पद से स्पष्ट है कि विद्यापति के भक्ति और शृंगार में भी इसका विकास मिलता है। विद्यापति में शंकर, विष्णु तथा अनेक देवताओं की स्तुति से यह प्रतीत होता है कि उनके समय में सम्प्रदाय अलग-अलग भले रहे हों, उनमें एक समन्वय भी था जिसका विकास तुलसी के साहित्य में मिलता है। इस दृष्टि से विद्यापति में तुलसी-साहित्य के बीज भी मिलते है। ग्रियर्सन के विद्यापति विषयक लेख में इस चर्चा का न होना कुछ संकेत देता है। शायद उनके मन में भक्ति को ईसाइयत की देन वाली बात रही हो। आगे चलकर उनका एक लेख 1907 के "जर्नल ऑफ एशियाटिक सोसायटी" के अंक में छपा था जो ईसाई धर्म के एक सम्प्रदाय नेस्टोरियन पर था। ग्रियर्सन भारतीय भक्ति में ईसाई धर्म के प्रभाव के पक्षधर थे। इस धर्म की करुणा और प्रायश्चित का भाव विद्यापति और उनके बाद के भक्त कवियों में भी मिलता है जिसकी परम्परा प्राकृत साहित्य और उसके पहले

से चली आ रही थी। ग्रियर्सन इस मुद्दे को उठाकर नया विवाद खड़ा करना नहीं चाहते थे। विद्यापति और उनके समकालीन भक्त कवियों की एक लम्बी पूर्ववर्ती परम्परा मिलती है। ऐसा मानने में भी उन्हें संकोच हुआ। विद्यापति की अन्तर-प्रान्तीय ख्याति की चर्चा उस समय के दूसरे विद्वानों (ग्रियर्सन को छोड़) के यहाँ कम मिलती है। ग्रियर्सन भक्ति और शृंगार की समन्वित परम्परा को स्मरण नहीं करते है जिस परम्परा से विद्यापति और दूसरे कवि आते हैं।

(ग) पूर्वी और पश्चिमी हिन्दी : तुलनात्मक अध्ययन और भाषा-सर्वेक्षण

हिन्दी इलाके की विविधता और उनकी आन्तरिक एकता यूरोपीय भाषाविदों को परेशान करती रही है। इनके बीच से अपने लिए राजनैतिक रास्ता निकालना कठिन हो जाता है। इसलिए ब्रिटिश राज की कल्पना भारत को विविधतामयी बताकर इनके अलग-अलग कुनबे की अलग-अलग महत्ता बताने की रही है। हर कुनबा अलग है, इसलिए उनका महत्त्व है। ग्रियर्सन भी अपवाद नहीं रहे हैं। फिर भी, कुछ स्थलों पर उनकी तटस्थ और दुराग्रहरहित दृष्टि का पता चलता है। वे हिन्दी की बोलियों की आंतरिक एकता को समझ रहे थे। भाषा और पानी के बदलने वाली कहावत उन्हें एकपक्षीय लग रही थी। भले वे पूर्वी हिन्दी के गैर बिहारी क्षेत्र की आन्तरिक एकता पर बल दे रहे हों। बिहार की बोलियों की आन्तरिक एकता इनसे भिन्न रही हो। ग्रियर्सन को पूर्वी हिन्दी की बोलियों के आन्तरिक अनुशासन का भी भान था। यहाँ कोई भी बोली अपने व्याकरणिक ढाँचे में दूसरी बोली से भिन्न इतनी नहीं है कि उनमें होने वाले परिवर्तन एक दूसरे से बिल्कुल अलग और अराजक हों। बोलियों का स्वतन्त्र अस्तित्व है। तब भी, इनमें परिवर्तन बिल्कुल अराजक नहीं होते हैं। मनुष्य ही भाषा का प्रयोक्ता होता है लेकिन वह अराजक नहीं होता है। उसके क्रिया-कलापों में एक अनुशासन होता है, एक संगति होती है। तभी वह सामाजिक प्राणी कहलाता है।

ग्रियर्सन सर्वेक्षण के साथ-साथ बोलियों का व्याकरण देते हैं। हर बोली की व्याकरणिक बारीकी को खोजते और समझते हैं। पूर्वी हिन्दी की तीन बोलियों—अवधी, बघेली और छत्तीसगढ़ी की आन्तरिक एकता के कई उदाहरण हैं। **अवधी मैं, तैं, तूँ,** बघेली का **मयँ, तयँ** और छत्तीसगढ़ी के **मैँ, मेँ, तैँ, तेँ** के बीच का कम अन्तर अवधी से लेकर छत्तीसगढ़ी तक के समाज की आन्तरिक एकता का द्योतक है। जिन्हें भारत में केवल पश्चिमी रंग का राष्ट्रवाद दिखता है, उन्हें बोलियों की आन्तरिक एकता के विभिन्न सूत्रों पर विचार करना चाहिए। ग्रियर्सन सर्वेक्षण के खंड 6 के पूर्वी हिन्दी भाग के शुरू में लिखते है, ''पूर्वी हिन्दी की तीनों बोलियाँ एक दूसरे से अधिक मिलती-जुलती हैं। वस्तुतः बघेली और अवधी में इतना कम

अन्तर है कि यदि स्वतन्त्र बोली के रूप में बघेली का अस्तित्व जनता द्वारा स्वीकृत न होता, तो मैं इसे अवधी की ही बोली मानता। पड़ोस में पायी जाने वाली मराठी एवं उड़िया के प्रभाव के कारण छत्तीसगढ़ी में य़द्यपि अवधि से पर्याप्त अन्तर दिखायी दे रहा है, फिर भी, दोनों का निकट सम्बन्ध नितांत स्पष्ट है।'' अवधी और बघेली की सीमाओं का निर्धारण कर पाना कठिन लगा। अवधी और बघेली की सीमा का निर्धारण फतेहपुर एवं बाँदा के बीच यमुना नदी और उसके आगे इलाहाबाद की दक्षिणी सीमा होगी। ग्रियर्सन इस सीमा को भी ''परिशुद्ध'' नहीं मानते हैं। बोलियों की सीमा का निर्धारण करना इतना आसान नहीं है। फिर ऐसे समाज में तो और भी नहीं, जहाँ आव्रजन और प्रव्रजन निरन्तर चलता रहा हो। भाषा-सर्वेक्षण में असम के इलाके में छत्तीस हजार से कुछ अधिक अवधी भाषियों का उल्लेख हुआ है और बंगाल में एक लाख से ऊपर। केवल कलकत्ता में पचीस हजार से ऊपर और हावड़ा में आठ हजार से ऊपर अवधी भाषी है। अहिन्दी प्रदेशों में भी इनका अच्छा फैलाव है। एस.एच. केलॉग के व्याकरण (एग्रामर ऑफ दी हिन्दी लैंग्वेज) में हिन्दी, ब्रज और रामचरितमानस की पूर्वी हिन्दी की शब्दावली आयी है। इसी प्रकार ग्रियर्सन द्वारा अनूदित "दी पद्मावत ऑफ मलिक मुहम्मद जायसी" में भी इसके सूत्र मिलते है। इसके पहले "जर्नल ऑफ एशियाटिक सोसायटी ऑफ बंगाल" (1893) में ग्रियर्सन का लेख "स्पेसीमेन ऑफ दी पद्मावत" शीर्षक से छपा था। उन्होंने सही लिखा है कि शब्द सम्पदा से समृद्ध तुलसीदास जैसे विश्व प्रसिद्ध साहित्यकार की अवधी भाषा पर पर्याप्त नहीं लिखा गया है। ऐसी भाषा जिसका व्यापक प्रसार अहिन्दी भाषी क्षेत्रों में भी मिलता है और जो अपनी बोलियों से घनिष्ठ सम्बद्ध है, उसका महत्त्व पूरे हिन्दी इलाके में है। ग्रियर्सन भी इसे महसूस करते हैं। इस प्रसंग में उनके अनुसार बिहार के अधिकांश भागों में बसे मुसलमानों की भाषा अवधी है। यद्यपि यह अतिवाद है, तथापि बिहार में भी अवधी का महत्त्व रहा है। इसकी पुष्टि होती है।

अवधी, बघेली और छत्तीसगढ़ी की कई सामान्य (कॉमन) विशेषताएँ है। बघेली और अवधी में कृदन्त वर्तमान और भूत के क्रियापद में अन्तर है, **देखत** (बघेली/देखता हुआ) और **देख** (देखा हुआ) **देख** के (बघेली/देखकर)। इसका अवधी रूप देखत **अहेउँ** (देखता हुँ), **देखत रहे** उँ (देख रहा था)। पु.ए.व. वर्तमान में **देखों** और ब.व. में **देखी** म.पु. में **देखब** और **देखब** रूप भी है और उ.पु. में **देखई/देखौ** है। ये वर्त्तमान काल के रूप है। बघेली के वर्तमान काल में **देख, देखन** (ए.व./ब.व./प्र.पु.) म.पु. में **देखस, देखन/देखब** और उत्तम पुरुष में **देखि** और **देखयँ** रूप चलता है। छ.गढ़ी के वर्तमान देखूँ के अर्थ में **देखौ देखन** (ए.व./ब.व./प्र.पु.), **देखस, देखन** (ए.व./ब.व.) और उत्तम पुरुष के एक वचन और बहुवचन में **देखै, देखय/देखयँ** रूप चलता है। छत्तीसगढ़ी और अवधी का बारीक अन्तर लोककथाओं में मिलेगा जिसे ग्रियर्सन ने आधार बनाया है। गोंडा जिला की अवधी तथा अन्य इलाकों की बोली

के कुछ नमूने वहाँ प्रचालित लोककथाओं से ही लिए गये है;

दुई **बेटवा रहे** (अवधी/गोंडा जिला/दो लड़के थे)

दुई बेटवा रहिन (छ.गढ़ी/बिलासपुर/दो लड़के थे)

दू-गो बेटा रहे (चम्पारण की अवधी/दो लड़के थे)

दू लड़िका रहा (मुजफ्फरपुर की अवधी)

दुई लरिका रहै (रीवाँ की बघेली/दो लड़के थे)

दो बेटा रहे (मिर्जापुर की बघेली)—

दुई गद्याल रहे (बाँदा जिला की तिरहारी/ग्रियर्सन के अनुसार बघेली की विश्रृंखलित बोली)

दुई बेटवा रहै (फतेहपुर की तिरहारी)

दुइ लरका रहै (बाँदा जिला की बघेली)

वर्तमान अवधी दुई **दो, लरिका, बालक, एक** प्रचलित है। नमूने के बतौर डॉ. बाबूराम सक्सेना (अवधी का विकास) को देखा जा सकता है। इसमें संकलित अवधी की लोक कथाओं में एक ही संज्ञा/सर्वनाम के अनेक रूप मिलते हैं। यह पुस्तक अंग्रेज़ी में 1938 की है। बाद (1972) में इसका हिन्दी अनुवाद हुआ है। ग्रियर्सन के सर्वेक्षण के कुछ ही वर्षों बाद के इस सर्वेक्षण में पूरे अवध इलाके में अवधी के सामान्य और मानक रूप का पता चलता है। सक्सेना के मूल अंग्रेज़ी के शोध (इवोल्यूशन ऑफ अवधी/1938) के कुछ वर्षों पहले धीरेन्द्र वर्माजी का फ्रेंच में लिखा ब्रज भाषा पर शोध प्रबन्ध (1935) आया। यह भी ग्रियर्सन के सर्वेक्षण (खंड 9/भाग 1) के कुछ वर्षों बाद का है। डॉ. वर्मा ब्रज और अवधी के परस्पर सम्बन्ध की चर्चा इन शब्दों में करते हैं, "दूसरी बात यह कि मथुरा की ब्रज अर्थात् प्राचीन लेखकों की पश्चिमी ब्रज, बाद में ब्रज भाषा के पूर्वी रूप से प्रभावित हो गयी थी। इसका कारण पूर्वी प्रदेश के उन प्रभावशाली लेखकों की मातृभाषा थी, जिन्होंने ब्रज में अपनी रचनाएँ लिखी थी" (ब्रजभाषा/127) उदाहरण के रूप में सेनापति (17वीं शती/बुलंदशहर) को लिया जा सकता है जिनके साहित्य में अवधी के शब्द भी मिलते हैं। इसी सन्दर्भ में वर्मा जी ने लिखा है कि अवधी और पूर्वी ब्रज धीरे-धीरे विशुद्ध साहित्यिक ब्रज में ग्रहण किये जाने लगे। बाद में इन रूपों का प्रयोग ठेठ ब्रजभाषा के पोषकों द्वारा भी होने लगा। आगे ब्रज बोली का विस्तार राजस्थान (भरतपुर, धौलपुर, करौली आदि) तक हुआ है। ब्रज के पूर्व में अवधी का क्षेत्र है और पश्चिम में राजस्थानी की दो पूर्वी बोलियों का क्षेत्र (मेवाती और जयपुरी) है और ये दोनों (पश्चिमी और पूर्वी) इलाके मिलकर हिन्दी प्रदेश बनता है। 19 और 20वीं शती के शुरुआती दौर तक में उत्तर भारत के अधिकांश बड़े और छोटे शहरों में ब्रजभाषा का चलन था। कई छायावादियों की काव्य-यात्रा ब्रज भाषा से शुरू हुई है। यह ब्रजभाषा मगही और मैथिली क्षेत्र में भी लोकप्रिय रही और ठेठ

अवधी क्षेत्र में भी। हिन्दी प्रदेश की जनता दो से अधिक भाषाओं की जानकार रही है। इससे भी पूरे हिन्दी प्रदेश की एकता मजबूत रही है। आदि और मध्य स्वरागम की प्रवृत्ति अवधी समेत बिहार की बोलियों में मिलती हैं। ब्रज का **भैंस** अवधी में **भइंस** हो जाता है, **ऐसा** (ब्रज) **अइसा** (अव.), **बैस** (ब्रज), **बइल** (अव.)। भोजपुरी, मैथिली और मगही में **बैल, भैंस** अपने मूल (ब्रज) में प्रचलित है। दूसरे संज्ञा-रूपों में स्वरागम है **कौवा** (ब्रज.), **कउआ** (भोज. और मै.)। यह भी सच है कि ब्रजभाषा के व्यंजन गुच्छ को अवधी समेत पूरे अर्ध मागधी क्षेत्र ने भी स्वीकार नहीं किया है। ब्रज का **स्यार, क्वार, द्वार** मैथिली, मगही और भोजपुरी में **सियार, दुआर, कुवार** हो जाता है। यह दुर्घटना केवल संज्ञा पदों में ही नहीं होती है, क्रिया पदों में भी होती है। ब्रज का भूतकालिक कृदन्त **देख्यौ** अवधी में **देखा** और भोजपुरी, मैथिली और मगही में व्यंजन गुच्छ से विहीन ही होता है। खड़ी बोली हिन्दी का निर्माण व्यंजन गुच्छ से विहीन क्रिया पदों से हुआ है जो पूरे पूर्वी और पश्चिमी हिन्दी क्षेत्र में मौजूद है। यह एक कारण है कि दिल्ली से लेकर बिहार तक की हिन्दी बिना प्रयास किये हुए स्वयं मानक हो जाती है।

पहली विशेषता सामान्य धातु के साथ प्रत्यय लगाने को लेकर है जिसे ग्रियर्सन पूर्वी हिन्दी खंड में वाच्य के बतौर देखते हैं। वे लिखते हैं, "सभी आर्य भाषाओं में यह काल (यानी भूतकाल) कर्मवाच्य का भूत कृदंत था (पृ. 6)।" हिन्दुतानी मारा में **मारा** के बदले **मारिस** (बाँग्ला) **मारला** (बिहारी) चलता है। पश्चिम की भाषाओं में मूल धातु क्रिया रूप में है। **किल** (Kill) को मूल धातु भी मान सकते है और क्रिया भी लेकिन **जा** को धातु मानना ही होगा उसमें **ना** प्रत्यय लगने के बाद ही क्रिया का रूप मिल सकेगा। इसके पहले वह क्रिया नहीं हैं। बिहार की बोलियों को बाँग्ला के करीब मानने एक प्रमुख कारण है। **ल** प्रत्यय बिहार की बोलियों में भी है। भेल, **गेल, भगेल** (भूतकाल) क्रियापद मैथिली में मिलते हैं, **देखल, सुनल** जैसे क्रिया पद भोजपुरी में हैं। ग्रियर्सन (भाग 6) पूर्वी हिन्दी और भोजपुरी का अन्तर दर्शाते हैं, मार-ए-उँ (पू.हि./मैं ने मारा) मार-ॲल-आँ (भोज./मैं ने मारा)। खड़ी बोली में तिगंत रूप **ऐ, ऐं ओ, ऊँ** प्रत्यय लगकर बनते हैं, **पढ़ै, चलै, देक्खै, बोलै, पढ़ँ** इनका रूप नहीं बदलता है। इसलिए इन्हें तिगंत माना गया है। तिगंत रूपों में लिंग-भेद नहीं होता है। खड़ी बोली में भी लिंग-भेद के लिए **रहा** या **रही** लगाना पड़ता है, **वो अपणे मामा कै जा रहया** (वह अपने मामाओं के यहाँ गया है)। कभी-कभी सामान्य भूत काल में **है** का प्रयोग होता है, वह दिल्ली में **आग्या है** (वह दिल्ली में आ गया है)। **य** प्रत्यय पंजाब के इलाके में भी है। हिन्दी की समस्त बोलियों को दो भागों में बाँट सकते हैं, कृदन्त प्रधान (पश्चिमी हिन्दी का क्षेत्र) और तिगंत प्रधान (पूर्वी हिन्दी का क्षेत्र)।

ग्रियर्सन (भाग 6/पृ. 7) के अनुसार बाँग्ला में **चालिताम** का मूल अर्थ **मेरे द्वारा**

चला गया था है। बाद के दौर में इसका अर्थ **मैं गया** के रूप में हो गया। अभिप्राय यह कि अब बाँग्ला में ''रूप-रचना एक सामान्य कर्तृवाचीय क्रिया'' के रूप में हो गयी। ग्रियर्सन को यह भ्रम अंग्रजी की रूप-रचना के कारण हुआ होगा, **ही रीड्स**/शी **रीड्स में रीड** बिल्कुल सनातन है। वहाँ स्त्री-पु. भेद नहीं है, **वह पढ़ता/पढ़ती है।** हिन्दी में यह भेद है। इसलिए किशोरीदास वाजपेयी (हिन्दी शब्दानुशासन/265-75) कृदन्त को शुद्ध धात्वर्थ मानते हैं। केवल धातु का अर्थ-भाव है। जिसमें न कोई काल है और न पुरुष की प्रतीति। क्रिया का सामान्य रूप भाव है। **पढ़ना में न** भाववाचक कृदन्त है। कृदन्त, कृत अन्त। कृत उन प्रत्ययों को कहते हैं जो धातुओं में जोड़े जाते हैं। जहाँ क्रिया पर जोर न हो, विशेषण पर जोर हो, वहाँ कृदन्त विशेषण होगा, **आते ही राम** को बुला लो। कृदन्त की प्रधानता मैथिली में भी है। वहाँ भी संज्ञा के अनुसार क्रिया-रूप में परिवर्तन होता है, **हमर कन्या चइल गेलि** (हमारी लड़की चली गयी) और **हमर लरिका चइल गेल** (हमारा लड़का चला गया)। **गेलाह** आदर सूचक क्रिया है। इस दृष्टि से पूर्वी और पश्चिमी हिन्दी में काफी साम्य है। बिहार की बोलियों को अर्ध मागधी परिवार में रखा जाता है। अर्द्धमागधी का अर्थ शौरसेनी और मागधी का मिश्रण है। यह मिश्रण सायास नहीं है। जिस रूप में बिहार का समाज दूसरे इलाकों में बसा है, उसे देखते हुए शौरसेनी और मागधी के मिश्रित समाज की कल्पना अस्वाभाविक नहीं है। भाषा सर्वेक्षण (भाग-6) में दो अध्याय विश्रृंखल बोलियों पर हैं। भाग-6 के पूर्वी हिन्दी खंड में एक अध्याय पश्चिम की विश्रृंखल बोलियों और दूसरा अध्याय बाँदा जिले की बोलियाँ तथा हमीरपुर की बानाफरी है। बघेली के निकट पश्चिम में प्रचलित बोली बुन्देली हैं। ग्रियर्सन (पृ. 112-15) के अनुसार इन दो के मध्य में अन्य सीमावर्तिनी बोलियाँ है, जो बघेली और बुन्देली के मिश्रण से बनी है। इन में पूर्वी हिन्दी की एक विशेषता अत्याधिक स्पष्ट है, **ओ** के स्थान पर वा ए के स्थान पर य और **ऐ** के स्थान पर **या** का प्रयोग। सर्वनाम के रूप में **य** का प्रयोग ग़ालिब की फ़ारसी की शायरी में मिलता है, "जब कि तुझ बिन नहीं कोई मौजूद/फिर य हंगामाऐ खुदा क्या है?" या "य मसायले तसव्वुफ य तेरा बयान गालिब", वहाँ **य** का उच्चारण विसर्ग जैसा है। **ओ** के स्थान पर **वा** का प्रयोग भाषा-सर्वेक्षण की लोककथा में आया है। **औ लै-के बड़ी दूरी बिदेसै निकरि गवा** (और लेकर बहुत दूर देश को चला गया) **ए** के स्थान पर **य** का प्रयोग **जबै सब लैया पुंजिया लाय गै तब उई देसवा-माँ बड़ा भारी काल पड़ा** (जब सब रुपया-पैसा फूँक गया, तब उस देश में बड़ा भारी अकाल पड़ा)। **ऐ** के स्थान पर **या** का प्रयोग कम मिलता है। **उइ अच्छी तरन प्याट भर खाति है** (वे अच्छी तरह पेट भर खाते है) और कुछ **बचाय ल्यात है**। (और कुछ बचा लेते हैं।) **ए** के स्थान पर **या** का प्रयोग भी मिलता है, **याक मणई के दुई बेटवा रहैं**। (एक मनुष्य के दो लड़के थे)। पूर्वी हिन्दी में **ए** की प्रधानता है। पश्चिमी हिन्दी में भी

यह महत्त्व है। भोजपुरी के विभिन्न रूपों (बनारसी, शाहाबादी, बलिया आदि) में **तुहरे ओकरे, इन-के, अपने** सर्वनाम रूप चलते हैं। कवि मनोरंजन प्रसाद सिन्हा की प्रसिद्ध भोजपुरी कविता (चउसा के मैदान में) शुरू होती है, **कइसे कइसे बीतल सारी रतिया हो कइसे भइल बिहान**। डॉ. उदय नारायण तिवारी ने (भोजपुरी भाषा और साहित्य/239-40) पूर्वी और पश्चिमी हिन्दी के सर्वनाम रूप के साम्य का अच्छा उदाहरण दिया है। **राउर** या **रउरा** शब्द अवधी और ब्रजभाषा दोनों में मिलता है, **जो राउर अनुशासन पाऊँ** (तुलसीदास) **मधुप रावरी पहचान** (सूरदास)।

यह देखना चाहिए कि ग्रियर्सन के संकलन में विशृंखल बोलियों के नमूने पूर्वी और पश्चिमी हिन्दी को किस रूप में प्रभावित करते है या यह प्रभाव इतना सूक्ष्म है जिसे अध्ययन का विषय नहीं बनाया जा सकता है। दूसरी बात सच नहीं है। संगठित समुदायों की जीवन-शैली असंगठित या विशृंखलित के प्रभाव में रही है। ग्रियर्सन का यह श्रम सराहनीय है। इससे बड़ी भाषाओं के इर्द-गिर्द प्रचलित अल्पभाषियों की जीवन-शैली का पता चलता हैं। उनकी शब्दावली से पूर्वी या पश्चिमी हिन्दी की शब्दावलियों का अध्ययन हो सकता है। कहीं-कहीं अल्पभाषियों के कुछ शब्द पूर्वी हिन्दी के क्षेत्र में कुछ परिवर्तनों के साथ मौजूद हैं। हमीरपुर जिला की तिरहारी बोली में **दीन्हिस** क्रियापद (भाग-6/119) बहुत प्रचलित है, **हुवाँ लुच्चपन-माँ दिन खोय दीन्हिस** (वहाँ गुंडा-गर्दी में दिन व्यतीत किये)। पूर्वी हिन्दी के मिथिला क्षेत्र में उहाँ या **हुवाँ** और **दीन्हिस** के बदले **दीहिस** (क्रियापद) प्रचलित है। किस पर किसका असर है, बता पाना मुश्किल है। फिर भी विशृंखल बोलियों का महत्त्व तो है ही।

विशृंखल बोलियों में सर्वनामिक रूपों में एक तरह का साम्य नहीं मिलता है। जहाँ इसकी गुंजाइश रही है, वहाँ इसका विकास देखा जा सकता है। परन्तु जहाँ यह एक ही इलाके में भिन्न रूप ले लेता है, वहाँ रूप-रचना को लेकर भ्रम होता है। जैसे बघेली की बोली बनाफरी में सर्वनाम **किसी के** लिए **फलनवाँ** रूप आया है, **फलनवाँ मड़ई के दुई लरिका** (किसी मनुष्य के दो लड़के)। बघेली की जूड़र में किसी का रूप **कौ ने उ** है, और गहोरा बोली में **कौनो** है। दोनों बोलियों का इलाका बाँदा जिला है। पूर्वी और पश्चिमी हिन्दी में **फलाँ, फलाना** और पूर्वी हिन्दी की भोजपुरी में **फलनवा** और मैथिली में **फल्लनाँ** या **फलनाँ** रूप चलते हैं। एक इलाके में सर्वनामिक रूपों में भिन्न रूप का चलन यह दिखाता है कि पूर्वी हिन्दी के भोजपुरी और मैथिली क्षेत्र से ऐसे कबीले बाँदा जिला में बसे होंगे। बसी आबादी में प्रचलित रूप से भिन्न सर्वनामिक रूप का चलन हो गया होगा। अब कौन-सा सर्वनामिक रूप लोक-चलन में चल पड़ा, यह निर्णय एक निश्चित इलाके की आबादी ही कर सकती हैं। बघेली का ही इलाका मध्य प्रदेश का गोंडवाना क्षेत्र है जहाँ की बोली गोंडवानी को बघेली के अत्यधिक निकट बताया जाता है। ग्रियर्सन मांडला या मंडला (दक्षिण मध्य प्रदेश) या गोंडी जिला की बोली गोंडवानी को बघेली की

ही बोली मानते है। इसमें सर्वनाम कोई किसी के अर्थ में आया है। कोई आदमी **केर दो लरका रहे** (किसी आदमी के दो लड़के थे)। पूर्वकालिक कृत प्रत्यय के के अलावा केर रूप में प्रचलित है। **सुन-केर** (सुनकर) **देख-केर** (देखकर) छत्तीसगढ़ी में प्रचलित रूप हैं। ग्रियर्सन सही लिखते (पृ. 131) हैं कि समस्त भारतीय आधुनिक आर्य भाषाओं में पूर्वकालिक कृत प्रत्यय सम्बन्ध कारकीय प्रत्ययों में से किसी एक से सम्बन्धित होता है।

परिनिष्ठित बोली या भाषा ने विशृंखल बोलियों की रूप रचना और उसकी शब्दावली को कई बदलावों के बाद स्वीकार किया गया है। यह बदलाव बृहत्तर इलाके की शब्दावली के आधार पर हुआ है। जैसे, तिरहारी (हमीरपुर) में उस सर्वनाम के लिए **उइ** शब्द प्रचलित है। बाँदा जिला की तिरहारी में किसी सर्वनाम के लिए **कौनेऊँ**, उसी जिला की गहोरा बोली में **कौनो** (किसी) और जूड़र बोली में **कौने उ** शब्द प्रचलित है। हिन्दी ने **कौन** और **किसी** सर्वनामों को अलग-अलग अर्थ में स्वीकार किया है। अल्पभाषिक बोलियों की शब्दावली पूर्वी और पश्चिमी हिन्दी की बड़ी आबादी वाली भाषाओं से सम्बद्ध रही है। अल्पभाषिक बोलियों की उपबोलियों का संसार भी फैला हुआ है। ग्रियर्सन (भाग 6/126) के अनुसार बाँदा जिला की जूड़र बोली की आबादी 1,14,500 है जिसकी तीन उप बोलियाँ है, कुंडी (उत्तर-पश्चिमी किनारे की बोली), बग्रावल (दक्षिण पश्चिमी), अघर (मध्य भाग)। बाँदा जिला (बघेली) तीन बोलियों का क्षेत्र है, गहोरा, तिरहारीं और जूड़र। बुन्देली की एक और बोली है, बनाफरी। हमीरपुर का इलाका बनाफरी का है। ग्रियर्सन (भाग-6/126-28) के अनुसार बनाफर एक राजपूत कबीला था जो महोबा शहर में बसा। आल्हा और ऊदल इसी कबीले के थे। बनाफरी की आबादी लगभग तीन लाख से ऊपर है।

बघेली और बुन्देली में बहुत साम्य है। ग्रियर्सन के अनुसार (भाग-6/120) बाँदा से प्राप्त नमूनों के परीक्षण से पता चलता है कि यहाँ की प्रत्येक बोली स्थानीय बघेली का ही रूपान्तर है जो बुन्देली के बोलचाल के रूपों से मिश्रित है। उस इलाके में प्रचलित लोक कथा के नमूने से पता चलता है कि बघेली का यह नमूना जो तथाकथित बुन्देली है बल्कि कहें कि यह पूर्वी हिन्दी है। ग्रियर्सन के मत में **कहिस, दिहिस, कौन्हिस** जैसे शब्द बुन्देली के नहीं हैं, पूर्वी हिन्दी के है, जो बघेली के निकट हैं। **कोई, कौनो, कोनो, कौ-नेउ** यहाँ तक कि **फलनवाँ** जैसे रूप भी पूर्वी और पश्चिमी दोनों हिन्दी क्षेत्र में प्रचलित रहे है। हर इलाके की बोलियों के नमूनों से रूप रचना के सामान्य क्षेत्र का पता चलता है। **फलाँ** और **फलाना कोई, कौनों** प्रचलित इलाके में बिल्कुल भिन्न अर्थ में प्रचलित नहीं हुए है। पूर्वी और पश्चिमी हिन्दी क्षेत्र में बोलियों का विकास बिलकुल अराजक रूप में नहीं हुआ है। अराजकता को आदर्श मानकर हम अलग-अलग कबीले के समाज और उनके तन्त्र की कल्पना कर लें। जैसे, आजकल राष्ट्रवाद के बाद अब उप राष्ट्रवाद और

क्षेत्रवाद चल पड़ा है। कई बार उप राष्ट्रवाद और क्षेत्रवाद राष्ट्रवाद के आगे भारी पड़ने लगता है। सम्राज्यवाद कबीलों की हर भिन्नता को मॉडल बनाकर पेश करता है ताकि राष्ट्रवाद कमजोर पड़े। बोलियों के प्रसार के साथ शब्दों के उच्चारण का सामान्य प्रतिरूप (कॉमन मॉडल) भी धीरे-धीरे एक रूप लेने लगता है। पूर्वी हिन्दी के अवधी क्षेत्र (फैजाबाद) में मनुष्य के लिए **मनई** शब्द प्रचलित रहा है। **मनई** का एक पर्यायवाची **जन** या **जने** भी है। हिन्दी इलाके में **जन** ज्यादा प्रचलित रहा है बल्कि वह शिष्ट शब्दावली में आने लगा। **मनई** उत्तर प्रदेश के कुछ खास क्षेत्रों में ही चलता है। विशृंखल बोलियों तिरहारी आदि में मड़ई शब्द चला **मणई** भी चला। परन्तु मानक शब्दावली में **मड़ई, मणई** जैसे शब्द स्थान नहीं पा सके। आश्चर्य यह कि छत्तीसगढ़ की जनजातीय बोलियों (मरारी, पोंवारी, कुम्भारी तथा ओझी) में **आदमी** शब्द प्रचलित रहा है। पुराने मध्य प्रदेश के बालाघाट तथा भंडारा (अब महाराष्ट्र में) छत्तीसगढ़ी, बघेली, बुंदेली तथा मराठी बोलियों के संधि-स्थल रहे है। ग्रियर्सन के अनुसार (भाग 6/140-41) उपर्युक्त तीन बोलियाँ बघेली के अन्तर्गत आती हैं। इस क्षेत्र की विविधता देखिए। यहाँ गोंडी (विकृत छत्तीसगढ़ी) का एक रूप बेगानी है, मरारी (विकृत बुन्देली) का एक रूप लोधी तथा गोवसि है। ओझी बघेली का एक विकृत रूप है जो एक द्रविड़ जनजाति (ओझा/छिंदवाड़ा) की बोली है। ग्रियर्सन ने सही लिखा है कि ये सभी बोलियाँ न हो कर जार्गन (Jargon) ही हैं। अब पूर्वी हिन्दी के इस बड़े क्षेत्र में एक हजार की आबादी वाला क्षेत्र बैगानी बोली का है। लगभग नब्बे हजार से कुछ ज्यादा की आबादी मरहेटी (मराठी से प्रभावित) की है और मात्र अठारह हजार की आबादी वाला लोधी बोली (बुन्देली से प्रभावित) का इलाका है।

बोलियों की विविधता वाले इस क्षेत्र में मानक शब्दों को लेकर यहाँ के निवासियों की सजगता के कई उदाहरण मिलेंगे। जैसे मरारी (बघेली की विशृंखल बोली) में मनुष्य के लिए **आदमी** प्रचलित है, पँवारी में **मानुस** और कुम्भारी (बघेली प्रभावित) में **माणुस** शब्द प्रचलित है। बघेली का ही एक रूप मरारी है, दूसरा रूप पँवारी, कुम्भारी है। कुम्भारी से अभिप्राय घड़ा बनाने वाली जाति का है। बघेली के इन रूपों में अपने लिए किसी नयी बोली जो उनके यहाँ प्रचलित है, को आदर्श मानने का आग्रह नहीं रहा है। पेशेवर जातियों से बोली का विकास होता है। इनकी भाषिक चेतना बृहत्तर या मानक भाषा से अलग नहीं होती है। घड़ा बेचना है। घड़ों का बाजार बड़ा है। इसलिए बघेली के इन रूपों के संज्ञा और क्रियापदों में आदर्श स्थिति है। एक मानुस ला-दुई बेटा होता (पँवारी, जिला भंडारा/एक मनुष्य के दो लड़के थे।)।

आश्चर्य यह कि बघेली की उप बोलियों में **मानुस/माणुस** दोनों प्रचलित हैं। कुम्भारी में परसर्ग के स्थान पर **ला** प्रयुक्त होता है, एक **माणुस-ला दो पोरया रहे** (एक मनुष्य के दो लड़के थे।) **ला** अपवाद है जो उस पूरे इलाके की अन्य बोलियों

में स्वीकृत नहीं हुआ है। विशृंखल बोलियों में परिनिष्ठित भाषा के प्रति लगाव है। इन बोलियों का कारोबार उनकी अपनी बोलियों से तय नहीं होता है। उनका कारोबार मानक बघेली से तय होता है। बोलियों/उप बोलियों का महत्त्व जीवन-शैली का अध्ययन करने की दृष्टि से है। उनके स्वतन्त्र अस्तित्व की परिकल्पना मन की उपज है। ग्रियर्सन उपबोलियों का ब्योरा देते हैं। उनके नमूने देते हैं। इससे एक इलाके की उपबोलियों का इतिहास मिलता है। इसके साथ वे कोई टिप्पणी नहीं देते हैं। भाषा-सर्वेक्षण के छठे खंड में वे पूर्वी हिन्दी की विविध बोलियों के शब्दों और वाक्यों की मानक सूची देते है। इनमें अवधी, बघेली, गोंडवानी, छत्तीसगढ़ी और भूलिया बोलियाँ प्रमुख है। उन्होंने अवधी के तीन प्रतिरूपों को लिया है, गोंडा, मध्य प्रतापगढ़ और उन्नाव (बैसवाड़ी)। इनमें संख्यावाची शब्द लगभग सभी बोलियों में समान है, थोड़े-बहुत अन्तर के बाद अब पचास की संख्या सब में समान है। सर्वनाममिक रूपों में भी समानता है। **तेरा, तुहार** (अवधी) मध्य प्रतापगढ़ की अवधी में **तोर** और बैसवाड़ी में **तोर** या **तोहार** हैं। बघेली और उसके रूपों में **तोर** प्रचलित है। "अच्छी औरत" के लिए **नीक मेहररूऐ** (मध्य प्रतापगढ़)/**निकेही मेहरिआँ** (बघेली) प्रचलित है। यह **नीक** विशेषण मैथिली (बिहार) में बहुत चलता है। बिहार से लेकर मध्य प्रदेश तक की पूर्वी हिन्दी की बोलियों में प्रयुक्त विशेषणों को जमा करने पर हिन्दी क्षेत्र की एकता का पता चल सकता है। तब बिहारी का विचार मनगढ़ंत ही लगेगा।

भाषा सर्वेक्षण के छठे खंड (पूर्वी हिन्दी) के अन्त में कलंगा और भूलिया का ब्योरा आया है। वर्तमान सर्वेक्षण (1921) के अनुसार इसका क्षेत्र सोनपुर और पटना है। इसके बोलने वालों की आबादी कुल 600 है। भूलिया की आबादी चौदह हजार से कुछ ऊपर है। ग्रियर्सन ने बिल्कुल सही लिखा है (पृ. 190) कि दोनों में से कोई भी स्वतन्त्र बोली कहलाने की क्षमता नहीं रखती है। दोनों अशिक्षित व्यक्तियों द्वारा बोली जाने वाली मात्र विकृत जार्गंस हैं। उड़िया से प्रभावित भूलिया में **क** के महाप्राणीकरण की प्रवृत्ति मिलती है। इस प्रकार कर्म सम्प्रदान का परसर्ग **के** के बदले **खे** का प्रचलन है। ग्रियर्सन कलंगा को छत्तीसगढ़ी का विशृंखल रूप मानते हैं। कलंगा में **रहिस, कहिस, देइस, गइस, पाइस, करिस** जैसे क्रिया पद बहुत प्रचलित है, **एक झन के दु हुन बेटा रहिस** (एक मनुष्य के दो लड़के थे)। **उइ मैनसिला घुसरा चराइ बर खेत ला पठोइ देइस** (उस मनुष्य ने सुअर चराने के लिए खेत को भेज दिया)। **ओकुन जाहाँखए बर नि पाइस** (वहाँ जैसे ही खाने के लिए नहीं पाया)। **तहँ ला उकुला कहे-के, उकर बुआ कुला गइस (तब** इस प्रकार कह कर अपने पिता के निकट गया।) मैथिली, भोजपुरी और मगही में **एकटा, एकठो** (एगोभी) का चलन है। एक खुद एक संख्या है। पूरा शब्द है। इसके साथ **ट ठ य ग** लगाने की प्रवृत्ति इस शब्द को और पूर्णता के साथ कहने की आदत को दर्शाता है। नागपुरी (झारखंड) में **दुइ** (दो)/**दुगो, चाइर** (चार)/**चाइरगो** का चलन है।

नागपुरी विश्रृंखल बोली नहीं है। परिनिष्ठित भाषा में भी सम्प्रसारण की प्रवृत्ति होती है, **तुम घर जाओगे न**। यहाँ न का प्रयोग अपनी बात की पुष्टता के लिए हुआ है।

मनुष्य में एक प्रवृत्ति दूसरों को जल्द-से-जल्द विश्वास में लेने की होती है। विद्यापति (मैथिली) का बाँग्ला में उपलब्ध एक पद की कुछ पंक्तियाँ हैं, **शैशव छल नव जउवन भेल/श्रवणक पथ दुहुँ लोचन लेल**। (नायिका में बचपन था। अब वह नवयौवना हो गयी। इसलिए उनकी दोनों आँखों ने कान का मार्ग ले लिया। अर्थात् उसकी दोनों आँखें कान तक फैल गयीं।) यहाँ दो के लिए **दुहुँ** सम्प्रसारण को दर्शाता है। यौवन, जउवन भी इसका एक उदाहरण है। यह प्रवृत्ति केवल तद्भव के लिए नहीं है, तत्सम में भी है। विभक्ति-प्रयोग में इसका महत्त्व है, **श्रवणक पथ** (कान का मार्ग), **वचनक चातुरी** (मैथिली/वचन की चतुराई)। **करिस, चलिस** जैसे क्रियापद मैथिली में उसी रूप में नहीं हैं, मिलता-जुलता रूप है। शैशव छल वाले पद की एक पंक्ति है, **धरणिए चान्द करइ परकास/मुकुर लेइ अब करइ सिंगार** (सो, जान पड़ता है, जैसे चन्द्रमा ने धरती को ही प्रकाशित कर दिया/वह आईना लेकर शृंगार करती है।) विश्रृंखलित बोलियों के रूप परिनिष्ठित बोली में मानकीकृत होते हैं। यह प्रक्रिया बृहत्तर इलाके की सम्पर्क भाषा में भी चलती है। बोली की पहचान के लिए चिन्तित सुधीजनों की सारी समझ बेकार हो जाती है। इस दिशा में उनकी कोशिश बेकार जाती है। कारण यह कि बोलियों का प्रयोक्ता केवल उस बोली का विद्वान् ही नहीं होता है। विद्वातगण वाचिक और लिखित रूप में अनुशासित तरीके से बोलते हैं। उनको मैथिली, मगही और भोजपुरी बोलियों की ठोस पहचान के न होने से उनकी परेशानी के पीछे उनका अपना स्वार्थ है, उनके वर्ग का हित है। इससे बोलियों का कुछ बनता-बिगड़ता नहीं है। अब मैथिली के विद्यापति तुलसीदास से बड़े कवि हो जाएँ या छोटे, यह बड़ी बात नहीं है। बड़ी बात है कि विद्यापति के पद बंगाल में भी गाये जाते थे। उनका प्रभाव असम में था। विद्यापति बंगाल और बिहार के सांस्कृतिक सेतु थे।

कलँगा में **ला** का प्रयोग अपने ढंग का है, **खेत ला पठोइ देइस** (खेत को भेज दिया।) **ला** पर सर्ग भी है यहाँ। भोजपुरी में **देखे ला, जाने ला** जैसे क्रिया रूप है। मगही में भी **देखलथिन** रूप है। विश्रृंखल बोली का यह विभक्ति चिह्न (ला) बिहार की परिनिष्ठित बोलियों में क्रिया रूप में प्रयुक्त हुआ है। विश्रृंखल बोलियों को "जार्ग्स" के रूप में भी देखा जा सकता है। छोटे कबीले अपनी सहूलियत के अनुसार "जार्गंस" का प्रयोग करते हैं। इन प्रयोगों में वे कम-से-कम विभक्तियों से काम चलाने में विश्वास रखते हैं। ला का प्रयोग कई तरह से होता होगा। **घर को जाना, खाने को कहना, शादी ठीक करने को जाना। को के** इतने प्रयोग हिन्दी में अशुद्ध माने जाएँगे। जिस समाज में काम की जटिलता न हो, पेशेगत विविधता न हो, वहाँ एक ही विभक्ति से कई काम लिए जा सकते हैं। हिन्दी भाषा में बिहारी बोलियों का **ला** कोई स्थान नहीं बन

सका। कारण यह कि हिन्दी प्रदेश की बोलियों के बीच जिस सम्पर्क भाषा को जगह मिली, उसके यहाँ विभक्ति का उपयोग ज़रूरत के मुताबिक ही दुरुस्त माना जाएगा। **मुझको गलत** है, इसके लिए विकारी रूप **मुझे** है। **को** लगाने की ज़रूरत क्यों? बोलियों की स्वतन्त्र अस्मिता के पैरोकारों को उसकी पारस्परिक सुबोधता को देखना चाहिए, परखना चाहिए। सुबोधता कारकीय विभक्तियों के उपयोग में दिखती है, शब्दों के संक्षिप्त होने में दिखती है और अन्य क्रिया रूपों के वैविध्य में दिखती है। पुरानी अंग्रेज़ी का केमेस्ट (Camest) आधुनिक अंग्रेज़ी में केम (Came) हो गया। आधुनिक अंग्रेज़ी का बोलने वाला **एस** और **इडी** लगाकर भी अपना काम चलाता है। यह लचीलापन है उसका। कोई कर्ता के बाद कर्म लगाए या क्रिया, हिन्दी में कोई फर्क नहीं पड़ता, **घर जाना** है, **जाना** है घर दोनों रूप मान्य हैं।

भूलिया में भी **देइस, हइस, रिस** के साथ कर्म **करय** का भी प्रयोग मिलता है। **जनेक** जुड़े **बेटा रहिस** (एक जने के दो बेटे थे।), **ओ दुइ जन खे भाग कर क देइस** (उसने दो ज़नों के हिस्सों में कर के दे दिया।), **उनू उइ भुलके महरम पड़िस ज** बड़ा गुलगुला हइस (जब उस देश में अकाल पड़ा और बड़ी परेशानी हुई।) इस बोली में क्रियापदों का रूप परिनिष्ठित बोलियों से बहुत भिन्न है। मिथिला के मुस्लिम बहुल इलाके में **ये** क्रिया रूप प्रचलित है। बहुत चलन नहीं है इनका। मैथिली की उप बोली जोलहा (दरभंगा) में **छलैन, देलखिन** (थे या था, दिया) **देलक** (दिया) जैसे रूप प्रचलित हैं। ग्रियर्सन के दिये उदाहरण (अनु. : कुलानन्द मिश्र-मोहन भारद्वाज/92-93) से स्पष्ट है कि परिनिष्ठित बोलियों में जार्गंस के क्रिया पदों के समाहार (अगर सम्भव है) के कई रूप होते है। ये रूप एक ही समय में प्रचलित नहीं होते है। **कहिस, दिहिस** जैसे रूप वर्तमान में दरभंगा के मुसलमानों के बीच प्रचलित हैं। ग्रियर्सन के दिये जोलहा मैथिली के नमूनों में यह रूप नहीं है। वहाँ प्रचलित रूप कुछ और हैं जो पश्चिमी हिन्दी (ब्रजभाषा) से मेल खाता है। **दलक, कहलक, बतौलक** जैसे रूप की तुलना सूरदास के इस पद से करें, **सिखवन चलत जसोदा मैया** (सूर बाल वर्णन) **आये जोग सिखावन पाँड़े** (सूर भ्रमरगीत)। ब्रजभाषा की तरह अवधी में भी **करन/आवन** जैसे क्रिया रूप मिलते है। व्यंजनांत क्रिया रूपों का चलन पूरे हिन्दी इलाके में रहा है। चाहे वह मैथिली का इलाका हो या ब्रजभाषा का। जोलहा मैथिली में खड़ी बोली के क्रिया रूप मिलते-जुलते रूप में हैं, **रहे हइ** (रहे/है)। जोलहा मुसलमानों की बुनकर जाति है। उसी के नाम पर जोलहा बोली प्रचलित है। ग्रियर्सन के समय में उनकी आबादी (दरभंगा) तीन लाख से कुछ ऊपर थी।

कलंगा और भूलिया को बोलियाँ या उपबोली की एक शाखा माने जिसे जार्गंस, कह सकते है। इनके नमूनों से स्पष्ट है कि बोली या भाषा केवल परिनिष्ठित रूप में ही नहीं चलती है। चल भी नहीं सकती है। उसका एक रूप वह होता है जहाँ वह कुछ दूरी पर बदलती है। मानक रूप का अभाव होता है। ग्रियर्सन के "सेवन ग्रामर्स

ऑफ बिहारी लैंग्वेज के खंड 2" (भोजपुरी डाइलेक्ट/7-8) में कुछ संज्ञा रूप आये हैं, **माली** का **मलियावा/पोथी का पोथिया/बात का बतिया या बतवा**। उनके अनुसार दक्षिण दरभंगा, उत्तर मुंगेर और मधेपुरा (सेवन ग्रामर्स खंड 5/4-5) में रतिया बतिया जैसे संज्ञा रूप बहुत प्रचलित रहे है। यहाँ **हम** और **हमारा** (पृ. 13) दोनों सर्वनाम रूप चलते है। एक लघु (शाटी) और दूसरा दीर्घ रूप (लॉन्ग फार्म) है। उन्होंने सही लिखा है (सेवन ग्रामर्स/21) कि इस क्षेत्र में **किछु** और **कुछ** दोनों सर्वनामिक रूप चलते हैं। स्पष्ट है कि विभिन्न समुदायों की पारस्परिकता के बढ़ने के साथ बोलियों का भी मानकीकरण होता है। भारतीय समाज में केवल विविधता को लक्षित करने वालों के सामने बोलियों के मानकीकृत रूप (स्टैण्डराइज्ड फॉर्म) ओझल हो जाते हैं या कर दिये जाते हैं।

बिहारी बोलियों के ग्रियर्सन का व्याकरण बोलियों और उपबोलियों (सेवन ग्रामर्स ऑफ दी डाइलेक्ट्स एंड सब डाइलेक्ट्स ऑफ दी बिहारी लैंग्वेज) को लेकर है। बिहारी की बोलियों और उप बोलियों की सम्मिलित परिकल्पना है, बिहारी भाषा। दूसरे राज्यों को लेकर ऐसा कोई संश्लिष्ट नाम नहीं आया है। सेवन ग्रामर्स का आधार स्थान-विशेष है। खंड एक में शाहाबाद, सारन, चम्पारण और उत्तरी मुजफ्फरपुर का भाग है। खंड दो में आधार गया और दक्षिण पटना की मागधी बोली (मगही) का है। खंड तीन का आधार भोजपुरी मिश्रित दक्षिणी मैथिली (केन्द्रीय और दक्षिण मुजफ्फरपुर) का है। खंड चार दक्षिण दरभंगा की दक्षिणी मैथिली का व्याकरण (भागलपुर के अनुमंडल मधेपुरा सहित) है। खंड पाँच में दक्षिण मुंगेर से प्रभावित दक्षिण मैथिली का व्याकरण है। खंड छह में दक्षिणी भागलपुर की बाँग्ला मिश्रित मैथिली का भाग है और खंड सात में पूर्णिया के केन्द्रीय और पश्चिमी भाग की बाँग्ला मिश्रित मैथिली बोली का व्याकरण है। बहुत मेहनत का काम है। निष्ठा का काम है। परन्तु कुल मिलाकर बिहारी के भीतर एक नया इलाका बनाने का मकसद ही पूरा होता है। लगभग तीस साल पहले एच.एच. विल्सन (दी सटर्डे रिव्यू/2 मई, 1885) ने "ग्लासरी ऑफ रेवेन्यू, ज्यूडिशियल एंड युजफुल टर्मस" नाम से एक शब्द-संग्रह तैयार किया था। इसमें इन्होंने हिन्दी की बोलियों और उप बोलियों की खोज नहीं करने और व्याकरण के अभाव को लेकर चिन्ता जाहिर की थी। उनकी राय में हिन्दी प्रदेश के हर राज्य की अपनी खास हिन्दी है। विशेषकर बिहार, भोजपुर, बनारस, वृन्दावन और दिल्ली में तो इस भाषा के कई रूप मिलते हैं जिसे मागधी, भोजपुरी, ब्रज भाषा इत्यादि के रूप में देखा जा सकता है। उसी के आगे उनका विचार है कि हिन्दी का कोई सर्वोच्च और मानक (पैरामाउंट और स्टैण्डर्ड) रूप नहीं है और हिन्दी शब्द या पद (टर्म) बिहार में बिहारी की बोलियों के अनुरूप प्रचलित नहीं हैं। यानी हिन्दी बिहार की भाषा नहीं है। ग्रियर्सन के सन्दर्भ में उन्होंने लिखा है कि उनकी बिहारी की नयी परिकल्पना नहीं है। बंगाल के निचले इलाके के मुसलमानों में फ़ारसी मिश्रित हिन्दुस्तानी प्रचलित थी। नेपथ्य से वह हिन्दी

नहीं है। "दी इंडियन एंटीक्वेरी" (1 जुलाई, 1885) में छपी ग्रियर्सन की इस किताब की समीक्षा में कहा गया है कि यूरोपवासियों में प्रचलित हिन्दी वर्षों से आर्य की बोलियों (आर्यन डाइलेक्ट्स) में बहुत उलझी हुई (वेग) रही है। यह समीक्षा प्रसिद्ध वैयाकरण जॉन बीम्स (कम्प्रेटिव ग्रामर ऑफ दी मॉडर्न आर्यन लैंग्वेजेज़ ऑफ इंडिया) की है। उन्होंने लिखा है कि हिन्दी भाषा को अस्पष्ट/धुँधला (वेग) मानने को लेकर वे पूरी तरह सहमत नहीं है। अपनी किताब के एक अध्याय (वॉवेल चेंज) में लिखा है कि आर्यों के स्वर-प्रयोग से (व्होकलिज्म) दूसरी अन्य देशी प्रजाति (एलियन रेसेज) से प्रभाव का अनुमान लगाना मुश्किल है। इसके बावजूद यह अनुमेय है कि लिखित की अपेक्षा स्वर-प्रयोग/तन्त्र अधिक प्रभावित होते हैं। कह लें कि वाचिक में उच्चारण के जितने रूप आते हैं, उसे लिखित रूप में प्रकट करना भी मुश्किल है। बीम्स के अनुसार पंजाब और हिन्दुस्तान के निवासियों को बाँग्ला और उड़िया का उच्चारण तन्त्र गँवारू और विदेशी (अनकॉउथ एंड फॉरन) लगेगा। और जब ये दोनों प्रजातियाँ अनार्य के प्रभाव में आती हैं तो स्वर-प्रयोग या तन्त्र में विचित्रताएँ आ जाती हैं। दुर्भाग्यवश उच्चारण तन्त्र भाषा-अध्ययन का वह अवयव है जिसे पूरा-पूरा लिखित रूप देना बिल्कुल मुमकिन नहीं है। जॉन बीम्स को इसका गहरा अफसोस है। बीम्स बंगाल सिविल सेवा के अधिकारी थे। वे रॉयल एशियाटिक सोसायटी और जर्मन ओरियंटल सोसायटी के भी सदस्य थे। उनकी यह किताब तीन खंडों में है। यह किताब 1871 में छपी थी। तब के समय में हिन्दी को मानक रूप देने का काम जारी था जिसे भारतेन्दु और उनकी मंडली के लेखक कर रहे थे। बीम्स का अनुभव स्वाभाविक है। यह अनुभव एच.एच. विल्सन और ग्रियर्सन को भी हुआ। हिन्दी के समग्र मानकीकरण का काम द्विवेदी युग (1900-20) में सम्पन्न हुआ।

कमोबेश बीम्स प्रशासन में बहुत साफ-सुथरे थे। अध्ययन में भी वे ईमानदार रहे थे। हिन्दी भाषा के अनेक रूपों को लेकर ग्रियर्सन क्या किसी भी यूरोपीय विद्वान् की दुविधा स्वाभाविक थी। उनकी दुविधा और बढ़ जाती है जब वे आर्य समूह के स्वर-व्यवहार को शुद्ध (बीम्स/127) और शेष को विदेशी मानते हैं। बीम्स चीनी भाषा का उदाहरण देते हैं जिसमें ''टोन'' के विभिन्न रूप (वेरिएशंस) मिलते हैं। नतीजतन वहाँ एक स्वर-उच्चारण में कई रूप मिलते हैं। भारत के कई ऐसे समुदाय हैं जिनके स्वर-व्यवहार से बीम्स बहुत परिचित नहीं थे। वे खुद ऐसा मानते हैं। जैसे, केन्द्रीय भारत के पहाड़ियों की भाषाएँ जो कहीं से आर्य नहीं हैं, के स्वर-प्रयोग से वे बिल्कुल परिचित नहीं थे। उसी प्रकार द्रविड़ परिवार के स्वर-प्रयोग से वे परिचित नहीं थे। इसलिए बीम्स बहुत निर्दोष भाव से हिन्दी के विभिन्न रूपों से अपरिचित होने की बात को स्वीकारते हैं। मन में एक दुविधा है, बिहार की भाषा को लेकर। उस दौर में उच्चारणगत विविधता को भाषाओं के अध्ययन का प्रमुख कारक माने जाने को लेकर भी दुविधा थी। ग्रियर्सन के व्याकरण की समीक्षा अंग्रेज़ी के कई पत्रों में छपी थी। एक

पत्र (सटर्डे रिव्यु/2 मई, 1885) ने लिखा कि उच्चारण भाषा के अध्ययन का कमजोर पक्ष है। समीक्षक को यह अनुमान था कि ग्रियर्सन हिन्दी का ऐसा व्याकरण लिखेंगे जो भागलपुर, मुंगेर, हजारीबाग और दक्षिण-पश्चिम सीमांत क्षेत्र एजेंसी (फ्रंटियर एजेंसी) में भी बोली जाती है जहाँ के कुछ राज्यों में इतालवी और फ्रेंच अपने अलग-अलग उच्चारण रूपों में हैं। समीक्षक का अनुमान है कि हिन्दी इलाके के छात्र इसके अनेक बदलते स्वरों को लेकर परेशान नहीं होंगे। इसके सम्प्रेषण और इसकी सुबोधता में अन्तर नहीं आयेगा। ग्रियर्सन के व्याकरण पर खुला हमला तो नहीं है लेकिन पृष्ठभूमि उच्चारण के स्थानिक रूपों की उपेक्षा की है। ग्रियर्सन की सीमा का ज़िक्र उस समीक्षा में भी हुआ है, उनके अधीनस्थ अधिकारियों द्वारा स्थानीय शब्दों का संकलन, जाँच-परख उनके सम्पर्क के विद्वान् करते थे। इसमें कहीं-कहीं धोखा भी हुआ है। व्याकरण के तीसरे भाग में **बेश** (ठीक) को लेखक हिन्दी का शब्द मानते हैं जबकि (समीक्षक के अनुसार) यह फ़ारसी शब्द का विकृत रूप है। फ़ारसी का **बेश** हिन्दी में खप जाने पर वह हिन्दी का शब्द होगा। उसका मूल फ़ारसी का हो या संस्कृत का। उसकी संरचना के अनुसार खपता है। संरचना केवल संज्ञा या विशेषण से तय नहीं होती है। किसी भाषा में बड़े इलाके में एक सामान्य (कॉमन) उच्चारण तन्त्र ज़रूर विकसित होता है जो भाषा के मानक रूप को भी तय करता है। इसलिए स्थानीय भिन्नता उच्चारण की बारीकी को समझने के लिए कभी-कभी उपयोगी हो भी जाए, उससे भाषा के मानकीकरण पर बहुत असर नहीं पड़ता है। भाषा के मानक होने का आधार सामाजिक सहभागिता है। महत्त्व उसका है।

आश्चर्य है कि ग्रियर्सन के व्याकरण की समीक्षा के सन्दर्भ में बीम्स उस बिहारी को हिन्दी से अलग मानते हैं। वे इसके एवज में बिहारी बोली या भाषा के खोजे जाने की दिशा में कठिनाई का अनुभव भी करते हैं। स्वयं ग्रियर्सन भी इसे महसूस करते हैं। उन्होंने लिखा है (बाउंड्रीज एंड डाइलेक्ट्स ऑफ बिहार) कि मैथिली, मगही और भोजपुरी के इस क्षेत्र का सीमा-निर्धारण बहुत मुश्किल है, क्योंकि तीनों बोलियों के बोलने वाले एक-दूसरे की सीमा में भी बसे हुए हैं। परन्तु बीम्स का प्रश्न है, तीन बोलियों के इस क्षेत्र में सात खंड का व्याकरण कैसे? मतलब है कि तीन के अलावा वे बिहार की अन्य बोलियों को मानते हैं। जैसे, मैथिली-बंगाली, मैथिली-भोजपुरी, दक्षिण मैथिली बोली इत्यादि। बोली पर से उप बोली फिर 'जार्गंस' दिखने में यह बहुत वैज्ञानिक है लेकिन है बहुत गैर सामाजिक। मैथिली चाहे दरभंगा में बोली जाए या चम्पारण में दोनों के बीच पारस्परिक सुबोधता है और यही मानक बोली या भाषा का आधार है। बिहारी हिन्दी, अगर कोई है, तो वह उत्तर प्रदेश और पंजाब में भी समझी जा रही है।

इंगलैंड के बौद्धिकों के लिए ग्रियर्सन का यह व्याकरण अजूबा था। एक पत्र "लिट्रेरी वर्ल्ड" (22 जुलाई 1886) को अचरज हुआ कि गंगा किनारे का पूरा

हिन्दुस्तानी इलाका ब्रिटिश सरकार के अधीन है। यह इलाका हिन्दुस्तानी का है। फिर भी यहाँ के अधिकारी हिन्दुस्तानी या बाँग्ला की दो परीक्षाएँ पास करते हैं। जब ये अधिकारी स्थानीयों को सम्बोधित करते हैं तो इनके सामने भाषा की समस्या आती है। वे किस भाषा में सम्बोधित करें? इस कठिनाई को देखते हुए ही ग्रियर्सन को बंगाल की सरकार ने बिहारी व्याकरण तैयार करने का आदेश (1881) दिया। अंग्रेज अधिकारियों को हिन्दुस्तानी के हर इलाके में यह कठिनाई होती होगी। फिर क्यों नहीं उत्तर प्रदेश और मध्य प्रदेश की बोलियों का व्याकरण तैयार हुआ? बिहार ही क्यों? एक ही प्रदेश निशाने पर क्यों? बीम्स के प्रश्न में ही इसका उत्तर मिलेगा। उन पर चाहे दबाव जैसा भी हो, सात व्याकरण को लेकर चिन्ता स्वाभाविक है, बोली तीन, व्याकरण सात। ग्रियर्सन ने यह व्याकरण लिखकर हर इलाके का व्याकरण तैयार करने का गुण-सूत्र दे दिया।

ग्रियर्सन ने ब्रजभाषा के विभिन्न रूपों का अच्छा विश्लेषण किया है। इससे पश्चिमी हिन्दी की एकरूपता का पता चलता है। उनके सर्वेक्षण (खंड एक/भा.एक) में ब्रजभाषा का दायरा बहुत फैला हुआ है। उनके अनुसार ब्रजभाषा का मुख्य क्षेत्र (पृ. 318) केन्द्रीय दोआब तथा इससे सटे दिल्ली के दक्षिणी भाग से लेकर उत्तर प्रदेश के इटावा तक का है। यमुना के दक्षिण और पश्चिम में यह गुड़गाँव, भरतपुर तथा करौली और ग्वालियर के उत्तर पश्चिम है जो ब्रज और बुन्देली का मिश्रण है। भी ग्वालियर शहर की बोली ग्वालियरी है जो ब्रज. और बुन्देली का मिश्रण है। ग्वालियर से नीचे उतरते हुए कटनी, झाँसी, धौलपुर (राजस्थान) का इलाका बुन्देली का है। बुन्देली का इलाका भी बहुत बड़ा है। इसमें बुन्देलखंड एजेंसी के इलाके शामिल तो हैं ही, हमीरपुर, झाँसी तथा ग्वालियर का पूर्वी भाग भी आ जाता है। ग्रियर्सन के अनुसार मध्यप्रदेश के सागर, सिवनी, नरसिंहपुर, होशंगाबाद तथा छिंदवाड़ा जिला के कुछ भागों में भी बुन्देली बोली जाती है। डॉ. धीरेन्द्र वर्मा (ब्रजभाषा/33) शाहजहाँपुर, फर्रूखाबाद, हरदोई, पीलीभीत और कानपुर (उत्तर प्रदेश) को भी ब्रजभाषा का इलाका मानते हैं। ये इलाके कन्नौजी के हैं। भाषा सर्वेक्षण के खंड 9 (भाग एक/पृ. एक) में ग्रियर्सन इसे ब्रज का ही एक रूप मानते हैं लेकिन जनमत के कारण वे इसे स्वतन्त्र बोली मानते हैं। कन्नौजी ब्रजभाषा की बोली है जैसे बुन्देली है। धीरेन्द्र वर्मा ब्रज भाषा के व्यापक साहित्य को देखते हुए कन्नौजी को उसी में समाहित करते हैं। अगर वहाँ ग्रियर्सन पर जनमत का दबाव था तो नैनीताल के इलाके में कौन-सा दबाव था (खंड 9 भाग 1)। ब्रज क्षेत्र में वहाँ के तराई क्षेत्र को भी शामिल कर लेते हैं जब कि ये इलाके कुमाऊँनी के है। यह मिलावट क्यों?

ब्रजभाषा का इलाका समतलीय क्षेत्रों का रहा है। मूलतः खेती प्रधान इलाका। जिसे ब्रज मंडल कहते हैं, उसके लिए एक दोहा बड़ा प्रसिद्ध है, **इत बरहद, इत सोनहद, उत सूरसेन को गाँव/ब्रज चौरासी कोस में, मथुरा मंडल माँह**। बर अलीगढ़ जिला का

एक गाँव (बरहद) है। सोन नदी की हद गुड़गाँव तक जाती है और सूरसेन का गाँव यमुना के किनारे बसा हुआ है। चौरासी कोस में यह ब्रज बसा हुआ है। ब्रज के इलाके चार राज्यों में शामिल हैं, उत्तर प्रदेश, पंजाब (गुड़गाँव), राजस्थान और मध्य प्रदेश (ग्वालियर)। पंजाब के कई कवियों की रचनाएँ ब्रजभाषा में मिलती है। सेनापति गुरु गोविन्द सिंह के दरबारी कवियों में थे। वीर रस के हीर कवि की ओजपूर्ण रचनाएँ ब्रजभाषा में हैं। हंसराम गुरु गोविन्द सिंह के दरबारी कवियों प्रमुख थे। दरबार के दूसरे कवियों में मंगल, अमृत राई, सैणा, सुन्दर, टहिकण, सुदामा, आलम, आशा सिंह, चन्द कवि आदि भी थे। हंसराम (1695 ई.) की मुक्तिदाता कविता का भाव है, अवध, द्वारका, काशी और मथुरा का एक भाव, एक रस गुरु गोविन्द सिंह के चरण में मिलता है, **चार हूँ बरन ताँके हरन कलेश गुर/गोविन्द के चरन मुकति पाईयत है**। सिख सम्प्रदाय के तीसरे गुरु वंशज बाबा सुमेर सिंह "साहबजादे" (1847 ई./आजमगढ़) पटना के हरमन्दिर गुरुद्वारा के महंत थे। "कवि समाज" (1897 ई.) बनाया था उन्होंने। वे कृष्ण भक्त कवि थे। ब्रजभाषा में इनके पद्य बिहार और उत्तर प्रदेश में लोकप्रिय रहा। शृंगार रस के चर्चित कवि के रूप में इनकी ख्याति रही।

ब्रजभाषा के व्यापक क्षेत्र और साहित्य को देखते हुए ही ग्रियर्सन तराई के क्षेत्र को भी इस में शामिल करते हैं। परन्तु कन्नौजी (कन्नौजी) को ब्रज से पृथक् मानने का जो कारण दिया जाता है, वह बहुत बारीक और गौण योग्य है। जैसे, कन्नौजी में **औ** (ब्रज.) के स्थान पर **ओ** का प्रयोग। व्यंजनांत संज्ञाओं में **उ** अथवा **ह** का जुड़ाव। मध्यवर्ती **ह** का लोप। ये बदलाव अवधी और ब्रजभाषा में भी मिलते हैं। मध्य ह का लोप ब्रजभाषा में भी मिलता है। डॉ. धीरेन्द्र वर्मा के अनुसार (पृ. 34) मध्य का **ह** का लोप हिन्दी की प्रायः सभी बोलियों में मिलता है। व्यंजनांत में **उ** का जुड़ना अवधी में भी है, यह भूतकालिक कृदन्त देओ, लओ, गओ जैसे रूप ब्रज और कन्नौजी दोनों में मिलते हैं। उत्तर प्रदेश के फर्रूखाबाद का पश्चिमी भाग ब्रज है और पूर्वी भाग कन्नौजी का है। कन्नौज का इलाका कानपुर, फतेहपुर, बाँदा तथा इलाहाबाद का पश्चिम भाग है। कन्नौजी से मिला हुआ बैसवाड़ी का क्षेत्र है (रायबरेली और उन्नाव)। कन्नौजी या पांचाली और अवधी के बीच बैसवाड़ी है। कन्नौजी के इलाके की भाषिक प्रवृत्ति ब्रजभाषा से भिन्न है, **ओ** के बदले **अ** का प्रयोग, **मीठो** के बदले **मीठ**। परन्तु पश्चिमी इलाके में ब्रज. का **ओ** मौजूद है। **उ** का प्रयोग ब्रज में भी मिलता है, **घरू** और कन्नौजी में **उ** की बहार है, **आँगनु, दसमुहुँ** (रावण)। बोलियों के क्षेत्र में ऐसा होता है कि कोई छोटे और गौण परिवर्तन का क्षेत्र बृहत्तर बोलियों के प्रभाव में आकर महत्त्वहीन हो जाता है। **उ** का इलाका जो कन्नौज का इलाका था, ब्रज. और अवधी के प्रभाव में गौण पड़ा है। ब्रज और अवधी का क्षेत्र खड़ी बोली क्षेत्र से जिस तरह प्रभावित रहा है, लगभग वह प्रभाव कन्नौजी में भी दिखता है। कन्नौजी का **तुम का करत है** (तुम क्या करते हो) जैसे वाक्य प्रचलित हैं। बुलन्दशहर और खुर्जा तहसीलों की ब्रजभाषा

में खड़ी बोली का मिश्रण स्पष्ट मिलता है। सहायक क्रिया **ऐ** को हटा दिया जाए तो पूरा वाक्य खड़ी बोली का लगेगा, **ये खाट अच्छी ऐ** (यह खाट अच्छी है।) **मामा अच्छा ऐ** (मामा अच्छा है।) **इन बैलन कूँ बाँध दो** (इन बैलों को बाँध दो)। ओकारान्त शब्द (कंधौ, छोरौ) शिकारपुर, खुर्जा और पहासू में ही मिलते हैं। बुलन्दशहर के इलाके में **ओं** लगाकर बहुवचन बनते हैं, **बैलों, भैसों, धोबियों**। ओकारान्त रूप अलीगढ़ के कुछ इलाके में मिलता है। **हुतौ** (था) जैसे क्रियापद अलीगढ़ की हाबूड़ा जाति में मिलते हैं। बहुत पहले डॉ. अम्बा प्रसाद ने अध्ययन (अलीगढ़ की हाबुड़ा जाति और उसकी बोली) किया था। यहाँ **तौ** के **ता** और **ती** भी हैं, **चिरइया पेड़ पै हुती** (चिड़िया पेड़ पर थी।) भी हैं। भविष्यत काल में अकारान्त और ऐकारान्त दोनों रूप हैं, **मैं घरे जाइस्** (मैं घर जाऊँगा।) **हम घरे जास्सो** (हम घर जाएँगे।) इस बोली में व्यंजन गुच्छ की बहार है, **गयौ** (गया), **रह्यौ** (रहा) **ए मम्मौ** (मामा), **अम्बौ** (आम), **निक्खर** (नाखून।) अलीगढ़ का इलाका ब्रजभाषा का है। एक ही इलाके में अकारान्त और ओकारान्त के अलावा अन्य रूप भी मिलते हैं। इसके बाद भी खड़ी बोली का अपना प्रभाव। पूर्वी और पश्चिमी हिन्दी की बोलियों के क्षेत्र परस्पर इस तरह.गुँथे हैं कि न तो ब्रज को अलग किया जा सकता है और न अवधी के क्षेत्र को।

प्रायः हिन्दी इलाके की विविधता को अंग्रेज़ी राज के विद्वान् इंगित करते हैं। इनके बीच भाषा की सामान्य सरणी भी बह रही थी। ब्रज और अवधी के बीच का अन्तर-पाट बड़ा ज़रूर है। परन्तु दोनों इलाकों की आबादियों के पारस्परिक आदान-प्रदान खड़ी बोली के लिए भी रास्ता बनाते हैं। ब्रज का इलाका जितना फैला हुआ है उसे देखकर किसी को ब्रज प्रदेश के स्वतन्त्र राज्य का खाका उचित जान पड़े। मिथिला की तुलना में इसका क्षेत्र ज्यादा व्यापक है, बिहारी बोलियों की तुलना में भी। कभी उत्तर प्रदेशी बोलियों का कोई विचार नहीं आया। कभी ब्रज प्रदेश की माँग नहीं हुई। ग्रियर्सन ने अलग से उत्तर प्रदेश की बोलियों का व्याकरण नहीं लिखा। यह क्षेत्र मागधी, शौरसेनी और पहाड़ी भाषाओं का है। बिहार केवल अर्ध मागधी का क्षेत्र है। यह कोई तर्क नहीं है। अवधी के तुलसीदास का रामचरितमानस मैथिली में (कवि चन्दा झा) भी आया। जिस रामायण की भाषा को ग्रियर्सन बैसवाड़ी (अवध और ब्रज के बीच की बोली) मानतें हैं, वह है तो अवधी। तुलसी केवल अवधी के इलाके को ध्यान में रखकर रामायण नहीं लिख रहे थे। इसलिए रामचरितमानस की सुबोधता मिथिला क्षेत्र को भाती है और ब्रज. क्षेत्र को भी। यह ग्रन्थ पूरे उत्तर भारत में लोकप्रिय है। रामचरितमानस में भोजपुरी शब्दावली भी है, फ़ारसी भी है, छत्तीसगढ़ी और ब्रजभाषा की शब्दावली भी। सर्वेक्षण के पहले खंड (पृ. 314) में वे किसी पादरी की उक्ति दुहराते हैं जिसके अनुसार उत्तर भारत के लोगों को तब तक भली-भाँति नहीं समझा जा सकता है जब तक तुलसीदास

ने जो कुछ लिखा है, उसकी प्रत्येक पंक्ति को हृदयंगम न कर लिया जाए। पूर्वी हिन्दी के क्षेत्र में चाहे वह बिहार का ही इलाका क्यों न हो, तुलसी की लोकप्रियता निर्विवाद रही है। तुलसी हिन्दी क्षेत्र की बोलियों को मिलाने वाले सेतु थे और यह गुण केवल उनमें ही नहीं कबीर में भी मिलता है। कबीर में भी पूर्वी और पश्चिम हिन्दी की विपुल शब्दावली आयी है। कबीरपंथियों के मठ ब्रज से लेकर बिहार तक में मिलते हैं। जो कवि यह कह गया, ''हिन्दू कहत है राम हमारा, मुसलमान रहमाना,'' वह हिन्दी प्रदेश की सांस्कृतिक एकता को कितनी दूर दृष्टि और गहराई से देख रहा था, इसका अनुमान सगुण या निर्गुण किसी भी भक्त को हो सकता है। भाषा सर्वेक्षण के पहले खंड के भाग एक में अवधी के दो महाकवियों मलिक मुहम्मद जायसी और तुलसीदास के साहित्य का विवरण है। कबीर का उल्लेख नहीं है। वे अवधी के कवि नहीं थे। भोजपुरी के कवि थे, पश्चिमी हिन्दी के कवि थे। उनके पदों में **ण** युक्त शब्दावली की भी बहुलता है जो हरियाणवी और पंजाबी के इलाके की अपनी खासियत है। ऐसे कवि के कृतित्व पर विशेष चर्चा होनी चाहिए थी, चाहे प्रसंग भोजपुरी का हो या अवधी और ब्रज का। मेरा संकेत ग्रियर्सन की चर्चित कृति "सेवन ग्रामर्स : बिहारी लैंग्वेज" की ओर है। यह कृति भाषा सर्वेक्षण के बहुत पहले (1883) आयी थी। इसमें भी भोजपुरी प्रसंग में कबीर के साहित्य का उल्लेख नहीं है। वे भोजपुरी और मगही में किसी समृद्ध साहित्य के होने से इन्कार (पृ. 17) करते हैं। कबीर और तुलसी का साहित्य पूरे हिन्दी प्रदेश की बोलीगत विविधता के बीच पारस्परिक सुबोध भाषा की वकालत करता है। इस दृष्टि से वे सांस्कृतिक नायक रहे हैं। इनका महत्त्व ईश्वरीय भक्ति के कारण नहीं, जिसका राग धार्मिक बौद्धिक अलापते हैं। बोलियों का संसार चाहे जितना सूक्ष्म हो, उनके बीच से सामान्य भाषा विकसित होती है। इसके पीछे केवल बोलियों की भूमिका नहीं हैं। कई तरह के समुदायों के एक जगह रहने पर उन्हें ज़रूरत के लिए सामान्य भाषा (कॉमन लैंग्वेज) होनी ही चाहिए। इसलिए अगर कोई अपनी इच्छा या अपनी पहचान के लिए भाषा का प्रयोग करता है तो बृहत्तर समाज को यह मंजूर नहीं होता है। **हुती** (होती), **ऐ** (है) जैसे रूप हिन्दी समाज में स्वीकारता नहीं पा सके। इसके अनेक कारण हो सकते हैं जो केवल भाषाओं के अध्ययन के ही विषय नहीं हैं। यह सामाजिक इतिहास का भी विषय है। विभिन्न समुदायों के पारस्परिक आदान-प्रदान के इतिहास का अवलोकन अलग विषय है। इससे एक इलाके की बोलियों के संसार की सामान्य (कॉमन) विशेषताओं को समझने में सहायता मिलेगी। बोलियों की विश्वसनीयता कहीं संदिग्ध भी है, भाषाओं का विकास, उसकी दिशा संदिग्ध नहीं होती है। पश्चिमी हिन्दी के इलाके में **ओ** और **औ** का परस्पर परिवर्तन होता है। लगभग यही परिवर्तन पूर्वी हिन्दी के इलाके में देखा जा सकता है। ब्रजभाषा का **ओ** कार प्रेम पूर्वी हिन्दी के इलाके में नहीं है और यह विशेषता हिन्दी भाषा की अपनी

है। हिन्दी ने **गयो** को स्वीकार नहीं किया है, **आयों** को नहीं अपनाया है। हिन्दी का **एकार** प्रेम पश्चिमी हिन्दी की विशेषता नहीं है। भाषाविद् डॉ. उदय नारायण तिवारी (भोजपुरी भाषा और साहित्य/103) पश्चिमी और पूर्वी हिन्दी का अन्तर **ओ** के अकारान्त और व्यंजनांत में मानते हैं, **बड़ो, बड़ो** (ब्रज) बड़् (भोज.)/खड़ी बोली का **भला** ब्रज का **भलो, भलो** और भोज. में **भल**। पश्चिमी का ए.व. घोड़ा और तिर्यक रूप **घोड़े** लेकिन भोजपुरी में **घोड़ा** ए.व. और तिर्यक दोनों रूपों में होता है। हिन्दी ने आकार को स्वीकार किया है। यह पूर्वी हिन्दी का प्रभाव है।

तुलसीदास को साक्ष्य मानें तो **आकार** प्रेम ब्रजभाषा से लेकर पूरब तक में है। तुलसीदास में आकार का महत्त्व कितने रूपों में आया है, विचार करना चाहिए। केवल बालकांड के छह-सात पृष्ठों में आकार के अनके शब्द मिलते हैं, **धारा, प्रचारा, देसा, कलेसा, मराला, जहाना, अनुरागा, कागा, पिआरा, निहारा, गुनगाहा, अवगाहा, बिधाता, राता, परनामा, ग्रामा, अनामा, धामा** इत्यादि। कह सकते हैं कि तुलसी स्वर-मिलान के लिए ऐसा प्रयोग करते हैं। जैसे **साधु गुन गाहा** (साधुओं के गुणों की कथाएँ) के साथ **उदधि अवगाहा** (अथाह समुद्र), **जब देइ बिधाता** (विधाता विवेक देते हैं) के साथ **गुनहिं मनु राता** (मन का गुणों में अनुरक्त हो जाना)। **राता** से रात का भ्रम नहीं होना चाहिए। मूल शब्द रत है। जैसे, **प्रसंगा** और **संगा**। यहाँ **प्रसंगा** चढ़ने (पवन के संग धूल आकाश पर चढ़ जाती है) और संग का अर्थ संगत (जल के संग कीचड़ का मिलना) से है। वे केवल तुकबन्दी के लिए शब्दों का ध्वंस-निर्माण नहीं करते हैं।

ग्रियर्सन सही लिखते हैं कि **गा** अथवा **गौ** प्रत्यय से भविष्यत काल का रूप पंजाब से लेकर बिहार तक में प्रचलित है। मैथिली के भविष्यत काल में **एताह** और **एतइ** (होगा या होगी) है। भूतकाल में **ल** का प्रयोग होता है (गेलइ)। काम का होना **होतइ** (होगा)। तुलसीदास में भविष्यतकाल के दो क्रिया-रूप मिलते हैं, **होई** और **होइहि**। रामविलास शर्मा (भारत के प्राचीन भाषा परिवार और हिन्दी/1/218) के अनुसार **होइहि** पुराना रूप है। **ह** के घिस जाने से **होई** (होगा) आया। **ह** महाप्राण की प्रधानता अपनी जगह है। मैथिली में इस **ह** के अनेक क्रिया-रूप हैं। वर्तमानकालिक क्रिया-रूपों में अन्य पुरुष एक वचन रूप **करइ** है। माना जाता है कि यह पुरानी अवधि **करहि** का रूप है। मैथिली में **करता** है में **छ** का प्रयोग होना ही है जो प्रकृति पहाड़ी भाषाओं की भी है। **ह** की मौजूदगी पूरे इलाके की पूँजी है चाहे वह भोजपुरी का **होख** (हो) हो या मैथिली का **होतइ** या अवधी का **होइहि**।

राजस्थानी का एक लोक गीत है, ''खावै चोड़े धेस/उगां भाण नाग वंसां माथै खगां राज आवे/दावै लागौ पंजावै फिरंगी वाला देस।'' भाव है, हे शेखावत तेरे शरीर में असीम बल और शौर्य है। तेरे शौर्य के समक्ष शत्रुगण भौंचक्के रह जाते हैं। इस प्रकार तेरे शौर्य से आगरा तक के शत्रु भयभीत रहते हैं। शेखावत डूंग जी और

जवाहर जी दोनों चाचा भतीजा थे। बींसवीं सदी के ये दो बहादुर सिपाही अंग्रेजों के इलाकों पर धावा बोलते थे। राजस्थान में इनकी बहादुरी के कई किस्से बड़े मशहूर हैं। इन्होंने आगरा के दुर्ग पर लगे अंग्रेजों के पताकों को तलवार से उड़ा दिया था। राजस्थान से आगरा और उसके आगे भी शेखावत डूंग जी और जवाहर जी के किस्से चर्चित रहे थे। हिन्दी इलाके में ऐसे कई वीर हुए जिनके शौर्य की गाथा केवल पूर्वी और पश्चिमी हिन्दी क्षेत्रों में ही प्रचलित नहीं है। ऐसा माना जाता है कि राजस्थानी और गुजराती में ओकारान्त रूप प्रचलित हुआ है। **ओ** के साथ **औ** का प्रयोग राजस्थानी की अपनी विशेषता है। एक लोक गीत में **ओ** और **औ** का प्रयोग देखें, **राणा रौ भीच धरा रौ राखौ, मछर संपूरत निभै मणो** (राजा के भूमि के रक्षार्थ हे सोलंकी! तुझ निर्भय बहादुर और क्रुद्ध को राठौड़ों ने तैयार देखा)। हिन्दी ने **ओ** और **औ** को स्वीकार नहीं किया है। राजस्थानी के **ण** को ब्रजभाषा और अवधी यानी पश्चिमी और पूर्वी हिन्दी में जगह नहीं मिली। परन्तु राज का **ओ** ब्रजभाषा में अपनी जगह बना गया है, ब्रजभाषा में **आयो** और राजस्थानी **आयो**। राजस्थानी की विशेषता **ओ** प्रधान है। ब्रज के संज्ञा शब्दों में ओकार की बहुलता नहीं है, **तोता** का **तोतो** (ब्रज.) नहीं चलेगा। राजस्थानी में **लड़कों, छोरो** चलेगा। ब्रजभाषा को यह मंजूर नहीं है। ओकार बहुलता पूर्वी हिन्दी में भी नहीं है।

ब्रजभाषा के विषय में ग्रियर्सन कुछ खास बातों को इंगित करते हैं। उनके अनुसार पश्चिमी हिन्दी का इलाका तद्भव पुल्लिंग संज्ञा पद, विशेषण तथा कृदन्त आकारान्त प्रधान होता है (पृ. 66)। ब्रज में **आ** की अपेक्षा **औ** का महत्त्व है। उनके अनुसार **गा** अथवा **गौ** प्रत्ययों से बना हुआ भविष्यत काल का रूप पंजाब से लेकर बिहार तक सारे उत्तरी भारत में व्यवहृत होता है। पश्चिम में केवल यही एक रूप है लेकिन पूर्व की ओर जाने पर इसका प्रयोग अधिकाधिक कम होता जाता है। भाषा सर्वेक्षण के नवें खंड के पश्चिमी हिन्दी खंड में ब्रजभाषा और हिन्दुस्तानी के व्याकरणिक साम्य और वैषम्य में विस्तार से विचार हुआ है। इस विश्लेषण में पूर्व की ओर हिन्दुस्तानी के बढ़ने के साथ हुए भाषिक-परिवर्तनों की भी चर्चा हुई है। चर्चा **ओ** और **औ** की हुई थी। ग्रियर्सन विभिन्न स्थानों पर **ओ** और **औ** के बदलते रूपों पर विचार करते हैं। जैसे, बुलंद शहर (अलीगढ़ के उत्तर) में ब्रज का **औ** प्रत्यय **ओ** में परिणत हो जाता है, **चल्यौ** का **चल्यो**। आगरा के पूर्व धौलपुर, करौली के मैदानी भाग एवं ग्वालियर के पड़ोस में आदर्श ब्रजभाषा बोली जाती है। यहाँ भी **चल्यौ** के स्थान पर **चलौ** प्रयुक्त होता है। ग्रियर्सन के अनुसार दोआब के एटा, मैनपुरी और बुलन्दशहर में य का लोप हो जाता है और **औ, ओ** में परिणत हो जाता है। **चलौ** का रूप **चलो** हो जाता है। राजस्थान की ओर बढ़ने पर **य** का लोप नहीं होता। भरतपुर तथा इसके दक्षिण की डांग बोली में **य** सुरक्षित रहता है। परन्तु **औ** का चलन नहीं होता है। हिन्दी प्रदेश में **औ** को मान्यता नहीं मिली है।

षष्ठ अध्याय

दरद भाषा परिवार

(क) ऐतिहासिक पृष्ठभूमि

पाकिस्तान का उत्तरी भाग दरद भाषा परिवार का है। यह क्षेत्र ऊँचे पहाड़ों से घिरा हुआ है। रास्ते बहुत दुर्गम हैं। संचार के साधन बहुत अल्प हैं। अनुमान है कि दरद भाषा परिवार का प्रभाव भारत के पंजाब तक रहा होगा। दरद परिवार की भाषाओं की विशिष्टता आर्य और भारत-ईरानी परिवार से भिन्न ज़रूर है। इसके बावजूद कई विद्वान् (जॉर्ज अब्राहम ग्रियर्सन आदि) इसे आर्य भाषा की शाखा के रूप में देखते हैं। जम्मू और कश्मीर को केन्द्र मानें तो उसकी भाषागत सीमा के दो छोर हैं, पश्चिमोत्तर और दक्षिण-पूर्व। पश्चिमोत्तर क्षेत्र काफिरी और दरद या श्रिण्या भाषा परिवार का है और दक्षिण-पूर्व कश्मीरी का। यह पूरा क्षेत्र पंजाब तक कुछ इस प्रकार फैला है कि यहाँ आर्य, भारत-ईरानी और दरद परिवार के भाषिक-लक्षण आपस में गुँथे हुए हैं। यह प्रभाव कश्मीरी पर दरद और पंजाबी पर फ़ारसी के रूप में भी देखा जा सकता है। इनकी रूप-रचना और ध्वनि-तन्त्र संस्कृत और प्राचीन फ़ारसी से प्रभावित है। कई जगहों पर ध्वनि और वर्ण-परिवर्तन मागधी और दूसरे भाषा-परिवारों की तरह ही है और कुछ सन्दर्भों में इसे मागधी, शौरसेनी और पैशाची भाषा परिवारों की सामान्यगत विशिष्टताओं के रूप में भी देखा जा सकता है। इससे भारतीय और आर्य भाषा परिवार और भारत-ईरानी भाषा परिवार के समान भाषागत और सांस्कृतिक विकास को भी समझा जा सकता है। भारतीय उपमहाद्वीप की सामाजिक और सांस्कृतिक संरचना भारत-यूरोपीय भाषा-परिवार से भिन्न रही है। इस कारण भी कश्मीरी और दरद भाषा परिवार का अध्ययन आवश्यक है। संस्कृत साहित्य में दारद या दरद नाम नष्ट या बर्बर आर्यों के लिए आता है। उनके मनुष्य-भक्षी होने की कथा प्रचलित है।

दरद के विषय में ग्रियर्सन साहब का सोच कुछ सीमा तक सही है। उनके अनुसार (भाषा सर्वेक्षण खं. एक/भाग एक/210-11) प्राचीन ईरानी भाषा के विकास के आदि-युग में जबकि फारस के आर्यों ने मूलभाषा आर्य भाषा के अधिकांश रूपों

को सुरक्षित रखा—कुछ ईरानी आर्यों ने हिन्दुकुश के उत्तर से पूर्व की ओर निष्क्रमण कर पामीर प्रदेश को अधिकृत किया। वहाँ से एक या अनेक दल हिन्दुकुश को दक्षिण से पार कर उस देश में प्रवेश किया जो आज दर्दिस्तान के नाम से विख्यात है। ऐसा अनुमान है कि यह इलाका हुंज नगर (गिलगिट के निकट) की आर्येतर भाषा-बुरुशस्की-भाषियों के पूर्वजों द्वारा आबाद था। ग्रियर्सन मानते हैं कि यहाँ पश्चिमोत्तर भारत के आदिवासियों के अवशेष रहे हों और आर्यों के आक्रमण से वे भगा दिये गये हों। इसलिए वे दरद को न तो ईरानी मानते हैं और न भारतीय आर्य। यह दोनों के मध्य की भाषा है। हिन्दुकुश को दो भाषाओं के विभाजक के रूप में देखा जा सकता है, उत्तर में पामीर की गल्चः या गल्चा भाषा जो ईरानी है और दक्षिण में अर्ध ईरानी दर्दीय भाषाएँ। यह वह इलाका है जहाँ आर्य और ईरानी परिवार की भाषिक-रचना मिलती है। भारतीय उपमहाद्वीप के दूसरे प्रान्तों में एक से अधिक भाषा परिवारों का अस्तित्व मिलता है। यहाँ भौगोलिक और राजनैतिक कारणों से दरद परिवार की शब्दावली का अध्ययन अधिक महत्त्वपूर्ण हो जाता है। ग्रियर्सन ने शब्दों का संकलन कर इस दिशा में बेहतर काम किया है। इस इलाके में इस्लाम के आने के पहले की शब्दावली और प्राचीन फ़ारसी की शब्दावली की तुलना हो सकती है। ग्रियर्सन और कैम्पबेल के शब्द कोश में प्राचीन फ़ारसी के शब्द नहीं हैं। उस समय यह काम थोड़ा कठिन होता। प्रा.फा. के कई शब्द दरद परिवार में पूर्ववत या कुछ बदले रूपों में आये हैं, गौ (GAU/प्रा.फा.), नाव (NAV-/=प्रा.फा.), जम (ZAM/प्रा.फा.)। प्रो. पी.एन. खंलारी की किताब (ए हिस्ट्री ऑफ दी पर्सियन लैंग्वेज/170-71) में प्रत्यय से बने कुछ शब्द आये हैं, **हुत्तरमंद** या **होनरमंद, होनारी**। ये शब्द प्राचीन फ़ारसी के हैं। उसी प्रकार उपसर्ग के उदाहरण हैं, **हम आराना** (झगड़ा)। काफिर समूह की भाषाओं में ये शब्द पूर्व या कुछ बदले रूपों में आये हैं। बशगली में **गाव** (काफिर/गाय)। सिना में **गो** (GO/दरद) और कश्म. में **गॉव** (दरद)। यह प्रभाव इस्लाम के आने के पहले का है। अब अगर प्राचीन फ़ारसी के ये शब्द भारतीय आर्यभाषा परिवार से मिलते हैं तो इससे ईरान के आर्य निवास के प्रमुख केन्द्र होने की बात पुष्ट होती है। इस्लाम के आने के बाद इस इलाके में हुआ परिवर्तन अध्ययन का अलग विषय है। खाँ साहब अब्दुल हकीम खाँ (1898) द्वारा संकलित काफिर समूह के कलश के उप समूह (सब ग्रुप) की ग्वर्बती की एक कथा भाषा के सर्वेक्षण के खंड आठ (भाग 2/86) में आयी है। उसका पहला वाक्य है, **याक मानुष-ना दु पुल्त बोएन**। पूरे दरद और पंजाब के इलाके में **याक, हिक, अक,** यो "एक" के लिए प्रचलित है। बशगली इव (ev/एक) उसी प्रकार लाहौर की पंजाबी में एक (वदम) और मुल्तान की पंजाबी में हिक (Hekk), कश्म. में **एक** और पश्तो में **यो**। दरद से लेकर पंजाब तक के इलाके के भाषिक परिवर्तन की प्रवृत्ति को रेखांकित किया जा

सकता है। कैम्पबेल के संकलन में स्थान-विशेष के शब्दों का संकलन खास तौर पर किया गया है। जैसे, डेरा इस्माइल खाँ की पश्तो, डेरा गाजी खाँ और रवेलट की ब्राहुइ आदि भाषाएँ। ऐसे संकलन का महत्त्व है। परन्तु स्थान विशेष में होने वाले सूक्ष्म परिवर्तनों का महत्त्व उसके सम्प्रेषण और उसकी सुबोधता पर निर्भर करता है। डेरा गाजी खाँ और रवेलट की ब्राहुइ में अन्तर तो है। इससे भाषा की सुबोधता पर फर्क नहीं पड़ता। जिस समय (1874) कैम्पबेल ने यह संकलन करवाया होगा, उसके उच्चारण के बदलाव (वेरिएशंस) को पूरी तरह उसी भाषा में लिपिबद्ध करना थोड़ा मुश्किल ज़रूर रहा होगा। ग्रियर्सन भी आसानी से पूर्वी और पश्चिमी हिन्दी में अ के विभिन्न बदलाव को परखते हैं। दरद के इलाके में उन्होंने दूसरों से संकलन करवाया था।

कैम्पबेल और ग्रियर्सन के संकलन में दरद और पंजाब के इलाके के आर्य और ईरानी परिवार की भाषिक प्रवृत्ति को देखा जा सकता है। आश्चर्य यह कि इस संकलन को लेकर कैम्पबेल ने कोई विश्लेषण नहीं किया। ग्रियर्सन दरद परिवार को आर्य और ईरानी का मिश्रित रूप ज़रूर मानते हैं। भाषा सर्वेक्षण में इसका व्याकरण भी देते हैं लेकिन आर्य और ईरानी भाषा परिवार के पंजाबी तक आगे आने और उसके मिश्रित रूप के प्रभाव को नहीं दिखलाते हैं। कोई कह सकता है कि यह काम भाषाओं के सर्वेक्षण करने वालों का नहीं है। मैं ऐसा नहीं मानता हूँ। खुद ग्रियर्सन के सर्वेक्षण विशेषकर पहले खंड के पहले भाग में विभिन्न भाषिक परिवारों के विकास के सामाजिक और ऐतिहासिक आधार प्रस्तुत हुए हैं।

राहुल सांकृत्यायन (मध्य एशिया का इतिहास भाग 2) भी मानते हैं कि आठवीं शती के उपरान्त इस्लाम धर्म के आने के बाद दारदीय भाषा-भाषी भारतीय आर्य भाषा की मुख्य सांस्कृतिक धारा से अलग हो गये। इस्लाम के आने के पूर्व पूरा दरद का क्षेत्र आर्य भाषा मुख्यतः लौकिक संस्कृत का रहा होगा। कई ऐसे शब्द हैं जहाँ दरद कश्मीरी और संस्कृत का सीधा साम्य मिलता है। इसके विपरीत कई शब्दों में यह साम्य खोज पाना मुश्किल है। ग्रियर्सन ने भाषा-सर्वेक्षण के आठवें खंड के भाग 2 में सौ से अधिक शब्दों की सूची दी है। इनमें कई शब्दों के उद्गम स्रोत बहुत स्पष्ट है। जैसे दरद में सेना के लिए **सीं**, कश्मीरी में **सीना**, वैदिक में **सेनापायी** और हिन्दुस्तानी में **सिपाही** है। उसी प्रकार मौसी के लिए **मा** (दरद), **मास** (कश्मीरी), **मातृवस्त्रा** (संस्कृत) और **मौसी** (हिन्दी) है। कई ऐसे शब्द हैं, जहाँ यह तारतम्य नहीं मिलता है, कन्धा के लिए **पिओब** (दरद) और संस्कृत के **फलक** (कन्धा) में साम्य नहीं है। कश्मीरी और उस इलाके के दरद शब्दों के जानकार विद्वान् डॉ. त्रिलोकीनाथ गंजू (कश्मीरी भाषा भाषाशास्त्रीय अध्ययन/ 340-64) ग्रियर्सन द्वारा संकलित 127 शब्दों की उत्पत्ति बताते हैं। ग्रियर्सन इनका स्रोत दारदीय मानते हैं। ऐसा गंजूजी का मानना है। इस विश्लेषण से दरद परिवार और आर्य परिवार के

घनिष्ठ होने का पता चलता है। जो क्षेत्र दरद परिवार का है, उससे कश्मीरी डोगरी और पंजाबी का इलाका भी सटा हुआ है। इसलिए इस पूरे क्षेत्र में आर्य भाषा और फ़ारसी के रूप तन्त्र का प्रभाव रहा है।

मैं भारतीय भाषाओं पर अरबी के प्रभाव को नकार नहीं रहा हूँ। अरबी के कई शब्दों का स्रोत सीधे संस्कृत में देखा जा सकता है **चक्र** (सं.) **चर्ख** (अर.), **बाहु** (सं.)—**बाजू** (अर.), **जमातृ** (सं.)—**दामाद** (अर.), **शर्करा** (संत्र)—**शक्कर** (अर.), **चर्म** (सं.)—**चरम** (अर.), **सप्त** (सं.)—**हत** (अर.) इत्यादि। पद्मावत में जायसी की उक्ति बहुत प्रसिद्ध है, "तुर्की अरबी हिन्दवी भाषा आहिं/जामे मारग प्रेम का सबैं सराहैं ताहि।" भारत पर हमला करने वाले तुर्क, पठान, मुगल आदि थे। ये हमले अफगानिस्तान के रास्ते हुए। पद्मावत की पंक्ति ही है, ''हिन्दू तुर्कन भई लराई।'' इसके बावजूद हिन्दी पर फ़ारसी का प्रभाव कुछ अपने किस्म का रहा है। यह प्रभाव संज्ञा (पितृ-पिदर, हस्त-दस्त), क्रिया और क्रिया विशेषण में देखा जा सकता है, मानना, मुकरना, कबूल करना, फिक्र करना (फा.)/जल्द, बिल्कुल, बेशक, खातिर, तरफ, बाद (फा./क्रिया विशेषण)। इस दृष्टि से दरद भाषा परिवार की बोलियों का अध्ययन और रोचक हो जाता है। इसके साथ सिंधी, कश्मीरी, पंजाबी का भी। इस रूप में देखें कि हिन्दी भाषा हिन्दीतर इलाकों की कितनी बृहत् शब्दावली को अपने में समेट हुये है। हर कबीले के लिए एक जनपद या राष्ट्र मानने वालों को इस पर विचार करना चाहिए कि कैसे दरद और ईरानी परिवार की शब्दावली हिन्दी इलाके में आयी और खप गयी। ईरानी भाषा परिवार का साहित्य दुनिया के सम्पन्न देशों की साम्राज्यपरस्ती का शिकार हुआ है। सिकन्दर 330 ई.पू. ने इनके साहित्य को जला दिया। बचा-खुचा साहित्य अरबों (651 ई.) के हाथ लगा। वह भी उसे सँभाल नहीं सके। अब जो साहित्य बचा है, प्राचीन साहित्य के रूप में वह संख्या में केवल दो हैं ज़िन्दावेस्ता और अख्मानी बादशाहों के 6ठी सदी ई.पू. के शिलालेख। फलस्वरूप लम्बे समय तक ईरानी भाषा परिवार की भाषा-शृंखला पूरी समग्रता में नहीं मिलती। सिकन्दर (230 ई.पू.) और अरबों के समय ईरान की सभ्यता और उसका साहित्य दुनिया के बड़े देशों से टक्कर लेने में सक्षम था। ईरानी भाषा परिवार की दो शाखाओं (पूर्वी और पश्चिमी) में पूर्वी की दो शाखाएँ मिलती हैं—सोग्दियन और अवेस्ता। सोग्दियन ईरान के उत्तर-पूर्वी भाग का एक राज्य है जो समरकंद के करीब है। लगभग 400 ई. के विद्वानों का मानना है कि सोग्दियन स्वतन्त्र भाषा के रूप में विकसित हो चुकी थी जिसका इलाका बुखारा के आसपास का था। बीसवीं सदी के शुरुआती दौर में चीन के तुर्किस्तान (TURKESTAN) में उपलब्ध कुछ प्राचीन पृष्ठों और दस्तावेजों (पी.एन. खंलारी/हिस्ट्री ऑफ पर्सियन लैंग्वेज/211-12) की भाषा और लिपि को बहुत साफ-साफ नहीं पढ़ा जा सका था। विद्वानों के अनुसार इसकी

लिपि का सम्बन्ध ईरानी भाषाओं से है। इस निष्कर्ष तक पहुँचने में सोग्दियन भाषा में दर्ज तारीख और महीनों से काफी मदद मिली। 5वीं सदी के एक विद्वान् अबु रिहमान बिरूनी (अलतफिह्मि Al-Tafhim) ने सोग्दियन भाषा में दिन, महीने और वर्षों को संकलित किया था। पी.एन. खंलारी (पृ. 212) ने लिखा है कि सोग्दियन के सम्बन्ध में उपलब्ध प्राचीन दस्तावेजों से इनकी सभ्यता और संस्कृति का पता चलता है। सोग्दियन भाषिक समाज बहुत सम्पन्न था। कहा जाता है कि वे व्यापार के लिए मंगोलिया और चीन जाया करते थे। इस भाषा में कई दस्तावेज बौद्ध साहित्य विषय पर भी हैं।

सोग्दियन भाषा की चर्चा इसलिए कि दरद परिवार का सीधा सम्बन्ध इस भाषा से है। हिन्दूकुश पर्वत और पामीर की तराई में फैली बोलियों को सोग्दियन की पुत्री के रूप में देखा जाता है। पामीर के इलाके की प्रसिद्ध बोली गल्चा है। ईरान की पूर्वी शाखा की एक उपशाखा अवेस्ता भाषा की है जिससे कई भाषाओं का विकास हुआ है, बगिश्ता, पश्तो, बलूची, देवारी आदि। ईरान का पूरा इलाका किस तरह चौतरफा हमलों का निशाना बना कि इनके सामाजिक और धार्मिक विश्वास, इनका साहित्य और इनकी सभ्यता और संस्कृति की उपलब्धियाँ इतिहास के पन्नों से गुम होती गयीं। सिकंदर महान के आक्रमण के समय जरथुस्त्र के विश्वास को गहरा झटका लगा था। उस समय की एक धार्मिक कृति अर्द विर्फनामा (ARDAVIRFNAMA) में एक कथा आयी है। सारे सामाजिक और धार्मिक मूल्य खत्म हो चुके थे। तब कुछ जरथुस्त्रवादी एक जगह जमा हुए। सर्वसम्मति से निर्णय लिया गया कि जरथुस्त्रवादियों में से कोई एक स्वर्ग जाकर वहाँ से धार्मिक विश्वासों को लेकर पैदा हुए भ्रमों का निराकरण कर नयी धार्मिक सूचनाएँ लाएगा। कहते हैं कि उनमें से कोई बिल्कुल अवचेतन अवस्था में चला गया। कुछ समय बाद उसे होश आया और वह फिर स्वर्ग से धर्म विषयक सूचनाएँ लेकर आया। यह कथा अलौकिक ही सही, सिकन्दर के आक्रमण के फलस्वरूप ईरान की बदहाली को बयाँ करती है। ज़िन्दावेस्ता और प्राचीन फ़ारसी के भाषागत विश्लेषण से भारतीय आर्य से इसके गहरे का सम्बन्ध का पता चलता है। ईरान की बदहाली को लेकर चिन्ता स्वाभाविक है। दरद परिवार का इससे रिश्ता है। कहते हैं कि दरद का इलाका दुर्गम रहा है। इस इलाके में विकास की कोई श्रृंखला नहीं मिलती। इसे ईरान की बदहाली से जोड़कर देखें।

अवेस्ता की मौखिक परम्परा पहले आती है। बाद में वह लिखित रूप में सासानी वंश (226-652 ई.) में सामने आयी। मौखिक परम्परा कुछ यों थी कि विद्वान् अवेस्ता की गाथा और यस्न या यास्न (जरथुस्त्र की सूक्ति) को याद कर लेते थे। युवा पीढ़ी (यंग अवेस्ता) ने भी गाथा और सूक्तियों को पहले की तरह ही स्मृति में बसा लिया। अन्तर यह रहा कि वे अपने समय में समय के अनुरूप

शब्दों में हेर-फेर करते रहे। अवेस्ता के पंडितों ने उसे जिस रूप में उद्धरणों के साथ स्मृति में बसाया, इस कारण उनके यहाँ नवजरथुस्त्रवादियों का एक समुदाय ज़रूर खड़ा हो गया। अख्वामिनी/एकमेनियन काल (550-330 ई.पू.) में अवेस्ता की भाषा पर दूसरे कबीलों की भाषाओं का भी गहर प्रभाव पड़ा। इस मौखिक परम्परा का अध्ययन करने वाले विद्वान् फिलिप क्रेनब्रॉक (दी जोरोष्ट्रियन फ्रॉम एन ओरलिस्ट्स पाइंट ऑफ व्यु)[1] के अनुसार अवेस्ता के टीकाकारों (जाँद या जेंद/टीका) ने उसकी टीका करने में जाने-अनजाने गलतियाँ की हैं। पंडितों या पुजारियों में केवल पूर्वी ईरान (जहाँ की भाषा अवेस्ता थी) के निवासी नहीं थे। इस कारण भी गलतियाँ हुई होंगी। इसलिए फिलिप का मानना है कि अवेस्ता के परवर्ती उच्चारण में जो परिवर्तन लक्षित हुए हैं, उसका कारण उसके प्रयोक्ताओं में पूर्वी और पश्चिमी ईरान के निवासियों का होना रहा हो। फिलिप परवर्ती अवेस्ता समाज में पुजारी और अध्यात्मिक गुरु और आम जनता के बीच की दूरी की चर्चा करते हैं। पूर्व इस्लामी धर्म के रूप में जरथुस्त्रवादियों की एक भूमिका ईरान के कबीलों को एकीकृत करने की रही है। भले वह समाज पुजारी और आम जन-समुदाय के बीच खासी दूरी से मुक्त नहीं रहा हो। इससे अरबों को ईरान पर हमला करने का एक कारण ज़रूर मिल गया। फिर भी, अगर यह हमला नहीं हुआ होता तो ईरान के कबीलों को एक समाज, एक राष्ट्र होने में अधिक आसानी होती और इसमें अवेस्ता की मौखिक और लिखित परम्परा की बड़ी भूमिका होती।

सासानी काल (226-652 ई.) में पहलवी (मध्यकालीन फ़ारसी) राज भाषा बन चुकी थी। पहलवी एक भाषा से ज्यादा लिपि थी। यह पहलवी में जिस पद्धति (हुज्वारेश) से लिखी जाती थी, उसमें अरबी शब्दों से काफी परहेज था। फ़ारसी के इतिहासकार एडवर्ड जी ब्राउन (ए लिट्रेरी हिस्ट्री ऑफ पर्सिया/खंड 8) का मानना है कि आधुनिक फ़ारसी और पहलवी या मध्यकालीन फ़ारसी के बीच अन्तर अरबी शब्दों को लेकर है। यह नहीं है कि पूर्वी ईरान के इलाके में पहलवी लिपि का सीधा सम्बन्ध जरथुस्त्र धर्म से था। ध्यातव्य है कि सासानी वंश के बाद अरबों के आक्रमण के लम्बे वर्षों बाद तक भी फ़ारसी में अरबी शब्दों के समावेश को लेकर अच्छी धारणा नहीं थी। फिरदौसी का शाहनामा 1000 ई. की रचना है। वहाँ की एक मस्जिद पर शाहनामा की यह उक्ति है, "अगर शाहहीरा-ये शाही बुदेह पिदर ब तख्ते बार निहादी मारा ताज-ए-जर" (अगर शाहहीरा उसके पिता के भी शाह थे तो उन्हें तख्त और ताज व जर (दौलत) से बेदखल कर दिया गया था), पिदर-मादर। **पिदर** और **मादर** से अलग पिता के लिए **मोल** शब्द भी चला है। पिता के लिए कलश में **दाद**,

1. के. आर. कामा ओरियंटल रिसर्च इंस्टीट्यूट, सेकेण्ड इंटरनेशनल कांग्रेस प्रोसीडिंग्स, 1996 में संकलित

खोवार में **तात** और कोहिस्तानी मे **बा, बाप** (पिता) प्रचलित है। ग्रियर्सन (भाषा सर्वेक्षण खंड 8/2 पृ. 247) का कहना है कि कश्मीरी भाषा में पितृपरक शब्द **मोल** दारदीय से विकसित है। डॉ. त्रिलोकी नाथ गंजू (पृ. 112) के अनुसार पंचविंश ब्राह्मण में पैत्रिक नाम के लिए माल्यका शब्द आया है और तन्त्र साहित्य में पिता के लिए मूलाधार शब्द मिलता है। आधुनिक फ़ारसी (फिरदौसी का शाहनामा) का पिदर दरद की भाषाओं में नहीं आया है। एक जगह फिरदौसी लिखते हैं, बयक्साँ रविश/दर जमाना मदाँ (जमाना हमेशा एक रफ्तार पर नहीं चलता)। मदाँ (मत समझ)—रविश यानी रफ्तार। फिरदौसी के समय आर्य भाषा परिवार की शब्दावली प्रचलित थी। ऐसी चर्चा है कि फिरदौसी युवा काल में अरबी और पहलवी दोनों के पंडित थे। कहा जाता है (कैप्टन होर्माजैदियर जे.एम.देसाई/ फिरदौसी एंड हिज शाहनामा/50)[(1)] कि फिरदौसी सार्वजनिक जीवन में मुसलमान ज़रूर थे लेकिन दिल से वे जरथुस्त्रवादी थे। उस परम्परा के हिमायती थे। शाहनामा (खंड एक/अध्याय सात) में पैगम्बर मुहम्मद की तारीफ है। मुहम्मद और उनके साथी अबु बक्र, उमर और उस्मान की चर्चा है। अली के लिए प्रशंसा के विशेष शब्द हैं। हजरत मुहम्मद कहते थे कि मैं ही ज्ञान का केन्द्र (सिटी ऑफ नॉलेज) हूँ और अली इसके दरवाजे (गेटवे) हैं। फिरदौसी अरबी और गैर अरबी दोनों परम्पराओं को साथ लेकर चल रहे थे। फिर भी, उनके शाहनामा में फ़ारसी की गैर-अरबी परम्परा ज्यादा व्यापक रूप में आयी है।

दरद के इलाके में ईरान से कई कबीलों का माइग्रेशन हुआ है। हमलों के समय इसकी आबादी बढ़ी होगी। लगभग चार सौ से अधिक वर्षों तक पूर्वी और पश्चिमी ईरान पर अरबों के हमले होते रहे हैं। अरब में एकीकरण की प्रक्रिया हजरत मुहम्मद के समय शुरू हुई थी और उसमें कामयाबी मिली भी थी। परन्तु वही परिणाम ईरान में नहीं मिला। अरब में भी मुहम्मद साहब के बाद पहले खलीफा अबु बक्र (632-42 ई.) के समय ही ईरान के साथ युद्ध (639 ई.) हुआ। उस हमले के आगे ईरान बिल्कुल कमजोर पड़ गया। जिस समय यह हमला हुआ, अरब में अर्द्ध दासों के लिए सामाजिक समता बहुत आकर्षक थी। 661-70 के दशक में पूर्वी ईरान पर अरबों का हमला लगभग कामयाब हो चुका था। उस समय तक जरथुस्त्र के समाज में ऊँच-नीच का भाव था। उस समय इस्लाम की आवाज में दम था, क्योंकि वह जातियों के विरुद्ध अभियान में चल पड़ा था। और अरब में जिन दबों-कुचलों को इस्लाम में जगह (मोमिन) मिली, सही जगह मिली, उससे दूसरे धर्मों की तुलना में इसका स्तर और ऊँचा हो गया था। निश्चय ही कुरानशरीफ में दर्ज आचार संहिताओं ने आम लोगों को बहुत आकर्षित किया था। परन्तु जैसा की सभी धर्मों के साथ हुआ, इस्लाम के साथ भी हुआ। हजरत मुहम्मद के बाद के आये खलीफाओं के समय में विलासिता बढ़ती गयी। युद्ध की

1. फिरदौसी एंड हिज शाहनामा में संकलित

प्रवृत्ति बढ़ी। इस्लाम के आदर्श राजतन्त्र की मजबूती के ढाल बने।

जरथुस्त्र राजधर्म था। विद्वानों के अनुसार गौतम बुद्ध के सौ साल पहले जरथुस्त्र (660 ई.पू.) भी एक ईश्वर में विश्वास करते थे। खास बात यह थी कि दूसरे खलीफा के समय पूर्वी ईरान के खुरासान प्रदेश में नेस्तोरी (ईसाई धर्म का एक सम्प्रदाय) बौद्ध और यहूदी अच्छी संख्या में थे। म्वाविया (661-670) के समय जब यह हमला हुआ तो जरथुस्त्र और बौद्ध धर्म दोनों उसके सामने टिक नहीं सके। जरथुस्त्रवादी एकेश्वरवादी (अहुरमज़्द) थे। अवेस्ता का महत्त्वपूर्ण भाग यस्न या यास्न है जिसमें जरथुस्त्र की सूक्तियाँ मौजूद हैं। इसमें अनेक देवी-देवताओं की पूजा को व्यर्थ माना गया है। जरथुस्त्र की सूक्ति है कि देवता संहार या बलि से प्रसन्न नहीं होते। वह मनुष्य की सच्चरित्रता से प्रसन्न होते हैं। जरथुस्त्रवादी कृषि कार्य को उत्तम मानते थे। उनके अनुसार सम्पूर्ण सृष्टि दो भागों में बँटी है, भला और बुरा। पृथ्वी, जल, वायु और अग्नि पवित्र तत्त्व हैं। इस्लाम और जरथुस्त्र में काफी समानता थी। उस समय के पूर्वी ईरान के विभिन्न कबीलों में इस्लाम को सहर्ष स्वीकार करने का कोई कारण नहीं था। इस्लाम जाति-व्यवस्था के खिलाफ जिस व्यापक दर्शन को लेकर चला था, पूर्वी ईरान में इसका अभाव ज़रूर था। जरथुस्त्रवादी समाज में जातिगत असमानता तो थी, पुजारी और आम लोग के बीच में काफी दूरी थी। इस्लाम के प्रति आम जन के आकर्षण का यह एक कारण था।

दरद भाषा परिवार संगम-स्थल रहा है। यहाँ ईरानी परिवार की शब्दावली भी आयी और आर्य भाषा परिवार की भी। ईरानी परिवार में अवेस्ता और संस्कृत में काफी समानता थी, **वरण** (अव.)–**वरूण** (सं.) **मिश्र** (अव.)–**मित्र, हओम** (अव.)–**सोम** (सं.)/**मिथर** (अव.)–**मित्र** (सं.), **गोमेज** (अव.)–**गोमूत्र** (सं.)/हुरा (अव.)–**सुरा** (सं.) **अज** (अव.)–**अज** (बकरी) **जीव** (अव.), **फदम** (अव.)–**प्रथम** (सं.) **बूमि**–(अव.)–**भूमि** (सं.)। हिन्दुकुश का इलाका भारत पहुँचने का जरिया था। यह इलाका दुर्गम था, जलवायु और भौगलिक बनावट की दृष्टि से। ग्रियर्सन और उनके समकालीन इस इलाके के हर कबीले के एक राष्ट्र के रूप में कल्पना करते हैं, तो उनके सामने भारत और अफगानिस्तान और ईरान के पुराने भौगलिक सम्बन्ध के इतिहास में एक नया इतिहास बनाने का मकसद रहा होगा ताकि अलग-अलग और छोटे राष्ट्रों के बन जाने के बाद दरद के इलाके में ब्रिटिश सम्प्रभुता ज्यादा मजबूती से काम कर सके।

(ख) अवेस्ता, ईरानी परिवार और दरद

जिस अर्थ में अरब और ईरान की भौगोलिक संरचना भिन्न रही है, उसकी एक झलक

जरथुस्त्र की सूक्तियों में मिलती है। कम्बुज या कम्बोज (वर्तमान अफगानिस्तान) का शासक (529-485 ई.पू.) बहिस्तून के शिला लेख में कहता है, अहुरमज्द (देवता) ने मुझे शाह बनाया। ध्वस्त पूजा स्थानों को मैंने पुनः स्थापित किया। मैंने अहुरमज़्द की इच्छा पर चलने का इस तरह प्रयत्न किया, कि मानों गौमाता ने हमारे कुल को ध्वस्त ही नहीं किया था (राहुल सांकृत्यायन, मध्य एशिया का इतिहास/147)। अख्वामनी (एकमीनियन) वंश का शासक दारयबहु (521 ई.पू.) को गर्व था कि उसे अहुरमज्द ने शासक बनाया है। दक्षिणी ईरान का कबीला अखामन से ही आगे चलकर अखामनी या अखामनशी वंश चला। खेती का विकास ईरान में पहले हुआ। विकास अरब में भी हुआ। हजरत मुहम्मद के समय में गेहूँ और ज्वार की खेती होती थी। फिर भी, कृषि-उत्पाद बाहर से मँगाए जाते थे। हजरत मुहम्मद के बहुत पहले से ईरान में खेती पूरी तरह से विकसित हो चुकी थी। इसलिए जरथुस्त्रवादी राजा ने खेती और पशु धन का महत्त्व समझा। सासानी काल में माल मंत्री के लिए पदनाम था, वस्त्रयो सम्पत यानी वस्त्र का बनना जो 400 ई.पू. से पहले शुरू हो चुका था। सिकंदर के हमले (330 ई.पू.) के समय कपड़े का निर्माण कुटीर उद्योग के रूप में विकसित रहा होगा। सिकंदर के पहले भी खेती और पशु-धन की दृष्टि से ईरान अरब की तुलना में ज्यादा सम्पन्न था। जरथुस्त्रवादी समाज में राजतन्त्र बहुत पहले अपनी बुनियाद मजबूत कर चुका था। जरथुस्त्र की सूक्तियों में अहु, अहुर, अहुनावैर्य इत्यादि शब्द आर्य हैं। अहु का अर्थ देवता या राजा से है जो अपने इलाके का राजा होता था। रतु का अर्थ आध्यात्मिक गुरु से है। ईरानी समाज में राजा और गुरु का एक सम्बन्ध था जो रामायण और महाभारत (1000-500 ई.पू.) में भी मिलता है।

जीवन के देवता अहुरा के पितृ पक्ष की तीन पीढ़ियों (आशा, वहुमनो एवं क्षत्र) और मातृ पक्ष (मज्द या मज्दा) से तीन पीढ़ियों (अर्मैती, हउरावतत और अमरेतैत) का विवरण मिलता है। जरथुस्त्र की गाथाओं के अंग्रेज़ी अनुवादक डॉ. जे.एस. तारापोरवाला (दी गाथाज ऑफ जरथुस्त्र) के अनुसार मातृ पक्ष से तीन नाम स्त्रीलिंग हैं और पितृ-पक्ष से तीन नाम नपुंसक है। उन्होंने इसका कोई कारण नहीं बताया है। हो सकता है उस समय का समाज मातृ सत्तात्मक रहा हो। गाथा की एक सूक्ति (यस्न 27.15) के अनुसार पुरुष और स्त्री दोनों की हम लोग पूजा करते हैं। आशा जीवन की अनित्य (इंटर्नल) संहिता की देवी है जिसे मज्द या मज्दा अहुरा से अर्न्तदृष्टि मिलती है। उस समाज में पुरुषों का महत्त्व था। जरथुस्त्र की गाथाओं में मातृभूमि के प्रति असीम श्रद्धा का भाव प्रकट हुआ है। कई यास्नों (29.1, 2 और अन्य) में मातृभूमि (Mother Earth) के विषय में कहा गया है कि चारों ओर से घिरी हिंसा के प्रकोप से मातृभूमि ने ही मुक्ति दिलायी है। मज्द जो तमाम पेड़-पौधे और जीव-जंतु के पहले था, इस सृष्टि का रचयिता था, उसमें बीज

था। आशा का एक उच्चारण **आशो भी** है जिसका अभिप्राय शुद्धता और धार्मिक रिवाजों के प्रति प्रतिबद्धता से है। एक सूक्ति (यास्न 29.2) में आशा का प्रश्न है, उसका रक्षक कौन है। किसने उसके जीवन को बाँधा है, सभी जीव-जंतुओं से प्रेम करना सिखाया है। दूसरे यास्न (29.4) में आशा देवता से कहती है कि मातृभूमि आशाओं और अपेक्षाओं से भरी हुई है। जरथुस्त्र की गाथाओं में एकेश्वरवाद पर जोर है। बहु देवी-देवताओं और पूजा-पाठ का विधान नहीं मिलता है। इस्लाम में भी एकेश्वरवाद पर जोर है। एकेश्वरवाद की चर्चा वैदिक साहित्य में भी मिलती है। इस सतह पर वैदिक, जरथुस्त्र और इस्लाम में काफी समानता है। अपनी मातृभूमि के प्रति श्रद्धा, ईरान के कबीलों के एकीकरण का द्योतक है। खेती के विकास को गतिशील बनाये रखने के लिए यह ज़रूरी था। किसी भी खेतिहर समाज के लिए यह ज़रूरी है। अरब का समाज खेतिहर नहीं था। वहाँ कृषि की प्रधानता नहीं थी। हजरत मुहम्मद का एकेश्वरवाद पर जोर के पीछे अरब के कबीलों का एकीकरण एक प्रमुख उद्देश्य था। खेतिहर समाज में यह प्रक्रिया खेती के उत्पादों को बड़े बाजार बनने के साथ शुरू हो जाती है। जरथुस्त्र की गाथाओं में मातृभूमि के प्रति अनुराग और खेती और पशुधन पर जोर इसका द्योतक है कि अरब के हमले के बहुत पहले ईरान के कबीले धीर-धीरे एक होने की प्रक्रिया में आ चुके थे। एक और प्रमाण अवेस्ता के अनुवाद के सिलसिले में मिलता है। फिलिप जी. क्रिएनबॉर्क (दी जोरोस्ट्रियन ट्रेडीशन : फ्रॉम एन ओरलिस्ट्स पाइंट ऑफ व्यु) ने लिखा है कि अवेस्ता को जो पंडित स्मृति में बसाए (मेमोराइज्ड), और जिन लोगों ने इसको लिपिबद्ध किया और टीका भी लिखी, उनमें पूर्वी और पश्चिमी ईरान, दोनों के पंडित थे। उसी लेख में फ्राँस के एक विद्वान् (ज्याँ केलेंस/1994) का उल्लेख आया है जिनके अनुसार ईरान के कबीलों में यंग अवेस्ता (परवर्ती अवेस्ता) के प्रति असीम श्रद्धा थी। उन्होंने मौखिक अवेस्ता में आये अस्पष्ट प्रसंगों को हटाया या दुरुस्त किया। परवर्ती अवेस्ता में (जब अवेस्ता को लिपिबद्ध किया गया) भाषिक-संरचना की दृष्टि से कई नये आयाम जुड़े। फिलिप का अनुमान है कि प्राचीन फ़ारसी शिला लेखों (अखामनी काल) में यह भाषा बेतरतीब ढंग से (रफली स्पोकन) बोली जाती थी। यंग अवेस्ता (परवर्ती अवेस्ता) में यह बेतरतीबपन नहीं रह गया था। मतलब यह कि अवेस्ता पूर्वी ईरान के अलावा पश्चिमी ईरान की भाषा भी रही होगी। यह पूरे ईरान की भाषा रही होगी। अखामनी काल में इस भाषा में धीरे-धीरे एकीकरण भी हुआ। पूर्वी और पश्चिमी ईरान के कबीले भी धीर-धीरे एकसूत्र से रहे थे।

ज़िन्दावेस्ता के प्रथम अंग्रेज़ी अनुवादक डर्मेस्टेटर (ब्राउन, ए लिट्रेरी हिस्ट्री ऑफ पर्सिया/खंड एक 25) के अनुसार जेन्द या जिन्द एक भाषा थी जो बैक्ट्रिया की भाषा थी। ब्राउन लिखते हैं कि अवेस्ता के समय उत्तर और पश्चिमी ईरान समेत

ईरान का अस्तित्व था। डर्मेस्टेटर भी मानते हैं कि अवेस्ता के समय अनेक पहाड़ी बोलियाँ इसी भाषा की संतानें थीं। डर्मेस्टेटर फ्रेंच की अपनी एक अन्य कृति में अफगानिस्तान की भाषा पश्तो या पख्तूनी को पुरानी अवेस्ता की संतान बताते हैं। इसमें सच्चाई चाहे जितनी रही हो, एक सच तो है कि अरबों के आक्रमण के बहुत पहले अवेस्ता भाषा पूरे ईरान की भाषा बन चुकी थी। कई कबीलों का एकीकरण धीरे-धीरे होने लगा था। मातृभूमि के प्रति श्रद्धा का भाव इनमें आ चुका था।

फिर भी, अरबों के आक्रमण के आगे ईरानी समाज निष्क्रिय बना रहा। इसका एक बड़ा कारण था कि उस समय तक सामाजिक स्तर पर वह समाज कई खित्तों में बँटा था। चाहे वह पुजारी और आम जन की दूरी हो या विभिन्न समुदायों के बीच की। अरब जो धर्म (इस्लाम) लेकर आये, उनके पाँच वक्त की नमाज अदा करने, एक साथ मस्जिद में जाने, पेश-ए-इमाम का खुतबा सुनने इत्यादि का विधान था। उस पर अमल होता था। इस कारण समाज का आकर्षण स्वाभाविक था। उस समय के दौर के लिए इस्लाम दूसरे धर्मों की अपेक्षा अधिक प्रगतिशील धर्म था। इस दृष्टि से इस्लाम के महत्त्व को इनकार नहीं किया जा सकता है।

ग्रियर्सन (भाषा सर्वेक्षण 101) के अनुसार दारा या डेरियस (522-486 ई.पू.) के अभिलेखों से ज्ञात होता है कि ईरान का समाज कई जनजातियों में बँटा था। उनकी अलग-अलग बोलियाँ थी। इनकी संरचना अवेस्ता से भिन्न थी। इस दृष्टि से ग्रियर्सन के मत में पुरानी और गैर पुरानी फ़ारसी के रूप में ईरानी भाषा परिवार को देखा जा सकता है। प्राचीन फ़ारसी का विकास पहलवी (सासानी वंश) से हुआ और गैर प्राचीन फ़ारसी ईरान के कुछ स्वतन्त्र भागों (सेपरेटेड पार्ट्स) में विकसित हुई। यह समय मेडिक या मेदा/(799 ई.पू.) राजाओं का था। आज के सन्दर्भ में वह इलाका पश्चिमी ईरान का है। ग्रियर्सन के अनुसार मेदा/मीदा या माधा बोलियों का विकास स्वतन्त्र रूप में हुआ। इनकी बोलियों में मुख्यतः गल्चा (पामीर), पश्तो (अफगानिस्तान), ओरमुरी और बलूची या बलोची भाषाएँ आती हैं। ओरमुरी अफगानिस्तान की एक जनजाति थी। सर्वेक्षण के दसवें (327-35) में वे बलूची या बलोची का ब्योरा देते हैं। ब्रिटिश राज में ब्रिटिश अधीन बलूचिस्तान (पूर्व) और पर्सियन बलूचिस्तान (पश्चिम) दो हिस्से थे। पूर्व की ओर बलूचिस्तान का फैलाव सिंध और बहावलपुर तक था। और उत्तर की तरफ इसका विस्तार सुलेमान पहाड़ी तक था। ग्रियर्सन के अनुसार ब्रिटिश राज के पहले इसका विस्तार दक्षिणी पंजाब के डेरा गाजी खाँ तक था। परन्तु इस इलाके के लोग बिखरते गये। अब उनकी बोली लहँदा है। उनके समय के सर्वेक्षण के मुताबिक पंजाब की तरफ बलूची का विस्तार नहीं हुआ। इनका विस्तार और इनकी जमावट सिंध और उसके पड़ोसी राज्य बहावलपुर तक हुई है। बलूची भाषा उत्तर में पश्तो और उत्तर-पश्चिम और पश्चिम में पर्सियन या फ़ारसी से घिरी है। पर्सियन बलूचिस्तानी बोलने वालों की संख्या (सम्भवतः 1911) लगभग

दो लाख की हैं। फ़ारसी का असर बलूचिस्तान तक था। जो गैर फ़ारसी बोलियाँ थी, वे कई कारणों से भाषा का रूप नहीं ले सकीं। उनमें पश्तो को छोड़कर शेष बोलियाँ अपने सीमित क्षेत्र में ही सिमट गयीं। एक कारण यह रहा होगा की पूर्वी और पश्चिमी ईरान के एकीकरण में जो अहम भूमिका अवेस्ता की रही, वही ईरान और अफगानिस्तान के सीमा क्षेत्रों के पार नहीं रही है। बलूचिस्तान में पर्सियन के प्रभाव को एक विद्वान् हगीज बुलर (बलूचिस्तान डिस्ट्रिक्ट गजेटियर) के इस सन्दर्भ (सर्वेक्षण 10/334) से समझा जा सकता है कि पश्चिमी बलूचिस्तान का साहित्य पर्सियन लिपि (कैरेक्टर) में मिलता है। वहाँ के एक इतिहासकार इनायत अ. बलोच (दी बलूच क्वेश्चन इन पाकिस्तान एंड दी राइट ऑफ सेल्फ डीटर्मिनिशन[(1)] की माने तो 15वीं शती में बने प्रथम बलूच संघ को मुगल समेत पर्सियनूस ने भी स्वीकार किया था। बलूचिस्तान स्वतन्त्र देश था या नहीं, यह अलग प्रश्न है। फिलहाल, यह मानना चाहिए कि ईरान की फ़ारसी बलूचिस्तान में भी पैठ रखती थी और इसे लेकर बलूचियों में कोई विरोध नहीं था। ईरान और अफगानिस्तान के निकटवर्ती क्षेत्रों में पश्तो को छोड़ शेष बोलियाँ बृहत्तर राष्ट्रीय धारा से जुड़ नहीं सकी जिसके पीछे ब्रिटिश साम्राज्य की भूमिका थी। इसलिए रॉबर्ट्सन और ग्रियर्सन दोनों दरद के इलाके के कबीले (जिसकी एक बोली रही हो शायद) के लिए एक राष्ट्र या राष्ट्र शब्द का प्रयोग इतने अस्पष्ट ढंग से करते हैं कि उससे राष्ट्र का भी बोध हो और ''ट्राइब'' या कबीले का भी।

इसके पीछे प्राचीन भारतीय विद्वानों की समझ भी एक कारण था। इनायत बलोच ने लिखा है कि बलूचिस्तान एक समय में अन्तर्विरोधी (बफर) राज्य था। लगभग वही स्थिति दरद के इलाके की भी थी। इसका सन्दर्भ पाणिनिकालीन भारतवर्ष[(2)] (45-47) आया है। पाणिनि इस इलाके का उल्लेख आयुधजीवी या लड़ाकू कबीले के रूप में करते हैं। महाभारत से ज्ञात होता है कि ये लोग गान्धार के रहनेवाले थे और दुर्योधन की तरफ से लड़ने आये थे। दो इलाकों के लोग पर्वताश्रयी नाम से प्रसिद्ध थे, कुल्लू कांगड़ा (हिमाचल प्रदेश) और गान्धार या अफगानिस्तान में हिन्दूकुश की पहाड़ी। हिन्दुकुश का पुराना नाम रोहितागिरि या लोहितागिरि भी था और यहाँ के आयुधजीवी लड़ाकू रोहितागिरि या लोहितागिरि कहलाते थे। पाणिनि के अनुसार कोहिस्तान-काफिरिस्तान के पहाड़ी प्रदेश में बसे आयुधजीवी उत्सेधजीवी (लूट-मार करने वाले) भी कहलाते थे। डा. वासुदेव शरण अग्रवाल के (पृ. 48) के अनुसार यहाँ की पर्वतीय जातियाँ आयुधजीवी होते हुए भी उस प्रकार के उन्नत संघ में संगठित नहीं हुई थीं जैसे कि त्रिगर्त देश (कांगड़ा-जलंधर प्रदेश) की पर्वताश्रयी

---

1. पाकिस्तान इन दी एटीज (सं. वोलपांगम पीअर जिंगेल और अन्य)
2. डॉ. वासुदेवशरण अग्रवाल

और आयुधजीवी जातियाँ हो गयी थीं। ब्रिटिश राज के समय में दरद का इलाका गिलगिट एजेंसी (1877 ई.) के अन्तर्गत आता था। गिलगिट एजेंसी के ठीक एक साल बाद (1878) कश्मीर और चित्राल के बीच एक संधि हुई थी। कुछ ही वर्षों बाद (1880) संधि भी टूट गयी। सिना के क्षेत्र गिलगिट और चित्राल के सरदारों के साथ कश्मीर के महाराजा की मैत्री लगभग टूट गयी। वह दौर तब का था जब ब्रिटिश राज के एजेंट के रूप में मेजर बिड्डल्फ (1877) गिलगिट आये थे। इसके बाद यह पूरा इलाका कर-दोहन के लिए ज्ञात रहा। प्रो. गेरार्ड फसमैनन (लैंग्वेजज एज ए सोर्स फॉर हिस्ट्र/हिस्ट्री ऑफ नार्दर्न एरिया ऑफ पाकिस्तान) का अनुभव है कि 17वीं शती तक इस इलाके में संचार और यातायात व्यवस्था बहुत कमजोर थी। कोई सड़क नहीं। व्यापार बहुत सीमित थे। जाड़े में तुषारपात के कारण व्यापार के मार्ग बन्द हो जाते थे। सूखा-अकाल, युद्ध और संक्रामक बीमारियों के कारण घाटियों की आबादी कई बार स्थानांतरित हुई। जिस संघ में शामिल न होने की चर्चा प्राचीनकाल में होती रही है, आधुनिक काल में भी यह इलाका किसी संघ का हिस्सा नहीं बन सका। उसकी वर्तमान स्थिति को देखते हुए ग्रियर्सन को लिखना पड़ा होगा कि दरद के निवासी स्वयं को न तो आर्य नस्ल से जोड़ पाए और न ईरानी नस्ल से ही। वे मानते हैं कि दरद भाषाएँ संस्कृत के प्रभाव में तो हैं लेकिन संस्कृत से उपजी नहीं है और ये भाषाएँ ईरानी भी नहीं हैं। सर्वेक्षण के पहले खंड के पहले भाग (पृ. 210) में उन्होंने लिखा है कि "कुछ ईरानी आर्यो" ने हिन्दूकुश के उत्तर से पूर्व की ओर निष्क्रमण कर पामीर प्रदेश को अधिकृत कर लिया। वहाँ से उन्होंने एक दल या अनेक दलों के रूप में हिन्दूकुश के दक्षिण की ओर से पार कर उस देश में प्रवेश किया जो आज दर्दिस्तान के नाम से विख्यात है। उन्होंने लिखा है कि इस ऊबड़-खाबड़ तथा बर्बर देश में आनेवाले आर्य आक्रमणकारियों की भाषा वहाँ के पूर्व निवासियों की उस आर्येतर भाषा से प्रभावित हुई होगी जो अपने ढंग से विकसित हुई। यह न तो ईरानी थी और न भारतीय, दोनों के मध्य की भाषा थी। एक ऐसा समाज जो व्यापार और यातायात की आधुनिक तकनीक से वंचित रहा जो किसी संघ-राज्य का हिस्सा नहीं रहा, हिस्सा रहा भी तो बिल्कुल उपेक्षित और दूसरे समाज से उनके संवाद कम रहे, उस समाज की कुल संस्कृति पाणिनि से लेकर ग्रियर्सन तक इकहरी ही बनी रही, हिंसक समुदाय के रूप में। ग्रियर्सन के पहले डब्ल्यू.डब्ल्यू. हंटर और दूसरे ब्रिटिश अधिकारियों ने पर्वतीय क्षेत्रों के विकास के न होने पर जितने आँसू बहाए, दर्दिस्तान की उथल-पुथल को देखते हुए ये ज्यादा नाटकीय ही लगते हैं। प्रश्न है, मध्य पहाड़ी (गढ़वाल और कुमाऊँ) और झारखंड के पहाड़ी क्षेत्रों का जुड़ाव जिस रूप में भारतीय आर्य भाषा परिवार से हुआ, वही कम अनुपात में ही सही दरद के इलाके का क्यों नहीं हो सका? उससे सटा कश्मीर संस्कृत के विख्यात काव्यशास्त्रियों का गढ़ था। यह स्थिति भारत के दूसरे प्रदेशों की नहीं रही

है। दरद इलाके के निवासी किसी भी पराधीनता को स्वीकार नहीं करते थे। उनके समाज में अंग्रेज़ी राज को लेकर सनातन विद्रोह का भाव रहा है। उस समाज में एक तरह की स्वायत्तता (ऑटोनॉमी) का भाव भी रहा होगा। विकास का कोई मॉडल तो रहा होगा। आखिर वह कौन-सा कारण है कि ईरानी और भारतीय सांस्कृतिक धारा से जुड़े होने के बावजूद इस इलाके की भाषिक पहचान दुर्गम पहाड़ों तक सीमित रह गयी।

सिना या श्रिण्या और चित्राली या खोवार के संख्यावाचकों में आर्य भाषिक पद्धति मिलती है, **बीगॅु-ऍक** (बीस + एक=इक्कीस), **बीगॅु-दु** (बीस + दो=बाईस)। एक आंचलिक पहचान और दूसरी बृहत् भाषिक पहचान। हिन्दी में बीस एक=इक्कीस। यही पद्धति कश्मीरी में भी है **अकॅुत्रूहॅ** (इकत्रीस), **तें यित्रॅ ह** (तैंतीस)। इसमें **त्रूह** कॉमन है। ऐसे अनेक उदाहरण दरद परिवार को भारतीय आर्य भाषा परिवार से भी जोड़ते हैं। अपनी आवासिता के लिए वे वैदिक युग और उसके पहले से कई स्थानों पर अपना घर बसाए होंगे, कई स्थानों से अपने घर उजारे होंगे। इनकी भाषा की रूप-रचना एक रही होगी जिसका उदाहरण ऊपर दिया गया है लेकिन शब्दों में व्यापक परिवर्तन हुए। संस्कृत का **असुर** (राक्षस) अवेस्ता में **अहुर** (देवता) है। कई जगहों पर ये परिवर्तन आंचलिक और व्यापक दोनों को चिन्हित करते हैं। संख्यावाची शब्दों में एक शब्द व्यापकता का सूचक हैं तो दूसरा आंचलिकता का। सिना के संख्यावाची शब्दों में **इक** व्यापकता को दर्शाता है। **एक** संख्या वाले शब्दों में अधिकतर आर्य परिवार का ही स्रोत मिलता है, बशगली (काफिर) का सुत (सात), कलश (काफिर) का सात, विरेन (काफिर) का **सेते** और सिना का **साथ**। दरद जातियाँ आर्य और ईरानी परिवार के सम्पर्क में थीं। इनका उपयोग सेना के रूप में किया जाता रहा होगा। यह स्थिति केवल इनकी नहीं थी। अर्जुन की उत्तर-पश्चिम दिग्विजय के सिलसिले में महाभारत के सभा पर्व में त्रिगर्त और कुलूत पहाड़ियों में बसे गणों और रजवाड़ों का उल्लेख हुआ है। ये गण युद्ध में काम करते थे। दरद इलाके की स्थिति भी बहुत भिन्न नहीं थी। यह सच है कि मध्यकाल और आधुनिक काल तक में इन्हें विकास की मुख्य धारा से अलग-थलग ही रखा गया। पहले और आज के विकास की दृष्टि से कोई बड़ा परिवर्तन नहीं आया। फलस्वरूप इस इलाके की रही-सही सांस्कृतिक पूँजी को बड़ी संस्कृति का दावा करने वाले लील गये। हमने इनकी सांस्कृतिक विरासत को जाना ही नहीं और ये एक छोटे तालाब बन कर रह गये।

दरद का इलाका बिल्कुल कटा होने के बाद भी आर्य और ईरानी दोनों से अलग विकसित होता। प्राचीन और मध्यकाल में यह इलाका व्यापारिक मार्ग भी था। पाणिनि की अष्टाध्यायी (अध्याय 4) में एक शब्द आया है, संस्थानिक, यह शब्द व्यापारी के लिए प्रयुक्त हुआ है, ''संस्थाने व्यवहरति।'' प्राचीन भारत में तीन संस्थाएँ थीं, शिल्पियों की श्रेणी, व्यापारियों का संगठन (निगम) और एक साथ माल लादकर व्यापार करने वाले सार्थवाह। वासुदेवशरण अग्रवाल के अनुसार पाणिनि की

कृति में सार्थवाह शब्द नहीं आया है लेकिन व्यापार की यह विधि उस समय भी मौजूद थी। उनके अनुसार (पृ. 230) पाणिनि के साहित्य में दो प्रकार के व्यापारियों का उल्लेख है, प्रस्तारिक और काठिनिक। पहले व्यापारी खनिज धातुओं में और दूसरे जंगलों की उपज की ठेकेदारी करते थे। व्यापारिक वस्तुओं के नाम से भी इनको प्रसिद्धि मिली हुई थी। उन देशों के नाम से भी इनकी प्रसिद्धि थी, जिनके साथ इनका व्यापार होता था, कश्मीरवाणिज, गांधारिवाणिज। ऊँचे व्यापारी ''उत्तम वाणिज'' कहलाते थे। जातको में विदेह के व्यापारियों का उल्लेख आया है जो कश्मीर में जाकर व्यापार करते थे। पाणिनि की कृति से ज्ञात होता है कि वस्तुओं का मूल्य सिक्कों से चुकाया जाता था। एक सहस्त्र से खरीदा जाने वाला सामान सहस्त्र कहलाता था। अष्टाध्यायी में एक शब्द आया है, **वस्न** जिसका अर्थ सर्वत्र पूँजी से है। **वस्न** से **वस्निक** बना है। **वस्निक** वह व्यापारी होता था जो केवल पूँजी लगाता था। खरीदने-बेचने का काम उसके जिम्मे नहीं था।

संख्यावाची में दरद और आर्य भाषा परिवार के शब्दों में काफी समानता है। दरद का इलाका व्यापारिक मार्ग तो था ही, अच्छा-खासा बाजार रहा होगा। वैदिक काल की नदी सुवास्तु आज की स्वात घाटी है। यह गान्धार (अफगानिस्तान) का एक भाग माना जाता था। स्वात घाटी में विशेष प्रकार के कम्बल बनाये जाते थे। पाणिनि की अष्टाध्यायी में पांडु कम्बल का उल्लेख हुआ है। डॉ. अग्रवाल (226) ने लिखा है कि कम्बल कई प्रकार के थे, प्रवार, पांडुकम्बल, पण्यकम्बल। रंकु नाम का कम्बल बकरियों के लम्बे बालों से बनता था। ग्रियर्सन के संकलित संख्यावाची शब्दों में भिन्नता वाले शब्द एक ही वर्ग के स्वर से रूपांतरित मिलते हैं, बशगली (काफिर) **इव** (एक), **एक** (कलश), **इपिन** (विरेन) और **एक** (दरद/शिना)। सर्वनामों में भी लगभग इसी तरह के रूपान्तर कहीं मिलते भी हैं और कहीं नहीं भी। संख्यावाची शब्दों में दरद और आर्य परिवार की शब्दावली में समानता है। दरद इलाके का मार्ग व्यापारिक मार्ग के रूप में प्रसिद्ध था। पाणिनिकालीन भारतवर्ष के अध्याय परिच्छेद छह में कई मार्गों का उल्लेख हुआ है। एक मार्ग उत्तर पथ का था। उत्तर पथ का मार्ग गान्धार से पाटलीपुत्र तक का था। डॉ. अग्रवाल के अनुसार शेरशाह और अकबर के समय में ही यह मार्ग पूरी तरह चालू था। इस मार्ग के दो हिस्से थे। एक हिस्सा कास्पियन सागर से होते हुए यूरोप चला गया था और दूसरा हिस्सा गान्धार की राजधानी से चलकर तक्षशिला सिन्धु और यमुना पार कर के पाटलीपुत्र तक आता था।

ग्रियर्सन की संकलित शब्दावली में खेती करने वालों के लिए बशगली (काफिर) का एक शब्द है, **किषकुले** और कलश का शब्द है, **किशकर**। विरेन/विरोन में **नुमेस्तो** और सिना मे **दहकन** है। दरद परिवार में **श्रृ** का प्रयोग कम मिलता है। बशगली में लड़के के लिए **पितृस्थ** (PITRASHT) शब्द मिलता है जो विरोन में **पिएस्त** (PIEAST) हो गया है। **स्थ** प्रत्यय का प्रयोग परवर्ती अर्थ में हुआ है, **पितृ–अस्थ**।

ग्रियर्सन की संकलित शब्दावली दरद के इलाके की आर्य परिवार से सन्निकटता का बोध कराती है। काफिर के दो समूह थे, स्याहपोश (Black clothed) और सुफेदपोश (White clothed)। उनके अनुसार (खंड आठ/भाग दो/29) उत्तर और पूर्व के स्याहपोश काफिरों में एक ही भाषा की अनेक बोलियाँ थीं। उत्तर और केन्द्रीय दरद इलाके के सुफेदपोश काफिर के निवासी एक दूसरे की भाषा भली-भाँति समझते थे। इसका मतलब यह कि पूरे दरद इलाके में सम्प्रेषण का संकट कम रहा होगा। एक कॉमन भाषा थी। दैनिक काम-काज की भाषा थी। जॉर्ज रॉबर्टसन के हवाले उन्होंने लिखा है कि एक जनजाति असंकुद थी जिसकी बोली अस्कुंद ही थी और जिसके बारे में कुछ भी ज्ञात नहीं है। फिर ग्रियर्सन के अनुसार सुफेदपोश जनजातियों की बोलियों में पारस्परिक संवाद बिना इंटरप्रेटर के सम्भव नहीं था। दो बोलियों के भौगोलिक क्षेत्र जब इतने निकटतर हों तो इनके बीच सम्पर्क की एक कॉमन भाषा रही होगी।

ग्रियर्सन खुद दरद इलाके में नहीं गये थे। उन्हें राजनैतिक एजेंटों से सामग्री मिली। उनके सारे निष्कर्ष बिल्कुल तर्कहीन नहीं हैं। फिर भी, राजनैतिक एजेंटों ने अपने अभिप्राय से यह टिप्पणी जड़ दी होगी। ब्रिटिश राज के एजेंट इस इलाके के विकास को लेकर बहुत चिन्तित कभी नहीं रहे। वे जो कुछ ग्रियर्सन को बताये होंगे, एक तरह से वे उसे मानने के लिए भी बाध्य होंगे। ग्रियर्सन एक सच्चे राज भक्त तो थे ही। वे राजनैतिक एजेंटों की जानकारी पर भरोसा करते थे। एक ही इलाके में एक से अधिक भाषिक समुदायों के बीच सम्पर्क भाषा का न होना यह दर्शाता है कि वह इलाका बाकी सबसे कटा हुआ था। वहाँ व्यापारिक तबका समृद्ध नहीं रहा होगा। वहाँ का बाजार बहुत छोटा रहा होगा। दरद का इलाका व्यापारिक मार्ग था। भारत आने का गान्धार से भारत जाने वाले व्यापारियों का एक पड़ाव दरद का क्षेत्र रहा होगा। बिना रुके वे एक रफ्तार में भारत नहीं पहुँच जाते। खुदरा व्यापारी भी थोक-भाव में माल लेकर भारत आते होंगे। चित्राली का एक ब्योरा रॉबर्टसन की किताब (192-93) में आया है। वे इसे ‘‘ए गुड डिफेंसिव स्टेट‘‘ कहते हैं। चित्राली बाजार से सटा एक सराय था जो किले की दीवार से लगभग 750 यार्ड की दूरी पर था। इसके पश्चिम में अतिथिशाला और पहरेदारों के कुनबे थे जहाँ अनाज भी जमा किये जाते थे। इसके दक्षिण-पश्चिम में अलग-अलग मकान बने थे। इससे सटे एक मन्दिर और मनोरंजन गृह (प्लेजर हाउस) भी बने थे। चित्राल का विवरण 1895 ई. का है। उस समय तक ग्रियर्सन सामग्री-संकलन में ही लगे थे। दरद भाषा परिवार का उनका सर्वेक्षण खंड (खंड 8) 1919 में प्रकाशित हुआ। ग्रियर्सन (पृ. 29) मानते हैं कि वर्तमान स्थिति में दरद परिवार की शब्दावली ईरानी परिवार से काफी साम्य रखती है। उनकी ध्वनि-संरचना (फोनेटिकल स्ट्रक्चर) भारतीय विशिष्टता ली हुई है। उनके अनुसार इनकी व्याकरणिक संरचना भारतीय भाषा-परिवार से कुछ भिन्न है। इसलिए इनको भारतीय आर्य परिवार से चिन्हित करना भी मुश्किल है।

अवेस्ता (650-55 ई.) के कुछ समय बाद पहलवी भाषा आयी जिसे मध्य कालीन फ़ारसी के रूप में भी जाना जाता है। ''जेन्दावेस्ता'' मुख्यतः अवेस्ता की टीका हैं। अवेस्ता गाथाओं/प्रार्थनाओं का संग्रह है। डेरियस प्रथम (एकेमेनियन राजा/521-485 ई.पू.) के द्वारा खुदवाए कीलाक्षर अभिलेखों में प्राचीन फ़ारसी का स्वरूप सुरक्षित है। अवेस्ता की गाथाएँ गाय के चमड़े पर (एकेमेनियन साम्राज्य) लिखी गयी थी। अवेस्ता का मूल पाठ 600 ई. (ए.डी.) का है अरबों के आने (600 ई.) के बाद इसके कुछ अंश नष्ट भी हुए। अवेस्ता और प्राचीन फ़ारसी में समय का अन्तराल बहुत कम है। दोनों में काफी समानता है। अवेस्ता का **येजी** प्राचीन फ़ारसी में **यदी** (यदि) है। दोनों में तीन वचन एक, द्वि, और बहुवचन और तीन लिंग स्त्रीलिंग, पुल्लिंग और नपुंसक हैं। मध्यकालीन ईरानी भाषाएँ प्राचीन की अपेक्षा संयोगात्मक (Synthetic) से वियोगात्मक (Analytic) होती गयी। संयोगात्मक शब्दों में अलग से सहायक सम्बन्ध तत्त्व नहीं लगाना पड़ता है। अरबी आदि सेमेटिक परिवार की भाषाओं का पुराना रूप संयोगात्मक है। वियोगात्मक में सहायक सम्बन्ध तत्त्व को अलग से लगाना पड़ता है। अवेस्ता और प्राचीन फ़ारसी संयोगात्मक भाषाएँ थीं। मध्यकालीन ईरानी भाषाओं में हुआ परिवर्तन विश्व की दूसरी भाषाओं की तरह ही हुआ, संयोगात्मक से वियोगात्मक।

अवेस्ता, प्राचीन फ़ारसी और वैदिक संस्कृत के शब्दों की तुलना होती रही है। तीनों के पारस्परिक साम्य को लेकर सर्वसम्मति रही है। अवेस्ता (पूर्वी ईरान) और फ़ारसी (पश्चिमी ईरान) के बीच समय का अन्तराल बहुत कम है। वैदिक संस्कृत का प्राचीन रूप ऋग्वेद (1500-1000 ई.पू.) है। तीनों भाषाएँ संयोगात्मक हैं। वैदिक संस्कृत के उत्तरी, मध्य देशीय और पूर्वी रूप मिलते हैं। कहते हैं कि प्राचीन फ़ारसी से आधुनिक फ़ारसी, कुर्दी, आसेनिक य ओसेटिक (काकेशस) आदि भाषाओं का विकास हुआ है।

ईरान के निवासी खुद को आर्य मानते हैं। एक समय दोनों देशों (भारत-ईरान) के बीच उत्प्रवास (इमिग्रेट) और प्रव्रजन (माइग्रेट) के फलस्वरूप दरद, काफिर और ईरानी भाषाएँ परिवार स्वतन्त्र अस्तित्व में आयीं हैं। भ्रातेर (भारत-ईरानी), **ब्राता** (अवेस्ता), **ब्राता** (प्राचीन फ़ारसी) और संस्कृत में **भ्राता,** भारत और ईरानी भाषा परिवार की घनिष्ठता को दर्शाता है। भारत-ईरानी भाषा परिवार संसार के दूसरे भाषा-परिवारों को भी प्रभावित करता रहा है। भाषावैज्ञानिक जे. हरमट्टा (दी इमर्जेंस ऑफ दी इंडो-ईरानियनस : दी इंडो ईरानियन लैंग्वेजेज)[1] फीनी उग्रे या उग्रियन परिवार में प्रचलित शब्दों का स्रोत भारत-ईरानी के आदिम स्रोत (प्रोटो) में देखते हैं। फीनी उग्रियन में प्रचलित दैनिक जीवन के अनेक शब्दों के स्रोत ईरानी परिवार में मिलते हैं, **अक्तरा** (actara whip) और **अक्त्रा** (actara), **अंका** (फीनी उग्रियन/हिस्सा), **अंकाब** (भारत ईरानी), **अजा**

1. ए.एच. दानी & व्ही.एम. मासून/हिस्ट्री ऑफ सिविलाइजेशन ऑफ सेंट्रल एशिया (यूनेस्को/1992) में संकलित (प्रथम खंड)

(फी.उ.)/हरमट्टा का अनुमान है कि फीनी उग्रियूंस और ईरानी परिवार का सम्पर्क 500 ई.पू. के आस-पास रहा होगा। पूर्वी यूरोप के आक्रमण (400 ई.पू.) के पूर्व लम्बे समय तक दोनों भाषा-परिवारों की घनिष्ठता रही होगी। उस दौर में फीनी उग्रियन भाषा परिवार में भारत-ईरानी परिवार के कई शब्द आ गये। दोनों परिवारों के सामाजिक सम्बन्ध जनजातीय समाज की प्रवृत्ति का परिचय देते हैं। हरमट्टा का जनजातीय से अभिप्राय जंगल में एक जगह निवास करने वाले विभिन्न समुदायों से है जिनके बीच सामान के बदले सामान की लेन-देन विनिमय के रूप में रहा होगा। दोनों परिवारों की पारस्परिकता वैवाहिक सम्बन्ध में भी बदली है।

फिनी उग्रियन/फिनो उग्रियन यूराल-अल्ताई भाषा परिवार की शाखा है। इस परिवार की भाषाएँ युराल और अल्ताई पर्वत के बीच टर्की, हंगरी और फिनलैंड से लेकर पूर्व और भूमध्य सागर से लेकर उत्तर में उत्तरीय सागर तक मिली हुई है। क्षेत्र की दृष्टि से भारोपीय परिवार को छोड़कर कोई भाषा परिवार इतना बड़ा नहीं है। हरमट्टा लिखते हैं कि फिनी उग्रियन जनजातीय समाज खेती के प्रारम्भिक दौर में ईरानी समाज के सम्पर्क में आया। उनका अनुमान है कि आदिम (प्रोटो) ईरानी परिवार का सम्पर्क यूरोप के दूसरे जनजातीय समाज से भी हुआ। इसके प्रमाण भाषाओं की शब्दावली में मौजूद हैं। यद्यपि वे यूरोपीय विशेषकर भारोपीय परिवार का महत्त्व दिखाते हैं तथापि उनके इस विवरण से भारत-ईरानी भाषा परिवार का महत्त्व भी प्रतिपादित होता है। सभ्यता के विकास के शुरुआती दौर में इस परिवार का महत्त्व बाकी किसी भी परिवार से अधिक रहा होगा। ऐसा माना जाता है और इसे स्वयं हरमट्टा ने भी स्वीकार किया है कि बुरूशस्की (Burushaski) एक समय में कॉकेशियन परिवार की भाषा थी। गिलगित/हुंजा घाटी के निकट मात्र बीस हजार की भाषा बरूशस्की शुरुआती दौर में बड़ी आबादी की भाषा थी। कुछ भाषा वैज्ञानिक (प्रो. गेराल्ड फसमैन/लैंग्वेज एज ए सोर्स ऑफ हिस्ट्री)[(1)] इसे दरद परिवार की भाषा नहीं मानते हैं। इन्होंने डोमाकी भाषा (हुंजा के निकट मात्र 500 की भाषा) को संदर्भित करते हुए इस भाषा पर भारतीय आर्य और बुरूशस्की का प्रभाव बताया है। हुंजा इलाके में भारत-ईरानी और भारतीय आर्य दोनों भाषाओं की प्रवृतियाँ विकसित हो रही थी। इससे भी दोनों भाषा-परिवारों के पारस्परिक घनिष्ठ हो रहे सम्बन्ध का पता चलता है। एशिया महादेश का यह इलाका, दरद परिवार का इलाका अपने इतिहास में यूरोपी भाषा परिवार से गहरे जुड़ा हुआ तो था ही बल्कि कहें कि उस भाषिक समाज ने यूरोपीय जीवन-शैली को बहुत प्रभावित किया था। इसलिए गिलगित से लेकर अफगानिस्तान तक का क्षेत्र कई भाषा परिवारों के समन्वय का भी रहा है। इस दृष्टि से मानव जाति के इतिहास में दरद भाषा परिवार का महत्त्व किसी अन्य परिवार से कम नहीं है।

---

1. डॉ. अहमद हसन दानी, हिस्ट्री नार्दन एरिया ऑफ पाकिस्तान में संकलित

अवेस्ता और प्राचीन फ़ारसी में कहीं-कहीं वर्णों का परिवर्तन बहुत व्यवस्थित नहीं लगता है। अवेस्ता का जो समय (650-553/628-551 ई.पू.) है वही जरथुस्त्र का भी माना जाता है। जरथुस्त्र के समय की थोड़ी-बहुत जानकारी का स्रोत जेन्दावेस्ता की संहिताएँ और प्रार्थनाएँ हैं। अवेस्ता–प्राचीन फ़ारसी में दंत्य ध्वनि (एस) बिल्कुल सुरक्षित नहीं थी। कभी-कभी उनका महाप्राणीकरण भी होता है, **मसिस्ता** (सबसे बड़ा/अवेस्ताँ) और **महेस्त** (प्रा.फा.)। परन्तु **जस्त्र** (हाथ/अवे.) और दस्त (प्रा.फा.), **अस्थ** (अवे./घोड़ा) और **अस्व** (प्रा.फा.) अपवाद है। वैदिक संस्कृत में ध्वनियों की पूरी सूची मिलती है, संयुक्त स्वर से लेकर संघर्षी (श, ष, स), महाप्राण (ह) तक। अवेस्ता और प्राचीन फ़ारसी में भी समस्त ध्वनियाँ मिलती हैं। प्राचीन फ़ारसी में उपलब्ध धातु-रूप अवेस्ता में भी मौजूद हैं, **आप-ऑब** (पानी), **गाउ** (गाय), **नार** (पुरुष)/नाव (नाव), **पॉद** (पैर)/जाम (जमीन), **द्वार** (दरवाजा)। इस भाषा के कुछ प्रमुख प्रत्यय हैं, **मंद-होनरमंद** (कुशल), **होनारी** (कलात्मक)। अन्य कुछ प्रत्यय हैं, **ता**, **का**, **ना** इत्यादि।

प्रो. सत्यस्वरूप मिश्र (दी अवेस्तन : ए हिस्टॉरिकल एंड कम्प्रेटिव ग्रामर) के अनुसार भारतीय-ईरानी परिवार की प्रकृति आदिम (आर्केइक) है। अपने यहाँ के रामायण और महाभारत (1000-500 ई.पू.) के कुछ ही बाद अवेस्ता अस्तित्व में आया। इसके भाषिक नमूनों का संकलन भाषाओं के विकास को समझने के लिए बहुत उपयोगी है। प्रो. मिश्र ने बहुत विस्तार से अवेस्ता, संस्कृत और प्राचीन फ़ारसी के शब्दों का क्रम और विश्लेषण प्रस्तुत किया है। **असुर** (सं.), **अहुरा** (Ahura/अवे.) अ (ा) **हुरा** (Hura/प्रा.फा.)। ध्वन्यात्मक दृष्टि से इनका उच्चारण एक है। अर्थ में भिन्नता ज़रूर है। संस्कृत में असुर राक्षसों के लिए आता है जबकि अवेस्ता और प्राचीन फ़ारसी में यह देवता के लिए आता है। अवेस्ता और प्राचीन फ़ारसी में स्वरों का निश्चित क्रम मिलता है। अवेस्ता के दो रूपों (गॉथिक और परवर्ती या यंगर) में स्वरों का क्रम बदलता है। जैसे, गॉथिक अवेस्ता में अन्तिम स्वर दीर्घ और परवर्ती या यंगर अवेस्ता में लघु हो जाता है। मूल धातु में उपसर्ग और प्रत्यय लगते हैं। प्राचीन फ़ारसी में **ल** वर्ण नहीं है जबकि वैदिक संस्कृत में यह है। भारत-यूरोपीय में वर्ण और उसके उच्चारण स्थान नियत और बारीक नहीं है। भारोपीय का **जी** और **जी एच** ईरानी परिवार में तालव्य स्वर (जेड/एच) हो जाते हैं। इसे युँ देखें कि आधुनिक फ़ारसी के **जे, ज़े** और उर्दू के जे ज़े प्राचीन फ़ारसी में मौजूद थे। वैदिक संस्कृत में दंत्य ध्वनियों का अस्तित्व (जए जीए कए कीध्त थ द ध) था और ईरानी परिवार में भी। प्राचीन फ़ारसी में संयुक्त स्वर भी थे। इन दो भाषाओं में सामान्य भाषागत प्रवृत्ति मिलती है जिसे भारतीय आर्य भाषा परिवार में भी देखा जा सकता है। पाणिनि की अष्टाध्यायी (400 ई.पू.) में दरद क्षेत्र का निश्चित भूगोल आया

है। उनके अनुसार (वासुदेवशरण अग्रवाल/पाणिनिकालीन भारत/50) सिंधु नदी कैलाश के पश्चिमी तटांत से निकलकर कश्मीर को दो भागों में बाँटती है। यह गिलगिट-चिलास होती हुई दरद के मैदान में उतरती है। इसलिए सिंधु को दारदी सिंधु भी कहा जाता है। दरद का एक नाम पार्द भी है जिसका उल्लेख वार्तिक (संस्कृत में प्राप्त शास्त्र-प्रकारों में एक जिसमें सूत्रों की व्याख्या के सिलसिले में इसके अलावा उक्त, अनुक्त और दुरुक्त प्रकार मिलते हैं) में मिलता है। पाणिनि के परवर्ती पतंजलि (प्रभुदयाल अग्निहोत्री/पतंजलिकालीन भारतवर्ष/78) के भाष्य में पर्वत श्रेणियों के लिए दरद शब्द आया है जहाँ के निवासियों को बर्बर या म्लेच्छ कहा गया है। दरद का क्षेत्र यातायात की दृष्टि से दुर्गम रहा है। ब्रिटिश सरकार अपने राजनैतिक एजेंटों को कर की उगाही के लिए नियुक्त करती थी। उसके आने के बाद भी इस इलाके में कोई बड़ा परिवर्तन नहीं हुआ। पहाड़ के निवासियों के लिए जो समझ हंटर (1878) की बनी, उसका विकास ग्रियर्सन के भाषा सर्वेक्षण में भी मिलता है। ग्रियर्सन इसे भारतीय आर्य भाषा परिवार से अलग नहीं मानते। परन्तु वे इसके बिल्कुल स्वतन्त्र अस्तित्व पर बल देते हैं। कुछ जगहो पर (पृ. 5) वे दरद के इलाके को स्वतन्त्र राष्ट्र (दरद नेशन) भी बताते हैं। ऐसे स्थलों पर ''ट्राइब'' के बदले ''नेशन'' प्रयुक्त हुआ है। आखिर क्यों?

ग्रियर्सन संस्कृत के भी विद्वान् थे। वे पाणिनि की अष्टाध्यायी से परिचित होंगे। अष्टाध्यायी में 'जनपद' को 'राष्ट्र' का पर्यावाची माना गया है। 'नगर' शब्द 'जनपद' की राजधानी के लिए प्रयुक्त हुआ है। चार सौ ई.पू. में जनपदों का स्वतन्त्र अस्तित्व तो होगा ही। ग्रियर्सन के सर्वेक्षण में जनपद शब्द प्रयुक्त नहीं हुआ है। वे 'ट्राइब' का प्रयोग हिन्दूकुश पर्वत के निवासियों को तीन समूहों (गल्चा, खो और शिना) के सन्दर्भ में करते हैं। ये समझ भाषा वैज्ञानिक बिड्डुल्फ (ट्राइबूस ऑफ हिन्दुकुश) की भी थी। मेजर बिड्डुल्फ की किताब 1880 में आयी जिसका सन्दर्भ ग्रियर्सन (पृ. 5) में मिलता है। ग्रियर्सन जनपद की राष्ट्र वाली दृष्टि को सींचते हैं। अपनी ज़रूरत के हिसाब से वे पाणिनि को याद करते हैं। महाभारत के भीष्म पर्व में दो सौ पचास जनपदों के नाम आये हैं। डॉ. वासुदेवशरण अग्रवाल (पृ. 57) ने लिखा है कि पाणिनि के भूगोल का प्रधान अंग जनपद विभाग हैं सांस्कृतिक, राजनैतिक, भौगोलिक और भाषा की दृष्टि से प्रत्येक जनपद स्वाभाविक इकाई होता था। जनपदों को अलग करने वाले नदी-पर्वत की प्राकृतिक सीमा थी जिनसे बड़े और छोटे जनपद बनते थे। ग्रियर्सन ''ट्राइब'' को राष्ट्र के रूप में लेते हैं। गियर्सन दुर्गम पहाड़ों से घिरे इलाके के लिए नेशंस (दरद नेशंस) शब्द भी चलाते हैं। फिर ट्राइब शब्द भी चलाते हैं। यह विवाद समतल क्षेत्रों के लिए दूसरे तरीके से आया है। वहाँ बिहार के लिए अलग भाषा की समझ बनायी गयी। दुर्गम पहाड़ों के लिए समझ वही थी, पोशाक बदली हुई थी। पाणिनि से वे

जनपद की स्वतन्त्र इकाई का विचार लेते हैं और उसे आज के समय में फिट कर देते हैं। चार सौ ई.पू. के पाणिनि ग्रियर्सन को इसी रूप में काम आते हैं। दरद को भारतीय आर्य भाषा परिवार से जोड़ते हुए उसे फिर भारत-ईरानी परिवार से जोड़ने का जो कारण ग्रियर्सन बताते हैं, उसके पीछे जनपद और राष्ट्र की उनकी अपनी समझ है। उनके अनुसार दरद इलाके की स्वतन्त्र और निश्चित पहचान के बावजूद इनका ईरानी परिवार से प्रभावित होना स्वाभाविक था।

(ग) दरद परिवार की प्रमुख बोलियाँ

पर्वत श्रेणियों से घिरा अल्प आबादी का चित्राल काफिरिस्तान और काबुल के बीच का इलाका है। इसकी एक तरफ काबुल का क्षेत्र है और दूसरी तरफ गिलगिट सीमा और उसके हुंजा और पुनियाल का क्षेत्र है। जी. रॉबर्ट्सन इस इलाके का दौरा करने वाले थोड़े अधिकारियों में (जनवरी, 1895) थे। वे ब्रिटिश सरकार के विश्वसनीय अधिकारी थे। चित्राल और उसके समीपी क्षेत्रों पर उनकी दो किताबें आयीं, "चित्राल : दी स्टोरी ऑफ माइनर सीज" और "दी काफिर ऑफ दी हिन्दूकुश।" गिलगिट और चित्राल दोनों के उनके अपने अलग-अलग अनुभव हैं। जहाँ वे गिलगिट को पहाड़ियों से घिरा अत्यन्त आकर्षक इलाका मानते हैं, वहीं चित्राल को दलदली और संकरे रास्तों और कमजोर पुलों से घिरा कम आबादी वाला ऐसा क्षेत्र मानते हैं, जिसकी आबादी मुश्किल से एक लाख होगी और जिसका क्षेत्रफल इंगलैंड के वेल्स शहर से छोटा या उसके करीब का होगा। सुनसान और खामोश पहाड़ों से घिरा यह क्षेत्र कड़ाके की ठंड के लिए भी चर्चित रहा है। रॉबर्ट्सन ने लिखा है कि एक सप्ताह ठंड और दूसरा सप्ताह हिमशीतता (फ्रॉजन) का होता हैं। खाद्य पदार्थों की इतनी कमी कि मोटा आदमी शायद ही देखने को मिले। यहाँ तक कि इलाके के सम्पन्न तबके के लिए भरपूर भोजन नसीब नहीं। वहाँ के लिए सबसे भारी और असरकारी घूस भरपेट भोजन ही था। रॉबर्ट्सन के अनुभव तब के हैं जब यह इलाका ब्रिटिश राज के अधीन आ चुका था। गिलगिट में राज को लेकर बहुत असन्तोष नहीं था लेकिन चित्राल में ब्रिटिश राज के प्रति असन्तोष साफ दिखता था। चित्राल काबुल के ज्यादा करीब था और पूरा काबुल कहें अफगानिस्तान ब्रिटिश राज को लेकर पहले भी आशान्वित नहीं था और आज भी नहीं है।

जैसा कि ब्रिटिश बौद्धिकों का चलन पहाड़ों से घिरे अल्प आबादी वाले इलाके को ''ट्राइबल या बंजारा'' कहने का रहा है, रॉबर्ट्सन इनका प्रयोग किये बिना इस इलाके की मानसिकता को उसी चश्मे से देखते हैं। वे अपने यात्रा-अनुभव (दी

स्टोरी ऑफ ए माइनर सीज) में जिस लोक कथा का बयान करते हैं, उसका मुख्य निष्कर्ष ''ट्राइबल या बंजारा'' को कठोर और निष्ठुर मानने का ही है। अंग्रेज़ी के ये दो शब्द हंटर के समय चर्चित हुए थे। हंटर की किताब (ए कंप्रेटिव डिक्शनरी ऑफ लैंग्वेज ऑफ इंडिया हाई एशिया) रॉबर्ट्सन की किताब से पहले आयी थी।

हंटर के इस शब्दकोश की भूमिका लगभग पैंतीस पृष्ठों की है। इसमें योगात्मक (संस्कृत और अरबी) अयोगात्मक (बास्क, फीनिक, जॉर्जियन, मंगोलियन आदि), आइसोलेटिंग (चीनी, जापानी आदि), चीनी और तिब्बत सीमा रेखा, नेपाल का किरान्ती समूह और नेपाल की विशृंखलित बोलियों के संख्यावाची, पूर्वसर्ग सम्बन्धी (प्रीपोजीशन्स) और दैनिक जीवन के शब्दों का उल्लेख है। इसमें योगात्मक और अयोगात्मक का वर्गीकरण समझ में आता है। किसी सीमा तक हंटर योगात्मक से समस्त आधुनिक भाषाओं के विकास की दृष्टि को मानते हैं। अवेस्ता और पहलवी से दरद परिवार की भाषाओं का विकास माना जा सकता है। हंटर के इस शब्दकोश में ईरान से कश्मीर तक के भाषा परिवारों का न होना संयोग भी हो सकता है। इतने बड़े इलाके के शब्दों को जमा करना श्रमसाध्य ज़रूर था। परन्तु उससे ज्यादा मेहनत चीन और नेपाल सहित दक्षिण केन्द्रीय और पूर्व बंगाल के भाषा परिवार के शब्दों को जुटान में लगी होगी। ईरानी परिवार को छोड़ने का मतलब क्या था? रॉबर्ट्सन जिस दरद इलाके के एक छोटे-से हिस्से के गैर सामाजिक मूल्यों को तराजू पर रखते हैं, उसके बीज हंटर के इस शब्दकोश की भूमिका (प्रीफेस) और लघु प्रबन्ध (डिसर्टेशन) से मिलते हैं। हंटर के अनुसार (प्रीफेस) समतलीय क्षेत्रों में प्राग-ऐतिहासिक नस्लों को इतना दबाया गया, वे इतने नीचे चले गये कि अब उन्हें एक नृजातीय पहचान (एथनिक एक्जिस्टेंस) की ज़रूरत पड़ गयी है। पहाड़ और ऊँचे पठारों के निवासियों की अपनी राष्ट्रीयता (प्रीजर्वूड देअर नेशनलिटि) थी। खेद है कि यहाँ के विजेताओं (आर्य, मुगल और अफगान) ने उन्हें उखाड़ फेंकने का ही काम किया है। अंग्रेज अब उन्हें फिर से अधिकार देने की कोशिश में लगे हैं। यह सही है कि समतलीय क्षेत्रों में हिन्दू और मुसलमानों के बीच सरकार की सक्रियता के कारण पहाड़ी और पठारी इलाके के निवासियों की उपेक्षा हुई है। फलस्वरूप ब्रिटिश राज के प्रशासकों के लिए ये निवासी रहस्यपूर्ण या जादुई बने रहे हैं। सच्चाई यह है, जैसा कि हंटर मानते हैं, कि ब्रिटिश राज ने इन निवासियों को समानता की दृष्टि से देखा। राज ने खुद को इनके आगे कभी विजेता नहीं समझा। यह सत्य है कि आर्यों की महिमा (लस्टर) के आगे अनार्य नीचे की ओर ही बढ़ते चले गये।

रॉबर्ट्सन की किताब में एक लोक कथा भी है। चित्राल की एक सड़क का नाम ''डबल मर्डर'' (रोड ऑफ डबल मर्डर) था। रॉबर्ट्सन को किसी युवक के साथ इस सड़क से गुजर रहे ऐसे नाम पर अचरज हुआ। तभी लोक कथा का पन्ना खुला। एक युवक अपनी माँ के साथ रहता था। उसे विवाह से बड़ी चिढ़ थी। उसकी समझ

थी कि एक जगह दो औरतों के रहने पर झगड़ा होना तय है और ऐसे में कोई भी दुर्घटना हो सकती है। फिर भी, माँ के दबाव के आगे उसे झुकना पड़ा। शादी के बाद सास और पुतोह में हमेशा झगड़ा होने लगा। आखिर में दोनों औरतें घर छोड़कर इसी सड़क की ओर भागने लगीं। उसी समय वह युवक भी आ रहा था। एक पत्थर के निकट तीनों टकराए। युवक ने दोनों की गर्दन काट दी। रॉबर्ट्सन के अनुसार देखा यह गया कि दो धाराओं में बह रहे खून बिल्कुल अलग-अलग थे। यानि मरने के बाद भी दोनों के खून मिले नहीं। इसलिए इस सड़क का नाम ''रोड ऑफ मर्डर'' पड़ा। आगे के अध्याय (IV) में उन्होंने लिखा है कि चित्राल का पूर्व इतिहास (अंग्रेज़ी राज के पूर्व) हत्याओं की उबाऊ कथाओं का रहा है जिसमें भाई-भाई और पिता-पुत्र की हत्या के ब्योरे भरे-पड़े हैं।

चित्राल ठंडा प्रदेश रहा है। पहाड़ों से घिरा प्रदेश रहा है। गरीबी और खाद्य पदार्थों की कमी इस इलाके के कलंक थे। उसकी तह में जाने पर ब्रिटिश राज के अधिकारी अपने लिए गड्ढा ही खोदते। रॉबर्ट्सन अपनी ओर से दो औरतों के खून के नहीं मिलने की कल्पना कर लेते हैं। गर्दनें कहीं कटी हों। दोनों के खून के न मिलने की गढ़ंत वास्तविकता से पहाड़ के निवासियों की अनुदारता और निष्ठुरता ही सामने आती है। ऐसे में अगर हंटर के तथ्यों की रोशनी में रॉबर्ट्सन के विचार को रखा जाए तो इनके बीच राष्ट्रीयता कैसे पनप गयी? राष्ट्रीयता कई कबीलों के एक होने के लक्षण को दर्शाती है। उस इलाके के या कहीं के भी अंग्रेज यात्री ''राष्ट्रीयता'' का प्रयोग ''ट्राइब'' के रूप में भी कर रहे थे। इसके पीछे कारण था, अपनी मौजूदगी के तर्क को मजबूत करना। उनके लिए ''राष्ट्रीयता और कबीला'' दोनों समानार्थी थे। वे राष्ट्रवादियों के हथियार से कबीलों पर प्रहार कर रहे थे। पहाड़ों के बीच राष्ट्रवाद के व्यापकतर नहीं होने का यह एक प्रमुख कारण था। स्वयं रॉबर्ट्सन ने इस इलाके की तंग यातायात व्यवस्था और उसके घोर अंग्रेज़ी-विरोध का जिक्र किया है। अंग्रेज़ी राज के अधीन में आ जाने के बाद भी चित्राल में कोई बड़ा परिवर्तन नहीं आया। राष्ट्रवाद की मुख्य धारा से इनको अलग-थलग किये जाने के बावजूद काबुल में ब्रिटिश राज का विरोध जारी रहा, चाहे वह खाँ अब्दुल गफार खाँ के नेतृत्व में हो या किसी और के। यह सही है कि चित्राल की भाषा चित्राली (खोआरी) आगे भी बहुत व्यापक इलाके की भाषा नहीं रही। इस भाषा की शब्दावली, उसकी रचना ईरानी और आर्य भाषा परिवार से अलग नहीं है। आर्यों की एक शाखा जो ईरान में बसी, उसका प्रसार चित्राल, गिलगिट और कश्मीर तक रहा है।

इस वास्तविकता को ग्रियर्सन भी समझते थे। कश्मीरी के सन्दर्भ में (कश्मीरी लैंग्वेज/इंट्रोडक्शन) विचार करते हुए उन्होंने लिखा है कि इसका (कश्मीरी) सीधा सम्बन्ध गिलगिट के सिना और चित्राल के खोआर अैर काफिर की अन्य बोलियों से है। उनके अनुसार पिछले पाँच दशकों के मुस्लिम शासकों के इस इलाके (चित्राल

और गिलगिट) पर हुए हमलों के दौरान यहाँ की बोलियों में फ़ारसी के जरिए अरबी शब्दों का भी समावेश हुआ। कश्मीर के वे निवासी जो इस्लाम धर्म में आ गये, उनकी बोलियों में यह परिवर्तन देखा जा सकता है। इसी आधार पर ग्रियर्सन कश्मीरी भाषा के दो रूप बताते हैं, हिन्दू और मुस्लिम। कश्मीरी में स्वरों की व्यवस्था जटिल है। अधिकांश स्वरों (कश्मीरी ग्रामर, पृ. 15) के दो-तीन रूप हैं, उनके अनुसार अधिकांश भारतीय भाषाओं मे स्वरों के दो रूप होते हैं लेकिन कश्मीरी में इनके तीन से अधिक रूप देखे जा सकते हैं। बहुत ही लघु स्वर, जिसे 'मात्रा' के रूप में ही देखा जा सकता है, कश्मीरी में उनकी मौजूदगी तटस्थ या साइलेंट रूप में होती है। कभी-कभी स्वरों का उच्चारण नाक से भी होता है। कश्मीरी स्वरों की एक विचित्रता और भी है कि किसी मात्रा के लगने पर यह अपने निकट के स्वर से परिवर्तित हो जाता है। जैसे, प का न में बदल जाना।

कश्मीरी के दो रूप (मुस्लिम-हिन्दू) देखने की अंग्रेज़ी राज की कोशिश के फलस्वरूप आज के कश्मीर को देखा जा सकता है। मुसलमानों के आक्रमण और कश्मीर में आये परिवर्तन को कश्मीरी भाषा और साहित्य के इतिहासकार भी मानते हैं। शशिशेखर तोषखानी (कश्मीरी साहित्य का इतिहास : एक विहंगम दृष्टि/ वसुधा भोपाल) ने लिखा है कि इस्लाम के आगमन से न सिर्फ कश्मीरी काव्य की गति और दिशा में परिवर्तन हुआ, इस्लाम धर्म और संस्कृति-चक्र से जुड़े अनेक तत्त्वों के प्रवेश के कारण उसका सम्पूर्ण स्वरूप ही बदल गया। भाषिक स्तर पर इसका परिणाम यह हुआ कि स्थानीय भाषा संस्कृत रूपों को सुरक्षित रखनेवाली और फ़ारसी के अधिक प्रभाव से युक्त अलग-अलग शैलियों में बँट गयी। तोषखानी ने सही लिखा है कि फ़ारसी की काव्य-शैलियाँ (गजल, मसनवी, मर्सिया, नात) कश्मीरी में इस तरह घुल-मिल गयी कि मानो वे कश्मीरी के ही रूप रहे हों। उन्होंने हिन्दू और मुस्लिम नाम नहीं दिया और इस रूप में वे कश्मीरियत की भावना को समझ रहे थे। कश्मीरी चाहे दरद परिवार की भाषा हो या इसका सीधा सम्बन्ध भारतीय आर्य भाषा परिवार से हो, यह सत्य है कि दरद परिवार की समस्त बोलियों या भाषाओं में समृद्ध साहित्य कश्मीरी का रहा है।

कश्मीर में मुस्लिम आक्रमणों से बड़ा परिवर्तन ज़रूर आया, जिस प्रकार का परिवर्तन ईरान में अरबों के हमलों के फलस्वरूप आया। ईरान की फ़ारसी को पुरानी और आधुनिक फ़ारसी के रूप में जानते हैं। कश्मीरी समाज में तेजी से धर्म-परिवर्तन हुए। हिन्दुओं को मुसलमान बनाया गया। एक दृष्टि से कश्मीर में इस्लाम का प्रसार इस रूप में हुआ जिस रूप में ईरान में हुआ। फिर भी, इतिहास में ऐसे उदाहरण बहुत कम मिलेंगे जो कश्मीर में मिलते हैं। कश्मीर के बादशाह जैन-उल-आबदीन (1420-70) इस्लाम में गहरा विश्वास रखते थे। उन्होंने मुसलमान बन चुके हिन्दुओं का फिर धर्म-परिवर्तन करने के लिए प्रोत्साहित किया। उन्होंने जज़िया कर (गैर

मुसलमानों के लिए धार्मिक कर) हटाया। वह स्वयं हिन्दुओं के धार्मिक उत्सवों में हिस्सा लेते थे। उन्होंने पर्सिया (ईरान) मक्का और भारत के प्रमुख हिन्दु प्रधानों से कूटनीतिक सम्बन्ध बनाया था। कश्मीर के इतिहासकार आर.के. पर्मु (ए हिस्ट्री ऑफ मुस्लिम रूल इन कश्मीर 1320-1819/पृ. 35) ने लिखा है कि जहाँगीर भी कश्मीर को हिन्दू और मुसलमानों के कश्मीर में नहीं बाँट सका था। महात्मा गाँधी 1947 में कश्मीर गये थे और वहाँ उन्हें समग्र कश्मीरियत का बोध हुआ। इस पृष्ठभूमि में कश्मीरी का दरद परिवार से सीधे सम्बन्ध को इन्कार नहीं किया जा सकता है।

ग्रियर्सन (खंड 8/2) के अनुसार दरद परिवार के तीन उपभाषा परिवार हैं, काफिर, खोवार और दरद। काफिर की पाँच बोलियाँ हैं, बशगली/बाश्रगली, वै-अला, विरोन, अष्कुन्द, कलश/कलश्र। खोवार वर्ग की भाषा खोआरी या चित्राली है। इसे अर्निया भी कहते हैं। दरद वर्ग की तीन भाषाएँ हैं, शिना/ सिना/श्रिण्या, कश्मीरी और कोहिस्तानी। चित्राल एक नदी है जिसके दक्षिण-पूर्व में ग्वर्बती बोली का क्षेत्र है। काफिरिस्तान का भू-भाग काबुल नदी की तटवर्ती सीमा (पश्चिम-उत्तर) तक जाता है। पाकिस्तान का उत्तरी इलाका भाषाओं की जटिलता लिए हुए है। पूरे भारतीय उपमहाद्वीप का कोई भी इलाका दो से अधिक भाषा परिवारों से लैस है। पाकिस्तान का उत्तरी इलाका भी कुछ ऐसा ही है। ग्रियर्सन के समय से अलग पिछले पन्द्रह-बीस वर्षों में इस इलाके के मध्य वर्ग में उर्दू, पंजाबी और पश्तो की प्रधानता रही है। एक छोटा-सा क्षेत्र गूजर जनजाति का है जिनकी भाषा गूजरी है। उत्तरी भाग खोआर, बुरूशस्की, वरवी, डोमाकी और सिंधु घाटी के नीचे का इलाका मैययन, चिली, गौरू का है। बखी ईरानी परिवार की भाषा है।

चित्राल की एक खास जाति है खोस। इसकी भाषा खोआरी कहलाती हैं। ग्रियर्सन की सूचना है (खंड एक/1/218) कि खोआरी का एक नाम चतरारी भी है और यूरोप के लोग इसे चित्राली कहते हैं। चित्राल में यूरोपीय विद्वानों के आने के पहले यह नाम प्रचलित था। खोआर का इलाका दर्दिस्तान और ईरान के मध्य में है। डॉ. भोलानाथ तिवारी (भाषाविज्ञान कोश/267) मानते हैं कि इस इलाके में कई बोलियाँ प्रचलित रही हैं, उनमें चित्राली प्रमुख है। 1921 की जनगणना में इसकी संख्या (भाषाविज्ञान कोश/190) बतायी गयी है। ग्रियर्सन के मत (खंड एक/भाग एक/218) में इसकी एक भी विभाषा नहीं मिलती है। परन्तु ऐसा मानना थोड़ा मुश्किल है। इसका भौगलिक क्षेत्र और इसकी समीपी भाषाओं के शब्द-संकलन से इसकी पुष्टि हो सकती है। चित्राल के बिल्कुल उत्तर में हिन्दूकुश पहाड़ है। इसके दक्षिण में सिंधु, स्वात और कोहिस्तान का क्षेत्र है। ग्रियर्सन के अनुसार खोआर भाषा चित्राल के अलावा दूसरे क्षेत्रों में भी बोली जाती है। ऐसे में डॉ. भोलानाथ तिवारी की 1921 की जनगणना के अनुसार (भाषाविज्ञान कोश/190) खोवार की संख्या (121) विश्वसनीय नहीं लगती है लेकिन डॉ. तिवारी इसे चित्राल और यासीन

के बीच की एक बोली मानते हैं। मतलब यह कि खोवारी चित्राली की एक बोली है। पठान इसे चित्राल या काश्तकार भी कहते हैं। उन्होंने चित्राली को खोआरी या खोवारी वर्ग की भाषा भी माना है। खंड 8 के भाग दो में खोआर, काफिर (बशगली) और दरद (सिना और कश्मीरी) के विशेषण और संज्ञा शब्दों की सूची दर्ज है। इसे देखने पर लगता है कि काफिर और दरद परिवार से अलग खोआर शब्दों का विकास हुआ है। जैसे, खराब के लिए खोआर का शब्द है **शम** (SHUM), बशगली का शब्द है **दीगर** या **दिगर** (Digar), सिना का शब्द है **काचो** (Kacho) और कश्मीरी का शब्द है **कोच** (Koch)। हड्डी के लिए **कोल** (खोआर), **अत्ती** (सि.)। बशगली (काफिर समूह) और कश्मीरी (दरद समूह) में गाय के लिए **गॉव** (- = आ) और **गव** प्रचलित है और खो-आर में **लेशुँ** (ँ = श)। एलिना बशीर के ताजा आकलन (2003)[1] के अनुसार खोआर चित्राल जिला की भाषा है जिसकी आबादी लगभग तीन लाख है। उत्तरी इलाके (इश्कोमान-यासिन) में भी इस भाषा के बोलने वाले हैं। स्वात घाटी के ऊपरी भाग और पेशावर और कराची में इस भाषा के बोलने वाले मिलते हैं। बशीर लिखती (पृ. 843) हैं कि यह दरद परिवार की बहुत पुरानी भाषा है जिसमें प्राचीन भारतीय आर्यभाषा के शब्द मौजूद हैं। इसकी शब्द-रचना पर प्राचीन आर्य भाषा का प्रभाव देखा जा सकता है। इस भाषा पर ईरानी भाषा परिवार का भी प्रभाव है। कलश (काफिर समूह) खोआरी से बहुत निकट है। चित्राल के दक्षिण में बोली कलश है जिस के बोलने वालों की संख्या चार से पाँच हजार होगी। बशीर के अनुसार अधिकांश कलश भाषी चित्राली भाषा के भी जानकार होते हैं। चित्राली पूरे दरद परिवार की एक महत्त्वपूर्ण भाषा रही है। ग्रियर्सन को, जिनसे उन्हें सामग्री मिली, उनके समय में चित्राली की बोलियाँ भी रही होंगी। भारत आने के प्रमुख केन्द्र के कारण भी चित्राली गिलगित के इलाके में भी प्रचलित रही होगी। चित्राली या खोआरी में दरद और काफिर की दूसरी भाषाओं से अलग शब्द समूहों का विकास इसका भी द्योतक है कि इस इलाके में एक कॉमन भाषा का विकास ग्रियर्सन के समय में होने लगा था। वह भाषा चित्राली थी। जैसे हिन्दी के अनेक शब्दों की रचना हिन्दी प्रदेश की कई बोलियों से भिन्न है। हिन्दी ने पश्चिमी और पूर्वी हिन्दी के क्रियापदों से भिन्न क्रियापदों को भी स्वीकार किया है। हिन्दी भाषा हिन्दी प्रदेश की बोलियों से निकलती हुई भी सभी को जोड़ने वाली सम्पर्क भाषा बनी। खोआरी या चित्राली उस रूप में पूरे उत्तर-पश्चिम प्रान्त की भाषा तो नहीं बनी लेकिन चित्राल के अलावा दूसरे इलाकों में इसकी उपस्थिति इसे इसके महत्त्व को रेखांकित करती है। एलिना बशीर ने लिखा है कि कई खोआर/चित्राली जानने

1. दर्दिक (जार्ज कार्डोना & धनेश जैन द्वारा सम्पादित दी इंडो आर्यन लैंग्वेजेज में संकलित)

वाले उर्दू और पश्तो के भी जानकार होते हैं। चित्राली जानने वाले उत्तर-पश्चिम प्रान्त के दूसरे क्षेत्रों में भी बसे हैं। इसलिए चित्राली, उर्दू और पश्तो का अध्ययन एक अलग विषय हो सकता है।

दरद और काफिर की भाषाओं में संख्यावाची शब्दों का साम्य अपने किस्म का है जो यह दर्शाता है कि इन दोनों वर्गों का घनिष्ठ सम्बन्ध पहले से रहा है। इनमें आंचलिकता का प्रभाव तो है लेकिन सामान्यता (कॉमननेस) अधिक है। बशगली का **षो** (छह), विरोन का **उँषु** (उँ = प्रसारित ओष्ठ/संवृत्त-ह्रस्व), खोआर का **छोइ** (छः), कोहिस्तानी का **षो** (छह), सिना का **श्र** और कश्म. का **शेह्** (छह) में सामान्यता है। ष का उच्चारण छ भी होता है। इस बृहत्तर इलाके, पाकिस्तान के उत्तर-पश्चिम से लेकर कश्मीर तक में **ष** और **छ** दोनों का विकास हुआ है। खोआर में तालव्य और मूर्धन्य (श - ष) दोनों पर्याप्त रूप में प्रचलित हैं, आदमी के लिए **मोश** (MOSHèSH), कुछ में फ़ारसी का सीधा प्रभाव दिखता है, **खुदाई** (खोआ.) **शेतान** (शैतान), **दहकन** (किसान)। खोआरी के अधिकांश सर्वनाम हिन्दी प्रदेश की तरह हैं। ''कौन'' के लिए का, क्या (व्हाट), को (व्हाइ), मगर (लेकिन)। कुछ सर्वनामों में महाप्राण की प्रधानता है, **हसा** (वह), **हताघा** (उसका), **हतेत** (वे)। कुछ सर्वनाम हिन्दी प्रदेश की प्रकृति लिए हैं, **मा** (ऑफमी), **मा** (माइन) और कुछ सर्वनाम पूर्ववत हैं, तू। **मा तात** (मेरे पिता)। **मा** का एक अर्थ ''मुझे'' भी है। इसकी वाक्य संरचना हिन्दी प्रदेश की तरह है, पहले संज्ञा-सर्वनाम तब क्रिया, **हसा बघाइ** (वह गया), **इस्पा बघेस्तामी** (वे लोग गये)। ''जाना'' के लिए **बोघेह**, (Boghe H, V = प्रसारित ओष्ठ)। गिलगिट की बोली सिना/श्रिण्या में ''पिता'' के लिए **मालो** (Maloè- = ओ/. त्र ओ/''एक पिता'' के लिए) और बहुवचन में **माले** (Maleè1- =थोड़ा खींचकर)। खोआर में ''पिता'' के लिए **तात** प्रचलित है। हिन्दी प्रदेश में तात का खूब चलन हुआ। एक समय में गिलगिट समेत पूरा कश्मीर संस्कृत का केन्द्र था, वैदिक और लौकिक दोनों संस्कृत का। इसलिए सिना में भी तात का चलन हुआ। ग्रियर्सन (खंड 8/भाग 2/149) कश्मीरी, सिना और कोहिस्तानी को दरद भाषा समूह में रखते हैं। उन्होंने लिखा है कि कश्मीरी अपनी समृद्ध साहित्य-परम्परा के कारण पूरे दरद परिवार में बिल्कुल प्रारूपिक (टिपिकल) है। भारतीय सीमा पर बोली जाने वाली कोहिस्तानी अविकसित (अनकल्टिवेटेड) है। कोहिस्तानी पर भारतीय भाषाओं का प्रभाव है। पश्तो से यह भाषा ज्यादा प्रभावित है।

कश्मीरी के विद्वान् डॉ. त्रिलोकीनाथ गंजू (कश्मीरी भाषा का भाषाशास्त्रीय अध्ययन/8) की सूचना है कि 1911 में पहली बार कश्मीरी भाषा का भाषात्मक वर्गीकरण दारदिक-खोआर से दिखाया गया और अधिसूचना में आंशिक उल्लेख करते हुए लिखा गया कि नवीन वर्गीकरण के आधार पर कश्मीरी का भाषात्मक सम्बन्ध खोवार-दारदिक भाषा से स्पष्ट हुआ है। उनका कहना है कि दरद-श्रिण्या

विभाषा का भाषात्मक भू-भाग पश्चिमोत्तर भारत के गिलगिट/गिलगिट (गिरिगर्त) घाटी से लेकर गुरेस-तिलेल तक फैला है, लद्दाख और द्रास नदी तक इसका विस्तार है। राजा कल्हण के समय दरदिस्तान का नाम यशोधर था जहाँ हिन्दू, शाक्त और बौद्धधर्म के मतावलम्बी रहते थे। इस सच के बाद भी कश्मीरी के विद्वान् और भाषाविद् ओंकारनाथ कौल (स्पोकन कश्मीरी : ए लैंग्वेज कोर्स/3) का मानना है कि यह भाषा भारतीय आर्य भाषाओं से भिन्न है। सही अर्थों में यह भाषा सिना और उत्तर-पश्चिमी सीमा से ज्यादा जुड़ी हुई है। इसका कारण वे रूप-रचना को मानते हैं। गंजू कश्मीरी और सिना क्षेत्र की बोलियों के शब्द-स्रोत पर ही ध्यान केन्द्रित करते हैं। कौल की किताब रूप-रचना (मॉर्फोलॉजी) का आधार लेकर चलती है। ग्रियर्सन शब्दों का संकलन ही करते हैं। उसके स्रोत तक नहीं जाते हैं। यह शायद सम्भव भी नहीं था। कुछ जगहों पर वे कश्मीरी की शब्द-रचना से ही दरद की शब्द-रचना का अनुमान लगा लेते हैं। इस ओर विद्वान् गंजू जी (पृ. 221) ने संकेत भी किया है। वे कश्मीर के ही निवासी हैं। उन्होंने (कश्मीरी भाषा का भाषाशास्त्रीय अध्ययन) लिखा भी है कि दरद भाषा के अध्ययन के लिए वे दरदिस्तान के करीब बीस गाँवों का भ्रमण किया। ऐसा, सुअवसर ग्रियर्सन को नहीं मिला था। इसका परिणाम गंजू जी की किताब में कुछ स्थलों (पृ. 220-221) पर मिलता है। जैसे दरद भाषा में **आन** प्रत्यय जोड़कर वर्तमानकालिक क्रिया का निर्वाह होता है, **मारान**। भारतीय भाषाओं में यह प्रत्यान्त क्रिया नहीं मिलती है। ऐसा ग्रियर्सन (खंड 8, भाग 2) का मानना है। त्रिलोकीनाथ जी के अनुसार ग्रियर्सन ने कश्मीरी भाषा के साधारण वर्तमानकालिक क्रिया **आन** प्रत्यांत की व्यापकता को देखते हुए काफिर, खोवार और दरद में भी ऐसा ही होने का अनुमान लगा लिया। ग्रियर्सन ने **विमन** (बश्गली), ***थालिमान*** (ग्वरबती), **थालिमान** (ग्वर्बती), तीमन (कलश/मारता है) के उदाहरण दिये हैं। गंजू जी के अनुसार इन विभाषाओं में इनका अस्तित्व कहीं नहीं है। कश्म. में **गछान** (जाता हूँ) है। खोआर में जाना के लिए **विमन** चलता है। गिलगिती या सिना में ''जाते हो'' के लिए **बोजे** और ''जाता हूँ'' के लिए **बोजम** चलता है। जिस रूप-रचना (मॉर्फोलॉजी) का उल्लेख ओंकारनाथ कौल जी ने किया है, उस दृष्टि से ग्रियर्सन की मान्यता सच के करीब है। गिलगित के आगे के इलाके में ठंड का अनुपात बहुत अधिक होता है। **आन** प्रत्यय के **आ** का उच्चारण संकुचित होता होगा, **बाजम** या **बाजमान** (गिल.) के बदले बोजम प्रचलित हुआ होगा।

1874 में कैम्पबेल ने लाहौर और मुल्तान की पंजाबी, कश्मीरी, पश्तो तथा अन्य भाषाओं के संख्यावाची और संज्ञा-सर्वनाम शब्दों का संकलन किया था। इनमें संस्कृत और फ़ारसी दोनों का प्रभाव दिखता है। कुछ में दोनों से भिन्न संरचना मिलती है। ''लोहा'' के लिए पश्तो में **ओस्पाना** और कश्मीरी में **शास्तुर** (OSPUnA & SHASTUR) है। लाहौर और मुल्तान की पंजाबी में 'लोहा' ही चलता है। पश्तो में

'माँ' के लिए **प्लार** (Plar), कश्मीरी में **माज** और मुल्तान की पंजाबी में **मा/अम्मान** दोनों शब्द प्रचलित हैं। लाहौर और मुल्तान की पंजाबी से भिन्न पश्तो में शब्द प्रचलित हैं। 'क्या' के लिए **कि** (लाहौर की पंजाबी), **किहरा** (मुल्तान की पंजाबी) और पश्तो में **त्सा** (Tsa) प्रचलित है। फ़ारसी के कई शब्द लाहौर और मुल्तान की पंजाबी में भिन्न रूप लिए हैं, जबकि पश्तो में अपने पूर्व रूप में प्रचलित है, **मगर** (पश्तो), **पोर** और **पार** (लाहौर और मुल्तान की पंजाबी)। रूप रचना में पश्तो और पंजाबी का फर्क आश्चर्यजनक है। 'फ्राम फादर' (पिता से) के लिए पश्तो दे प्लारूनो ना (De Plarunona) है। पश्तो की रूप रचना भी कुछ-कुछ यूरोपीय तर्ज पर है। यह रूप-रचना दरद और कश्मीरी के इलाके में नहीं मिलती है। कश्मीरी और दरद के क्षेत्र को पूरी तरह भारतीय आर्य भाषा विशेषकर संस्कृत से सीधे-सीधे जोड़कर देखना भी उचित नहीं होगा। कश्मीर से लेकर अफगानिस्तान का का इलाका भारतीय आर्य और भारत ईरानी भाषा परिवार का मिला-जुला स्थल है। पूरे भारतीय उपमहाद्वीप में इस इलाके का अपना महत्त्व है। वह महत्त्व भारत के किसी इलाके का नहीं है। यही वह इलाका है जहाँ से संस्कृत और उनके समानान्तर अन्य बोलियों के शब्दों का विकास मिलता है।

बिद्दुल्फ या वुडलिफ (दी डाइलेक्टस ऑफ हिन्दूकुश/17/लन्दन, 1885)[(1)] हिन्दूकुश का भाषात्मक वर्गीकरण इस प्रकार करते हैं, गलच या गल्च, काफिर और श्रिण्या या सिना। गल्च को वे अवेस्ता प्रसूत मानते हैं, श्रिण्या को वैदिक प्रसूत और काफिर को संस्कृत-ईरानी के मध्य रखते हैं। ग्रियर्सन कश्मीरी को श्रिण्या/दरद के अन्तर्गत रखते हैं। भाषाविद् आर.बी. शॉ[(2)] के विचार में गल्च और दरद में काफी समानता है। कोई भी यह अनुमान लगा सकता है कि दोनों भाषाएँ एक ही कुल से निकली हों। परन्तु भारत-ईरानी कुल से दो भिन्न प्रकृति वाली भाषाओं का एक साथ कैसे जन्म हुआ? शा के विचार से सहमत होना मुश्किल है। एक ही कुल से भिन्न प्रकृति या समान प्रकृति की भाषाओं का विकास उस कुल की आबादी की आवासिता पर निर्भर करता है। विशेष कर हिन्दूकुश के या किसी पहाड़ी इलाके के सन्दर्भ में ऐसा नहीं कहा जा सकता है। इन इलाकों में आबादी का घनत्व कम होता है और आबादी के लिए स्थायी आवास बनाने में समतलीय क्षेत्रों से अधिक कठिनाई होती है। ऐसे में विस्तृत इलाके में इसकी घनत्व वाली आबादी का कई बार तबादला होता है। ठंडे इलाके में इसकी गति और तेज होती है। ध्वन्यात्मक समानता को आधार बनाकर किसी भी इलाके की भाषाओं का अध्ययन होता है। ठंड के इलाके में ध्वनि ही एक आधार नहीं होती है, कारण कि वहाँ ध्वनियों में

1. वितस्ता, कश्मीरी भाषा विशेषांक (1975)
2. दी गल्चा लैंग्वेज, जे.ए.एस.बी. (1876), सन्दर्भ, वितस्ता

परिवर्तन कुछ ش)दूरी पर हो सकते हैं। कम आबादी होने के कारण कई बार यह परिवर्तन बहुत सूक्ष्म होता है। दूसरे पहलू से सोचें तो पश्चिमी हिन्दी परिवार से ब्रज, बुन्देली और बघेली अलग-अलग कैसे हुईं? भौगोलिक दृष्टि से देखें, कश्मीर के निकट दरद भाषा का क्षेत्र है। इनके बीच दुर्गम पर्वतों की शृंखला है और लगभग चालीस मील का बीहड़ फासला भी है। ग्रियर्सन के समय में स्थिति और भी भिन्न रही होगी। हिन्दूकुश गाँठ की तरह है जहाँ कई पर्वतों का मिलन होता है। इसकी एक तरफ सुदूर तुर्कमेनिस्तान है और दूसरी तरफ ईरान है। इस इलाके में आबादी के कम घनत्व के कारण भी यहाँ की बोलियों में अनेक भाषा परिवारों का मिश्रण हुआ होगा।

ग्रियर्सन ने (खंड 8/2) के अनुसार खोआर/चित्राली में भारतीय भाषाओं की तरह स्वर का उच्चारण होता है। **ख, झ, घ** और **क** का उच्चारण अरबी की तरह होता है। **र** और **ल** के बीच एक ध्वनि ल़ होती है। यहाँ वे पुरानी फ़ारसी की चर्चा नहीं करते हैं। आशय है कि ईरान पर अरबों के आक्रमण के बाद वहाँ के उच्चारण में लम्बे समय बाद भी बदलाव हुआ होगा। फ़ारसी में भी छोटी और बड़ी काफ है। **क** अघोष वर्ण का दरद के इलाके में फ़ारसी का समान उच्चारण ईरानी प्रभाव को दर्शाता है। **फ** का उच्चारण भी द्विओष्ठ्य (बाइलेबियल) होता है। उस इलाके में **फ** के दो रूप होंगे। पंजाब तक आते-आते **क** का एक ही रूप रह जाता है। उर्दू के शायर अल्लामा इक़बाल पंजाब के रहने वाले थे। कई पंजाबी उर्दूभाषी इक़बाल न बोल कर इकबाल बोलते थे। पंजाब के आगे बड़ी और छोटी काफ का चलन नहीं रह जाता है। खोआर में भावात्मक संज्ञा (इंफिनिटिव)-रूप की पहचान मूल क्रिया के अन्त में **इक** लगाने से होती है। संज्ञा शब्दों में भी **इक** या कुछ इसी तरह का विसर्ग लगता होगा। **मुल्क** फ़ारसी का शब्द है। इसका बहुवचन रूप **मुमालिक** है। हिन्दी में **इक** लगाकर भावात्मक संज्ञा के उदाहरण भी हैं **नीति-नैतिक/दिन-दैनिक**। यों, कम शब्द-सम्पदा वाली भाषाओं में सीमित शब्दों से अनेक काम लिए जाते हैं। इसलिए वहाँ भाषा का 'टोनल' रूप भी होता है। ग्रियर्सन और उनके पहले कैम्पबेल भी शब्दों के साथ-साथ वाक्यों का भी संकलन करते हैं। उनमें वाक्यों के परम्परागत रूप ही आये हैं। उनके समय तक भाषा के 'टोनल' रूप का अध्ययन नहीं हुआ था। ग्रियर्सन पश्चिमी और पूर्वी हिन्दी के सर्वेक्षण में उनके 'टोनल' रूप पर बल देते हैं। दरद के इलाके के अध्ययन में ऐसा नहीं है। कम आबादी वाले क्षेत्र में संघर्ष अधिक करना पड़ता है। पहाड़ के बीच से रास्ता निकालना, रोजी-रोटी का इंतजाम करना एवं खेती और व्यापार दोनों को साथ-साथ ले चलना।

काफिर वर्ग की चार भाषाएँ हैं—बशगली, वाइअला, वासिंवेरी अथवा वेरोन और अश्कुन्द। हिन्दूकुश के दक्षिण भाग से प्रवाहित बशगली नदी आगे बढ़ती हुई चित्राल नदी में मिल जाती है। काला वस्त्र धारण करने वालों की भाषा बशगली और

सफेदपोश की भाषा वाइअला/वाइ (मध्य तथा दक्षिण-पूर्व काफिरिस्तान) है। बशगली क्षेत्र के पश्चिम में वेरोन भाषा-भाषी हैं। ग्रियर्सन ने लिखा है (खंड एक/एक/215) कि वेरोन के नमूने बहुत कठिनाई से प्राप्त हो सकते हैं। अश्कुन्द दक्षिण-पश्चिम की बोली है। इस विषय में ग्रियर्सन को कुछ भी प्राप्त नहीं हो सका था। दुनिया के शायद किसी इलाके में भाषा के नाम और भेद का आधार कपड़ा बना हो। ग्रियर्सन और उनके पहले भी यह इलाका अत्यन्त पिछड़ा रहा होगा। कर्नल जे. डेविडसन (आई.सी.एस.) ने बशगली का शब्दकोश तैयार किया था (जे.ए.एस.बी. IXXII) जिसका विश्लेषण भाषावैज्ञानिक स्टेन कोनो (1903)[(1)] ने किया। डेविडसन का शब्दकोश 1902 में छपा था। स्टेन कोनो (प्रीलिमिनरी नोट) ने लिखा है कि डेविडसन को बशगली के शब्दों को अंग्रेज़ी में लिप्यंतरित करने में बहुत कठिनाई हुई थी। स्वरों में अधिक परिवर्तन (वेरिएशंस) हैं। बशगली का **जार** (मारना/जान से मारना) अंग्रेज़ी **जे** और **जेड** दोनों से लिखा जा सकता है। कोनों के अनुसार सही रूप **जे** वाला ही होगा। अवेस्ता में **ज़ा** (Zan) का अर्थ है जानना और **जे** से लिखा जानेवाला जान (Jan) का अर्थ है जान से मारना। अवेस्ता में **जे** के एक से अधिक रूप थे जिसे बशगली में भी देखा जा सकता है। बशगली के व्यंजन में अधिक बदलाव (वेरिएशंस) मिलते है। **त्रा** (Tra), **त्रा** (Tra), **त्रे** (Tre), त्रे (Tre)। **त्र** से बनने वाले कुछ शब्दों में बदलाव बिल्कुल नहीं है, **त्राची** (Trachi/कोनों/176/रक्षा)। कोनों की किताब (पृ. 2) में बशगली के दो वाक्य आये हैं, **न अइस** (Na' ais) - **जिंम** (Zim) न **अइसी** (N'a isi)। एक का अर्थ है, 'वह नहीं आया' और दूसरे का अर्थ है, 'बर्फ नहीं पड़ी'। बर्फ (निर्जीव) के लिए **इसी** क्रिया आयी और **वह** (सर्वनाम) के लिए **इस** क्रिया आयी। वर्तमानकालिक क्रिया **स्थ** (Sth) लगाकर बनती है, **एस्थ** (जाना/मेजी)। कलश में मैं **था** का रूप इस प्रकार है, **आसिम** (उत्तम पुरुष/एकवचन) : **आसि** (मध्यम पुरुष/एकवचन) और **आस्मि** (अन्य पुरुष/एकवचन)। उसी प्रकार खोआर/चित्राली में **असिस्तम** (मैं था/उत्तम पुरुष/एक वचन) : **असिस्तउ** (तुम थे/मध्य पुरुष एकवचन) और **आसिस्तम** (वह था अन्य पुरुष/एकवचन/सं. गंजू/221)। बशगली में परसर्ग का चलन अधिक है, **इद दुगे** (मेरे लिए)। यह फॉर मी, फॉर माइ सेक दोनों अर्थो में है (स्टेन कोनो/12-13)। इसी प्रकार **इद मेश** (mēsh/मेरे को/मुझे)/**इआ प्टिओरा** (ia Ptiora/मेरे पीछे)/**इआ ता** (ia ta/मेरे लिए) **इआ ता काइ न अस्थ** (ia ta kai nashta/मेरे पास कुछ नहीं है)। यहाँ संस्कृत का सीधा प्रभाव है। **अस्त, अस्ति, अस्थ** जैसे क्रियापद बशगली में कुछ हेर-फेर के साथ मौजूद हैं। खोआरी/चित्राली और बशगली दो अलग-अलग उप वर्ग की बोलियाँ हैं। इसके

1. बशगली डिक्शनरी : एन एनालिसिस ऑफ कर्नल जे.डेविड्सनूस नोट्स ऑन दी बशगली लैंग्वेज

बावजूद दोनों भाषियों के एक साथ रहने के कारण इनके क्रियापदों में समानता है। चित्राली विभक्ति सहित भाषा है जबकि बशगली विभक्ति प्रधान भाषा/बोली है। दरद के इलाके में योग और अयोगात्मक दोनों भाषिक प्रवृत्ति है। डॉ. ओंकारनाथ कौल (स्पोकन कश्मीरी : ए लैंग्वेज कोर्स) ने भाषाविद् बी. काचरू का सन्दर्भ दिया है। काचरू (ए रेफरेंस ग्रामर ऑफ कश्मीरी) संस्कृत और फ़ारसी प्रधान कश्मीरी का उल्लेख करते हैं। दोनों के अलग-अलग भाषिक समुदाय हैं, हिन्दू और मुसलमान। डॉ. कौल इस द्विभाजन (डाएक्टॉमी) को अस्पष्ट मानते हैं। ग्रियर्सन की धारणा को काचरू आगे बढ़ाते हैं। डॉ. कौल स्थान-विशेष के आधार पर कश्मीरी की बोलियों का उल्लेख करते हैं। दरद के इलाके में संस्कृत और पर्सियन दोनों के प्रभाव के बावजूद इस प्रकार का विभाजन नहीं हुआ था। इस्लाम के आने के पहले निश्चित् ही संस्कृत का प्रभाव रहा है। उसके आने और उस इलाके में इस्लामीकरण के बाद दरद की बोलियों पर संस्कृत और फ़ारसी का प्रभाव बना रहा। वहाँ से यह प्रभाव कश्मीर होते हुए पंजाब तक आया है।

बशगली में पूरे व्यंजन के पहले आधा व्यंजन लगाने का चलन है। हिन्दी प्रदेश में इसका उदाहरण नहीं मिलता है, **प्टिओरा** (पीछे)। यह चलन कश्म. में भी नहीं है। यह चलन जर्मन भाषा परिवार में है। उच्चारण की यह खासियत किस तरह या कैसे आयी, यह बता पाना थोड़ा मुश्किल है। सम्भव है कि तेज गति की हवा और ठंड का असर उच्चारण अवयव पर पड़ा हो। **अंगा यास्सा इत्त/एत्ता** (बश./आग बुझ गयी है)। संस्कृत का अग्नि बश. में **अंगा** हो गया है। **यास्सा** और **अस्त** के बीच **यस्त** रहा होगा। इस्लाम के आने के बाद यस्त का रूप रहा होगा। **अस्त** के अनेक रूप बश. में मिलते हैं, **एस्थ** (Ēsth), **एस्थ** (Esth/पीछे जाना/स्टेन कोनो/7)। स्टेन कोनो और डेविडसन एक ही शब्द के सूक्ष्म ध्वनिगत अन्तर (टोनल डिफरेंसेज) को रेखांकित करते हैं। भारतीय उपमहाद्वीप में पहाड़ों से घिरे भू-खंड के उच्चारण-बदलाव (वेरिएशंस) का अध्ययन होना चाहिए। दरद का इलाका दूसरे पहाड़ी क्षेत्रों से भिन्न है। यहाँ ठंड दूसरे क्षेत्रों की अपेक्षा बहुत अधिक है। इस कारण उच्चारण के बारीक अन्तर को परखना थोड़ा मुश्किल होता है। दरद के निवासी ध्वनि के बारीक अन्तर (टोनल डिफरेंसेज) से अपना काम चला लेते हैं। इस सूक्ष्म भेद को लिपिबद्ध करने की अपनी कठिनाई है। जैसे, एक **एस्थ में ए** ह्रस्व है और दूसरे में **एस्थ** दीर्घ है। उसी तरह जैसे अंग्रेज़ी का **गेट** (Get) और गेट (Gate)। ग्रियर्सन के समय और उनके बाद उस इलाके में विकास की लहर बिल्कुल नहीं रही थी। बिजली पहुँची नहीं थी। उनकी दिनचर्या में अग्नि ही एक मात्र दैनिक शक्ति रही होगी। अग्नि से रौशनी, अग्नि से भोजन इत्यादि। लाहौर की पंजाबी में **अग** और कोहट के पश्तो में **इस्तोराए** (Istorai/कैम्पबेल/6) शब्द हैं। ईरानी परिवार में अग्नि शब्द कुछ हेर-फेर लिए भी नहीं आया है। संस्कृत से दरद परिवार का रिश्ता है।

वही रिश्ता ईरानी परिवार से नहीं है। अवेस्ता और संस्कृत में साम्य रहा है लेकिन 600 ई. के बाद या कुछ उसके पहले ईरानी परिवार में वैदिक और लौकिक संस्कृत से इतर अलग शब्द-समूह मिलते हैं। प्राचीन फ़ारसी, अवेस्ता, पहलवी और आधुनिक फ़ारसी में शब्दों का एक विकास-क्रम मिलता है जो दरद परिवार से भिन्न है **मय** (डंपल/प्रा.फा.), **में** (अव.), **म** (पहलवी) - **अ्म** (फा./ग्रियर्सन खंड एक : भाग दो/16)। बशगली में 'मेरा' के लिए ध्वनिगत बारीक अन्तर लिए रूप प्रचलित हैं, **आइ, आइ-स्ते** (i, i-ste) और वैअला में **इमा** (Ima) रूप हैं। दरद के इलाके तक आते-आते भाषा में बड़ा परिवर्तन आया है। वहाँ की शब्दावली में संस्कृत और प्राचीन फ़ारसी का प्रभाव तो था। इनसे इतर उन शब्दों का भी महत्त्व है जिनकी बोलियाँ या तो लुप्त हो गयी है या है भी तो बहुत छोटे इलाके में। कैम्पबेल[(1)] (पृ. 10) में 'मनुष्य' के शब्द-रूप कुछ इस प्रकार हैं, **चुंगा मानुख** (लाहौर की पंजाबी/अच्छे आदमी) : **चंगे आदमियाँ** (मुल्तान की पंजाबी/अच्छे आदमियाँ) : **रित मॉहनेव** (Rit Mahneo/कश्म.) - **कक्हा सारी** (Kkha Sari)/कोहट की पश्तो भाषा)। मनुष्य का रूप बहुत दूर तक नहीं गया है। उत्तर-पश्चिमी प्रान्त के पहले तक रूप बदल जाता है। इसलिए पश्तो का महत्त्व इस अर्थ में है कि इसके अध्ययन से भाषिक-परिवर्तन की नयी प्रवृत्ति का संकेत मिलता है। बशगली में 'अच्छा' के लिए **ले** उपसर्ग सहित **लेस, लेस्स्त, लेस्त** और **लेस्ता** (स्टेन कोनो/162) शब्द-रूप प्रचलित हैं। 'आदमी' के लिए शब्द है, **मांची** (Manchi//73)। दरद से लेकर उत्तर-पश्चिमी प्रान्त तक का क्षेत्र भाषिक प्रवृत्तियों के अध्ययन के लिए कितना महत्त्वपूर्ण है, इसका अन्दाजा शब्द-रूपों से मिल सकता है। यों भारतीय उपमहाद्वीप का कोई भी इलाका भाषा के अध्ययन के लिए महत्त्व रखता है। यह बात अलग है। परन्तु उस इलाके का महत्त्व ज्यादा है जहाँ आर्य और ईरानी परिवार के अलावा दूसरे भाषिक परिवार की प्रवृत्ति मिलती है या उन बोलियों की प्रवृत्ति भी मिलती है जो शायद किसी भाषिक परिवार में न हों। अब बशगली का **ले** (अच्छा) अलग पहचान लिए है। पंजाब के इलाके (भारत और पाकिस्तान सहित) में **चंगा** बिल्कुल प्रचलित है बल्कि हिन्दी के इलाके में भी प्रचलित है। दरद के एक विशिष्ट क्षेत्र में **ले** का विशेषण रूप में चलन सूक्ष्म अध्ययन का विषय है। बशगली में ले उपसर्ग से बने कुछ रूप हैं, **ले मांची** (अच्छा आदमी/स्टेन कोनो/157) **लेओ अघ** (Leo agh/अच्छा पानी)। अग्नि से **अघ** बना हो, यह अनुमान तो करना मुश्किल है। अग्नि के उल्टे रूप में पानी के लिए **ऊघ** शब्द का चलना कोई आस्वाभाविक नहीं है। यह **अघ** केवल दरद की बशगली बोली में ही प्रचलित है। दरद का इलाका नए शब्दों के चलन का एक केन्द्र रहा है जहाँ

1. कैम्पबेल, लैंग्वेजेज ऑफ इंडिया : इंक्लूडिंग दोज ऑफ दी एबॉर्जिनल ट्राइब्स ऑफ बंगाल सेंट्रल प्राविंसेज़, एंड दी ईस्टर्न फ्रंटियर

से ईरानी और पंजाबी दोनों के विकास को समझा जा सकता है।

कश्मीरी का क्षेत्र कश्मीर की घाटी और उसके दक्षिण-पूर्व की निकटवर्ती उपत्यकाएँ हैं। सिंधु नदी पश्चिम की दिशा में चिलास प्रदेश तक जाती है। कंडिया नदी का उद्‌गम यहीं है। यहाँ और चित्राल के उत्तर में स्थित दुर्गम पर्वतमालाएँ हैं। यह इलाका सिंधी कोहिस्तान के नाम से जाना जाता है। सिना के क्षेत्र में ब्रोकपा का भी क्षेत्र है जो पर्वतीय बोली है। इसके अतिरिक्त भी अन्य बोलियाँ है। कुल मिलाकर ग्रियर्सन के अनुसार दर्दिस्तान की भाषाओं का वर्गीकरण इस प्रकार है,

काफिर वर्ग : बाश्रगली या बशगली, वै-अला, विरोन, अष्कुन्द और कलश्र या कलश

खोवार/खोआर वर्ग/चित्राली/अर्निया

दरद वर्ग : श्रिण्या/सिना, कश्मीरी और कोहिस्तानी

कलश/कलश्र की पाँच उप बोलियाँ हैं, कलश, ग्वर्बती, पषइ/पषै दीरी और तीराही।

काफिर वर्ग की भाषाओं के क्रिया-पद-विधान में भिन्नता है। लगभग यही भिन्नता दरद वर्ग की भाषाओं में भी है। **ओंच ये˘नुम** (˘ = प्रसारण की प्रवृत्ति/मैं जाता हूँ/बश./काफिर); **आ परिम दै** (कलश/मैं जाता हूँ/काफिर); **उंजू पे˘जमो** (विरोन/मैं जाता हूँ/काफिर); **ये ग्यम** (वै-अला/मैं जाता हूँ/काफिर)। इन बोलियों के इलाके बहुत दूरी पर स्थित नहीं हैं। जो नमूने गंजू जी ने दिये हैं, ग्रियर्सन के नमूने इनसे भिन्न और ज्यादा विश्वसनीय लगते हैं। जैसे, काफिर की बोली बशगली का एक वाक्य है, **ए माँजे** दु **पित्र अजाम्मे** (एक आदमी के दो लड़के थे/बश.)[1] **एक मानशे दु पिउत्र वारि** (वही/वै-अला/पृ. 54); **अत्तेगे या अत्तेजे वारजेमि-उरि। लियु पिई एसे या एस** (वही/विरोन/पृ. 65); **याक वख्ता दु ब्लादइदि बोस्त** (एक समय दो अनुज या कंजूस थे। ग्वर्बती/पृ. 88)। बशगली **अजाम्मे** (थे) का वर्तमानकालिक रूप है, **अजेम, अजुम**। AzemèAzum/ ग्रियर्सन/36।[2] बहुवचन रूप **अजेमिश** (Azemish) और भूतकाल में **अजाम** या **अजिम/अजेमिश** (ब.व.) है। ये नमूने खान साहब अब्दुल हकीम खाँ/1898) द्वारा संकलित हैं। वह समय दरद के इलाके में इस्लाम के आने के बहुत बाद का है। ग्रियर्सन (खंड 8/2/37) ने लिखा है कि **अज** का समापन (टर्मिनेशन) **म/मिश** में होता है। बश. का एक वाक्य है, **अचुनाम** (मैं दौड़ता हूँ)-और दूसरा है, **अचुनाम्बा** (यदि मैं दौड़ता)। **अच, अज** धातु से बने क्रियापद प्रचलित हैं। कश्मीरी **अचान** का अर्थ है, अन्दर जाता है (गंजू/223)।

1. त्रिलोकीनाथ गंजू, कश्मीरी भाषा का भाषाशास्त्रीय अध्ययन, पृ. 223
2. एल.एस.आई., खंड 8, भाग 2

कश्म. में भी **अच** धातु है। **छान** धातु भी है, **ये॑ छान** (चाहता है)। **आन प्रत्यय** से बने क्रियापद दरद के इलाके में भी है और कश्मीरी क्षेत्र में भी। इस आन प्रत्यय की विशेषता है, कहीं भी इसका फिट हो जाना,

आपरावान (खिलाता है/कश्म.)

बुजान (फूटता है)

कटावान (बिताता है)

कॉन्पान (काँपता है)

कश्मीरी को दरद से अलग मानने वाले भाषाविद प्रत्ययांत पर जोर नहीं देते हैं। केवल उदाहरण दे देते हैं। कश्मीरी में जो प्रत्ययांत है और जो मूल धातु है, वे दरद परिवार से गहरा साम्य रखते हैं। अब कौन कहाँ से आया, इसका निर्णय ईरानी और आर्य परिवार की तुलना से ही किया जा सकता है जो काम डॉ. गंजू ने नहीं किया है। कश्मीरी में भी ध्वनिगत बारीकी (टोनल डिफरेंसेज) है। कुछ अन्तर इतने बारीक हैं कि उसे लिप्यंतरित करना कभी-कभी मुश्किल होता है। दरद के इलाके में **न, ना** और **नाम** प्रत्ययांत बहुत प्रचलित है। कश्मीरी में **आन** प्रत्यय प्रचलित है, बुॅ छुस **गछान** (मैं जाता हूँ)। **गछान** क्रिया की विशेषता है कि यह उत्तम, मध्य और अन्य पुरुष में समान है, 'वह जाता है' और 'तुम जाते हो' के लिए **गछान** चलता है। उसी प्रकार सहायक क्रिया की स्थिति थोड़ी भिन्न है, **तुसे नाम काए अज/अजे** (तुम्हारा नाम क्या है/बश.) : **ताइ नोम किये शिउ** (Shieu/कलश)। सिना में आसिले (थे) क्रिया है। सिना की बोली **गुरेजी** में भी यह क्रिया चलती है। सिना की ब्रोकपा उपबोली (द्रास) में भी यह क्रिया है। दरद समूह के एक बड़े इलाके में उपबोलियों की संरचना बहुत भिन्न नहीं है। अविकसित इलाके की एक बोली के अनेक रूपों की चर्चा होती है। इसका उदाहरण भी हैं। दरद का इलाका। यह भारत और अफगानिस्तान के भौगोलिक सम्बन्ध का एक रास्ता है। काफिर समूह के ही कलश के दो नमूने भाषा सर्वेक्षण (खंड 8/पृ. 86-88) में आये हैं। दोनों का संकलन अब्दुल हकीम खाँ (1898) का है। दोनों में समानता है, **याक मानुष-ना दुइ पुइत बोएत/बोएट : याक वख्त दुइ ब्लिएदी बोएत/बोएट।** पहले वाक्य का अर्थ है, 'एक आदमी के दो लड़के थे' और दूसरे वाक्य का अर्थ है, 'एक समय में दो भाई या कजिंस' थे। खोआर/चित्राली में **था** और **'थे'** के लिए **असिस्तम** और **असिस्तउ** क्रियापद हैं। **अस** धातु के क्रियापद कश्मीरी में भी हैं। **अस, अच** आदि धातुएँ कश्मीरी से लेकर पूरे दरद इलाके में मिलती हैं। काफिर का एक उदाहरण है, **इह्र इह यमचा** (आइए आइए यमराज)। इस लिहाज से पूरे दरद इलाके में संस्कृत की धातुओं का गहरा प्रभाव रहा है। दरद के एक समूह में जो क्रियापद हैं, वही दूसरे समूह में नहीं हैं। वै-अला (काफिर) के सर्वनाम-रूपों की भिन्नता देखें, **ई विना** (मैंने पीटा), **तु विना** (तुमने पीटा), **तषो विनिस्ता** (उसने पीटा)। **विना को विनिष्टा** (सं)

का विकास (गंजू/228) मानना महज एक अनुमान है, वह भी बहुत कल्पित। फ़ारसी के क्रियापद हैं **अस्त** (है), **बूदम** (था) और **बूदी** (थे)।

परन्तु यहाँ न फ़ारसी का प्रभाव है और न संस्कृत का। कह सकते हैं कि दोनों उपबोलियों का मिला-जुला असर है। कई बार संज्ञा और सर्वनाम रूपों का स्रोत खोजना मुश्किल हो जाता है। कारण वही है, दुर्गम रास्ता, पहाड़ों से घिरा, अल्प आबादी और एक मात्र व्यापारिक मार्ग। इस संगम-स्थल पर अनेक प्रकार के रूपों का मिलना अचरजपूर्ण नहीं है। **बोएत/बोएट** क्रियापद अप्रत्यक्षतः फ़ारसी प्रभाव लिए है। उसी प्रकार **अक, एक, याक, इक** जैसे संख्यावाची संस्कृत प्रभाव लिए हुए है। कहीं यह प्रभाव बिल्कुल स्पष्ट दीखता है। सीधे प्रभाव की बात करें तो **पुत्र** का **पुत** होना चाहिए लेकिन **पुइत** (कलश) कैसे हो गया। अनुमानतः ठंडे प्रदेशों में स्वर का सम्प्रसारण अधिक होता है, खास कर संयुक्त स्वर का। इस लिए पुत्र का **पुइत** होना स्वाभाविक है और भोजपुरी में (लइका) यह प्रवृत्ति दरद इलाके से गयी है। विदित है कि केवल कश्मीर ही नहीं, अफगानिस्तान तक का इलाका संस्कृत का केन्द्र था। वह अवेस्ता का भी केन्द्र था, प्रा. फ़ारसी का भी। इस्लाम के आने के बाद अरबी का प्रभाव बढ़ा, विशेषकर संज्ञा-रूपों में। क्रियापद और विशेषणों में संस्कृत और फ़ारसी का प्रभाव बना रहा। कश्मीरी को दरद से अलग मानने के लिए संस्कृत का सहारा लिया जाता है। अवेस्ता, प्राचीन और आधुनिक फ़ारसी को छोड़ दिया जाता है जबकि उनका विशेष महत्त्व है। वैदिक संस्कृत को आधार बनाकर आधुनिक भाषाओं का विश्लेषण आंशिक सच को ही उजागर कर पाएगा। एक इलाके के तीन भाषिक समूहों की बोलियों की पारस्परिक भिन्नता का स्रोत केवल वैदिक संस्कृत नहीं है। यह भी कहें कि लिपिबद्ध वैदिक संस्कृत नहीं है। यह भिन्नता उनके बदलते आवास को भी दर्शाती है। 1890-1900 के ग्रियर्सन के नमूनों से यह भी महसूस होता है।

डॉ. गंजू या अन्य विद्वान् की नजर में ग्रियर्सन केवल भाषा सर्वेक्षण को ध्यान में रखते हैं। भाषा सर्वेक्षण के बहुत पहले इस इलाके को लेकर ग्रियर्सन की रचनाएँ आयी थीं, सफिक्सेज इन कश्मीरी लैंग्वेज (1895), ऑन इंडिक्लिनेबुल पार्टिक्लिस इन कश्मीरी (1899), प्रोनॉमिनल सफिक्सेज इन कश्मीरी लैंग्वेज दी पिशाच लैंग्वेजेज ऑफ नॉर्थ-वेस्टर्न इंडिया (1906), प्रोनोमिनल सफिक्सेज वाला लेख को किसी सेमिनार में पढ़ा गया था। 'पिशाच लैंग्वेजेज' पुस्तकाकार छपा था। कश्मीर से लेकर उत्तर-पश्चिम सीमा प्रान्त तक का क्षेत्र ग्रियर्सन समेत दूसरे भाषाविदों को परेशान करता रहा है। ग्रियर्सन भी इस किताब के 'प्रीफेस' में अपनी दुविधा अभिव्यक्त करते हैं। इसका एक कारण बिल्कुल नये इलाके से इनका परिचय होना है। अब तक ये समतलीय क्षेत्रों का अध्ययन करते रहे थे। उन जगहों में रहे भी। पहाड़ी क्षेत्रों का अध्ययन भी ज़रूर किये लेकिन वहाँ आवासिता किसी-न-किसी रूप में थी। चाहे वह गढ़वाल का इलाका हो या झारखंड का। इस अर्थ में दरद का इलाका इन्हें बिल्कुल नया लगा था। मौसम की

दृष्टि से भी यह भारत के किसी भी क्षेत्र से बिल्कुल भिन्न है जहाँ तापक्रम जीरो डिग्री से भी काफी नीचे रहता है। कश्मीर की स्थिति थोड़ी भिन्न है। दोनों इलाके पिछड़े हैं। ग्रियर्सन सही फर्माते हैं कि उत्तर-पश्चिम सीमा प्रान्त की भाषाओं का वर्गीकरण आसान नहीं है, इसे आर्य भाषा परिवार में रखा जाए या ईरानी परिवार में। वे इसे पिशाच वर्ग में रखना चाहते थे। वहाँ उन्हें यह दुविधा हुई कि पिशाच वर्ग को आर्य भाषा की उपशाखा के रूप में देखा जाए या ईरानी परिवार की उपशाखा के रूप में। 'दी पिशाच लैंग्वेजेज ऑफ नॉर्थ वेस्टर्न इंडिया' में नीलमत पुराण की एक कथा आयी है। कश्मीर के मूल निवासी नागा थे। नागा समुदाय की एक शाखा झारखंड में नागवंशी कहलाती है। कश्यप गोत्र के लोग इनसे मित्रता बढ़ाना चाहते थे। नागाओं ने उन्हें जगह नहीं दी। फलस्वरूप कश्यप ने नागाओं को श्राप दिया। नागाओं को यह मंजूर नहीं था। कश्यप ने उन्हें पिशाचों के संग रहने का श्राप दे दिया। बाद में कश्यप को पछतावा हुआ। तब उन्होंने यह व्यवस्था दी कि छह महीने पिशाच के साथ मरुद्वीप (आइलैंड इन दी सैंड ओसन) में रहेंगे। यह मरुद्वीप काबुल से कंधार तक के बीच का रास्ता है। ग्रियर्सन के अनुसार छह योजन में लगभग फैले इस देश में वे पिशाच के साथ रहेंगे। फिर वे अपने बल से पिशाचों को खत्म कर देंगे। कश्यप नाम के एक मुनि भी थे जिन्होंने अपने तप से पत्थर से जल निकाला (अश्मनः/पत्थर/कॅ=जल/ हरिणा=निकाला) अर्थात् पत्थरों के बीच से जल का रास्ता निकाला। इसलिए इसका नाम कश्मीर पड़ा। खैर, कश्यप और नागाओं की कथा जो नीलमत पुराण में आयी है और जिसका उल्लेख ग्रियर्सन की किताब (पिशाच लैंग्वेजेज ऑफ नार्थ-वेस्टर्न इंडिया) में हुआ है, से इस इलाके में विस्थापन और आवासिता के बढ़ते अनुपात का पता चलता है। इस बड़े इलाके की आबादी को बार-बार आवास बदलने की ज़रूरत पड़ी होगी। राजशेखर (काव्य मीमांसा/126) पैशाची को भूतभाषा कहते हैं। दरद और उसके समीपवर्ती क्षेत्रों की आबादी भी बहुत नहीं रही होगी।

ग्रियर्सन के समय में भाषा भूगोल (लिंग्विस्टिक ज्योग्राफी) भाषा विज्ञान की नयी शाखा के रूप में विकसित हुआ था। कम आबादी वाले क्षेत्रों में एक ही बोली के अनेक रूप भी विकसित होते हैं और साथ ही कई बोलियाँ भी विकसित होती हैं। उस समय तक भाषा भूगोल के प्रभाव के फलस्वरूप भी ऐसा समझा जाता था कि कम आबादी वाले क्षेत्र में सामान्य या कॉमन भाषा को पनपने में काफी समय लगता है। सघन आबादी वाले क्षेत्र में पारस्परिक लेन-देन की सघनता के कारण सामान्य भाषा जल्द ही विकसित होने लगती है। ग्रियर्सन के समय के बहुत पहले कश्मीर से लेकर दरद तक के इलाके में आवासिता का अनुपात लगभग कम नहीं था। ग्रियर्सन की दुविधा का एक कारण था, आबादी का निरन्तर स्थानान्तरण। चाहे उसका कारण भौगोलिक हो या सामाजिक। दूसरा कारण इस इलाके में ईरानी और आर्य भाषा परिवार का सम्मिलित प्रभाव था। तीसरा कारण, जिसकी चर्चा नहीं होती है, दरद इलाके का अत्यन्त पिछड़ा

होना। ग्रियर्सन के पहले एक भाषाविद् बी. कुह्न ने फ्रेंच में हिन्दूकुश की बोलियों पर अपने लेख में दरद और काफिर समूह की समानता का जिक्र किया था। वे विरोन और कश्मीरी में भी समानता देखते हैं। पिशाच से दरद समूह की समानता अपनी जगह है। बी. कुह्न (सं. ग्रियर्सन) के उल्लेख से दरद के इलाके की हलचल का पता चलता है। इलाका पिछड़ा ज़रूर रहा लेकिन दरद क्षेत्र के तीनों वर्ग के भाषिक समाज में पारस्परिकता रही है।

ग्रियर्सन अपने दूसरे लेख (ऑन प्रोनॉमिनल सफिक्सेज इन दी कश्मीरी लैंग्वेज) में सर्वनामिक प्रत्यय पर जोर देते हैं जो खासतौर से उत्तर-पश्चिमी सीमा प्रान्त के इलाके की अधिकांश भाषाओं में मिलते हैं। वे अरबी का उदाहरण देते हैं, **अलैकुम** (Alaikum/तुमको/कुम=तुमको)। यहाँ तुम सर्वनामिक प्रत्यय है। उनके अनुसार न केवल अरबी बल्कि ईरानी परिवार की फ़ारसी, पश्तो और बलूची भाषाओं में भी सर्वनामिक प्रत्यय का विधान है। कश्मीरी का शब्द है **बो कु-स** (Bo Chu & s मैं हूँ)। इसमें सर्वनामिक **स** या **एस** प्रत्यय है। उनका कहना है कि संयोगात्मक भाषाओं में कुछ शब्द क्रिया या संज्ञा बनने की क्षमता खो देते हैं और वे केवल निपात या प्रत्यय के रूप में आते हैं। निपात और प्रत्यय अलग हैं। निपात ऐसे शब्दों को कहते हैं जिनके बनने का कोई नियम नहीं होता है। इनका प्रयोग सभी अव्ययों के लिए होते हैं। निपात के तीन प्रकारों (उपमार्थक, कर्मोपसंग्रहार्थक - पदपूरणार्थक) में पदपूरणार्थक की ओर संकेत है। संयोगात्मक भाषाओं में पद को पूरा करने के लिए निपात का प्रयोग होता है। प्रत्यय का प्रयोग आदि मध्य और अन्त तीनों में होता है। यह शब्द को विशेष अर्थ में ढाल देता है। संयोगात्मक भाषाओं में प्रत्यय शब्द का अंग बन जाता है। वियोगात्मक भाषाओं में पूर्व सर्ग (प्रीपोजीशन) और अग्र सर्ग (पोस्ट पोजीशन) का विधान है। ग्रियर्सन प्रत्यय और निपात को एक ही अर्थ में लेते हैं और मूल शब्द के कमजोर हो जाने पर इसके प्रयोग की अनिवार्यता बताते हैं। अंग्रेजी में भूतकाल में **इडी** लगाकर शब्द बनाना मूल शब्द के कमजोर होने का सूचक है। फिर भी, अंग्रेज़ी या दूसरी भाषाओं में प्रत्यय का प्रयोग मूल शब्द के अंग के रूप में होता है। वियोगात्मक भाषाओं में परसर्ग का भी विधान होता है, **मुझको दो**। यहाँ **को** परसर्ग है। संज्ञा अथवा संज्ञा के समान प्रयुक्त होने वाले सर्वनाम विशेषण, क्रिया-विशेषण के साथ जो अव्यय सम्बन्ध सूचित करने के लिए लगता है, वह परसर्ग (पोस्ट पोजीशन) है। इसे सम्बन्ध सूचकअव्यय भी कहते हैं।

ग्रियर्सन के अनुसार भारतीय आर्य भाषाओं में सर्वनामिक प्रत्यय (प्रोनॉमिनल सफिक्सेज) का विधान कम है। ये सर्वनामिक प्रत्यय कश्मीरी, सिंधी समेत दरद और ईरानी परिवार की भाषाओं में है। उनका मानना है कि यह प्रत्यय द्रविड़ भाषाओं में मिलते हैं। संथाली में ये प्रत्यय मिलते हैं। फ़ारसी का एक शब्द है, **पर्सीदा माश** (मैं ने उसे पूछा/आश=उसे) यह **आश** सर्वनामिक प्रत्यय है। संस्कृत का एक वाक्य

है, **नमाम्यहम** (मैं नमस्कार करता हूँ)। इसे इस रूप में देखें, **अहम नमामि/अहम** नमाम। इसे उलट कर देखें, नमन अहम। क्रिया से पहले भी प्रत्यय आता है। यहाँ **त्वम** प्रच्छन्न है। नमस्कार खुद को नहीं करेगा। तुमको नमस्कार में **तुमको** या त्वम सर्वनामिक प्रत्यय का उदाहरण है। हिन्दी में एक समय तक **तुम्हें** और **मुझे** ही शुद्ध रूप माने जाते थे। आज भी यही समझ है। दिल्ली और पंजाब के इलाके में **मेरे को/तेरे को** बहुत चलता है। यहाँ मेरे में **ए** सर्वनामिक प्रत्यय है। सर्वनामिक प्रत्यय के साथ फिर सम्बन्धसूचक लगा, दुबारा, इसलिए इसे शुद्ध नहीं माना गया है। कहना यह कि भारतीय आर्य भाषाओं में सर्वनामिक प्रत्यय के उदाहरण है, फिर भी, संयोगात्मक भाषाओं में इनका अस्तित्व प्रमुखता लिए रहा है। ग्रियर्सन के समय में भी आधुनिक भारतीय आर्य भाषाएँ बहुत विकसित नहीं हुई थी। हिन्दी में आज की तरह के अनेक प्रयोग नहीं थे। अंग्रेज़ी में आई और माई (I & my) का उदाहरण लें। **माई** सम्बन्ध कारक है और **मी** सम्प्रदान कारक है। यह सर्वनामिक प्रत्यय का लक्षण है। पश्तो में मैं के लिए **जाह** (Zah) शब्द है और तू के लिए **ता** (Ta)। **प्लारता** (Plarta/पिता से/पश्तो); **डिप्लार** (Deplar/पिता के/पश्तो); **डिप्लारना** (पिता से/पश्तो)।[1] यहाँ सर्वनामिक प्रत्यय के उदाहरण मिलते हैं। यह विशेषता कश्मीरी, सिंधी और बलूची में आयी है, तो इसे केवल ईरानी परिवार की पूँजी के रूप में नहीं देखा जा सकता है। इससे द्रविड़ और ईरानी परिवार के गहरे सम्बन्ध का भी पता चलता है।

ग्रियर्सन (सफिक्सेज इन दी कश्मीरी लैंग्वेज) ने लिखा है कि सिंधी में सर्वनामिक प्रत्ययों का एक पूरा सिलसिला है। **नुहु-में** (My Father/मेरे पिता/सिंधी) **च्यड़डीउ-में** (My Daughter-in-law/बहू)। उसका पुत्र के लिए सिंधी का शब्द है, पुटुसि। तेरा पुत्र के लिए **पुटुहिं** और मेरा पुत्र के लिए **पुटुमि** है। **पुटु + सि : पुटु + हिं : पुटु + मि।** हिन्दी में सर्वनाम संज्ञा के पहले आया है और सिंधी में संज्ञा के बाद। परसर्ग के सन्दर्भ में हिन्दी और सिंधी में समानता है, रवेसि (रवे + सि), उसको : रवेनि (रवे + नि) **उनको**। सिंधी के विद्वान् डॉ. मुरलीधर कृष्णचन्द्र जैतली ने लिखा है कि सिंधी भाषा में स्वरान्त शब्दों की बहुलता है। यह प्रवृत्ति इतनी प्रबल है कि अंग्रेज़ी, फ़ारसी आदि भाषाओं से आये हुए व्यंजनांत शब्द भी सिंधी में स्वरान्त बन जाते हैं, कोशिश (फा.)—**कोशिशि** (सिं.)/खुश (फा.)—**खुशि** (सिं.); /**सबूत** (फा.)—**सबुतु** (सिं.)।[2] ध्यातव्य है कि सिंधी में उकारान्त शब्दों की बहुलता है, **भाउ** (भाई)/**माउ** (माता)/**पुटु** (पुत्र)/**भेणु** (बहन), **गोविन्दु** (गोविन्द)। क्रिया भी उकारान्त हैं, **पढ़णु** (पढ़ना), **नचणु** (नाचना), **लिखणु** (लिखना)। हिन्दी ने स्वरान्त और व्यंजनांत

1. कैम्पबेल : स्पेसिमेन्स लैंगवेज ऑफ इंडिया, पृ. 8
2. सिंधी साहित्य के विविध आयाम, पृ. 10

दोनों को स्वीकार किया है। ग्रियर्सन ने कश्मीरी, पश्चिमी पंजाबी और सिंधी के सर्वनामिक प्रत्ययों का एक सर्वेक्षण दिया है। उनका मानना है कि कश्मीर के समीपवर्ती क्षेत्रों में गल्चा (तुर्की की एक बोली) एक मात्र बोली है जिसमें सर्वनामिक प्रत्ययों का चलन है। हुंजा (गिलगित) की बोली बुरुशस्की में सर्वनामिक प्रत्यय का चलन है। असमी में इसका विधान है, **बापाइ** (Bapai/मेरे पिता/असमी)। कश्मीरी में इसका चलन कई रूपों में है। **मारिला-अम** (Marila-am/मैं ने मारा/कश्म.) में **अम** या **एम** सर्वनामिक प्रत्यय है। दरद से लेकर कश्मीर तक के क्षेत्र में भाषिक संरचना में आर्य और ईरानी दोनों का मिजाज मिलता है। यह संज्ञा शब्दों की तुलना से ज्यादा स्पष्ट होता है।

काफिर वर्ग और सिना वर्ग की भाषाओ में सर्वनामिक प्रत्यय का चलन है। **ओंच अजेम** (बश./मैं हूँ); ये **बडेम** (वै-अला); उंजू **ऐ रमो** (विरोन); **आथनी अस** (ग्वरबती); **हाइम** (पाषै या पषइ); **मेहनस** (गिलगिती); **में हनुस** (छिलासी); **मे हनोस** (अस्टोरी); **मो हनोस** (तिलेल गुरैय); **मों हनोंस** (द्रासी) और दरद परिवार की कश्मीरी में **ब** छुस (मैं हूँ)।[1] कश्मीरी में **छ** क्रिया की प्रधानता है। सिंधी में 'मैं हूँ' के लिए **मा अहियाँ** होता है। सिंधी का स्वरान्त प्रेम दरद काफिर और सिना वर्ग की किसी भाषा में नहीं है। यह स्वरान्त प्रेम कश्मीरी में भी नहीं है। सिंधी उत्तर-पश्चिमी क्षेत्र की भाषा है जो भारतीय आर्य भाषा परिवार की भाषा है। सिंधी में कुछ क्रियापद और विशेषण सीधे-सीधे प्राकृत से आये हैं, **लधो** (सिं./प्राप्त) : **लद्‌ध** (प्रा.) : **भगो** (सिं./भागा हुआ) : **भग्ग** (प्रा.) : **ततो** (सिं./तपा हुआ), **तत्त** (प्रा.)। सिंधी में फ़ारसी से आये शब्दों की भी अच्छी संख्या है। भले उनका स्वरान्त प्रयोग हुआ हो। काफिर, सिना और दरद परिवार की रूपाग्रामिक संरचना में साम्य है। सिंधी की रूपग्रामिक संरचना भिन्न ज़रूर है। रूप को पद भी कहा जाता है। ये दोनों शब्द से भिन्न हैं। शब्द विभक्तिविहीन होते हैं लेकिन वाक्य में प्रयुक्त शब्द-सम्बन्ध विभक्तियुकत होने के कारण रूप या पद कहलाते हैं। रूप या पद में अर्थ तो होता ही है। कुछ ऐसे तत्त्व भी होते हैं, प्रत्यय आदि जिनके कारण उनका सम्बन्ध अन्य पदों से स्पष्ट होता है। इस दृष्टि से उत्तर-पश्चिमी प्रान्त की भाषाओं में अद्‌भुत साम्य है। साम्य का एक आधार तो सर्वनामिक प्रत्यय है जिस पर ग्रियर्सन ने विस्तार से विचार किया है। दूसरा आधार सर्वनाम-रूपों का भी है। हिन्दी के सर्वनामों में स्वरान्त और व्यंजनान्त दोनों रूप चलते हैं। उत्तर-पश्चिमी इलाके की भाषाओं में स्वरान्त रूपों का अधिक महत्त्व है। कश्मीरी में मैं के लिए **ब** है, बशगली में **ओंच** और सिना के क्षेत्र में **म/मे** रूप है। इसकी पद-रचना में समानता है। उस समय तक यूरोप के विचारकों में रूपग्राम विज्ञान बहुत लोकप्रिय नहीं हुआ था। संस्कृत में इस पर काफी विचार हुआ है। ग्रियर्सन पहले

---

1. वितस्ता, 77

भाषाविद् हैं जो उत्तर-पश्चिम क्षेत्र की भाषाओं पर इस रोशनी में विचार करते हैं। विदित है कि वह समय तुलनात्मक भाषाओं के अध्ययन का था। भाषा-सर्वेक्षण के हर खंड में शब्दों के तुलनात्मक अध्ययन पर जोर है। दरद और ईरानी परिवार पर विचार करने के क्रम में उन्होंने वाक्यों के रूप को भी केन्द्र में रखा है। ध्यातव्य है कि पहले खंड का दूसरा भाग तुलनात्मक शब्दकोश है। यह भाग दरद और ईरानी परिवार वाले खंड के बाद छपा है। इस खंड के शब्दों की रूप-रचना पर संक्षेप में विचार किया जा सकता है, विशेषकर दरद-ईरानी परिवार के इलाके को लेकर।

''हम लोग'' शब्द को लें।[(1)] **पर्सियन** मा, बशगली **इमा**, ग्वर्बती **एमा**, सिना **बा**, बलूची **मा** चित्राली **इस्पा**, कोहिस्तानी **मा** इत्यादि। आकारान्त वाले समूह को एक साथ रखने पर यह स्पष्ट होता है कि इस इलाके में बोलियों के विकास की सुनिश्चित दिशा रही है। यह स्थिति केवल **ए** के सर्वनाम रूप के साथ नहीं है। दूसरा सर्वनाम है, **तू**। अवेस्ता **तुम** (Tum), पर्सियन **तू** (Tu), बशगली **तिउ** या **तू** ग्वर्बती तू बलूची **तउ** (Tau), कलश **तू** (Tu), इत्यादि। दूसरी स्थिति अकारान्त सर्वनामों की है। सिना बा/बास (हम लोग), कश्मीरी **अस** इत्यादि। कश्मीरी की दूसरी बोलियों काष्ठवारी और डोडा आदि में भी ***अस*** और **अह** होता है। फिलहाल भाषिक परिवर्तन की व्यवस्था यह दर्शाती है कि दरद से अफगानिस्तान के क्षेत्र में शहरीकरण की प्रक्रिया बहुत पहले शुरू हुई होगी। भले संस्कृत के आचार्यों के लिए यह इलाका बहुत बर्बर और लड़ाकुओं का रहा हो। इसके बावजूद इस क्षेत्र में किसी कारण से ब्रिटिश राज के बहुत पहले से शहरीकरण की दिशा के संकेत मिलते हैं। सही है कि पूरे दरद परिवार में केवल कश्मीरी में समृद्ध साहित्य मिलता है। फिर भी, दरद की दूसरी बोलियों का लोक साहित्य संकलित करने पर उनके बीच सभ्यता के विकास के अनेक उदाहरण मिलेंगे। ग्रियर्सन और उनके अधीनस्थों और समकालीनों ने इस दिशा में काम नहीं किया है। शहरीकरण की तेजी या धीमी गति का अनुमान भी उनके लोक साहित्य से ही मिल सकता है।

(घ) ईरानी परिवार समूह की भाषाएँ और दरद परिवार

ईरानी परिवार में दो समूह की भाषाएँ हैं, पर्सिक या फ़ारसी और गैर-पर्सिक या फ़ारसी। फ़ारसी भाषाएँ सासानी काल (300-700 ई.) से आ रही है। गैर पर्सिक भाषाएँ ईरान के विभिन्न हिस्सों में फैली हैं। ग्रियर्सन ईरानी परिवार के अन्तर्गत पश्तो, ओरमुरी, बलूची और गल्च या गल्चा भाषाओं को शामिल करते हैं। पश्तो

1. लिंग्विस्टिक सर्वे ऑफ इंडिया, खंड-एक, भाग दो, पृ. 17

अफगानिस्तान की भाषा है। ओरमुर अफगानिस्तान की जन जाति है जिसकी भाषा ओरमुरी है।[1] ओरमुरी का एक नाम बर्गिस्ताँ भी है। बलूची या बिलोची बलोच के निवासियों की भाषा है। ग्रियर्सन के अनुसार (पृ. 327) ईरान और भारत में बलूची कई जगहों पर मिलते हैं। इनकी विशेषता स्थान-विशेष की भाषा और संस्कृति को अपना लेने की है। उन्होंने दो नाम दिये है, ब्रिटिश बलूचिस्तान और पर्सियन बलूचिस्तान। इस से अलग पूर्व की ओर बलूचिस्तान का इलाका सिंध और बहावलपुर को स्पर्श करता है। उत्तर में यह सुलेमान पहाड़ी और पश्चिम में पंजाब का जिला डेरा गाजी खाँ को स्पर्श करता है। कुल मिलाकर बलूची उत्तर में पश्तो और पश्चिम में पर्सियन या फ़ारसी से घिरा है। इनके पास लोक साहित्य की निधि है। पामीर के पठार तथा आस-पास की बोली गल्च या गल्चा है। ग्रियर्सन के सर्वेक्षण में बलूची का फैलाव दिल्ली से लेकर बिहार तक रहा है। बिहार और उड़ीसा में इनकी संख्या सात सौ से ऊपर रही, कश्मीर में दो हजार से ऊपर, दिल्ली में लगभग एक हजार। आश्यचर्य यह कि बहावलपुर में इनकी संख्या लगभग पाँच सौ से कुछ ऊपर है। ब्रिटिश भारत जिसमे अफगानिस्तान शामिल नहीं है, में पश्तो भाषियों की संख्या लगभग चौदह लाख से कुछ ऊपर है और अफगानिस्तान में तेईस लाख से कुछ ज्यादा है। सर्वेक्षण का ईरानी खंड 1921 में छपा था। इसमें शामिल आँकड़ों का आधार 1911 की जनगणना रही होगी। बलूचिस्तान का पूर्वी भाग (कलात) द्रविड़ परिवार की भाषा ब्राहुई बोलने वालों का हैं। इसे उत्तर-पश्चिमी द्रविड़ भी कहते हैं। ब्राहुई और बलूची में बहुत साम्य हैं। ग्रियर्सन बलूची के रूप बताते है, पश्चिमी बलूची (मकरानी) और पूर्वी बलूची। सर्वेक्षण (पृ. 338) में पश्चिमी और पूर्वी बलूची के कई शब्द आये हैं, **अच** (Ach/पश्चिमी), **अश** (Ash/पूर्वी), **कुशाम** या **कशाग** (पश्चिमी/Kushag) : **कुशे** या **कशे** (पूर्वी/Kushay/एक मालिक या मास्टर), अप (पश्चिमी/Ap) : **ऑफ** (पूर्वी/AJ/पानी)। पश्चिमी बलूची में अघोष व्यंजन मिलते है। पूर्वी बलूची में कई ऐसे शब्द मिलते है जो दूसरी भाषाओं, कह सकते हैं कि दूसरे परिवार की भाषाओं से आयातित हैं।

अग्रिसम (सं.) का अर्थ, 'इसमें' मूल शब्द है, **अस्म** या **अस्मि** उसी प्रकार संस्कृत का मूल शब्द है अस्त संस्कृत में **मा** निषेधवाची है। बलूची का **तउ** या **ताउ** सर्वनाम रूप है। पश्चिमी हिन्दी के क्षेत्र में यह संज्ञा रूप हैं **अस्त** के साथ आकार लगा देने से 'मैं हूँ' अर्थ निकलता है। कहीं-कहीं **हस्ता** रूप भी चलता है। बलूची में आर्य भाषा परिवार के प्रभाव से जो परिवर्तन आया है वह आकारान्त में दिखता है। आर्य भाषा परिवार से इनका अन्तर इनके स्वरान्त होने में है। युँ, बलोची में अकारान्त रूप

---

1. एल.एस.आई. X, पृ. 2-7

भी है लेकिन क्रिया रूपों में आकारान्त की प्रधानता है। काफिर और दरद परिवार की भाषाओं में आकारान्त का महत्त्व है। संज्ञा रूपों में आकारान्त वाले शब्द कम है। संस्कृत से जो शब्द बलूची में आये, उनमें अर्थ-परिवर्तन स्वाभाविक है। ग्रियर्सन बलूची के व्याकरण में इस सच को रेखांकित नहीं करते है। इसका अर्थ यह नहीं है कि उसे आर्यभाषा परिवार का सदस्य समझा जाए। यह ईरानी परिवार की भाषा है। फिर भी, बलूची और उसका क्षेत्र आर्य भाषा परिवार और ईरानी परिवार के सम्बन्ध को समझने के लिए बहुत उपयोगी है। इसमें कश्मीरी भाषा और दरद परिवार का सम्बन्ध की समझा जा सकता है। अफगानिस्तान और बलूचिस्तान में **मा** का चलन यह बताता है कि आर्यभाषा परिवार की रूप रचना का प्रभाव ईरानी परिवार पर भी रहा है। एक बात और भी कि बलूची में **यान** या **आन** प्रत्यय की प्रमुखता इसे कहीं दरद और कश्मीरी से भी जोड़ती है। बलूची का साहित्य बहुत समृद्ध नहीं है। दरद के इलाके और उसके बाहर पश्तो और कश्मीरी का ही समृद्ध साहित्य मिलता है। इसके सामाजिक और सांस्कृतिक कारण रहे होंगे। बलूची के लोक साहित्य का अध्ययन किया जाए तो इसमें कश्मीरों और पश्तो दोनों के साहित्य का असर मिल सकता है। ऐसे भी यह पूरा इलाका ब्रिटिश सत्ता का विरोधी रहा हैं। इस दृष्टि से भी दरद और उसके समीपवर्ती क्षेत्रों का अध्ययन होना चाहिए।

पूर्वी और पश्चिमी बलूची के सर्वनाम रूपों में बहुत अधिक अन्तर नहीं है। सर्वनाम रूपों के एकवचन में एक किस्म का रूप तन्त्र मिलता है और बहुवचन में दूसरे किस्म का, **मान** (पश्चिमी/मैं) और **मा** (पूर्वी) : **मानि** (पश्चिमी/मैं) और **मानी** या **माई** (पूर्वी/मेरा) : **माना** (पश्चिमी) और **मा** (पूर्वी/मुझे)। बहुवचन में 'हमलोग' के लिए पश्चिमी का **अमा** और पूर्वी का **मा**। उसी प्रकार ''हमसब'' के लिए **अमा** या **मा** (पश्चिमी) और **मा** (पूर्वी)। यह स्थिति द्वितीय पुरुष के सर्वनाम की भी है, 'तू' पश्चिमी में **तउ** या **ताउ** और पूर्वी में **त्वाउ** या **ता** (Ta/एपास्ट्रॉफी 'एस' सहित) 'मैं हूँ' के लिए **अस्ता** या **हस्ता** और पूर्वी का **अस्ता**, ब.व. में इसका रूप है, **अस्तिन** और **अस्तिउ**। बलूची में बहुवचन रूपों का निर्माण जिन प्रत्ययों से होता है, उसका सम्बन्ध संस्कृत और प्राकृत भाषाओं से है। ग्रियर्सन इसे रेखांकित नहीं करते हैं। संस्कृत का रूप है, **अस्मिन** और **अस्ति**। बलूची भाषा में अस्ते, **अस्त** और **अस्ति** रूप मिलते हैं। **हस्ता** रूप बहुत प्रचलित नहीं है लेकिन है। बलूची के कुछ प्रमुख प्रत्यय हैं, **आ** (मान-ऑ/मैं हूँ), **उ** (मॉक-उ/मैं हूँ), **ए** (म) क्रिया पद है जो 'मैं' और 'वह' दोनों के साथ समान है। खास बात जिसकी ओर ग्रियर्सन ध्यान दिलाते हैं, वह है बलूची में विशेषण से क्रिया विशेषण बनाने का विधान। **इया** (iya), **ईया** (iya) इत्यादि प्रत्यय लगा कर क्रिया विशेषण बनते हैं **गन्दा** या गंडा (Gand/ खराब), **गन्दियाया** (Gandyiya/badly)। पूर्वी और पश्चिमी दोनों

रूपों में यह क्रम चलता है। बलूची के दोनों रूपों में पूर्व सर्ग और पर सर्ग (Past position) का चलन है। **अश** (Ash), **मन** या **मान** (Man), **मा** आदि पूर्व सर्ग हैं और सरा (Sara) **लापा** (Lapa), **पदा** (Pada), **देमा** (Dema), आदि परसर्ग हैं। **मान ताउ, तिउ मा** इत्यादि प्रत्यय आर्यभाषा और ईरानी दोनों से आये हैं। पश्तो में 'मुझे' के लिए मु और अम (Muèum) दोनों रूप हैं। अफगानिस्तान से लेकर बलूचिस्तान तक में **म, मा** और **अमा** रूप बहुत प्रचलित है। इस पूरे इलाके में स्वर-उच्चारण के अनेक रूप हैं। आमतौर पर संयोगात्मक भाषाओं में स्वर के रूप सीमित होते हैं। विशेषकर आदि स्वर। बलूची संयोगात्मक भाषा रही है। भाषा जैसे-जैसे वियोगात्मक होती है, स्वर के रूप में विस्तार होता है। बलूची में स्वर चाहे आदि में हो या मध्य और अन्त में, उसके उच्चारण-रूपों में भिन्नता है। पश्तो का मुल्ला (एक वचन) बहुवचन में मुल्लायान (Mullayan) होता है। बहुवचन बनाने के लिए **आन** या **यान** प्रत्यय पश्तो में प्रचलित है। ये यप्रत्यय बलूची में प्रचलित है। बलूची आर्य भाषा परिवार से ज्यादा घनिष्ठ है। पश्तो में जो प्रत्यय मिलते हैं, वे ईरानी परिवार से ज्यादा घनिष्ठ है।

स्वरान्त की प्रवृत्ति कश्मीरी में भी मिलती है। अक्सर कश्मीरी और ग्रियर्सन पर विचार करते समय दृष्टांत के रूप में सर्वेक्षण को सामने रखा जाता है। अंग्रेज़ी भाषा और साहित्य में, कहें, यूरोपीय भाषाविदों में कश्मीरी के व्याकरण पर विचार करने वाले वे कुछ थोड़े विद्वानों में हैं। युँ यह सच है कि कश्मीर से लेकर हिन्दूकुश और पामीर पर्वत तक की बोलियों पर काम करने का रुझान अंग्रेज भाषाविदों में ही पहले-पहल देखने को मिलता है। ग्रियर्सन के भाषा सर्वेक्षण के आठवाँ खंड के छपने (1919 ई.) के बहुत पहले उनका कश्मीरी व्याकरण (1911 ई.) छप चुका था।[1] इसमें उन्होंने स्वर-परिवर्तन पर विस्तार से विचार किया है। उनके अनुसार (पृ. 19) कश्मीरी में स्वर की विचित्रता है कि उसमें मात्रा लगाने से परसर्ग का बोध होता है, **अन्दर** (भीतर) और **अन्दरा** (भीतर से)। कश्मीरी में कुछ वर्ण समूह का उच्चारण कठिन होता है, खर्च (Kharch)। कश्मीरी का उच्चारण है, **खराच**। कश्मीरी में मात्रा का बहुत महत्त्व है। **मॉल** (कश्म.पिता) : **मालु** (कर्ता/ए.व.)। उन्होंने मात्रा से स्वर के उच्चारण-परिवर्तन पर कई तरह से विचार किया है। जो विशेषता बलूची में आयी है, वह कश्मीरी में भी है। ग्रियर्सन ने कश्मीरी व्याकरण की भूमिका में लिखा है कि उच्चारण की दृष्टि से यह भाषा आर्य भाषा परिवार की है लेकिन इसका उच्चारण तन्त्र काफिर और चित्राल से साम्य रखता है। इसका शब्दकोश भी संस्कृत से मिलता-जुलता है। मुस्लिम आक्रमण के बाद इस्लामीकरण की प्रक्रिया

1. ग्रियर्सन, ग्रामर ऑफ दी कश्मीरी लैंग्वेज कम्प्राइजिंग ग्रामर, फ्रेज बुक एंड वोकेबुलरी

तेज हुई जिसका प्रभाव दरद समेत कश्मीरी पर भी पड़ा है। मुसलमानों के आक्रमण के फलस्वरूप भाषाओं में आये बदलाव पर ग्रियर्सन ने विचार नहीं किया है। परन्तु जहाँ वे कश्मीरी को आर्य भाषा परिवार से जोड़ते हैं, वहीं वे दो प्रकार की कश्मीरी की कल्पना भी कर लेते हैं, हिन्दू और मुस्लिम कश्मीरी। आर्यभाषा परिवार से कश्मीरी को जोड़ने के पीछे मकसद कुछ और है। अगर कश्मीरी केवल आर्य भाषा परिवार की भाषा है, फिर इसे दरद परिवार में शामिल करने का क्या अभिप्राय है? फिर ईरानी परिवार में पर्सियन और गैर पर्सियन का विभाजन क्यों? बलूची की जो विशेषता उसे कश्मीरी से जोड़ती है, उसके आधार संज्ञा और क्रिया-रूप दोनों हैं। भारतीय आर्य भाषा परिवार का विस्तार ईरान तक था। इसलिए भारत ईरानी परिवार का महत्त्व भारत यूरोपीय परिवार से ज्यादा है। हिन्दी के कई शब्द कश्मीरी में पूर्ववत है, **खुली** (खुलना), **खास, कम** (स्मे) इत्यादि। यह स्थिति दरद परिवार और चित्राली परिवार की भी है। आकार लगाने का चलन या आकार जोर केवल बलूची में नहीं है। यह जोर मध्यकालीन हिन्दी काव्य में अधिक मिलेगा। दरद और कश्मीरी के इलाके में इस्लाम के आने के बाद भी आर्य भाषा परिवार का प्रभाव बना रहा।

दरद और ईरानी परिवार की कई विशेषताएँ यूरोपीय और भारतीय आर्य भाषा परिवार से भिन्न है। इनके अध्ययन से यह अनुभव होता है कि इस इलाके में क्लासिक भाषाओं से कुछ अन्य प्रवृत्तियाँ आयी हैं। कुछ ऐसी प्रवृत्तियाँ भी हैं जो सीधे-सीधे भारतीय आर्य भाषा परिवार से आयी हैं विशेषकर आधुनिक भारतीय आर्य भाषाओं से। बलूची में आप हिन्दी की तरह कर्ता है। पूर्वी बलूची में **पा** और **वाथा** का अर्थ 'उनलोगों के बीच में' (Amongst Themselves) होता है। जिसे हिन्दी में 'आपस में' के अर्थ में ले सकते हैं। **वाथा** का चलन पूर्वी और पश्चिमी दोनों क्षेत्रों में होता है। आधुनिक फ़ारसी में "आप" के लिए **शुमा** और ''आपलोग'' के लिए **शुमा मर्दुम** शब्द है। **शुमा** शब्द दरद परिवार में भी नहीं है और लाहौर और मुल्तान की पंजाबी में भी नहीं है। काफिर (बश.) में एक सर्वनाम **एमगी** (Amgi/वे) है जिससे अनेक रूप बनते हैं, एमिगो (उनके), **एमिगो-स्ते** (उनके)[1]। यह एमिग/एमिगो काफिर की दूसरी बोलियों (कलश, विरोन आदि) में नहीं है। लाहौर की पंजाबी ओह है (oh hain/वे हैं, मुल्तान की पंजाबी में **उहे हिन** (Uh hin/वे हैं), और पश्तो (कोहट) में **अघादी** (Aghadi) रूप हैं।[2] ईरानी परिवार में पर्सियन और गैर पर्सियन दोनों भाषाएँ आती हैं। ज्यादा सम्भव है कि दरद से लेकर पश्तो तक के इलाके में गैर पर्सियन परिवार का भी प्रभाव रहा हों। कई विद्वान् आप का सम्बन्ध **त्वम** (सं.) से जोड़ देते हैं। **त्वम**

1. ग्रियर्सन, एल.एस.आई., खंड 8, भाग 2, पृ. 12-13
2. कैम्पबेल, लैंग्वेजेज ऑफ इंडिया, पृ. 12

से **अपा** (प्राकृत) का हो जाना अस्वाभाविक लगता है। फ़ा. का **शुमा** उर्दू में भी नही चला है। फ़ारसी के कई शब्द हैं जो उर्दू में नहीं हैं। यह कोई अनहोनी बात नहीं है। मुख्य बात है कि दरद से पश्तो तक के क्षेत्र में केवल क्लासिक भाषाओं का प्रभाव नहीं रहा है जिसपर यूरोपीय भाषाविद् जोर देते हैं। क्लासिक भाषाएँ जिन बोलियों से परिनिष्ठित हुई हैं, उनका महत्त्व है। मैं बोलियों के स्वतन्त्र अस्तित्व के पक्ष में नहीं हूँ। पर विद्वान् शब्दों को सीधे क्लासिक भाषाओं से जोड़ देते हैं। जैसे, मैक्समूलर (साइंस ऑफ लैंग्वेज/146) **अस्मि** (सं.) को लैटिन **के सुम** (Sum) और **अहम्** को **एगो** (Ego) से जोड़ देते हैं। यह ऐसी परिकल्पना है जिससे केवल क्लासिक भाषाओं का महत्त्व अकारण सिद्ध होता है।

फ़ारसी और पश्तो का क्षेत्र भाषाओं के अध्ययन के लिए सबसे उर्वर और नयी जानकारी देने वाला है। एक समय तक भाषा वैज्ञानिक पश्तो या पख्तो को ईरानी परिवार का सदस्य मानते थे। यह बात 1890 के कुछ साल पहले की है। आगे चलकर विद्वानों ने अनुभव किया कि पश्तो भाषा की शब्दावली भारत की बोलियों से ज्यादा मिलती-जुलती है। डॉ. लैटनर (Laitner/मैक्समूलर/189) मानते हैं कि दरद की बोलियाँ पश्तो की भाँति मध्यवर्ती (ईरान और भारत) बोली है। इसलिए मैक्समूलर (190) आर्य परिवार को ही दो भागों में देखते हैं, दक्षिण-पूर्वी वर्ग (इंडिक—ईरानी शाखा) और उत्तर-पश्चिमी वर्ग। मैक्समूलर जैसे विद्वान् आर्य के प्रसार (साइंस ऑफ लैंग्वेज) पर विचार करते हैं। यह भी कहते (पृ. 364) हैं कि यूरोप की ओर बढ़ने पर 'आर्य' नाम बहुत कम मिलता है। यह मूलतः फारस, आर्मेनिया, अल्बेनिया आदि क्षेत्रों में ही प्रचलित है। फिर भी, यूरोपीय वर्ग पर इतना जोर क्यों? और इस जोर के लिए क्लासिक भाषाओं विशेषकर लैटिन और संस्कृत से समस्त शब्दों का स्रोत खोजने की अनावश्यक मेहनत क्यों? यूरोपीय विद्वान् ध्वन्यात्मक परिवर्तन के कारण भाषा के स्वरूप-परिवर्तन की बात करते हैं। मैक्समूलर (पृ. 36-37) तो यहाँ तक खींच ले जाते हैं कि संस्कृत की **विंशति**, लैटिन **विग्निति** (Viginti) और अंग्रेज़ी के **ट्वेन्टी** (Twnety) में वही तत्त्व है जो फ्रेंच के **डौज** (Douze) में है या ग्रीक के **एइकटि** (eikati) में है। यूरोपीय परिवार की समस्त भाषाओं में ध्वन्यात्मक परिवर्तन का एक कॉमन तत्त्व मौजूद है। मैं कहना चाहूँगा कि अगर भारोपीय परिवार में वह कॉमन तत्त्व इतना मजबूत है (जैसा कि है नहीं), तो भारत-ईरानी परिवार में तो इसे और भी मजबूत होना चाहिए। पहले भारत-ईरानी परिवार की भाषाओं में ध्वनि-परिवर्तन पर मेहनत होनी चाहिए, फिर यूरोपीय परिवार पर। इससे एक बात स्पष्ट होती है कि भाषिक और सांस्कृतिक परिप्रेक्ष्य में भारत और ईरान ज्यादा करीब है, बशर्ते भारत और यूरोप के। इस दृष्टि से दरद और पश्तो इलाके का महत्त्व और बढ़ जाता है। यूरोपीय पर जोर देने का एक कारण ब्रिटिश राज के वर्चस्व को सनातन मानना है। उस जमाने में यह चर्चा भी थी कि ब्रिटिश राज का सूरज कभी अस्त

नहीं होता। दूसरा कारण नस्ल सम्बन्धी भी था। ब्रिटिश राज़ के भाषाविद् आर्यों को श्रेष्ठ तो मानते थे और इसी मानक पर वे यूरोप को श्रेष्ठतर बताते थे। उसका मानक था यूरोप में सभ्यता का विकास, जिसकी रोशनी भारत तक आयी। ऐसा करके वे कहीं-न-कहीं ईरान का महत्त्व भी गौण कर देते हैं और भारतीय समाज के आर्य और अनार्य के विभाजन को भी मजबूत करते हैं। इसी से हिन्दू और मुस्लिम भारत का मनगढ़त भी विश्वसनीय लगने लगता है। पश्तो, दरद और भारतीय आर्य भाषाओं का अध्ययन यूरोपीय परिवार को या उसके मानकों को सामने रखकर नहीं होना चाहिए। इससे भाषाओं के अध्ययन में नस्लवाद को बढ़ावा मिलता है। इस अध्ययन का राजनैतिक अभिप्राय है और इससे भारत-ईरान के सांस्कृतिक सम्बन्ध को नहीं समझा जा सकता है। पर्सियन पर अरबी भाषा के प्रभाव का अध्ययन ज्यादा महत्त्वपूर्ण है बशर्ते यूरोप की भाषाओं में इन शब्दों के स्रोत खोजने के।

पश्तो का **मुझ, ता** और **तूसे** (तुम/तुम्हें) भारतीय आर्य भाषा परिवार में आया या यहाँ से पश्तो और ईरानी परिवार में गया, इसका निर्णय कर पाना मुश्किल है। **त्वम** (सं.) से **तुम** का विकास यहाँ तक कि **ता** और **तसा** का रूप भी समझ में आता है। ईरानी परिवार के मध्यकाल में या उसके पहले भी त्वम से मिलता-जुलता रूप रहा होगा। फ़ारसी में **'तू'** के लिए **तो** रूप है। पश्तो का सर्वनामिक प्रत्यय (अमयाउ) संस्कृत **अहम्** और अवेस्ता का रूप है। सर्वनामिक प्रत्यय वैदिक संस्कृत में रहा होगा। पश्तो में **अम/एम/उ** की उपस्थिति ईरानी और भारतीय भाषा परिवार की एक कॉमन प्रवृत्ति को इंगित करती है। पंजाब से लेकर ईरान तक भाषा परिवारों की एक सामान्य प्रवृत्ति को देखा और परखा समझा जा सकता है। हाँ कृषि प्रधान भी, दुर्गम पहाड़ी रास्ते हैं; हिम का प्रकोप भी है। इसके बाद भी इतने बड़े क्षेत्र की आय का साधन कृषि है। किसानों का संघर्ष उनकी भाषाओं में प्रतिफलित होता है। पंजाब से लेकर ईरान तक के निवासियों की शरीर-रचना (बिल्ट) एक सामान्य महसूस की जा सकती है।

ग्रियर्सन ने दरद परिवार के परिचय (खंड 8/2) में लिखा है कि गल्च या गल्चा और दरद राष्ट्र (Nations) के निवासी एक साथ भले रह रहे हों लेकिन उनकी जीवन शैली की खास और अलग पहचान है जो उसे आर्य भाषा परिवार की किसी भी शाखा से अलग करती है। यद्यपि दरद का क्षेत्र भारत-ईरानी परिवार का ही हिस्सा है तथापि ग्रियर्सन ने सही लिखा है। दूसरे भाषाविद् के विचार को संदर्भित करते हुए वे दरद को भारतीय आर्यभाषा परिवार से भी जोड़ते हैं। इससे असहमति नहीं है। एक प्रश्न है, दरद के लिए 'नेशन' शब्द क्यों? यह शब्द पंजाब के लिए नहीं आया है। बलूची के लिए भी नहीं आया है। गल्च या गल्चा और बलूची ईरानी परिवार की भाषाएँ हैं और दरद ईरानी परिवार की उपशाखा है। गल्च पामीर क्षेत्र की भाषा है। ग्रियर्सन ईरान से लेकर दरद तक के लिए किसी राष्ट्र की कल्पना न

भी करें, तो भी 'नेशन' शब्द का उनका प्रयोग कुछ और इंगित करता है। वे ईरानी परिवार के परिचय में पर्सियन और गैर पर्सियन भाषाओं का उल्लेख करते हैं। पश्तो में प्र.पु./ए.व. का सर्वनाम है **जा** (Za) **ता** (Ta) और ब.व. में है, **मुश/मुझ** (Mush/ Muzha)। म.पु. में तुम/तुम्हें के लिए **ता** (Ta) **तसे** (Tsu) है।(1) ग्रियर्सन पश्तो के अलग-अलग क्षेत्रों में प्रचलित सर्वनाम-रूप बताते हैं। उनमें बहुत ज्यादा अन्तर नहीं है। पश्तो के सर्वनामिक प्रत्यय हैं, **अम** या **एम** (Am) और **उ**। ये दोनों वचनों में इस्तेमाल होते हैं। फ़ारसी में 'तू' के लिए **तो** और 'मुझे' के लिए **मरा** शब्द हैं। पश्तो पर फ़ारसी और ईरान की गैरफ़ारसी परिवार का प्रभाव है। दरद परिवार के काफिर और दरद समूह में 'तुम' या 'तू' के लिए ऐसे सर्वनामिक रूप नहीं मिलते हैं। 'तुम्हारा' के लिए बश. (काफिर) का शब्द है **तुसे** (Tuse) और कलश का शब्द है **ताई** (Tai) और सिना का **तेइ** (Tei) है। लगभग यही प्रवृत्ति हर रूप में नहीं मिलती है। कहीं-कहीं कुछ ऐसे शब्द आये हैं जो बिल्कुल चौंकाने वाले हैं। जैसे, काफिर समूह की बोली विरोन में "तुम गये" के लिए शब्द है, **मिफ पिजाक्सनिच** (Mif Pezaksinch)। ऐसे रूपों का विकास नहीं मिलता है। हाँ, क्रिया-रूप (गया) अपने कुछ बदले रूपों में ज़रूर आया है, **गोर** (बश.), **गवा** (बश.), **बो** (सिना/दरद)। यह क्षेत्र संक्रमण का ज़रूर रहा है। संक्रमण काल में बोलियों से परिनिष्ठित भाषा बनने के क्रम में बिल्कुल भिन्न स्वरूप वाले शब्द रह जाते हैं। उनका विकास दूसरे रूपों और दूसरी बोलियों में देखने को नहीं मिलता है। इसलिए इसे मानक मानकर नहीं चला जा सकता है। अगर बिल्कुल भिन्नतावाले इन रूपों से शब्द-रूपों के परिवर्तन और विकास की कोई सरणी मिलती है तो इसका महत्त्व है। अन्यथा यह देखना होगा कि रूप-रचना की दृष्टि से साम्य और वैषम्य कहाँ है। दरद इलाके में एक साथ कई बोलियों की पारस्परिकता और उनके बीच परिनिष्ठित भाषा के विकास का एक अलग इतिहास हो सकता है। फिर भी, इस समूह की रूप-रचना ईरानी और आर्यभाषा परिवार के ज्यादा निकट है। इसके अध्ययन में यूरोपीय परिवार को लाना उचित नहीं होगा।

दरद और गल्च या गल्चा के लिए 'नेशन' का प्रयोग अंजाने नहीं हुआ है। उस समय तक अंग्रेज 'नेशन' और 'ट्राइब' के विचार से अवगत थे। पश्तो के परियच (खंड 10/ईरानी परिवार) में वे ब्रिटिश अफगानिस्तान का उल्लेख करते हैं। ब्रिटिश अफगानिस्तान के इलाके (पेशावर, हाजरा, कोहट, डेरा इस्माइल खाँ आदि) उत्तर-पश्चिमी सीमा प्रान्त (NWFP) से सटे हैं। इन इलाकों में पश्तो बोली जाती है। भाषा-सर्वेक्षण का यह खंड (ईरानी परिवार) 1919 में छपा। इसके बहुत पहले कैम्पबेल 1874 ई. इस इलाके के शब्दों का संकलन प्रस्तुत कर चुके थे। इस संकलन

---

1. एल.एस.आई. खंड 10, पृ. 19

में डेरा इस्माइल खाँ और कोहट के पश्तो के अलग-अलग खानें हैं। इन शब्दों को देखने से इनमें पूर्वी और पश्चिमी हिन्दी जैसा सूक्ष्म अन्तर है। परन्तु कैम्पबेल इस अन्तर को दर्शाते हैं। जहाँ यह अन्तर है, उसका विश्लेषण होना चाहिए। फिर वही प्रश्न मकसद क्या है? कैम्पबेल इसे जाहिर नहीं करते हैं। डेरा इस्माइल खाँ के पश्तो का एक वाक्य है **तसु वावाहुइ** (तुम ने मारा/Tasu Wawahui)। कोहट के पश्तो में इसका रूप है, **तसु वेय-या** (Tasu Waya-i)। यह अन्तर बहुत अर्थ नहीं रखता। सम्भव है कि कैम्पबेल डेरा इस्माइल खाँ और कोहट के इलाके में रहे होंगे। उन्होंने इन शब्दों को जिस रूप में सुना, उसे लिप्यंतरित किया, उसे यूरोपीय ''टोन'' में लिप्यंतरित किया। उससे दोनों क्षेत्रों के रूपों का अन्तर बहुत विश्वसनीय नहीं है। फिर भी, अगर ऐसा मान लिया जाए तो क्या पश्तो के हर क्षेत्र को अलग-अलग मान लिया जाए? कैम्पबेल ऐसा कुछ नहीं लिखते हैं। ग्रियर्सन ईरानी दरद परिवार के लिए एक 'नेशन' की कल्पना ज़रूर कर लेते हैं। दरद के लिए वे 'ट्राइब' का प्रयोग (खंड 8/2) प्रारम्भ में करते हैं। आगे वे इसके लिए 'नेशन' का प्रयोग करते हैं। पहले में दरद की प्रारम्भिक अवस्था है तो दूसरे में दरद के समाज को विकास का अगला चरण मान लिया जाए जब कि ग्रियर्सन क्या उनके समकालीन दूसरे अंग्रेज विद्वान् इस पूरे क्षेत्र को अविकसित ही मानते हैं।

पश्तो का एक शब्द है **लिखानई** (कलम)। 'लिखना' के कई रूप मिलते हैं, **लिक्वाल/लिक्वाली**। ये क्रिया और विशेषण दोनों हैं। 'कलम' फ़ारसी का शब्द है। हमारे मित्र प्रो. खालिक रशीद (पश्तो) के अनुसार पाणिनि (400 ई.पू.) के समय तक 'लिखना' शब्द था। वे पश्तो भाषी थे। 'लिखन' का सम्बन्ध व्यापार से है, खासकर देश के बाहर के व्यापार से। अफगानिस्तान में लिखने की परिपाटी भले पहले-पहल न शुरू हुई हो, लेकिन यह इलाका पत्थरों पर लिखने की प्रथा से पूरी तरह परिचित था। यहाँ बौद्धों के कई स्तूप मिले हैं। पाणिनि के समय लिखने की परिपाटी समृद्ध थी। फ़ारसी में 'लिखना' के लिए शब्द है **तहरीर**। गालिब की एक शेर है, ''पकड़े जाते हैं फरिश्तों के लिखे पर नाहक/आदमी कोई हमारा दम-ए-तहरीर भी था।'' यहाँ **लिखना** और **दम-ए-तहरीर** (लिखने के समय) दोनों है। गालिब के यहाँ आमफहम के शब्द उनकी फ़ारसी की शायरी में भी मिलते हैं। पश्तो में अगर 'लिखना' शब्द चला और वहाँ से आर्य भाषा परिवार में आया तो यह मानना चाहिए कि ईरान से भारत तक के भाषा परिवार में पश्तो, संस्कृत और फ़ारसी के शब्द साथ-साथ प्रचलित हुए हैं। ग़ालिब के यहाँ इसके अनेक उदाहरण मिलते हैं, ''निकलना खुल्द से आदम का सुनते आये हैं लेकिन/बड़े बेआबरू हो, तेरे कूचे से हम निकले।'' **निकलना** तत्सम शब्द निष्कासन से आया है और **खुल्द** (स्वर्ग) अरबी का शब्द है। पश्तो में भी 'स्वर्ग' के लिए **जन्नत** शब्द है। उर्दू में खुल्द, बिहिश्त और जन्नत (स्वर्ग) तीनों शब्द प्रचलित हैं और ये तीनों अरबी के शब्द हैं। पश्तो और

भारतीय आर्य भाषा परिवार पर अरबी का प्रभाव तो है। पूरे भारतीय उपमहाद्वीप में फ़ारसी, पश्तो और अरबी शब्दों की सांस्कृतिक विरासत मिलती है। न जाने किस कारण से हम फ़ारसी और अरबी के साथ पश्तो के महत्त्व को दर्ज नहीं कर पाते हैं। सम्भव है कि अफगानिस्तान क्षेत्र को लेकर एक पूर्वाग्रह उनके लड़ाकू होने या किसी समृद्ध संस्कृति के विकसित न होने को लेकर हो। दूसरा कारण पश्तो समाज में आसानी से अरबी और फ़ारसी शब्दों का सम्मिलन न होना रहा हो। इसकी गुंजाइश तो है, क्योंकि ईरान के एक हिस्से में अरबों के आक्रमण को लेकर गहरा रोष था। फिरदौसी फ़ारसी के अलावा अरबी के भी जानकार थे। 'शाहनामा' में अरबी शब्दों की संख्या कुछ कम है। ईरान के समाज में अरबों को लेकर असन्तोष रहा है। फ़ारसी की तरह पश्तो का साहित्य भी बहुत समृद्ध है। अफगानिस्तान के पश्तो भाषी फ़ारसी के भी जानकार होते हैं। भारतीय आर्य परिवार में पश्तो बहुत लोकप्रिय भाषा नहीं है।

पश्तो में अनेक शब्द संस्कृत, खासकर वैदिक संस्कृत से मिलते-जुलते हैं। तत्सम का कोई शब्द पहले पश्तो में आया या संस्कृत में, यह बता पाना मुश्किल है। पश्तो और आधुनिक भारतीय आर्य भाषा की विशेषता शब्दों की रूप-रचना में दिखती है। "मुझे" के लिए पश्तो का शब्द है **जः** और **म**। म का प्रयोग भूतकाल में होता है। काल के बदलने से सर्वनाम-रूप में बदलाव आश्चर्यजनक है। 'मेरा' के लिए पश्तो का शब्द है, **जमा**, ज में आ प्रत्यय लगा और मेरा बन गया। हिन्दी में **मैं** से **मेरा** बना है और पश्तो में **ज** से **जमा**। फ़ारसी में क्रिया बनाने के लिए प्रत्यय का विधान है, **गुतगूकर्द** (बातचीत करना)। यह विधान पश्तो में भी है और हिन्दी में भी (लिखकर/खाकर)। लिखने की प्रथा अरब से आयी। वहीं से अफगानिस्तान आयी। मतलब यह कि व्यापार के क्षेत्र में अरबवासी पाणिनि के समय में भी आगे रहे होंगे। पाणिनि के समय में अफगानिस्तान में व्यापार समृद्ध था। अरब की तुलना में कितना था, यह कहना मुश्किल है। फिर भी, पत्थरों के उत्कीर्णन की बड़ी समृद्ध परम्परा अफगानिस्तान में रही। इसे देखकर अफगानिस्तान के पिछड़े होने या ईरान की तुलना में इनके अविकसित होने का बोध नहीं होता हैं। भारतीय आर्यभाषा परिवार में फ़ारसी की तरह पश्तो की पैठ नहीं है। लगातार एक समाज को लड़ाकू लेकिन अविकसित मानने दुराग्रह लम्बे समय तक प्रचलित रहा है।

ग्रियर्सन ने लिखा है[1] कि ब्रिटिश भारत में पश्तो भाषियों की संख्या चौदह लाख से कुछ उपर है। सबसे अधिक संख्या लाहौर में है, लगभग चार हजार से ज्यादा। बंगाल में इनकी संख्या दो हजार से अधिक है। कश्मीर में भी इनकी संख्या दो हजार से ज्यादा है। बम्बई में बारह हजार से ज्यादा है। पाकिस्तान को छोड़कर भारत में

1. एल.एस.आई. खंड 10, पृ. 12

(बर्मा सहित) पश्तो भाषियों की संख्या रही है। मुगल साम्राज्य के पहले से फ़ारसी भारत की राजभाषा रही थी। सम्भव है कि फ़ारसी के कारण पश्तो की ओर विद्वानों का बहुत ध्यान नहीं गया है। फिर भी, इस भाषा की शब्दावली और अफगानिस्तान में कई जगहों के नाम आर्य भाषा परिवार विशेषकर संस्कृत से खासा जुड़ते हैं। पश्तो में "पढ़ता हूँ" के लिए शब्द है, **लो अलम** जिसका भूतकाल है **लोवल वस्त**। लो उपसर्ग हर जगह मूल शब्द के साथ लगा है, **लो आलल** (पढ़ना)। फ़ारसी में पढ़ना के लिए **ख्वान्दन** शब्द है। उर्दू के फ़ारसी साहित्य में इस शब्द का चलन बहुत कम है। हिन्दी में **अस्त** का प्रयोग डूब जाने के अर्थ में होता है। संस्कृत में **अस्ति** (है) और **आसीत्** (था) शब्द-रूप हैं। संस्कृत में अकारान्त रूप में **अस्य** का प्रयोग हुआ है, देवस्य, बालकस्य, रामस्य (का के अर्थ में)। पश्तो में **अस्त** का प्रयोग (वस्त) भूतकालिक क्रिया में होता है। **अम** प्रत्यय का प्रयोग वर्तमान काल में होता है। **अम** या **एम** दरद और काफिर भाषा समूह में भी प्रचलित है। संस्कृत में भी **अम** से थोड़ा अलग **आमि** (गच्छामि/जाता हूँ) मिलता है। अकारान्त क्रिया संस्कृत में भी है **आगच्छत,** पश्तो में भी है और काफिर समूह की भाषाओं में भी। यह विदित है कि आर्यों का एक दल ईरान से भारत की ओर आया। अवेस्ता और संस्कृत की शब्दावली से इसकी पुष्टि होती है। पश्तो की रूप-रचना अरबी की शक्ल में नहीं है। वह रूप-रचना भारतीय आर्य भाषा परिवार की शब्दावली से साम्य रखती है। इसकी एक झलक संकुचित सर्वनामों (Contracted Pronouns) में मिलती है। पश्तो में 'मुझे' का **मू, अम, डे, या** होता है। जैसे, तुम का तू, मुझे का मुझ होता है। प्रश्नवाचक सर्वनाम में "क्या" के लिए कौम, काम जैसे रूप हैं।[1] फ़ारसी का एक शब्द है **गन्दुम** (गेहूँ) और गैनम (غ)। फ़ारसी और पश्तो, दोनों "गेहूँ" के प्रचलित शब्द **ग़ैन** (غنم) से लिखा जाता है। गैन फ़ारसी का वर्ण है। गैन से ही ग़ज़ल शब्द बना है। ईरान में ग़ज़ल लिखने की परम्परा थी। सम्भवतः वहीं से शुरू भी हुई। भारत में ग़ज़ल के रचनाकारों में पहला नाम ख्वाजा मुईनुद्दीन चिश्ती का आता है जिनका समय चौदहवीं शती के कुछ पहले का था। पश्तो पर फ़ारसी का प्रभाव रहा है। फ़ारसी और संस्कृत दोनों के असर से विकसित पश्तो जबान आज भी पंजाब और कश्मीर में बड़ी संख्या में बोली जाती है।

पश्तो में एक लन्दई (छोटी कविता/जापानी हाइकू की तरह) है, "यार मैं इंदु जः मुसलमानिया/यार लफारा धर्मशाल जारू थवाम"। अर्थ हुआ, मेरा यार हिन्दू है और मैं मुसलमान हूँ। मैं उसके लिए मन्दिर जाता हूँ और झाड़ू लगाता हूँ। पश्तो में धर्मशाल का अर्थ मन्दिर से है। भारत में भी पुराने समय में मन्दिर के भीतर आवास की व्यवस्था होती थी। अफगानिस्तान में एक समय में मन्दिरों की संरचना भारतीय मन्दिरों की तरह की रही होगी। भारत में फ़ारसी की ग़ज़लें जिस रूप में

1. एल.एस.आई. खंड 10, पृ. 19

प्रचलित हुई, उसमें खड़ी बोली गालिब की एक गजल है, "ये मसाइले-तसव्वुफ, ये तिरा बयान गालिब।" तुझे हम वली समझते, जो न बादख्वार (पियक्कड़) होता। **होता, निकलता, सकता,** ऐसे क्रियापद गालिब के यहाँ पूरे रौ में मौजूद हैं। इनकी मौजूदगी उर्दू की शायरी में है। अफगानिस्तान की कई जगहों के नाम आर्य भाषाई मिजाज लिए हुए हैं। काबुल के पश्चिम में एक इलाका है, **असमाई**। पश्तो के फ़ारसी और परतो के विद्वान् प्रो. खालिक रशीद कहते हैं कि यह शब्द **आशा** और **माई** से बना है। काबुल के निकट ही दो इलाके हैं, **वर्दक** और **जगत्तू**। **वर्दक** में **वर्द** का अर्थ, वायु है और दक का अर्थ 'पानी' है। ऐसी जगह जहाँ स्वच्छ वायु और पानी मिले। कुछ लोग **दक** को संस्कृत-उत्पत्ति का शब्द मानते हैं। इसका कोई विश्वसनीय प्रमाण नहीं मिलता है।

दरद और ईरानी परिवार की बहुविध संरचना की विशेषता विविधताओं के बीच रूप-रचनागत सामान्यता की है। यूरोप के भाषावैज्ञानिक भारतीय उपमहाद्वीप की विविधताओं को दर्शाने के लिए संज्ञा और विशेषण शब्दों के संकलन और उसकी भिन्नता को ध्यान में ज़रूर रखते थे। परन्तु अपनी ओर से कोई निष्कर्ष नहीं देते। किसी इलाके के इतिहास, उसकी भाषा, उसकी संस्कृति को जानने के लिए शब्दों का संकलन ज़रूरी हिस्सा है। यह काम यूरोप के विद्वानों ने भी किया। इस आधार पर भारोपीय परिवार ने सबको शामिल कर दिया। भाषाओं के वर्गीकरण का झमेला खत्म। फलस्वरूप इसकी प्रतिक्रिया में कुछ भारतीय भाषा वैज्ञानिकों ने भाषाओं को संस्कृत-प्रसूत मानने की कसरत की। संस्कृत का महत्त्व तो है। शब्दों के तुलनात्मक अध्ययन में वैदिक और लौकिक संस्कृत के महत्त्व से इनकार किसे होगा? परन्तु यूरोपीय भाषाविदों ने इस बहाने क्लासिक भाषाओं का महत्त्व दर्शाते हुए समस्त भाषाओं से इसके विकास को समझने की कोशिश की। इसमें सफलता भी हाथ लगी और असफलता भी।

आमतौर पर कहा जाता है कि भारोपीय परिवार की भाषाएँ प्रारम्भ में संयोगात्मक थी। बाद में वियोगात्मक होती गयीं। यह सरल सूत्र हर जगह लागू नहीं होता है, विशेषकर ईरानी और दरद परिवार के सन्दर्भ में। यहाँ अभी भी कुछ भाषाएँ संयोगात्मक अवस्था (कश्मीरी) में हैं और इनका साहित्य बहुत समृद्ध है। ऑस्ट्रिक परिवार की भाषा मुण्डारी संयोगात्मक है। आज यह झारखंड की लोकप्रिय भाषा है। भाषाओं के वर्गीकरण में यह मानक कमजोर साबित हुआ है। दरद और ईरानी परिवार के सिलसिले में जिसे लेकर हंटर का मानना है कि स्वयं भारतीय बृहत्तर आर्य जातियाँ इन अनार्य जातियों से बिल्कुल अनभिज्ञ थीं।

हंटर जिसे ट्रॉइब 'या' 'एबॉर्जिनल' कहते हैं, उनके शब्दकोश में उसकी पृष्ठभूमि कुछ इस तरह आयी है। पहले उनका कहना है कि ईस्ट इंडिया के सत्प्रयास से कुछ विद्वान् भारतीय समाज के अतीत और वर्तमान की खोज और उसके अध्ययन

में लगे। बहुत खोजबीन के बाद यह बोध हुआ कि फारस से आने वाले भारतीय आर्यों में सभ्यता के बीज थे। उनमें सह-अस्तित्व की भावना थी। उनमें मिल-जुलकर रहने की भावना थी। परन्तु उनके समय में अनार्यों (जिसे वे कहीं ट्राइब और कहीं एबॉर्जिनल कहते हैं) की बड़ी आबादी बिल्कुल निरक्षर और असभ्य थी। यूरोपवासी ज्ञान की ज्योति लेकर भारत आये और अनार्यों की इस बड़ी आबादी को समझने का प्रयास किया। इसे वे अनार्य संस्कृति नहीं कहते हैं, जनजातीय/बंजारा/आदिवासी संस्कृति भी नहीं कहते हैं। 'ट्राइब' और 'एबॉर्जिनल' के साथ वे ''कल्चर'' शब्द नहीं लगाते हैं। अंग्रेज अधिकारियों के दस्तावेजों की बड़ी विशेषता है, उनकी उलझी भाषा। हंटर भी सीधे कुछ नहीं कहते। सीधे भारतीय समाज पर हमला नहीं करते हैं। समुदाय-विशेष की संस्कृति होती है तो 'आर्यन' और 'नन आर्यन कल्चर' कहने में हर्ज क्या है? मैं कहूँ कि हर्ज है। हंटर भूटान में बसे अनार्य (भूटिया) का हवाला देते हैं। भूटान के विषय (1854-55) में ब्रिटिश अधिकारियों की रिपोर्ट में भूटिया का विवरण आया है। रिपोर्ट है कि पहाड़ों में बसने वाली भूटिया जनजाति के लोग बड़े झगड़ालू होते हैं। इनकी झोपड़ियाँ बड़ी अलग-थलग (आइसोलेटेड) होती है। इनमें बदला लेने का भाव बड़ा प्रबल होता है। एक ही जगह पति-पत्नी और बच्चे सोते हैं। बहुत कम औरतें पतिव्रता होती हैं। ये निरक्षर तो होते ही हैं। फिर कहते हैं कि वे स्वभाव से झगड़ालू नहीं होते हैं लेकिन विषम परिस्थितियों के आगे वे लाचार होते हैं। समग्रतः उनके बीच यूरोपीय ज्ञान-ज्योति उन्हें अलोकित करने आयी है। आदिवासी संस्कृति का एम नमूना हंटर के शब्दकोश में इस रूप में आया है। हंटर आर्यों को भी नाराज नहीं करते हैं। अनार्यों को उनकी असली औकाद बताते हैं। इन दोनों के बीच से अपने लिए रास्ता भी निकालते हैं।

डब्ल्यू.डब्ल्यू. हंटर (लैंग्वेजेज ऑफ इंडिया एंड हाइ एशिया) ने लिखा है कि भारत में आर्यों को छोड़ शेष प्रजातियों (रेसेज) की सजातिक (एथनिक) पहचान है जिनका अध्ययन नहीं हुआ हैं, इनमें कुछ तो जंगल में रह गये और कुछ समतलीय क्षेत्रों में रहते हुए जातियों के वर्गीकरण में निम्न कोटि में आ गये। अंग्रेजों की कठिनाई यह है कि हिन्दू जहाँ सुलभता से स्वीकार भी कर लेते हैं, मुसलमान उन्हें अपना विजेता समझते हैं। केवल 'एबॉर्जिनल' जातियाँ हैं जिन्हें अंग्रेज अपने मित्र के रूप में देख सकते हैं। हिन्दू समाज जिस जड़ता के दौर से गुजर रहा है, वहाँ इनके लिए कोई जगह नहीं है और मुसलमान जिस विजेता के भाव से पीड़ित है, अतीत की ओर भाग रहे हैं, वहाँ भी उनके लिए कोई जगह नहीं है। रह गये केवल अंग्रेज जो इन पहाड़वासियों को सुरक्षा दे सश्रकते हैं। इन्हें अपना मित्र बना सकते हैं। दरद का इलाका पहाड़ का है। हंटर के शब्दकोश में चीन के सीमावर्ती क्षेत्र और नेपाल की बोलियों के शब्द हैं लेकिन दरद और पश्तो इलाके की बोलियों के शब्द नहीं हैं। वे स्वयं 'एबॉर्जिनल' जन जातियों की स्वतन्त्र अस्मिता की रक्षा में खड़े

होने की चाहत (पृ. 29) रखते हैं। आखिर इसका कारण क्या हो सकता है? एक कारण जिसका अनुमान लगाया जा सकता है कि दूसरे पहाड़ी क्षेत्रों की अपेक्षा दरद में इनका प्रवेश बहुत आसान नहीं था। ये वहाँ 'पॉलिटिकल एजेंट' के रूप में गये भी तो इनकी साख बहुत नहीं बन सकी। ब्रिटिश सरकार की ओर से ओ.एस.डी. (ऑफिसर ऑन स्पेशल ड्यूटी) के रूप में मेजर बिद्दुल्फ गिलगिट (दिसम्बर, 1877) आये। महज तीन साल बाद कश्मीर के महाराजा और मेजर बिद्दुल्फ के बीच चली आ रही मित्रता टूट गयी और 1880 ई. में गिलगिट में बड़ा बिद्रोह हो गया। उस समय पूरा दरद का इलाका कश्मीर के महाराजा के अधीन था। मेजर बिद्दुल्फ के गिलगिट आने के समय कश्मीर के महाराजा और भारत सरकार के बीच सम्बन्ध बन ही रहे थे। मेजर बिद्दुल्फ को कहा गया था कि वह हर हाल में महाराजा और वहाँ की जनजातियों के साथ मधुर सम्बन्ध बनाने का प्रयास करें। 1877 ई. में 'गिलगिट एजेंसी' का गठन हुआ जिसके अधिकार में दरद का इलाका भी था। ऐसा माना जाता हैं कि महाराजा के अधिकारी किसी अंग्रेज अधिकारी के अधीन नहीं रहना चाहते थे। ब्रिटिश सरकार कश्मीर के महाराजा के माध्यम से गिलगिट और दरद की जनजातियों के साथ अपना सम्बन्ध बनाना चाहती थी। विशेषकर सरकार की मंशा जनजातीय सरदारों के साथ मधुर सम्बन्ध बनाने की थी। इस काम में वह महाराजा और उनके अधिकारियों से सीमित मदद ही लेना चाहती थी। मेजर बिद्दुल्फ समय-असमय गिलगिट में तैनात कश्मीर दरबार के एजेंट के काम-काज में दखल देते थे। उन्होंने गिलगिट के राज्यपाल के खिलाफ कई आरोप भी लगाए थे। वह पूरी तरह से सीमावर्ती क्षेत्र की आबादी को समझने में कामयाब नहीं हुए। मेजर बिद्दुल्फ के कारण या किसी अन्य कारण से ब्रिटिश अधिकारियों में इस पूरे इलाके को लेकर (1880 ई. के बाद) गहरा असन्तोष था। सरकार जो चाहती थी वह हो नहीं सका। राजस्व का एक बड़ा आधार उनके हाथ से निकल रहा था, बल्कि 90 के बाद लगभग निकल चुका था। ग्रियर्सन 1870 के बाद भारत आये थे। वे इस पूरे इलाके की घटना से अवगत थे। वे 'ट्राइब' और 'नेशन' को अंजाने में पर्यावाची नहीं समझ रहे थे। वे इसे क्रियान्वित होते देखना चाहते थे, दरद अलग इलाका बने, गिलगिट अलग और अफगानिस्तान अलग। ब्रिटिश के साथ सबके अलग-अलग सम्बन्ध बनते, कहीं मधुर तो कहीं खटास से भरा। इस रणनीतिक खेल में कश्मीर से लेकर दरद तक के इलाके में ब्रिटिश सरकार का एकच्छत्र राज भी हो जाता। भारत से भले ब्रिटिश चले जाते, दरद इलाका तो उनके हाथ में रहता ही।

इसलिए भारोपीय परिवार का महत्त्व इतना बढ़ा कि लोग यह समझें कि भारतीय आर्य भाषा परिवार और भारत-ईरानी परिवार सही मानी में भारोपीय परिवार ही हैं। इस प्रकार भारत और ईरान के भाषिक और सांस्कृतिक सम्बन्ध बनने में यूरोप खासा बाधक रहा है। जो देखना है जिस तरह देखना है, यूरोप के चश्में से देखो।

यह बाध्यता बन गयी। अंग्रेज भाषाविदों ने दरद की शब्दावली तैयार कर दी। पश्तो, काफिर, दरद और ईरानी परिवार के शब्दों का संकलन किया। अपनी ओर से इनका विश्लेषण नहीं किया। किसी निष्कर्ष पर नहीं पहुँचे। एक उलझन की स्थिति बनी रहे। भारत-ईरानी परिवार के शब्दों के साथ अंग्रेज़ी के शब्दों को रखकर नेपथ्य से अंग्रेज़ी से इनके सम्बन्ध को बताना था।

सन्दर्भ सूची

(क) जॉर्ज अब्राहम ग्रियर्सन का साहित्य

1. बिबिलियोग्राफी ऑफ वेस्टर्न हिन्दी इंक्लूडिंग हिन्दुस्तानी (निबन्ध)
2. दि पिशाच लैंग्वेजेज ऑफ नॉर्थ-वेस्टर्न इंडिया, रॉयल एशियाटिक सोसायटी, कैम्बरूल, 1906
3. ए नोट ऑन दि डिस्ट्रिक्ट ऑफ गया, बंगाल सेक्रेटेरिएट प्रेस, कलकत्ता, 1893
4. स्टडी ऑफ इंडियन वर्नाक्यूलर्स इन यूरोप (निबन्ध/1893)
5. ऑन इंडिक्लिनेबुल पार्टिक्ल्स इन कश्मीरी (जनवरी, 1899 की गोष्ठी में पठित निबन्ध)
6. सफिक्सेज इन कश्मीरी लैंग्वेज, (निबन्ध/1895)
7. तुलसीदास (नोट्स ऑन तुलसीदास, का हिन्दी रूपान्तर, सं. भगवती प्रसाद सिंह/ अनु. शान्ता सिंह और भुवनेश्वर पांडेय), राजकमल न.दि. 1975
8. दि कश्मीरी वॉवेल सिस्टम (निबन्ध/1896)
9. माडर्न हिन्दुइज्म एंड डेट टू दि नैस्टोरियंस, जर्नल ऑफ रॉयल एशियाटिक सोसायटी ऑफ बंगाल/लन्दन, 1907
10. दि मॉडर्न वर्नाक्यूलर लिट्रेचर ऑफ हिन्दुस्तान, एशियाटिक सोसायटी, कलकत्ता, 1889
11. ए मैनुअल ऑफ दि कश्मीरी लैंग्वेज कम्प्राइजिंग ग्रामर, फ्रेज बुक एंड वोकैबुलरीज (पार्ट थ्री), ऑक्सफोर्ड, दि क्लैरेडन प्रेस, 1911
12. प्रोनामीनल सफिक्सेज इन कश्मीरी लैंग्वेजेज ऑफ नार्थ-वेस्टर्न इंडिया (एक सेमिनार में पठित निबन्ध/एशियाटिक सोसायटी कलकत्ता)
13. ए फर्दर फोकलोर पैरालल, दी इंडियन एंटीक्वेरी, बम्बई, 1879
14. दि सॉन्ग ऑफ बिजयमल (सम्पादन और अनुवाद)
15. ऑन दि कुर्मीज ऑफ बिहार (2 नवम्बर, 1898 पठित निबन्ध) जे.ए.एस.बी, खंड 67, भाग 3

16. नोट्स ऑन दि रंगपुर डाइलेक्ट, 1877
17. मानबोधूस हरिबंस, पार्ट-वन, टेक्स्ट, जे.ए.एस.बी. खंड 51-53 (भाग एक), 1877
18. बिहार पीजेंट लाइफ : बीइंग ए डिस्कर्सिव केटलॉग ऑफ दि सराउंडिंग्स ऑफ दि पीपुल ऑफ दैट प्रोविंस, कॉस्मो पब्लिकेशंस, दिल्ली, 1975, प्रथम संस्करण, 1885
19. गया में बलवा (अनु. अशोक कुमार पांडेय/नोट्स ऑन दि डिस्ट्रिक्ट ऑफ गया/1893 में प्रकाशित पुस्तक के एक अंश का अनुवाद), वसुधा, भोपाल, जनवरी-मार्च, 2008
20. हातिम ताईस टेल्स, जॉन मरे, लन्दन, 1923
21. सम भोजपुरी सांग्स (सम्पादन और अंग्रेज़ी अनुवाद) रॉयल एशियाटिक सोसायटी ऑफ बंगाल, 1895, 98, 1901-03
22. ए नोट ऑन अर्ली सपोज्ड वर्सन ऑफ लॉर्डस प्रेयर, प्रोसीडिंग्स ऑफ एशियाटिक सोसायटी ऑफ बंगाल, मई, 1895
23. मॉडर्न वर्नाक्यूलर लिट्रेचर ऑफ हिन्दुस्तान, एशियाटिक सोसायटी, कलकत्ता, 1889 (हिन्दी अनु. किशोरी लाल गुप्त)/हिन्दी प्रचारक पुस्तकालय वाराणसी, 1957
24. एन इन्ट्रोडक्शन टू दी मैथिली लैंग्वेज ऑफ दी नार्थ बिहार कनेक्टिंग ग्रामर, क्रिस्टोमैथी एंड वोकैबुलरीज, जे.ए.एस.बी. (1881-82)
25. सेवन ग्रामर्स ऑफ दी डायलेक्ट्स-सब-डायलेक्ट्स ऑफ दी बिहारी लैंग्वेज, दो इंडिगो एंड टी प्लांटर्स गजेट, 8 अप्रैल, 1884 ("दी इंडियन क्रानिकल" में भी समीक्षा)

(ख) ग्रियर्सन : भाषा-सर्वेक्षण-साहित्य

1. दी लिंग्विस्टिक सर्वे ऑफ इंडिया खंड-1, भाग 1, गवर्नमेंट प्रेस, कलकत्ता, 1927 पुनर्मुद्रित मोतीलाल बनारसीदास, पटना, 1966
2. वही, भाग-2, प्र.सं. 1928, पुनर्मुर्दित, वही, 1966
3. भारत का भाषा सर्वेक्षण, खंड-1, भाग-1, अनु. डॉ. उदय नारायण तिवारी, उत्तर प्रदेश हिन्दी संस्थान, लखनऊ, 1959
4. लिंग्विस्टिक सर्वे ऑफ इंडिया, खंड-5, भाग-1-2, गवर्नमेंट प्रेस, कलकत्ता, 1902-03
5. भारत का भाषा-सर्वेक्षण, खंड-5, भाग-2 (मैथिली प्रभाग), मैथिली अनुवाद, कुलानन्द मिश्र और मोहन भारद्वाज, मैथिली अकादमी, पटना, 1978
6. लिंग्विस्टिक सर्वे ऑफ इंडिया, खंड-6, गवर्नमेंट प्रेस, कलकत्ता, 1904
7. भारत का भाषा-सर्वेक्षण, खंड-छह, अनु. डॉ. रामेश्वर प्रसाद अग्रवाल, उत्तर प्रदेश हिन्दी संस्थान, लखनऊ, 1967
8. लिंग्विस्टिक सर्वे ऑफ इंडिया, खंड-8, भाग-1-2, गवर्नमेंट प्रेस, कलकत्ता, 1919
9. वही, खंड-9, वही, 1916
10. भारत का भाषा-सर्वेक्षण, खंड-9 (पश्चिमी हिन्दी), अनु. डॉ. निर्मला सक्सेना और सुरेन्द्र वर्मा, उत्तर प्रदेश हिन्दी संस्थान, लखनऊ, 1967

11. लिंग्विस्टिक सर्वे ऑफ इंडिया, खंड-10, गवर्नमेंट प्रेस, कलकत्ता, पुनर्मुद्रित 1921, मोतीलाल बनारसीदास, पटना, 1966

(ग) प्रमुख सहायक पुस्तकें

1. अनन्त चौधरी (डॉ.), हिन्दी व्याकरण का इतिहास, हिन्दी ग्रन्थ अकादमी, पटना, 1972
2. अनवर एस. दिल,
(क) लैंग्वेज एंड लिंग्विस्टिक एरिया : एसेज बाई मरे बी. एमेन्यु, सेलेक्टेड एंड इन्ट्रोडयूस बाई अनवर एस. दिल, स्टेनफोर्ड यूनिवर्सिटी प्रेस, कैलिफोर्निया, 1980
(ख) लैंग्वेज इन सोशल ग्रुप्स (एसेज बाई जॉन जे. गम्पर्ज) वही, 1971
3. अबुल फजल, आइन-ए-अकबरी (अनु. एच. ब्लॉकमान), अडियश बुक डिपो, दिल्ली, 1965 (प्र.सं. 1871)
4. अमर सिंह चौहान, दी गिलगिट एजेंसी, अटलांटिक पब्लिशर्स एंड डिस्ट्रिब्युटर्स, नयी दिल्ली
5. अम्बा प्रसाद सुमन (डॉ.), अलीगढ़ की हाबूड़ा जाति और उसकी बोली, हिन्दुस्तानी, अप्रैल-जून, 1907, इलाहाबाद
6. अम्बिका प्रसाद वाजपेयी, हिन्दी उर्दू और हिन्दुस्तानी, विशाल भारत, अगस्त 1944, कलकत्ता
7. अरविन्द कुमार देसाई, भारतेन्दु और नर्मदः एक तुलनात्मक अध्ययन सरस्वती पुस्तक सदन, आगरा, 1965
8. अहमद हसन दानी (डॉ.),
(क) हिस्ट्री ऑफ नॉदर्न एरिया ऑफ पाकिस्तान, नेशनल इंस्टीट्यूट ऑफ हिस्टॉरिकल एंड कल्चरल रिसर्च इस्लामाबाद, 1991
(ख) दानी और वी.एम. मासून, हिस्ट्री ऑफ सिविलाइजेशन ऑफ सेंट्रल एशिया, यूनेस्को प्रकाशन, पेरिस, 1992 (प्र.खंड)
9. आर.एल. टर्नर, इंडो आर्यन लिंग्विस्टिक्स (कलेक्टेड पेपर्स), दिशा पब्लिकेशंस, दिल्ली, 1985
10. आर.एस. मैकग्रेगर, पंजाबी और हिन्दी के वाक्य विन्यास में अभिसरण प्रवृत्ति (भोलानाथ तिवारी स्मृति ग्रन्थ में संकलित)
11. आर. पिशल, प्राकृत भाषाओं का व्याकरण (अनुवाद, हेमचन्द्र जोशी), बिहार राष्ट्रभाषा परिषद, पटना, 1958 (पहली बार स्ट्रासबुर्ग से 1900 में फ्रेंच में प्रकाशित)
12. आर.पी. नरोना, गोंदी बोली, रविशंकर शुक्ल अभिनन्दन ग्रन्थ।
13. आशा गुप्त (डॉ.), जार्ज अब्राहम ग्रियर्सन और बिहारी भाषा साहित्य, आत्माराम एंड सन्स, नई दिल्ली, 1970

14. इंसाइक्लोपीडिया ब्रिटानिका, हेलम हेमिंग्वे बेंटन, शिकागो, 1980
15. इरफान हबीब, बैंकिंग इन मुगल इंडिया/कंट्रीब्यूशन टू इंडियन इकोनॉमिक हिस्ट्री, फर्मा के.एल. मुखोपाध्याय, कलकत्ता, 1960
16. इराच जे.एस. तारपोरेवाला, दी गाथाज़ ऑफ जरथुस्त्र (टेक्स्ट विथ ए इंग्लिश ट्रांसलेशन), एस.आर. सरदेसाई, समर्थ भारत प्रेस, पुणे, 1947
17. उदय नारायण तिवारी (डॉ.), भोजपुरी भाषा और साहित्य, बि.रा.प., पटना, 1954
18. एच. ब्लॉक मान, कंट्रीब्यूशन टू परसियन लेक्सीकोग्राफी, जे.ए.एस.बी., नं 1, 1868
19. एडवर्ड जी ब्राउन, लिट्रेरी हिस्ट्री ऑफ पर्सिया (खंड-1), कैम्ब्रिज, लन्दन, 1951 (प्र.सं. 1902)
20. ए.एफ. रुडाल्फ हार्नले, ए कलेक्शन ऑफ हिन्दी रूट्स विथ रिमार्कस ऑन देअर डेरिभेशन एंड क्लासिफिकेशन, जे.ए.एस.बी. ।।, 1880
21. ए.जी. शिरेफ, हिन्दी फोक सांग्स (अंग्रेज़ी), हिन्दी मन्दिर इलाहाबाद, 1936
22. एफ.एस. ग्राउजे, मथुरा नोट्स (अन्य शीर्षकों के भी विवरण), जे.ए.एस.बी., नं 1-4/1878
23. एस.एच. केलॉग, ए ग्रामर ऑफ दी हिन्दी लैंग्वेज, इलाहाबाद और कलकत्ता, 1876, लन्दन (1893), हिन्दी अनु. श्रीराम शर्मा, हिन्दी साहित्य सम्मेलन प्रयाग, 1980
24. ओंकारनाथ कौल (डॉ.), स्पोकन कश्मीरी : ए लैंग्वेज कोर्स, इंडियन इंस्टीट्यूट ऑफ लैंग्वेज स्टडीज, नयी दिल्ली, 1987
25. कमला कान्नोड़िया (डॉ.), भारतेन्दुकालीन हिन्दी साहित्य की पृष्ठभूमि, विश्वविद्यालय प्रकाशन, वाराणसी, 1971
26. कार्ल मार्क्स और फ्रेडरिक एंगेल्स, द्वन्द्वात्मक भौतिकवाद, हि.अनु. प्रगति प्रकाशन, मॉस्को, 1978
27. कालिन पी. मसीका, दी इंडो आर्यन लैंग्वेजेज, कैम्ब्रिज यूनिवर्सिटी, प्रेस, 1991
28. कालीकिंकर दत्त, कुँवर सिंह अमर सिंह (हिन्दी अनु. छबिनाथ पांडेय), बिहार राष्ट्रभाषा परिषद्, पटना, 1959
29. किशोरीदास वाजपेयी, हिन्दी शब्दानुशासन, नागरी प्रचारिणी सभा, वाराणसी,/1957
30. कुमारी भावना श्रीवास्तव, बस्तर की हलबी विभाषा में प्रयुक्त संस्कृत शब्दों का जातीय अर्थ विज्ञान, राज्यश्री प्रकाशन, मथुरा
31. कुमुद विद्यालंकार और जयवंशी झा, विद्यापति पदावली, रीगल बुक डिपो, न.दि.
32. के.आर. कामा ओरियंटल रिसर्च इंस्टीट्युट, सेकेण्ड इंटरनेशनल कांग्रेस प्रोसीडिंग्स, बम्बई, 1996
33. कैलाशचन्द्र भाटिया (डॉ.),
(क) भाषा भूगोल, उत्तर प्रदेश हिन्दी संस्थान, लखनऊ, 1973

(ख) ब्रजभाषा और खड़ी बोली का तुलनात्मक अध्ययन, सरस्वती पुस्तक सदन, आगरा, 1962

(ग) सर्वेक्षण कार्य तथा आगत शब्दावली, परिषद् पत्रिका, पटना, अक्तूबर 1968 - जनवरी 1969

34. खगेन्द्रनाथ मित्र और विमान बिहारी मजुमदार, विद्यापति, युनाइटेड प्रेस, पटना, 1953 (हिन्दी रूपान्तर, श्री हरेश्वरी प्रसाद)

35. ग्रियर्सन कामोमेरेशन वल्यूम, दी लिंग्विस्टिक सोसाईटी ऑफ लाहौर, 1936

36. गोस्वामी तुलसीदास,

(क) कवितावली, गीता प्रेस, गोरखपुर, 2006

(ख) विनय पत्रिका, गीता प्रेस, गोरखपुर, 1980

(ग) पार्वती मंगल (सं. माता प्रसाद गुप्त, डॉ.) हिन्दी साहित्य सम्मेलन, प्रयाग, 1932

37. गोविन्द चातक (डॉ.), मध्य पहाड़ी की गढ़वाली बोली और उसका व्याकरण, हिन्दुस्तानी, इलाहाबाद, जुलाई - सितम्बर, 1958

38. जय भगवान गोयल, ब्रजभाषा के कुछ पंजाबी कवि, नगरीप्रचारिणी पत्रिका, काशी (अंक 3-4/1959)

39. जॉन बीम्स,

(क) कम्पेरेटिव ग्रामर ऑफ दि मॉडर्न आर्यन लैंग्वेजेज ऑफ इंडिया, मुंशी लाल मनोहर लाल, न.दि. 1966 (प्रथम सं. 1871)

(ख) सेवन ग्रामर्स ऑफ दी डायलेक्टस एंड सब डाइलेक्टस ऑफ दी बिहारी लैंग्वेज, दी इंडियन एन्टीक्वेरी, 1 जुलाई, 1885, बम्बई (पुस्तक समीक्षा)

(ग) दी एन्थेनियम, 25 जुलाई 1885 में भी प्रकाशित (पुस्तक समीक्षा)

(घ) मेमोआयर्स ऑफ ए बंगाल सिविलियन, लन्दन, 1961

40. जॉर्ज कार्डोना एंड धनेश जैन (डॉ.), दी इंडो आर्यन लैंग्वेजेज, ररूटलेज, लन्दन एंड न्यूयॉर्क, 2003 (सं)

41. जॉर्ज एस. रॉबर्टसन, चित्राल : दी स्टोरी ऑफ ए माइनर सीज, भावना बुक्स एंड प्रिंटर्स, नई दिल्ली, 2001

42. टी. ग्राहम बेली, ग्रामर ऑफ दि शिना लैंग्वेज, रॉयल एशियाटिक सोसायटी, लन्दन, 1924

43. डब्ल्यू.एच. मोरलैंड, अकबर की मृत्यु के समय का भारत (हिन्दी अनुवाद), भारतीय इतिहास अनुसंधान परिषद्, नयी दिल्ली, 1972

44. डब्ल्यू.डब्ल्यू. हंटर, ए कम्पेरेटिव डिक्शनरी ऑफ लैंग्वेजेज़ ऑफ इंडिया एंड हाइ एशिया, ओरियंटल, नयी दिल्ली, 1976 प्र.सं. 1872

45. डायलेक्ट ऑफ हिन्दी, दी सटर्डे रिव्यू, 22 मई, 1885 (पुस्तक समीक्षा)

46. डी.एल.आर. लॉरीमर, फोकटेल्स ऑफ हुंजा, लोक विरसा पब्लिशिंग हाउस, इस्लामाबाद, पाकिस्तान, 1987
47. तेज कृष्ण भाटिया, हिन्दी में अनुनासिकता, गवेषणा, केन्द्रीय हिन्दी संस्थान, आगरा (उत्तर प्रदेश), अंक 23/1974
48. तेज नारायण लाल शास्त्री (डॉ.), मैथिली लोकगीतों का अध्ययन, विनोद पुस्तक मन्दिर, आगरा, 1962
49. त्रिभुवन नाथ ओझा (डॉ.), प्रमुख बिहारी बोलियों का तुलनात्मक अध्ययन, विश्वविद्यालय प्रकाशन, वाराणसी, 1987
50. त्रिलोकीनाथ गंजू, कश्मीरी भाषा का भाषाशास्त्रीय अध्ययन, वाणी प्रकाशन, नयी दिल्ली, 1991
51. त्रिलोचन पांडेय, लोक साहित्य का अध्ययन, लोक भारती प्रकाशन, इलाहाबाद, 1978
52. दिनेश्वर प्रसाद (डॉ.), मुंडारी शब्दावली : अखिल भारतीय सन्दर्भ, किशोर विद्या निकेतन, वाराणसी, 1984
53. दी बिहारी लैंग्वेज, दी लिट्रेरी वर्ल्ड, 22 जनवरी, 1886 (पुस्तक समीक्षा)
54. दी लैंग्वेज ऑफ बिहार एंड नॉदर्न इंडिया, दी बिहार हेराल्ड, पटना, 22 अप्रैल, 1884
55. दी इंग्लिशमैन, 11 अप्रैल, 1884
56. दुख हरण प्रसाद शर्मा (डॉ.), बाबा सुमेर सिंह 'साहबजादे' की भक्ति भावना, हिन्दुस्तानी, जून, 1970, इलाहाबाद
57. दुर्गा शंकर प्रसाद सिंह, भोजपुरी के कवि और काव्य, बि.रा.प., पटना, 1957
58. देवी शंकर द्विवेदी (डॉ.), भाषा सर्वेक्षण तथा समच्छवियों के प्रकार, परिषद् पत्रिका, पटना, अक्तूबर 1968 - जनवरी 1969
59. धीरेन्द्र वर्मा (डॉ.), ब्रजभाषा, हिन्दुस्तानी एकेडेमी, इलाहाबाद, 1954 (मूल फ्रेंच से अनूदित)
60. नरेन्द्रनाथ (आचार्य), प्राकृत भाषाओं का उद्‌भव और विकास, शब्दागार, लखनऊ, 1977
61. नागरी प्रचारिणी पत्रिका, काशी, अंक-1 एवं 2, 1950
62. नोआम् चॉम्स्की, लैंग्वेज़ एंड रिस्पांसिब्लिटी, पैंथन बुक्स, न्यूयॉर्क, 1979
63. प्रभु दयाल अग्निहोत्री, पतंजलिकालीन भारतवर्ष, बि.रा.प., पटना, 1963
64. पी.एन. खंलारी, हिस्ट्री ऑफ दि पर्सियन लैंग्वेज (अनु. डॉ. एन.एच. अंसारी) इदारा-ए-अदबियात, दिल्ली, 1979
65. पंजाब राव रामराव जाधव, हिन्दी भाषा और साहित्य के अध्ययन में ईसाई मिशनरियों का योगदान, कर्मवीर, पुणे, 1973
66. पीटर ट्रडगिल/ट्रेडगिल, ऑन डाइलेक्ट : सोशल एंड ज्योग्राफिकल पर्सपेक्टिव बेसिल ब्लेकवेल पब्लिशर लिमिटेड ऑक्सफोर्ड - न्यूयॉर्क, 1983

67. प्रफुल्ल कुमार सिंह मौन (डॉ.), मुसहरों की लोकगाथा 'दीना-भद्री', मड़ई, बिलासपुर (मध्य प्रदेश), 2007
68. फिरदौसी एंड हिज शाहनामा, कल्चरल हाउस ऑफ दी रिपब्लिक ऑफ ईरान, 9-10 नवम्बर, 2001 (अंग्रेज़ी अनु. बह्मन सोहराब मोदी)
69. ब्लूमफील्ड, लैंग्वेज (हि.अनु. विश्वनाथ प्रसाद और रमानाथ सहाय) मोतीलाल बनारसीदास, पटना 1968, (प्र.सं. 1933)
70. बर्नार्ड कोमरिइ, द वर्ल्ड्स मेजर लैंग्वेज, क्रूम हेल्म, लन्दन - सिडनी, 1987
71. बह्मन सोहराब मोदी (अंग्रेज़ी अनुवाद), शाहनामा ऑफ फिरदौसी, खंड 1, सरोजदेवी रोड, सिकन्दराबाद, 1986
72. बाबूराम सक्सेना (डॉ.), अवधी का विकास, हिन्दुस्तानी एकेडेमी, इलाहाबाद, 1972
73. बिहारीलाल 'फितरत', आइन-ए-तिरहुत, सम्पादक हेतुकर झा, कल्याणी फाउंडेशन, दरभंगा, 2001
74. बी. इमेन्यो, लैंग्वेज एडं लिंग्विस्टिक एरिया, स्टेनफोर्ड यूनिवर्सिटी प्रेस, कैलिफोर्निया, 1980
75. बी.एम. भाटिया, एग्रीकल्चरल कंडीशंस इन 1888, इरफान हबीब, ए कंट्रीब्युशन टू इंडियन इकॉनामिक हिस्ट्री में संकलित
76. भोलानाथ तिवारी,
(क) भाषा विज्ञान कोश, ज्ञान मंडल वाराणसी 1963
(ख) भोलानाथ तिवारी स्मृति ग्रन्थ, साहित्य सहकार, नयी दिल्ली, 1992
77. मनोरमा गुप्त, हिन्दी और मणिपुरी की क्रिया संरचना गवेषणा, आगरा, जुलाई, 1976
78. मलिक मोहम्मद, अमीर खुसरो : भावात्मक एकता के अग्रदूत, राजपाल एंड संस, नयी दिल्ली, 1975
79. महावीर सरन जैन, ब्रजभाषा एवं खड़ी बोली के संक्रान्ति क्षेत्र की बोलियों का संज्ञा - विभक्तिमय अध्ययन, भाषा, सितम्बर, 1962, नई दिल्ली
80. महेन्द्रनाथ दुबे (डॉ.) गीत विद्यापति, हिन्दी प्रचारक, वाराणसी, 1975
81. मार्शल जी.एस. हॉड्गूसन, दी वेंचर ऑफ इस्लाम खंड-2, दी यूनिवर्सिटी ऑफ शिकागो प्रेस, 1974
82. मुरलीधर कृष्णचन्द्र जैतली, सिंधी साहित्य के विविध आयाम, संकलन एवं सम्पादन, रविप्रकाश टेकचन्दाणी, अखिल भारतीय सिंधी साहित्य विद्वत परिषद्, नयी दिल्ली, 2002
83. मुरलीधर श्रीवास्तव 'शेखर' हिन्दी का तद्भव शास्त्र, कलाकार प्रकाशन, पटना, 1961
84. मुरलीधर श्रीवास्तव, हिन्दी के यूरोपीय विद्वान् व्यक्तित्व और कृतित्व, बिहार हिन्दी ग्रन्थ अकादमी, पटना, दिसम्बर, 1973

85. मुहम्मद अब्दुल ग़नी, ए हिस्ट्री ऑफ पर्सियन लैंग्वेज एंड लिट्रेचर एट दि मुगल कोर्ट, दि इंडियन प्रेस लिमिटेड, इलाहाबाद, 1929
86. मैक्समूलर, भाषा विज्ञान (अनु. डॉ. उदय नारायण तिवारी), मोतीलाल बनारसीदास पटना, 1970 (द्वि. सं. 1890)
87. योगेन्द्र प्रताप सिंह, हिन्दी वैष्णव भक्ति काव्य, साहित्य भवन, इलाहाबाद, 1969
88. रजा अली वहाशत (खाँ बहादुर), अल-बरूनी कॉमेमोरेशन वल्यूम, ईरान सोसायटी, कोलकाता, 1951
89. रमाकान्त श्रीवास्तव, शास्त्र से लोक तक की यात्रा (किस्सा लछमन जाती का), मड़ई, बिलासपुर, 2007
90. रविशंकर शुक्ल अभिनन्दन ग्रन्थ (सम्पादन समिति), रामगोपाल माहेश्वरी, मध्य प्रदेश हिन्दी साहित्य सम्मेलन, 1955
91. रवीन्द्रनाथ श्रीवास्तव (डॉ.), हिन्दी के सन्दर्भ में सैद्धान्तिक एवं अनुप्रयुक्त भाषा विज्ञान (भोलानाथ तिवारी स्मृति ग्रन्थ में संकलित)
92. राजशेखर, काव्य मीमांसा (हि. अनु. पं. केदारनाथ शर्मा सारस्वत), बि.रा.प., पटना, 1954
93. राजशेखर, कर्पूरमंजरी (नाटक/सं. रामकुमार आचार्यः), चौखम्बा विद्या भवन, वाराणसी, 1955
94. राजीव रंजन गिरि, 19वीं सदी में ब्रजभाषा बनाम खड़ी बोली विवाद, तद्भव (14), लखनऊ, अप्रैल, 2006
95. रामचन्द्र वर्मा, मानक हिन्दी कोष (भाग-4), हिन्दी साहित्य सम्मेलन प्रयाग, 1965
96. रामनरेश त्रिपाठी, ग्राम-साहित्य, हिन्दी मन्दिर, प्रयाग, जनवरी, 1951
97. रामनाथ सुमन (सं.), गालिब, भारतीय ज्ञानपीठ, नयी दिल्ली, 2001
98. रामनिवास साहू (डॉ.), भाषा सर्वेक्षण, वाणी प्रकाशन, नयी दिल्ली, 1996
99. राम रतन भटनागर (डॉ.), मध्ययुगीन वैष्णव संस्कृति और तुलसीदास, हिन्दी साहित्य संसार, दिल्ली, 1962
100. रामवृक्ष बेनीपुरी, विद्यापति की पदावली, पुस्तक भंडार, पटना
102. रामविलास शर्मा (डॉ.), भारत के प्राचीन भाषा परिवार और हिन्दी, (खंड-1) राजकमल, नयी दिल्ली, 1979
104. रामशरण शर्मा, (डॉ.) भारत में आर्यों का आगमन, हिन्दी माध्यम कार्यान्वयन निदेशालय, नयी दिल्ली, 1999
105. रामाज्ञा द्विवेदी, अवधी कोश, हिन्दुस्तानी एकेडमी, इलाहाबाद, 1955
106. राहुल सांकृत्यायन, मध्य एशिया का इतिहास, भाग-1, बि.रा.प., पटना, 1956
107. व्रजरत्नदास,
(क) भारतेन्दु मंडल, कमलमणि ग्रन्थ माला, काशी, 1934

(ख) उर्दू साहित्य का इतिहास, वही, 1949
(ग) मुग़ल दरबार, (मआसिरुल उमरा या मुगल दरबार का अनुवाद), नागरी प्रचारिणी सभा, काशी, 1938
(घ) खुसरो की हिन्दी कविता, काशी नागरी प्रचारिणी सभा, वाराणसी, 1953

108. वासुदेवशरण अग्रवाल (डॉ.),
(क) हिन्दी के सौ शब्दों की निरुक्ति, नागरी प्रचारिणी पत्रिका, वाराणसी, अंक 2-3, 1949
(ख) पाणिनिकालीन भारतवर्ष, मोतीलाल बनारसीदास, बनारस, 1955

109. वितस्ता, कश्मीरी भाषा विशेषांक, हिन्दी विभाग, कश्मीर विश्वविद्यालय, श्रीनगर, 1975
110. विश्वनाथ प्रसाद मिश्र (डॉ.), गोसाई तुलसीदास, वाणी वितान, वाराणसी, 1965
111. वोल्पागंम पीटर जिंगेल और अन्य (सम्पादन), पाकिस्तान : इन दि एटीज, वैनगार्ड, डेविस रोड, लाहौर, 1985
112. विनय मोहन शर्मा (डॉ.), हल्वी भाषा और उसका साहित्य, रविशंकर शुक्ल अभिनन्दन ग्रन्थ में संकलित
113. विनोद शाही, योग, भक्ति और लोक, मड़ई, बिलासपुर, 2007
114. विश्वनाथ प्रसाद, आगरे की खड़ी बोली, भारतीय साहित्य, आगरा विश्वविद्यालय हिन्दी विद्यापीठ, आगरा, जुलाई, 1957
115. विंसेट स्मिथ, दि ऑक्सफोर्ड हिस्ट्री ऑफ इंडिया (फ्रॉम दि अर्लिएस्ट टाईम्स टू दि एंड ऑफ 1911/ऑक्सफोर्ड एट दी क्लैरंडन प्रेस, 1923 (द्वि.सं)
116. विद्यानिवास मिश्र (डॉ.), हिन्दी क्रियाः स्वरूप और विश्लेषण, आनन्द पुस्तक भवन, वाराणसी, 1970
117. विद्यापति, लोक भारती, इलाहाबाद, 1957
118. विद्यापति, भूपरिक्रमण, (हिन्दी अनुवाद) डॉ. वासुकीनाथ झा, बिहार राष्ट्रभाषा परिषद्, पटना, 1987
119. विद्यापतिकृत लिखनावली (सम्पादन), डॉ. इन्द्रकान्त झा, इन्द्रालय प्रकाशन, पटना, 1990 (मैथिली अनुवाद)
120. विश्वनाथ प्रसाद (डॉ.), आगरे की खड़ी बोली, भारतीय साहित्य, आगरा विश्वविद्यालय, हिन्दी विद्यापीठ, जुलाई, 1957
121. वीरेन्द्र श्रीवास्तव (डॉ.), विद्यापति : अनुशीलन एवं मूल्यांकन हिन्दी ग्रन्थ अकादमी, पटना, 1973 (सम्पादित)
122. शकुन्तला रेड्डी, हिन्दी तेलुगु : व्याकरणिक संरचना, केन्द्रीय हिन्दी संस्थान, आगरा, 1987
123. शशि शेखर तोषखानी, कश्मीरी साहित्य का इतिहास : एक विहंगम दृष्टि, वसुधा/ भोपाल, जुलाई-सितम्बर, 2007

124. शिवपूजन सहाय और नलिन विलोचन शर्मा, अयोध्या प्रसाद खत्री स्मारक ग्रन्थ, बि.रा.प., पटना, 1960
125. शिव प्रसाद सिंह (डॉ.), कीर्तिलता और अवहट्ट भाषा, साहित्य भंडार, इलाहाबाद, 1955
126. शैलेश ज़ैदी, तुलसी काव्य की अरबी-फ़ारसी शब्दावली : एक सांस्कृतिक अध्ययन, युनिवर्सिटी पब्लिशिंग हाउस, अलीगढ़, 1976
127. सन्तोष जैन (डॉ.), हिन्दी और बंगला भाषाओं का तुलनात्मक अध्ययन शब्दकार, नयी दिल्ली, 1974
128. सत्यस्वरूप मिश्र (डॉ.), दी अवेस्ता : ए हिस्टॉरिकल एंड कम्पेरेटिव ग्रामर, चौखम्बा ओरियंटेलिया, वाराणसी, 1979
129. स्टेन कोनो, बशगली डिक्शनरी, ज्ञान पब्लिशिंग हाउस, नयी दिल्ली, 1986 (बशगली पर कर्नल ज़े, डेविड्सन के नोट का विश्लेषण; जे.ए.एस.बी. कलकत्ता, 1902
130. सादिक-उर-रहमान किदवई, गिलक्राइस्ट एंड दी लैंग्वेज ऑफ हिन्दुस्तान, रचना प्रकाशन, नयी दिल्ली, 1972
131. सिद्धेश्वर वर्मा (डॉ.), भारतीय भाषाओं के ग्रियर्सन द्वारा किये गये भाषा सर्वेक्षण के मुख्य निष्कर्ष, परिषद पत्रिका, पटना, अक्तूबर, 1968 - जनवरी, 1969
132. सी. स्वायन्नर्टन (रेव.), फोक टेल फ्रॉम दी अपर पंजाब, जे.ए.एस.बी., नं. ।।/1883
133. सुनील कुमार चटर्जी, विलियम केरी एंड सीरामपुर, सुनील कुमार चटर्जी, सीरामपुर, पश्चिम बंगाल, 1984
134. सुभाष शर्मा (सं.), वेरू (सूरज), साहेबगंज, झारखंड, 1993
135. सैमुअल हेनरी केलॉग, ग्रामर ऑफ हिन्दी लैंग्वेज, साहित्य सम्मेलन, इलाहाबाद, 1980 (प्र.स. 1876)
136. सैयद बिल्कीस फातिमा हुसैनी, ए क्रिटिकल स्टडी ऑफ इन्डो-पर्सियन लिट्रेचर (1414-1526 ई.), जवाहरलाल नेहरू विश्वविद्यालय, नयी दिल्ली
137. श्रीधर मिश्र, भोजपुरी लोक गीतों के विविध रूप, प्रकाश प्रिंटिंग वर्क्स, इलाहाबाद, 1961
138. हजारी प्रसाद द्विवेदी (आचार्य), मध्यकालीन बोध का स्वरूप, पब्लिकेशन ब्युरो, पंजाब युनिवर्सिटी, चंडीगढ़, 1970
139. हरदेव बाहरी (डॉ.), लहँदी फोनोलॉजी विथ स्पेशल रेफरेंस टू अवंकारी, भारती प्रेस पब्लिकेशन इलाहाबाद, 1962
140. हरिमोहन मिश्र (डॉ.), भाषा में शब्दार्थ शास्त्रीय अध्ययन की उपयोगिता, परिषद् पत्रिका, पटना, अक्तूबर, 1968 - जनवरी, 1969
141. हरिहर प्रसाद गुप्त (डॉ.), देशीनाममाला में कृषि शब्दावली, हिन्दुस्तानी, इलाहाबाद, जुलाई-सितम्बर 1959
142. हेमचन्द्र, प्राकृत व्याकरणम् हिन्दी व्याख्या, प्यार चन्द जी महाराज, अभयराज नाहर, श्री जैन दिवाका दिव्य ज्योति कार्यालय, व्यावर (राजस्थान), 1966 (खंड एक और दो)

अनुक्रमणिका

झ

ट

भ

म

य

र

ल

व

श

❑❑